AF655665

'यह पुस्तक उस महत्वाकांक्षी योजना के गूढ़-गंभीर आयामों का विश्लेषण तो करती ही है, प्रेरणा का एक गहन स्रोत भी बन जाती है। विषय का अत्यंत सरल प्रस्तुतीकरण। विकसित देशों के विकास की पूरी प्रक्रिया, उनके मापदंड और उन पैमानों पर भारत की क्षमता का लेखक द्वय ने नितांत सरल विश्लेषण किया है।'

- इंडिया टुडे

'यह पुस्तक समग्र विकास में सबकी भागीदारी की रूपरेखा प्रस्तुत करती है।'

- राष्ट्रीय सहारा

'इस किताब की शक्ल में डॉ. कलाम ने सिर्फ सपना ही नहीं देखा, बल्कि वह रास्तें भी बताए हैं जिन पर चलकर भारत सन् 2020 तक दुनिया के पांच सबसे शक्तिशाली राष्ट्रों में आ जाएगा।'

- पंजाब केसरी

भारत 2020

नवनिर्माण की रूपरेखा

डॉ. ए.पी.जे. अब्दुल कलाम

वाई. एस. सुंदर राजन

राजपाल

इस पुस्तक का प्रथम संस्करण 'इक्कीसवीं सदी का भारत'
नाम से प्रकाशित हुआ था

अनुवाद
हरिमोहन शर्मा

स्थापित 1912
100 वर्षों की
श्रेष्ठ प्रकाशन परम्परा
राजपाल

₹ 499
ISBN : 9788170284697
संस्करण : 2025

BHARAT 2020: Navnirman ki Rooprekha
by Dr. A.P.J. Abdul Kalam, Y.S. Rajan
(Hindi translation of *India 2020: A Vision for the New Millennium*
Published by VIKING Penguin Books India (P) Ltd., New Delhi)
मुद्रक : जी.एस. ऑफसेट, दिल्ली

राजपाल एण्ड सन्ज़
1590, मदरसा रोड, कश्मीरी गेट, दिल्ली-110006
फोन : 011-23869812, 23865483, 23867791
e-mail : sales@rajpalpublishing.com
www.rajpalpublishing.com
www.facebook.com/rajpalandsons

समर्पण

डॉ. कलाम के एक भाषण के बाद एक दस साल की लड़की उनसे ऑटोग्राफ़ लेने आई। उन्होंने उससे पूछा, "तुम्हारी महत्त्वाकांक्षा क्या है ?"

लड़की ने बिना एक क्षण रुके जवाब दिया, "मैं एक विकसित भारत में जीवन बिताना चाहती हूँ।"

यह पुस्तक उस लड़की को और उसके समान
आकांक्षा रखने वाले लाखों भारतीयों को समर्पित है !

जो व्यक्ति
जीवन में कुछ प्राप्त करना चाहते हैं,
यदि वे दृढ़मति और एकाग्रचित्त हों–
तो उन्होंने जो कुछ और जैसे भी चाहा था,
उसे वे प्राप्त कर सकेंगे।

–तिरुक्कुरल

क्रम

आभार

इस पुस्तक की रचना में सैकड़ों भारतीयों ने हमारे विचारों को स्वरूप प्रदान किया है—जिनमें से अनेक प्रख्यात व्यक्ति हैं। उनके साथ हुए प्रत्येक संवाद से हमारे अनुभव में वृद्धि हुई और भारत की विकास आवश्यकताओं तथा उपयुक्त कार्यवाहियों के सम्बन्ध में हमारी समझ में नए आयाम जुड़े। इन सभी व्यक्तियों का यहाँ नामोल्लेख करना सम्भव नहीं है। सर्वप्रथम हम 'तकनीकी परिकल्पना : 2020' के विविध टास्क फ़ोर्सों, पैनलों के अध्यक्षों और सह-अध्यक्षों तथा कोआर्डिनेटरों, और टाइफैक से सम्बन्धित प्रमुख व्यक्तियों के प्रति अपना हार्दिक आभार व्यक्त करते हैं। टाइफैक की गवर्निंग कौंसिल के सदस्य हमारे प्रोत्साहन का आज भी स्रोत हैं। इन टास्क फ़ोर्सों और पैनलों के अनेक सदस्य अब कार्यदल के सदस्य हैं और टाइफैक के कर्मचारी भी हैं। हम उनके समर्पित भाव से किए गए कार्य के प्रति आभार व्यक्त करते हैं। इस पुस्तक के लेखन में अनेक स्थानों पर उनके कार्य के परिणामों का उपयोग किया गया है। हम भारत सरकार के डिपार्टमेंट ऑफ साइंस एंड टेक्नॉलॉजी के सचिव प्रो. वी. एस. राममूर्ति के विशेष आभारी हैं जिन्होंने हमें न केवल प्रोत्साहित किया वरन् टाइफैक रिपोर्टों के उपयोग की अनुमति भी प्रदान की।

किताब लिखने की तैयारी शुरू करते ही हमें उन अनेक कार्यों का ध्यान आया जो पांडुलिपि को अन्तिम रूप देने तक हमें करने होंगे। इसमें एच. शेरिडन का योगदान सबसे महत्त्वपूर्ण है जो बड़े समर्पित भाव से अपने 'लैपटॉप' कम्प्यूटर पर आफिस के समय के बाद कई महीनों तक इस पर परिश्रम करते रहे। पेंग्विन बुक्स के कृष्ण चोपड़ा ने अपनी विशिष्ट योजकता द्वारा पांडुलिपि को अंतिम रूप देने में योग दिया—उनका विशेष आभार।

वाई. एस. राजन अपनी पत्नी गोमती के आभारी हैं जिन्होंने लेखन के दौरान उन्हें न केवल सब प्रकार की सुविधा और सहायता प्रदान की, बल्कि जीवन की वास्तविकताओं पर भी सही रोशनी डाली।

ए. पी. जे. अब्दुल कलाम का उन सब हज़ारों भारतीयों को आभार जो उन्हें निरंतर पत्र लिखते रहते हैं और इस प्रकार उन्हें नई तकनीकी योजनाएँ लेने के लिए प्रोत्साहित करते हैं।

भूमिका

जब भारत अपनी स्वाधीनता के लिए संघर्ष कर रहा था, तब इस पुस्तक के हम दोनों लेखकों का जन्म हुआ। जब जवाहरलाल नेहरू ने स्वाधीनता प्राप्त होने पर 'ट्रिस्ट विद डेस्टिनी' नाम से प्रसिद्ध अपना भाषण दिया, तब हममें से एक स्कूल के अंतिम वर्ष में शिक्षा प्राप्त कर रहा था, दूसरा शैशव के अपने तोतले बोल बोल रहा था। दोनों में से किसी का भी परिवार न धनी था, न शक्तिसम्पन्न। दोनों को एक-साथ लाने वाली शक्ति थी आधुनिक भारत का विकास करने के लिए स्वतंत्र देश में विज्ञान और तकनीकी के उपयोग की सम्भावना तथा भवितव्य।

यह नेहरूजी तथा होमी भाभा द्वारा समर्थित विक्रम साराभाई की परिकल्पना थी, जिससे हमें उनके अन्तरिक्ष कार्यक्रम में कार्य करने का अवसर मिला। यह कार्यक्रम था देशभर में, विशेषतः उसके छह लाख ग्रामों में, पारम्परिक उपायों से आगे बढ़कर, विकास के संदेशों को पहुँचाने का। हमें देश के प्राकृतिक संसाधनों का भी सर्वेक्षण करना था जिससे जनहित में उनका उपयोग किया जा सके। साठ के दशक में जब अन्तरिक्ष कार्यक्रम की शुरुआत हुई थी, तब अनेकों को यह सब कर पाना असम्भव लगता होगा। परन्तु हम, और हमारे अनेक साथी, इस परिकल्पना को उचित ही नहीं, सम्भव भी मानते थे। इससे एक ऐसे मिशन ने जन्म लिया जिसके हम सभी भागीदार थे। हमारे संस्थान इसरो (ISRO) का हर व्यक्ति यह विश्वास करने लगा कि उसका जन्म इस मिशन को साकार करके अंतरिक्ष तकनीकी द्वारा देश तथा उसकी जनता का हितसाधन करने के लिए ही हुआ है।

अब हमारे लिए पीछे लौटना सम्भव नहीं था। हम रात-दिन काम करते। अनेक बार असफल होकर कभी एकाध सफलता प्राप्त करते। इस प्रकार हमने जो साधन तथा तंत्र बनाए, विकसित किए और परीक्षण करके जिनकी जाँच की–उनका एक ही उद्देश्य था : एक विकसित, शक्तिशाली तथा गर्वोन्नत ऐसे भारत का निर्माण जिसके प्रत्येक नागरिक को उनसे प्राप्त होने वाली सुविधाएँ उपलब्ध हों। हमें यह कहते हुए प्रसन्नता होती है कि अंतरिक्ष तकनीकी से सम्बन्धित हमारे स्वप्न–जैसे, आम जनता तक हमारी पहुँच, दूरदराज़ के इलाक़ों में नेटवर्क्स के द्वारा संचार तथा संदेश पहुँचाने की व्यवस्था, ख़तरों की सूचना देने वाले साधन, ज़मींदोज़ जल की जानकारी, जंगल बचाओ योजनाएँ, इत्यादि–पूरे किए जा चुके हैं।

हमें इसका भी गर्व और प्रसन्नता है कि कृषि, विज्ञान, कला, संस्कृति और

सामाजिक क्षेत्रों में कार्यरत अनेक व्यक्तियों के स्वप्न भी साकार हो चुके हैं। परन्तु हमारी परिकल्पना अभी-भी अधूरी ही है—ग़रीबी से रहित एक समृद्ध भारत की परिकल्पना, वाणिज्य तथा व्यापार में अग्रणी भारत की परिकल्पना, विज्ञान तथा तकनीकी के विविध क्षेत्रों में शक्तिशाली भारत की परिकल्पना, और नवपरिवर्तनशील ऐसे औद्योगिक भारत की परिकल्पना जिसमें प्रत्येक व्यक्ति को शिक्षा और स्वास्थ्य की सुविधाएँ उपलब्ध हों। सच्चाई यह है कि इनमें से कई विषयों पर आज निराशा ही व्याप्त है।

हम स्वाधीनता का पचासवाँ वर्ष पूरा कर चुके हैं—और आज के अधिकांश भारतवासी इसी अवधि में पैदा हुए हैं। हर साल हमारे देश की जनसंख्या लगभग दो करोड़ बढ़ जाती है। उनके लिए हमारी परिकल्पना क्या हो ? कुछ व्यक्तियों की तरह क्या हम विकास की धारणा पर ही प्रश्नचिह्न लगाकर उन लोगों को सदियों से चली आ रही उनकी गतिरुद्ध स्थिति में ही पड़ा रहने देना चाहेंगे, अथवा हम केवल समाज के उच्च वर्ग की ओर ही ध्यान देकर शेष सबको उनके भाग्य पर निर्भर करने को—'बाज़ार-संचालित नीतियाँ' तथा 'प्रतियोगिता की क्षमता' जैसे मधुर शब्दों का इस्तेमाल करते हुए—छोड़ देंगे ? अथवा विश्वीकरण की शक्तियों का सहारा लेकर अपने स्वयं के प्रयत्नों को तिलांजलि दे देंगे ? अगले दो दशकों में हम भारत (तथा उसकी जनता को) किस ओर जाते हुए देखना चाहते हैं ? इससे भी आगे के पाँच दशकों में, तथा उससे भी अगले वर्षों में हम देश को किस दिशा में ले जाना चाहेंगे ?

सौभाग्य से हम दोनों लेखक ऐसे अनेक व्यक्तियों के सम्पर्क में आए जो इन सवालों को उठा रहे थे और उनके कुछ उत्तर भी तलाश करने के प्रयत्न कर रहे थे। ये प्रश्न एक बिल्कुल नई संस्था, *दि टेक्नॉलॉजी इन्फ़ार्मेशन, फ़ोरकास्टिंग एण्ड एसेसमेंट कौंसिल (टाइफ़ैक)* के माध्यम से, जिसने सन् 2020 तक भारत के लिए एक तकनीकी योजना निर्धारित करने का कार्यक्रम बनाया था, उठाए गए।

इस कार्यक्रम में उद्योग, शिक्षा, प्रयोगशालाओं तथा शासन-प्रबंधन के क्षेत्रों से लगभग 500 अनुभवी व्यक्ति सम्मिलित हुए। विशेषज्ञों तथा सामाजिक विकास से जुड़े अन्य अनेक व्यक्तियों ने इसमें भाग लिया। प्रश्नावलियों के उत्तर भेजकर तथा अन्य माध्यमों से लगभग 5000 और भी व्यक्तियों ने इसमें योगदान किया।

इस प्रक्रिया में अनेक टीमों ने विविध विषयों पर विचार किया, ड्राफ़्ट रिपोर्टों को देखा-परखा तथा 2 अगस्त, 1996 को तत्कालीन प्रधानमंत्री ने अन्तिम रिपोर्ट जारी की। इस प्रकार हमें अगणित व्यक्तियों से सम्पर्क करके भारत के लिए एक सुविचारित योजना प्रस्तुत करने का अवसर प्राप्त हुआ। हमें प्राप्त योगदानों में अनेक ठोस सुझावों द्वारा हमारा उत्साहवर्धन करते तो अनेक का कहना यह भी था कि सुनिश्चित तथा दीर्घकालीन कार्यक्रमों और तंत्रों को कार्यरूप दिया जाना लगभग असम्भव है—जो बड़ी निराशा की बात थी। हम देश के अनेक भागों में जाकर वहाँ विविध वर्गों के लोगों से मिलकर भी इन विषयों पर बातचीत करते रहे। हमने इस पर भी विचार किया कि आज की परिवर्तनशील दुनिया में भारत की आवश्यकताएँ

क्या हो सकती हैं ?

हमें देश के शासन प्रबंधन की स्थिति तथा सामाजिक और राजनीतिक विवशताओं का ज्ञान है। सौभाग्य से हमें समाज के विविध स्तरों पर जनहित के लिए चलाए जाने वाले कार्यों का अनुभव है, तथा दूसरी ओर व्यावसायिक दबावों के अधीन बनाई और चलाई जाने वाली योजनाओं और बड़े पैमाने पर उपग्रह छोड़ने, उन्हें आकाश में फेंकने वाले यंत्र निर्माण करने और मिसाइल बनाने जैसी योजनाओं का भी व्यापक अनुभव प्राप्त है। इन योजनाओं को क्रियान्वित करने में हमें विविध स्तरों पर जो अनुभव हुआ, वही सब इस पुस्तक की रचना का आधार हैं।

इन सभी तथ्यों को ध्यान में रखते हुए तथा भारत और अन्य देशों सम्बन्धी अनेक विकास रिपोर्टों का अध्ययन करने के बाद भी हमारा निश्चित विश्वास है कि **सन् 2020 में हमारा देश विकसित देशों की श्रेणी तक पहुँच सकने में पूर्ण समर्थ है।** हम भारतवासी अपनी दरिद्रता की वर्तमान दशा से ऊपर उठकर अपनी शिक्षा, स्वास्थ्य तथा आत्मसम्मान की उन्नत हो रही स्थिति को आधार बनाकर देश की प्रगति में महत्त्वपूर्ण योगदान कर सकते हैं। भारत अपनी सामाजिक, आर्थिक तथा व्यापार-सम्बन्धी क्षमताओं के विकास के लिए अनिवार्य विविध तकनीकी क्षमताएँ भी पर्याप्त मात्रा में प्राप्त कर सकता है।

इस पुस्तक में हमने इस विषय से सम्बन्धित कुछ विचार प्रस्तुत किए हैं। हमने कुछ उन कार्य-योजनाओं के तत्त्व भी बताए हैं जो देश के अनेक युवकों का जीवनोद्देश्य बन सकते हैं। हमें आशा है कि जिस प्रकार तीन दशक पूर्व हमारे मन उन समय के अन्तरिक्ष कार्यक्रम से प्रज्वलित हो उठे थे, उसी प्रकार ये कार्यक्रम भी अनेक युवा मस्तिष्कों को प्रज्वलित करने में समर्थ होंगे। देश के लिए अपने स्वप्न और उससे निर्मित जीवन के अपने मिशन के कारण हम आज भी स्वयं को युवा ही महसूस करते हैं।

सन् 2020 तक, तथा उसके पूर्व भी, विकसित भारत की कल्पना स्वप्न मात्र नहीं है। यह कुछ गिने-चुने भारतीयों की प्रेरणा मात्र भी नहीं होना चाहिए—यह हम सब भारतीयों का मिशन होना चाहिए, जिसे हमें पूर्ण करना है।

हमारा विश्वास है कि प्रज्वलित युवा मस्तिष्क प्रबल संसाधन होते हैं। धरती के ऊपर, आकाश में तथा जल के नीचे छिपे किसी भी संसाधन से यह संसाधन कहीं अधिक शक्तिशाली है। हम सबको आज का 'विकासशील' भारत एक 'विकसित' भारत में रूपान्तरित करने के उद्देश्य से एक-साथ मिलकर काम करना चाहिए, और इस महान उद्योग की पूर्ति के लिए आवश्यक क्रांति को हमारे मस्तिष्कों में जन्म लेना चाहिए। हमें विश्वास है कि यह पुस्तक अनेक मस्तिष्कों को जाग्रत करने में सफल होगी।

1

क्या भारत विकसित देश बन सकेगा ?

ग़रीब को सभी तुच्छ समझते हैं; वे उसके लिए ज़्यादा कुछ करना नहीं चाहते। वह उनके पीछे चिल्लाता दौड़ता है, लेकिन वे ध्यान नहीं देते।

–ओल्ड टेस्टामेन्ट, कहावत 19:7

किसी देश को कब विकसित माना जाता है ? इस बात का पता चलता है उस देश की दौलत से, उसके लोगों की ख़ुशहाली, और अंतरराष्ट्रीय मंच पर उसकी हैसियत से। और, वह देश कितना दौलतमंद है, इसका पता चलता है उसकी 'जी. एन. पी. ' यानी उसका कुल उत्पाद, 'जी. डी. पी.' यानी कुल घरेलू उत्पाद, भुगतानों की बक़ाया रक़म, विदेशी-विनिमय-मुद्रा की सुरक्षित निधि, आर्थिक विकास की दर, प्रति व्यक्ति आय, आदि से। इसके अलावा, अंतरराष्ट्रीय व्यापार (आयात और निर्यात दोनों) की मात्रा तथा अंतरराष्ट्रीय व्यापार में उसकी हिस्सेदारी की मात्रा, इन दोनों क्षेत्रों में उसके विकास की दर भी यह संकेत देती है कि उसकी आर्थिक स्थिति कितनी मज़बूत है और उसमें कमाई हुई दौलत को सँभाले रखने और उसे लगातार बढ़ाते रहने की क़ूवत है या नहीं। आर्थिक संकेत वैसे अपने-आप में काफ़ी वज़न रखते हैं, लेकिन वे काफ़ी कुछ छिपा भी जाते हैं, जैसे देश के मामूली आदमी की तंगहाली व दुर्दशा की बात। हैदराबाद स्थित 'डी. आर. डी. एल' (सुरक्षा अनुसंधान व विकास प्रयोगशाला) से जुड़े रहने की अवधि के दौरान, मुझे जो अनुभव हुए उनके बारे में मैंने और राजन ने काफ़ी बातचीत की है, काफ़ी सोचा-विचारा भी है। वहाँ काम करते समय, मैं जिन तीन व्यक्तियों के सम्पर्क में आया, वे मेरे लिए प्रतीक बन गए, उन चंद सवालों और समस्याओं के, जिनका हल पाने के लिए मैं लगातार जूझ रहा था। पहला व्यक्ति वेंकट दो बेटों और एक बेटी का पिता था। तीनों स्नातक थे, और अच्छे पदों पर काम करते थे। उसी इलाक़े में रहता था कुप्पू, जो तीन बेटों का पिता था। वह सिर्फ़ एक बेटे को ही पढ़ा-लिखा सका था, और किराए के घर में रहता था। करुप्पन दो बेटियों और एक बेटे का पिता था। उसकी नौकरी अंशकालिक थी। ग़रीब होने की वजह से वह अपनी किसी संतान को पढ़ा नहीं पाया था। उसके घर भी बदलते रहते थे। क्यों उसके लिए अपने बच्चों को ग़ैरमामूली

न सही, मामूली और औसत क़िस्म की ज़िन्दगी मुहय्या करना मुमकिन नहीं था ? ताकि, वे ख़ुशहाल लोगों की तरह पूरी ज़िंदगी जी सकें, ऐसे धंधे से जुड़ सकें, जो उन्हें अच्छी सेहत, रोज़मर्रा की ज़िंदगी चैन से बिताने के मौक़े दे सके ? विकसित भारत का यही एक सपना है हमारा।

'प्रति-व्यक्ति-आय' लोगों की औसत आय को ही जताती है। वह यह नहीं जताती कि हर देशवासी के पास उतना धन है। इसका आँकड़ा अमीरों और ग़रीबों दोनों की आमदनियों के औसत से निकाला जाता है। 'प्रति-व्यक्ति-आय' का यह आँकड़ा यह भी नहीं जताता कि किसी एक देश या एक राज्य या एक क्षेत्र की ख़ुशहाली विश्वस्तर पर तुलनाओं के लिए एक जैसी है। आजकल एक नया मानदंड अपनाया जाने लगा है, ख़रीदी करने की क्षमता में समानता। इस कार्य के लिए कई इससे भी ज़्यादा पेचीदा ढंग विकसित किए और अपनाए जाने लगे हैं। मगर ये सब मिलकर भी मनुष्य के दैनिक जीवन के चंद पहलुओं को ही दर्शा पाये हैं। ये आंकड़े इस बात पर बिलकुल प्रकाश नहीं डालते कि लोगों ने जो जीवन-स्तर प्राप्त कर लिया है, उसे वे बनाए रख सकते हैं या नहीं।

लोग और विकास

लोगों के जीवन से जुड़े जिन मुद्दों की पहचान करने के लिए जो मानदंड अपनाए जा रहे हैं, वे इस प्रकार हैं–

लोगों को किस प्रकार का भोजन मिलता है, भोजन की पौष्टिकता की स्थिति, उनके विकास और जीवन की विभिन्न अवस्थाओं के लिए आवश्यक भोजन की उपलब्धता, जीवन-काल की औसत सम्भावनाएँ, शिशुओं की मृत्यु-दर, पीने के पानी की उपलब्धता और गुणवत्ता, रहने की जगह की मात्रा, लोगों के आवासों की श्रेणियाँ, रोगों के आक्रमण के क्रम, उनके कारण होने वाले दुष्प्रभाव, असमर्थताएँ और गड़बड़ियाँ, चिकित्सा-सुविधाओं की सुलभता, साक्षरता, स्कूलों और पढ़ाई के केन्द्रों की सुविधाएँ, तथा तेज़ी-से हो रहे आर्थिक परिवर्तनों और समाज की माँगों के मद्देनज़र क़िस्म-क़िस्म के हुनरों के विविध स्तरों की आवश्यकताओं के अनुसार शिक्षण की सुविधाएँ, आदि।

जीवन की गुणवत्ता में सुधार लाने के लिए ज़रूरी कई और सुझावों का ज़िक्र भी किया जा सकता है। और यदि इस सम्बन्ध में गाँधीजी के सुझाए हुए 'मंत्र' को भी याद करके, उसे भी इन सुझावों में शामिल कर लिया जाए, तो परेशानी और बढ़ जाएगी। वैसे उनका यह सुझाव बड़ा सीधा-सादा था। उनका कहना था कि देश के लिए किए गए हर काम की कसौटी यह होनी चाहिए कि उसके द्वारा देश के सबसे ग़रीब और पिछड़े आदमी की आँखों के आँसू पोंछे जा सकते हैं या नहीं। उनका मानना था कि जब ऐसा दिन आएगा, तभी यह माना जाएगा कि हमारा राष्ट्र सुखी राष्ट्र हो गया है।

नेहरूजी के मन में भी सम्पूर्ण भारत को सुखी और ख़ुशहाल बनाने का सपना पलता रहता था। उनका मानना था कि यह तभी मुमकिन है जब देश में फैली निरक्षरता,

ग़रीबी, बीमारियाँ, अज्ञान और हर देशवासी को आगे बढ़ने के समान अवसर नहीं मिलेंगे, तब तक देश के विकास की प्रगति अवरुद्ध रहेगी। लेकिन, मौजूदा हालात में उनका अपेक्षाकृत आसान लक्ष्य भी पूरा होता दिखाई नहीं देता। वैसे, आज़ादी की लड़ाई के दिनों में वह आसानी से मुमकिन होता दिखाई देता था। तब ज़्यादातर हिंदुस्तानियों के मन में देश की आज़ादी के लिए मर-मिटने की तमन्ना और आज़ाद हिन्दुस्तान में जीने की ललक थी। आज़ादी के पचास साल पूरे हो जाने के बाद, वह पचास साल पुरानी उमंग, तमन्ना और ललक बिलकुल दिखाई नहीं देती। जब भारत को विकसित देशों की क़तार में खड़े हुए देखने की बात उठती है तो किसी भी भारतीय के चेहरे पर उम्मीद की चमक नहीं दिखाई देती, दिखाई देते हैं, निंदकता और मानवद्वेष से भरे चेहरे। आज के हम हिन्दुस्तानियों के मन में यह बात घर कर गई लगती है कि विविध संकेतों से यह प्रतीत होता है कि उस हिन्दुस्तान को विकसित बनाने की उम्मीद करना व्यर्थ है, जहाँ के सब लोग उन्नत होने की लगातार कोशिश नहीं करते, और जिनकी तादाद लगातार बढ़ती ही जा रही है। ज़रूरत इस बात की है कि हम सब हिंदुस्तानियों को सुरक्षित और सुखद 'वर्तमान' तो मिले ही, बेहतर 'भविष्य' भी मिले। हम सबको ऐसे ही विकसित भारत के सपनों को साकार करना है।

जब भारत आज़ाद हुआ तब मैं किशोर था। मेरे स्कूल के हेडमास्टर साहब हम सब विद्यार्थियों को अपने इलाक़े के एक रेडियो पर ख़बरें सुनने के लिए ले जाया करते थे। रेडियो पर आनेवाली ख़बरों को सुनकर हम सबको मालूम पड़ता कि दिल्ली में क्या हो रहा है। हम भाषण सुनते, ख़बरों के पार क्या हो रहा है, यह जानते। मैं अपने भाई की उसके काम में मदद करने के लिए, रामेश्वरम् में सुबह छपने वाले अख़बार 'दिनमणि' की प्रतियाँ घर-घर बाँटा करता था। यह काम करते समय मुझे अख़बार में छपी ख़बरों को पढ़ने का मौक़ा भी मिल जाता था। इस दौरान, आज़ादी के बाद के मतवाले कर देने वाले दिनों में मुझे एक ऐसी ख़बर सुनने को मिली, जिसने मुझे हिलाकर रख दिया था। यह वह ज़माना था, जब सारा मुल्क आज़ादी का जश्न मना रहा था। देश के नेता दिल्ली में जमा होकर उस तात्कालिक कार्य के बारे में सोच-विचार कर रहे थे, जो उन्हें अपने सामने दिखाई दे रहा था। लेकिन, ठीक उसी समय, राष्ट्रपिता महात्मा गाँधी, जिन्हें वास्तव में सत्ता के केन्द्र-स्थल पर होना चाहिए था, वहाँ से बहुत दूर नोआखाली में थे, दंगों से पीड़ित असहाय लोगों के बीच, साम्प्रदायिक दंगों के शिकार बने इन अभागे लोगों के घावों पर मरहम लगाते हुए, उन्हें सान्त्वना प्रदान करते हुए। ऐसे समय में, जब सब राष्ट्रीय नेता उनके आदेशों का पालन करने को तैयार थे, उन्होंने अपने विश्वास में पूरी आस्था की अभिव्यक्ति दिखाकर जिस अद्भुत साहस का परिचय दिया, वह बेमिसाल घटना थी। सब भारतीयों की बेहतरी और कल्याण के प्रति इसी प्रकार की गहरी और अडिग आस्था के आधार पर ही हमने एक विकसित भारत का सपना देखा है।

कूटनीतिक सामर्थ्य

देश की आज़ादी को हासिल करना हम सब भारतीयों के लिए अत्यधिक महत्वपूर्ण था। आज सैनिक प्रभुत्व का स्थान आर्थिक प्रभुत्व ने ले लिया है। और, देश पर किसी बाहरी शक्ति का आर्थिक प्रभुत्व हो, यह उतना ही घृणास्पद है, जितना घृणास्पद पचास वर्ष पूर्व सैनिक प्रभुत्व था। आज के विश्वीकरण युग में, जो किसी देश की अर्थव्यवस्था के सार्वभौमिक अर्थव्यवस्था के साथ एकीकरण का दूसरा नाम है, हमारे समाज पर बाहरी शक्तियों के प्रभाव को मज़बूत करता है। इस बारे में कुछ विशेषज्ञ यह कह सकते हैं कि ये शक्तियाँ आर्थिक या व्यापारिक या बाज़ार की शक्तियाँ हैं, और उनका प्रभाव देश के लिए हितकर ही सिद्ध होगा, कारण, वे हमारी मूल प्रतिस्पर्धात्मकता को, उन क्षेत्रों में, जहाँ हम प्रतियोगितात्मक दृष्टि से लाभदायक स्थिति में हैं, विकसित करेगा। हम उनके इस मत से इस हद तक सहमत हैं कि प्रतिस्पर्धा, चाहे वह आन्तरिक हो या विदेशी प्रतियोगियों से हो, हमारे देश को अधिक मज़बूत, कुशल और दक्ष बनाने में सहायक होगी। लेकिन, हम यहाँ यह बताना भी ज़रूरी समझते हैं कि विकसित देशों ने ऐसे कई शुल्क-विषयक व्यवधान खड़े कर रखे हैं, जो बाज़ार की शक्ति के नाम पर 'आदर्श प्रतियोगिता' की भावना पर कुठाराघात करते हैं। इनमें से अधिकांश व्यवधानों का एकमात्र उद्देश्य है—अविकसित देशों को विकसित देशों की श्रेणी में बैठ सकने से रोकना। और जैसे ही कोई अविकसित देश अपने क़ानूनों या बहुदेशीय संधियों के माध्यम से इन व्यवधानों के असर को कम करने की कोशिश करता है, वैसे ही नए-नए पेचीदा क़िस्म के व्यवधान खड़े कर दिए जाते हैं। इन अंतरराष्ट्रीय या विश्वव्यापी व्यवहारों के ऊपरी विश्लेषण से ही पता चल जाता है कि लेन-देन के इन व्यवहारों के पीछे एक गहरी साज़िश छिपी है, इस सच्चाई को दर्शाती हुई कि चंद विकसित देश नहीं चाहते कि अविकसित या विकासशील कोई भी देश उनकी क़तार में आकर खड़ा हो। इसलिए, भारत को विकसित देशों की क़तार में आकर बैठने के अपने सपने को साकार करने के लिए इन शक्तिशाली देशों द्वारा बड़ी होशियारी से जान-बूझकर चुने गए चक्रव्यूह में न फँसने के लिए सावधान रहना पड़ेगा।

राष्ट्रीय सुरक्षा के मुद्दे अब महज़ सुरक्षा-विभाग से जुड़े मुद्दे नहीं रहे हैं, बल्कि वाणिज्य, व्यापार, पूँजी-निवेश जैसे मुद्दों और ज्ञान व कौशल के आधार के सृजन और उपयोग के मुद्दे से भी जुड़े हुए हैं। वास्तव में मौजूदा स्थिति एक नए क़िस्म की युद्धस्थिति को जन्म देती जा रही है। यदि कोई देश इन सब नई वास्तविकताओं पर हावी होने में नाकामयाब रहता है, तो उसके अपने देशवासियों को ख़ुशहाल और समृद्ध बनाने के सपने, सपने ही रह जाएँगे। इसका मतलब यह नहीं है कि हम दुनिया के मुल्कों से अलग-थलग होने की बात कर रहे हैं, या पुराने ढंग की प्रौद्योगिकी के आधार पर आत्मनिर्भर होने की प्रवृत्ति को बढ़ावा दे रहे हैं। हमारे कहने का मतलब यह है कि हमें अपने सामरिक हितों की रक्षा करने के लिए नवीनतम और बेहतर क़िस्म की परिष्कृत प्रौद्योगिकी को विकसित करना होगा।

मैंने हाल ही में राष्ट्रीय सुरक्षा की अपनी कल्पना की रूपरेखा प्रस्तुत की थी। मैंने कहा था, "किसी देश को महान बनाते हैं उसमें रहने वाले लोग, और यही लोग आगे चलकर उस महान देश के महत्त्वपूर्ण नागरिक बन जाते हैं। सुरक्षा-विभाग को सुदृढ़ बनाने के लिए ग़ैर-सामरिक प्रणाली के प्रयोग से हम न तो अपने देश की सुरक्षा को मज़बूत कर पाएँगे, और न आर्थिक आज़ादी की सुरक्षा कर पाएँगे। यहाँ इस बात को ध्यान में रखना होगा कि सामरिक महत्त्व की प्रणालियाँ हमें कभी उपलब्ध नहीं होंगी। दूसरे देशों की सामरिक महत्त्व की प्रणालियों का आयात करके हम हमेशा के लिए दूसरे देशों पर निर्भर होने के आदी हो जाएँगे। अपनी सुरक्षा को मज़बूत बनाए रखने की शक्ति और अपनी विदेश-नीति को आज़ाद रखने की ताक़त हमें तभी मिलेगी, जब हम अपनी सुरक्षा और सुरक्षा-प्रणालियों को आत्मनिर्भर रखने के लिए, सुरक्षा के आधार को पूरा सुदृढ़ करना सीख जाएँगे । इसके लिए हमें अनेक प्रौद्योगिकीय क्षेत्रों में अपनी मूल क्षमताओं में काफ़ी वृद्धि करनी पड़ेगी, और वैज्ञानिक प्रौद्योगिकी को नवीनतम उपकरणों से सज्जित करना पड़ेगा। मूल क्षमताओं में विकास के सतत प्रयासों के अलावा हमें केन्द्रीय महत्त्व की प्रौद्योगिकियों में आत्मनिर्भरता के दायरे को भी विस्तृत करना होगा। तभी हम अपने देश में एक नई क्रान्ति लाकर देश की कायापलट कर सकेंगे। हमें इस तथ्य को स्वीकार करना होगा कि प्रौद्योगिकी ही वह एकमात्र साधन है जिसका सही उपयोग किए बिना और उसका आवश्यक योगदान प्राप्त किए बिना, हम तेज़ी-से आर्थिक विकास नहीं कर सकेंगे, और न अपनी राष्ट्रीय सुरक्षा को दृढ़तम बना सकेंगे। प्रौद्योगिकी के क्षेत्र में अग्रणी देशों की शानदार सफलता के मद्देनज़र, हम इन क्षेत्रों में कार्यरत अपने संस्थानों से माँग कर सकते हैं कि वे असम्भव को सम्भव करके दिखाएँ। और तभी नई-नई सम्भावनाओं के युग का प्रादुर्भाव होगा।"*

एक विकसित भारत ही अपने सामरिक हितों की रक्षा कर सकेगा, अपनी आन्तरिक शक्तियों तथा नई वास्तविकताओं का समायोजन करके। इस लक्ष्य तक पहुँचने के लिए देश के स्वस्थ, शिक्षित और सम्पन्न नागरिकों की, जो अर्थव्यवस्था की सुदृढ़ता में विश्वास करते हों और वर्तमान तथा भविष्य में होनेवाले उलटफेरों से अप्रभावित रहने के संकल्प के साथ आगे आ सकने का इरादा रखते हों।

राष्ट्र की मूल शक्ति प्रौद्योगिकियों में छिपी है

इस पुस्तक में हम अपना पूरा ध्यान केंद्रित करेंगे उन अनिवार्य और अत्यावश्यक प्रौद्योगिकियों पर जो भारत को अपनी आन्तरिक शक्तियों को विकसित करनी होंगी, इन तीन गतिशील आयामों को अपने ज़हन में रखते हुए—

---

* ए. पी. जे. अब्दुल कलाम द्वारा 1996 में यू. एस. आई. नेशनल सिक्यूरिटी के सदस्यों के सामने 12 दिसम्बर, 1996 में दिए गए भाषण के अंश। ये अंश यूनाइटेड सर्विस इन्स्टीट्यूशन ऑफ़ इंडिया, खंड CXXVI, संख्या 526, अक्तूबर-दिसम्बर, 1996 में प्रकाशित हुए थे।

—लोग
—समग्र अर्थव्यवस्था
—सामरिक हित

इन तीनों अनिवार्य प्रौद्योगिकियों में हमें अपना पूरा ध्यान, 'समय' नाम के 'चौथे' आयाम पर भी रखना होगा। 'समय' की आज के वाणिज्य-व्यापार और प्रौद्योगिकी के क्षेत्रों में बहुत अहम भूमिका रहती है। समय के कारण ही लक्ष्यों को बार-बार बदलना पड़ता है। हमारा विश्वास है कि इस 'चौथे' आयाम का सरोकार ख़ास तौर पर प्रौद्योगिकियों से बहुत ज़्यादा है, क्योंकि विश्व सन्दर्भ में देखने पर पता चलता है कि समय की देरी प्रौद्योगिकियों की शक्ति, आर्थिक परिवर्तनों और सामरिक हितों को प्रभावित कर, लोगों की आकांक्षाओं और हितों पर प्रतिकूल असर डाल सकती है।

जैसा कि तालिका 1.1 में दर्शाया गया है, मानव-इतिहास के केन्द्र में स्थित है प्रौद्योगिकी की प्रगति। आज के बाज़ारों की प्रतिस्पर्धात्मक भूमिका में प्रौद्योगिकीय शक्तियाँ उत्पादन-क्षेत्र में रोज़गारों को बढ़ावा देती हैं और कुशलताओं के निरन्तर उन्नयन में भी सहायक होती हैं। प्रौद्योगिकियों के प्रभावी प्रयोग के बिना हम आने वाले वर्षों में लोगों का सर्वांगीण विकास नहीं कर पाएँगे। प्रौद्योगिकी मौजूदा और नए-नए रोगों के ख़तरों को दूर या कम करने और उनका सामना करने में भी सहायक हो रही है।

पिछले दशक में यह बात अधिकाधिक साफ़ हो गई है कि देश की सामरिक क्षमताओं का प्रौद्योगिकी से सीधा सम्बन्ध है। कई मूल क्षेत्रों में भारत की अन्तर्निहित शक्ति के कारण ही भू-राजनीतिक दृष्टि में भारत अपेक्षाकृत बेहतर स्थिति में है। विकसित देश बनने के इच्छुक किसी भी देश के लिए सामरिक महत्त्व की अनेकानेक प्रौद्योगिकियों में सशक्त होना, तथा उन्हें उन्नत करना और उनमें लगातार सुधार करते रहना आवश्यक है।

लोग-अभिमुखी कार्यकलापों में, चाहे वे बड़े पैमाने पर रोज़गार मुहय्या करने की मुहिम से जुड़े हों या लोगों को बेहतर भोजन, स्वास्थ्य-सेवा या रहने-जीने की बेहतर सुविधाओं से जुड़े हों, सर्वोपरि महत्त्व है—प्रौद्योगिकियों के योगदान का। रोग-निदान के सशक्त हथियार के रूप में एक्स-रे रूपी प्रारंभिक आविष्कार के बाद से, पेनिसलीन जैसे रोग-निवारक टीकों या प्रतिजैविक आविष्कार तथा प्रौद्योगिकी ने काफ़ी लम्बा रास्ता तय किया है। इस दौरान, स्वास्थ्य-रक्षा के क्षेत्र में कई भरोसेमंद, आम आदमी की पहुँच में आ जाने वाले अनेक रोग निदानकारी साधनों का आविष्कार हो चुका है। ऐसी नई-नई दवाइयाँ बाज़ार में उपलब्ध हैं, जिनका उत्तर-प्रभाव नहीं के बराबर होता है। और अब तो न्यूक्लिय जैविकी के आगमन के साथ नई-नई सम्भावनाएँ क्षितिज पर उभर रही हैं। अधिकाधिक प्रौद्योगिक प्रोत्साहन के अभाव में उत्पादकता के कम होते जाने और क़ीमती प्राकृतिक स्रोतों और साधनों के व्यर्थ जाने का भी डर है। इसका सबसे बड़ा नुकसान ग़रीब-से-ग़रीब आदमी को सबसे ज्यादा होगा।

तालिका–1.1

प्रौद्योगिकियों का विकास और मानव पर उनके प्रभाव

1998 से पूर्व का आनुमानिक काल	*नवीकरण/ योगदान*	*परिणाम कारण*
वर्ष		
1,00,000	शिकार के लिए ज़रूरी साज-सामान का निर्माण और प्रयोग	मानवीय क्षमता में वृद्धि
40,000	हथियारों का निर्माण व प्रयोग	
3,500	नाव और पाल-नाव	
800	घड़ी, कुतुबनुमा तथा मापन के अनेक यंत्र	हाथ से किया गया काम आसान हुआ या उसमें कमी हुई
360	यंत्रचालित कैलकुलेटर	दिमाग़ी काम को आसान बनाने के लिए
190	रेलमार्ग/ऊर्जा के लिए कोयले या तेल का प्रयोग	
160	बिजली	
140	आवाज़ और रूप के प्रतिबिंब	परिवहन में तेज़ी और आसानी
100	दूरसंचार/एक्स-रे	दूरसंचार की उपलब्धता से संचार में तेज़ी
95	वायुयान	
80	कार और सड़कें	
70	रासायनिक उत्पादों का विशाल उत्पादन	
55	नाभिक अस्त्र/ऊर्जा	
50	कम्प्यूटर	कलाओं और मनोरंजन की गुणवत्ता में सुधार
45	घरों में काम आने वाले उपकरणों का विशाल उत्पादन	रहन-सहन की गुणवत्ता में सुधार

1998 से पूर्व का आनुमानिक काल	*नवीकरण/ योगदान*	*परिणाम/ कारण*
वर्ष		
40	उर्वरकों और गर्भ-निरोधक उपायों का बड़े पैमाने पर प्रयोग	
35	लेज़र	
30	मानव चंद्रमा पर उतरा/टिशुओं और मानव अंगों का प्रत्यारोपण	
20	कैट स्कैन (शरीर की बारीक जाँच)	
10	पौधों की आनुवंशिकी इंजीनियरी/ इंटरनेट	परिवर्धित ज्ञान का आधार और उसके प्रयोग

'फ़ोरकास्टिंग, प्लानिंग, एंड स्ट्रैटेजी फ़ॉर द ट्वैन्टी-फ़र्स्ट सैंचुरी' से रूपान्तरित। लेखक, स्पायरॉस जी. माकरिनडाकिस। प्रकाशक, मैक्मिलन इन्कॉरपोरेटेड, न्यूयार्क, की एक शाखा 'फ़्री प्रेस'।

मानव के अन्य क्रिया-कलाप की भाँति कुछ प्रौद्योगिकियों के प्रयोगों के बाद उनके उत्तर-प्रभावों का होना स्वाभाविक है। इनको दूर करने की ज़रूरत है। इसे आंशिक रूप से सब लोगों के बारे में बेहतर जानकारी प्राप्त करके, तथा प्रौद्योगिकीय समस्याओं का हल जान करना संभव है। आजकल प्रौद्योगिकी से उत्पन्न समस्याओं को इस क़दर उछाला जाता है, जैसे हमें इन समस्याओं के हल कभी नहीं मिलेंगे, जैसे इन समस्याओं ने हमें हरा दिया हो। इसमें कोई संदेह नहीं कि बेलगाम प्रौद्योगिक विकास से पर्यावरण दूषित होता है। चीन इसकी एक कारगर मिसाल है। लेकिन, दूषित पर्यावरण की समस्या को प्रदूषण फैलाने वाले कारख़ानों के साथ प्रदूषण समाप्त करने वाले कम क़ीमत वाले यंत्रों को लगाकर हल किया जा सकता है। इस पुस्तक के सभी अध्यायों में इसी महत्त्वपूर्ण विषय पर विस्तार से चर्चा की गई है, क्योंकि हमारे देशवासी एक बेहतर जीवन जीने के हक़दार हैं और, प्रौद्योगिक विकास उन्हें ऐसा जीवन प्रदान कर सकता है।

पिछले दो दशकों से इस विषय पर विस्तृत खोज की गई है कि प्रौद्योगिकियों और आर्थिक शक्तियों का गहरा सम्बन्ध है। हम इस बात को दोहराना नहीं चाहते कि प्रौद्योगिकीय ताक़त को हासिल करने के लिए आर्थिक मदद सर्वोपरि आवश्यक है। लेकिन, इस सम्बन्ध के महत्त्व को न देश के कुछ अग्रणी नेताओं ने समझा है, न प्रमुख उद्योगपतियों और साधारण जन ने। इसकी अहमियत उनकी सोच के बाहर लगती है। लेकिन यदि भारत को दुनिया की प्रमुख आर्थिक दृष्टि से सम्पन्न

देशों की बराबरी करनी है, और अपनी जी. डी. पी. यानी घरेलू उत्पाद बढ़ानी है, तो ऐसा करना बड़े पैमाने पर प्लांट मशीनरी, साजसामान, और तकनीकी जानकारी का आयात करके या 'टर्नकी' (नल खोलने और बंद करने जैसी आसान) निर्माण-योजनाओं पर निर्भर रहकर, मुमकिन नहीं है। अल्पकालिक यथार्थ का सहारा मत छोड़िए, मगर मध्यकालिक और दीर्घकालिक योजनाओं को अपने देश के अंदर के उद्योगों को पूर्णतया सशक्त बनाने के उद्देश्य से मूल औद्योगिकीय शक्तियों को विकसित करना ही होगा। अपने अध्ययन से हमें पता चला है कि ऐसी योजनाओं को अमल में लाकर ही, ताकतवर और विकसित भारत का हमारा सपना पूरा होगा। इसके लिए हमें अपनी मूल शक्तियों की पहचान करनी होगी, और उन्हें आधार मानकर आगे बढ़ना होगा।

इस प्रकार, चारों आयामों, अर्थात् (1) लोग (2) अर्थ-व्यवस्था (3) अनुकूल शक्तियाँ और (4) भविष्य में दीर्घकाल तक उनको अपनाए रहने और उनमें निरन्तर सुधार करते रहना तथा सब आवश्यक प्रौद्योगिकियों पर प्रभुत्व प्राप्त करना हमारा मुख्य उद्देश्य और लक्ष्य होना चाहिए। और, देश के लोगों को इस उद्देश्य और लक्ष्य को ही सर्वोच्च वरीयता देनी होगी। इसे विकास का सार या मूल तत्त्व माना जाना चाहिए। आगे के अध्यायों में इसी परिकल्पना की विस्तार से चर्चा करके उसे विकसित किया गया है।

अर्थव्यवस्था की एक परिकल्पना

किसी राष्ट्र के लिए की गई प्रौद्योगिकी-विषयक कल्पना के गठन के लिए पूर्ण रूप से उसकी अर्थव्यवस्था तथा उसके विकास के सामाजिक आयामों के समाकलन की ज़रूरत होती है। TIFAC के अध्ययन की पृष्ठभूमि में भारत के अंदर अनेक अध्ययन किए गए। इनमें से कई काफ़ी विस्तृत थे, और कई योजनाओं के निष्कर्षों पर आधारित थे। इन अध्ययनकर्ताओं को यह लाभ था कि उन्होंने अनेक परियोजनाओं से जो मानचित्र, प्रक्षिप्त चित्र आदि प्राप्त किए थे, वे लोगों की उन वास्तविकताओं, आकांक्षाओं और विवशताओं को दर्शाते थे, जो उन्होंने काफ़ी संख्या में लोगों से बातचीत और बहस करके जमा किए थे। वे विकास-दरों को भी दर्शाते थे। इसके अलावा, आर्थिक व्यवस्था को इंगित करने वाले, तथ्यों व प्रक्षिप्त चित्रों की तह में पड़ी ऐसी मान्यताएँ और अभिधारणाएँ भी थीं जो पूँजी निवेश, राजस्व, प्रशासनिक व क़ानूनी नियंत्रणों से जुड़ी थीं। और ये सब अंततः जुड़ी थीं मानवीय संसाधन के मुद्दे से। योजनाओं को कार्यान्वित करने की तमाम तफ़सीलों की कल्पना करना सम्भव नहीं है। सच तो यह है कि कोई भी परिकल्पना सम्भाव्यता की रपट नहीं होनी चाहिए। उसे महज़ एक नारा या शाब्दिक खेल नहीं होना चाहिए। फिर भी, इस पृष्ठभूमि में विकसित भारत की सम्भाव्यता की कुछ प्रयोजनाओं पर विचार करना उचित रहेगा। लेखकद्वय श्री टी. के. भौमिक तथा उनके कार्यकारी दल के सदस्यों के प्रति आभारी है कि उन्होंने हमें अनेक विश्लेषण तथा उनसे प्राप्त सूचनाएँ मुहय्या कराईं।

1994 में विश्व जी. डी. पी. यानी घरेलू उत्पाद 25224 बिलियन डॉलर था।

यह मानकर कि 1995-2000 में विकास दर 2.5 प्रतिशत होगी और 2010-2020 में 3.5 प्रतिशत होगी, हम उस काल की प्रायोजना का अनुमान लगा सकते हैं। यह 55453 बिलियन डॉलर होना चाहिए। इक्कीसवीं सदी के आरम्भ की जो अनुमानित विकास-दर प्रायोजित की गई है, उसका आधार यह है कि इस अवधि में भारत समेत अनेक तेज़ी-से विकसित हो रही अर्थव्यवस्थाएँ उभर कर अपनी पहचान बनाएंगी। हाल ही में दक्षिण-पूर्व एशिया के देशों की अर्थव्यवस्थाएँ जिस प्रकार आहत हुई हैं, उससे इन देशों की विकास-दरों के आँकड़े अवश्य प्रभावित होंगे, किन्तु कुल मिलाकर, इन संकेतों के आधार पर यह कहा जा सकता है कि जहाँ तक भारत का सम्बन्ध है, भारत की विकास-दर अप्रभावित रहेगी।

विश्वव्यापी नज़र डाली जाए तो पता लगेगा कि 100 बिलियन डॉलर की जीडीपी यानी घरेलू उत्पाद वाले सब देश विकसित देशों की श्रेणी में आते हैं। 1980 तक भारत भी इस श्रेणी में आता था, चीन, मैक्सिको तथा अन्य देशों के साथ। 1980 में इन 19 देशों का सामूहिक घरेलू उत्पाद 55453 बिलियन डॉलर था, जिसमें भारत की भागीदारी महज़ 1.74 प्रतिशत थी। 1990 के दशक में इस श्रेणी में कुछ नए देशों का आगमन हुआ और कुछ देश इस श्रेणी से बाहर हो गए। 1990 में विकसित देशों, जिन्हें 'बिग लीग' के देश भी कहा जाता है, की संख्या 24 थी, और उसका सामूहिक घरेलू उत्पाद 17625 बिलियन डालर था, जिसमें भारत की भागीदारी सिर्फ़ 1.44 प्रतिशत थी। यह अवनति बेहतर प्रदर्शन करने वाले देशों की तुलना में शोचनीय थी। 1994 में 'बिग लीग' के सदस्यों की संख्या बढ़कर 28 हो गई। जिन नए देशों का 'बिग लीग' में आगमन हुआ, वे थे—थाईलैंड, दक्षिण अफ्रीका और तुर्की। इनका सामूहिक घरेलू उत्पाद 22348 बिलियन डॉलर का था। मगर, भारत की भागीदारी का आँकड़ा और नीचे लुढ़का, और 1.31 प्रतिशत तक आ गया।

आर्थिक विकास की दर के मौजूदा रुख़ को देखते हुए, ऐसी धारणा है कि 2000 तक 'बिग लीग' के सदस्यों की संख्या बढ़कर 33 हो जाएगी, और उसमें भारत की भागीदारी भी बढ़कर 1.68 प्रतिशत हो जाएगी। 2020 तक 'बिग लीग' के सदस्यों की संख्या बढ़कर 42 होगी, और भारत की भागीदारी 4.07 प्रतिशत होगी। (देखिए तालिका 1.3) आरेख 1.1 जताता है कि यह प्रगति कैसे होगी।

इस प्रारम्भिक कवायद से ही अनुमान लगाया जा सकता है कि हमारे सामने कौन-कौन-सी चुनौतियाँ हैं। विकास-दरों का जो अनुमान लगाया गया है, उन्हें प्राप्त करना असम्भव तो नहीं है, लेकिन आसान भी नहीं है। चौथे नंबर पर पहुँचना ज़रूर अधिक चुनौतीपूर्ण होगा, क्योंकि हमें आने वाले वर्षों में 10 से 13 प्रतिशत की विकास-दरों को हासिल करना होगा। (देखें, आरेख 1.1)। दक्षिणपूर्व के एशियाई देश जिन आर्थिक समस्याओं से जूझ रहे हैं, उन्हें नई चुनौतियों के रूप में भी देखा जा सकता है, और नए अवसरों के रूप में भी।

हमारा विश्वास है कि एक राष्ट्र के रूप में हमें सन् 2020 तक कम-से-कम चौथे स्थान तक पहुँचने का लक्ष्य बना लेना चाहिए। यह सच है कि इस लक्ष्य तक पहुँचने के लिए हमें बहुत-सी बातें ज़हन में रखनी होंगी। मिसाल के तौर पर, अन्य

तालिका 1.2

विश्व घरेलू उत्पाद

वर्ष	*अमरीकी बिलियन डॉलर*
1995	25854.08
1998	27842.02
2000	29251.52
2002	31032.94
2005	33910.53
2007	35975.68
2010	39311.60
2015	46689.85
2020	55452.90

नोट : 1995-2000 की अवधि के लिए विकास की अनुमानित दर 2.5 प्रतिशत। 2000-2010 के लिए 3 प्रतिशत और 2010-2020 के लिए 3.5 प्रतिशत। सौजन्य : टी. के. भौमिक, वरिष्ठ सलाहकार, कॉनफ़ेडरेशन ऑफ इंडियन इंडस्ट्री

तालिका 1.3

विश्व-अर्थव्यवस्था की 'बिग लीग' (बड़े विकसित देश)

देश	*सामूहिक घरेलू उत्पाद (अमरीकी मिलियन डालर)*	*भारत का प्रतिशत*
1980 (कुल संख्या 19)		
भारत, चीन, ब्राज़ील, मैक्सिको, अर्जेन्टीना, सऊदी अरब, स्पेन, इटली, ब्रिटेन, आस्ट्रेलिया, जापान, कनाडा, अमरीका, नीदरलैंड, फ्रांस बेल्जियम, स्वीडन, जर्मनी, स्विटज़रलैंड	8168190	1.74
1990 (कुल संख्या 24)		
नए देश : इंडोनेशिया, ईरान, डेनमार्क, आस्ट्रिया, कोरिया, नार्वे, फ़िनलैंड।	17624570	1.44

देश	सामूहिक घरेलू उत्पाद (अमरीकी मिलियन डालर)	भारत का प्रतिशत
देश जो बाहर गये : अर्जेन्टाइना और सऊदी अरब		
1994 (कुल संख्या 28)	22347726	1.31
नए देश : थाईलैंड, द. अफ्रीका, सऊदी अरब, अर्जेन्टाइना, तुर्की		
देश जो बाहर हुए : ईरान		
2000 (कुल संख्या 33)		
नए देश : पोलेंड, मलेशिया, पुर्तगाल, इज़राइल, फ़िनलैंड	25943552.7	1.68
2010 (कुल संख्या 38)		
नए देश : फ़िलिपिन, कोलम्बिया, पाकिस्तान, ईरान, चिली	34831636.5	2.62
2020 (कुल संख्या 42)		
नए देश : पेरु, हंगरी, वेनेज़ुला और ग्रीस	52488568.2	4.07

नोट : उन देशों को ही 'बिग लीग' की श्रेणी में रखा गया है, जिनका घरेलू उत्पाद 100 बिलियन डालर या उससे अधिक का हो। सौजन्य : टी. के. भौमिक, वरिष्ठ सलाहकार, सी.आई.आई.

देश हमारी आशाओं के विपरीत अपने लक्ष्य से भी आगे पहुँच जाएँ। यह भी मुमकिन है कि हमारे अनुमानित विकास के साथ-साथ, अंतरराष्ट्रीय लेन-देन के क्षेत्र में (चाहे वह व्यापार के क्षेत्र में हो, वित्त के क्षेत्र में हो, या प्रौद्योगिकी के या अन्य किसी क्षेत्र में हो) प्रतिस्पर्धा भी तीव्रतर हो जाए। यह प्रतिस्पर्धा कोई भी रूप या आकार, जो मौजूदा रूप या आकार से जुदा होगा, ले सकती है। देश के अनेक द्विपक्षीय या बहुपक्षीय व्यवस्थाओं से बँधे होने के बावजूद भारत के हितों के विरुद्ध अनैतिक तरीक़े से मिलजुलकर, इन हितों में सेंध लगा सकते हैं। लेकिन, इन सब सम्भावनाओं के बावजूद, हमें यह सबक सीखना होगा कि विकसित होना और शीर्ष पर बैठे देशों की क़तार में जगह हासिल करना आसान नहीं है। इसलिए, अपने विकास की गति में निरन्तरता क़ायम रखने के उद्देश्य से हमें अपने आयातों और निर्यातों में हितकारी सन्तुलन बनाए रहना होगा और कृषि, उद्योग तथा सेवा के क्षेत्रों में अंतर्जात प्रतिस्पर्धात्मक क्षमताओं और शक्तियों को अक्षुण्ण रखना होगा। और, यह सबकुछ करते समय हमें अपने इस बुनियादी लक्ष्य को भी सदा ध्यान में रखना होगा, बिना

आरेख 1.1

'बिग लीग' (चोटी के विकसित देश) में भारत
1996-2020

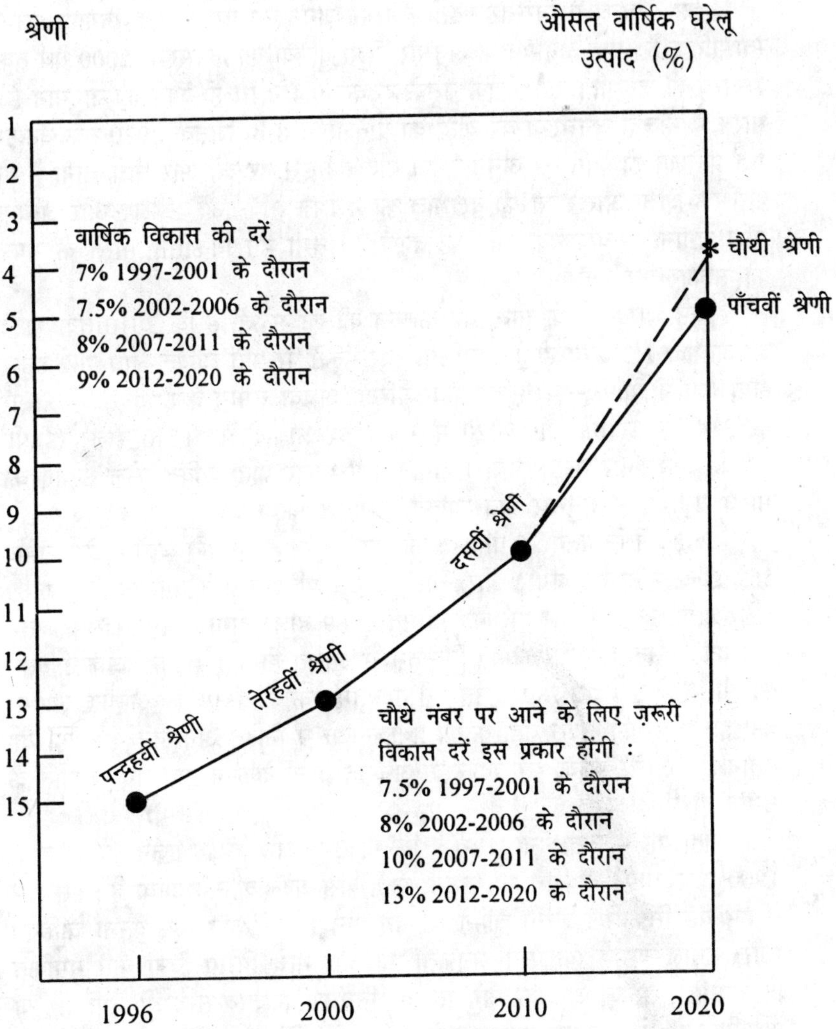

सौजन्य : टी.के. भौमिक,
वरिष्ठ सलाहकार
सी.आई.आई.

किसी से किसी तरह का समझौता किए। हम जो विकास कर रहे हैं, उसका अन्तिम लाभ देश के सब निवासियों को जल्दी-से-जल्दी मिलना शुरू हो जाना चाहिए। तालिका 1.4 को देखकर आपको थोड़ा अन्दाज़ा हो जाएगा कि सकल घरेलू उत्पाद को आय के अनुसार, किस प्रकार विभाजित होना चाहिए।

इस सम्बन्ध में निरन्तर बढ़ती देश की जनसंख्या पर भी एक निगाह डालना स्वाभाविक है। एक अनुमान के अनुसार, सारी दुनिया की जनसंख्या 2000 वर्ष तक 7 अरब हो जाएगी। 2020 तक उसके बढ़कर 9.4 अरब हो जाने का अनुमान है। भारत में मौजूदा जनसंख्या की वृद्धि का प्रतिशत 1.8 है, जिसके 2020 तक घटकर 1.5 प्रतिशत हो जाने का अनुमान है। यदि हमें इस दर को और नीचे लाना है तो प्रारंभिक शिक्षा और सेहत की देखभाल की मूलभूत सुविधाओं के लिए और अधिक राशि लगाना अत्यावश्यक और महत्त्वपूर्ण है। तभी हम विकसित भारत के सपने को साकार कर पाएँगे।

कुछ धारणाओं के साथ, यह कल्पना की जा सकती है कि 2010 तक भारत की आबादी 1.2 अरब होगी। इसलिए स्थिर मूल्यों पर प्रति व्यक्ति आय 762 डालर होगी (जो पी.पी.पी.–'परचेजिंग पावर पैरिटी' अथवा समान क्रय शक्ति के आधार पर 3146 डालर है); और 2020 में 1.4 अरब आबादी पर 1540 डालर (पी.पी.पी. के आधार पर 6355 डालर) होगी। इसी प्रकार प्रति व्यक्ति घरेलू उत्पाद को भी आय-वर्गों के अनुसार प्रति व्यक्ति निर्धारित किया जा सकता है।

2020 में निम्नतम 10 प्रतिशत को ध्यान में रखते हुए प्रति व्यक्ति घरेलू उत्पाद 569 डालर मूल्य का होगा। और, चोटी के दस प्रतिशत वाले वर्गों के लिए 4369 डॉलर होगा, जिसका कुल मिलाकर औसत 1569 डॉलर होगा। न्यूनतम से उच्चतम वर्गों का औसत 1 : 7.7 होगा। निम्नतम से औसत होगा 1 : 2.75 और उच्चतम का औसत होगा 1 : 2.78। न्यूनतम से उच्चतम तक का 1996 का अनुपात लगभग वही होगा। इसका सबसे बड़ा कारण प्रयोजनाओं में निहित अनुरेखता है। यहाँ यह बताना भी ज़रूरी है कि इस प्रकार के अनुपात अन्य देशों में पाए गए अनुपात के समान ही हैं।

यहाँ यह भी बता देना ज़रूरी है कि भारत में आय के विभाजन का जो ढाँचा 1960 और 1994 के बीच था, उसमें कोई ख़ास बदलाव नहीं आया है। इस बारे में हम यह सिफ़ारिश करना चाहेंगे कि इस अनुपात को और कम करना चाहिए। मगर, सवाल यह है कि ऐसा अनुपातों को और नीचे गिराए बिना कैसे मुमकिन हो सकेगा ? महज़ आर्थिक अनुपात या नियंत्रण, राजस्व-सम्बन्धी नीतियों, या प्रौद्योगिकियों के बल पर सम्भव नहीं है। इसके लिए सामाजिक चेतना व उसे सक्रिय करने के लिए कुछ करने की भी ज़रूरत है। फिर, यह भी याद रखने की ज़रूरत है कि किसी सार्थक न्यायाधारित हल पाने के लिए अर्थव्यवस्था का सशक्त होना और सही मात्रा में सही प्रौद्योगिकियों के उपयोग का होना भी उतना ही महत्त्वपूर्ण है।

ग़रीबी के परिदृश्य में एक निर्णायक मानवीय पहलू भी जुड़ा **है। इस बात** की भी काफ़ी सम्भावना है कि 2007–8 तक गरीबी पूरी तरह ख़त्म हो सकती है बशर्ते 1996 की 2128 डॉलर क़ीमतों को ग़रीबी की रेखा का आधार बना लिया जाए। व्यक्तिगत प्रयोज्य आय भी 1996 के 278 डालर के स्तर से बढ़कर 1717.1 डॉलर हो सकती है। अर्थव्यवस्था से जुड़ी अन्य विशेषताएँ भी उभर कर सामने आ सकती हैं, जैसे

* लगातार बढ़ रहा घरेलू बाज़ार
* वेतन की अर्थव्यवस्था का विस्तार
* स्व-रोज़गार की बढ़ती हुई प्रवृत्ति
* औपचारिक क्षेत्र के विकास के बावजूद अनौपचारिक अर्थव्यवस्था का विस्तार
* निर्माण-क्षेत्र और सेवा-क्षेत्र दोनों का एक-साथ विस्तार
* कृषि-क्षेत्र की आधुनिकता—ग्रामीण अर्थव्यवस्था में रूपात्मक परिवर्तन
* फ़सल-रहित आर्थिक गतिविधियों का बड़े पैमाने पर उभर कर आना
* छोटे और माध्यमिक उद्योगों में वृद्धि और पेशेवर उद्यमकर्त्ताओं और प्रविधिज्ञों के नेतृत्व में ऐसे उद्योगों का विकास
* आर्थिक क्रांति के एक नए युग का प्रारम्भ
* निर्माण, वित्त-निवेश और शोध व विकास के समाकलन में प्रौद्योगिकीय लहराव के संकेत
* धातु-आधारित उद्योगों (स्टील, एल्यूमीनियम विशेष प्रकार की मिश्र धातुओं, सीमेन्ट, कार-निर्माण, इलैक्ट्रानिक्स, मानवीय ज्ञान और हुनरों (सॉफ़्टवेयर, मीडिया, आर्थिक सेवाओं), विशेष प्रक्रिया से तैयार किए गए खाद्य-पदार्थ, औषधि और औषध-निर्माण-विज्ञान, आदि क्षेत्रों में भारत की शानदार प्रगति।

कुछ सामाजिक संकेतक

1991 में भारत में साक्षरता का 52 प्रतिशत सन् 2020 तक प्रायः 80 तक पहुँचने की आशा है। शिशुओं के जीने की अवधि में भी उल्लेखनीय वृद्धि होने की आशा है। बेहतर जीवन-शैली की आकांक्षा लिए युवाजनों की संख्या में काफ़ी वृद्धि होगी। शिक्षित और हुनरमंद व्यक्ति भारी संख्या में अपनी सेवाएँ देने के लिए उपलब्ध होंगे। इस बात की भी प्रबल सम्भावना है कि अधिकाधिक संख्या में महिलाएँ उद्यमकर्ताओं के रूप में तथा अर्थव्यवस्था से जुड़ी प्रवृत्तियों में भाग लेंगी।

हालांकि नगरों की संख्या आने वाले वर्षों में लगातार बढ़ेगी, तो भी ग्रामीणों और नगरवासियों के आपसी सम्बन्ध बढ़ते रहेंगे, आर्थिक और सामाजिक दोनों क्षेत्रों में। विश्व-अर्थव्यवस्था के साथ भारतीय अर्थव्यवस्था के लगातार बढ़ते हुए एकीकरण के मद्देनज़र नई पीढ़ी के भारतीयों द्वारा उपभोग की जाने वाली वस्तुओं के प्रयोग, रहन-सहन की शैलियों और जीवन-मूल्यों आदि में भी काफ़ी क्रांतिकारी परिवर्तन आ सकते हैं। जैसे-जैसे लोग ज़्यादा ख़ुशहाल होते जाएंगे, वैस-वैसे वे पर्यावरण की

तालिका–1.4

भारत 2020 की परिकल्पना

आय-वर्गों के अनुसार घरेलू उत्पाद और प्रति व्यक्ति घरेलू उत्पाद का विभाजन

आय-वर्ग	घरेलू उत्पाद (बिलियन डॉलरों में)				प्रति व्यक्ति घरेलू उत्पाद (बिलियन डॉलरों में)			
	1996	2000	2010	2020	1996	2000	2010	2020
निम्नतम 10%	12·47	16·1	33·7	79·1	130·1	158·8	281·9	569·2
अगला 10%	16·02	20·9	43·8	102·6	169·2	206·0	365·7	738·5
दूसरा 20%	40·30	52·8	110·3	258·7	212·8	259·7	461·0	930·8
तीसरा 20%	52·60	68·9	144·0	337·9	278·8	339·0	601·8	1215·4
चौथा 20%	70·30	92·1	192·4	451·2	371·1	452·8	803·7	1623·1
पाँचवाँ 20%	141·90	185·9	388·4	911·0	749·1	914·2	1622·7	3277·1
सबसे ऊपर का 10%	94·60	124·0	258·9	607·3	998·9	1218·9	2163·6	4369·4
कुल मिलाकर	333·0	436·4	911·72	2140·5	351·7	429·2	761·8	1538·5

नोट : (1) 1994 में आय-वितरण के ढाँचे पर आधारित। (2) देखा गया है कि विकास और असमानता में सह-सम्बन्ध स्थापित नहीं हो सकता। (3) चीन को छोड़कर, जिसके आँकड़े उपलब्ध नहीं हैं, सब देशों में आय के वितरण का यही ढाँचा है। लेकिन समझा जाता है कि ज़्यादा आय होने पर भी असमानता भी बढ़ी है।

भरपूर रक्षा करने के प्रति भी ज़्यादा संवेदनशील, जागरूक, सक्रिय और सचेत होते जाएँगे। इस बात की भी ज़ोरदार सम्भावना है कि भविष्य के भारतीय अपने स्वास्थ्य और खाने-पीने के मामलों में ज़्यादा विवेक से काम लेंगे।

हमें यह भी नहीं भूलना होगा कि आर्थिक विकास, नगरीकरण और पश्चिम के जीवनमूल्यों से अधिकाधिक सम्पर्क में आने के कारण विदेशीकरण की समस्याएँ और अलग-अलग तरह के अंतर्द्वंद्व उभरेंगे। उनके समाधान के लिए हमें सामाजिक और सांस्कृतिक स्तरों पर कुछ सोचना और करना होगा। इस मामले में मीडिया तथा सामाजिक, सांस्कृतिक व शैक्षणिक संस्थाओं और विचारकों को विशिष्ट समाधान खोजकर लोगों में उनका प्रचार करना होगा, ताकि विदेशियों की ग़लत आदतें हमारी संस्कृति को प्रभावित न कर सकें। इसमें कोई संदेह नहीं कि हमारे पूर्वजों की विज्ञान-सिद्ध परम्पराएं और संस्कार तथा उनका ज्ञान हमारे लिए बड़ा सहायक और उपयोगी सिद्ध होगा। नवीनतम सूचना-संग्रह संबंधी नई-नई प्रौद्योगिकियाँ हमें इस परम्परागत ज्ञान-विज्ञान को अक्षुण्ण रखने में बड़ी महत्त्वपूर्ण सिद्ध होंगी। देश के कोने-कोने में फैले मामूली लोगों के ग़ैरमामूली तजुर्बे भी इस दिशा में काम आएंगे।

एक विकसित भारत के सपने को आर्थिक सुधारों तथा अन्य उपायों से साकार करने का प्रयास करते समय हमें नोबेल-पुरस्कार-प्राप्त अर्थशास्त्री अमर्त्य सेन के निम्न कथन को हमेशा ज़ेहन में रखना होगा :

"मुख्य मुद्दा है, सब लोगों को सब प्रकार के अवसर प्रदान करना। लेकिन, आज इन अवसरों को दिए जाने के बारे में समझौते किए जाते रहे हैं, उनको निष्क्रिय बनाने के उद्देश्य से क़ानून बनाए जाते रहे हैं, नौकरशाही द्वारा नियंत्रण लगाए जाते रहे हैं। इस प्रकार के सब अवरोधों को समाप्त करना अत्यंत महत्त्वपूर्ण है। बड़े पैमाने पर सामाजिक अवसर देने का काम महज़ 'बाज़ारों को आज़ाद' करके पूरा नहीं होगा। उसके लिए ख़ास तौर पर, शैक्षणिक सुविधाओं और स्वास्थ्य-रक्षा जैसी बुनियादी सुविधाओं का देशव्यापी विस्तार करके इन सुविधाओं को आमदनी और साधनों के भेदभाव के बिना सब भारतीयों को देना पड़ेगा। इसके लिए आवश्यक है ऐसी आर्थिक, राजनीतिक और सामाजिक योजनाओं का क्रियान्वयन, जो हर प्रकार की असमानताओं को समाप्त कर सके। जिस दिन ऐसा होगा उस दिन हमारे देश के करोड़ों लोग एक नए आज़ाद माहौल में जाकर देश को और ज़्यादा ख़ुशहाल और गतिशील बनाने में मददगार हो सकेंगे।"

आगामी अध्यायों में हम जिस परिकल्पना का उद्घाटन करेंगे, वह भारत में रहने वाले लोगों और उनके पास उपलब्ध साधनों के आकलन पर आधारित होगा। भारत की मूल शक्तियाँ उसके राष्ट्रीय और मानवीय संसाधनों में छिपी हैं। इस प्रौद्योगिकीय परिकल्पना का लक्ष्य अपने तमाम देशवासियों को सामाजिक और आर्थिक समान अवसर प्रदान करने का है, ताकि वे इन अवसरों से प्राप्त ऊर्जा को लगातार बढ़ाते हुए, भारत को दिनोंदिन अधिक उन्नत, प्रगतिशील और सशक्त बना सकें।

चित्र 1.2 में प्रतीकात्मक रूप से इस परिकल्पना को कुछ बोलते वक्तव्यों के माध्यम से व्यक्त करने का प्रयास किया गया है। ये वक्तव्य प्रति व्यक्ति घरेलू उत्पाद,

आरेख 1.2

प्रौद्योगिक दृष्टि से सशक्त भारत की कल्पना

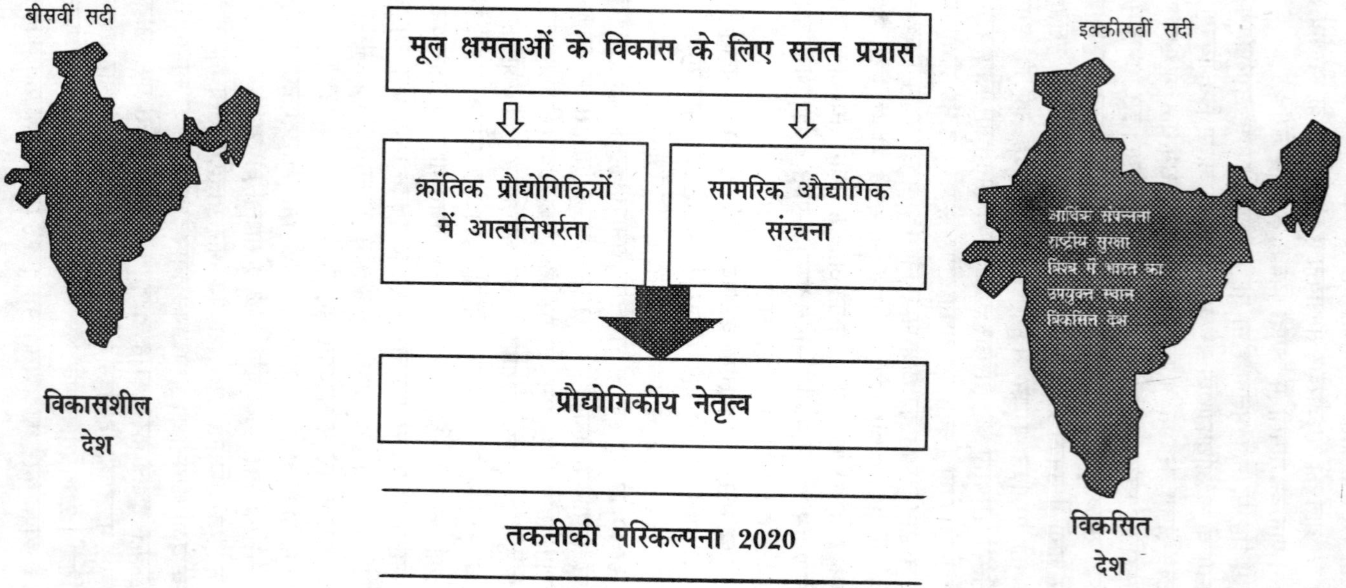

व्यापार और सामरिक शक्तियों को उजागर करने के अलावा आहार, स्वास्थ्य, शिक्षा, हुनर आदि क्षेत्रों में भारत की उपलब्धियों की ओर इशारा करते हैं, और इस ओर भी इशारा करते हैं कि किस प्रकार सब भारतीयों को अनेक सामाजिक व सांस्कृतिक अवसर प्रदान किए जा रहे हैं।

भारत और विश्व

मैं इन सब विषयों तथा उनसे जुड़े मुद्दों की चर्चा समय-समय पर करता चला आ रहा हूँ। 22 फ़रवरी, 1998 को चंडीगढ़ में 'ट्रिब्यून ट्रस्ट' द्वारा आयोजित एक सभा में मैंने जो कहा था, उसके कुछ अंश नीचे प्रस्तुत कर रहा हूँ :

"हालांकि 'शीत-युद्ध' समाप्त हो गया है, तो भी चुने हुए दाँवपेंच की नीतियाँ अभी तक अपना काम कर रही हैं, और उनके माध्यम से विकसित देश विकासशील देशों पर सैनिक और आर्थिक दृष्टि से हावी होते जा रहे हैं। कई किस्म की प्रौद्योगिकियों को भारत जैसे विकासशील देशों की पहुँच से बाहर रखा जा रहा है।

"आज हमारे सामने दो मुख्य समस्याएँ हैं। एक ओर हमारे पड़ोसियों को खुलेआम अस्त्र देकर उन्हें ताकतवर बनाया जा रहा है, और दूसरी ओर गुपचुप उन्हें प्रक्षेपास्त्रों और न्यूक्लीय अस्त्र-शस्त्र के निर्माण की जानकारी प्रदान की जा रही है। हर ओर से ऐसे प्रयास भी किए जा रहे हैं, जिससे घटिया क़िस्म की प्रौद्योगिकी हम पर थोपी जा सके। और यह काम बड़े ज़ोर-शोर से खूब ढिंढोरा पीटते हुए किया जा रहा है।

"सिर्फ़ एक ही हल है हमारे पास इस समस्या का सामना करने का—हमें पूर्णतया आत्मनिर्भर होकर, अपनी निजी प्रौद्योगिकियों को लगातार विकसित करते रहना होगा।

"अपने देश के चारों ओर नज़र डालने पर हमें क्या दिखाई देता है ? दिखाई देता है एक डरावना नज़ारा। शस्त्रों की संख्या को कम करने की घोषणा करने वाली कई संधियों पर दस्तखत करने वाले मुल्क, हमारे पड़ोसियों को खतरनाक और विनाशकारी हथियार प्रदान करके, उनके भंडार को दिन दूना, रात चौगुना कर रहे हैं।

"सर्वनाशी हथियारों का यह ज़ख़ीरा क्या इशारा कर रहा है, इस पर हम सबको जल्दी-से-जल्दी, संजीदा होकर सोचना होगा—इन हथियारों के विकास और उद्भव के बारे में, हमारे देश के लोगों की जान लेने में समर्थ उस युद्ध के तौर-तरीक़ों के बारे में, जिसका ख़तरा हमारे ऊपर मँडरा रहा है।

"आदमी का इतिहास इस बात का साक्षी है कि शुरुआती दिनों में लड़ाई आमने-सामने होती थी। बीसवीं सदी में, 1990 के आसपास तक लड़ाई उन हथियारों की मदद से होती थी जिन्हें युद्ध भूमि तक लाया जाता था। इन हथियारों में ज़मीन, समुद्र और हवा पर इस्तेमाल होने वाले टैंक, तोपें, हवाई जहाज़, पानी के जहाज़, पनडुब्बियाँ और न्यूक्लीय अस्त्र-शस्त्र और टोही हवाई जहाज़ आदि शामिल हैं। जब महाशक्तियों की टक्कर और आपसी प्रतियोगिता अपने चरम पर थी, तब परंपरागत, न्यूक्लीय और जैव हथियारों का निर्माण भी अपने चरम पर था।

"1990 के बाद से इस युद्ध का एक नया पहलू सामने आया। दुनिया में आर्थिक मोर्चे पर जंग शुरू हुई। यह जंग उच्च प्रौद्योगिकी के माध्यम से बाज़ार की ताक़तों को अपने नियंत्रण में लाने के कौशल-रूपी हथियार के इस्तेमाल से लड़ी जा रही है। इस जंग में शामिल देशों के नाम हैं–अमरीका, जापान, ब्रिटेन, फ़्रांस, जर्मनी, दक्षिण-पूर्व एशिया के कुछ देश आदि। जंग की प्रेरक शक्ति है–एक ख़ास क़िस्म के सिद्धांत पर आधारित ज़्यादा-से-ज़्यादा दौलत पैदा करना।

"आज हमारे सामने सबसे अहम सवाल यह है कि हम एक राष्ट्र के रूप में, पीछे से लड़ी जा रही, नए क़िस्म की इस जंग में, कैसे कामयाब हों। आर्थिक और सैनिक प्रभुत्व को दांवपेंच से हासिल करके आज राष्ट्रीय स्तर पर, प्रौद्योगिकी ही आर्थिक विकास की कुंजी और प्रेरक शक्ति है। अतः हमें अर्थव्यवस्था के हर क्षेत्र में राष्ट्रीय सम्पत्ति को उत्पन्न करके अपनी स्पर्धात्मक तीक्ष्णता को सान चढ़ाते रहना होगा, अपनी ख़ुद की प्रौद्योगिकियों को लगातार विकसित करते हुए। इसलिए, आज की हमारी सर्वोपरि आवश्यकता है–भारत को सबसे ताक़तवर देशों में से एक बनाना–प्रौद्योगिकी के विकास के माध्यम से।"

राष्ट्र के लिए परिकल्पना

राष्ट्रों का निर्माण कल्पनाशक्ति को उद्देश्यमूलक दिशा प्रदान करके तथा पीढ़ियों के सतत और जोशीले प्रयासों के बल पर किया जाता है। एक पीढ़ी अपनी मेहनत के नतीजों को दूसरी पीढ़ी को सौंपती है, और वह इस मिशन को और आगे बढ़ाती है। चूँकि हर पीढ़ी के लोगों के पास राष्ट्र के बेहतर भविष्य के अपने-अपने सपने होते हैं, अपनी-अपनी आकांक्षाएँ होती हैं, इसलिए वह उन्हें समग्र राष्ट्रीय परिकल्पना में जोड़ देती है, अपने योगदान के रूप में। और, यह क्रम इसी प्रकार जारी रहता है और राष्ट्र सीढ़ी-दर-सीढ़ी चढ़कर, स्वतः को नई शान, नए लाभ और नई शक्तियाँ प्राप्त करता रहता है।

पहली परिकल्पना : भारत की आज़ादी

कोई भी संस्था, समाज या राष्ट्र हो, बिना किसी परिकल्पना के उन्मत्त सागर की लहरों पर यात्रा करते हुए उस जहाज़ के समान है, जिसके पास न कोई दिशा है, न कोई उद्देश्य या लक्ष्य। बिना किसी सुनिश्चित दिशा के वह कहीं नहीं पहुँच पाता, और भटकता रहता है। परिकल्पना की स्पष्टता ही लोगों को सदा उनके लक्ष्य तक पहुँचने और उसे प्राप्त करने की प्रेरणा बनी रहती है।

हमारी पिछली पीढ़ी उन प्रतापी स्वाधीनता-सेनानियों की पीढ़ी थी, जिन्होंने महात्मा गाँधी तथा अन्य नेताओं के ओजस्वी नेतृत्व में आज़ाद भारत की परिकल्पना की थी, उसका सपना देखा था। राष्ट्र के लिए भारत के लोगों द्वारा देखा गया यह पहला सामूहिक सपना था, परिकल्पना थी। यह सपना लोगों के दिल-दिमाग़ों में उतरा, और उसी की प्रेरक शक्ति ने लोगों को आज़ादी के आंदोलन में सामूहिक रूप से शामिल होने का जोश प्रदान किया। जीवन के हर क्षेत्र से जुड़े इस सपने के प्रति

समर्पित लोगों के संयुक्त प्रयास ने ही देश को आज़ादी दिलाई।

दूसरा सपना : विकसित भारत का

अगली पीढ़ी (जिसका मैं भी एक हिस्सा हूँ) ने भारत को, पूरी ताक़त के साथ, आर्थिक, कृषीय और प्रौद्योगिकीय विकास के पथ पर अग्रसर किया। लेकिन, भारत आज भी एक लम्बे समय से विकासशील देशों की क़तार में खड़ा है। आइए, अब हम सब मिलकर, विकसित भारत का सपना देखें, उसकी परिकल्पना करें। **मुझे पूरा विश्वास है कि भारत में विकसित देशों की क़तार में खड़े होने की क्षमता मौजूद है, और उसका यह सपना अगले 15-20 वर्षों में पूरा हो सकता है।**

विकसित देश की हैसियत

एक मामूली आदमी की नज़र में विकसित देश की हैसियत क्या मायने रखती है ? इसके मायने होंगे ऐसी स्थिति, जिसके आ जाने पर, हमारी अर्थव्यवस्था में ज़ोरदार परिवर्तन होगा और वह दुनिया की सबसे ज़्यादा सशक्त और लाभप्रद अर्थव्यवस्थाओं में से एक होगी। उसकी सार्थकता भारत जैसे देश के लिए यह होगी कि देश के लोगों की सेहत बेहतर होगी, सबको ऊँचे दर्जे की शिक्षा मिलेगी, देश की सुरक्षा इतनी मज़बूत हो जाएगी कि कोई मुल्क उसकी तरफ़ आँख उठाने की हिम्मत भी नहीं कर पाएगा। कई महत्त्वपूर्ण और बड़े क्षेत्रों में उसकी मूल समर्थता और क्षमता उच्च कोटि की वस्तुओं का निर्माण और उत्पादन करने लायक़ हो जाएगी। उनका अधिकाधिक निर्यात करके देश के लोग ज़्यादा-से-ज़्यादा खुशहाल और संतुष्ट हालत में दिखाई देंगे। इस सवाल के जवाब में कि इन उपलक्ष्यों को हासिल कराने वाली कड़ी कौन-सी है, हम यह कह सकते हैं कि वह होगी राष्ट्र की प्रौद्योगिकीय शक्ति, जिसे इस विकसित हैसियत को पाने की कुंजी माना जा सकता है।

हमें अपने शक्ति-स्रोत को और अधिक सुदृढ़ करना होगा

अगला सवाल, जो ज़ेहन में आता है, वह यह है कि क्या इस सपने को साकार कर, स्थायी रूप से क़ायम रखा जा सकेगा ? इस सवाल के जवाब में हम यही कहेंगे कि इस सपने को चिरस्थायी रूप से साकार रखने के उद्देश्य से हमें अपनी राष्ट्रीय अवसंरचना को बड़े पैमाने पर, चौतरफ़ा सुदृढ़ करना होगा। और इसके लिए हमें अपने प्रचुर प्राकृतिक स्रोतों और गुणी वैज्ञानिकों और शिल्प-विज्ञानियों को इस अति-महत्त्वपूर्ण कार्य में लगाना होगा। तभी, हम अपने शक्ति-स्रोत को और अधिक सुदृढ़ और सक्षम कर सकेंगे। अधिक-से-अधिक मानव-बल की सेवाएँ स्वास्थ्य-सुरक्षा, सेवा-क्षेत्रों और इंजीनियरिंग सामान के क्षेत्रों को और अधिक कारगर बनाने के लिए प्राप्त करनी होंगी। विशेष रूप से हमें मूल क्षेत्रों जैसे कृषि-उत्पादन, खाने की वस्तुओं को विभिन्न तरीक़ों से उपयोगी बनाने की प्रक्रिया, द्रव्यों और पदार्थों जैसे क्षेत्रों और कम्प्यूटर सॉफ़्टवेयर, जैव-प्रौद्योगिकियों जैसे नए क्षेत्रों के विकास पर अपना ध्यान केंद्रित करना होगा। इन सब क्षेत्रों को सक्रिय करने वाला समान तत्त्व है—मानव

बल। उसके बिना देश में आमूल क्रांति लेने की आशा करना बेकार है। इसलिए, हमें मानव बल के समुचित विकास पर भी इस लक्ष्य की प्राप्ति के लिए पर्याप्त ध्यान देना होगा।

2020 से आगे

सन् 2020 तक भारत के विकसित राष्ट्र बन जाने की हैसियत पाने के बाद भी हमें अपनी सफलता से संतुष्ट नहीं रहना होगा। देश के सब लोगों को ज़्यादा-से-ज्यादा खुशहाल बनाने की हमारी कोशिशों का कभी कोई अंत नहीं होगा। विकसित भारत के हमारे सपने के साथ समय का तत्त्व भी जुड़ा है। बहुविध योग्यताओं और हुनरों के ज्ञान तथा प्रज्वलित मस्तिष्कों वाले लोग ही सुदूर भविष्य की ऐसी झाँकी पाने में समर्थ हो सकते हैं। हमें पूरा विश्वास है कि हमारे लोगों का आशानुकूल विकास होना सम्भव है, बशर्ते कि हम अपने लक्ष्य तक पहुँचने के लिए स्थिर मति और दृढ़ संकल्प के साथ आगे बढ़ते रहें। यही रास्ता अपना कर ही हम अपने देश के लोगों को आजीवन इस क्रांतिपूर्ण परिवर्तन से उत्पन्न लाभ दिलाते रहेंगे। उन्हें यह सुधार आँकड़ों की नज़र से नहीं, खुद अपनी नज़र से दिखाई देते रहने चाहिए।

कार्यवाही

दूसरे शब्दों में इस सपने या परिकल्पना को समूचे राष्ट्र का सपना या परिकल्पना बन जाना चाहिए। वर्तमान सरकार या भावी कोई भी सरकार आए या जाए मगर यह सपना चिरस्थायी हो जाना चाहिए। इस सपने को साकार करने के लिए हमें कई कार्यवाहियाँ करनी पड़ेंगी। इन कार्यवाहियों का एक महत्त्वपूर्ण तत्त्व होगा—अंतर्जात प्रौद्योगिकीय शक्तियाँ। देखा जाए तो सब प्रौद्योगिकियाँ मूलतः किसी मानवीय ज्ञान या अनुभव को ही अभिव्यक्त करती हैं, और समर्थक परिस्थितियों में आगे के सृजनात्मक विकास करने में समर्थ होती हैं।

हमने कई बार अपने से और दूसरों से यह सवाल किया है कि भारत ने, जिसका इतिहास हज़ारों वर्ष पुराना है, क्यों अपनी सीमाओं में वृद्धि करने और दूसरे देशों पर हावी करने का प्रयास नहीं किया ? जब इस बारे में अनेक विशेषज्ञों ने, जिनसे हमने बात की, हमें बताया कि भारत के मानस में कुछ ऐसी विशिष्टताएँ हैं, जो इस बात का संकेत देती हैं कि भारत की सोच सदा से ज़्यादा सहिष्णुता, आत्म-अनुशासन, बदला लेने से बचने, विदेशियों को शरण देने में लचीलापन, उच्चतम परम्परा के नियम का पालन, साहसिक बनने के स्थान पर व्यक्तिगत सुरक्षा पर बल देने की रही है। कुछ लोग यह भी मानते हैं कि इन विशिष्टताओं के मेल ने किसी सपने को साकार करने या किसी परिकल्पना को क्रियान्वित करने की योग्यता कम कर दी है। इन रायों की झाँकियाँ हम आगामी अध्यायों में पेश करते रहेंगे।

हमारा पक्का विश्वास है कि एक राष्ट्र के रूप में हम लोगों को निंदकता की आत्मघाती प्रवृत्ति को त्याग देना चाहिए और देश के भविष्य की ख़ातिर, एक ठोस कार्यवाही की शुरुआत कर देनी चाहिए। इस दिशा में भारत ने पहली ठोस कार्यवाही

1857 में की थी, जब देश के पूरी तरह आज़ाद होने के बीज बोये गए थे। अब दूसरी ठोस कार्यवाही हमें करनी है, देश को पूरी तरह विकसित देश बनाने की। हमारी सफल कार्यवाही हमें अपने विकसित देश के सपने को साकार करने के अधिक निकट लायेगी। शायद, आज से एक दशक बाद, हमारे मामले में सबका फ़ैसला यही हो कि हम अभी तक ज़रूरत से ज़्यादा परम्परावादी हैं, ज़रूरत से ज़्यादा सावधान हैं। हमें तब और ज़्यादा खुशी होगी यदि हमारी कार्यवाही के बारे में कहा जाए कि हम भारत को पूरी तरह विकसित बनाने की दिशा में और ज़्यादा साहसिक हो सकते थे, ज़्यादा फुर्ती दिखा सकते थे।

हमने यह अध्याय जब लिखा था, उस समय 11 मई, 1998 के न्यूक्लीय परीक्षण नहीं हुए थे। तालिकाओं में दिखाए गए आँकड़े आदि इस कारण बदल सकते हैं, लेकिन हमने अभी तक जो विश्वास व्यक्त किया, उसमें किसी तब्दीली के होने की सम्भावना नहीं है। जो भी हो, वे आँकड़े परिवर्तन की दिशाओं के संकेतक मात्र ही हैं। इन परीक्षणों पर देश-विदेश की मीडिया में जो प्रतिक्रियाएँ हुईं, उन्हें हमने देखा है। हमें उनके बारे में अनेक भारतीयों से बात करने का सुअवसर भी प्राप्त हुआ है। इन वार्ताओं के दौरान, एक ख़ास बात जिसने मेरा ध्यान बार-बार खींचा, वह यह थी कि पचास से अधिक आयु के लोग, ख़ासतौर पर ऐसे लोग जो सरकार, उद्योग और शिक्षा के क्षेत्र में उच्च पदों पर आसीन हैं, समस्याओं का सामना करने में काफ़ी हिचकिचाते हुए नज़र आए। उनका कहना था कि भारत जो भी कार्यवाही करे, उसमें उसे अन्य देशों का समर्थन अवश्य प्राप्त होना चाहिए। यह एक ऐसे देश के लिए, जिसने हाल ही में आज़ादी की पचासवीं सालगिरह मनाई थी, और जो हमेशा आत्मनिर्भरता की बातें करता रहता है, अच्छा संकेत नहीं है।

हम न दूसरों के आतंक की भावना से पीड़ित हैं, न अलगाववाद की भावना से, लेकिन यह बात हर भारतीय के मन में बैठ जानी चाहिए कि दुनिया का कोई भी देश, हमारा हाथ अपने हाथों में लेकर हमें विकसित देशों की क़तार में ले जाकर वहाँ बैठाने वाला नहीं है। हाल ही में किए गए न्यूक्लीय परीक्षण उन लगातार किए गए प्रयासों की अंतिम परिणति थे, जो देश अपनी सुरक्षा की ख़ातिर करता आ रहा था। जब ये परीक्षण मई 1998 में किए गए तब भारत को कुछ विकसित देशों द्वारा भारत के विरुद्ध लगाए गए प्रतिबंधों का सामना करना पड़ा था। ऐसा करते समय इन देशों ने जानबूझकर विश्वव्यापी विपणन, विश्वव्यापी वित्तीय प्रणालियों और विश्व-भर को गाँव बना देने की कल्पना खुद अपने हाथों ध्वस्त कर दी। फलस्वरूप भारत को अपनी मौलिक अर्थव्यवस्था विकसित करनी पड़ी, तथा व्यापार, विकास और विपणन के क्षेत्रों में अपनी अलग साामरिक नीतियाँ निर्धारित करनी पड़ीं।

ऐसा नहीं है कि इन चंद विकसित देशों की नाराज़गी सिर्फ़ भारत द्वारा न्यूक्लीय परीक्षणों के कारण ही है। कल यदि 'सॉफ़्टवेयर' के निर्यात में सारी दुनिया के बाज़ार के अच्छे-ख़ासे भाग पर भारत कब्ज़ा कर ले, और इस क्षेत्र में तीसरे, चौथे या पाँचवे नंबर पर आ जाए, तब हमें दूसरे क़िस्म की प्रतिक्रियाओं का सामना करना पड़ेगा। आज 'सॉफ़्टवेयर' या सूचना प्रौद्योगिकी के बाज़ार में भारत का योगदान बहुत मामूली

है। इसी प्रकार, यदि भारत गेहूँ, चावल या 'एग्रोफ़ूड' का बड़ा निर्यातक बनकर चार या पाँच बड़े निर्यातकों के बाज़ार को चुनौती देने में कामयाबी हासिल कर ले, तो बहुत-से मुद्दे खड़े हो जाएँगे, जिनमें वैज्ञानिक और तकनीकी भाषा में लिखी 'फ़ायटो-सेनिटरी स्पेसीफ़िकेशन्स' और विश्व के वायुमंडल की गर्मी बढ़ाने में भारत के योगदान जैसी बातों का शुमार होगा। बहुदेशीय प्रणालियाँ, जो इस मुद्दे को लेकर बनाई गई हैं, सिर्फ़ गैट (GATT) और बहुदेशीय संधियों के काग़ज़ों तक ही महदूद हैं। भारत इन सन्धियों पर हस्ताक्षर करने के लिए बाध्य था, हालांकि हमारे प्रतिनिधियों को अपने हितों की रक्षा के लिए और अधिक चौकस रखने की ज़रूरत थी। हमारे पास जो कुछ है, उसी के आधार पर हमें दूसरों का सामना करना है। हमें बहुदेशीय खेल खेलना है, विदेशी पूँजी को अपनी ओर आकर्षित करना है, संयुक्त उद्यमों की शुरुआत करनी है, और एक सक्रिय अंतरराष्ट्रीय विकसित देश की हैसियत हासिल करनी है। इस सम्बन्ध में हमें यह भी ध्यान रखना होगा कि अपना लक्ष्य ऊँचा रखनेवालों को, ज़रूरत पड़ने पर, कभी-कभी 'एकला चलो रे' के मार्ग पर भी चलना पड़ जाता है।

दक्षिण-पूर्व एशिया के देशों और जापान को अनेक आर्थिक और सामाज़िक समस्याओं से जूझना पड़ रहा है। हर देश अपने-अपने ढंग से अपनी समस्याओं के हल खोज रहा है। सबके तरीक़े जुदा-जुदा हैं। इनमें से कुछ कामयाब हो जाएँगे और कुछ नहीं होंगे। हमें विश्वास है कि आनेवाले दिनों में भारत एक महान विकसित देश के रूप में उभरेगा, और उसके सब निवासी इस यादगार कोशिश में तो भागीदार होंगे ही, उसकी खुशहाली में भी बराबर के भागीदार होंगे। इस बारे में हम इसलिए भी आशान्वित हैं कि बुज़ुर्गों में से भी ऐसे काफ़ी लोग हैं जो इस कोशिश से जुड़ी चुनौतियों का सामना करने की हिम्मत और उमंग रखते हैं। अधिकांश भारतीय साहसिक जोश से पूर्ण भारत को देखना पसंद करते हैं। उनमें, युवा पीढ़ी के ऐसे युवाजन भी हैं जो इस पेचीदा मुहिम में हिस्सा लेने को पूरे जोश के साथ तैयार हैं। उनमें से कई को भारतीय परंपरागत प्रणालियों से, जो निजी क्षेत्र में भी हैं, और सार्वजनिक क्षेत्र में भी हैं, शासन में भी हैं, और शिक्षा के क्षेत्र में भी हैं, दो-दो हाथ करने को तैयार रहना है। उन सब मुश्किलों को झेलने के लिए भी तैयार रहना है, जिनके आने की उन्हें पूरी आशा है। उनके इस दृढ़-संकल्प में ही, हमारे दूसरे सपने के साकार होने की आशाएँ छिपी हैं।

2

अन्य देशों में हो रहा विकास

किसी भी ऐसी बात पर केवल इसलिए विश्वास मत करो, क्योंकि ऐसा विश्वास करने के लिए तुमसे कहा गया है, या वह परम्परा से चला आ रहा है, या तुमने स्वयं उसकी कल्पना की थी। अपने गुरु की भी किसी बात पर सिर्फ इसलिए विश्वास मत करो, क्योंकि तुम उनका आदर करते हो। किन्तु, उस बात पर अवश्य विश्वास कर लो, जिसे तुमने स्वयं उसका विश्लेषण करके, और उसके सब पहलुओं पर विचार करके, सब प्राणियों के कल्याणार्थ सही, उचित और हितकारी पाया हो। उस सिद्धांत पर अवश्य विश्वास कर लो, और उसे अपना मार्गदर्शक मान लो।

–गौतम बुद्ध

एक राष्ट्र के रूप में अभी तक हम किसी ऐसे सिद्धान्त या मार्ग या दिशा का चुनाव नहीं कर पाए हैं, जिसे हम अपना कह या मान सकें। जब गाँधीजी ने देश को आज़ाद करने के लिए 'अहिंसा' और 'सत्याग्रह' के मार्ग को अपनाया था तो उन्होंने देश को एक नया मार्ग दिखाया था। लेकिन आज स्थिति यह है कि हम उन मार्गों की नक़ल कर रहे हैं, जो दूसरों ने अपने लिए चुने थे। भले ही वे आर्थिक नीति, उद्योग, व्यापार, विज्ञान, प्रौद्योगिकी, मीडिया या साहित्य के क्षेत्र में हों। भारत कभी उन विचारों को अपनाने में पीछे नहीं रहा, जो बाहर के लोगों ने उसे दिखाए। उसने अनेक बाहरी विचारों, संस्कृतियों और प्रौद्योगिकियों का अनुकूलन तथा अपने पर्यावरण और अपनी मेधा के उपयुक्त बना कर आत्मसात किया है। हम विदेशों में भी गए, और वहाँ भी अपनी संस्कृति को बिखेरा, फैलाया। हमने प्रौद्योगिकी के विकास में भी अपना योगदान दिया। रकाब, रॉकेट, गणित का संख्या-सिद्धांत, धातु कर्म तथा जड़ी-बूटी चिकित्सा आदि ऐसे कई उदाहरण इस सम्बन्ध में पेश किए जा सकते हैं। आज नए हालात में हम अपने क्षमतावान वैज्ञानिकों और शिल्प-विज्ञानियों को अमरीका और यूरोपीय देशों तथा अन्य देशों की अर्थव्यवस्थाओं को समृद्ध करते पाते हैं।

अपने पुराने इतिहास के किसी काल-विशेष में, हमने स्वयं अपने ऊपर विश्वास करना छोड़ दिया था, और हमारी यही मनोदशा आज तक बनी हुई है। इसी मनोदशा

के रहते एक समय ऐसा भी आया जब हमने दूसरे विचारों के अन्दर आने के दरवाज़े बन्द कर दिए और आपस में ही लड़ने-झगड़ने लगे। फिर, एक समय ऐसा भी आया, जब हमने सब विदेशी विचारों और आविष्कारों को, बिना सोचे-समझे, अंधे होकर, अपनाना शुरू कर दिया। अपनी सीमाओं के बाहर जो नए विचार और आविष्कार हमें दिखाई दिए, उन्हें हमने अपने इस्तेमाल के लिए ग्रहण कर लिया और अपनी प्रवीणताओं पर यक़ीन करना क़रीब-क़रीब छोड़ ही दिया। आज़ादी के पचास साल बाद भी यही हालत है हमारी, और इसको देखकर बड़ा दुख होता है, ग्लानि होती है। थोड़ी आशा भी बँधती है, कहीं-कहीं उजले पक्षों को देखकर।

इस मिथक को कि विदेशी हमसे हर लिहाज़ से बेहतर हैं, उन लोगों ने फैलाया है, जिनसे बेहतर सोच की उम्मीद थी। ऐसे लोग सपने में भी यक़ीन नहीं कर सकते कि हम भी प्रौद्योगिकी में श्रेष्ठता का प्रदर्शन करने की आकांक्षा कर सकते हैं। मेरे पास एक जर्मन पुस्तक है, चमकदार और सुमुद्रित। उसमें 'रिमोट सेंसिंग' पर आधारित, यूरोप और अफ़्रीक़ा के मानचित्र हैं। जब लोगों को बताया जाता है कि ये चित्र 'भारतीय रिमोट सेंसिंग सैटेलाइट' से लिए गए हैं, तब उन्हें एकदम विश्वास नहीं होता। विश्वास तब होता है, जब चित्रों के नीचे छपी लाइन दिखाई जाती है, जिसमें इस तथ्य को स्वीकार किया गया है।

थोड़ा और पीछे जाते हैं। उस ज़माने के हालात के बारे में तो हमारी सोच बदतर है। मुझे एक भोज की याद आ रही है, जिसमें अनेक भारतीय भी मौजूद थे। भोज के दौरान, बातचीत का रुख़ रॉकेट (अग्निबाण) विद्या की ओर मुड़ गया। तब यह तथ्य सामने आया कि चीनियों ने एक हज़ार साल पहले बारूद की ईजाद की थी और तेरहवीं सदी में हुई एक लड़ाई में बारूद-चालित अग्निबाण का प्रयोग किया था। बहस के दौरान, मैंने अपनी उस कोशिश का ज़िक्र किया जो मुझे लंदन में टीपू सुलतान के उन दो राकेटों को वूलविच के रॉटुंडा अजायबघर में करनी पड़ी थी। टीपू ने उन दोनों राकेटों का प्रयोग श्रीरंगपट्टन की दो लड़ाइयों में किया था। मैंने कहा कि ऐसा प्रयोग किसी सेना द्वारा दुनिया में पहली बार हुआ था। मैंने यह भी कहा कि अंग्रेज़ों ने उन रॉकेटों का बारीकी से अध्ययन कर उनमें काफ़ी सुधार कर, उनका उपयोग यूरोप में हुई अपनी लड़ाइयों में किया था। यह सुनकर, वहाँ मौजूद एक वरिष्ठ भारतीय ने फ़ौरन यह निष्कर्ष निकाल लिया कि ज़रूर टीपू ने यह प्रौद्योगिकी फ़्रांसीसियों से सीखी होगी। मैंने बड़ी विनम्रता से उनसे कहा कि यह सच नहीं है। मैंने कहा कि मैं उन्हें एक पुस्तक दिखा सकता हूँ, जिसमें मेरी बात को प्रमाणित किया गया है। यह किताब प्रख्यात अंग्रेज़ वैज्ञानिक सर बरनार्ड लॉवेल ने लिखी है, और उसका नाम है, 'द अरिजिंस एंड इंटरनेशनल इकॉनामिक्स ऑफ़ स्पेस एक्सप्लोरेशन' (अंतरिक्ष खोज की अंतरराष्ट्रीय अर्थव्यवस्था का उद्भव)। टीपू सुलतान के रॉकेटों का अध्ययन करने के बाद, उसके आदि प्ररूप के सुधरे हुए रूप का प्रदर्शन 1805 में प्रधानमंत्री विलियम पिट और युद्ध-सचिव लॉर्ड कैसिलरीग के सामने किया। प्रदर्शन से प्रभावित होकर दोनों ने उसका प्रयोग अक्तूबर 1906 में बोलोन बंदरगाह के समीप नेपोलियन के विरुद्ध अंग्रेज़ों के हमले में किया। तत्पश्चात्,

इन रॉकेटों का प्रयोग अंग्रेज़ों द्वारा अगस्त-सितम्बर 1807 में कोपेनहेगन के हमले में भी किया गया। अप्रैल 1800 में यह प्रयोग रोशेफ़ोर्ट के निकट पड़ाव डालनेवाले फ़्रांसीसी नौसेना के बेड़े पर भी किया गया।

मेरे भारतीय मेहमान ने पुस्तक को ध्यान से देखा, पहले भाग के उन अंशों पर भी निगाह डाली, जिसकी ओर मैंने इशारा किया था, बाक़ी पृष्ठों को हल्के-से फरफराया और 'दिलचस्प' कहते हुए किताब मुझे लौटा दीं। क्या सब कुछ पढ़ने के बाद, उन्हें भारत और भारतीय सृजनात्मकता पर गर्व हुआ होगा ? मुझे नहीं मालूम। लेकिन, यह सच है कि भारत में रहने वाले लोग अपने सृजनशील नायकों को भूल गए हैं ? विलियम कॉन्ग्रेव ने टीपू सुल्तान के रॉकेटों में जो सुधार किए, उनका पूरा वर्णन इसमें मौजूद था, लेकिन टीपू के वंशज हम लोगों को यह तक नहीं मालूम कि टीपू के इंजीनियर कौन थे, और वे कैसे बड़े पैमाने पर रॉकेटों का निर्माण करते थे ! हमारे सामने सर्वाधिक निर्णायक कार्य है अपनी पराजयवादी मानसिकता से मुक्ति पाना। वह मानसिकता जो हमारे बुद्धिजीवियों और होनेवाले शासक वर्ग के मानस और सोच में बहुत गहरे तक पैठ गई है जिसने उसे पूरी तरह भाग्यवादी बना दिया है। इस पराजयवादी मानसिकता के कारण ही वे कभी यह विश्वास नहीं कर पाते कि भारत में किसी भी प्रकार का नया सृजन होना सम्भव है।

अन्य देशों में हो रहे विकास कार्यक्रमों के बारे में पढ़ना और सुनना सुखद लगता है। तो भी, हमारे देश के लिए क्या अच्छा और सही है, इसका आख़िरी फ़ैसला हमारे देश के लोगों को ही करना है। उसका रूप-आकार वे ही तय करेंगे। इस बात को ध्यान में रखते हुए, आइए, यह देखें कि अन्य देशों ने किन-किन तरीक़ों से अपने-अपने विकास किए हैं, और कैसी-कैसी परिकल्पनाएँ की हैं अपने देश के बहुमुखी विकास के लिए।

अमरीका और यूरोप

अमरीका आज एक महान आर्थिक शक्ति है। पिछली दो सदियों में निरंतर विकास करते हुए, वह एक प्रमुख औद्योगिक, व्यापारिक और सैन्य महाशक्ति बना है। उसके शानदार विकास के पीछे है—उसके प्रचुर प्राकृतिक स्रोत और एक साहसी, जीवट से पूर्ण जाति के लोगों की कर्मठता। इन गुणों और साधनों के बल पर ही वह एक अग्रणी प्रौद्योगिकी शक्ति बन पाया है। अपने सपनों का विकसित अमरीका साकार करने का श्रेय जिन महान अमरीकियों को जाता है, उनमें से कुछ रिचर्ड ब्रानसन, एंड्रयू कार्नेगी, जार्ज ईस्टमैन, थॉमस एडीसन, हैनरी फ़ोर्ड, किंग जिलेट, ली इआक्कोका, विलियम लियर, हैलेना रुबैन्सटीन और पिछले दिनों खरबपति हुए बिल गेट्स आदि हैं।

अपने-अपने क्षेत्रों में सफलतम प्रयास करने वाले इन सब ख्यातनाम उद्यमियों की पृष्ठभूमि काफ़ी रोचक है। संगीत से संबंधित उत्पादों के साम्राज्य-निर्माता रिचर्ड ब्रानसन वकीलों के एक ऐसे परिवार में जन्मे थे, जहाँ हाई स्कूल की पूरी शिक्षा पाने का सौभाग्य भी परिवार के किसी सदस्य को नहीं मिला था। अमरीकी स्टील उद्योग के पर्याय माने जाने वाले एन्ड्रयू कार्नेगी एक ग़रीब कपड़ा बुनकर के बेटे

थे, और उन्हें औपचारिक शिक्षा का लाभ कभी नहीं मिला। एक मामूली किसान के बेटे हैनरी फ़ोर्ड ने न सिर्फ़ अपने ज़माने में विशालतम कम्पनी की स्थापना की, निर्माण-तकनीकों की दुनिया में एक नई क्रांति को भी जन्म दिया। इन सब महान उद्यमियों में जो समान विशेषता देखने को मिलती है, वह है एक परिकल्पना के प्रति एकान्त निष्ठा और उसे सफल बनाने के लिए ज़रूरी दृढ़-निश्चयी कर्मठता। लेकिन अमरीका के सर्वोच्च राष्ट्र बनने के पीछे अनेकानेक जातियों के सम्मिश्रण से बने इस राष्ट्र के लोगों का कठोर श्रम और अपार प्राकृतिक संसाधन तो हैं ही, एक अनन्य विशेषता भी है, जो अमरीकी राष्ट्र की विशिष्ट पहचान बन गई है, यानी सर्वोत्तम को मान्यता प्रदान करना, और सर्वोत्तम लोगों से सर्वोत्तम परिणाम पाने की ललक।

अमरीका में थे, और आज भी हैं, हज़ारों लघु-उद्योगों के उद्यमी और उपकर्मी, और जोखिम उठाने वाले पूँजीपति, जो उनके नए-नए उद्यमों में पूँजी लगाने की हिम्मत रखते हैं। सैकड़ों ऐसे शोधकर्ता भी हैं, जिनके सीनों में विज्ञान और प्रौद्योगिकी के नए-नए क्षितिजों को छूने की आग धधकती रहती है। इनके अलावा, ऐसी अनेक कम्पनियाँ, व्यावसायिक संस्थान भी हैं, जैसे मर्क, बैल लेब्स (प्रयोगशालाएँ) 3 एम, ह्यूलेट-पैकार्ड, मार्टिन मारियेटा, ड्यूपॉन्ट, सिटीकॉर्प, वाल-मार्ट-आई.बी.एम. और कॉम, पैक। इन सबके पास दूरगामी विकास की परिकल्पनाएँ हैं। उन्होंने प्रौद्योगिकीय श्रेष्ठता और मूल शक्ति-स्रोत को पाने के उद्देश्य से जारी किए गए शोध-कार्य में विशाल राशियाँ निवेश की हुई हैं। शोध-कार्य की अनेक असफलताओं के बावजूद, अमरीकी कम्पनियों ने अपने उद्देश्यों के सफलीभूत होने की अटूट आशा को नहीं छोड़ा है।

अमरीकी प्रणाली में, समाज और उपभोक्ताओं के विभिन्न स्तरों पर प्रौद्योगिकीय नेतृत्व की परिकल्पनाओं को मान्यता प्रदान कर दी गई है। इस कारण, अमरीकी शासन की भूमिका सुरक्षा, अन्तरिक्ष और परमाण्वीय ऊर्जा जैसे बड़े क्षेत्रों तक पहुंच गई है।

अमरीकी राष्ट्रपति जॉन कैनेडी ने किसी अमरीकी को चाँद पर भेजने का सपना देखा था। अन्तरिक्ष में सबसे पहले जाने का श्रेय सोवियत रूस को मिल चुका था, यह एक सर्वविदित तथ्य है। अपने प्रतिद्वंद्वी की इस चुनौती को स्वीकार कर, इस स्पर्धा में रूस से आगे रहने की होड़ में अमरीका ने सफलता प्राप्त की, अपनी सरकार जनता और अंतरिक्ष-विज्ञानियों के आपसी सहयोग से। इस शानदार सफलता के परिणामस्वरूप अमरीका को अन्य लाभ भी हुए।

कैनेडी के बाद आए राष्ट्रपतियों ने भी बार-बार इस बात पर बल दिया कि प्रौद्योगिक-समर्थताएँ आगे चल कर, अमरीकियों को नए-नए रोजगार के अवसर तो देती ही हैं, मानवता की विभिन्न आवश्यकताओं की पूर्ति के नए-नए मार्ग भी खोलती हैं। राष्ट्रपति क्लिंटन ने इक्कीसवीं सदी के प्रारंभिक दशकों में ऐसी ऊर्जा-सुरक्षा का आवाहन किया है, जो ऊर्जा-स्रोतों के आयात की व्यवस्था से पूरी तरह आज़ाद होगी। उनके इस आवाहन के पश्चात् ऊर्जा के अनेक नए क्षेत्रों को विकसित करने और तत्सम्बन्धी खोज प्रारम्भ हो गई है। अमरीका की सुरक्षा के मामले में विदेशी सरकारों

पर निर्भरता को कम करने या पूरी तरह समाप्त करने की योजनाओं को भी हाथ में लिया गया है। अमरीका की सामरिक और सैनिक योग्यताओं और सामर्थ्य बेहतर और अधिक परिष्कृत प्रौद्योगिकियों की मदद से और अधिक विकसित की जाएगी। ऐसी ही कुछ योग्यताओं और समर्थताओं का प्रदर्शन दुनिया को 1991 के खाड़ी युद्ध में देखने को मिला था।

यद्यपि अनेक क्षेत्रों में अमरीका के नेतृत्व को दूसरी शक्तियों ने काफी घटाया भी है, तो भी प्रौद्योगिकी के अनेक क्षेत्रों में आज भी वे बढ़त बनाए हुए हैं। अपनी इसी अग्रणी प्रौद्योगिकीय सामर्थ्य के बल पर वह आज दुनिया की राजनीति, संस्कृति, व्यापार तथा अन्य क्षेत्रों में हावी होता दिखाई देता है।

इसके विपरीत ब्रिटेन ने (जिसके लोग कभी गर्व से कहा करते थे कि सूर्य उनके साम्राज्य में कभी अस्त नहीं होता) कभी अपनी प्रौद्योगिकीय परिकल्पनाओं को उजागर नहीं किया। वैसे, हाल में उसने अपने 'टैक्नॉलॉजी फोरसाइट प्रोग्राम' के नाम से एक योजना आरम्भ की है। जर्मनी ने भी अपने देश की भावी प्रौद्योगिकीय प्रगति की सम्भावनाओं का प्रक्षेपण करने के लिए जापान के 25-वर्षीय प्रौद्योगिकीय परिकल्पनाओं से जुड़ी योजना को आधार बनाकर एक कार्यक्रम बनाया है। फ्रांस में, वहाँ की सरकार हमेशा से मूल प्रौद्योगिकीय समर्थताओं को सैन्यशक्ति, वैमानिकी, इलैक्ट्रानिक्स, जैव-प्रौद्योगिकी आदि क्षेत्रों के लिए विकसित करने में अपनी सहायता प्रदान करने के लिए सक्रिय रूप से तत्पर रहती है। उसकी यह भूमिका आज भी बरकरार है, और फ्रांस विश्व-प्रौद्योगिकीय परिदृश्य में एक प्रमुख भागीदार के रूप में अपनी भूमिका निभाने के लिए कृतसंकल्प है। उसे अपनी बेहतर प्रौद्योगिकी पर नाज़ है। महज़ पाँच लाख की आबादी वाला नन्हा-सा देश फिनलैंड भी अपनी प्रौद्योगिकीय सामर्थ्य को किसी से कम नहीं आँकता। यह नन्हा-सा देश परिवेशानुकूल कागज और दूरसंचार के क्षेत्र में अग्रणी नेता माना जाता है।

इन सारी परिकल्पनाओं के पीछे व्यक्तिगत शोध, राष्ट्रीय सरकारों और निजी संस्थाओं की रपटों का हाथ रहता है। यूरोपियन यूनियन भी प्रौद्योगिकीय सामर्थ्य को बहुत अधिक अहमियत देती है। अपने इस उद्देश्य के मद्देनजर उसने कई प्रौद्योगिकीय पूर्वानुमान करने वाली अनेक संस्थाओं को नियमित रूप से अपनी-अपनी रपटें भेजने की व्यवस्था कर रखी है। इन रपटों के निष्कर्षों का प्रकाशन करने वाले वर्ग जिन क्षेत्रों को अधिक महत्त्वपूर्ण मानते हैं, वे हैं—उन्नत पदार्थ, इलैक्ट्रानिक्स और सूचना-प्रौद्योगिकियाँ, जैव-प्रौद्योगिकी , उन्नत निर्माण-तकनीक (जिनमें डिजाइन, रोबोटिक्स, और कैड/केम कम्प्यूटर की मदद से बने डिजाइन, और निर्माण-कार्य प्रमुख हैं)। जैसाकि एक लेखक ने लिखा है, प्रौद्योगिकी के क्षेत्रों के बारे में टोकियो से ब्रूसेल्स से न्यूयार्क तक सहमति है। लेकिन, उनके अन्य प्रौद्योगिकियों को अधिक महत्त्व देने और कई विभिन्नताओं के विस्तार में थोड़ा अंतर हो सकता है। हर देश को अपनी आवश्यकताओं के अनुरूप अपने-अपने संतुलन खोजने पड़ते हैं।

भारत ने भी, इसी प्रकार अपने खुद के संतुलन की खोज पूरी कर ली है। इसमें पाँच हज़ार से अधिक भारतीयों ने अपने सामूहिक और सृजनात्मक चिंतन से

यह खोज की। उनकी इस खोज की कहानी को हम आगामी अध्यायों में सुनाएँगे। इस अध्याय में हम मलेशिया, चीन, जापान, कोरिया और इज़राइल द्वारा अपनाई गई प्रौद्योगिकियों का विश्लेषण करेंगे, और यह भी जानेंगे कि हम इस विश्लेषण से क्या कुछ सीख सकते हैं।

मलेशिया

पिछले एक दशक की अवधि में मलेशिया ने दुनिया में अपनी एक विशिष्ट छाप बनाई है। उसके लोग आज पहले से अधिक सम्पन्न हैं, और उनकी आर्थिक स्थिति पहले से कहीं बेहतर है। उसकी इस सम्पन्नता का राज़ उसकी बाग़-बाग़ान की अर्थव्यवस्था की शानदार सफलता में छिपा है। सिर्फ़ बाग़-बाग़ान पर आधारित उसकी अर्थ-व्यवस्था को आज आधुनिक विश्व की सफलतम अर्थ-व्यवस्थाओं में एक माना जाता है। इसका श्रेय जाता है मलेशिया के प्रधानमंत्री महाथिर मोहम्मद की स्पष्ट परिकल्पना को, जिसे मलेशिया के लोगों ने बड़े जोश-खरोश के साथ अपनाया।

1996 में अपनी भारत-यात्रा के दौरान भारतीय उद्योगों के महासंघ द्वारा आयोजित एक समारोह में उन्होंने 'मल्टी-मीडिया' की एक प्रस्तुति के माध्यम से 'इंडिया'ज़ टैक्नॉलॉजी विज़न 2020' की झाँकियाँ देखी थीं। उन्होंने भारत के सुपर कम्प्यूटर 'अनुराग' ए.डी.ए. एयरोनॉटिक्स डेवलपमेंट एजेन्सी के सॉफ्टवेयर कैड/कैम को भी देखा। उन्होंने टाइटेनियम उत्पादों और मिश्रित उत्पादों के मूल्यों आदि के बारे में भी जानकारी प्राप्त की। बाद में उन्होंने भारतीय दर्शकों के साथ अपने देश की 'प्रौद्योगिकी मिशन 2020' देखी, और अंत में कहा : "हमारी 2020 परिकल्पना का अर्थ है—परिपूर्ण परिकल्पना", हमें याद दिलाते हुए कि वे मूलतः एक डॉक्टर हैं।

मलेशिया ने अपनी एक कुशल सामरिक नीति निर्धारित की है, जिसका लक्ष्य है—2020 तक एक पूर्ण विकसित देश के रूप में उभरना। इसके अन्तर्गत आर्थिक, सामाजिक, राजनीतिक, आध्यात्मिक, सांस्कृतिक व मनोवैज्ञानिक आदि सब क्षेत्रों में बहुमुखी विकास होगा। महाथिर मोहम्मद के शब्दों में, इस नीति के अनुसार राष्ट्र और उसके प्राकृतिक परिवेश और पर्यावरण का संतुलित विकास होगा, जो एक सशक्त वैज्ञानिक और प्रौद्योगिक सामर्थ्य पर आधारित होगा। विकास योजना केन्द्रित होगी न सिर्फ स्टील, पैट्रोलियम और रसायन जैसे बड़े निर्माण-क्षेत्रों पर, अपितु उन्नत और प्रगत मायक्रो-इलैक्ट्रॉनिक्स, उपभोक्ता उत्पादों, कम्प्यूटरों और दूर-संचार जैसे इतर क्षेत्रों पर भी। इस योजना के अन्तर्गत सीधे विदेशी निवेश प्राप्त करने की योजना भी है। योजना-काल में स्वदेशी निपुणता द्वारा निर्मित उत्पादों के निर्माण की सम्पूर्ण डिजाइन-योग्यता भी प्राप्त कर ली जाएगी। इस ज़ोर का अपना अलग महत्त्व है—अपने डिजाइन के अनुसार अपने उत्पादों का निर्माण विकसित योग्यता का निर्णायक संकेतक है।

तैयार माल और सेवा क्षेत्र में लक्ष्य रहेगा, माल के निर्माण और उसके वितरण

की मूल्यवत्ता में वृद्धि। जिन क्षेत्रों को मलेशिया ने अपना लक्ष्य बनाया है, वे हैं—प्रगत निर्माण-प्रौद्योगिकियाँ और टिटेनियम उत्पाद और उन्नत मिश्र उत्पाद। इन्हीं उत्पादों के बारे में मलेशिया के प्रधानमंत्री ने भारत में सवाल पूछे थे।

विज्ञान और प्रौद्योगिकी से जुड़ी योजनाओं में मुख्य है—मलेशिया की सरकार की योजना-घरेलू उत्पाद की शोध में लगी राशि को दुगुना करना। इससे सम्बन्धित परिकल्पना उन युद्ध-नीतियों को स्पष्टता से उजागर करती है, जिनके सहारे मलेशिया प्रौद्योगिकी के अनेक क्षेत्रों में अग्रणी होने का इच्छुक है। वह न सिर्फ गहन प्रौद्योगिकी से उत्पन्न पदार्थों का निर्यातक बनने का इच्छुक है, वरन् यह भी चाहता है कि वह मायक्रो-इलैक्ट्रॉनिक्स तथा अन्य क्षेत्रों की प्रौद्योगिकियों का जनक भी बने। अपनी एक अन्य महत्त्वपूर्ण योजना के अनुसार मलेशिया अपने कई इलाकों को एक बहुत बड़े और शानदार 'मल्टीमीडिया कॉरिडॉर' में भी परिवर्तित करना चाहता है।

इन योजनाओं के अतिरिक्त भी मलेशिया की कई और योजनाएँ हैं, जो पर्यावरण की सुरक्षा के पहलुओं से जुड़ी हैं। उल्लेखनीय है कि अपनी तेज़ प्रौद्योगिकीय प्रगति के बावजूद, मलेशिया ने अपने वनों को सुरक्षित रखा है। मलेशिया की भूमि का 60 प्रतिशत भाग अभी तक वनों में है, और उसने अपनी वनीय सम्पदा और संसाधनों को सुरक्षित रखा है। मलेशिया पर्यावरण की सुरक्षा के सभी कार्यक्रमों के प्रति पूरी तरह से समर्पित है। अपनी नीतियों के घोषणा-पत्र में उसने कहा है कि "पर्यावरण से जुड़ी समस्याओं का समाधान न एकपक्षीय कार्यवाही से सम्भव है, न द्विपक्षीय कार्यवाहियों से, उनका समाधान सम्भव होगा, पूर्णतावादी बहुपक्षी और बहुद्देशीय दृष्टि अपना कर। मलेशिया की भावी योजनाओं में अवसंरचना (इन्फ्रास्ट्रक्चर) के विकास पर भी पूरा ध्यान दिया गया है। सारा मलेशिया राष्ट्र और उसके विकास में रुचि लेने वाले दल सभी उत्साहित हैं और मलेशिया को एक नए विकसित व सुखी, सम्पन्न राष्ट्र बनाने की दिशा में अग्रसर कर रहे हैं, पूरा सक्रिय सहयोग देने के वायदे के साथ।

चीन

दो देशों की तुलना करना बड़ा मुश्किल काम है। कारण, ऐसा करते समय बहुत-सी बातों और तत्त्वों को ध्यान में रखना पड़ता है, जैसे उसका आकार, संस्कृति, इतिहास, भूगोल, प्राकृतिक निधि, भौगोलिक राजनीति व राज्य व्यवस्था आदि। छोटे देश बड़े लक्ष्यों को प्राप्त तो कर सकते हैं, लेकिन कभी-कभी उनके लिए, पर्याप्त पूँजी होते हुए भी बड़ी प्रौद्योगिकीय योजनाओं को हाथ में लेना इसलिए कठिन हो जाता है, क्योंकि उनका अपना घरेलू बाज़ार बहुत छोटा है। बड़े देशों की बात करते समय, हमारे ज़हन में भारत के साथ-साथ चीन का नाम भी आ जाता है। दोनों में काफी समानताएँ हैं, लेकिन कई निर्णायक असमानताएँ भी हैं।

चीन का सपना इक्कीसवीं सदी के मध्य-स्तर के विकसित देशों की क़तार में जगह पा लेने का है। इस आशा में केन्द्र निर्णायक भूमिका निभाएगा। देश का आर्थिक और सामाजिक विकास विज्ञान व प्रौद्योगिकी के क्षेत्रों में उसकी प्रगति पर आधारित होगा।

चीन की इस परिकल्पना का वर्णन करने वाले दस्तावेज में कहा गया है कि विज्ञान और प्रौद्योगिकी मुख्य उत्पादक शक्तियाँ हैं, जो अपनी क्रान्तिकारी ताक़त से देश को आर्थिक और सामाजिक विकास की दिशा में धकेल सकती हैं। दिलचस्प है यह जानना कि अपने पिछले प्रदर्शनों की असफलताओं से चीन ने जो सबक सीखे हैं, उनमें प्रमुख है—समर्थता प्राप्त करने के लिए लगातार विज्ञान और प्रौद्योगिकी के नाना क्षेत्रों का बहुमुखी विकास, जिसकी ओर ध्यान न देने के कारण ही उसे बार-बार असफल होना पड़ा था। आर्थिक गतिविधियों की क्रियाविधियों और प्रेरणाओं का अभाव तथा विज्ञान और प्रौद्योगिकी को दाँव-पेंच का अंग न बना पाने के कारण उनका विज्ञान और प्रौद्योगिकी पर निर्भर रहना नाकाम साबित हुआ था। दस्तावेज में यह भी स्वीकार किया गया है कि देश के वैज्ञानिक और प्रौद्योगिकीय प्रयास चूँकि आर्थिक विकासोन्मुखी नहीं थे इसलिए वे बेअसर रहे। परिणामस्वरूप उन्होंने अन्त में यह माना है कि अनेक वैज्ञानिक और प्रौद्योगिकीय उपलब्धियाँ, चीन की तात्कालिक आर्थिक और सामाजिक ज़रूरतों से बहुत दूर होने की वजह से उत्पादनकारी ताक़तों में तब्दील नहीं हो सकीं। अतएव नई चीनी परिकल्पना का लक्ष्य स्टेट-ऑफ-द-आर्ट विज्ञान और प्रौद्योगिकी को राष्ट्र की संपूर्ण शक्ति और क्षमता को बढ़ाने, लोगों के रहन-सहन के स्तर को ऊँचा करने, बड़े पैमाने पर हुए औद्योगिक और कृषि-उत्पादन से उत्पन्न समस्याओं के हल ढूँढ़ने, बढ़ती हुई आबादी, संसाधनों और पर्यावरण के दबावों पर प्रभावी नियंत्रण पाना होगा।

सन् 2000 तक चीन अपने औद्योगिक क्षेत्रों को उन प्रौद्योगिकीय स्तरों तक लाना चाहेगा, जहाँ तक विकसित देश 1970 या 1980 तक पहुँचने में सफल हुए थे, और 2020 तक उस स्तर पर जिस तक वे इक्कीसवीं सदी के प्रारंभिक वर्षों में पहुँचने में सफल होंगे। लक्ष्य है क्रमशः विकसित विश्व से दूरी को पाटना। उन उच्च प्रौद्योगिकियों की शोध और विकास पर विशेष ज़ोर दिया गया है, जिनके प्रयोग से सुरक्षा ज़्यादा कारगर बन सके। इनमें से कुछ प्रौद्योगिकियाँ खास परम्परागत हथियारों की विशेषताओं में सुधार लाएँगीं और इस प्रकार क्रांतिक बन जाएँगी। कुछ प्रौद्योगिकियाँ भावी सैन्य-योग्यताओं में वृद्धि करेंगी। अन्य प्रयासों का उद्देश्य भी सैन्य-योग्यताओं और हथियारों को और ज़्यादा विनाशक, घातक और क़ातिल बनाने का है। यह प्रौद्योगिकियों को अधिक प्रभावी बनाकर ही किया जा सकता है। इस बारे में भी अथक प्रयास करते रहने का कार्यक्रम है कि आत्म-रक्षा के सामरिक उपायों को अधिक प्रभावी और धारदार बनाया जाए, न्यूक्लीय बाधक और निवारक दोनों समर्थताओं को भी उस स्तर का बनाया जाए, ताकि वह सुरक्षा, विज्ञान और प्रौद्योगिकी के सब क्षेत्रों में विकसित विश्व के सभी देशों के बराबर आ सके।

आधारभूत सिद्धान्त यह है कि देश आर्थिक विकास विज्ञान और प्रौद्योगिकी से प्रेरित और संचालित हो और आर्थिक विकास प्रौद्योगिकीय सिद्धान्तों के अनुकूल हो ताकि दोनों एक दूसरे को सँजोए रहें, बढ़ावा देते रहें, और दोनों का सामंजस्यपूर्ण विकास होता रहे।

यहाँ हम नीचे चीनी परिकल्पनाओं की (जिस सीमा तक वे चीनी अर्थव्यवस्था

के विभिन्न क्षेत्रों से सम्बन्धित हैं) कुछ झाँकियाँ प्रस्तुत करते हैं :

● भोजन के नए स्रोतों की जानकारी प्राप्त करने के सब मार्ग खुले रहने चाहिए, प्रोटीन के नए संसाधनों और मिश्रित पशु-भोजन के नए प्रकारों को विकसित करते रहना ज़रूरी है। शहरी और ग्रामीण दोनों क्षेत्रों के निवासियों के आहार में सुधार करने के उद्देश्य से बहुविध खाद्य-पदार्थों का उत्पादन और बाग़-बाग़ान के साधनों व स्रोतों का विकास हो।

● संकर और आनुवंशिक इंजीनियरिंग का अधिकतम लाभ लेकर उत्तम श्रेणी तथा अधिक उत्पन्न करने वाले या ज्यादा फ़सल देने वाले पौधों और पशुओं की अधोन्मुख प्रजातियों को पैदा करने का सूक्ष्म अध्ययन किया जाए।

● कृषि-उत्पादों की गुणवत्ता पैदावार को ज़ोरदार ढंग से बढ़ाने के उद्देश्य से इन सब तत्त्वों के शोध और विकास-कार्यक्रम को ज़्यादा मजबूती प्रदान की जाए।

● कृषि और नगरक (टाउनशिप) उद्यमों को आधुनिक बनाया जाए। औद्योगिक प्रौद्योगिकियों के विकास द्वारा कृषि-उत्पाद के भंडारण, यातायात, संसाधन, पैक करने आदि की सहायता से उनका इस्तेमाल हो।

● गाँवों में काम करने वाले मजदूरों को आवश्यक सुझाव देकर, गाँवों के विकास और उन्हें उन्नत बनाने वाले कामों में लगाया जाए।

● बहुत अधिक माल ढोने वाले रेल-यातायात और द्रुत मुसाफिर रेल लाइनों की रवानगी को 200 किलोमीटर प्रति घंटा तक लाने में मददगार बनाने वाले शोध और विकास कार्यक्रम में तेज़ी लाई जाए।

● इलैक्ट्रॉनिक साज-सामान और मशीनों के पुर्जों की प्रौद्योगिकीय और औद्योगिक सामर्थ्य को और अधिक शक्तिशाली किया जाए।

● 'मैकाट्रॉनिक्स' के क्षेत्र में नवीकरण की गति को और बढ़ाया जाए।

● उपभोक्ताओं के लिए सामान तैयार करने वाले उद्योगों में वैज्ञानिक और प्रौद्योगिकीय निवेश और योगदान को बढ़ाया जाए। गाँव वालों और शहर के लोगों के लिए बनने वाले घरों के निर्माण डिजाइन और प्रबंधन के तकनीकी स्तर में सुधार हो।

● सामाजिक और सार्वजनिक सुविधाओं और सेवा-उद्योग के तकनीकी स्तर को ऊँचा उठाया जाए।

● माइक्रो-इलैक्ट्रॉनिक्स और कम्प्यूटर-प्रौद्योगिकी में मायक्रोन और सब-मायक्रोन सिलिकॉन अंगभूत सर्किट डिज़ाइनों, निर्माण और परीक्षण केंद्रों और ऑप्टो-इलेक्ट्रॉनिक समाकलन प्रौद्योगिकियों, सुपर हाई-परफॉरमैन्स पैरेलल कम्प्यूटरों और व्यावसायिक सॉफ्टवेयर इंजीनियरिंग, न्यू ज़ैनेरेशन कम्प्यूटर, कृत्रिम बुद्धि, रोबोविषयक प्रौद्योगिकी में विकास की प्रक्रिया तीव्र हो।

● भोजन, स्वास्थ्य, सम्पत्ति, सम्पदा, पर्यावरण तथा अन्य बड़ी समस्याओं को हल करने के लिए जैव-प्रौद्योगिकी का प्रयोग एक प्रभावशाली उपाय और साधन के रूप में हो।

● मूलभूत परिवर्तनों को लाने और परम्परागत प्रौद्योगिकी में प्रवेश करने के

उद्देश्य से प्रगत ठोस उपाय किए जाएँ।

● अंतरराष्ट्रीय क्षेत्र में अपनी स्थिति बनाए रखने के उद्देश्य से 'एयरोस्पेस' प्रौद्योगिकी में विकास हो और अपने देश के अन्तरिक्ष यात्री को अन्तरिक्ष में भेजा जाए।

● ऊर्जा की बढ़ती माँग को पूरा करने के उद्देश्य से गैस पाइप लाइनों के तंत्र का विकास हो।

● विदेशों में स्रोत ऊर्जा की पूर्ति बढ़े।

जैसा कि इस पुस्तक के आगे के अध्यायों को पढ़ने से मालूम होगा, चीन और भारत की दीर्घकालिक योजनाओं और परिकल्पनाओं में अनेक समानताएँ हैं। हालाँकि दोनों योजनाओं और परिकल्पनाओं के बारे में अलग-अलग समय पर अलग-अलग परिस्थितियों में विचार हुआ, तो भी दोनों के मूल तत्त्व समान ही हैं।

जापान

एक प्रकार से, जापान को एक ऐसा देश माना जा सकता है जिसने किसी समूचे देश में एक दीर्घकालिक प्रौद्योगिकीय परिकल्पना व्यवस्थित रूप से करने का मार्ग प्रशस्त किया। उनकी यह अनूठे ढंग की पहली कसरत काफी हद तक सही कदम मानी जा सकती है। वजह यह है कि व्यापारिक एजेंसियों, उद्योगों, प्रयोगशालाओं, विश्वविद्यालयों, वित्तीय संस्थाओं और सरकारी एजेंसियों के माध्यम से की गई परिकल्पना जिसमें जापानी विशेषज्ञों ने अपने आकलनों के आधार पर यह भविष्यवाणी की थी कि अगले पचीस वर्षों में किन-किन घटनाओं के घटने की सम्भावना है। 1970 से आरम्भ और 1995 में समाप्त हुए पचीस वर्षों में हर पाँच वर्ष बाद इस कसरत का परिशोधन होता रहा था। हमारे पास जो नवीनतम दस्तावेज़ है, उसका शीर्षक है–"पाँचवाँ प्रौद्योगिकीय भविष्यवाणी सर्वेक्षण, जापान में भावी प्रौद्योगिकी 2020 की ओर"–प्रस्तोता नेशनल इंस्टीट्यूट ऑफ साइंस एंड टैक्नॉलॉजी, नीति/ विज्ञान और प्रौद्योगिकी एजेंसी (जापान) और द इन्स्टीट्यूट फॉर फ्यूचर टैक्नालॉजी (भावी

तालिका 2.1

सामग्री और प्रोसेसिंग	**सूचना और इलैक्ट्रॉनिक्स**	**जीवन-विज्ञान**	**अंतरिक्ष**
कण (पार्टिकिल्स)	समुद्रीय विज्ञान और भू-विज्ञान	धातुओं और पानी के स्रोत	ऊर्जा
पर्यावरण	कृषि, वानिकी और मात्स्यकी	उत्पादन	शहरीकरण व निर्माण
संचार	परिवहन	स्वास्थ्य और स्वास्थ्य-रक्षा	जीवन शैलियाँ और संस्कृति

प्रौद्योगिकी संस्थान)। इस दस्तावेज में प्रौद्योगिकीय क्षेत्रों को निम्नलिखित मुख्य शीर्षकों में विभाजित किया गया है। (देखें, तालिका 2.1)

प्रौद्योगिकीय सम्भावनाएँ (जिन्हें ज़्यादातर प्रयोगों के निर्धारित अंतिम परिणामों के रूप में दिखाया गया है) संख्याओं के साथ सूचीबद्ध की गई हैं, विशेषज्ञों के मतों के विश्लेषणों के अनुसार, संभाव्य वर्ण के संकेत के साथ। आरेखों की तीक्ष्णता जताती है कि विशेषज्ञों के मत महत्त्वपूर्ण थे, या करीब-करीब सर्वसम्मत थे। ये भविष्यवाणियाँ जिनका विधि तंत्र से दो दशकों से अधिक समय पूर्व परिशुद्ध की गई थीं, जापान की घरेलू खपत या बाह्य व्यापार के प्रति अत्यधिक उन्मुखी हैं। राष्ट्रीय स्तर पर की गई ये भविष्यवाणियाँ अनेक व्यापारों, उद्योगों और संस्थाओं का आंतरिक भाग बन गई हैं, और उन्हें अपना आधार मानकर वे अपनी भावी योजनाएँ और उन्हें कैसे क्रियान्वित करना है, इसका फ़ैसला करती हैं। यह उल्लेखनीय है कि एक पूरा राष्ट्र विभिन्न स्तरों पर कसा हुआ तैयार रहता है, विशेषज्ञों द्वारा संकल्पित भविष्य की चुनौतियों का सामना करने के लिए।

यदि हम जापान पर एक नज़र डालें, तो पाएँगे कि ऐसे कई संकेत हैं, जिनके ज़रिए जापान के विकास का जायज़ा लिया जा सकता है और उनका चित्रण किया जा सकता है। जिनके आधार पर तथ्यों को आँक कर निर्णय लिए जा सकते हैं, वे हैं—राष्ट्रीय उत्पाद, घरेलू उत्पाद और प्रति व्यक्ति निर्यात के विकास के आँकड़े। यह विकास बहुत कम समय में किया गया और इसे जापानी परिकल्पना के साक्ष्य के रूप में पेश किया जा सकता है। जापान की इस भव्य परिकल्पना के पीछे एक महत्त्वपूर्ण तथ्य छिपा है, जो इसका कारण भी है, और प्रभाव भी। और वह है—जापान की प्रौद्योगिकियों से व्यवहार करने की काबलियत। वह इस परिकल्पना के हर भाग का एक अनिवार्य घटक है।

छठे दशक में जापानी विश्व प्रौद्योगिकी-क्षेत्र के नेता नहीं थे। हक़ीक़त तो यह है कि उस काल में जापानी माल को घटियापन का पर्याय कहा जाता था। उन दिनों जापान भारी मात्रा में प्रौद्योगिकियों का आयात करता था। लेकिन तभी जापानी उद्योगों और सरकारी एजेंसियों ने अपनी मर्ज़ी से यह फैसला किया कि वे अपनी जापानी प्रौद्योगिकी के जन्म व विकास के लिए आयातित प्रौद्योगिकी पर खर्च की गई रक़म से चार गुना ज़्यादा राशि अपनी मूल जापानी प्रौद्योगिकी के विकास पर खर्च करेंगे। यह फ़ैसला जापान की खुद की प्रौद्योगिकियों के विकास के लिए और अपने जापानी उद्योगों की मूल आन्तरिक मूल समर्थता को विकसित करने के उद्देश्य से किया गया था। अगले दो दशकों के दौरान, जापान विश्व की एक आर्थिक शक्ति बन गया और इसका पूरा श्रेय जाता है उसकी अपनी प्रौद्योगिकियों के निर्यात व्यापार से अर्जित विशाल धनराशि को । यहाँ यह बताना ज़रूरी है कि जापान के पास उसके अपने प्राकृतिक साधनों के नाम पर अधिकांश क्षेत्रों में क़रीब-क़रीब कुछ भी नहीं है।

जैसा कि आरेख 2.1 में दिखाया गया है, 1975 में जापान का प्रौद्योगिकियों के आयात का बिल 20 बिलियन येन के आसपास था। इसी अवधि में प्रौद्योगिकियों

आरेख 2.1

जापान का प्रौद्योगिकीय संतुलन (प्राप्तियों और भुगतानों का अनुपात)

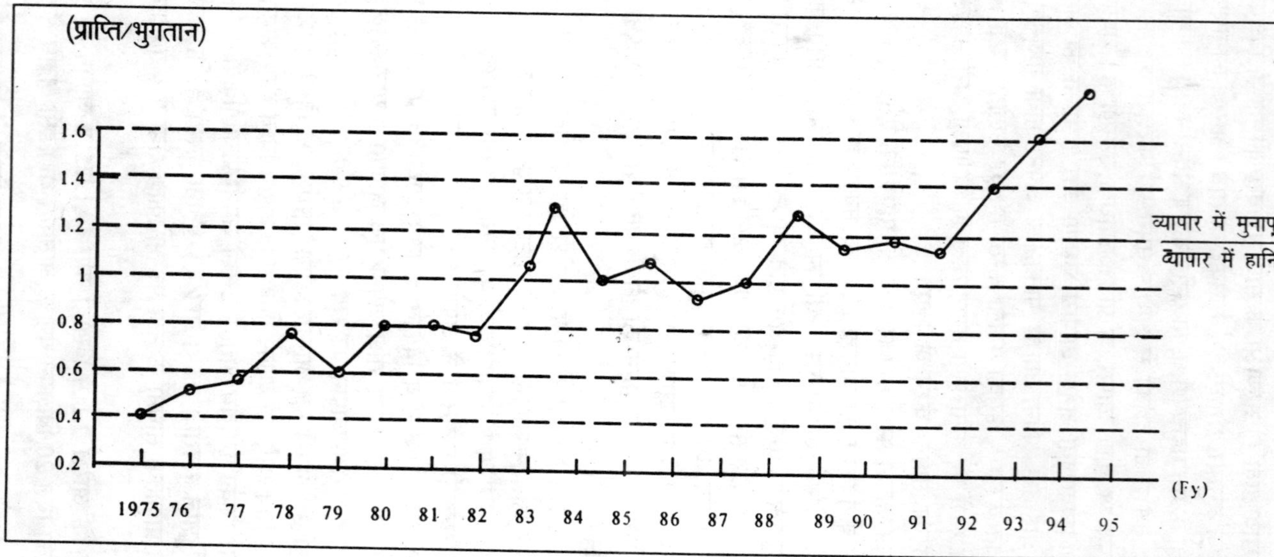

स्रोत : जनरल कोआर्डिनेशन एजेन्सी, जापान

के निर्यात से करीब 5 बिलियन येन की आय हुई थी। 1975 में प्रौद्योगिकी के व्यापार में घाटा 15 बिलियन येन के करीब था। जैसे-जैसे अर्थव्यवस्था विकसित होती गई आयात भी बढ़ते गए। लेकिन 1986-87 में प्रौद्योगिकियों के निर्यात से प्राप्त धनराशि में वृद्धि होनी आरम्भ हो गई। यह वृद्धि दिनोदिन बढ़ने लगी। 1995 के आँकड़े बताते हैं कि प्रौद्योगिकियों के निर्यात से 56.21 बिलियन येन की आय हुई और आयात पर खर्च हुई राशि 39.17 बिलियन तक आई। जैसा कि चित्र 2.2 में दिखाया गया है, थोड़े उतार-चढ़ाव के बाद जापान 1993 से प्रौद्योगिकी के व्यापार में लगातार बचत दिखाता चला आ रहा है। वस्तुतः व्यापारिक बचत का यह सिलसिला कुछ वर्ष पहले ही शुरू हो गया था, लेकिन बाद में इसमें कमी आई। बाद में आयात और निर्यात की राशियाँ करीब-करीब बराबर हो गईं। अब दोनों के बीच का अंतर निर्यात के पक्ष में बहुत अधिक हो गया है।

आयात-निर्यात के बारे में जापानियों की युद्ध-नीति आयात के बदले निर्यात वाली नहीं है। जब वे किसी देश से कुछ आयात करते हैं, तो ज़रूरी नहीं कि वे उसी प्रकार निर्यात भी करें, क्योंकि हर परिकल्पना के साथ-साथ कुछ-न-कुछ वास्तविकता भी होनी आवश्यक है। उनका दीर्घकालिक ध्येय था—प्रौद्योगिकी का वास्तविक निर्यातक बन जाना। यह महसूस करते हुए कि 1960 में वे अनेक क्षेत्रों में काफी पीछे थे और 1970 में उनकी युद्ध-नीति कम विकसित देशों को निर्यात करने की थी, वे अपने से अधिक विकसित देशों से आयात करते थे और उनसे आयातित माल को इस्तेमाल करते थे, उसमें सुधार करते रहते थे और अपने से अधिक विकसित देशों को भी निर्यात करते थे। जहाँ तक प्रौद्योगिकियों का सवाल है, जापानी उन देशों को निर्यात करते रहे, जो उनसे अपेक्षाकृत कम विकसित थे। और ऐसा करते-करते, वे पूर्ण रूप से प्रौद्योगिकियों के निर्यातक बन गए। मगर अब जापान के लिए इतना ही काफ़ी नहीं है। यह राष्ट्र सदा अपने लक्ष्य को और ज़्यादा ऊँचा बनाता रहता है।

हाल ही में जापान और दक्षिण कोरिया की अपनी यात्रा से लौटने के बाद हमारे नौ-सेना प्रमुख ने मुझे बताया कि अपनी भावी परिकल्पना के अन्तर्गत, जापान ने अमरीका के बराबर आकर, बाद में उससे हर प्रकार से आगे निकल जाने का लक्ष्य निर्धारित कर रखा है, चाहे मामला जनन व उत्पादन का हो, या प्रौद्योगिकियों के निर्यात का, या जीवन की गुणवत्ता का। इसी प्रकार कोरिया ने उन्हें बताया कि वह जापान के बराबर आकर उससे भी आगे हो जाना चाहता है।

अपनी इस हैसियत को जापान ने कैसे हासिल किया ? ऐसा रातोरात सम्भव नहीं हुआ, ऐसी हैसियत हासिल करने में उसके उद्योगों, प्रयोगशालाओं, सरकार, वित्तीय संस्थाओं, उपभोक्ताओं, प्रयोगकर्ताओं के विशाल दलों को दो दशक लग गए। उन सबने विकसित देश होने के अपने सपने से कभी अपना लगाव नहीं छोड़ा और तब तक घोर श्रम करते रहे, जब तक उनका यह सपना साकार नहीं हो गया।

इस सपने को असलियत में बदलने के लिए राजनीतिज्ञों, प्रशासकों, राजदूतों, व्यापारियों, वैज्ञानिकों, इंजीनियरों, तकनीशियनों, बैंकरों और आम लोगों ने, जो

आरेख 2.2
जापान का प्रौद्योगिकीय व्यापार–भुगतान

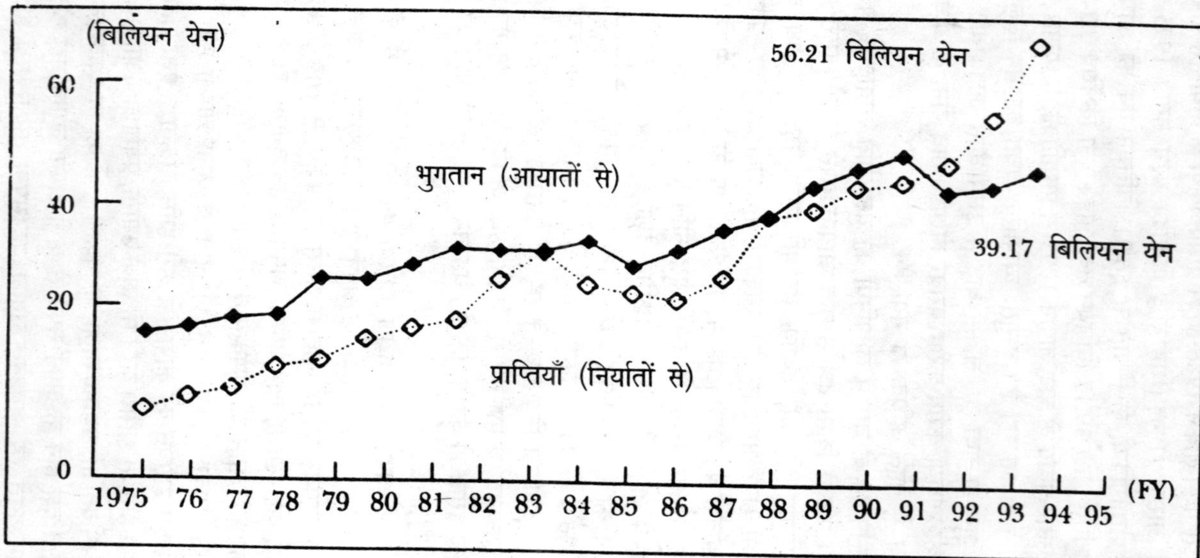

स्रोत : जनरल कोआर्डिनेशन एजेन्सी, जापान

जुदा-जुदा व्यवसायों से जुड़े थे, भरपूर सहयोग दिया। कोई भी जापानी एजेन्सी या उद्योग किसी प्रौद्योगिकी का आयात करके, आराम से बैठ नहीं जाता था। वे उस प्रौद्योगिकी के काम को बारीकी से जानने और उसमें ज़्यादा से ज़्यादा सुधार करने में लग जाते थे। इस प्रक्रिया के दौरान, वे आयातित प्रौद्योगिकी के मूल्य से चार गुना समय अपनी खुद की प्रौद्योगिकियों के जनन में लगाते। कारण, वे जानते थे कि विकसित जापान तभी जन्म लेगा, जब वह प्रौद्योगिकियों के मामले में सक्षम होकर, अपने डिजाइनों का विकास करने लगेगा। उनकी इस लगन और मेहनत ने जो नतीजे हासिल किए, वे आज जग-जाहिर हैं। एक ऐसा देश, जिसे युद्ध और दो अणुबमों ने बिलकुल नष्ट-भ्रष्ट कर दिया था, और जिसे दूसरे विश्व-युद्ध के बाद अपमानजनक और अवमानित हालात में जीने को विवश होना पड़ा था, आज विश्व के सात सबसे अधिक शक्तिशाली देशों में एक है। जापान के पास बड़े सीमित प्राकृतिक स्रोत हैं और उसके सैनिक शक्ति बनने के सब प्रयास निष्फल कर दिए गए थे। लेकिन, इन सबके बावजूद, उसने प्रौद्योगिकी की प्रतिस्पर्धात्मक दौड़ में विजय प्राप्त करने की शानदार सफलता दर्ज की।

आज दूसरे देश जापान की बराबरी करना चाह रहे हैं प्रौद्योगिकियों में मूल समर्थताएँ प्राप्त करके, जिनका प्रयोग वे अपने व्यापार में प्रतियोगात्मक औजारों के रूप में करते हैं। अमरीका जैसा शक्तिशाली राष्ट्र भी व्यापार-व्यवसाय के क्षेत्रों में जापान को और आगे न बढ़ने देने के विचार से ग्रस्त दिखायी देता है।

मिसाल के तौर पर, अमरीकी व्यापारी, जो अपनी स्वतंत्रता की निर्दयता की सीमा तक रक्षा करते हैं और सरकार से जुड़कर कोई संयुक्त बयान नहीं देते, 1991 में 'काउंसिल ऑफ कंपीटीटिवनैस' के माध्यम से सरकार से जुड़े। गेनिंग न्यू ग्राउंड : टैक्नालॉजी प्रापर्टीज फॉर अमरीका'ज़ फ्यूचर'' शीर्षक वाली अपनी रपट में इस परिषद ने कहा, ''इस प्रयोजना की एक विशिष्टता यह है कि इसे बनाने में सार्वजनिक और निजी दोनों क्षेत्रों के पक्षों की सम्मिलित सोच का हाथ है।'' परिषद ने ऐसे नौ प्रमुख प्रौद्योगिकीय गहन उद्योगों—एयरोस्पेस, रसायन तथा सम्बन्धित पदार्थ, कम्प्यूटर और सॉफ्टवेयर, निर्माण, औषधियाँ और औषध-विज्ञान, इलैक्ट्रॉनिक घटक और साज-सामान, मशीनी हथियार, मोटरकार और दूरसंचार को लिया। इन सब क्षेत्रों में तैयार सामान की बिक्री 11 ट्रिलियन डॉलर से अधिक की होती है, और उनसे बारह मिलियन लोगों को रोज़गार मिलता है। परिषद् के सदस्यों से रपट में आशा की गई है कि ''वे क्षेत्रीय हितों के संकुचित नजरिए से ऊपर उठकर, राष्ट्रीय हित में इस समस्या को देखेंगे।''

अमरीकी कार्पोरेटरों, शिक्षा और श्रम से जुड़े नेताओं के सर्वप्रथम मिलन से बनी इस अपूर्व आम राय ने प्रौद्योगिकीय बहस के दौरान एक निर्णायक मुद्दे को रेखांकित किया कि अमरीका को सूचियाँ बनाने के साधारण काम के दायरे से बाहर आना चाहिए। अमरीका को ज़रूरत है निजी और सार्वजनिक क्षेत्रों की संयुक्त व्यावहारिक और फलमूलक योजना की। रपट में अमरीका की बराबरी जापान और यूरोप करने के बाद उनसे प्रतियोगिता करने के अनुमान लगाए गए हैं। रपट में

स्पष्ट रूप से इस बात को स्वीकार किया गया है कि जापान व्यावसायिक दृष्टि से जीवनक्षम प्रौद्योगिकियों का स्वामी बनकर इस दौड़ में काफ़ी आगे है। अपने प्रौद्योगिकीय सपने के प्रति अपनी तीन दशकों से ज़्यादा पुरानी अटूट निष्ठा के बल पर ही जापान ने इस होड़ में आगे रहने की शक्ति प्राप्त की है।

1997 में केदारनान (जापानी आर्थिक संस्थाओं का महासंघ) ने एक दस्तावेज तैयार किया था, जिसमें जापान को 'आकर्षक जापान' कहा गया था—एक ऐसा देश जो अपने युवाजन को भविष्य के लिए आशाएँ प्रदान करता है, और दुनिया-भर के लोग जापान को रहने लायक तथा अध्ययन और व्यापार के लिए अच्छा देश मानते हैं। रपट में आगे कहा गया है कि हमें यह समझना होगा कि जापान का भविष्य विज्ञान और प्रौद्योगिकी के विकास पर निर्भर करता है। हमें जापान के उन समर्पित और अथक प्रयासों से, जो उसने प्रौद्योगिकीय श्रेष्ठता तथा सर्वोच्चता प्राप्त करने के लिए किए हैं, बहुत कुछ सीखना होगा।

दक्षिण कोरिया

करीब तीन दशक पहले, दक्षिण कोरिया को ध्यान देने योग्य शक्ति या देश भी नहीं माना जाता था। 1950 के कोरियाई युद्ध के दौरान, लोगों का थोड़ा ध्यान उसकी ओर गया, मगर बाद में लोग उसे भूल गए। दूसरे महायुद्ध के दौरान कोरिया पर जापान का अधिकार था। तब उसे काफ़ी क्षति सहन करनी पड़ी थी। अनेक देश, जिनमें भारत का भी शुमार था, उसे इतना गरीब देश मानते थे, जिसके लिए कोई आशा करना बेकार था। तभी, उसका विभाजन भी हुआ। इन सब आपदाओं के बावजूद कुछ ही वर्षों में दक्षिण कोरिया ने इतनी अधिक उन्नति की कि आज उसकी गिनती दुनिया के अग्रणी देशों में होती है। यह चमत्कार संभव हुआ उसके अपने अनेक प्रमुख आर्थिक क्षेत्रों में आधुनिक प्रौद्योगिकियों के प्रयोग से। ये क्षेत्र हैं—स्टील-निर्माण, पोत-निर्माण, कार-निर्माण और इलैक्ट्रॉनिक्स।

अनेक पाश्चात्य अर्थ-शास्त्रियों ने तब कहा था कि चूँकि इस देश के पास इन क्षेत्रों में प्राकृतिक मूल समर्थता नहीं है, इसलिए उसकी युद्धनीति असफल सिद्ध होगी। लेकिन दक्षिण कोरिया ने अपने शानदार प्रदर्शन से सिद्ध कर दिया कि वह दृढ़ संकल्पों वाला देश है। उसने इन सब क्षेत्रों में सफलता पायी। आज वह इन क्षेत्रों के अलावा अन्य क्षेत्रों में भी विकट और दुर्जेय बहुराष्ट्रीय कम्पनियाँ संचालित करता है। इलैक्ट्रॉनिक्स के क्षेत्र में दक्षिण कोरिया आज भी कई क्षेत्रों में 'प्रतिवर्तित तकनीक' का प्रयोग करता है। अर्थात्, वह खुद शुरू में अपना निर्माण-आधार तैयार करता है, और बाद में अपनी चुनी हुई प्रौद्योगिकियों का प्रयोग नए मॉडलों का सृजन करने में करता है। उसने अपने 'शोध और विकास' क्षेत्र को कामयाब बनाने के लिए काफी पूँजी लगाई है। इसी के परिणामस्वरूप वह इलैक्ट्रॉनिक्स जैसे क्षेत्रों में बहुत महत्त्वपूर्ण योगदान दे सका है। पिछले दो दशकों में उसके लोगों के जीवन की गुणवत्ता में आश्चर्यजनक सुधार हुआ है, और उसकी प्रति व्यक्ति आमदनी बढ़कर दस हज़ार डॉलर तक पहुँच गई है।

आरेख 2.3

प्रमुख दूध-उत्पादक देशों की दूध-मात्रा (प्रति मवेशी प्रति वर्ष)

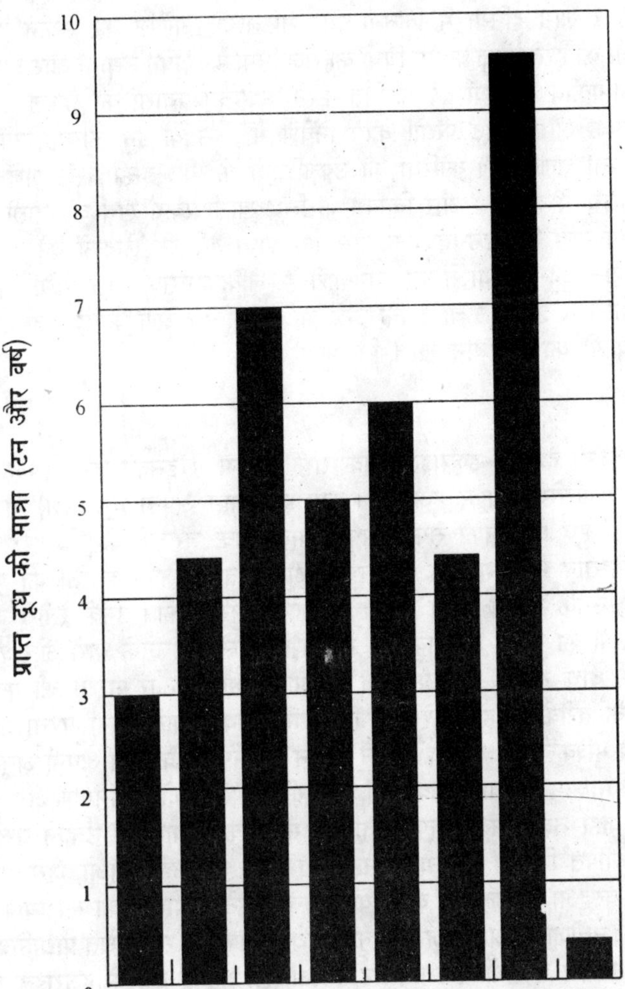

पुरानी पीढ़ी के कोरियाई लोग कहते हैं कि दो-तीन दशक पहले, खाने की मेज पर बस एक ही विषय के बारे में बहस होती थी—कि आज सुबह या लंच में घ्या खाया और आगे या कल क्या खाने को मिलेगा। खाद्य-पदार्थ बहुत दुर्लभ थे, और ज़्यादातर लोग अच्छा या पूरा भोजन मिलने पर ही कुछ करने को तैयार होते थे। उन दिनों दिन में तीन बार पूरे भोजन का जुगाड़ करना एक उपलब्धि माना जाता था। दक्षिण कोरिया उस दौर से कभी का गुज़र चुका है। आज कोई कोरियाई भोजन की कभी कोई बात नहीं करता। वह अब बात करता है, सारी दुनिया की--कि वे कोरियाई लोग दुनिया में कितनी और सफलताएँ अर्जित कर सकते हैं।

कोरिया की हैरतअंगेज कामयाबियों का राज़ छिपा है—अपने उद्योगों और व्यापार की मूल प्रौद्योगिकीय सामर्थ्यों को स्थापित करने के सतत् प्रयासों को सफल बनाने के लिए व्यापक और विराट प्रौद्योगिकीय निवेश में, जैसाकि इन कामयाबियों के अध्ययन से पता चलता है। कोरिया की उपलब्धियों के पीछे इन्हीं प्रेरक शक्तियों का हाथ है। उद्योगों के शोध और विकास के लिए ख़ासी रकम खर्च की जाती है। अनेक क्षेत्रों में उन्हें डिजाइन-विषयक योग्यताएँ प्राप्त हैं। हम लेखकों को दक्षिण कोरिया की हाल की समस्याओं की जानकारी है, लेकिन उसकी मूल प्रौद्योगिकीय समर्थताओं का स्तर इतना ऊँचा है कि उन्हें आशा है कि दक्षिण कोरिया जल्दी ही अपनी समस्याओं का समाधान खोज निकालेगा।

इज़राइल

एक और दिलचस्प देश है—इज़राइल। एक राष्ट्र के रूप में इसका जन्म 1948 में बड़ी ही कठिन परिस्थितियों में हुआ था। इज़राइली लोग अपना घर (देश) पाकर ही सन्तुष्ट नहीं हुए थे, उनका सपना अपनी तात्कालिक ज़रूरतों के परे, दूर तक फैला था। रेगिस्तान में पानी और भोजन की अपनी तात्कालिक ज़रूरतों को पूरा करने के बाद, उनके सामने अहम सवाल था अपनी सुरक्षा का। उनके रेतीले देश में पानी की कमी का संकट है। प्राकृतिक साधन इने-गिने हैं। उनके चारों ओर शत्रु देश हैं। उनके बीच रहकर इस छोटे देश को पानी, भोजन और सुरक्षा की कमी को संतोषजनक तरीके से हल करने के लिए हर समय चौकस रहना पड़ता है।

इन सब मुश्किलों के बावजूद उन्होंने भोजन की समस्या का हल अपनी अनूठी परिकल्पना के माध्यम से खोज निकाला। वे 'एग्री-फूड' उत्पादों के निर्माण-क्षेत्र के नेता हैं, और जहाँ तक उनकी उत्पादकता की मात्रा का सवाल है, उन्होंने उसमें नए मानदंड स्थापित किए हैं। इतना ही नहीं, खाने-पीने की कई वस्तुओं, जैसे दूध, फल या अन्य वस्तुओं के उत्पादन करने या उत्पन्न करने में प्रौद्योगिकी का व्यापक प्रयोग किया है। नतीजतन, आज इजराइल कृषि तथा एग्रीफूड से सम्बन्धित प्रौद्योगिकी के विकास के मामले में सर्वोच्च स्थान पर है। आरेख 2.3 में दूध के इजराइल के उत्पादन का मुकाबला दूसरे देशों के दूध के उत्पादन से किया गया है। 1994 के आँकड़ों के अनुसार, इजराइल के मवेशियों का सालाना दूध का उत्पादन करीब 9200 कि. ली. है। उसके बाद अमरीका का नंबर आता है, जिसका आँकड़ा प्रति मवेशी

प्रति वर्ष 7000 कि.ली. है। भारत प्रतिवर्ष प्रति मवेशी 500 कि.ली. के करीब दूध का उत्पादन करता है।

इजराइल, खाद्य पदार्थ और कृषि की सुरक्षा का इंतज़ाम करके ही चुप नहीं बैठा। उसे सुरक्षा की भी ज़रूरत थी। अपनी सुरक्षा के लिए उसने सैनिक उपकरणों और प्रक्षेपास्त्रों का सहारा ले रखा है। उन्होंने न्यूक्लीय, अन्तरिक्ष और इलैक्ट्रॉनिक-सम्बन्धी समर्थताएँ भी हासिल कर ली हैं और अब उनके पास अनेक श्रेष्ठ उत्पाद तथा प्रौद्योगिकियाँ हैं। सारी दुनिया इजराइल की सैनिक, आर्थिक और शिल्पविज्ञान की श्रेष्ठता को स्वीकार करती है। उसकी इस आला दर्जे की श्रेष्ठता के पीछे है—उसकी ऊँचे किस्म की परिकल्पना और उसे क्रियान्वित करते रहने के उसके अथक प्रयास।

2020 की परिकल्पना करने वाले हम अकेले देश नहीं हैं। अन्य देश भी अपने भविष्य की कल्पना करते रहते हैं, और अपने भविष्य को बेहतर बनाने के उद्देश्य से सदैव सक्रिय और प्रयत्नशील रहते हैं। भविष्य की इन सब देशों की परिकल्पना की एक समान विशेषता भी है—बहुविध क्षेत्रों, जैसे निर्माण, प्रगत पदार्थों जैसे इलैक्ट्रॉनिक्स और सूचना प्रौद्योगिकियों में प्रौद्योगिकीय समर्थताओं पर ख़ास ज़ोर। इसके अलावा पर्यावरण को स्वच्छ रखने पर भी वे ज़ोर देते हैं, उससे सम्बन्धित प्रौद्योगिकीयों के सहारे। चीन, अमरीका और यूरोप में सुरक्षा-विषयक प्रौद्योगिकियों को उन्नत बनाने पर ज़ोर दिया जा रहा है। कृषि के बारे में चीन की सोच भारत की सोच से बहुत मिलती है। अमरीका, यूरोप और जापान जैव-प्रौद्योगिकी पर ज्यादा बल देते हैं, और उसे सारे विश्व में बेचना चाहते हैं। भारत की भविष्य की परिकल्पना उसकी सुरक्षा के विभिन्न पहलुओं से जुड़ी है। इस परिकल्पना में उसकी सामाजिक और आर्थिक जरूरतों का भी ध्यान रखा गया है और उसकी मूल समर्थताओं का आकलन भी है। यह परिकल्पना हमारे देश के लोगों के लिए हैं। आइए, हम संकल्प करें कि हम अपने करोड़ों गरीब भाई-बहनों को और अधिक समय तक गरीबी का अभिशाप नहीं भुगतने देंगे। हमें अपने देश की गरीबी को 2010 तक समाप्त करना है, और 2020 तक विकसित देशों की कतार में खड़े हो जाना है।

3

2020 के लिए तकनीकी परिकल्पना

भारत की मूल क्षमताएं

मेरे भाई, यह देश तुम्हें प्रिय है,
तुम इसे श्रेष्ठ से श्रेष्ठतर बनाकर उसके सुधार में लगे रहोगे,
साहसिक कार्यों की ज़रूरत है आज !
कठोर श्रम करो, देर तक करो, खेतों में, कारखानों में,
दूध-मधु-बहुल होना चाहिए तुम्हारा-हमारा यह देश,
अपने लोगों द्वारा बने सामानों से भरा हो हमारा देश,
अपने हस्तकौशल से निर्मित कृतियों को दुनिया-भर में फैला दो।
तुम देशभक्त हो, लेकिन चिल्ला कर उसकी घोषणा मत करो,
शेखी बघारने से कभी कोई लाभ नहीं होता,
इसके स्थान पर, चुपचाप कार्य करते रहो !
तुम्हारे कार्यों को देखकर, लोगों को खुद फैसला करने दो।

–तेलुगु कवि गुर्जाडा-कृत 'देशभक्ति'

आज़ादी से पहले के दिनों में, भारत के पास अनेक स्वप्नदृष्टा थे, अनेक योग्य नारियाँ थीं और अनेक ऐसे लोग थे, जो एक आधुनिक और सशक्त भारत के बारे में सोचते थे। उनमें से बहुत से लोगों ने राजनैतिक, सामाजिक, आर्थिक, औद्योगिक, शैक्षिक, साहित्यिक, वैज्ञानिक, धार्मिक और इंजीनियरिंग से जुड़े विषयों और मुद्दों के बारे में पहल की। उन्होंने अपने-अपने कार्यकलापों से भारत को समृद्ध किया और आज़ादी की जद्दोजहद से जुड़े विभिन्न पहलुओं पर चिंतन मनन किया। आज़ाद भारत उनके उत्तराधिकार से और अधिक संपन्न हुआ। इसके अलावा भारत इस बारे में भी भाग्यशाली रहा कि उसके पास दूसरे देशों की अपेक्षा अधिक प्राकृतिक संसाधन मौजूद थे। इस समझ और प्रत्यक्ष ज्ञान के कारण भारत को एक महान राष्ट्र बनाने का आवेशपूर्ण आह्वान ज़ोर पकड़ने लगा।

आज़ाद होने के बाद भारत ने कृषि, स्वास्थ्य, शिक्षा, अवसंरचना (इन्फ्रास्ट्रक्चर), विज्ञान और प्रौद्योगिकी आदि क्षेत्रों में एक साथ प्रगति की। उसकी जनतंत्रीय प्रणाली दुनिया के लिए आश्चर्य का विषय बनी, ख़ासतौर पर उन लोगों के लिए, जिनका

यक़ीन था कि अंग्रेजों के जाने के बाद वहाँ अव्यवस्था का ही राज्य होगा।

आज़ादी के दो दशकों के बाद भी, हमारी अनेकानेक उपलब्धियों के बावजूद यह सन्देह बना रहा कि क्या हम अपनी क्षमता और सामर्थ्य के बल पर अपने सब काम खुद अपने आप कर पायेंगे ? हमारे अनेक क्षेत्र, जैसे सामाजिक, आर्थिक और यहाँ तक कि सैन्य क्षेत्र भी विदेशी साधनों पर निर्भर हो गए थे–प्रौद्योगिकी और नवीकरण के लिए। हमारी घोषित नीतियों के अनुसार आत्म-निर्भरता और विज्ञान तथा प्रौद्योगिकी के प्रति प्रतिबद्धता हमारे लिए अनिवार्य थी, लेकिन इन घोषित नीतियों और प्रतिबद्धताओं के बावजूद हमें उनके विपरीत जाकर, कभी-कभी ऐसे निर्णायक, आर्थिक और औद्योगिक फैसले लेने पड़े, जो निजी और सार्वजनिक क्षेत्रों में आयातित प्रौद्योगिकी और लाइसेंसदार उत्पादन से सम्बन्धित थे।

मूल औद्योगिक और प्रौद्योगिकीय समर्थताओं को विकसित करने के निर्णय के बरखिलाफ सातवें और आठवें दशक में लिए गए अधिकांश निर्णय इस घोषित नीति की अवज्ञा करते थे, अन्तरिक्षीय शोध तथा चन्द क्षेत्रों में लिए गए निर्णयों को छोड़कर, जो सागर में छोटे टापुओं के समान थे। इस काल में पहल करने के मामले में हम थोड़े आत्मसंशयी होने शुरू हो गए। वैसे इस काल में चुनौतियों का सामना करने के कई विलक्षण उदाहरण भी देखने को मिले, जैसे प्रक्षेपास्त्रों का प्रक्षेपण या सुपर कम्प्यूटर का निर्माण या कई प्रौद्योगिकीय मिशन, या सी-डॉट (टैलीमैटिक्स विकास केन्द्र) की स्थापना।

1988 में 'टैक्नालॉजी इंफॉरमेशन, फोरकास्टिंग, एंड ऐसेसमेंट काउंसिल' (TIFAC–टाइफैक) अर्थात् प्रौद्योगिकीय सूचना पूर्वानुमान तथा मूल्यांकन परिषद् नामक एक ऐसी संस्था ने जन्म लिया, जो बाहरी निर्भरता तथा चंद देशीय सफलताओं के अद्भुत मिश्रण से बनी थी। इस परिषद् का मुख्य कार्य दुनिया भर में विकसित हो रही प्रौद्योगिकियों की पूर्व-सूचनाएँ प्राप्त करते रहना, तथा उनमें से उन प्रौद्योगिकीय-पथों का चुनाव करना था जो भारत के लिए प्रासंगिक हों, और जिनको बढ़ावा और तरक्की देना जरूरी हो। इस संस्था के तंत्र ने अनेक संस्थानों, जैसे–सरकार, उद्योगों, वैज्ञानिक और प्रौद्योगिकीय संस्थानों, वित्तीय संस्थानों, बुद्धिजीवियों और प्रयोगकर्ताओं को अपनी ओर आकर्षित किया।

इस परिषद् ने प्रौद्योगिकी के क्षेत्र में सक्रिय अनेक कल्पनाशील भारतीयों तथा अन्य संस्थाओं की योजनाओं का भी अध्ययन किया। अपने कई वर्षों के कार्यकाल में इसने कई रपटें तैयार की हैं, जो ऐसे सुझाव प्रस्तुत करती हैं जैसे कि भारत को चीनी, चमड़ा, स्टील, जैव-प्रौद्योगिकी तथा निर्माण के क्षेत्रों में क्या-क्या करना चाहिए ताकि वह इन क्षेत्रों में शीर्ष पर आ सके। परिषद ने महज़ सुझाव देकर ही सन्तोष नहीं किया, बल्कि इन सुझावों में रुचि दिखाने वाले लोगों को आगे बढ़कर कुछ ठोस कार्य करने के लिए भी प्रेरित किया। इन क्रिया-कलापों के नतीजतन अनेक ऐसे प्रौद्योगिकीय-मिशन सक्रिय हुए हैं, जिन्हें सरकार का समर्थन और उद्योग की सशक्त भागीदारी प्राप्त है।

यह एक अच्छी पहल थी, जो अत्यधिक कठिन परिस्थितियों में सफलतापूर्वक

शुरू हुई। पहल प्रशंसनीय थी, मगर उससे जुड़े लोगों ने इस सन्दर्भ में कहा कि भारत जैसे विशाल देश को अपनी सम्भावित और बीजभूत सम्भावनाओं को प्रदर्शित करने के लिए और आगे जाना चाहिए था। भारत के भविष्य से सरोकार रखने वाले हर भारतीय के मन में यही बात घूमती है।

प्रौद्योगिकीय परिकल्पना 2020

परिषद की नियंत्रक समिति के 40 सदस्य 24 नवम्बर, 1993 को, इस पृष्ठभूमि में फिर जमा हुए। ये सदस्य उद्योग, शोध व विकास संस्थानों, शैक्षणिक संस्थानों, सरकारी विभागों और वित्तीय संस्थाओं से जुड़े थे। बहस का मुद्दा यह था कि परिषद राष्ट्रीय विकास में किस सीमा तक सहायक हो सकती है। गहन बहस के दौरान, भारत के नए और पुराने प्रौद्योगिकीय प्रदर्शन का ज़ायज़ा लिया गया और यह जानने का प्रयास किया गया कि भविष्य में क्या करना शक्य और व्यावहारिक होगा। इस बहस के दौरान, परिषद के एक सदस्य ने अध्यक्ष से एक दिलचस्प सवाल पूछा, "अध्यक्ष महोदय ! हम सबको अपना पूरा ध्यान इस अहम सवाल का जवाब ढूँढ़ने में लगाना चाहिए कि 1947 के लगभग पचास वर्ष बीत जाने के बाद भी आज भारत को विकासशील देश क्यों कहा जाता है ? भारत को विकसित देश का दर्जा पाने के लिए और क्या करना होगा ?"

वहाँ मौजूद सभी व्यक्तियों ने फ़ौरन महसूस किया कि मूल और निर्णायक मुद्दा यही है कि कार्यसूची में शामिल इस अहम सवाल का सीधा जवाब कैसे पाया जाए। इस सवाल का सीधा और अचूक जवाब पाने के उद्देश्य से परिषद की दो सभाएँ हुईं। इस सवाल का जवाब पाने की कोशिश में यह महसूस किया गया कि जवाब के पास पहुँचने के लिए हमें कम-से-कम समय में, प्रौद्योगिकियों को सही दिशा में, खोलना और फैलाना होगा। कारण, सबसे अधिक दौलत की जनक ऐसी प्रौद्योगिकियाँ ही हो सकती हैं। प्रौद्योगिकी ही देश की राजनीतिक, आर्थिक और सुरक्षात्मक ढाँचे को सुदृढ़ भी कर सकती है। भारत के लिए प्रौद्योगिकी ही उसके भविष्य की परिकल्पना हो सकती है।

प्रौद्योगिकी ही शिक्षा, प्रशिक्षण, कृषि और 'फूड प्रोसेसिंग', सामरिक महत्त्व के उद्योगों और अवसंरचना जैसे बहुविध क्षेत्रों में अनेक प्रकार से क्रांति ला सकती है। इस आधार पर ही पैनलों और विशेष प्रक्रिया से निर्मित खाद्य पदार्थ बलों का गठन किया गया, प्रौद्योगिकीय परिकल्पना 2020 के सपने को साकार करने के लिए।

भारत की आवश्यकताएँ और मूल क्षमताएँ

देश के करोड़ों गरीब लोगों की गरीबी जल्द-से-जल्द दूर करने (मिसाल के तौर पर 2010 तक) और ज़रूरतों को पूरा करने वाली बातें एकदम साफ़ हैं। देश के हर निवासी को उम्दा स्वास्थ्य-सेवा, शिक्षा, हुनर हासिल करने के मौके, रोज़गार के मौके मिलने चाहिए। इसके अलावा भारत को ज्यादा-से-ज्यादा निर्यात करना होगा, सुरक्षा के मामले में आत्मनिर्भर होना होगा, देश की क्षमताओं को बढ़ाना होगा, और भविष्य

के लिए ऐसी व्यवस्था सुनिश्चित करनी होगी, जिससे हर क्षेत्र में सुधार होता रहे और व्यवस्था अडिग रहे। क्या भारत अपनी इन ज़रूरतों को पूरा कर सकेगा ? क्या वह उन रास्तों पर चल सकेगा, जिन पर चल कर उसकी सब ज़रूरतें पूरी होती रहें ? इन सब सवालों के सटीक जवाब पाने और एक सुविचारित रास्ते पर चलने से पहले, आइए, भारत की मूल क्षमताओं का मूल्यांकन कर लें। शुरू में ही इनकी सही जानकारी पा लेना बहुत ज़रूरी है।

मूल क्षमताएँ क्या होती हैं ? सीधे-सादे शब्दों में कहा जाए तो इसके मायने हैं, उन खास क्षेत्रों की पहचान जहाँ हम पहले से ही काफ़ी ताकतवर हैं और कोशिश करने पर ज़्यादा पैदावार कर सकते हैं, कम समय में बेहतर नतीजे को पा सकते हैं। सारांश यह है कि यदि कुछ लोगों को, किसी ख़ास जगह में किसी भी हालत में और कोशिश करने को कहा जाए, तो वे और ज़्यादा पैदावार कर सकते हैं, बेहतर नतीजे दिखा सकते हैं बशर्ते कि वे ऐसा करने का पक्का इरादा कर लें। लेकिन, अगर ये ही खास लोग उसी दृढ़ इच्छा और कोशिश के साथ और भी बेहतर प्रदर्शन करके दिखा दें, बेहतर अनुभव के साथ, बेहतर वातावरण में तो इस बेहतर प्रदर्शन के पीछे कोई चीज़ जरूर होनी चाहिए।

इस बारे में कई बार बहस हो चुकी है कि इस मूल क्षमता का क्या स्वरूप हो सकता है ? कोई इसका श्रेय आवेगपूर्ण भावनाओं को देता है और कोई कुछ अनगढ़ रायों को। भारत एक विशाल देश है, जहाँ अनेक प्रदेश हैं, और जुदा-जुदा क्षमताएँ हैं, कमज़ोरियाँ हैं। इन लोगों की पृष्ठभूमियाँ भी जुदा-जुदा हैं। कुछ को अच्छी से अच्छी शिक्षा मिली है, श्रेष्ठतम प्रशिक्षण मिला है, अच्छा अनुभव पाने का संयोग मिला है। कुछ ऐसे हैं, जिन्हें कम शिक्षा मिली है, कम प्रशिक्षण मिला है, और बेहतर प्रदर्शन करने के कम अवसर मिले हैं। और कुछ ऐसे अभागे भी हैं, जिन्हें महज जीने के लिए जी-तोड़ मेहनत करनी पड़ती है, और उनकी सारी ज़िंदगी सिर्फ़ जिन्दा रहने की कोशिश में ही बीत जाती है। उन्हें कभी-कभी अवसर भी मिले हैं, मगर ना के बराबर।

लेकिन, इन समस्याओं से घबराने की ज़रूरत नहीं है। वस्तुपरक मूल्यांकन से पता चल जाएगा कि कम भाग्यशाली भारतीयों ने भी दिखा दिया है कि उनमें भी नई तकनीकों में माहिर होने की काबलियत है। आज़ादी के बाद हमारी अर्थ-व्यवस्था का जिस तेज़ी से विकास हुआ था, उसका श्रेय ऐसे लोगों की अन्तर्जात योग्यताओं को ही दिया जाएगा। हमारे लोगों ने कृषि के नए तरीकों की जानकारी आसानी से प्राप्त कर ली थी, उन्होंने कारखाने और अनेक सार्वजनिक सेवाओं में बहुत जल्दी निपुणता प्राप्त कर ली थी। उन्नत शिक्षा-प्रणाली के आधार के कारण उन्हें नई जानकारियों को आत्मसात करने और नए कौशलों में पारंगत होने में ज़्यादा वक्त नहीं लगा। महिलाओं की शिक्षा में जबरदस्त कमी के बावजूद, यह एक हक़ीकत है कि काफी संख्या में हमारी महिलाओं ने नए आर्थिक क्रिया-कलापों में बड़ी तेज़ी से सफलताएँ अर्जित कर लीं।

यह स्पष्ट है कि हमारी मुख्य प्रौद्योगिकीय और औद्योगिक उपलब्धियों का

सेहरा हज़ारों युवाजनों के सर पर रखा जाएगा जो देशभर में फैले साधारण स्कूलों और कालेजों में पढ़े थे। भारतीय मूल के जो लाखों भारतीय विश्व के विभिन्न भागों में नौकरियाँ कर रहे हैं, वे आई. आई. टी. जैसी संस्थाओं में प्रशिक्षित नहीं हुए हैं। वे सब भारत की अनाम और मामूली संस्थाओं से आए हैं। उनमें डाक्टर, इंजीनियर, नर्स, कारीगर, मिस्त्री, कलाकार, लेखक, पत्रकार, एकाउंटेंट, क्लर्क, अध्यापक तथा दूसरे पेशों से जुड़े पेशेवर लोग हैं। यहाँ तक कि हाल में भारतीय सॉफ्टवेयर के क्षेत्र में जो चमत्कार देखने में आया है, उससे भारी संख्या में ऐसे स्त्री-पुरुष जुड़े जो धाराप्रवाह अंग्रेज़ी तक नहीं बोल पाते थे, लेकिन जो मैनुअलों में अंग्रेजी में लिखे निर्देश आसानी से पढ़ सकते थे। ये लोग कम्प्यूटरों को बड़ी सफलता से सही ढंग से चला सकते थे। आज वे सब अपनी योग्यता के बल पर सॉफ्टवेयर के अंतर्राष्ट्रीय बाज़ार में चल रहे 'कम्पिटीशन' में कामयाब होते नज़र आ रहे हैं।

इन सब मिसालों से एक बात साफ़ हो जानी चाहिए। भारत का मनुष्य-बल उसकी समूची मूल-सामर्थ्य का एक अत्यंत महत्त्वपूर्ण अंग है। वह भारत की एक प्रमुख शक्ति है। अगर हम किसी अकुशल भारतीय को प्रशिक्षित करके कुशल बना सकते हैं, और अगर हम किसी कुशल भारतीय की कुशलता में वृद्धि कर सकते हैं, और अगर हम किसी पढ़े-लिखे भारतीय के लिए चुनौतीपूर्ण माहौल बनाने में मददगार हो सकते हैं, और कृषि, उद्योग और सेवा के क्षेत्रों में आर्थिक क्रियाशीलता उनके नए रास्तों को बना सकते हैं, तो ये सब-भारतीय न सिर्फ लक्ष्यों तक पहुँचने में कामयाब हो सकेंगे, वरना उनके पार जाकर भी दिखा सकेंगे। प्रौद्योगिकी परिकल्पना के दस्तावेजों में मानव-साधनों के एक ऐसे ढाँचे की बात कही गई है, जो निकट भविष्य में ऐसे क्रियाशील पैकेजों का आधार बनेगा, जो इस माँग को पूरा करते रहेंगे, और, उनके ज़रिए हम आर्थिक उपलब्धियों की मंजिल तक पहुँच सकेंगे।

भारतीयों में कुछ नया सीखने की मानसिक सामर्थ्य तो है ही, उनमें से ज़्यादातर में होड़ में उतरने का मिजाज़ भी है, जो उनके उद्योग-उपक्रमी स्वभाव को भी दर्शाता है। आज उनके इस जोश को उचित मार्ग प्रदान करने वाली पर्याप्त प्रणालियाँ नहीं हैं, जहाँ से उनकी उत्पादकता और रचनात्मकता प्रवाहित हो सके। हमें इस दिशा में प्रयास करने होंगे। हमारी तकनीकी परिकल्पना की प्रयोजनाओं में ऐसे अनेक तत्त्व मौजूद हैं, जो भारत में इस कीमती साधन से लाभान्वित हो सकेंगे। इस प्रत्याशित लाभ की तफ़सील हर क्षेत्र के लिए अलग-अलग होगी। वे निर्भर करेंगीं, अलग-अलग क्षेत्रों की सामाजिक, आर्थिक जरूरतों से सम्बन्धित प्रौद्योगिकियों की पेचीदिगियों के अलावा इस बात पर भी कि ये ज़रूरतें खास प्रक्रिया से निर्मित खाद्य-पदार्थों, या विभिन्न पदार्थों, या जैव-प्रौद्योगिकी या दाँवघात वाले उद्योग आदि हों।

भारत की एक मूल शक्ति या सामर्थ्य उसकी प्राकृतिक साधन-रूपी बुनियाद है। यद्यपि भारत के पास मूल्यवान सब धातुओं और कच्ची धातुओं का एक-सी गुणवत्ता वाला भंडार नहीं है, तो भी उनमें से धातुएँ और कच्ची धातुएँ पर्याप्त मात्रा में उपलब्ध हैं। स्टील और अल्यूमीनियम की अच्छी कच्ची धातुएँ हमारे पास मौजूद हैं। हमारे पास चमत्कारी धातु टिटेनियम के अलावा अनेक दुर्लभ भू-धातुएँ भी हैं।

यह बात दीगर है कि अभी तक हम उसका प्रभावशाली प्रयोग नहीं कर पाए हैं। हमारे पास जो विशाल तट रेखा है, उसमें भी बहुत अधिक साधन ऊर्जा प्रदान करने वाले साधनों सहित मौजूद हैं। जैसे-जैसे हम अपने भू-साधनों का अधिकाधिक उपयोग करना आरम्भ करेंगे, वैसे-वैसे वे भविष्य के लिए हमारी शक्तियाँ बन जाएँगे। अपने समुद्रों के तल में छिपे साधनों की खोज अभी होनी शेष है।

इन सबके अतिरिक्त, हमारे पास जीवित साधनों का भी उत्तम आधार है। हमारा जैव-वैविध्य बहुत समृद्ध है और प्रचुर धूप, वैविध्यपूर्ण कृषि-योग्य जलवायु, एक संपूर्ण-विश्व, जिसमें ध्रुव देश जैसी ठंड, उष्णकटिबंध मंडल की हरियाली, रेगिस्तानी इलाका और काफी वर्षा सभी कुछ है हालाँकि हम उसका पूरा उपयोग नहीं करते। इसके लिए एक उदाहरण पर्याप्त होगा। सारे भारत में होने वाली वार्षिक वर्षा की मात्रा को यदि बराबर-बराबर सारे देश में छितरा दिया जाए, तो पानी एक मीटर की गहराई तक दिखाई देगा। काश ! हम इस प्राकृतिक उपहार को काम में ला सकते ! भारत की प्रौद्योगिकीय परिकल्पना उसके प्राकृतिक साधन, उसके मानव-संसाधन और राष्ट्र की मूल सामर्थ्यों के आधार पर ही प्रतिष्ठित है।

कैसे सम्भव हुई यह परिकल्पना

टाईफैक के कार्यदल और पैनलों ने जो विशाल अनुष्ठान किये, उनके विवरणों को विस्तार से दोहराना काफी मुश्किल काम है। परिशिष्ट 1 में हमने सभापतियों और सह-सभापतियों के नाम दिए हैं। पैनलों और कार्यदलों के रूप में करीब 500 व्यक्तियों ने अपनी भूमिका निभाई। 5000 से अधिक व्यक्तियों ने प्रश्नावलियों के उत्तर देकर या लिखित या मौखिक आदान से अपनी प्रतिक्रियाएँ जताईं। जिन व्यक्तियों ने प्रश्नावलियों के उत्तर नहीं भेजे, उन्होंने भी इतना अवश्य कहा कि प्रश्नों ने उन्हें काफी सोचने को मजबूर किया। उन्होंने यह भी कहा कि काश ! वे प्रश्न स्वयं उन्होंने पूछे होते ! तब वे प्रश्न उनके व्यापार तथा अन्य क्रियाकलापों से जुड़े होते।

भारतीयों की ज़रूरतों, मूल क्षमताओं, ताकतों और समर्थताओं के मद्देनज़र, सारा ध्यान निर्णायक क्षेत्रों पर केंद्रित था। ये क्षेत्र थे—विशेष प्रक्रियाओं से तैयार किए गए खाद्य-पदार्थों को तैयार करने की विधियों, सड़क परिवहन, नागरिक विमानन, जल-मार्ग, विद्युत ऊर्जा, दूरसंचार, प्रगत सेन्सर्स, इंजीनियरिंग उद्योग, इलैक्ट्रानिक्स और संचार, पदार्थ और विशेष प्रक्रियाएँ, रासायनिक प्रक्रियाएँ, उद्योग, भोजन, कृषि, जीव-विज्ञान और जैविक-प्रौद्योगिकी, स्वास्थ्य, सामरिक उद्योग और सेवाएँ। सब पैनलों और कृतिक बलों ने अपने-अपने क्षेत्रों की उन प्रेरक शक्तियों और बाधा डालने वाले तत्त्वों पर भी सोच-विचार किया और त्वरित कार्यवाही के सुझाव दिए। इसके अलावा, एक विशेष पैनल प्रेरक शक्तियों और अवरोधों के बारे में भी था। टाइफैक के कुछ दस्तावेज़ों से रूपान्तरित और उद्धृत निम्न अंश इस परिषद के उद्देश्यों, लक्ष्यों और उसकी कार्यप्रणाली को रेखांकित करते हैं।

कार्यदलों और पैनलों के उद्देश्य और लक्ष्य थे :

(अ) विज्ञान और प्रौद्योगिकी में राष्ट्रीय पहलों को दिशाएँ प्रदान करना और

भारत की 2020 तक की परिकल्पना को वास्तविक बनाना।

(आ) नीति-विषयक ढाँचे को एक पुख्ता नींव प्रदान करना और निजी तथा सरकारी क्षेत्रों के शोध व विकास विभागों में पर्याप्त पूँजी लगाने की व्यवस्था करना।

(इ) राज्य और राष्ट्रीय स्तर पर एक एकीकृत एस. एंड टी. नीति के विकास में सहायक बनना।

सत्रह पैनलों और कार्यदलों के माध्यम से दीर्घकालीन मूल्यांकन और पूर्वानुमान करने की चेष्टा की गई। इनमें से दस का नेतृत्व उद्योग के विशेषज्ञों ने किया तथा पाँच का शोध और विकास के कार्य से जुड़ी संस्थाओं के विशेषज्ञों ने, शेष दो का नेतृत्व सरकारी विशेषज्ञों ने किया। हर कार्य दल के पास एक सभापति, एक संयुक्त सह-सभापति और एक संयोजक था।

जैसा कि आरेख 3.1 में दिखाया गया है, यह कार्य अनेक तकनीकों के प्रयोग पर आधारित था। जैसे, पूर्वानुमान करने के लिए अंतःप्रेरणादायी सत्रों का आयोजन, रूपरेखा और सापेक्ष अनुपात दर्शाने वाली रपटें, 'डेल्फी दौर', कुछ मामलों में नाममात्र की वर्गीय तकनीक, अनुगामी कार्यशालाएँ आदि। पैनलों और कार्यदलों ने निम्न प्रश्नों के उत्तर पाने के प्रयास किए :

- क्या भारत में ऐसे क्षेत्र हैं, जहाँ प्रौद्योगिकीय आधार मजबूत हैं ?
- वे प्रौद्योगिकियाँ कौन-सी हैं, जो भारत के सामाजिक व आर्थिक चित्र में नाटकीय परिवर्तन ला सकती हैं या जिनसे विशिष्ट लाभ प्राप्त किए जा सकते हैं ?
- जो प्रौद्योगिकियाँ विकसित की जाएँगी, उनके क्रमिक प्रभाव क्या होंगे ?
- देसी और घरेलू प्रौद्योगिकियों का केंद्र क्या होगा ?
- विश्व-बाज़ार में प्रतिस्पर्धात्मक लाभ उठाने के उद्देश्य से भविष्य में कैसी नीतियों, कार्यवाहियों और कौशल की आवश्यकता होगी ?
- वे कौन-सी प्रौद्योगिकियाँ हैं, जिनके भविष्य में क्रमानुसार 2000, 2005, 2010 और 2015 में सबसे अधिक प्रभावी होने की आशा है ?
- 2000, 2005, 2010 और 2015 तक किन प्रौद्योगिकियों के लुप्त और व्यवहारातीत होने की आशंका है ?

विभिन्न पैनलों और कृतिक बलों के आदान-प्रवाह और उनकी प्रतिबंधता को क़ायम रखा गया, सभापतियों, संयोजकों और सहायकों द्वारा। परिषद की अगली सभा में कई कृतिक बलों और पैनलों ने रपटों द्वारा अपने-अपने निष्कर्षों को प्रस्तुत किया। परिषद की तेईसवीं 18 अप्रैल, 1996 को दिल्ली में आयोजित सभा में यह फ़ैसला किया गया कि रपटों का अधिक प्रचार किया जाए, उद्योग, उद्योग-सहयोगियों, सरकारी विभागों, एजेंसियों, संस्थाओं तथा परिषद के क्रियाकलापों में रुचि लेने वाले अन्य वर्गों के माध्यम से ताकि नवीं पंचवर्षीय योजना (1997-2002) के दौरान कार्यवाही-उन्मुखी प्रयोजनाओं का सूत्रीकरण किया जा सके और भारत को प्रौद्योगिकीय परिकल्पना कार्यान्वित हो सके।

पैनलों की सापेक्ष अनुमान करनेवाली और रूपरेखा की रपटें प्रस्तुत करनेवाली,

डेल्फी प्रतिक्रियाएं और 'नामिनल ग्रुप तकनीक' (एन. जी. टी.) वर्गीकरण वह आधार बना, जिन पर परिकल्पना और कार्यवाहियों से सम्बन्धित रपटें आधारित थीं। नीति-विषयक पथ-निर्देशन करने, सुझावों, युद्धनीतियों, कार्यवाही-योजनाओं, (सरकार, उद्योग, शोध एवं विकास कार्य से जुड़ी संस्थाओं, शैक्षिक संस्थाओं के लिए), ताकि वे 2020 तक भारत की प्रौद्योगिकीय परिकल्पना को कार्यान्वित कर सकें।

आरेख 3.1

2020 तक भारत की प्रौद्योगिकीय परिकल्पना का तंत्र

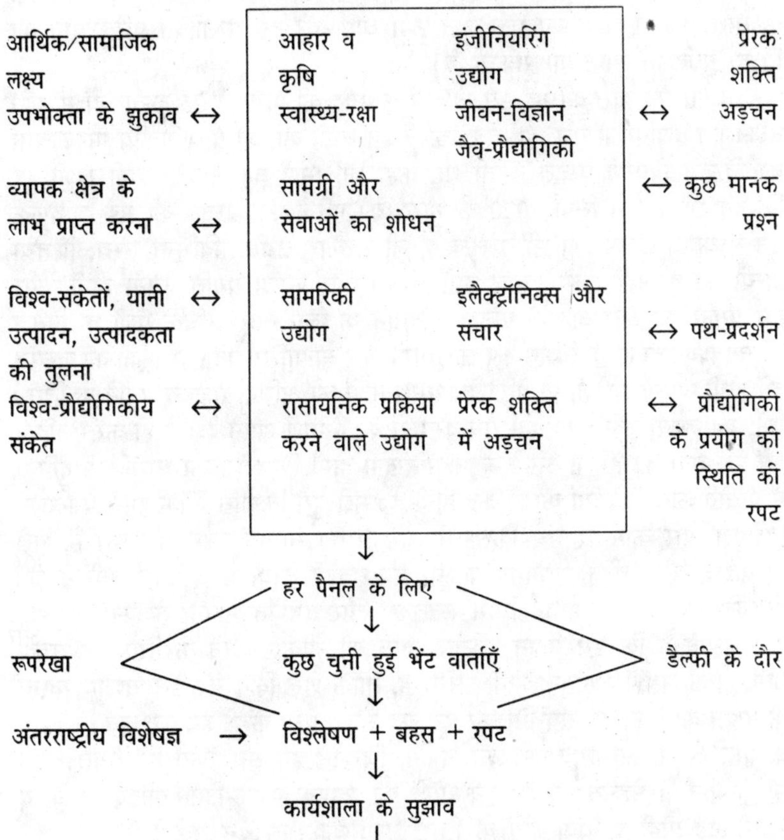

(टाइफैक नियंत्रक परिषद के कार्यदल द्वारा अपने जाँच-परिणामों की प्रस्तुति, स्रोत-टाइफैक)

परिकल्पना की हर रपट में हर क्षेत्र के बारे में उसकी वर्तमान स्थिति और पूर्वानुमान और मूल्यांकन से संबंधित मूल्यवान सूचनाएँ हैं। इन रपटों के माध्यम से कार्यवाहियों के लिए दिए गए सुझाव और परिणाम भी प्रस्तुत किए गए हैं। इन

परिणामों और सुझावों के क्षेत्र में उन नीतियों और प्रशासकीय उपायों के सामान्य परिवर्तन या संशोधन से लेकर नई और पेचीदगी भरी उदीयमान प्रौद्योगिकी के प्रयोग में निपुणता प्राप्त करने तक का वर्णन है। ये सब सुझाव, परिणाम और विकल्प एक दूसरे से जुड़े हैं। जहाँ तक भारत द्वारा उनके प्रयोग का सम्बन्ध है, उनमें से किसी एक का चुनाव करना कठिन है। इसके लिए उनके सभी वाद्यवृंदों का एक साथ बजना और समक्रमिक होना ज़रूरी है। तभी 2020 तक के भारत की प्रौद्योगिकीय परिकल्पना, समक्रमिक होकर पूरे वाद्यवृंदों के साथ बज सकेगी। 31 जुलाई, 1996 के 'इंडिया टुडे' में '50 प्रौद्योगिकियाँ, जो हमारे जीवन का रूपान्तरण कर देंगी' शीर्षक के साथ राज चैनगप्पा का एक लेख छपा था, जिसे इस प्रस्तावित परिकल्पना का विशेष पूर्वदर्शन माना जा सकता है।

''परिषद द्वारा की गई इस विशाल क़वायद की परिणति 25 दस्तावेज़ों में हुई। तत्कालीन प्रधानमंत्री एच. डी. देवगौड़ा ने इन रपटों को, जो प्रौद्योगिकीय परिकल्पना का विस्तृत विवरण प्रस्तुत करती थीं, कहा था, 'मुझे यह जानकर बड़ी खुशी हुई कि इन रपटों में न सिर्फ 2020 के भारत की परिकल्पना प्रस्तुत की गई है, बल्कि उन मध्यवर्ती उपायों का भी उल्लेख है, जो सरकार, उद्योग, विभिन्न संस्थाओं तथा अन्यों को करने हैं। आने वाले वर्षों में हमें और ज़्यादा प्रगति करनी होगी, और इस प्रगति को और अधिक फलदायी बनाने के लिए और अधिक पूँजी के निवेश की आवश्यकता होगी, विशेष रूप से उद्योगों और व्यापारियों को। इस पूँजी की ज़रूरत हमें होगी अपनी स्वदेशी प्रौद्योगिकीय समर्थताओं को अधिक सशक्त बनाने के लिए। वैसे, यह ज़रूरी नहीं है कि हम सब वस्तुओं का निर्माण अपने देश में ही करें। लेकिन हमें इस बात को हमेशा अपने ज़हन में रखना होगा कि आज की स्पर्धात्मक दुनिया में प्रौद्योगिकीय शक्तियों की ही क़द्र होती है। मुझे पूरा विश्वास है कि हमारे प्रबन्धक, विशेषज्ञ और कामगार बंधु किसी भी चुनौती का सामना करने में समर्थ हैं, भले ही वह चुनौती पेचीदा प्रौद्योगिकीय और प्रबन्धकीय कार्यों से जुड़ी हुई क्यों न हो। शर्त सिर्फ यही है कि हमारे प्रयास सतत हों और समर्पित भावना से किए गए हों। मेरा सुझाव है कि इस महान राष्ट्रीय सपने को साकार करने के लिए हम सबके अन्दर एक समर्पित भावना होनी जरूरी है, ताकि शुरू किए गए इस राष्ट्रीय महत्त्व के महान कार्य को हम सब मिलकर पूरा कर सकें। ऐसा करके हम उन सब विशेषज्ञों के प्रति अपना आभार व्यक्त कर सकेंगे, जिन्होंने इन सब रपटों को तैयार करने में जी-जान से मेहनत की है। इन रपटों का व्यापक प्रचार होना चाहिए, ताकि वे हमारी नई पीढ़ी के युवा-जनों के लिए प्रेरणा का स्रोत बन सकें।''

इस अवसर पर विज्ञान और प्रौद्योगिकी के राज्य-मंत्री प्रोफेसर वाई. के. अलघ ने कहा :

''ऐसी रपटें तैयार करने वाला भारत उन इने-गिने देशों में से है, जिन्होंने इस प्रकार की रपटें तैयार की हैं। यह तथ्य इस बात को भी दर्शाता है कि हमारे संस्थानों, उद्योगों और प्रयोगकर्ताओं में प्रौद्योगिकीय सामर्थ्यों को बढ़ाने की प्रवृत्ति ज़ोर पकड़ती जा रही है।

अंत में, मैंने कहा :

"मैं इन परिणामों को अनेक मंचों पर, युवा-वृद्ध दोनों प्रकार के लोगों के सामने प्रस्तुत करता रहा हूँ। मैंने, बिना किसी भेदभाव के, उन सबको इस परिकल्पना के प्रति उल्लास, उत्साह और उमंग से भरा हुआ पाया है। और वे सब शीघ्रातिशीघ्र इस दिशा में कुछ करने के इच्छुक हैं। उनके इसी इरादे में राष्ट्र की ताक़त छिपी है। हम अभी तक अपने राष्ट्र के बहु-संस्थानीय तंत्र की संपूर्ण प्रच्छन्न और संभाव्य सामर्थ्य से अनजान हैं। मुझे आशा है कि ये दस्तावेज आपको उसे जानने का अवसर देंगे। मेरा दृढ़ विश्वास है कि उत्साह से सुलगते दिल शक्ति-स्रोत होते हैं। क्या हम अपने युवा-जनों के मानस को राष्ट्र के विकास की दिशा की ओर प्रवर्तित कर सकते हैं ? हाँ, हम कर सकते हैं।"

कई सभापतियों ने निर्णायक और महत्त्वपूर्ण दस्तावेज प्रस्तुत किए। उनमें से किसी ने भी न तो समारोह से पूर्व, अपने नोटों का आदान-प्रदान किया, और न कोई पूर्वाभ्यास किया। समारोह का पूरा कार्यक्रम शान्ति से सम्पन्न हुआ। इससे ज़ाहिर है कि समारोह में भाग लेनेवाले सभी महानुभाव, जो कुछ उन्हें कहना था, उसे आत्मसात करके ही वहाँ आए थे।

यद्यपि 17 क्षेत्रों से जुड़े 25 दस्तावेज़ समारोह में पढ़े गए (देखें आरेख 3.2) तथापि वे सब एक दूसरे से जुड़े हुए दिखाई देते थे। उदाहरणार्थ, जब यह कहा गया कि 2020 तक अनाज की पैदावार दुगुनी हो जाएगी तो इस कथन में यह संभावना भी निहित थी कि तब तक फ़सलों के विकास की मौजूदा प्रक्रिया का नवीकरण हो चुका होगा। पैदावार की प्रक्रिया के नवीकरण के साथ-साथ, उसके वितरण, विपणन, परिवहन और भंडारण की प्रक्रियाओं का भी नवीकरण हो चुका होगा। इसी प्रकार यदि हम मशीन-औज़ार उद्योग में अग्रणी होना चाहते हैं, तो संबंधित दस्तावेज के अनुसार, हमें अपना ध्यान सॉफ्टवेयर इंजीनियरिंग को सशक्त बनाने में भी करना होगा। अपनी सॉफ्टवेयर इंजीनियरिंग की कमाई से कैड-कैम (कंप्यूटर-सहायता-प्राप्त-डिजाइन और कम्प्यूटर-सहायता-प्राप्त निर्माण-प्रक्रिया) के नए क्षेत्र में प्रवेश करने के बाद हम मशीन-औज़ार निर्माण के क्षेत्र में भी अग्रणी हो जाएँगे। यह हमें उच्चतर गुणवत्ता वाले सॉफ्टवेयर के समान अन्य निर्माण-उद्योगों के क्षेत्र में भी सर्वोच्च पद पर बैठा सकेगा। मशीनरी और उनके प्लांट लगाने की हमारी पारम्परिक योग्यता के बल पर रसायन के अपने मौलिक ज्ञान को आधार बनाकर, कम्प्यूटर-अनुरूपता और जैव-वैविध्य के मद्देनज़र हम स्वच्छ रसायन के आधुनिक क्षेत्र में भी अपना स्थान स्थायी बना सकते हैं—विशेष रूप से रसायन और राष्ट्रीय उत्पादों के क्षेत्रों में। स्वास्थ्य-रक्षा के क्षेत्र में उन प्रौद्योगिकीय आदानों, जिनकी प्रायोजनाएँ सुझाई गई हैं, के लिए हमें प्रगत पदार्थों, सेंसरों और इलैक्ट्रॉनिक्स के क्षेत्रों में अपनी सामर्थ्य को बढ़ाना होगा। इन क्षेत्रों और कुछ विद्या-विशेषों की बंधुता इतनी प्रगाढ़ है कि हम उन्हें एक दूसरे से अंतर्संबंधित से लगते हैं, यहाँ तक कि राष्ट्रीय सुरक्षा, आर्थिक और खाद्य संबंधी सुरक्षाएँ कभी-कभी एक समान लगती हैं। वैसे, हमारा अंतिम लक्ष्य एकदम स्पष्ट है—देश के लोगों की समृद्धता, उम्दा सेहत और खुशहाली।

आरेख 3.2

परिकल्पना के पारस्परिक संबंध

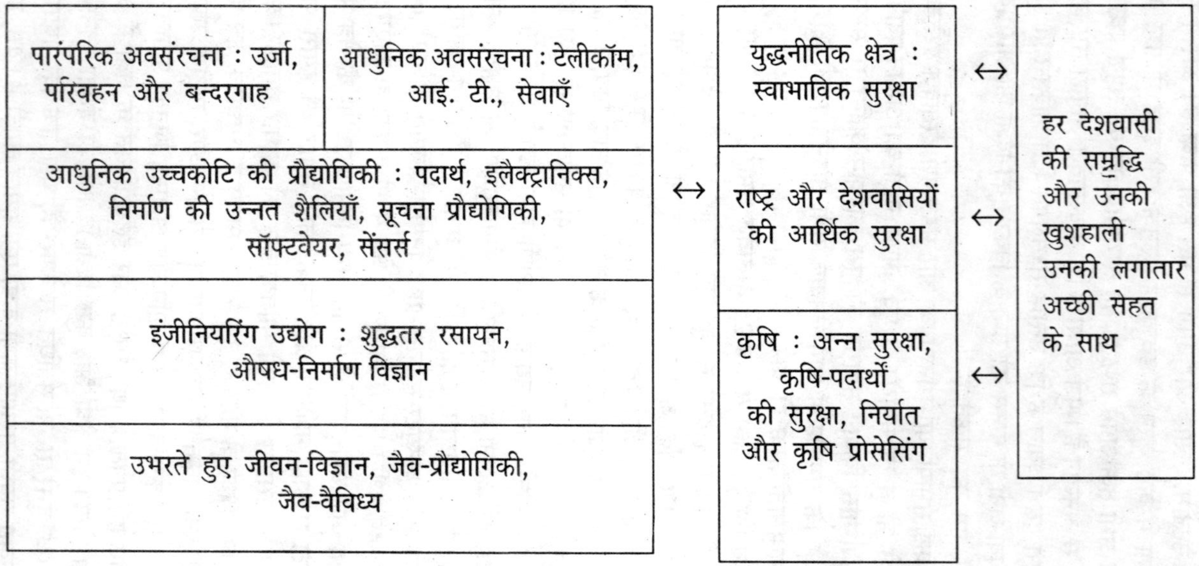

प्रकाशन के बाद

इन दस्तावेज़ों के प्रकाशन के बाद, उसके प्रकाशकों ने देशभर में अनेक यात्राएँ कीं, और अपने निष्कर्षों की सबको जानकारी देने के लिए, विशेष रूप से प्रचार तंत्र को देने के लिए, ताकि वह आगे की कार्यवाही के लिए तैयार रहें। राज्य, स्थानीय, संस्थानीय और व्यक्तियों के स्तरों पर उसे जबर्दस्त समर्थन मिला। इसे देखकर हमारा यह विश्वास और ज्यादा पुष्ट हुआ कि भारत के विभिन्न भागों में इस भावना से प्रदीप्त लोगों की कमी नहीं है। हर आयु-वर्ग के ऐसे लोग हमारे साथ थे। यह परिकल्पना बहुत से मिशनों की जनक बनेगी, और हर मिशन हज़ारों प्रयोजनाओं का जनक बनेगा। यह देश को एक विकसित देश का दर्जा दिलाने में सशक्त भूमिका निभाएगा। हमारा पुनः विश्वास है कि यह परिकल्पना जल्दी ही एक हक़ीक़त बनेगी, और तब हर भारतीय को विश्व-स्तर के उत्पाद व सेवाएँ उपलब्ध होंगी, और नानाविध, प्रौद्योगिकियाँ उभरकर सामने आएँगी।

आइए, अब इस प्रौद्योगिकीय परिकल्पना के दस्तावेज़ों में प्रस्तुत परिणामों की परीक्षा करें।

4

खाद्य, खेती और प्रोसेसिंग

अगर किसानों के हाथ ढीले पड़ गए,
तो तपस्वियों का तप भी बेकार हो जाएगा।

–थिरुक्कुरल, 104.6

आज देश के 40 प्रतिशत लोग गरीबी की रेखा के नीचे जीते हैं। उनके लिए जीना मुहाल हो गया है, और हर दिन उनके सामने एक समस्या बनकर आता है। उनके पास अक्सर मामूली खाने-पीने की चीजों को ख़रीदने लायक पैसे भी नहीं होते। कभी-कभी तो अगले दिन या रात के लिए भी नहीं। तो भी स्थिति आज़ादी से पहले की कुछ अवधियों और 1960 की स्थिति से कुछ बेहतर है। आज के किशोर कल्पना भी नहीं कर सकते आज़ादी के पहले के उन दिनों की, जब देश के कुछ भागों में करीब-करीब अकाल और भुखमरी जैसी हालत थी। यह हालत आंशिक रूप से छठे दशक में भी रही, जब हमें अमरीकी गेहूँ खाकर जीने को मजबूर होना पड़ा था।

संकट-काल और भारतीय अन्न-सुरक्षा

प्रौद्योगिकीय परिकल्पना के प्रतिष्ठित भारतीय कृषि-वैज्ञानिक प्रोफेसर एस. के. सिन्हा, जिन्होंने अन्न और कृषि-पैनल का नेतृत्व किया था, अक्सर कहा करते हैं कि :

"अन्न की दृष्टि से 1965-66 और 1966-67 का काल अन्न और कृषि-उत्पादन की दृष्टि से संकट-काल था। उन दिनों श्री सी. सुब्रह्मण्यम् केन्द्र में कृषि मंत्री थे। उन्होंने अन्नाभाव के बारे में जो कुछ कहा था, उसे याद करना बहुत महत्त्वपूर्ण है : 'इन दोनों वर्षों में हमने क्रमशः 100 और 110 लाख टन अन्न का आयात किया था। यह हमारे लिए एक बड़े खतरे का संकेत था। हम हमेशा इस प्रकार अन्न के लगातार आयात पर निर्भर नहीं रह सकते थे, ख़ास तौर पर जब इतनी अधिक मात्रा में गेहूँ 12,000 मील दूर से आए। इस संकट-काल के दूसरे वर्ष में, अमरीकी प्रेसीडेंट जॉनसन कतिपय ऐसी नीतियों के अंतर्गत, जो उन्होंने अपनाई थीं, अन्न की मात्रा को बूँद-बूँद करके भेज रहे थे। एक बार तो स्थिति इतनी नाजुक हो गई थी कि हमारे पास एक बार सिर्फ़ दो हफ्तों का स्टॉक बचा था, और बीच में किसी अन्न की रवानगी का कोई संकेत नहीं था।' " ('गेहूँ क्रांति : एक संवाद', डॉक्टर एम. एस. स्वामीनाथन् द्वारा सम्पादित और 1993 में मैकमिलन इंडिया द्वारा

प्रकाशित)

इस संकट ने देश के नेतृत्व को एक संकल्प करने का अवसर प्रदान किया, अन्न के मामले में आत्म-निर्भर होने का। संयोग से इसी काल में अन्तर्राष्ट्रीय स्तर पर ऐसी क्रान्तिकारी प्रौद्योगिकियों का जन्म हुआ जो गेहूँ और चावल की नई नस्लों को सुधारने और विकसित करने में समर्थ थीं। भारत ने इन प्रौद्योगिकियों का पूरा लाभ उठाया, उन पर प्रयोग किए और उनके आधार पर बहुत बड़े पैमाने पर कृषि-उत्पादन-सेवाओं का व्यापक विस्तार किया और उन प्रौद्योगिकियों को एक अजूबे की चीज़ मानकर चुपचाप नहीं बैठे रहे। तीन साल के अंदर देश में गेहूँ की पैदावार दुगुनी हो गई। 1970 में हमने गेहूँ और चावल की ऐसी विविध किस्मों को भी विकसित किया, जो हमारे लोगों को अच्छी लगीं। तब तक हम अन्न के मामले में पूरी तरह आत्म-निर्भर हो चुके थे।

बाद में, 1979 और 1987 में जब दो बार हमें सदी के सबसे बड़े सूखों का सामना करना पड़ा, तब दुनिया ने उन पर तनिक भी ध्यान नहीं दिया, कारण, अन्न-सहायता की माँग करने का मौका ही नहीं आया। देश के पास अब करीब 30 लाख टन का अतिरिक्त अन्न भंडार सुरक्षित है। 1990 के दशक में कृषि-उत्पादों में काफी विविधताएँ देखने को मिलीं और गेहूँ और चावल सहित अनेक कृषि-उत्पादों के निर्यात में भी वृद्धि हुई। कृषि-उत्पादों पर आधारित विशेष निर्माण-प्रक्रियाओं से निर्मित उत्पादों में भी विकास-दर में वृद्धि देखने को मिल रही है।

भावी आवश्यकताएँ और सामर्थ्य

अब सवाल यह है कि क्या हम यह विश्वास करके, कि अब अन्न के मोर्चे पर कोई संकट नहीं है और अब हम बेफिक्र हो सकते हैं, निश्चिंत होकर बैठ सकते हैं ? क्या सचमुच उस अपमान और मान-भंग की स्थिति की पुनरावृत्ति नहीं होगी, जो हमारे देशवासियों को 1965-69 के काल में भोगनी पड़ी थी !

आइए, आरेख 4.1 में दिखाए आँकड़ों पर एक नज़र डालें, जो भविष्यसूचक भी हैं।

आरेख 4.1

2000 और 2010 में प्रस्तावित अन्न-आयात

देश	*लाख*	*टन*
दक्षिण एशिया	20,000	20,100
पूर्व एशिया	90.2	120.8
भारत	60.9	140.1
पाकिस्तान	20.1	40.5
इंडोनेशिया	50.7	70.6
चीन	110.8	20.6

स्रोत : टाइफैक, अन्न और कृषि : प्रौद्योगिकीय परिकल्पना 2020

आरेख 4.2

7 प्रतिशत आय-विकास-दर के हिसाब से अन्न की घरेलू खपत की अनुमानित माँग

वस्तु	वार्षिक घरेलू माँग (लाख मैट्रिक टनों)				
	1991	*1995*	*2000*	*2010*	*2020*
अनाज	1683	1851	2086	2664	3430
दूध	488	620	838	153·1	2710
खाने का तेल	43	5·1	6·3	9·4	130
भाजियाँ	560	65·7	80·0	117·2	1680
फल	125	161·1	222	42·9	810
गोश्त, मछलियाँ और अंडे	3·4	4·4	6·2	12·7	270
चीनी	90·6	10·9	12·8	17·3	220

स्रोत : टाइफ़ैक : फूड एण्ड एग्रिकल्चर : टेक्नॉलॉजी विजन 2020

चित्र 4.1 के अनुसार, भारत को 2010 तक करीब 140 लाख टन अनाज आयात करना पड़ेगा। उसके बाद, आयात की दर 2 प्रतिशत प्रतिवर्ष तक हो जाएगी। और, इस सिलसिले में क्या हम यह जानकर खुश हो जाएँ कि इस दौरान पाकिस्तान को 2010 में 40.5 लाख टन और चीन को 210.6 लाख टन गेहूँ/चावल का आयात करना पड़ेगा ? अन्य ऐसे व्यक्तियों के समान, जिन्होंने इस मसले पर गहराई से सोचा है और उसे संभाव्य हलों के बारे में भी चिन्तन किया है, हमारा विश्वास है कि हमें इन नतीजों को क़तई स्वीकार नहीं करना चाहिए क्योंकि भारत अपने अनाज का उत्पादन बढ़ाने में पूरी तरह समर्थ है। भारत को अपने लक्ष्य तक पहुँचने लायक ज़रूरी प्रौद्योगिकियों का ज्ञान भी है, और उन्हें आसानी से और ज़्यादा विकसित करते रहने की क्षमताएँ भी हैं। हमारे लोगों और किसानों में उद्यम करने का जोश भी है और लगन भी। उन्होंने संकट-काल में अपने इन गुणों का अच्छा प्रदर्शन करके इस बात को कई बार साबित करके भी दिखाया है। हम इन निराशाजनक भविष्यवाणियों को झूठा साबित करके भी दिखा सकते हैं, बशर्ते कि हम एक दीर्घ योजना के तहत कठिन श्रम करते रहने का संकल्प कर लें। यदि हमने ऐसा मान करके कि हम तो इस क्षेत्र में अभी काफी आगे हैं और हमें और ज़्यादा मेहनत करने की कोई ज़रूरत नहीं, तो हमारी हालत उस खरगोश की कहानी सी हो जाएगी, जिसमें सोए हुए खरगोश को हराकर कछुआ जीत गया था।

अनाज की माँग और भारत के लोग

एक क्षण रुककर आइए देखें क़यामत उस दिन की, जब भारत में अनाज की सुलभता पर सवालिया निशान लग जाएगा, और उसके आयात में मुश्किलें दरपेश होंगी। इसके कुछ कारण हम नीचे बता रहे हैं :

(अ) बढ़ती हुई आबादी। 2020 तक आबादी बढ़कर 130 करोड़ हो जाने का अनुमान है।

(आ) आर्थिक विकास एक दूसरा मुद्दा है। जैसे-जैसे देश का आर्थिक विकास होगा, वैसे वैसे लोगों की आमदनियाँ बढ़ती रहेंगी, और उनके उपभोग भी बढ़ेंगे। यह बड़ा आनंददायक दिन होगा, जब हमारे गरीब लोग भी भरपेट खा सकेंगे।

(इ) इसके अलावा, उनकी जीवन-शैली भी निश्चित रूप से प्रभावित होगी। आमदनी के बढ़ने के साथ-साथ, लोगों की प्रवृत्तियों के मद्देनज़र मांसाहार की आदत ज़ोर पकड़ सकती है। आमिष भोजन के ज़्यादा इस्तेमाल से अनाज का इस्तेमाल भी अधिक होगा। इतने ज़्यादा परिवर्तनों और कारणों को ध्यान में रखते हुए ऐसा लगता है कि 2000 तक अनाज की खपत 191 मिलियन टन से बढ़कर 286 मिलियन टन तक जा सकती है। आरेख 4.2 में आर्थिक विकास की विभिन्न दरों का अनुपात अनाज की घरेलू माँग से दिखाया गया है।

चूँकि एक विकसित देश की हैसियत प्राप्त करने के लिए हमें मौजूदा विकास-दर से 7 प्रतिशत वृद्धि करनी ज़रूरी है, इसलिए यह अनुमान करना हमारे लिए तर्कसंगत

होगा कि 2020 तक 3400 लाख टन अन्न की ज़रूरत होगी। इस अनुमानित लक्ष्य तक पहुँचने के लिए हमें भारतीय कृषि पर अतिरिक्त दबाव डालना होगा। इस बारे में एक चुनौती इस रूप में आने वाली है कि हमें विभिन्न फसलों को बोने के लिए अनुकूलतम वातावरण या परिस्थितियों की आवश्यकता होगी। ऐसी स्थिति में क्या हम लोगों से यह कह सकेंगे—कम दूध पियो, या कम तेल का इस्तेमाल करो, या कम भाजियाँ इस्तेमाल करो ? ऐसी चुनौतियों और समस्याओं का सामना हमें निकट भविष्य में करना पड़ेगा, यह तय है।

भारतीय कृषि को चुनौतियाँ

अनाजों, भाजियों, फलों, दूध, मुर्गीपालन, गोश्त तथा नक़दी फ़सलें भारतीय कृषि के सामने नई-नई और बड़ी-बड़ी चुनौतियाँ पेश करने वाले हैं। हमें यह भी नहीं भूल जाना चाहिए कि हमारी मौजूदा अन्न-सुरक्षा के मूल में हैं हमारी सिंचाई-योजनाएँ। उनके कारण ही हमारे किसान ज्यादा उत्पन्न करने वाली जुदा-जुदा किस्मों की फसलों की मेहरबानी से और ज़्यादा अमीर बनते जा रहे हैं। हमारी कृषि को स्थायित्व प्रदान किया है गेहूँ की ज़्यादा पैदावार ने, जो मुख्यतया जाड़ों में उत्पन्न होता है। फिर भी, यह सच है कि देश की जितनी कृषि-योग्य भूमि पर फ़सलें बोई जाती हैं, उनका 70 प्रतिशत भाग ऐसा है, जो वर्षा के जल पर ही आधारित है। इस 70 प्रतिशत भाग में भी 30 प्रतिशत ऐसा भू-भाग है, जहाँ सालाना 400 मिलीमीटर ही वर्षा होती है और जिसे 'शुष्क भूमि' कहा जाता है।

वर्षा-सिंचित भू-क्षेत्रों की कृषि-विषयक समस्याओं को अच्छी तरह समझना ज़रूरी है। किसी भू-क्षेत्र में जितनी कम बारिश होती है, उतनी ही उस क्षेत्र के किसानों और गाँववालों की समस्याएँ उसी अनुपात में बढ़ जाती हैं। मुझे राजस्थान के सूरतगढ़ नामक स्थान की याद आती है, जहाँ मैं 1960 के अंतिम वर्षों और 1970 के बीच, वहाँ जाया करता था, कुछ महत्त्वपूर्ण प्रयोजनाओं के सिलसिले में। उन दिनों वहाँ भारतीय अंतरिक्ष-शोध संस्थान के रॉकेटों के परीक्षण चल रहे थे। मुझे उस स्थान की दयनीय स्थिति अभी तक याद है। ऋतुएँ आती-जाती रहती थीं, मगर वहाँ घास की एक पत्ती भी दिखाई नहीं देती थी। लेकिन, अब मुझे जब राजस्थान के कुछ क्षेत्रों में अन्य योजनाओं के सिलसिले में जाने के मौके मिलते हैं, तब मैं वहाँ आए परिवर्तन को देखकर दंग रह जाता हूँ। वह परिवर्तन, जो इंदिरा गाँधी नहर के सिंचाई के पानी की वजह से आया। वहाँ के लोगों की ज़िंदगी भी खुशियों से भरी दिखाई देती है, जिससे मुझे बड़ा सन्तोष होता है। मैं ऐसी अनेक नहरों वाले भारत की कल्पना करता हूँ, ऐसी छोटी और बड़ी नहरें, जो विभिन्न नदी-प्रणालियों और जल-स्रोतों से जुड़ी होंगी। मैं एक ऐसे भारत को देखना चाहूँगा, जिसके वर्षा के पानी और पनढालों का प्रबंधन इस रूप में किया जाएगा, जिससे गरीबों को तो फ़ायदा होगा ही, हमारी कृषि भी लाभान्वित होगी।

लेकिन, तब तक वर्षा के जल द्वारा सिंचित क्षेत्रों का क्या किया जाए ? क्या उसे उस जल को अपने किसानों की सदियों पुरानी मेहनत पर छोड़ दिया जाए ?

या उन्हें उनके भाग्य और अपनी इन उम्मीदों पर छोड़ दिया जाए कि एक दिन हम बेहतर प्रौद्योगिकियों की मदद से 30 प्रतिशत वर्षा-जल सिंचित भूमि से अपेक्षाकृत संपन्न कृषि प्रदेशों की ज़मीनों को सींच सकेंगे ? देश की वर्षा जल से सिंचित और शुष्क भूमिवाले क्षेत्रों को कृषि-योग्य भूमि बनाने की दिशा में देश के कई क्षेत्रों में अनेक सफल प्रयोग किए जा चुके हैं। उदाहरणार्थ, महाराष्ट्र के कुछ भू-भागों में पानी को संरक्षित रखने और उस पानी से पेड़ों को लगाने और ग्राम के स्तर पर पशुओं के चरने की भूमि का विकास करने और गाँव के लोगों के इस्तेमाल करने योग्य बनाने में काफी सफलता मिली है। इस पानी को उपयुक्त फ़सल लगाने, मवेशियों को पानी पिलाने और बाज़ार-प्रणाली में मददगार बनाने के काम में भी लगाया जाता है। उन दिनों की याद कीजिए जब हरित-क्रांति शुरू हुई थी। तब देश के सिंचित क्षेत्रों के बहुत से किसानों को दुनिया के विभिन्न देशों में अध्ययनार्थ भेजा गया था। क्या वर्षा के जल से खेती करने वाले और शुष्क भूमि में कृषि करने वालों को भी ऐसे अवसर नहीं दिए जाने चाहिए ? कम-से-कम, देश के अन्य स्थानों तथा सम्भव हो तो विदेशों में भी यात्रा करने के अवसर नहीं दिए जाने चाहिए, ताकि वे वहाँ जाकर खुद अपनी आँखों से देख सकें कि उन देशों की कृषि क्षेत्र में कामयाबी का राज़ क्या है, और यह जानें कि उनकी जैसी परिस्थितियों में उन देशों के किसानों ने कैसे उन्हें पार करके अपनी उत्पादकता में वृद्धि की।

हमारे देश के लोगों और किसानों का एकीकरण एक विशाल बाज़ार के रूप में हुआ है। सम्बन्धित किसानों को इस वैज्ञानिक सच्चाई को बताने की ज़रूरत है कि देखने, बहस-मुबाहसे में हिस्सा लेने और जन-सम्पर्क के जरिए कृषि-परिस्थिति की विज्ञान की बारीकियों को बताने की ज़रूरत है। इससे हमारे किसान जान सकेंगे कि मध्य भारत के शुष्क क्षेत्रों में गेहूँ और चावल का (जिसे देश के अधिकांश लोग चाव से खाते हैं) ज़्यादा उत्पादन मुमकिन नहीं है। इसलिए वहाँ के किसानों को दालों, तिलहन, भाजी, फल और पशुधन पर अपना ध्यान केंद्रित करना चाहिए। गेहूँ और चावल की पैदावार के लिए उन्हें अन्य उपजाऊ क्षेत्रों को चुनना चाहिए। हर राज्य में कृषि-उत्पादों के उपयुक्त स्थानों का चुनाव उपयुक्त आबोहवा और परिस्थितियों के अनुकूल होना चाहिए। इसकी एक वजह यह है कि कोई भी राज्य सब उत्पादों के उत्पादन में कभी भी आत्म-निर्भर नहीं हो सकता। विपणन और परिवहन के बेहतर तरीकों के ज़रिए, माल को एक स्थान से दूसरे स्थान तक पहुँचाया जा सकेगा, या एक वस्तु के स्थान पर दूसरी वस्तु को लिया या दिया जा सकेगा। इसके अलावा, भारत के पूर्वी-भाग में कृषि के विकास की ओर विशेष ध्यान देने की ज़रूरत है, विशेष रूप से इसके उतपादन में वृद्धि लाने के लिए। भारत के पूर्वी भाग में कृषि के विकास के लिए उपयुक्त जलवायु और जल-साधन उपलब्ध हैं, तो भी वहाँ कृषि-उत्पादों की मात्रा बहुत कम है। भारत को अपने इस भाग की सुरक्षा को सुदृढ़ करने और आर्थिक संपन्नता को प्राप्त करने के उद्देश्य से मौजूदा हालात को बदलना होगा।

पर्यावरण सम्बन्धी समस्याएँ और अंतरराष्ट्रीय दबाव

आने वाले वर्षों में हम अपनी कृषि-विषयक समस्याओं को अपनी दूसरी समस्याओं से अलग करके नहीं देख सकते। व्यापार और शुल्क सम्बन्धी सामान्य समझौतों जैसे गैट (GATT) और विश्व-व्यापार संस्था (WTO) सम्बन्धी निहितार्थों को बारीकी से समझना होगा और तदनुसार अपनी नीतियाँ निर्धारित करनी होंगी। हमारी ये सब नीतियाँ और भावी कार्यवाहियाँ और पहल की दिशा ही हमारे कृषि सम्बन्धी शोध और विकास के कार्यों का स्वरूप निश्चित करेगी। इन सब अंतरराष्ट्रीय समझौतों के नियमों के अनुरूप ही हमको तय करना होगा कि हम दूसरे देशों को उनके उत्पादों को भारत में बेचने और बाज़ार देने की सुविधाएँ किस रूप में प्रदान करें, और इन समझौतों पर ही आधारित होगी—हमारे अपने कृषि-उत्पादों की गुणवत्ता और कुशलता। हम अपनी कृषि को किस सीमा तक घरेलू समर्थन दे सकेंगे, इसकी भी सीमा तय करेंगे ये अंतरराष्ट्रीय समझौते।

कृषि-उत्पादों और वस्तुओं की सफ़ाई और पादप-सफ़ाई के उपायों पर भी प्रतिबन्ध लग जाएँगे और कृषि-उत्पादों और वस्तुओं के आयात और निर्यात दोनों पर भी इसके अनुसार, यह माँग-प्रबल होती जाएगी कि रसायनों और कीटनाशी दवाओं के इस्तेमाल को अंतरराष्ट्रीय मानकों के अनुरूप धीरे-धीरे कम किया जाए। मान लीजिए, हम यह मान लेते हैं कि हम इन मानकों को निर्माणों के दायरे में रखेंगे और अपने घरेलू बाज़ारों के मामलों में हम इन प्रतिबन्धों में ढील देंगे तब हमारे अपने लोग, जिनमें पर्यावरण-संरक्षणवादियों के नाम सबसे ऊपर होंगे, हम पर ज़ोर डालेंगे कि हम उन्हें अपने लोगों के बारे में भी मान्यता प्रदान करें, नहीं तो हमारे अपने लोगों की सेहत के लिए ख़तरा पैदा हो जाएगा। सूचना-प्रौद्योगिकी के क्षेत्र में हुई उपलब्धियों की बदौलत दुनिया के किसी भी हिस्से में पर्यावरण-सम्बन्धी मानकों को नज़रअंदाज करने की बात को सारी दुनिया में फैलने में ज़्यादा देर नहीं लगेगी, और, वह देखते-ही-देखते एक विश्वव्यापी मुद्दा बन जाएगा। तब कृषि में काम आने वाले रसायनों और उर्वरकों को भी अंतरराष्ट्रीय मानदंडों के अनुरूप होना पड़ेगा। विश्व-व्यापार-संस्था के प्रावधानों के अनुरूप सब देशों के साथ समान व्यवहार करने जैसे अन्य प्रावधानों का भी पालन करना होगा। दूसरे शब्दों में, हमारा व्यवहार अपने देश के व्यापार के लिए भी वही होगा जिसकी हमसे दूसरे देशों के साथ करने की अपेक्षा की जाती है।

अन्तरराष्ट्रीय सम्पत्ति-अधिकारों (आई.पी.आर.) के प्रति भारत की वचनबद्धता की वजह से भी उसके सामने अनेक मुश्किलें पैदा होने वाली हैं। इसके परिणामस्वरूप, दुनिया में कहीं भी विकसित प्रौद्योगिकियों के स्वत्वाधिकारों के व्यापारिक प्रतिबन्धों के मुद्दे जन्म लेने वाले हैं। हमारी अपनी शोध भी अब महज़ विदेशों में विकसित प्रौद्योगिकियों पर आधारित नहीं हो सकेगी। मिसाल के तौर पर, अब हम यह मानकर नहीं चल सकते कि मैक्सिको की ज्यादा फ़सल और उत्पादन देने वाले इन बीजों की, जिन्हें हमने हरित क्रांति के आरम्भ में उपयोग किया था, आगे भी सुगम उपलब्धता के बारे में आश्वस्त हो सकेंगे। इस सम्बन्ध में अमरीका द्वारा बासमती चावल को

उगाने के नए तरीकों को पेटेंट कराने की कोशिशों को याद रखना होगा। विदेशी वैज्ञानिकों और शिल्प-विज्ञानियों की नवीन प्रवृत्ति कृषि से जुड़ी ईजादों को पेटेन्ट करा लेने से दिखाई दे रही है।

आइए, अब आरेख 4.1 पर वापस आएँ, जिसमें ज़्यादा आबादी वाले अनेक देशों द्वारा अनाज को आयात करने की सम्भावना को दर्शाया गया है। यदि इन देशों ने सचमुच अनाज आयात किया, तो बहुत से विकसित देश अनाज का निर्यात करना अपना धन्धा बना लेंगे (वे आज भी ऐसा ही करते हैं, मगर साफ़ दिखाई देने वाले तरीकों से नहीं)। एक बार हमने अपने लोगों के लिए अनाज आयात करना शुरू किया, तो विदेशी कम्पनियाँ और सरकारें अपने व्यापारिक और दूसरे किस्म के लाभों के लिए, राजनीतिक दाँव-पेचों का इस्तेमाल करना शुरू कर देंगे। यह भी सम्भव है कि वे शर्तनामे तैयार करते वक्त उसमें तरह-तरह की शर्तें लगाना भी शुरू कर दें, जिससे उन पर हमारी निर्भरता स्थायी हो सकती है।

भारतीय कृषि के लिए मीथेन और कार्बन डाइआक्साइड जैसी गैसों का उत्सर्जन भी चिन्ता का विषय बन सकता है। दूषित पर्यावरण से जुड़ा यह मुद्दा भारत के लिए उलझाव पैदा कर सकता है। विभिन्न मॉडलों पर आधारित तरह-तरह के हिसाब-किताब के बाद भारत से कहा जाएगा कि अंतरराष्ट्रीय सीमा-नियमों के अनुसार, इस सीमा का अतिक्रमण करने वाले देश को दंडित किया जा सकता है और दंड की मात्रा उत्सर्जन की मात्रा के अनुरूप हो सकती है। इनमें से चिन्ताओं के कई विषय वास्तविक भी हो सकते हैं, लेकिन कई पेचीदी भू-राजनीति अभिप्रेरणाओं से प्रेरित भी हो सकते हैं। ऐसी अभिप्रेरणाएँ भाँति-भाँति के दबावों का छद्‌म रूप धारण कर सकती हैं। जो भी हो, ऐसी दुखद स्थितियों का सामना करने के लिए हमें अपने और इस प्रकार के छद्‌म दबावों को व्यर्थ करने के लिए अपने दबाव भी बनाने की 'कला' सीखनी होगी। और, चूँकि जलवायु में होने वाले परिवर्तन कृषि को भी प्रभावित कर सकते हैं, इसलिए हमें नवीनतम प्रासंगिक तथ्यों को छानते रहना चाहिए ताकि हम अपनी कृषि की सुरक्षा के लिए पहले से तैयार रहें।

प्रौद्योगिकियाँ

देश में कृषि की सुरक्षा के लक्ष्य को प्राप्त करने के उपायों के मद्देनज़र, हमें इस बारे में अपने राष्ट्रीय संकल्प को अभिव्यक्त करने और बड़े पैमाने पर किए गए अपने प्रयासों को अभिव्यक्त करने के अलावा, प्रौद्योगिकियाँ भी इस अभियान में अपना महत्त्वपूर्ण योगदान देती हैं।

स्वाभाविक रूप से हमें इसकी शुरुआत जैव-प्रौद्योगिकी से ही करनी पड़ेगी, कारण, उससे कृषि के अनेक आदान, जैसे—बीज, पौधे, मिट्टी, व्यवहार आदि, जुड़े हैं। अनाज की सुरक्षा के लिए सही क़दम उठाना निर्णायक सिद्ध होगा। इस सम्बन्ध में सर्वाधिक उपयोगी प्रौद्योगिकी वह होगी, जो हमारा परिचय 'ट्रांसजैनिक' अर्थात् ऐसे पौधों से, जो मानवकृत हैं, करायेगी और इच्छित किस्म की 'जीन' को लक्षित पौधे में अंतरित करने और इच्छित उद्देश्य की उससे सिलाई करने में समर्थ होगी।

दुनिया भर में ऐसे विकास हो रहे हैं। 1994-95 में इस प्रकार के 482 'ट्रांसजैनिक' पौधे तैयार किए गए थे। इनमें से 30 प्रतिशत की जाँच 'हर्बीसाइड' की प्रतिरोधक शक्ति का परीक्षण करने के लिए की जा चुकी है, 24 प्रतिशत की उत्पाद-गुणवत्ता के परीक्षण के लिए, 21 प्रतिशत की कीटाणु-प्रतिरोधक शक्ति की जाँच के लिए, 14 प्रतिशत की विषाणुक-प्रतिरोधात्मक शक्ति की जाँच के लिए, 3 प्रतिशत की कवक सम्बन्धी जाँच के लिए और 8 प्रतिशत अन्य विशेष लक्षणों की जाँच के लिए की जा चुकी है।

आरेख 4.3 में विश्व के विकसित देशों के जैव-प्रौद्योगिकीय विभाग के लक्ष्यों को दर्शाया गया है। जिन फ़सलों का रूपान्तरण हो चुका है, वे हैं—भाजियाँ, मैदानी फ़सलें, फल, गिरीदार फल, सामान्य के अतिरिक्त भाजियों में शतावरी गाजर, फूलगोभी, पत्ता गोभी, अजवाइन, ककड़ी, लेट्यूस (सलाद), मटर, आलू और टमाटर। मैदानी फ़सलों में हैं—लसुनघास, दाना, रुई, अलसी, तिलहन, चावल, राई, सोयाबीन, चुकंदर और सूरजमुखी। फलों/गिरीदार फलों में सेव, अखरोट और नाशपाती है।

तालिका 4.3

जैव-प्रौद्योगिकी के माध्यम से उत्तरी अमरीका व यूरोप में जिन चुनी हुई फ़सलों में सुधार किया जा रहा है, उनके लक्ष्य

टमाटर	:	सुधरा हुआ गठन, अधिक ठोसपन और स्थिरता
आलू	:	अधिक ठोसपन, भूरेपन में कमी, स्टार्च के वितरण में समानता
कनोला	:	सुधरी हुई तैलीय संरचना, तेल की गुणवत्ता में सुधार, भरणपोषण की बेहतर गुणवत्ता

स्रोत : टाइफैक फूड एण्ड एग्रिकलचर : टैक्नॉलाजी विज़न 2020

फिलहाल स्थिति यह है कि जैव-प्रौद्योगिकी के प्रमुख लाभ विशेष प्रक्रिया से सुधरे हुए टमाटर, आलू आदि के उद्योग को मिल रहे हैं। मगर ये फसलें ऐसी फसलें नहीं हैं, जो वर्तमान में या भविष्य में अन्न-सुरक्षा प्रदान कर सकें।

भारत में ट्रांसजैनिक फसल की जैव-प्रौद्योगिकी का प्रयोग हो रहा है। रुई को कीटाणु-प्रतिरोधक बनाने के प्रयास चल रहे हैं। अधिकांश पाठकों ने समाचार पत्रों में किसानों में आत्महत्याओं की बाढ़-सी आ जाने के समाचार पढ़े होंगे। इस प्रसंग में हमें आशा करनी चाहिए कि इस दिशा में रुई के बीजों को 'ट्रांसजैनिक' प्रक्रिया से कीटाणु-प्रतिरोधक बनाने के प्रयास सफल होंगे। जब तक हम इस दिशा में व्यापारिक पैमाने पर कामयाबी हासिल नहीं कर लेते, तब तक पर्याप्त मात्रा में व्यापक कार्रवाई करने की योजना नहीं बना सकते। इसमें कोई संदेह नहीं कि इस प्रकार की शोध को प्रोत्साहन मिलना चाहिए लेकिन, हमें दूसरे मोर्चों पर भी सक्रिय होना होगा। ज़रूरत इस बात की है कि भारत में फसल-जैव-प्रौद्योगिकी को अपना पूरा ध्यान महत्त्वपूर्ण फसलों पर अधिक केन्द्रित करना चाहिए, खासतौर पर ऐसी फ़सलों पर

जो अन्न-सुरक्षा से जुड़ी हों।

इस बारे में हमें इस बात को भी अपने ज़हन में रख लेना चाहिए कि मात्र जैव-प्रौद्योगिकी के प्रयोग से ही हमारी अन्न-सुरक्षा की समस्या पूरी तरह हल होने वाली नहीं है, कम-से-कम अगले पाँच सालों तक। वैसे, औद्योगिक महत्त्व की फसलों और भाजियों की फसलों को इस जैव प्रौद्योगिकी से कुछ हद तक लाभ हो सकता है। अतएव हमें परम्परागत कृषि-विषयक प्रौद्योगिकियों पर ही निर्भर रहना पड़ेगा, साथ-साथ भविष्योन्मुखी जैव-प्रौद्योगिकियों के लक्ष्य निर्धारित करते रहने होंगे। अंतरराष्ट्रीय स्तर पर इधर गेहूँ की नस्ल में सुधार लाने के कोई बड़े प्रयास नहीं हुए हैं। संकर चावल में ज़्यादा उत्पादनशीलता है। चीन ने प्रयोग के शुरुआती दिनों में संकर चावल के बड़े पैमाने पर उत्पादन में कुछ सफलता अर्जित की थी। भारत ने संकर चावल का उत्पादन हाल ही में शुरू किया है, और इस उत्पादन में वृद्धि करने की योजनाएँ बन रही हैं, मगर यहाँ इस बात को भी ध्यान में रखना होगा कि चीन द्वारा चावल के उत्पादन में हाल के वर्षों में कोई ख़ास वृद्धि नहीं हुई है। तो भी आगे चल कर संकर चावल भारत में एक महत्त्वपूर्ण भूमिका अदा करेगा। अभी तक बहुत बड़े पैमाने पर उसका उत्पादन करना बाकी है।

कृषि के उपकरणों, औजारों, मशीनरी, जल-प्रौद्योगिकियों, प्लास्टिक्स, जैव-रसायन और उर्वरकों में बहुत सुधार हुए हैं। वे आसानी से उपलब्ध हैं और देश की पहुँच के अंदर भी हैं। जल को संरक्षित करने की आवश्यकता है और संरक्षण कई विधियों से सम्भव है। ऐसी विधियाँ दो हैं—'ड्रिप इर्रीगेशन' (टपकन-सिंचाई-विधि) और 'वाटर हारवेस्टिंग' (जल-फ़सल-विधि)। ऐसी विधियों से देश के अलग-अलग छितरे हुए बिखरे क्षेत्रों में कृषि-पैदावार करने के प्रयास किए जाते हैं। इजराइल ने जल-संरक्षण को एक राष्ट्रीय नीति के रूप में स्वीकार कर लिया है और इस दिशा में आश्चर्यजनक सफलताएँ भी प्राप्त की हैं। आकार और जल-स्रोतों की अक्षय निधि का स्वामी होने के कारण भारत इजराइल से भी अधिक चमत्कारपूर्ण प्रदर्शन करके दिखा सकता है। इन विधियों से जुड़ा एक अलग उद्योग भी जन्म ले सकता है।

कृषि को और अधिक व्यापक और लाभप्रद बनाने में समर्थ अनेक प्रौद्योगिकियाँ मौजूद हैं। आने वाले वर्षों में, जब हमारे देश की खाद्य समस्या के और अधिक कठिन और जटिल होने की आशा है, हमें उन्हें उन्नत बनाने की आवश्यकता होगी, तथा उन प्रौद्योगिकियों के उपयोग की आवश्यकता भी होगी। इन प्रौद्योगिकियों में एक ऐसी है जो अन्तरिक्ष-प्रौद्योगिकी से भी जुड़ी है। आइए, उस पर एक नज़र डालें।

अंतरिक्ष से पृथ्वी के इलैक्ट्रॉनिक विधि से छायाचित्र खींचने की तकनीक को 'रिमोट सेंसिंग' कहा जाता है। इस विधि का उपयोग बड़े पैमाने पर प्राकृतिक साधनों का पता लगाने, भूमि के खराब होने, फसलों की पैदावार, बर्फ के पिघलने आदि की जानकारी हासिल करने के लिए किया जाता है। बहुत से विकसित देश इस विधि से पड़ोसी देशों की फसलों की पूरी जानकारी पाकर उन्हें उन्हीं फ़सलों के उत्पादों का निर्यात करने की योजनाएँ बनाते हैं। 'रिमोट सेंसिंग' के प्रयोग में भारत की गिनती अग्रणी देशों में होती है। हमने अपने 'हाई रैज़ॉल्यूशन रिमोट सेंसिंग'

उपग्रहों के माध्यम से जो चित्र व्यावसायिक उद्देश्य से खींचे हैं, उनका उपयोग अनेक विकसित देश भी करते हैं। हमारे पास ऊँचे दर्जे की ऐसी योग्यताएँ मौजूद हैं, जिनका उपयोग ज़मीन के नीचे छिपे पानी का पता लगाने, भूमि के खारेपन का अनुमान लगाने, फसल की पैदावार का अंदाज़ा लगाने आदि के लिए हो सकता है। इसके अतिरिक्त अंतरिक्ष प्रौद्योगिकी का प्रभावशाली प्रयोग शिक्षा-विस्तार करने, किसानों के सवालों के जवाब फौरन उपग्रहों के ज़रिये देने, उन्हें दूसरे किसानों की कामयाबियों की कहानियाँ सुनाने आदि के लिए भी किया जा सकता है। इसरो (भारतीय अंतरिक्ष शोध केंद्र) ने हरियाणा और मध्य प्रदेश में ऐसे जो प्रयोग किए हैं, उन्हें बड़े पैमाने पर अन्य राज्यों में भी किया जाएगा। इस सुविधा के द्वारा भारतीय किसानों को भी कृषि-विषयक वैसी ही उच्च कोटि की प्रौद्योगिकी प्रदान की जा सकती है, जो विदेशों के किसानों को प्राप्त है। हाँ, ऐसा करने में उन्हें अत्यधिक प्रयास करना होगा, लेकिन हमारे पास इसके लिए आवश्यक गुणों और योग्य व्यक्तियों की कमी नहीं है। जैसा कि सेवाओं से जुड़े अध्याय में बताया जाएगा, इन सेवाओं को विभिन्न भाषाओं में प्रदान करने में जो खर्च आएगा, उसकी भरपाई आंशिक रूप से व्यापारिक संस्थान और निजी क्षेत्र करेंगे। इससे प्राप्त राशि से बहुत से लोगों को रोजगार भी मिल सकेगा।

अत्यावश्यक और विशिष्ट उपायों की आवश्यकता

हमारा देश आज भी है, और आगे भी गेहूँ और चावल का प्रमुख उत्पादक और उपभोक्ता बना रहेगा। जिन क्षेत्रों में अभी गेहूँ और चावल का उत्पादन होता है, वे काफ़ी सीमित हैं और उनकी बढ़ती माँग के मद्देनज़र और ज़्यादा अनिर्वाह्य बन रहे हैं। इसलिए उनके उत्पादन को निर्वाह-योग्य बनाने के लिए निम्न क़दम उठाने पड़ेंगे :

(1) गेहूँ की पैदावार के क्षेत्र को और अधिक व्यापक बनाने के उद्देश्य से पूर्वी उत्तर प्रदेश, बिहार, उड़ीसा, प. बंगाल और उत्तर पूर्व के राज्यों में अधिक मात्रा में गेहूँ की पैदावार करनी होगी।

(2) संकर चावल की विधि को अपनाकर, पारम्परिक क्षेत्रों में चावल का उत्पादन और अधिक बढ़ाना होगा।

(3) मध्य भारत में मोटे अनाज के उत्पादन में वृद्धि करके, अन्य उत्पादों की पैदावार को भी बढ़ाना होगा, ताकि वे आंशिक रूप से गेहूँ और चावल की ज़रूरत को कम कर सकें। अनाज की प्रौद्योगिकी को और अधिक विकसित करके इस क्षेत्र को इतना अधिक महत्त्वपूर्ण बनाना होगा, ताकि वह लगातार तेज़ी से बढ़ती हुई घरेलू माँग के अलावा, निर्यात-योग्य मोटा अनाज भी उत्पादित कर सके।

(4) मध्य भारत को सब्जियों और फलों का उत्पादन केंद्र बनाया जाए और साथ ही यह कोशिश भी की जाए कि ये कम कीमत पर लोगों को उपलब्ध हो सकें। इससे गेहूँ और चावल की खपत पर भी असर पड़ेगा और ऐसा ही प्रयास, जाड़ों के दिनों में, बड़े पैमाने पर हिंद-गंगा क्षेत्र में भी किया जाना चाहिए।

(5) आलू, टैपियोका (कसावा) और शकरकंदी जैसी गाँठदार फ़सलों को और

ज़्यादा उगाया जाए और उन्हें कम क़ीमत पर मुहय्या कराया जाए। इस बात पर ज़्यादा ज़ोर देने की ज़रूरत है।

(6) देश में दालों की कमी है, मगर प्रोटीन की नहीं। अगर हर व्यक्ति 50 ग्राम का औसत भी रखा जाए तो एक अरब आबादी वाले देश के लोगों को 18 मिलियन टन प्रोटीन की ज़रूरत होगी। 11 मिलियन टन उच्च कोटि की जरूरत दूध, अंडों, मछलियों और मांस आदि पूरी कर देंगे और 25 मिलियन टन अनाजों, दालों, तिलहन, फलों, भाजियों और अन्य स्रोतों से पूरी हो सकेगी। लेकिन, लोगों की खाने की आदतों को ध्यान में रखते हुए, दालों की माँग को उच्च वरीयता देकर पूरा करना पड़ेगा।

(7) चूँकि सब्जियों और फलों की खपत भविष्य में बढ़ेगी, इसलिए हर क्षेत्र में कृषि के उपयुक्त जलवायु की आवश्यकताओं और आर्थिक दृष्टि से उचित लाभ को ध्यान में रखते हुए सही विकल्प का चुनाव अनिवार्य है। इस उद्देश्य को पूरा करने में 'कोल्ड स्टोरेज' और दूर-दूर तक का फ़ासला तय करने वाले परिवहन की व्यवस्थाएँ भी महत्त्वपूर्ण हैं।

(8) आमिष भोजन करने वालों की मांस की ज़रूरतों को पूरा करने के उद्देश्य से, मांस तथा उससे तैयार पदार्थों और उनके विपणन की ज़रूरत हर उत्पाद के लिए होगी। इस उद्देश्य की पूर्ति के लिए निजी क्षेत्र का इस धंधे से जुड़ना लाभदायक होगा।

(9) कृषि की उन्नति के लिए ज़मीन और पानी का अत्यधिक महत्त्व है। इसलिए दोनों की ज़रूरत पर्याप्त मात्रा में होगी। भारत उन चंद देशों में से एक है, जिसका लगभग 50 प्रतिशत भूगोलीय क्षेत्र खेती के योग्य है। यह लाभ न अमरीका को प्राप्त है, न चीन को। लेकिन ज़मीन की प्रति व्यक्ति उपलब्धता दिनोंदिन घटती जा रही है, जिसके परिणामस्वरूप, खेत छोटे और अलाभदायक होते जा रहे हैं। उनके घटते आकार के मद्देनज़र, आदानों और उनमें पूँजी लगाना और उससे संतोषजनक लाभ हासिल करना मुश्किल होता जा रहा है। एक ऐसी रणनीति के अपनाए जाने की बहुत ज़रूरत है, जिसके अंतर्गत छोटे **किसान** अपने छोटे खेतों के मालिक भी बने रहें, मगर साथ-ही-साथ संयुक्त जुताई **वग़ैरह** में हिस्सेदार भी बने रहें। क्या निजी क्षेत्र को भी इस अभियान में शामिल किया जा सकता है ? इस मुद्दे पर जुदा-जुदा विकल्पों और योजनाओं पर गहराई से विचार करने की आवश्यकता है।

(10) पानी को एक राष्ट्रीय साधन और संपत्ति माना जाना चाहिए। चूँकि भविष्य में पानी की पूर्ति के मामले में कृषि की भागीदारी कम होती रहेगी, इसलिए ज़रूरत इस बात की है कि पानी के प्रयोग को अधिक प्रभावी बनाया जाए। कई क्षेत्रों में 'छिड़काव' (स्प्रिंकिल) और 'टपकन' (ड्रिप) सिंचाई पद्धतियां और पानी के पुनः चक्रित करने की पद्धतियाँ कारगर और फायदेमंद साबित हो सकती हैं। राष्ट्रीय स्तर पर, भारी वर्षा और बाढ़ के पानी को ज़मीन के अंदर या अन्य तरीकों से जमा करने के प्रयासों की शुरुआत भी महत्त्वूपर्ण है। जहाँ सम्भव हो वहाँ और बागवानी की फ़सलों के लिए सिंचाई के आधुनिक तरीकों को विकसित करना होगा। इन तरीकों

का क्षेत्र और मौसम के अनुकूल होना ज़रूरी है। इसलिए जो भी तरीके अपनाए जाएँ उनका उच्चतम ज्ञान पर आधारित होना बहुत आवश्यक है।

(11) कृषि-उत्पादन के सबसे बड़े शत्रु हैं—फसल को हो जाने वाले रोग, नाशक कीट, कीटाणु और रोगाणु आदि जो ज़मीन, वनस्पति आदि को नुकसान पहुँचाते रहते हैं और जमीन को अपोषणीय बनाते हैं। कृत्रिम कीटमारों का प्रयोग स्वास्थ्य को हानि पहुँचने के अलावा कृषि-क्षेत्र को, और यहाँ तक उस भूगर्भ में छिपे पानी को भी, दूषित कर देता है। इस सम्बन्ध में विशेषज्ञों के परामर्शानुसार, एक ऐसी पद्धति विकसित करनी होगी, जो जैविक कर्ताओं के प्रयोग, जलवायु तथा सुरक्षित रसायनों के उपयोग पर आधारित हो। यह पद्धति क्षेत्र और ऋतु विशेष के अनुकूल भी हो। कुल मिलाकर, उसका उच्च तकनीकी ज्ञान पर पूरी तरह आधारित होना अनिवार्य है।

अन्न-सुरक्षा के मामले में भारत का दृष्टिकोण यह रहा है कि वह अपनी तात्कालिक आवश्यकताओं को पूरा करे तथा उस पर और अधिक बन्धन न लगाये है। आरेख 4.1 के विश्लेषण से हम इस स्थिति को अपने लाभ के पक्ष में मोड़ सकते हैं। अपनी इस रणनीति के तहत हमें अन्न के निर्यात के मुद्दे को भी शामिल करना होगा। कल्पना कीजिए, अपने अन्न का निर्यात करके, हमारा क़द भू-राजनीति, व्यापार तथा अन्य क्षेत्रों में कितना ऊँचा हो जाएगा।

प्रसंगवश, हम यहाँ यह भी बता दें कि परिकल्पना 2020 के कृषि खंड का नेतृत्व कर रहे प्रोफेसर सिन्हा अपनी आँख की किसी समस्या से पीड़ित हो गए। इस समस्या और परेशानी के बावजूद, उन्होंने अपनी रपट पूरी की। अब वे 'कार्यवाही पैकेज' को व्यवस्थित करने में लगे हैं।

भारत की कृषि-विषयक परिकल्पना के कार्य-पैकेज की योजनाओं को अंतिम रूप देते समय, हम सब लोग गाँवों, कृषि-संस्थाओं और उद्योग से जुड़े लोगों से मिले। हम, इस दौरान, पूर्वी भारत के एक ऐसे इंजीनियर-उद्योगपति से भी मिले, जो चावल-उत्पादक किसानों के लिए, भारत में बनी और सर्वथा उपयुक्त मशीनें बनाने के मिशन के प्रति समर्पित हैं। वे सड़क-यात्रा करके किसानों से खुद मिलते हैं, उनकी ज़रूरतों को जानने-समझने के लिए। उन्होंने एक ऐसी मशीन बनाने में सफलता पाई है, जो हल चलाती और जोतती है। यह मशीन घासलेट से चलती है, करीब तीन हॉर्सपावर की है, और आंशिक रूप से 'बायो-गैस' (गोबर गैस) से भी चलती है। इसका वज़न करीब 100 किलो है। इसे इतना हल्का इस वजह से बनाया है, क्योंकि उठाने में आसानी हो, और उस ज़मीन को, जो बरसात के दौरान बहुत ज़्यादा गीली हो जाती है, भी आसानी से जोता जा सके। वह चावल बोने के लायक गीले भूभाग को सही ढंग से जोत सकती है। उसको चलाने और उसका रख-रखाव करने में जो खर्च आता है, वह उस खर्च से कम है, जो बैलों की जोड़ी पर आता है। इसमें बैलों की देखभाल और उनकी खुराक पर हुआ खर्चा भी शामिल है। मशीन के साथ पानी का एक पंप भी लगा हुआ है, जो खिंचाव के प्रभाव को कम करता है। मशीन में प्रतिरोपित करने और गाहने-कूटने की अतिरिक्त व्यवस्था भी है। यह

उद्योगपति अजित महापात्र, एक मिशन के तहत, अपनी मशीनों को खेती का एक अनिवार्य अंग बनाने के इच्छुक हैं। उनका नारा है–"किसानों और मशीनों दोनों को एक साथ विकसित होना चाहिए।" भारत के पास ऐसे अनेक काबिल लोग मौजूद हैं। अनेक समर्पित युवा-जन और स्वेच्छा से काम करने वाले कार्यकर्ता भी हैं। उनकी मिली-जुली समर्थताओं को आधार बनाकर हमें आगे बढ़ना है।

पैदावार के बाद की प्रौद्योगिकियाँ और कृषि-खाद्य तथा उसकी प्रोसेसिंग की विधियाँ

लेखकों को पूरी आशा है कि कृषि के क्षेत्र में भारत अग्रगण्य और विशिष्ट होकर एक नए युग का शुभारम्भ करके दिखा सकता है। कृषि तथा कृषि-उत्पादों के मामले में भी भारत एक विश्व-शक्ति के रूप में उभर सकता है। वह इन उत्पादों का निर्यातक भी बनकर दिखा सकता है–शंकालु निर्यातक देश नहीं, बल्कि विश्व-मानकों की कसौटी पर खरा उतरने वाला निर्यातक देश। और, इससे भी अधिक महत्त्व की बात यह है कि उसे खुद अपने लोगों के लिए भी पर्याप्त मात्रा में कृषि-उत्पादन करना है। कृषि के क्षेत्र में आई सम्पन्नता गाँवों की गरीबी को भी समाप्त कर देगी।

लेकिन, सिर्फ कृषि के क्षेत्र में प्रगति कर लेना ही काफ़ी नहीं होगा, अगर उसके लाभ हमारे लोगों या देश को नहीं प्राप्त होते। हमें पैदावार के बाद की प्रौद्योगिकियों की ओर भी बहुत ध्यान देना होगा। आज अन्न के क्षेत्र में जो हानि होती है, वह बहुत अधिक है। भंडारण से उत्पन्न हानि, जिसके कारण 10 प्रतिशत तक अनाज बेकार जाता है, चिंता का विषय है। भाजी और फल के क्षेत्र में इस नुकसान का अनुपात 25 प्रतिशत तक पहुँच जाता है। दूध में हुआ नुकसान 5 प्रतिशत तक होने का अनुमान है।

भंडारण और खाद्य-प्रोसेसिंग प्रणालियों की सुविधाओं के आधुनिकीकरण से हम न सिर्फ़ इस हानि को कम कर सकते हैं, बल्कि उत्पादों का बेहतर और लाभदायक प्रयोग भी कर सकते हैं।

अनाज, दूध, भाजियाँ और फल–ये चार वस्तुएँ, जो हमारे देश की खाद्य-सुरक्षा के लिए अहम हैं, क्रांतिक हैं। वे हमारे देश को एक आर्थिक शक्ति बनाने में महत्त्वपूर्ण योगदान दे सकती हैं। दूध और फलों के उत्पादन के क्षेत्र में आज भी हम अव्वल हैं।

कृषि-खाद्य-प्रोसेसिंग की अपनी परिकल्पना को हम तीन विस्तृत कालावधियों में विभाजित कर सकते हैं–अल्पकालिक जिसके परिणाम तात्कालिक होंगे, और सामने देखे जा सकेंगे। माध्यमिक और दीर्घकालिक कालावधियाँ जिनके परिणाम हमें सात या आठ वर्ष बाद ही देखने को मिल सकेंगे।

भारत की इस परिकल्पना की कुछ झाँकियों को हम निम्न प्रकार से तालिका-बद्ध कर सकते हैं :

विषय और परिकल्पना	जो तात्कालिक कार्य होने चाहिए
अनाज : अल्पकालिक कार्ययोजना	
अधिक खर्चवाली विविध फसलें, जो भारतीय स्थितियों के अनुकूल नहीं हैं। इस स्थिति में बदलाव लाया जा सकता है।	ऐसी फ़सलों का विकास किया जाए, जो अधिक गीली मिट्टी में या स्थिर पानी में उग सकती हैं। रूपरेखा में ऐसे परिवर्तन करने होंगे, जिनसे फ़सल लगाने वाले किसान ऊँची आढ़त वाले स्तरों पर बीज बो सकें।
फ़सल लगाने के लिए हाथ से चलने वाली विधियों का ज़्यादा-से-ज़्यादा इस्तेमाल करना।	हाथ से चलने वाली विधियों के निर्माण को कम खर्चीला बनाने के लिए सरकार को आर्थिक सहायता देनी चाहिए। विस्तार सेवाओं की कार्यशाली की पुनर्समीक्षा कर उन्हें और अधिक उपयोगी और मज़बूत बनाया जाना चाहिए और किसानों को भी उनके फ़ायदों के बारे में बताया जाना चाहिए।
तैयार फ़सलों की प्राप्ति के समय मंडियों में होने वाली भीड़ को कम करना ज़रूरी। इन अवसरों पर परिवहन और गड्डियों को बाँधने वगैरह पर जो खर्चा होता है, उसमें कमी करने की कोशिश होनी चाहिए।	मंडियों में स्वचालित सफाई करने वाली और श्रेणियां निर्धारित करने वाली विधियों को लगाना चाहिए। जूट की बोरियों को मशीनों द्वारा प्लास्टिक की लाइनों को लगाने की शुरुआत होनी चाहिए। मंडियों में, उन स्थानों पर, जहाँ अनाज का वज़न लिया जाता है, वहाँ इस काम को सही ढंग से करने वाली मशीनें लगी होनी चाहिए।
मिलों के आधुनिकीकरण और उनके लाभों में वृद्धि करने के उद्देश्य से, साधारण प्रौद्योगिकियों की मदद से, गुणवत्ता को बढ़ानेवाली नियम-व्यवस्था होनी चाहिए।	चावल की मिलों से आग्रह करते रहना चाहिए कि वे अपने इन कार्यों के 'ग्रेड' बढ़ाते रहें— —हल्का उबालने वाली उन प्रौद्योगिकियों को काम में लायें, जिसमें कम पानी की ज़रूरत होती है, और जो कम बहिष्प्रभावी हो. —एच. डी. पी. ई. द्वारा मजबूत किए गए रबर-रौलर्स का ही प्रयोग करें, पुराने रबर-रौलर्स बदल कर।

विषय और परिकल्पना	जो तात्कालिक कार्य होने चाहिए
	आधुनिक चावल मिलों के संघों को मिल कर इन विषयों पर शोध करने के लिए निधि एकत्र करनी चाहिए, ताकि —ऐसी प्रौद्योगिकी विकसित हो सके जो चावल को हल्का उबालने में लगने वाली ऊर्जा में कमी ला सके, और बहिष्प्रभाव को भी कम कर सके। —गुणवत्ता बढ़ाने की व्यवस्था को विकसित कर, चावल के दूसरे और तीसरे दर्जे के उत्पाद विकसित हो सकें।
चावल की दूसरी प्रोसेसिंग में सुधार के लिए उसे कुटीर-उद्योग का दर्जा दे देना चाहिए, ताकि उसके विकास में तेज़ी आए।	स्थानीय और ग़ैर-पारम्परिक ऊर्जा-स्रोतों की कम खर्च वाली प्रौद्योगिकी के विकास के लिए सरकार को राशि प्रदान करनी चाहिए।
मक्का से निर्मित द्वितीय उत्पादों को विकसित करने में पहल की समस्या को मक्का की गुणवत्ता बढ़ाने की व्यवस्था को लागू करके हल किया जा सकता है।	मक्का पीसने वाली चक्कियों के मालिकों और मक्का के दूसरे उत्पादकों के बीच एक-दूसरे पर असर डालने की शुरुआत से ऐसे उत्पादों (खासतौर पर विशेषित स्टार्च के विकास, परीक्षणों और व्यावसायीकरण का मार्ग खुल सकता है।

अनाज : मध्यकालिक कार्य-योजना

पैकिंग और परिवहन पर होने वाले नुकसान को न्यूनतम स्तर पर लाया जा सकता है।	आधुनिक चावल-चक्कियों के निर्माता संघ को एक निधि द्वारा इन विषयों पर ऐसा शोध करना चाहिए जो— —चक्कियों में लगने वाली ऊर्जा की कार्यक्षमता में सुधार लाए। —चावल की भूसी से प्रोटीन प्राप्त करने की कोशिश करे।

अनाज : दीर्घकालिक कार्य-योजना

थोक में भंडारण की प्रणाली को समाप्त कर देना चाहिए।	नियंत्रित और रिक्त किए हुए वायुमंडल में भंडारण करने के प्रयोग की खोज की जानी चाहिए।

विषय और परिकल्पना	जो तात्कालिक कार्य होने चाहिए
दूध : अल्पकालिक कार्य-योजना	
अस्वस्थ मवेशी कम दूध देते हैं। उनकी सेहत जब तक संतोषजनक नहीं होगी, तब तक यही स्थिति बनी रहेगी। हमें मवेशियों के महत्त्व को समझना चाहिए, खुद अपनी सेहत की रक्षा की ख़ातिर। स्वस्थ मवेशी आर्थिक दृष्टि से हमारे लिए बड़े लाभदायक सिद्ध हो सकते हैं।	प्रशिक्षित पशुरोग विशेषज्ञों की संख्या बढ़नी चाहिए। संकरित मवेशियों की संख्या भी बढ़नी चाहिए, ताकि हमें अच्छे स्तर का दूध अधिक मात्रा में मिल सके। हर राज्य व क्षेत्र में वीर्य-बैंक हों। विकसित डी.एन.ए. मार्कर्स-पद्धति से संकरित मवेशियों की संख्या बढ़ाई जा सकती है। मवेशी की नस्ल और उत्पादन के हिसाब से चारा और उन्नत किस्म की 'फीड' दें। इस फीड की गुणवत्ता में सुधार करते रहें। चारे के बीजों में सुधार और विकास करते रहें, पशुओं के रहने की जगह साफ़ सुथरी और स्वास्थ्यप्रद होनी चाहिए। पशुओं को दी जाने वाली दवाओं और एंटी-बायोटिक्स की जानकारी के दायरे को बढ़ाया जाए।
दूध की मौजूदा किस्म की प्रोसेसिंग के घटियापन से होने वाली हानि बराबर बढ़ती जा रही है। इस स्थिति को तेज़ी से बदला जा सकता है।	दूध निकालने वाले किसानों को खुद साफ़-सुथरा रहना चाहिए और मवेशियों को भी साफ-सुथरा रखना चाहिए। उन्हें इसकी तालीम दी जानी चाहिए। कूलरों की थोक खरीद के लिए उपलब्ध राशि को बढ़ाने का प्रयत्न करना चाहिए। कच्चे दूध को ज़्यादा समय तक सुरक्षित रखने के लिए प्रभावी प्रौद्योगिकियों का प्रयोग किया जाए।
जब बिजली लगातार नहीं मिलती है, तब दूध के उत्पादन और प्रोसेसिंग दोनों में बाधाएँ आती हैं। इसका तत्काल प्रौद्योगिकीय हल उपलब्ध है।	पारंपरिक तथा ग़ैर-पारंपरिक तरीकों से मिली बिजली पाने के लिए बहुत से किसान मिलकर आवश्यक राशि जमा कर सकते हैं। कच्चे दूध को सुरक्षित रखने के लिए एल.पी. प्रणाली की समीक्षा की जा सकती है।

विषय और परिकल्पना	जो तात्कालिक कार्य होने चाहिए
दूध : मध्यकालिक कार्य-योजना	
मवेशी हमारी राष्ट्रीय संपत्ति हैं। इसलिए, उनके प्रबन्धन की शैली का चुनाव काफी सोचविचार कर करना चाहिए। नहीं तो वह हमारी मध्यकालिक और दीर्घकालिक परिकल्पना को प्रभावित कर सकती है।	अच्छे और भरोसेमंद बैलों का वीर्य किसानों को आसानी से मुहय्या कराने की ज़रूरत है। इसके लिए 'ट्रांसजैनिक' पशुओं को विकसित करना बड़ा ज़रूरी है। उन्नत किस्म के चारे के लिए रूमैन जीवाणु (बैक्टीरिया) के प्रयोग की उपयोगिता को जाँचें।
बेरोक बहने वाला दूध पर्यावरण के लिए ख़तरा है। इस बारे में तुरंत ध्यान देकर उचित उपायों के इस्तेमाल की ज़रूरत है।	संरोपण करने के काम को विकसित करें। लघु उद्योगों को उस प्रौद्योगिकी के प्रयोग का प्रचार करना चाहिए, जो छितर जाने वाले दूध को प्रोसेस कर, उपोत्पाद बनाते हैं।
फल व सब्जियाँ : अल्पकालिक कार्य-योजना	
फ़सलों के बाद 30 प्रतिशत फलों व सब्जियों का बेकार हो जाना एक बड़ी राष्ट्रीय क्षति है। इसे काफ़ी कम किया जा सकता है।	यदि फ़सल लगाने की जिम्मेवारी प्रशिक्षित फ़सल लगाने वालों को सौंप दी जाए, तो सब बातों का पहले से ध्यान रखकर और सब ज़रूरी संकेतों के मद्देनज़र समय पर करके सुनिश्चित कर सकते हैं। किसानों को भी सामान्य तथा तकनीकी प्रशिक्षण देने की ज़रूरत है। इसमें फ़सल के बाद खेत के स्तर पर ही उपज के ताप द्वारा बनी भाप से उपज का इलाज करना, सतहों पर आलेप लगाना जैसे उपचार शामिल हैं।
भारतीय बाग़वानी को उन्नत करने के उद्देश्य से संगठित उपाय करने होंगे। उससे इस व्यवसाय का बड़े पैमाने पर विकास होगा।	विशिष्ट बाज़ारों को ध्यान में रखते हुए शोध और विकास के क्षेत्र से जुड़ी संस्थाओं को ऐसी स्वाभाविक योजनाएँ तैयार करनी होंगी, जो उत्पादों की विशेषताओं और गुणवत्ताओं से मेल खाती हों।

विषय और परिकल्पना	जो तात्कालिक कार्य होने चाहिए
	ताज़े फलों और भाजियों के उत्पादक किसानों को उपयुक्त प्रशिक्षण प्रदान करके विविध प्रकार के फलों और भाजियों के उन उत्पादों के लिए प्रोत्साहित करना चाहिए, जो वापस खरीदी के समझौतों पर आधारित हो। भारतीय उद्योग के पूर्व-निर्धारित बाज़ारों के मद्देनज़र (ताज़े और प्रोसेस किए हुए फलों और भाजियों हेतु) प्रचार के लिए इस बाज़ार के उपभोक्ताओं की पसंदगियों को भी ध्यान में रखना होगा।

फल और सब्जियाँ : मध्यकालिक कार्य-योजनाएँ

कम-उत्पादन की बात को उत्पादक किसानों को अपने मन से हमेशा-हमेशा के लिए भुला देना चाहिए। यह सतत प्रौद्योगिकीय आदानों से सम्भव है। फसल के दौरान तथा बाद में हुए उच्च-स्तरीय नुकसानों को स्वीकार्य स्तरों तक लाना, बहु-शाखदार दृष्टिकोण अपनाकर।	खेतों के स्तर पर टिशू कल्चर, पौधों की कलम रोपना आदि तकनीक को प्रगत और उन्नत बनाना-प्रभावशाली विस्तार योजनाओं के माध्यम से। सड़क-अवसंरचना का विकास। शीत-शृंखला-अवसंरचना को विकसित करने के लिए सहकारी और निजी संस्थाओं को आर्थिक सहायता। नियंत्रित वायुमंडल। रूपांतरित वायुमंडल (सी.ए., एम.ए.) भंडारण और परिवहन सम्बन्धी सुविधाएँ। खेतों के स्तर पर, फलों और भाजियों की प्रोसेसिंग को प्रोत्साहन देना जारी रखना। उत्पादक किसानों को प्रशिक्षण देकर, बर्बादी को कम करने तथा वांछित आर्थिक सहायता प्राप्त करने के गुर बताना।

फल और सब्जियाँ : दीर्घकालिक कार्य-योजनाएँ

जैसे-जैसे खाद्य-प्रोसेसिंग का विकास होगा, और उपभोक्ता विभेदकारी होता	शोध और विकास कार्यों से जुड़ी संस्थाओं को आर्थिक सहायता उपलब्ध

विषय और परिकल्पना	जो तात्कालिक कार्य होने चाहिए
रहेगा, वैसे-वैसे प्रोसेसिंग के लिए आवश्यक अच्छी गुणवत्ता वाले कच्चे माल का अनुपलब्ध होना चिंता का विषय बना रहेगा, मध्यकालिक और दीर्घकालिक कार्यवाही योजनाओं को अमल में लाने के इच्छुक उत्पादक किसानों के लिए। पर उनकी ज़रूरतों को पूरा करना सम्भव है।	होती रहनी चाहिए, ताकि वे फलों और भाजियों की विविध किस्मों को विकसित करने की योजनाएँ शुरू करके उन पर अमल कर सकें। लेकिन ऐसा विकास करते समय उन्हें उन विशिष्टताओं को ध्यान में रखना होगा जो उनकी प्रोसेसिंग के अनुकूल हों। उन्हें इन विविध किस्मों का प्रचार किसानों के बीच भी करना होगा, उनके साथ पसंद न आने पर वापस ख़रीदने की शर्त के साथ। यदि हम विदेशी कम्पनियों पर निर्भर होना छोड़कर, अपने प्रयासों पर अपना पूरा ध्यान केंद्रित करें, तो हमारे लिए ऊँची गुणवत्ता वाली नई-नई किस्मों के फलों और भाजियों को विकसित करने में कोई परेशानी नहीं होगी

स्रोत : कृषि खाद्य-प्रोसेसिंग पर 'टाइफैक विज़न' की रपटें।

इस पुस्तक के लेखकों ने परिकल्पना के विचारों, ख़ासतौर पर मूल प्रौद्योगिकियों के विचारों की कई अवसरों पर प्रस्तुति की है। (देखें आरेख 4.1, 4.2 और 4.3)। उनमें दिखाई गई सुस्पष्ट संख्या से अधिक ध्यान दें, इन संख्याओं के द्वारा सम्भावित विकास पर।

बाईं ओर दिखाई गई संख्याएँ मोटे तौर पर इन क्षेत्रों में उस व्यापार की मात्रा को—चालू नुकसानों के अनुमानों को और इंजीनियरिंग, पैकेजिंग आदि सहयोगी कम्पनियों आदि दर्शाती हैं—रुपयों में 1995 वर्ष में। दाईं ओर दिखाई गई है, इन व्यापारों की 2020 की परिकल्पना। साथ ही उनसे जुड़े नुकसानों को भी, आज की क़ीमतों के अनुसार दिखाया गया है। बीच के भाग में उन कुछ मूल प्रौद्योगिकियों की सूची है, जिनकी आवश्यकता इस परिकल्पना को साकार करने के लिए पड़ेगी। इन्हें बीच के 'बाक्स' में दिखाया गया है। वे भारत में प्रोसेसिंग उद्योग को स्थापित करने में केंद्रीय भूमिका निभाएँगी।

इस उद्देश्य की पूर्ति के लिए अपेक्षित आवश्यकताएँ बहुत सीधी और सरल हैं—जैसे, **हमारे** लोगों को साफ़-सुथरा रखने और स्वास्थ्य के लिए ज़रूरी उपाय। उन्हें बताया जाएगा कि जिन लोगों ने इन उपायों का पालन किया है, उन्हें काफी सफलता मिली है, जो उन्हें भी मिल सकती है। दूरसंचार और अंतरिक्ष से जुड़ी हमारी प्रौद्योगिकियाँ सुस्थापित हैं। ज़ोरदार प्रयास करके उन्हें खोला और फैलाया जा सकता

है। प्रसंगवश, इन्हें एक प्रमुख सेवा उद्योग के रूप में, ग्रामीण भागों के लोगों की आर्थिक मदद हेतु, विकसित किया जा सकता है। अन्य प्रौद्योगिकियाँ अपेक्षाकृत सरल हैं, जैसे ठंडा करके परिरक्षित (चिल्ड) डिब्बा (कंटेनर) या ऐसे डिब्बे (कंटेनर) जिनमें नियंत्रित या संशोधित वातावरण उत्पादों को परिरक्षित रखा जा सकता है, की पैकेजिंग आदि।

इन जाँच-परिणामों को एक उच्च वैज्ञानिक सभा के सम्मुख प्रस्तुत किया गया। इस सभा के सदस्यों को यह समझाया गया कि भले ही यह वैज्ञानिकों को उत्तेजक न लगे, तथापि उनका लक्ष्य करोड़ों निर्धन भारतीयों को समृद्धि की राह पर अग्रसर कराना है। वैज्ञानिक लोग इस बात से काफी प्रभावित हुए और उन्होंने कहा कि वे इन मामलों में रुचि लेने को तैयार हैं।

अपनी परिकल्पना को कुछ शब्दों में ग्रहण कर पाना बड़ा कठिन है, और दो-तीन नारों या सूत्र शब्दों में भी उसे बयान नहीं किया जा सकता। तो भी, उसके निर्णायक विषयों पर ध्यान केंद्रित करने के लिए हम कुछ महत्त्वपूर्ण मुद्दों को संक्षेप में बता रहे हैं :

- कृषि के क्षेत्र में भारत का लक्ष्य विश्व में अनाज तथा अन्य कृषि उत्पादों के प्रमुख निर्यातक देशों में एक बनने का है।
- उत्तरी भारत गेहूँ का अग्रगण्य उत्पादक क्षेत्र बनेगा।
- चावल पैदा करने वाले देश बड़े पैमाने पर संवरित बीजों का उपयोग करेंगे।
- मध्य भारत केंद्र बनेगा भाजियों, फलों, दालों और मोटे अनाजों का।
- गाँठदार फ़सलों के उत्पादन पर ज़्यादा ज़ोर दिया जाएगा।
- पानी को राष्ट्रीय स्रोत और पानी-प्रबन्धन को कृषि क्षेत्र में सौभाग्य-समृद्धि की कुंजी माना जाएगा।
- फ़सलों के बाद उपयोगी सिद्ध होने वाली मूल प्रौद्योगिकियों का पूर्ण ज्ञान प्राप्त कर, उनकी दक्षता का देशभर में प्रचार किया जाएगा।
- किसानों को यह शिक्षा निरन्तर दी जाती रहेगी कि कृषि के क्षेत्र में दुनिया भर में क्या हो रहा है, और आवश्यकतानुसार उन्हें दुनिया भर में कृषि में अग्रणी देशों की सैर भी कराई जाएगी, ताकि वे कृषि-विषयक नवीनतम गतिविधियों और प्रगतियों से परिचित हो सकें। इस क्षेत्र में अंतरिक्ष-प्रौद्योगिकियों का प्रयोग भी किया जाएगा ताकि इस माध्यम की उपलब्धियों के ज़रिए से किसानों को दूरियाँ पाटते हुए, एक दूसरे से बातें करने और विचारों का आदान-प्रदान करने के अवसर मिल सकें।

समझ में नहीं आ रहा है कि कृषि क्षेत्र में होने वाली देश की सौभाग्य-समृद्धि की परिकल्पना को कैसे बयान किया जाए ? फिलहाल इतना ही कहा जा सकता है कि अपने इस सपने को साकार करने के लिए हमें अपने देश के सब प्राकृतिक स्रोतों, कृषि के लिए उपयोगी हितकारी जलवायु आदि के उपयोग के अलावा प्रचुर मात्रा में आधुनिक सम्बन्धित प्रौद्योगिकियों के इस्तेमाल की भी ज़रूरत होगी। और

आरेख 4.1

कृषि-खाद्यपदार्थ ;दूध

1995

* मात्रा : 610 लाख टन
* व्यापार :
  61,000 करोड़ रुपये/वर्ष
* नुकसान :
  3050 करोड़ रु./वर्ष
* जुड़े हुए उद्योग :
  31,000 करोड़ रु./वर्ष
  —शीतन
  —पैकेजिंग
  —गुण-वृद्धि

मूल प्रौद्योगिकियाँ

* शीतल शृंखलाएँ
* क्रायो तरल पदार्थ
* डिब्बे
* जर्महीन पैकिंग
* चारा

* इलैक्ट्रानिक परीक्षण मशीनें
* दूध स्वच्छ रखने का प्रशिक्षण
* बरबादी रोकने के लिए प्रशिक्षण

2020

* मात्रा : 3000 लाख टन
* व्यापार :
  3,00,000 करोड़ रु./वर्ष
* नुकसान
* जुड़े हुए उद्योग :
  3,10,000 करोड़ रु./वर्ष

  —शीतन
  —पैकेजिंग
  —नए उत्पाद

आरेख 4.2

कृषि-खाद्य : अनाज

1995

* मात्रा : 1600 लाख टन
* व्यापार :
  90,000 करोड़ रुपये/वर्ष
* नुकसान :
  9000 करोड़ रु./वर्ष
* जुड़े हुए उद्योग :
  9000 करोड़ रु./वर्ष
  —पैकेजिंग
  —गुणवर्धन

मूल प्रौद्योगिकियाँ

* कीटनाशक/कृंतक प्राणी नियंत्रण
* भंडारण
* पैकेजिंग
* उपस्करों की देखभाल
* स्वचालित तोल-मशीनें
* इलैक्ट्रॉनिक 'सेंसर' (नमी आदि)

2020

* मात्रा : 2700 लाख टन
* व्यापार :
  1,50,000 करोड़ रु./वर्ष
* नुकसान 3000 करोड़ रु./वर्ष
* अन्य धंधे
  86,100 करोड़ रु./वर्ष

आरेख : 4.3

कृषि खाद्य : फल और भाजियाँ

1995

* मात्रा : 330 और 710 लाख टन
* व्यापार :
  10,000 करोड़ रु./वर्ष और
  15,000 करोड़ रु./वर्ष
* नुकसान :
  6250 करोड़ रु./वर्ष
* जुड़े हुए उद्योग :
  —शीतल
  —पैकेजिंग
  —गुणवर्धन

मूल प्रौद्योगिकियाँ

* शीतन शृंखलाएँ
* पैकेजिंग
* प्रोसेसिंग
* जर्महीन पैकेजिंग
* सी.ए./एम.ए. डिब्बे
* तोल और सैसिंग उपस्कर

2020

* मात्रा : 900 और 1,500 लाख टन
* व्यापार
  27,000 करोड़ रु./वर्ष
  और 32,000 करोड़ रु./वर्ष
* नुकसान
  5,900 करोड़ रु./वर्ष
* अन्य व्यापार
  25,200 करोड़ रु./वर्ष

स्वाभाविक रूप से इस परिकल्पना में यह प्रबल आशा तो छिपी ही है कि 2020 तक यह स्थिति आ जाएगी कि सब भारतीय खुशहाल होंगे और इस चिंता से मुक्त हो जाएँगे कि अगला भोजन कहाँ से और कैसे आएगा। आज की अपेक्षा आने वाले कल में हर भारतीय भूख की चिन्ता से मुक्त होगा, इस सपने का मुख्य केन्द्र यही मुद्दा है।

यह सपना आँकड़ों के खेल पर आधारित नहीं है। प्रति व्यक्ति कितना उत्पादन हुआ, कितना निर्यात हुआ, आदि आँकड़े उस संपूर्णता और समग्रता को नहीं दर्शाते, जिसकी कल्पना हमारे मन में है। हमें इस बात का अहसास है कि सपने के समान ही महत्त्वपूर्ण है उसका वास्तविक होना। लेकिन, साथ ही हमें यह अहसास भी है कि इस सपने का वास्तविक होना असम्भव नहीं है। इस सपने से जुड़ी परियोजनाओं पर लगने वाली पूँजी का जुगाड़ करना भी असम्भव नहीं है। लेकिन, इन परियोजनाओं पर अमल करने के लिए हमें कड़ी मेहनत करनी होगी। नीतियों का समाकलन करना पड़ेगा। शासन को पूरा सहयोग देना होगा। मैदानों और खेतों में काम करने वाले कामगारों और किसानों को विश्वास में लेना होगा। उन्हें समझाना होगा कि जिन नई प्रौद्योगिकियों का प्रयोग वे करने वाले हैं, उससे न सिर्फ़ उनका काम आसान होगा, अपितु वे ज़्यादा उत्पादन कर सकेंगे, और ज़्यादा कमाई कर सकेंगे।

अलग-अलग पेशों और कामों से जुड़े बहुत से लोगों ने मुझसे इस परिकल्पना के बारे में तरह-तरह के सवाल पूछे हैं। अहम सवाल एक ही है—क्या यह परिकल्पना वाक़ई एक हक़ीक़त बन सकेगा ? वैज्ञानिकों, प्रबन्धकों और प्रशासकों ने पूछा है, "आपने कृषि के बारे में जो परिकल्पना की है उसमें हम लक्ष्य कैसे निर्धारित करेंगे ? क्या हम प्रक्षेपास्त्रों जैसी योजना को व्यवस्थित कर पाएँगे ?" स्कूलों और कॉलेजों के विद्यार्थी पूछते हैं, "आपने 'अग्नि' के द्वारा जिस प्रकार राष्ट्रीय सुरक्षा को मजबूत किया है, क्या उसी प्रकार हम भारत में कृषि के क्षेत्र में खुशहाली और समृद्धि ला पाएँगे ?"

मैं अपने विचारों को अलग-अलग तरीकों से समझाता हूँ। उन सबका वर्णन आगे के एक अध्याय में किया गया है। आमतौर पर मेरा जवाब इस रूप में शुरू होता है, "कोई परिकल्पना न तो कोई प्रायोजना रपट होती है, न किसी योजना का लक्ष्य बिंदु। व्यापक रूप से उसे एक इच्छित परिणाम के अन्तिम छोर का स्वरूप कहा जा सकता है। मिसाल के तौर पर, इस सदी के आठवें दशक में भारत का अन्तिम लक्ष्य बिंदु था—ऐसी समर्थता प्राप्त करना, जिसके बल पर, हम स्वतंत्र रूप से, ऐसे प्रक्षेपास्त्र निर्मित कर सकें, जो हमारी रणनीति के मद्देनज़र कार्य कर सकें और जिनका डिजाइन, परिकल्पना, विकास, निर्माण और जिनके छोड़ने का तरीका पूरी तरह स्वदेशी यानी भारत का ही हो। आठवें दशक के परिप्रेक्ष्य में, डी. आर. डी. ओ. की तथा अपनी अन्य सम्भावित समर्थताओं को ध्यान में रखते हुए एस. एल.वी-3 का सफल प्रक्षेपण जताता है कि हमारी यह परिकल्पना कठिन होते हुए

भी, अपनी सामर्थ्य की पहुँच की सीमा में आती है। लेकिन जहां तक व्यक्तिगत योजनाओं का सवाल है, उनकी परिभाषा करना कठिन है, क्योंकि उन्हें अमल में लाने के लिए अनेक दलों के अनेक सदस्य आपस में जुड़े होते हैं और हर सदस्य पूरी तरह समर्पित भावना के साथ अपना-अपना फर्ज़ निभाते हैं। इस योजना को क्रियान्वित करने में कई साल लग गए, सब सदस्यों के विशिष्ट कामों को निश्चित करने में और समूची कार्य-योजना को अलग-अलग पैकेजों में पूरी कार्य-योजना को अलग-अलग कार्य-क्षेत्रों में विभाजित करने में।

कृषि और कृषि-उत्पादों के प्रोसेसिंग की परिकल्पना को अमल में लाने और उसे असलियत में बदलने की कार्य-योजना भी उपरोक्त योजना के समान ही पेचीदा और कठिन सिद्ध होगी। इस परिकल्पना को अनेक पैकेजों में फैलाया जाएगा, जो अनेक जीवनक्षम और क्रियाकलाप के केंद्रों वाली योजनाओं में कार्य करेंगी। इनमें से कई का क्रियाकलाप-संचालन निजी व्यक्तियों या कई ऐसे वर्गों द्वारा किया जाएगा, जो स्वेच्छा से इस पूरी योजना से जुड़े होंगे और काफ़ी जोखिम लेने को तैयार होंगे। चंद लोगों का एक वर्ग, इन सब व्यक्तियों से निरन्तर सम्पर्क में रहेगा और उस दिशा का पूर्ण रूप से आकलन करता रहेगा, जिस ओर हम सब जा रहे हैं। यदि ऐसी समस्याएँ उत्पन्न होती हैं, जो नीतिगत हों, या शायद प्रतिकूल या हानिकारक बाहरी पर्यावरण-सम्बन्धी परिस्थितियों (मिसाल के तौर पर, सूखा या नाशक रोग या कीट या ओलावृष्टि या निर्यात बाज़ार में आई मंदी) से जुड़ी हों तब किसानों और उद्यमियों की कठिनाइयों की तीव्रता को कम करने के प्रयास करने पड़ेंगे, ताकि वे हिम्मत न हारें और आगे उत्पन्न होने वाली मुश्किलों का सामना करना जारी रखें।

यही एक उपाय है, जिससें कोई राष्ट्र अपनी परिकल्पना को वास्तविकता में तब्दील कर सकता है। यदि हम रोज पैदा होने वाली समस्याओं में उलझते रहेंगे और 365, 730 या 10,000 दिनों तक, बिना उन समस्याओं का समाधान पाने की कोशिश किए, तब हमारी परिकल्पना हमारी आँखों के सामने से ओझल हो जाएगी। जब तक हम महान परिकल्पना को मामूली हालात से ऊपर उठकर बड़ी बातों के अपने लक्ष्य से विलग नहीं होंगे, और 'असम्भव' शब्द को अपने शब्दकोश से नहीं निकालेंगे, तब तक हम अपने अन्तिम लक्ष्य तक पहुँचने में नाकामयाब ही रहेंगे।

तो अभी हमारे सामने है—प्रौद्योगिकियों का व्यापक फैलाव, आवश्यक व्यवस्थाओं, प्रयासों, सूचना-विनिमय-योजनाओं और सर्वोपरि अपने देश के अनाज के बारे में आत्मनिर्भर होने का एक स्थायी, समर्थन योग्य और सुरक्षात्मक तंत्र का निर्माण, जिसे हमें जल्दी ही स्थापित करना होगा। इन प्रयासों के परिणामस्वरूप, समृद्धि के एक नए युग का श्रीगणेश होगा, जो असंख्य देशवासियों को गाँवों और छोटे शहरों में नए-नए रोज़गार और ज़्यादा कमाई करने के अवसर प्रदान करेगा और, जिसके परिणामस्वरूप देश का तेज़ी से आर्थिक विकास होगा, पूँजी लगाने वालों को

अपनी पूँजी की राशि का बेहतर प्रतिलाभ मिलेगा। और यह सब अगले दो दशकों में ही होगा। यह दिवास्वप्न नहीं है, एक ऐसी परिकल्पना है, जो हक़ीकत बनने वाली है। आगे के एक अध्याय में हम ऐसी ही शीघ्र सफल होने वाली एक परिकल्पना दे रहे हैं जो लाखों नए कृषि केंद्रों को नए-नए बाज़ारों से जोड़ेगी और बाज़ारों को गाँवों से सड़कों और फोन द्वारा जोड़ देगी।

5
विविध पदार्थ और उनका भविष्य

हम बहुत सी खानों की खुदाई करेंगे,
और उनमें से निकालेंगे सोना तथा दूसरी वस्तुएँ,
और आठों दिशाओं में जाकर उन्हें बेचेंगे,
और घर लायेंगे बहुत-सी चीज़ें !

–सुब्रह्मण्य भारती

कृषि उत्पादों का जन्म जैविक साधन-स्रोतों से होता है। प्राकृतिक साधन-स्रोतों से हमें ऊर्जा (जैसे पैट्रोलियम या प्राकृतिक गैस), रसायन आदि प्राप्त होते हैं अपने दैनिक प्रयोगों के लिए (जैसे, नमक) तथा बहुत से धात्विक पदार्थ (जैसे स्टील, ताँबा) प्राप्त होते हैं। यदि हम एक क्षण के लिए रुककर मानव-सभ्यता के बारे में सोचना शुरू करें, तो हम पाएँगे कि मानव के विकास और उसकी सामाजिक व आर्थिक प्रगति का गहरा सम्बन्ध उस प्रवीणता से रहा है, जिसके साथ उसने पदार्थों (materials) का प्रयोग उनको नए-नए रूप प्रदान करके किया है। आज यही प्रवीणता किसी भी देश और उसके विकास की तल-शिला बन जाती है। हल्के मगर श्रेष्ठ प्रदर्शन करने वाले मैटीरियल्स और मिश्र धातुओं (ऐलॉय) का प्रयोग हवाई जहाजों, प्रक्षेपास्त्रों, उपग्रहों, प्रक्षेपक-साधनों के निर्माण में भी होता है। हमारे घर धातुओं से बनी वस्तुओं जैसे स्टेनलेस स्टील के बर्तनों, हजामत के ब्लेडों (खास लेप से युक्त), न चिपकने वाले और धीमे गर्म होने वाले 'फ्राइंग पेन', प्लास्टिक के और फाइबर-ग्लास से निर्मित उत्पादों से बने होते हैं। टेलीविजन, संगीत-सम्बन्धी वाद्य, श्रव्य-चाक्षुष (ऑडिओ-विजुअल) यंत्रों का निर्णायक आधार हैं—अनेक प्रगत पदार्थ।

जब कोई हड्डी टूटती है, तब क्या होता है, जानते हैं ? टूटी हुई हड्डियों के स्थान पर जो रोपण लगाया जाता है, वह टिटेनियम जैसे आधुनिक पदार्थों से बना होता है। रोगियों की निरुद्ध रक्त-नलिकाओं के लिए जिन कैथीटरों (शलाकाओं) का प्रयोग किया जाता है, वे खास किस्म के धातुई ऐसे तारों से बने होते हैं, जिन पर प्लास्टिक-पदार्थ का लेप किया हुआ होता है।

'अग्नि' और विकलांग बच्चे

ये उदाहरण साफ़तौर पर यह बताते हैं कि उन्नत किस्म के पदार्थ कितने व्यापक

रूप से आधुनिक जीवन के विभिन्न क्षेत्रों में दाखिल हो चुके हैं। आने वाले अध्यायों में बताया जाएगा कि हम एक देश के रूप में पदार्थों, उनकी शक्तियों और कमजोरियों तथा उनके बारे में अपनी परिकल्पनाओं के मामले में किस मुक़ाम पर खड़े हैं।

लेकिन, ऐसा करने से पहले हम चंद ऐसी घटनाओं को याद कर लेते हैं, जो कम से कम इस पुस्तक के लेखकों के लिए आधुनिक उन्नत पदार्थों के उपयोग के मानवीय आयामों को उजागर करती हैं।

इस प्रसंग में मैं अपने उस भाषण के कुछ अंश यहाँ प्रस्तुत करना चाहता हूँ, जो मैंने चेन्नई में 5 सितंबर, 1995 को एक दस-दिवसीय कार्यशाला से जुड़ने के दौरान, सहचारी युक्तियों और साधनों के स्वदेशी उत्पादन व वितरण के सिलसिले में दिया था।

''एक साल पहले अख़बारों में 'चिकित्सा के लिए प्रक्षेपास्त्र' शीर्षक से एक लेख छपा था। उसमें कहा गया था कि प्रक्षेपास्त्र-निर्माण से जुड़ी कुछ प्रौद्योगिकियों का इस्तेमाल, उन्हें अनुकूल बनाकर, ऐसे चिकित्सीय-उत्पादों को बनाने के लिए किया जा सकता है। ऐसे उत्पाद, जो आम आदमी की पहुँच के अंदर होंगे। इस लेख में हमारे वैज्ञानिकों द्वारा विकसित एक ऐसे उच्च-विशिष्ट-शक्ति प्राप्त ऐसे पदार्थ का जिक्र था जो प्रक्षेपास्त्रों के ताप-कवच को रेडियो-पारदर्शी करने के लिए किया जाता है। उस पदार्थ के 'अल्ट्रा-लाइट फ्लोर रिएक्शन आर्थोसिस' से पोलियो से पीड़ित बच्चे चल फिर सकते हैं।

''इस लेख को पढ़कर फ़ौज से रिटायर हुए एक फ़ौज़ी ने, जो कर्नाटक के एक मध्यमवर्गीय परिवार का था, हमें पत्र लिखा। अपने पत्र में उसने पूछा कि क्या उसकी बारह साल की लड़की के लिए, जो नीचे के अंग पोलियो से पीड़ित थी और अपने को 4.5 किलोग्राम वज़न के लकड़ी, चमड़े और धातु की बनी पट्टियों से बने परकारों (कैलीपर्स) से धकेलकर आगे चलाती थी, क्या कुछ हो सकता है। हमारे वैज्ञानिकों ने पिता-पुत्री को हैदराबाद-स्थित अपनी प्रयोगशाला में आने को कहा। वहाँ उन्होंने 'निज़ाम इंस्टीट्यूट ऑफ मेडिकल साइंसेज़' के विकलांग रोगों के डाक्टरों ने मिलकर सिर्फ़ 400 ग्राम वज़न का 'काफ़ो' (नी-एंकिल-फूट आर्थोसिस) तैयार कर लड़की को दिया। उसकी मदद से लड़की लगभग सामान्य रूप से चलने लगी। कई महीनों के बाद लड़की के माता-पिता ने हमें पत्र लिखकर बताया कि इस सहायक युक्ति की बदौलत उनकी लड़की को जैसे नवजीवन मिल गया है, और वह अब अपने आप स्कूल जा सकती है और साइकिल चला सकती है। उसका रहन-सहन आम लड़कियों के रहन-सहन जैसा हो गया है।...जब मैं आज अपने सामने इस जोश से भरे समूह को देखता हूँ जो विकलांगों को मदद की सुविधाएँ मुहय्या करने के काम में लगा है, तो मुझे विश्वास हो जाता है कि इस प्रकार की सहायक युक्तियों को मानक आकारों में लाखों विकलांगों को देने का हमारा सपना एक दिन ज़रूर साकार होगा।''

ऐसी सहायक युक्तियों को सुलभ मूल्यों में बेचा जा सकता है और इस प्रकार कोई जागरूक उद्यमी उनका निर्माण वहनीय मगर लाभदायक कीमत पर बेचकर उसे

अपना धंधा बना सकता है। हमें विश्वास है कि ऐसी सहायक युक्तियाँ बनाने का धंधा विभिन्न राज्यों में स्थित औद्योगिक केंद्रों में लघु-उद्योग के रूप में जल्दी ही शुरू हो जाएगा।

भारत के पदार्थ संसाधन

आइए, दुबारा लौटें, उद्योग और व्यवसाय के लोगों की शोरगुल और होहल्ले से भरी दुनिया में। क्या एक विकसित देश होने के लिए किसी देश के पास धातुओं और आधारभूत कच्ची धातुओं के स्रोतों और साधनों का होना आवश्यक है ? अमरीका के पास आधारभूत समृद्ध स्रोत और साधन हैं। रूस के पास भी हैं। चीन के पास मौजूद आधारभूत स्रोत और साधन है, और उन्हीं के बल पर वह तेज़ी से अपना औद्योगिक विकास कर रहा है। आस्ट्रेलिया के पास ऐसे स्रोतों व साधनों की कमी नहीं है। अधिकांश अफ्रीकी देशों के पास अच्छी-से-अच्छी आधारभूत कच्ची धातुएँ मौजूद हैं। अब, इनमें से अनेक के आज़ाद हो जाने के बाद उनमें से कई विकसित देशों के चंगुल में जा पड़े हैं जो उपलब्ध साधन-स्रोतों का उपयोग अपने स्थानीय विकास करने के मामले में उदासीन हैं। इसीलिए, अधिकांश अफ्रीकी देश गरीब हैं, अपनी श्रेष्ठतम धातुओं के स्रोतों और साधनों के बावजूद। इसके विपरीत जापान में ऐसे प्राकृतिक धातुओं के स्रोत और साधन नहीं के बराबर हैं, फिर भी वह स्टील का निर्यातक है और जहाज़ों का निर्माण करता है। वह आज इस सदी का औद्योगिक व प्रौद्योगिकीय क्षेत्रों में मान्य नेता माना जाता है। उसने अपनी धातुओं और पदार्थों का सफलतापूर्वक प्रयोग किया है, प्रौद्योगिकियों को विकसित करके। अपनी इसी समर्थता के कारण वह आज अमीर देशों की श्रेणी में आ विराजा है। उसके द्वारा उत्पादित वस्तुएं ऊँची कीमतों पर उन देशों को बेचे जाती हैं, जिन्होंने उसे अपनी धातुएँ प्रदान कीं—जहाज़ों, कारों, स्टील के तैयार सामान तथा अन्य रूपों में। इसी प्रकार, उन देशों की आर्थिक सामर्थ्य भी विकसित हुई है जिन्होंने उपयुक्त प्रौद्योगिकियों को श्रमपूर्वक विकसित किया है।

इस प्रौद्योगिकीय सामर्थ्य के कई रोचक आयाम भी हैं। जैसे, कच्ची धातुओं से उत्पादों को प्राप्त करना। एक रोचक तथ्य यह भी है कि कभी-कभी विकसित और औद्योगिक देश उन देशों को वे उत्पाद नहीं बेचते, जिनसे कच्ची धातु प्राप्त करके उन्होंने वे उत्पाद उत्पादित किए थे। इसके पीछे उनका तर्क यह होता है कि वे उत्पाद उनके लिए सामरिक महत्त्व के हैं। इस सम्बन्ध में मुझे अपना उन दिनों का एक अनुभव याद आ रहा है, जब मैं भारत के पहले उपग्रह एस. एल.-3 को अन्तरिक्ष में भेजने वाले साधन को तैयार करने के प्रयासों में लगा था। गायडैन्स-सिस्टम्स के लिए मुझे 'जायरोस्कोप्स' बनाने थे। उस योजना के लिए हमें कुछ बेरीलियम उत्पादों की ज़रूरत थी। उन उत्पादों को बनाने वाली अमरीकी कम्पनी ने उन्हें देने से इनकार कर दिया। तभी, मालूम पड़ा कि एक जापानी कम्पनी उस उत्पाद के कुछ भाग बनाती है, इसलिए उनसे संपर्क किया गया। इस कम्पनी ने भी मना कर दिया। तब मैंने बेरीलियम के बारे में जानकारी प्राप्त की। इस प्रयास

के दौरान, मुझे ज्ञात हुआ कि भारत के पास बेरीलियम नामक कच्ची धातु का सबसे विशाल भंडार है, और यह भी कि भारत उन्हें विकसित देशों को सप्लाई करता है। उनके पास ऐसी प्रौद्योगिकियाँ मौजूद हैं, जिनके द्वारा वे इस कच्ची धातु को शुद्ध धातु में बदल सकते हैं और अपने प्रोजेक्ट की आवश्यकतानुसार उसे मनचाहा रूप भी दे सकते हैं।

बेरीलियम एक विषैली धातु है, और उसका प्रयोग करते समय बड़ी सावधानी बरतनी पड़ती है। लेकिन, एक बार धातु का रूप धारण करते ही वह अनेक उत्तम और असाधारण गुणों से युक्त हो जाती है। 'जायरोस्कोप' या बिंबित करने वाले कैमरों तथा अन्य प्रयोगों के लिए बेरीलियम एक आदर्श धातु है। बेरीलियम-ताँबा के मिश्रण की प्रयुक्ति से इलैक्ट्रानिक्स के क्षेत्र में अनेक नायाब कमाल किए गए हैं।

बेरीलियम उत्पादों को दो देशों द्वारा भारत को न दिए जाने की घटना से मैंने एक शुरुआती सबक सीखा। सबक यह था कि अगर आपके पास आवश्यक प्रौद्योगिकी नहीं है, तो आपके प्राकृतिक साधन और स्रोत भी आपके लिए बेकार साबित होंगे। ख़ैर, आज स्थिति यह है कि बेरीलियम उत्पादों के लिए हमें दूसरे देशों से भीख नहीं माँगनी पड़ती। 'इसरो' (भारतीय अंतरिक्ष शोध संस्थान) और बी.ए. आर.सी. (भाभा परमाणवीय शोध केंद्र) ने वाशी, मुम्बई, में बेरिलियम पर की गई शोध-स्वरूप बेरीलियम को धातु में परिवर्तित करने की क्षमता प्राप्त कर ली है। इस शोध-कार्य के पीछे थे—प्रख्यात पदार्थ-विज्ञानी डॉक्टर सी. बी. सुंदरम् और प्रणेता थे बी. ए. आर. सी. के तब के निदेशक डॉक्टर राजा रमन्ना। अब विशुद्ध बेरीलियम का प्रयोग भारतीय अंतरिक्ष-शोध केंद्र परमाणवीय ऊर्जा और औद्योगिक परियोजनाओं के लिए हो रहा है।

सौभाग्य से भारत में उत्कृष्ट श्रेणी की धातुओं के स्रोत व साधन हैं। उसके पास लौह, कच्चा मैंगनीज आदि भी प्रचुर मात्रा में है। जहाँ तक चमत्कारिक धातु टिटेनियम का सवाल है, उसके भंडार के मामले में वह दुनिया में अव्वल नंबर पर आता है। हमारे पास अनेक दुर्लभ और सामरिक महत्त्व की उच्च कोटि की मूल्यवान धातुएँ भी हैं। बेरीलियम प्रदान करने वाली क़ीमती बेरिल की कच्ची धातु का विपुल भंडार भी है हमारे पास। उससे हमें तीन मिलियन टन मोनोज़ाइट, जो अनेक दुर्लभ धातुओं का स्रोत है, प्राप्त हो सकता है।

हम अपनी इन बहुमूल्य धातुओं का उपयोग किस प्रकार कर रहे हैं ? ख़ैर, हालात आज़ादी से पहले के उन दिनों से तो बेहतर हैं, जब जमशेद एन. टाटा ने करीब सौ साल पहले जमशेदपुर में स्टील का प्लांट लगाने की कोशिश की थी। तब उन्हें शुरू में बहुत-सी मुश्किलों का सामना करना पड़ा था। इसकी वजह यह थी कि जिन्होंने भारत को अपना उपनिवेश बनाया था, वे सिर्फ़ यही चाहते थे कि हम खुद कुछ न बनाएं, और सब कुछ बाहर से, खासतौर पर इंग्लैंड से, आयात करें। तब से हमने बहुत-सी मंजिलें तय की हैं। अपनी अल्यूमीनियम और उसकी एलॉय (मिश्र धातुएँ) हम खुद बनाते हैं। हम अपनी स्टील खुद बनाते हैं—उसके

सब रूप तो नहीं परंतु अनेक रूप अवश्य बनाते हैं। यही स्थिति दूसरे पदार्थों और धातुओं के साथ है।

जब भारत ने जर्मन प्रौद्योगिकी की सहायता से राउरकेला में स्टील प्लांट निर्मित किया था, तब गुणवत्ता और लागत की दृष्टि से वह, अर्थात् 1960 में, दुनिया के सर्वोत्तम प्लांटों में से एक था। उसके बाद क्या हमने उस प्रौद्योगिकी की सामर्थ्य तथा अन्य शिल्पियों के कार्यकौशल में सुधार लाने का कोई गम्भीर प्रयास किया ? दुर्भाग्य से, नहीं। उल्टे हमने हालात को बदतर होने दिया। हम पहले अमरीका और बाद में सोवियत यूनियन (अब रूस) के बीच बोकारो के निर्माण के लिए चक्कर लगाते रहे। उसके बन जाने के बाद भी हम सुस्त बने रहे। राँची-स्थित स्टील शोध और विकास केंद्र देश की स्टील प्रौद्योगिकी के साथ कभी एकरूप नहीं हो पाया। भारत सरकार द्वारा स्थापित 'स्टील-विकास-निधि' ने स्टील उद्योग की मूल स्पर्धात्मक सामर्थ्य को विकसित करने में बड़ी सीमित भूमिका अदा की। लेकिन अब इन खोये हुए अवसरों को लेकर शोक मनाने से कोई लाभ नहीं है। जैसा कि अमरीकी उद्योगपति हेनरी फोर्ड अक्सर कहा करते थे, "जला दो मेरी फैक्टरियों को, लेकिन दे दो मुझे वे लोग, जो वहाँ काम करते थे। मैं एक नया काम शुरू करूँगा।" हमारे देश में अभी भी ऐसे काबिल और अनुभवी इंजीनियर और शिल्पी आदि मौजूद हैं, जो 'स्टील ऑथोरिटी ऑफ इंडिया' (सेल), 'टाटा आयरन एंड स्टील कंपनी' (टिस्को) तथा दूसरे छोटे-बड़े स्टील प्लांट्स का कायापलट कर सकते हैं, बशर्ते कि उन्हें और उनकी इच्छा-शक्ति को एक नई परिकल्पना मिल जाए।

अब अगर मिश्र धातुओं की बात की जाए तो ज़हन में इस बारे में पहला सवाल यह उठता है कि हाल ही के वर्षों में हमने कोई भारतीय मिश्र धातु बनाई है क्या ? हम ऐसी स्टील मिश्र धातु का इस्तेमाल करते हैं जिसका डिजाइन अमरीका या फ्रांस या कभी-कभी रूस में तैयार किया गया था। जब टिटेनियम मिश्र धातु या अल्यूमीनियम मिश्र धातु की बात आती है, तो मालूम पड़ता है कि उनकी प्रौद्योगिकियों का जन्म या तो यूरोप में हुआ होगा या अमरीका में। मैंने कई भारतीय 'मैटीरियल्स' वैज्ञानिकों से यह सवाल पूछा है कि इस क्षेत्र में काफी भारतीय शोध होने के बावजूद हम अभी तक एक भी स्वदेशी मिश्र धातु का सृजन क्यों नहीं कर पाए हैं। जवाब में वे कहते हैं कि "हमारे देश में अभी तक शोध-विकास, उद्योग और अकादमिकी, इन त्रिभुजों का 'सुनहरा त्रिभुज' उभर कर सामने नहीं आ पाया है।" हमारे देश को इस क्षेत्र में उल्लेखनीय उपलब्धि तब हासिल होगी, जब हम अपनी उन्नत मैटीरियल प्रौद्योगिकी के साथ इस सुनहरे त्रिभुज का भी निर्माण करने में सफल हो जाएँगे।

इसी प्रकार, अन्य मैटीरियलों और धातु क्षेत्रों में भी, हमारे पास काबिल और योग्य लोगों की कमी नहीं है। भारत के प्राकृतिक साधनों और हमारी औद्योगिक और शोध और विकास से जुड़ी योग्यताओं के मद्देनज़र, हम विशेष ध्यान केंद्रित करेंगे सिर्फ़ 13 क्षेत्रों में। ये वे क्षेत्र हैं, जिनमें भारत सबसे आगे निकल सकता है, और आगामी कई दशकों तक, यहाँ तक कि 2020 से आगे के वर्षों तक भी उसे

दीर्घकालिक और वहनीय स्पर्धात्मक लाभ मिलता रहेगा। हमें इस क्षेत्र के अनेक ऐसे वैज्ञानिकों की जानकारी है, जो उन क्षेत्रों के विकास के प्रति समर्पित हैं। उनके पास ज्ञान का ठोस आधार है। वे कुछ करने के लिए व्यग्र हैं। सम्बन्धित लोगों द्वारा निर्णय लेने में विलम्ब लेने की धीमी प्रक्रिया के कारण वे अपने को हताश-निराश पा रहे हैं। उन्हें अपने जीवन में काफ़ी देर से, और काफ़ी कम लाभ मिला। लेकिन अभी तक उनके मन में आशा की किरण लगातार जल रही है।

राष्ट्रीय सामर्थ्य की वृद्धि करेंगे ये प्राकृतिक पदार्थ

स्टील : भारत के पास लौह-कच्ची धातुओं के प्रचुर साधन (12,0000 लाख टन) के अलावा स्टील-निर्माण का सुस्थापित आधार भी मौजूद है। इस स्थिति के मद्देनज़र, अगले कुछ दशकों में सशक्त विकास के लक्ष्य की ओर भारत प्रगति करने वाला है। वर्तमान उत्पादन की मात्रा है—17 मेट्रिक टन जिसके 2001 तक 31 मेट्रिक टन तक हो जाने की आशा है। 2011 तक वह 66 मेट्रिक टन तक होगा। तब तक भारत इस क्षेत्र में दुनिया के अग्रणी देशों में गिना जाने लगेगा, 5 से 8 मेट्रिक टन का निर्यात भी करने लगेगा।

जहाँ स्टील निर्माणों, गृह-निर्माण और ज़मीनी परिवहन जैसे पारम्परिक क्षेत्रों पर अपनी पकड़ और मज़बूत कर लेगा, वहां विशेष स्टील 'हायटैक' इंजीनियरिंग उद्योगों जैसे ऊर्जा-उत्पादन, पैट्रोकैमिकल्स, उर्वरकों आदि क्षेत्रों में अधिकाधिक मात्रा में प्रयुक्त होगा। भविष्य में भी ब्लास्ट फर्नेस पद्धति लौह के उत्पादन में प्रमुख भूमिका निभाती रहेगी। निरंतर होते रहनेवाले कास्ट-स्टील की भागीदारी बढ़कर 75 प्रतिशत हो जाएगी। स्टील आगे भी सर्वाधिक लोकप्रिय, वैविध्यपूर्ण और प्रबल धातु बनी रहेगी, अपने नानाविध औद्योगिकीय इस्तेमालों के कारण, हालाँकि तब भी स्टील विश्व बाज़ार में नेता नहीं बन पाएगा, तो भी वह एक प्रभावशाली शक्ति अवश्य बन जाएगा। विश्व-बाज़ार में वह चीन और कोरिया को तगड़ी टक्कर देता रहेगा।

डी. आर. डी. के श्री एस. एल. एन. आचार्युलु, जो परिकल्पना 2020 के मैटीरियल्स क्षेत्र की कार्य योजना दल के प्रमुख हैं, ने अनेक रोचक टिप्पणियाँ की हैं। हमारे देश के विभिन्न स्टील प्लांटों में 35 ब्लॉस्ट फर्नेस हैं। उनकी क्षमता अनुमानतः 18 मिलियन टन है। शेष क्षमता छोटे स्टील क्षेत्र के पास है। उसकी स्टील निर्माण की प्रतिष्ठापित सकल क्षमता 30 मिलियन टन के बराबर है। इतनी अधिक प्रतिष्ठापित क्षमता के बावजूद, उसका इस्तेमाल काफ़ी कम है।

यद्यपि कुल मिलाकर, भारत में स्टील के उत्पादन की लागत कम है, तो भी तपती धातु को तरल स्टील में लाने की प्रक्रिया की लागत काफ़ी ऊँची बैठती है। लिहाजा, आने वाले समय में, एक लम्बे अर्से तक उत्पादन की क़ीमत जैसी है वैसी ही बनी रहे, इसलिए हमें आदानों की लागत, कामगारों का मेहनताना, ऊर्जा और कच्चे माल की कीमतों जैसे मूल खर्चों को न बढ़ने देने की ओर खास ध्यान देना पड़ेगा। कामगारों की मज़दूरी भारत में, विकसित देशों में होने वाली इस लागत से दो-तीन गुना कम है, और चीन के लगभग बराबर ही है। लेकिन प्रयुक्त ऊर्जा का

लागत मूल्य, विकसित देशों की विद्युत ऊर्जा के लागत-मूल्य से करीब-करीब दुगुना है। कच्चे माल की हमारी लागत-कीमत थोड़ी ज्यादा है। दूसरी अप्रत्यक्ष लागतें करीब-करीब बराबर हैं। मगर परेशान करने वाला विषय है हमारे स्टील प्लांटों में व्याप्त प्रदूषण की ऊँची मात्रा। यदि इस ऊँची मात्रा को दुनिया भर के प्लांटों द्वारा उत्सर्जित अल्प मात्रा के संदर्भ में देखा जाए तो यह कहने को मजबूर होना पड़ता है कि इस सम्बन्ध में आवश्यक कार्यवाही के अविलम्ब किए जाने की ज़रूरत है।

कच्चे लौह की अपेक्षाकृत कम क़ीमत और कामगारों के कम मेहनताने के लाभ—जो घरेलू स्टील के उत्पादन के जमा-खाते में जाते हैं, अगर आने वाले समय में लम्बी अवधि तक रह पाते, तो यह संतोष का विषय होता, लेकिन उस पर हुए दोतरफा हमले ने हमारे गणित को बुरी तरह से गड़बड़ा दिया है। इसके लिए मुख्यतया जिम्मेवार हैं—लौह-निर्माण में लगने वाले कोक की अधिक कीमत, और विद्युत-ऊर्जा की अधिक खपत का बढ़ा हुआ ख़र्च। मगर, इसी सम्बन्ध में यह जानकर ख़ुशी भी होती है कि पिछले कुछ वर्षों में 'ब्लास्ट फर्नेस' की क्रियाशीलताओं में सुधार हुआ है। फिर भी, हमारे स्टील-प्लांट अभी तक विश्व-स्तर के नहीं हो पाए हैं, ख़ास तौर पर, कोक, जो ऊर्जा की विशिष्ट खपत के साथ स्टील के निर्माण व उत्पादन में अपनी खपत की दृष्टि से अभिसूचक चिह्न बने हुए हैं। इस लिहाज़ से हम दूसरे देशों से काफ़ी पीछे हैं। कोक की ख़पत का वर्तमान अंतरराष्ट्रीय उपलब्धि-मानक (standard of achievement) प्रायः 500 किलो प्रति टन (तप्त धातु का) है। हमारे स्टील प्लांट इस मानक के काफ़ी निकट हैं। अन्य देश 550 से 600 किलो की श्रेणी में आते हैं। 700 किलो कोक की श्रेणी तक जाने वाले देश भी हैं। इसी प्रकार विद्युत ऊर्जा की खपत का अंतरराष्ट्रीय उपलब्धि-मानक 6 गीगा कैलोरी प्रति टन है। भारत का औसत मानक 8.5 गीगा कैलोरी प्रति टन के करीब हैं। कुछ साल पहले तक भारत 10-12 गीगा कैलोरी प्रति टन की श्रेणी में था। यदि भारतीय स्टील उद्योग को अन्तरराष्ट्रीय प्रतियोगिता में बने रहना है, तो उसे बड़े जोरदार तरीके से अपनी बिजली की खपत के प्रतिमान के बारे में कुछ करना होगा। आने वाले वर्षों में बिजली की कीमतें काफी बढ़ेंगी और इस कारण हमें उसकी खपत को अभी से नियंत्रित करना होगा।

1998 में अपनी इस परिकल्पना को प्रस्तुत करते समय हमें इस बात का अहसास है कि स्टील उद्योग के कई ज़बर्दस्त समर्थक हमारे इस मुद्दे को उठाने के बारे में रूखा और द्वेषपूर्ण रुख अपना सकते हैं। स्टील-क्षेत्र आजकल अनेक समस्याओं से ग्रस्त हैं। उत्पादन के साथ-साथ बिक्री में भी कमी के आसार साफ़ नज़र आते हैं। वैसे, उद्योग की समस्या 1997-98 के आरम्भ में ही गम्भीर होनी शुरू हो गई थी, जब स्टील की औद्योगिक माँग में मंदी का दौर शुरू हुआ था। इस दौर के ज़्यादा दिनों तक बने रहने की सम्भावना नहीं दिखाई देती। जो संकेत प्राप्त हो रहे हैं, वे तेज़ी से विकसित होती हुई अर्थ-व्यवस्था के हैं जो इस बात के सूचक हैं कि स्टील और स्टील-उत्पादों की माँग और खपत बढ़ने वाली है। बाज़ार के आधार का

प्रयोग करके हमें बाहरी बाज़ारों से होड़ लेने के लिए तैयार रहना चाहिए। अपने घरेलू बाज़ारों में हमें इस समय चीन और कोरिया के स्टील से मुकाबला करना पड़ रहा है, जो अपने आप में एक बड़ी समस्या है। यदि हमारा स्टील-उद्योग अपनी कमर कस ले, तो अगले तीन-चार वर्षों में भारतीय स्टील भारतीय बाज़ारों के अलावा विदेशी बाज़ारों में भी दिखाई देगा। हमारी सम्पूर्ण परिकल्पना भविष्य के वर्षों के लिए ही है।

टाइटेनियम : विश्व की 'इलमेनाइट' किस्म की कच्ची धातुओं का 37 प्रतिशत भारत के पास है, और कच्ची धातुओं के अपार भंडार होने की दृष्टि से भारत का विश्व में पहला स्थान है। टाइटेनियम उद्योग के सुदृढ़ आधार और उसके तथा उसकी कच्ची धातु के बढ़ते हुए उपयोगों के आधार के मद्देनज़र हम देश में उसका अधिक तथा महत्त्वपूर्ण उपयोग होते देखेंगे। 2020 तक उसके मिल उत्पादों का उत्पादन आज की 100 टन प्रतिवर्ष की मात्रा से बढ़कर 5000 टन प्रतिवर्ष हो जाएगा। गैर-वायुयान-अन्तरिक्ष-क्षेत्रों से आगे जाकर वह समुद्री नौसेना, तेल और गैस, ऊर्जा उत्पादन आदि क्षेत्रों में प्रवेश करेगा और इन नए-नए क्षेत्रों में प्रवेश कर अपनी लोकप्रियता में वृद्धि करेगा। उसकी प्रयुक्ति शल्यक उपकरणों, वास्तुकला, निर्माण, आभूषणों और सजावट, अलंकरण की वस्तुओं में भी होने लगेगी। सस्ती कच्ची धातुओं, जैसे टाइटेनियम, अल्यूमीनियम, लौह आदि के विकास से टाइटेनियम का आगमन आसानी से बाज़ारों में भी हो सकेगा। उच्च तापक्रम-सामर्थ्य, 'नियर-नेट-शेपिंग' प्रौद्योगिकियाँ और समतापी गढ़ाई की उसकी क्षमताओं के कारण एयरोस्पेस क्षेत्र में भी टाइटेनियम का अधिकाधिक प्रयोग होगा। टाइटेनियम का उत्पादन, एयरोस्पेस, रसायन, समुद्रीय यांत्रिक इंजीनियरिंग जैसे क्षेत्रों में लगातार बढ़ता रहेगा।

यहाँ एक सच्ची कहानी सुनानी ज़रूरी है। यह कहानी दर्शाती है कि कैसे निर्णय लेने की हमारी प्रणाली और व्यवस्था ने टाइटेनियम विषयक सही निर्णय न लेने के कारण हमने अनेक अवसरों को खोया। प्रोफ़ेसर एम. एम. शर्मा एक अग्रणी शिल्प-विज्ञानी और शिक्षाविद् हैं। बहुत ज़्यादा भावुक होकर वे बताते हैं कि टाइटेनियम के इस्तेमाल के मामले में हमने अनेक अवसर खोये। उनके पास ऐसे खोए हुए अवसरों की एक सूची भी है। अपनी बात को विस्तार से समझाते हुए वे कहते हैं कि कैसे इस सम्बन्ध में कई समितियाँ बनाई गईं, रपटों का जन्म हुआ और फाइलें बनीं, मगर परिणाम के नाम पर यही कहा जा सकता है कि कई दशकों तक कोई भी परिणाम सामने नहीं आया। जब कभी सरकारी तंत्र द्वारा खोए गए अवसरों की सूची बनेगी, तो उसमें टाइटेनियम उद्योग के खोए गए अवसरों की सूची सबसे ऊपर होगी। वे टाइटेनियम से जुड़े एक ऐसे प्रायोगिक संयंत्र के बारे में भी बताते हैं, जिसके द्वारा टाइटेनियम की कच्ची धातु से स्पंज बनाने का प्रस्ताव था। यह दशकों से 'जहाँ है वहीं है' वाली स्थिति में है। यद्यपि हमारे पास 'इसरो' है, 'डी. एम. आर. आई.' (सुरक्षा धातु कर्म शोध प्रयोगशाला) है, 'मिधानी' (मिश्र धातु निगम) है, 'बी. ए. आर. सी.' (भाभा एटोमिक रिसर्च सेंटर) है, तथा सार्वजनिक और निजी क्षेत्रों में अनेक उद्योग हैं, जो कई प्रकार से टाइटेनियम का प्रयोग करते हैं, मगर, इन सबके

बावजूद टाइटेनियम उद्योग अभी तक स्थापित होने के लिए संघर्ष कर रहा है। लेकिन अब सरकार के इस विशालकाय तंत्र में कुछ हलचल होती दिखाई दे रही है। अब डी.ए.ई. (परमाणवीय ऊर्जा विभाग) ने टाइटेनियम स्पंज के निर्माण की एक संयुक्त योजना बनाई है, जिसके तहत 500 टन स्पंज का निर्माण होगा। हमें विश्वास है कि इक्कीसवीं सदी के आगमन से पूर्व, हमारा टाइटेनियम उद्योग अपना काम करना शुरू कर देगा और जल्द ही हमारी अर्थ-व्यवस्था का एक प्रमुख भाग बन जाएगा।

संक्षारक न होने के अपने उत्तम गुणों, और दूसरी धातुओं तथा कच्ची धातुओं की अपेक्षा प्रदर्शनों के अनेक लाभों के अलावा, टाइटेनियम की एक विशेषता ने हम दोनों लेखकों को विशेष रूप से आकर्षित किया, है कि वह जैव अनुकूल (बायो-कम्पेटिबिल) है। अर्थात्, अगर आप उसे शरीर के किसी भी अंग में बैठा दें, तो शरीर या स्वयं उस धातु पर कोई प्रतिकूल प्रभाव नहीं पड़ेगा। आज हमारे देश में ऐसे अनेक गरीब और तंगहाल लोग हैं, जिनकी हड्डी या कूल्हे में ऐसे रोपण लगे हैं, जो किसी सस्ते स्थानीय पदार्थ से बने होते हैं। अक्सर इस कारण उन लोगों को कई सालों तक काफ़ी तकलीफ़ सहन करनी पड़ती है। वे उन रोपणों को बार-बार बदल भी नहीं सकते। बहुत से इस वजह से विकलांग भी हो जाते हैं। जब टाइटेनियम से बने रोपण बाज़ार में आ जाएँगे और बड़े पैमाने पर आम लोगों को मिलने लगेंगे, तब उनके रोपण से लोगों की तकलीफ या तो बहुत कम हो जाएगी या पूरी तरह ख़त्म हो जाएगी। टाइटेनियम से बने रोपणों की आयु बीस साल से अधिक होगी। इस्तेमाल करने वाले बूढ़ों के लिए तो यह जीवन भर का वरदान हो जाएगा, कारण, टाइटेनियम से बने रोपण उन्हें कूल्हे के जोड़ों या हड्डी के पेचकसों से मुक्ति दिलाएँगे।

दुर्लभ मृदाएँ (रेयर अर्थ्स)

कच्ची धातुओं के प्रचुरता से मिल जाने के मामले में भारत काफी खुशकिस्मत है। इस सम्बन्ध में उसका नम्बर चीन के बाद ही आता है। दुर्लभ मृदाएँ भी ऐसी ही धातुएँ हैं। उनसे जुड़ी अनेक उच्च श्रेणी की प्रौद्योगिकियों के आगमन के बाद, उन पर आधारित अनेक उत्पाद/प्रयुक्तियाँ सामने आएँगी और बड़े पैमाने पर उनके उत्पादनों और प्रयुक्तियों की कार्यवाहियों का सिलसिला भी शुरू हो जाएगा। दुर्लभ मृदा-ऑक्साइडों का उत्पादन-कार्य देश में ही सुचारु रूप से आरम्भ हो जाएगा। वैज्ञानिक इन मृदाओं के ऑक्साइडों, धातुओं, मिश्र धातुओं/मिश्र संयुक्तों के उत्पादन करेंगे, अपेक्षित शुद्धता की डिग्रियों के अनुरूप। व्यापारिक स्तर पर एनडी-एफई-बी चुम्बकों, दाब-विद्युत, मृद भांड कला तथा इसी प्रकार के अन्य उत्पादों का निर्माण भी आरम्भ हो जाएगा और भारत उनके निर्यात बाज़ार में शामिल हो जाएगा। ये उत्पाद कुछ विशिष्ट प्रयुक्तियों के लिए ही नहीं होंगे। छोटे टेप-रिकार्डर या वॉकमैन, ईयरफोन आदि इन चमत्कारिक धातुओं की वजह से ही वजूद में आए। यदि भारतीय इंजीनियरिंग के प्रयासों से छोटे आकार की अच्छी कृषि-योग्य मोटरें इन चुम्बकों की मदद से बन सकती हैं, तो हम एक दिन देश के हर किसान को सौर-ऊर्जा से चालित

पम्प-सेट भी दे सकने में समर्थ होंगे। भले ही यह कार्य कठिन लगे, लेकिन यह एक ऐसा सपना है, जिसे साकार करने के लिए हमें निरन्तर प्रयत्नशील रहना होगा। भारतीय प्रयोगशालाएँ और उद्योग, विशेष रूप से एन.एफ. सी. (परमाणवीय-ऊर्जा-कॉम्पलैक्स) आई. आर. ई. एल. (इंडियन रेयर अर्थ्स लिमिटेड) और परमाणवीय ऊर्जा विभाग का एक प्रभाग एटामिक मिनरल्स डिवीजन (परमाण्वीय धातु प्रभाग) को इस महत्त्वपूर्ण क्षेत्र में काफी ज्ञान और अनुभव प्राप्त है।

ऐल्यूमीनियम

बॉक्साइट नामक खनिज के उत्पादन में भारत विश्व में पाँचवें स्थान पर है। उसके पास उसका उत्तम भंडार है। उसके पास एक सुस्थापित उत्पादन-आधार है—ऐलूमिना और ऐल्यूमीनियम के उत्पादन के लिए जो इन उत्पादों की बढ़ती हुई माँग को पूरा करता है। यह उद्योग और अधिक विकास के लिए तैयार है। ऐल्यूमीनियम का मौजूदा उत्पादन 0.5 मेट्रिक टन प्रतिवर्ष है। 2000 तक उसके 1.5 मेट्रिक टन प्रतिवर्ष हो जाने की आशा है। 2020 तक वह सम्भवतः 5 मेट्रिक टन प्रतिवर्ष होगा। उसको निकालने के लिए बेयर की और इलैक्ट्रोलायटिक प्रक्रियाएँ चालू रहेंगी। लेकिन प्रक्रिया की कुशलता को सुधारा जाएगा, खासतौर पर ऐल्यूमीनियम धातु के उत्पादन के लिए ज़रूरी विद्युत ऊर्जा की खपत को कम करने के विषय में। उच्च प्रौद्योगिकी की प्रयुक्तियों के, जैसे कि ऐल्यूमीनियम-लिथियम (एल ली), मिश्र धातुओं और ऐल्यूमीनियम-आधारित मैट्रिक्स मिश्रित वस्तुएँ (एम. एम. सी.) के विकास के लिए नए-नए पदार्थों को विकसित किया जाएगा। दुबारा पिघलाने से मुख्य धातु का उत्पादन करने में 1/20वीं ऊर्जा की ही आवश्यकता होती है, जिसके फलस्वरूप, ऐल्यूमीनियम की 'रिसाइक्लिंग' ज़्यादा महत्त्वपूर्ण बन जाएगी।

ऐल्यूमीनियम ऐलॉय अपने हल्केपन के कारण ज़रूरी हो गए हैं। उनका इस्तेमाल हवाई जहाज़ों, कम खर्चीले घरेलू बर्तनों और विद्युत ऊर्जा की संचारक लाइनों के उत्पादन के लिए किया जाता है। ऐल्यूमीनियम ऐलायों की माँग ऐल्यूमीनियम फर्नीचर के उत्पादन के लिए भी सम्भवतः बढ़ेगी, क्योंकि वे लकड़ी का स्थान लेंगे क्योंकि हमें अपने वनों को बचाना है !

ऐल्यूमीनियम के क्षेत्र में हमने काफ़ी प्रगति की है। कच्ची धातु के निर्यात की स्थिति से हम धातु-निर्माण की स्थिति तक आ पहुँचे हैं। अपने एक निजी पत्र में श्री एस. एल. एन. आचार्युलु ने कुछ आँकड़े हमें मुहय्या कराए हैं। ऐल्यूमीनियम उद्योग के साथ सबसे बड़ी समस्या बिजली की अत्यधिक खपत की है, जिसके कारण उसकी लागत बहुत ज़्यादा हो जाती है, और फलस्वरूप हम विदेशों से होड़ में पिछड़ जाते हैं। सैद्धान्तिक रूप से ऐल्यूमीनियम इलैक्ट्रोलाइसिस के लिए 6.34 किलोवाट प्रति घंटा प्रति किलो धातु के हिसाब से खपत होनी चाहिए, और पहले यह 20-25 क. डब्ल्यू. एच. किलो थी। अब सारी दुनिया में यह औसत 13 के. डब्ल्यू. एच. किलो है। आज भारत में ऐल्यूमीनियम उद्योग में बिजली की खपत 15-20 के. डब्ल्यू. एच. किलो है, जो विश्व में स्वीकृत स्तरों से काफ़ी ज़्यादा है। 2000 तक यह उन्नत

प्रौद्योगिकी के प्रयोग से 11.4 के. डब्ल्यू. एच. किलो तक होगी।

लेकिन, हमारी एक कम्पनी 'हिन्डालको' दुनिया भर में सबसे कम लागत से ज़्यादा उत्पादन करने के मामले में दुनिया की चोटी की कम्पनियों में गिनी जाती है। अपने उत्पादन की लागत में कमी लाने के उद्देश्य से इस कम्पनी ने कई उत्तम उपायों को अपनाया है। जैसे उसके गैलीयम, वानाडियम और सीसा, ताँबा और टिन जैसी भारी धातुओं के उत्पादों को दुबारा प्राप्त करके और ख़र्च हो गई 'पॉटलाइनिंग' को दुबारा रिसाइकिल करके, उत्पादन की अर्थ-व्यवस्था को कई प्रकार से सुधारा जा सकेगा।

'नियर-नैट-शेप' प्रक्रिया में पिछले दिनों विशेष प्रगति और उन्नति हुई है जैसे पूरा ढाँचा ढालने की प्रक्रिया, जिसमें ऐल्यूमीनियम की मिश्र धातुओं का प्रयोग होता है। इस प्रक्रिया के द्वारा निर्मित पदार्थ काफी उन्नत किस्म के होते हैं जो पारम्परिक किस्म के स्थायी ढाँचा ढालने वाली प्रक्रिया से नहीं बनाए जा सकते। इसके प्रयोग के कारण स्वचालित यंत्रों में नए डिजाइन बनाए जाने लगे हैं। ऐल्यूमीनियम का प्रयोग बढ़ता जा रहा है और अन्य पदार्थों का इस्तेमाल कम होता जा रहा है।

'लिक्विड फोरजिंग' नाम की नई तकनीक साँचे में समाई किसी वस्तु को ठोस रूप देने के उद्देश्य से दबाव के प्रयोग को सूक्ष्म संरचना द्वारा चालित नियंत्रण-साधनों का प्रयोग करती है। इसके प्रयोग से गढ़ी हुई वस्तु की-सी गुणवत्ता करीब-करीब कायम रहती है और स्वच्छ, साफ-सुथरा आकार और सामर्थ्य एक समान रहते हैं।

भारतीय उद्योगों को प्रौद्योगिकीय दृष्टि से सशक्त और समृद्ध करने के लिए मान्यता-प्राप्त मिश्र धातुओं के प्रयोगों को जारी रखना चाहिए और उसे निरंतर विकसित करते रहना चाहिए। भारत 20,000 टन प्लेटों/ट्यूबों और 10,000 टन पन्नीदार काग़ज का उत्पादन करता है। अंशतः निर्मित उत्पादों के निर्माण पर हुआ ख़र्च मूलभूत धातु से निर्मित उत्पादों के ख़र्च का दस प्रतिशत ही होता है और इसलिए एक आंशिक गढ़ने वाले प्लांट को स्थापित करने का खर्च भी एक स्मेलटिंग-फर्नेस को शुरू करने के खर्चे का 1/10 होगा। इससे उसे आसानी से विकसित किया जा सकेगा और उसका विस्तार करना भी आसान होगा। इसके उत्पादों में विशेष प्रक्रिया-विधि से बने ऐल्यूमीनियम के तार, घरेलू उत्पाद, गृह-निर्माण में काम आने वाले ऐल्यूमीनियम से बने उत्पाद और वाहनों आदि में काम आने वाले उत्पाद आदि होंगे। भारत में विशेष रूप से इनके उत्पादन का क्षेत्र बहुत ज़्यादा व्यापक होना चाहिए। डिजाइन, विकास और प्रयुक्ति इंजीनियरिंग में और ज़्यादा आदान से ऐल्यूमीनियम के उत्पादों को अधिक समर्थन दिया जा सकता है। क्षमता के विस्तार को गुणवत्ता में सुधारों से जोड़ना ज़रूरी है।

एक देश के रूप में हमारे पास अनेक बहुमानित व उत्कृष्ट उत्पादों का विपणन करने की काफ़ी गुंजाइश है, जो ऐल्यूमीनियम और उसके ऐलायों पर आधारित हों। भारत के ऐल्यूमीनियम-उद्योग के लिए हमारे पास यह परिकल्पना है।

मिश्रित पदार्थ (कम्पोज़िट मैटीरियल्स)

2020 तक अनेक क्षेत्रों में मिश्रित अथवा सम्मिश्र उत्पादों का इस्तेमाल भारी मात्रा में होने लगेगा। सबसे अधिक विकास परिवहन तथा निर्माण क्षेत्रों में देखने को मिलेगा। नागरिक क्षेत्र में 'ग्लास रिइन्फोर्स्ड पॉलिमर्स' (जी. आर. पी.) का व्यापक रूप से विस्तार होगा। उत्पाद/प्रोसेसिंग की ऐसी तकनीकें आरम्भ होंगी, जो विशाल-उत्पादन की दृष्टि से सही होंगी और जिनसे लागत-मूल्य में भी कमी आएगी। 2010 तक हाईटैक उपकरणों के लिए धातु-आधारित सम्मिश्रों का निर्माण व्यवस्थित रूप से होने लगेगा जिससे अन्तरिक्ष की संरचनाओं, वैमानिक इंजनों के पुर्जे तथा उनको जमीन पर उतारने वाले गियर आदि बनाने में सहायता मिलेगी। इसी प्रकार 2020 तक चीनी मिट्टी और धातु के सम्मिश्र भी बनने लगेंगे जिनका उपयोग परस्पर आश्रित इंजनों, गैस टरबाइन इंजनों तथा टूट-फूट प्रतिरोधक कलपुर्जों के निर्माण में होने लगेगा। सम्मिश्रों की मरम्मत और देख-रेख की विधियों का भी मानकीकरण हो जाएगा।

रॉकेट-विद्या और सम्मिश्रों में सदा से मेरी दिलचस्पी रही है। जब छठे दशक के अन्तिम वर्षों में त्रिवेन्द्रमस्थित अन्तरिक्ष-विज्ञान और प्रौद्योगिकी-केंद्र (एस. एस. टी. सी.) जो अब विक्रम साराभाई अन्तरिक्ष-केन्द्र (ए. एस. टी. सी.) का एक भाग है, के फाइबर रिइन्फोर्स्ड प्लास्टिक्स प्रभाग की स्थापना हुई थी, तब मैंने इस प्रभाग के लिए कई परियोजनाओं के बारे में सोचा था। ये सब परियोजनाएँ नागरिक और व्यापारिक इस्तेमालों को ध्यान में रखकर सोची गई थीं। इन परियोजनाओं का फैलाव मछली पकड़ने वाली नावों के डिज़ाइन से लेकर, अनाज के परिरक्षण के लिए खत्ती-बुखारी के डिजाइनों तक फैला था। चूँकि उस समय मेरा पूरा ध्यान थाहमापी रॉकेट परियोजना पर और भारत की सर्वप्रथम उपग्रह (एस. एल. वी-3) को छोड़ने वाले माध्यम से जुड़ी परियोजना पर, जो तब आरम्भिक चरण में ही थी, इसलिए मैं उन योजनाओं को आगे बढ़ाने में समर्थ नहीं था। तब मेरा सारा ध्यान उस किस्म की इंजीनियरिंग पर केंद्रित था, जो उन्नत सम्मिश्रों के प्रयोग से रॉकेट मोटर के केसों और अन्य संरचनाओं को तैयार कर सकें, जिसकी ज़रूरत उपग्रह और उसके छोड़े जाने वाली गाड़ी से जुड़ी परियोजनाओं को होती। इन माँगों को पूरा करने के लिए रिप्लेस नामक केंद्र की स्थापना की गई। आज यह केंद्र 'इसरो' की ज़रूरतों को पूरा करने के अलावा अनेक नागरिक उत्पादों के आदिरूपों को विकसित कर रहा है।

जब मैं 'इसरो' से अलग होकर, भारत की प्रथम प्रक्षेपास्त्र-विकास-योजना का प्रमुख बना, तब भी मैं उन्नत सम्मिश्रों की सम्भावनाओं के बारे में भूला नहीं था।

सुरक्षा-शोध और विकास-केंद्र की प्रयोगशाला (डी. आर. डी. एल.) और 'रिसर्च सेंटर इमारात' (आर. सी. आई.) के अंतर्गत मैंने एक नए केंद्र 'सम्मिश्र उत्पाद विकास केन्द्र' (कॉमप्रॉक) का विकास करने का प्रयत्न किया। इस केन्द्र का उद्देश्य प्रक्षेपास्त्र-योजना के लिए उसके सम्मिश्र घटक मुहय्या कराना था। यह भाग विकलांगों

के लिए एफ. आर. ओ. जैसे सम्मिश्र उपकरण भी प्रस्तुत करता था। इसके अलावा, आर. सी. आई. और 'कॉमप्रॉक' के तत्त्वावधान में जिन विचारों की कल्पना की गई थी, उनके परिणामस्वरूप एक प्रमुख उन्नत सम्मिश्र मिशन की रचना भी हुई, जिसे सरकार का समर्थन प्राप्त था। इस मिशन ने अनेक उन्नत सम्मिश्र उत्पादों के लिए प्रेरणा प्रदान की, जिनका नागरिक क्षेत्र में व्यापारिक दृष्टि से काफी महत्त्व था, जैसे दरवाज़ों, मेज़, सब्ज़ी बेचने वालों के लिए ठेलों और कारों के लिए 'ब्रेक-ड्रम' आदि का उत्पादन।

आने वाले दशक में इस प्रौद्योगिकी के अन्य उपयोग और प्रयोग भी देखने को मिलेंगे। रेलवे स्लीपर्स के उत्पादन के लिए भी उसका उपयोग और प्रयोग होगा। अब तक ऐसे उत्पादनों के लिए लकड़ी का आमतौर पर इस्तेमाल होता रहा है, लेकिन अपने वनों को बचाने के लिए हमें उसका इस्तेमाल कम या समाप्त करना होगा। आजकल हम लकड़ी के स्लीपर्स आयात कर रहे हैं। उनके इस्तेमाल की लागत तो ज़्यादा होती ही है, उसकी वजह से कई कठिनाइयाँ भी होती हैं। कांक्रीट-लोहे के स्लीपरों का इस्तेमाल बड़े पैमाने पर हुआ है, लेकिन उनके साथ मुश्किल यह है कि वे अक्सर टूट जाते हैं। एफ. आर. पी. (फाइबर-रिइन्फोर्स्ड प्लास्टिक) के स्लीपर इनका स्थान ले सकते हैं। इनके बारे में परीक्षण चल रहे हैं।

सम्मिश्रों का प्रयोग करने वाले देशों की सूची में भारत का स्थान काफी पीछे है। यह भारत में औद्योगिक प्रौद्योगिकियों के निम्न स्तर का भी सूचक है। हमारी परिकल्पना के अनुसार इसमें व्यापक परिवर्तन किया जाएगा। अपनी इस परिकल्पना के प्रति हमारा लगाव इस वजह से तो है ही कि हमें यह तकनीकी पसन्द है मगर इस वजह से भी है कि भविष्य में इसका बहुत ज़्यादा प्रयोग होने लगेगा। इसके इस्तेमाल से परिवहन क्षेत्र में ऊर्जा की कार्य-क्षमता में वृद्धि होगी, क्योंकि उसकी वजह से ढोए जाने वाले माल का बोझ कम हो जाएगा। पारम्परिक पदार्थों से अपेक्षाकृत कम भार के होने के कारण वे अधिक शक्ति-सामर्थ्य देने में समर्थ होते हैं। सम्मिश्र उत्पाद में एक लाभ यह भी है कि उसे सीधे मनचाहे डिजाइन में बनाया जा सकता है। इस ख़ासियत की वजह से उसका वज़न तो कम हो ही जाता है, उसकी शक्ति और सामर्थ्य भी बढ़ जाती है। आजकल खेलों के सब सामान सम्मिश्र पदार्थों से ही बनते हैं, क्योंकि उनका वज़न कम होता है और सामर्थ्य भी पहले के सामान से ज़्यादा होती है। उद्योगों में प्रयुक्त होने वाले सामान की क्षमता व कार्य-कुशलता भी बहुत ज़्यादा बढ़ जाती है। सम्मिश्र पदार्थों के सही उपयोग से, जहाँ तक विकलांगों का सवाल है, सम्मिश्र पदार्थ से बेहतर कोई पदार्थ मिल ही नहीं सकता, क्योंकि अपने हल्केपन की वजह से वह विकलांगों की बहुत-सी शारीरिक असुविधाओं और अड़चनों को काफ़ी कम कर देता है। पहले टूटी हड्डियों को जोड़ने के लिए प्लास्टर ऑफ पेरिस की भारी वज़नदार पट्टियों की ज़रूरत होती थी, अब उनकी जगह आ गई हैं हल्की-फुल्की पट्टियाँ, जो आसानी से हड्डियों को जोड़ने जैसे काम कर देती है।

हमें इस बारे में कोई सन्देह नहीं है कि आने वाले दिनों में भारतीय उद्योग

तथा नवीनतम प्रौद्योगिकियों का प्रयोग करने वाले अन्य प्रयोगकर्ता बहुउद्देशीय प्रयोगशालाओं में इन प्रौद्योगिकियों के इस्तेमाल का 'सुख' प्राप्त करते हुए दिखाई देंगे। और वह दिन भी दूर नहीं है, जब वे अन्य भारतीयों के समान सम्मिश्र पदार्थों के प्रयोगों से, उनका प्रयोग करने वाले विकसित देशों की क़तार में आ खड़े होंगे।

हाल ही में एक अंग्रेजी पुस्तक 'द इंटरनेशनल मिसाइल बाज़ार' (प्रक्षेपास्त्रों का अन्तरराष्ट्रीय बाज़ार) नाम से छपी है, जिसके सम्पादकद्वय हैं–विलियम सी. फैटर और हॉरलन डब्लू जैंक्स और प्रकाशक है–वैस्टव्यू प्रेस। इस पुस्तक में एक स्थान पर एक बड़ी दिलचस्प बात कही गई है, कि पिछले दिनों आर. सी. आई. ने 'टैक्नालॉजी इन्फारमेशन फोरकास्टिंग एंड ऐसेसमेंट काउंसिल ऑफ द डिपार्टमेंट ऑफ टैक्नालॉजी' से सहयोग करके, उन्नत सम्मिश्रों जैसे कार्बन-कार्बन फाइबर का व्यापार करने का फ़ैसला किया है। इन सम्मिश्रों का उत्पाद आर. सी. आई. स्थित कम्पोज़िट प्रोडक्शन सेंटर (कॉमप्राक) में भारतीय उद्योग की भागीदारी में किया जाएगा। अन्त में अनेक निजी उद्योग, जो 'आई.जी.एम.डी.पी.' को प्रौद्योगिकियाँ और पदार्थ सप्लाई करते हैं, अपने उत्पादों का निर्यात कर सकेंगे।

सिरैमिक (चीनी मिट्टी) पदार्थ

जब हम किसी वाश-बेसिन के सामने खड़े होते हैं, या किसी टाइलों वाले बाथरूम में नहा रहे होते हैं, या किसी प्याले में भरी चाय को पी रहे होते हैं, तो हमें कभी अपने जीवन में सिरेमिक की सर्वव्यापकता का अहसास शायद ही होता हो। मगर, हक़ीक़त यह है कि सिरेमिक और उससे बने उत्पाद हमारी ज़िन्दगी में सदियों से मौजूद हैं। आपने इस बात पर भी ग़ौर किया होगा कि पिछले कुछ वर्षों में उनकी गुणवत्ता लगातार बढ़ती ही जा रही है। मौजूदा स्थिति यह है कि पिछले कुछ वर्षों में 'सम्पूर्ण गुणवत्ता आन्दोलन' (टोटल क्वालिटी मूवमेंट) की लहर में बहने वाले एक उद्योगपति ने हमसे कहा, "गुणवत्ता में सुधार होते रहने तथा अंतरराष्ट्रीय मानक संस्थान (आई.एस.ओ) 9000 प्रणालियों के प्रावधानों के लागू हो जाने के कारण, मेरी बिक्री बराबर कम होती जा रही है, क्योंकि ग्राहक कभी किसी टूट-फूट की शिकायत करते ही नहीं।" वे अब अपने उत्पादों में विभिन्नताएँ लाने के लिए प्रयत्नशील हैं, ताकि सिरैमिक की नई-नई वस्तुओं के नमूने बाज़ार में ला सकें। काफी समझदार हैं वे। कारण यह है कि एक ओर जहाँ हमारे देश में सिरैमिक के परम्परागत उत्पादों की संख्या बढ़ेगी, उधर बेहतर गुणवत्ता वाले ऐसे उत्पाद, जो देखने में ज़्यादा आकर्षक और वैविध्यपूर्ण होंगे, इस बिक्री को और ज़्यादा बढ़ाएँगे। फलस्वरूप इस क्षेत्र में और ज़्यादा उद्यमी आएँगे और जल्दी ही विदेशी उत्पाद भी भारत में आकर छा जाएँगे और तब यह होड़ तीव्रतर हो जाएगी।

अब इस उद्योग की बढ़ती प्रतियोगिता में कामयाब होने के लिए उन्नत किस्म के सिरैमिकों की दुनिया में भी हमारे उद्योगपतियों और उद्यमियों को प्रवेश करना होगा। सिरैमिक अब कार व हवाई जहाज़ों के इंजनों में भी प्रवेश करने वाले हैं, ऊर्जा-विषयक नई-नई ज़रूरतों और कुशलताओं के साथ। वे ऐसा आर्थिक कारणों

से तो कर ही रहे हैं, पर्यावरण को शुद्धतर रखने के लिए भी कर रहे हैं। 'इंटरनल कम्बश्चन इंजन' (अंतर्दहन इंजन) तथा ऊर्जा-संरक्षण उपकरणों को अब उच्चतर तापमानों पर कार्य करना पड़ सकता है। इन तापमानों पर उनकी तापरोधक क्षमता बढ़ जाती है। सिरैमिक अब पारम्परिक मशीनी पुर्जों के साथ भी होड़ करने लगे हैं। अनेक प्रयुक्तियों के लिए सिरैमिक की कतरने-काटने की क्षमता को आदर्श माना जाता है। सिरैमिक से जैव-अनुकूल उपकरण भी बनाए जा सकते हैं। टूटी हुई हड्डियों के स्थान पर उसे प्रयुक्त किया जा सकता है। हमारे पाठकों में से कुछ के दाँतों पर सिरैमिक की परत लगी होगी। इलैक्ट्रॉनिक उद्योग में भी सिरैमिक निर्णायक भूमिका अदा कर रहा है, इस बात को बहुत कम लोग जानते होंगे। वे 'सबस्ट्रेट' नामक वह आधार बनाते हैं, जिसका प्रयोग उन अनेक लघु इलैक्ट्रॉनिक उपकरणों में काम आता है, जो ऐसे सबस्ट्रेटों पर या तो उकेरा जाता है, या चढ़ाया जाता है। बहुत ज़्यादा छोटे इलेक्ट्रॉनिक उपकरण अब इस प्रकार बनाए जाने लगे हैं। अनेक सिरैमिक पदार्थ उन्नत सेंसरों के कार्य के लिए निर्णायक सिद्ध होते हैं। आपके टेप-रिकार्डर में लगा नन्हा-सा माइक्रोफोन या कॉलर में लगे माइक में पीजोइलैक्ट्रिक क्रिस्टलों के रूप में सिरैमिक के तत्त्व मौजूद होते हैं।

भारतीय उद्योग या प्रयोगशालाएँ भी इन पदार्थों या उनकी प्रयुक्तियों के लिए नए नहीं हैं। विकसित भारत की किसी भी परिकल्पना में स्वाभाविक रूप से एक स्पन्दमान और उन्नत सिरैमिक मय अपने नए उत्पादों के, जो भारत में ही अभिकल्पित, विकसित और निर्मित होंगे, मौजूद होंगे। भारत को आने वाले समय में सिरैमिक के क्षेत्र में एक प्रमुख उत्पादक बनकर उभरना है।

देश में उन्नत सिरैमिक के क्षेत्र में प्रभावशाली विकास होगा। 1995 में सिरैमिक के क्षेत्र में जो उत्पाद हुआ था, वह लगभग 170 करोड़ रुपए का था। 2000 तक उसके 1400 करोड़ होने की आशा है। संरचनात्मक सिरैमिक का बाज़ार मौजूदा 190 करोड़ रुपए के बाज़ार से दुगुना होगा। 2000-2005 की अवधि में भारत उन्नत सिरैमिक का निर्यातक देश हो जाएगा। संरचनात्मक सिरैमिक का प्रयोग उच्च प्रौद्योगिकीय क्षेत्रों में होने लगेगा, सम्मिश्रों (जैसे टरबाइन ब्लेडों) के रूप में भी और लेप व आवरण के रूप में भी। कार्यात्मक सिरैमिकों पर आधारित प्रगत सेंसरों का इस्तेमाल भारत में अनेक क्षेत्रों में होगा, जैसे—कृषि, कार, प्रदूषण की पहचान और नियंत्रणकारी तथा सुरक्षात्मक प्रणालियों में। प्रगत व उन्नत किस्म के सिरैमिकों का घरेलू इस्तेमाल भी अधिक मात्रा में होगा और दूसरे देशों में उसके निर्यात की संभावना भी बढ़ेगी।

भवन-निर्माण में प्रयुक्त होने वाले पदार्थ

मध्यमवर्गीय और निम्नवर्गीय परिवारों के लोगों का सपना रहता है—खुद अपना घर या फ्लैट। केरल में, मिसाल के तौर पर, खाड़ी देशों में काम करने वाले लोगों की कमाई से घर-निर्माण-कार्यवाही व्यापक पैमाने पर दिखाई दी। घर-निर्माण में तेज़ी केरल के उन गुणी लोगों की मेहनत का नतीजा था, जो खाड़ी देशों में काम करके

समृद्ध हो गए थे। खाने-पीने और कपड़ों पर ख़र्च करने के बाद भी वे बहुत रकम बचा लेते थे। सारे केरल में घर-निर्माण के व्यापार में जो उछाल आया और सहसा वृद्धि हुई, उसके मूल में थी ऐसे लोगों की खाड़ी-देशों की कमाई। वैसे, समृद्ध हो जाने पर पहले अपनी कमाई की रकम को घर-निर्माण में लगाना और बाद में गहने ख़रीदने में, यह आम भारतीय की फितरत रही है। यदि ऐसी कमाई की रकम को उद्योग-धंधों में निवेश कर दिया जाए तो उसका असर राष्ट्रीय धन-दौलत में वृद्धि पर भी होगा।

इसके बावजूद, हमें याद रखना होगा कि ज़्यादातर भारतीयों के पास रहने की उनकी अपनी जगह नहीं होती। ज़्यादातर भारतीय मिट्टी और गोबर से बने घरों में रहते हैं। वैसे, उनका मन मजबूत और स्थायी घरों में रहने का ही होता है। अपने सपने के भारत में हम सब भारतीयों को खूब खाता-पीता, अच्छे वस्त्र पहनता और स्वस्थ देखना चाहते हैं। उसके पास बीमारियों को न होने देने और हो जाने पर उनका अच्छा इलाज करने की सुविधाएँ मौजूद होनी चाहिए। उनके पास स्वास्थ्यप्रद और साफ़-सुथरे और मज़बूत, स्थायी घर होने भी आवश्ययक हैं। मजबूत और स्थायी घरों के लिए ज़रूरी है—स्थानीय पदार्थों से बनी क़िफायती ईंटें।

भविष्य की इमारतों में अनेकानेक सुविधाजनक विशेषताएँ तो होंगी ही, वे सुरुचिपूर्ण और कलात्मक भी होंगी। बहुत से घरों में ऐसे बने बनाए पैनल भी होंगे, जो मनोरंजन, व्यापार, सूचना व शिक्षा प्रदान करेंगे। सूरज व हाइड्रोजन उन्हें सौर तथा अन्य विशुद्ध ऊर्जाएँ प्रदान करेंगे। खिड़कियों और दरवाज़ों के शीशों के खानों को संवाहक और चालक पौलिमरों से इस प्रकार जोड़ा जाएगा कि सौर-किरणें कमरे में व्यवस्थित तरीके से प्रवाहित होती रहें। इमारतों के निर्माण के सुधरे हुए सुरक्षात्मक तरीकों के मद्देनज़र मानसून के दिनों में घर के अंदर पानी का रिसना बीते दिनों की घटना बनकर रह जाएगी और, सर्वोपरि महत्त्व की बात यह है कि घरों और इमारतों के निर्माण में लगने वाले साल-महीने अब निर्माण की उन्नत तकनीक तथा प्री-फैब्रीकेटेड ढाँचों तथा फैक्टरियों में घरों के पूर्व-निर्मित दरवाज़ों, खिड़कियों व अन्य संरचनाओं की बदौलत यह काम हफ्तों-महीनों में होने लगेगा।

सीमेंट भविष्य में भी घर-निर्माण का एक प्रमुख पदार्थ बना रहेगा। 1995 में उसकी खपत 75 एम. टी. थी, जिसके 2005 में 115 एम. टी. हो जाने की आशा है। प्राकृतिक साधनों की भी अपनी प्रमुख भूमिका रहेगी, अपनी आसान उपलब्धता के कारण निर्माण-कार्य में स्टील की अनिवार्यता भी बनी रहेगी। विद्युत-ऊर्जा-केन्द्रों में कोयले को जलाने से जो 'फ्लाय-ऐश' बनती है, उसका उपयोग भी घर-निर्माण-कार्य में बहुतायत से किया जाने लगा है, क्योंकि उसके उपयोग से सीमेंट कम मात्रा में इस्तेमाल करना पड़ता है। वैसे, सीमेंट के निर्माण के लिए जिन बुनियादी कच्चे पदार्थों की आवश्यकता होती है, वे भी ज़्यादा दिनों तक उपलब्ध नहीं होंगे। फिलहाल, चूना-पत्थर, जो सीमेन्ट के निर्माण में बहुत ज़रूरी है, बहुतायत से मिल जाता है, आसानी से उसकी खुदाई करके। मगर, वह भी एक और सदी तक ही प्राप्त होगा। उसके बाद उसे प्राप्त करने के लिए और ज़्यादा गहराई में जाकर खुदाई करनी पड़ेगी,

जो उसे ज़्यादा खर्चीला बना देगा। इसलिए पर्यावरण की रक्षा करने और प्राकृतिक स्रोतों को सुरक्षित रखने के उद्देश्य से 'फ्लाय-ऐश' का अधिक उपयोग करना पड़ेगा।

भारत-सरकार ने 'फ्लाई-ऐश' के ज़्यादा इस्तेमाल के लिए इससे सम्बन्धित प्रौद्योगिकी का प्रदर्शन करने की एक खास योजना बनाई है। इस प्रयोजना का जन्म टाइफैक के प्रारम्भिक प्रयासों के परिणामस्वरूप ही हो सका। अब इस प्रयोजना को केंद्र-सरकार राज्य-सरकारों की एजेंसियों, उद्योगों तथा विभिन्न संस्थाओं द्वारा अमल में लाया जा रहा है। भारत के अनेक भागों में 'फ्लाई-ऐश' का इस्तेमाल सफलतापूर्वक हो रहा है और उसके कई उदाहरण पेश किए जा सकते हैं। पहला उदाहरण दिल्ली स्थित ओखला के 'फ्लाई-ओवर' पुल का है, जो सफलतापूर्वक कार्य कर रहा है। इस सफलता से प्रेरित होकर, 'हनुमान-सेतु' नाम के दूसरे पुल का निर्माण किया गया। केन्द्रीय और दिल्ली सरकार के सहयोग से बनने वाले और निज़ामुद्दीन, नई दिल्ली, और नॉयडा को जोड़ने वाले पुल के, जिसका निर्माण 'फ्लाई-ऐश' के इस्तेमाल से होगा, निर्माण की मंजूरी मिल गई है। 'फ्लाई-ऐश' के प्रयोग से पानीपत में बनने वाली एक किलोमीटर लंबी सड़क की प्रायोजना पर काम शुरू हो चुका है। पानीपत में ही एक परित्यक्त तालाब में पड़े 'फ्लाई-ऐश' से चार घरों का 'नेशनल फर्टीलाइजर्स लिमिटेड' के प्रांगण में सफलतापूर्वक निर्माण हो चुका है। एक मानसून में इन इकाइयों को भीगने दिया गया और बाद में उनका परीक्षण किया गया, जो बहुत सफल रहा। परीक्षणों से यह भी पता चला कि उस तालाब के ऊपर उसी 'फ्लाई-ऐश' से चारमंजिला सुदृढ़ इमारत भी बन सकती है, जो काफ़ी किफ़ायती होगी। फिर भी, इस बारे में कुछ और परीक्षणों की आवश्यकता है, जैसा कि मिट्टी पर बने मकानों की नियमित रूप से होती है।

'फ़्लाई-ऐश' पर आधारित सफल निर्माणों की श्रेणी में रायचूर के निकट निर्मित एक किलोमीटर लम्बी सड़क जो ठीक काम कर रही है, और नए भुज (गुजरात) शहर की एक सड़क का जिक्र करना भी ज़रूरी है। 'फ़्लाई-ऐश' की मदद से बनने वाली सड़कों को इन प्रयोगों और मसौदा-प्रारूपों तथा पूरे ब्यौरों के साथ इंडियन रोड-कांग्रेस को भेज दिया गया है। 'फ्लाई-ऐश' के अन्य उपयोग भी हैं, जैसे—भूमिगत खान को भरना। रामागुंडम् की भूमिगत खान इसी प्रकार भरी गई। अन्य कई ऐसी परियोजनाओं पर, जो कृषि-प्रयुक्तियों से जुड़ी हैं, काम प्रस्तावित हैं।

फोटोनिक मैटीरियल्स

भारत में इलैक्ट्रॉनिक्स का विकास कुछ समय पहले ही हुआ है, और उसने इस काल में उद्योगीकरण और आर्थिक विकास के क्षेत्रों में क्रान्ति सी ला दी है। इस विकास से लोगों के सुख-साधनों में भी वृद्धि हुई है। आधुनिक प्रौद्योगिकीय 'चमत्कारों' के पीछे इलैक्ट्रॉनों के प्रवाह के नियंत्रण का हाथ है। इलैक्ट्रॉनिक्स के विकास ने अनेक नई प्रयुक्तियों के दरवाज़े खोल दिए हैं। नई-नई माँगों में भी वृद्धि हुई है। अब आप सूचनाओं-समाचारों को सरलता से स्थानांतरित कर सकते हैं, बाहर से आए चित्रों के श्रेष्ठतर मुद्रण प्राप्त कर सकते हैं, और अन्य कार्य कर सकते हैं। इन माँगों

के कारण फोटोन्स पर नियंत्रण में प्रवीणता प्राप्त की जा सकती है। फ़ोटोन्स प्रकाश के कण होते हैं। 'फोटोनिक्स' की श्रेणी में 'लेजर' और 'फाइबर-ऑपटिक्स' भी आते हैं। जहाँ इलैक्ट्रॉनिक्स प्रकाशिकी और सॉफ्टवेयर फोटोनिक्स की प्रयुक्तियों में व्यस्त रहते हैं, वहाँ आधारभूत युक्तियों और समुच्चन के लिए पदार्थों की अति-उन्नत इंजीनियरिंग, प्रोसेस इंजीनियरिंग और 'डिजाइन-मैथड्स' की आवश्यकता होती है।

इक्कीसवीं सदी में फोटोनिक्स का जीवन के हर क्षेत्र में बोलबाला रहेगा। वह संचार अभिकलन, स्मरण-शक्ति आदि ऐसे क्षेत्रों में भी, जो परम्परानुसार इलैक्ट्रॉनिक्स के प्रभाव-क्षेत्र में आते है, पैठकर उन्हें अनुप्राणित करेगा। सूचना-प्रौद्योगिकी, 'फाइबर-ऑपटिक्स' आधारित दूरसंचार, स्वास्थ्य-रक्षा हेतु रोग-निदान-विषयक और चिकित्सीय प्रयुक्तियाँ, प्रदूषण-नियंत्रण, जीवन-विज्ञान आदि क्षेत्रों पर यह बहुत व्यापक और दूरगामी प्रभाव डालेगा।

तदनुसार फोटोनिक पदार्थों में विकास की गति भी तीव्रतर होती रहेगी। लेसर पदार्थों में नए-नए विकास दिखाई देंगे। 'इलेक्ट्रो-ल्यूमिनेसन्स' और विरल मृदाओं तथा नए-नए मिश्र पदार्थों की प्रयुक्तियाँ अत्यन्त महत्त्वपूर्ण हो जाएँगी। भारत की प्रक्षेपास्त्र-विषयक परियोजनाओं में ऐसे अनेक पदार्थों का प्रयोग प्रक्षेपास्त्र के पथ-प्रदर्शन के लिए होता है। उनका प्रयोग उपग्रहों और हवाई जहाजों की परिवहन-व्यवस्था व प्रणालियों में भी होता है। प्रदर्शन प्रौद्योगिकी में क्रान्ति लाने वाले फौसफोरों का एक नया वर्ग भी इस क्षेत्र में नई क्रान्ति लाने वाला है। 'ऑप्टो-इलेक्ट्रॉनिक्स' प्रणालियाँ पॉलिमरों का अधिकाधिक प्रयोग करेंगी। यद्यपि इस प्रौद्योगिकीय परिदृश्य को सरल भाषा में समझाना बड़ा मुश्किल है, उपभोक्ता आने वाले वर्षों में बेहतर और ज़्यादा लम्बी-चौड़ी तस्वीरें अपने टीवी पर देख सकेंगे, प्रकाश देने वाले नए स्रोत सामने आएँगे, रोग-निदान की नई विधियाँ और युक्तियाँ भी प्रकट होंगी तथा संचार व संप्रेषण की नई-नई सुविधाएँ उसी आसानी से लोगों की पहुँच में होंगी, जैसे आज उन्हें नल का पानी प्राप्त होता है।

अतिसंवाहक (सुपर कंडक्टिंग) पदार्थ

हम सब इस तथ्य से परिचित हैं कि विद्युत-ऊर्जा का उत्पादन करना बड़ा महँगा पड़ता है। भारत में बिजली को अर्थ-सहायता (सबसिडी) देने की नीति के कारण उसकी दर कम है। लेकिन, अब धीरे-धीरे यह प्रवृत्ति विचारकों के मन में घर करती जा रही है कि ठोस आर्थिक कारणों से इस सहायता की दर कम की जाए और बाज़ार को बिजली की दरें निर्धारित करने के लिए आज़ाद छोड़ दिया जाए। लेकिन उपभोक्ता विद्युत-उत्पादन में होने वाली अकुशलताओं और उसके दोषपूर्ण संचारण के कारण हुए नुकसानों को बर्दाश्त नहीं करेंगे। उनका इस बात पर भी दबाव बढ़ रहा है कि प्रमाणित तकनीकों के इस्तेमाल से बिजली के उत्पादन की कार्यक्षमता को बढ़ाया जाए। कुल मिलाकर देखा जाए तो बिजली उत्पादन की निपुणता के मामले में हम दुनिया में सबसे पीछे हैं।

इसके अलावा, एक चिंताजनक बात यह भी है कि बिजली के संचारण और

वितरण में हुए नुकसानों के मामलों में भी हम एकदम पीछे हैं। बिजली की चोरी का हमारा रिकार्ड भी काफी शर्मनाक है, और इससे भी ज़्यादा शर्मनाक बात यह है कि हम इसके लिए जो कारण बताते हैं, वे तकनीकी नहीं होते। लेकिन, वास्तविक कारणों में कुछ ऐसे भी हैं, जो इस बात का संकेत देते हैं कि हम बिजली के लिए कमज़ोर प्रौद्योगिकियों पर निर्भर रहते हैं। हमारी लाइनों और हमारे ट्रांसफार्मरों में जो पदार्थ इस्तेमाल किए जाते हैं, वे प्रायः घटिया किस्म के होते हैं। ऐसा नहीं है कि पहले हमारे पास जानकार लोग नहीं थे, और हमारे पास इन कमियों को दूर करने वाली ऐसी प्रौद्योगिकियाँ नहीं थीं, जो इन कमियों को दूर कर सकती थीं। मगर, न मालूम क्यों शायद किसी की निठुराई के कारण ऐसा नहीं किया गया। अब लोगों के दबाव के साथ-साथ, खालिस अर्थ-व्यवस्था की वास्तविकताएँ भी विद्युत ऊर्जा क्षेत्र को उत्कृष्ट बनाने के लिए मजबूर कर रही है। इसलिए, अब ऐसा लगता है कि नई सुप्रमाणित प्रौद्योगिकियों का इस्तेमाल संचारण-लाइनों और ट्रांसफॉर्मरों की कार्यक्षमता बढ़ाने के लिए किया जाएगा, ताकि नुकसान की मात्रा में कमी आ सके।

विकसित देशों में नुकसानों को कम करने के लिए पदार्थों की क्षमता पर ज़ोर दिया जाता है, और इसके फलस्वरूप वहाँ प्रयोग के तौर पर, साधारण तारों के स्थान पर अतिचालक पदार्थों का इस्तेमाल किया जाता है। उन्हें इलेक्ट्रनों में सर्वोत्तम माना जाता है। उनके प्रवाह में कभी कोई बाधा नहीं आती, और इस कारण उनके उपयोग के बाद संचारण के कारण होने वाले नुकसान की मात्रा भी 'ना' के बराबर हो जाती है। भारत ने अपना वैज्ञानिक आधार स्थापित करने के लिए पर्याप्त धन निवेशित किया है। अब ज़रूरत इस बात की है कि अपनी वैज्ञानिक उपलब्धियों को व्यापारोन्मुखी बनाया जाए, ताकि उनके व्यवसाय से हमें भविष्य में आर्थिक लाभ हो सके। जैसा कि प्रायः सब उच्च प्रौद्योगिकियों के बारे में सच है, सुपरकंडक्टरों की उपयोगिता बिजली के क्षेत्र तक ही सीमित नहीं है उसका उपयोग औद्योगिक और चिकित्सा क्षेत्रों में भी हो सकता है।

बहुत कम ताप वाले सुपरकंडक्टरों (एल. टी. एस. सी.) को बेहतर क्षमता के लिए विकसित करना होगा। सुपरकंडक्टिंग सायक्लोट्रॉन और एक्स-रे सिन्क्रोट्रौन भी हमारे यहाँ विकसित होंगे। ये साधन चिकित्सा और औद्योगिक प्रयोग और प्रयुक्तियों में लाभप्रद सिद्ध होंगे। 5 एम बी ए क्षेत्र वाले चुम्बकीय सैपरेटर्स, जिनकी फील्ड सामर्थ्य 3.5 टी होगी, भारत में व्यापारिक उद्देश्य से बनाए जा सकते हैं। 'मल्टी स्क्विड' चिकित्सीय निदानों के लिए विकसित किए जा सकते हैं।

सुपरकंडक्टर (एच. टी. एस. सी.) के उच्च-तापमान पर आधारित 'स्क्विड एरेज़' भविष्य में विकसित होंगे, और उनका उपयोग रोगों के निदान और जैव-चिकित्सीय परीक्षणों, तेल की नलियों, पुलों आदि के परीक्षणों के लिए विकसित और प्रयुक्त किया जाएगा। एच.टी.एस.सी. आगे चलकर मायक्रोवेव संचार, ऊर्जा-भंडारण-युक्तियों, सेंसिंग और इलेक्ट्रो-मैगनैटिक युक्तियों के द्वारा अन्तरिक्ष की खोज, अधिक गति वाले कम्प्यूटरों की युक्तियों आदि को निर्धारित करने के काम

आएगा। एच.टी.एस.सी. छोटी और कम ऊर्जा की खपत करने वाले 'मैग्नेटिक-रेज़ोनेन्स इमेजिंग' (एम. आर. आई.) से जुड़ी युक्तियों को सुविधाजनक बनाने के काम आएगा। वैज्ञानिकों का सपना एक 'सुपरकंडक्टिंग' रेलगाड़ी बनाने का भी है।

पॉलिमर (बहुलकी) पदार्थ

जिस प्रकार, इलेक्ट्रोनिक्स और फोटोनिक्स आधुनिक भौतिकी और पदार्थ प्रौद्योगिकी के अजूबे हैं, उसी तरह आधुनिक रसायन ने भी पॉलिमर की पूरी चमत्कारिक माला को जन्म दिया है। उन्हें सरलता से समझने के लिए आइए प्लास्टिक के उत्पादों पर एक नज़र डालते हैं। प्रक्षेपास्त्र और उनकी गाड़ी को प्रक्षेपित करने के लिए जिन ठोस प्रणोदकों का इस्तेमाल किया जाता है, वे भी एक प्रकार के पॉलिमर ही होते हैं और जिस फ़ोम के बिस्तर पर हम सोते हैं, वह और हमारे जूतों की सोल भी पॉलिमर से ही बने होते हैं। पॉलिमर हमारे आधुनिक जीवन का एक अनिवार्य अंग बन गए हैं। भारत के पॉलिमर उद्योग का विकास 2000 तक 15-20 प्रतिशत की दर से होगा और उसके बाद 10 फीसदी की दर से। 2000 तक उपयोगी वस्तु के रूप में पॉलिमर के उत्पादन में 1.7 एम. टी. से लेकर 4.5 एम. टी. तक की वृद्धि होगी। इलास्टोमर और कृत्रिम रबर की लोकप्रियता बढ़ेगी और असली रबर की कम होगी। पॉलिमर पर्यावरण का मित्र और अविषैला पदार्थ है। उसका प्रयोग आने वाले वर्षों में बहुत अधिक बढ़ेगा। बेकार हो गई प्लास्टिक को दोबारा रिसाइकिल करने और पुनः प्रोसेसिंग करने को ज़्यादा महत्त्व मिलेगा। पॉलिमर के क्षेत्र में नई-नई ईजादें जैसे कंडक्टिंग पॉलिमर, बायो-इलेक्ट्रिक प्रणालियाँ और उपाय दरवाज़े पर दस्तक दे रहे हैं। भविष्य में हमें पॉलिमर के अनेक उत्तेजक व आकर्षक उत्पाद बाज़ार में दिखाई देंगे।

परमाणवीय पदार्थ

हममें से अधिकांश लोग परमाणु का जिक्र आते ही उसे बम या कुछ हद तक विद्युत-ऊर्जा के उत्पादन से ही जोड़ कर बात को वहीं खत्म कर देते हैं। परमाणवीय विद्युत-ऊर्जा ने उन्नत पदार्थों, प्रौद्योगिकियों, और उनसे उत्पन्न अनेक प्रौद्योगिकियों को भी जन्म दिया है।

आइए, इन परमाणवीय पदार्थों के भविष्य के बारे में कुछ सोच-विचार करते हैं। न्यूक्लीयर पॉवर कारपोरेशन की एक योजना के अनुसार वह 2000 तक, सात और प्लांट 2100 एम. डब्ल्यू. के, और सत्रह 2020 तक लगाएगा। इससे उसकी कुल क्षमता 20,000 एम. डब्ल्यू तक पहुँच जाएगी। और इकाइयाँ भी इस दिशा में सक्रिय होंगी, और अपनी ओर से विद्युत-ऊर्जा का उत्पादन करना शुरू करेंगी। इस कारण, परमाणवीय पदार्थों की ज़रूरतें भी बढ़ जाएँगी। मोनोज़ाइट का उत्पादन बढ़ेगा। वह 8000/9000 टी पी वाय तक, जो अकेले तमिलनाडु मानवाल कूरिची नामक स्थान में ही होता है, और ज्यादा बढ़ेगा। जिरकोनियम नाम की मिश्र धातु और यूरेनियम डायआक्साइड (यू. ओ.) ईंधन की बढ़ती हुई माँगों को पूरा करने

के लिए मौजूदा साधनों में वृद्धि करनी पड़ेगी। बढ़ती हुई माँगों के मद्देनज़र 'रिएक्टर ग्रेड' की हाफ़नियम ऑक्साइड और उसके हाफ़नियम (एच एफ) धातु में बदल जाने के काम को अंजाम दिया जाएगा। नई किस्म की जिरकोनियम मिश्र धातु को ईंधन-क्लैडिंग प्रयोगों के प्रभावों के अनुकूल बनाने और बेहतर ढंग से संक्षारकक्षम बनाने के लिए प्रयोग करने पड़ेंगे। परमाणवीय प्रौद्योगिकियों के आ जाने के फलस्वरूप जो परिणाम उत्पन्न होंगे, वे अनेक प्रमुख उद्योगों का आधार बनेंगे। इन परिणामों की एक मिसाल देना ही काफ़ी होगा। जिरक़ोनियम एक महत्त्वपूर्ण पदार्थ है, जो न्यूक्लीयर रिएक्टरों के निर्माण में काम आता है। उसका एक मिश्र यूटीरियम नामक एक दूसरे पदार्थ का एक विशेष प्रक्रिया से तैयार किया हुआ प्रयोग 'क्यूबिक ज़िरकोनिया' नामक उत्पाद को जन्म देता है। इस उत्पाद को आमतौर पर 'नकली हीरा' के नाम से भी जाना जाता है। 'अमरीकी हीरा' इसका दूसरा नाम है, और उसे आभूषण के रूप में भी इस्तेमाल किया जाता है।

जैव-पदार्थ और उपकरण

भारत इस मामले में सचमुच भाग्यशाली है कि उसने किफ़ायती कीमतों पर कई बहुत माँग वाले जैव-औषधीय उत्पादों का उत्पादन किया है। इनमें से कुछ हैं—रक्त-थैला (ब्लड-बैग), हृदय-कपाट (हार्ट-वाल्व) और कलाम-राजू के नाम से प्रसिद्ध ध्वनिवर्धक आदि। फिर भी यह कहना ही पड़ता है कि जैव-चिकित्सीय क्षेत्र में उद्योग या शोध और विकास से जुड़ी संस्थाओं ने, बढ़ती हुई माँगों के मद्देनज़र कोई उल्लेखनीय प्रगति नहीं की है। इसलिए देश में इस क्षेत्र की बढ़ती हुई माँगों को ध्यान में रखते हुए चिकित्सीय युक्तियों के उत्पादन के लिए आयातित प्रौद्योगिकियों पर आधारित उद्योग आरम्भ किए जाएँगे। ज़रूरी जैव-पदार्थों का उत्पादन करने के लिए पॉलिमरों, सिरेमिकों और मिश्र-धातुओं को अपने-अपने ग्रेडों को बढ़ाना होगा। तभी, वे ऐसे अपेक्षित जैव-पदार्थों का उत्पादन कर पाएँगे।

कृत्रिम अंगों, रक्त और सुधरी हुई नैदानिक युक्तियों की अधिकाधिक उपलब्धता के कारण चिकित्सीय और स्वास्थ्य-रक्षा के क्षेत्रों में बहुत बड़ा परिवर्तन आएगा। मिसाल के तौर पर, नकली हृदयों, अग्नाशयों, फेफड़ों और गुर्दों के रोपण हो सकेंगे। ल्यूकेमिया से पीड़ित रोगियों के लिए रक्त-संचारण हेतु कृत्रिम रक्त उपलब्ध होगा। दुर्घटना-ग्रस्त लोगों की हड्डियों, कूल्हों और टिश्युओं को आरोपित किया जा सकेगा। दिल के मरीज़ों को नकली दिल, वाल्व दूसरे आरोपणों के साथ मुहय्या कराए जा सकेंगे। परिणामस्वरूप, जैव-पदार्थों की माँग भी लोगों की माँग के अनुसार बढ़ेगी। टिश्यू-इंजीनियरिंग की मेहरबानी से प्रभावित टिश्यू को प्राकृतिक ढंग से बदला जा सकेगा।

हमारे सामने चुनौती यह है कि हमें इन उत्पादों, युक्तियों और प्रणालियों को ऐसा रूप-आकार देना है जिससे वे ज़्यादा-से-ज़्यादा भारतीयों की पहुँच में आकर उनके लिए उपयोगी बन सकें। इसके लिए इंजीनियरिंग की लागत तो कम करनी ही पड़ेगी, प्रौद्योगिकीय नवीकरण युक्त आदानों को भी बढ़ाना होगा।

सतह (सर्फ़ेस) इंजीनियरिंग

अभी तक हमने पदार्थों, मिश्र धातुओं और सम्मिश्र पदार्थों की चर्चा की। मगर, पिछले एक दशक से एक नए क्षेत्र की प्रौद्योगिकी व्यापक रूप से उभर रही है। इस प्रौद्योगिकी के तहत, अत्यन्त बारीक सतह वाले किसी एक पदार्थ या धातु को दूसरे किसी पदार्थ या धातु की ऐसी पारस्परिक अभिक्रिया के दौर से गुज़रना पड़ता है, जिससे उसमें इस क्रिया से बने नए पदार्थ या धातु में दोनों पदार्थों या धातुओं के गुण आ जाएँ। टैफ्लोन की दोनों पदार्थों या धातुओं के संयुक्त गुणों से युक्त कड़ाही इस प्रक्रिया से निर्मित उत्पाद का एक अच्छा उदाहरण है। अधिक परिष्कृत परमाणवीय स्तर का लेप पुर्जों की घिसाई-पिटाई और मशीनरी के चालित भागों को सुरक्षित रखने के लिए किया जाता है। कुछ पदार्थों पर हीरों का लेप भी लगाया जा सकता है। सीधी-सादी भाषा में कहा जाए, तो यही कहा जाएगा कि भविष्य में ग्राहक अपनी खास पसंदों को चुनेगा, और उनके आधार पर नई-पुरानी ऐसी वस्तुओं या उत्पादों की माँग करेगा, जो निर्धारित से कम वज़न वाली, कम कीमत वाली या कम संक्षारक आदि हों। कभी-कभी वह परस्पर-विरोधी गुण वाले उत्पादन की माँग भी कर सकता है।

विभिन्न किस्म के छिड़कावों और लेज़र व्यवहारों से जुड़ी प्रौद्योगिकियाँ भी मौजूद हैं। हैदराबाद में लेज़र की सतह इंजीनियरिंग से सम्बन्धित सुरक्षा विभाग की एक प्रयोगशाला (डी. एम. आर. एल.) है, जो धातु शोधन के शोध-कार्य से जुड़ी है। इस प्रयोगशाला में धातु-कर्म के बारे में नई-नई शोधें हो रही हैं। भारत इस बारे में खुशकिस्मत है कि उसके पास इस क्षेत्र में शोध और विकास करने वाली अनेक संस्थाएँ मौजूद हैं। इसके अलावा, अनेक भारतीय उद्योगों ने विदेशी प्रौद्योगिकियों के स्वामी उद्योगों से इन प्रौद्योगिकियों का लाभ उठाने के उद्देश्य से भागीदारियाँ की हैं। इससे इन उद्योगों को नई प्रौद्योगिकियों के परिणामों से जन्मे उत्पादों को निर्यात करने के अवसर मिलेंगे।

पूँजी-निवेश

एक पिछले अध्याय में, जो कृषि और कृषि-उत्पादों की प्रोसेसिंग से सम्बन्धित था, हमने ऐसे कुछ सुझाव दिए थे, जो हमारे किसानों को कृषि की नई-नई विधियों की जानकारी देने, उन्हें इन जानकारियों के प्रति और ज़्यादा जागरूक तथा सक्रिय बनाने के मुद्दों से जुड़ा था। यह इस उद्देश्य से किया गया था, ताकि वे नए संकर बीजों के प्रयोग तथा खाद्य-पदार्थों को विशेष प्रक्रिया से तैयार करने की विधियों और शीतागारों की स्थापना करने आदि कार्यों में, जो आगे चलकर उनके लिए लाभदायक और हितकारी सिद्ध हो सकते है, अधिक रुचि लें। अब सवाल यह है कि इस काम के लिए पूँजी कहाँ से जुटाई जाए ? हमारा विश्वास है कि सरकार इस मद पर जो रक़म खर्च करती है—इन नई विधियों के बारे में नई सूचनाएँ देने, उनके प्रति और जागरूकता लाने तथा प्रारम्भिक प्रयोगों से सम्बन्धित जोखिम लेने आदि पर खर्च की गई रक़म केन्द्रीय तथा राज्य-सरकारों के बजटों की रक़म के अंतर्गत आ जाती

है। मगर, इन नई विधियों के प्रति जगाई गई जागरूकता का बेहतर सदुपयोग करने के मद्देनज़र इस जागरूकता को ज़्यादा कारगर बनाने की गर्ज़ से 'बीज-कोष' की स्थापना जैसी पहल की जा सकती है। और अधिक पूँजी निवेश के लिए किसानों, उद्योगों और बैंकों की शरण भी ली जा सकती है। जब इस प्रकार के पूँजी-निवेश के अनुकूल सही वातावरण बन जाएगा, तब यह पूँजी निवेश आगे चलकर स्वतः होने लगेगा, क्योंकि अनेक लघु और मध्यम श्रेणी की विकेन्द्रित कार्यवाहियाँ इस निवेश से जुड़ जाएँगी। शीतागारों और वाहनों के लिए विदेशी पूँजी को भी आकर्षित किया जा सकता है। इस सारी कसरत का मुख्य उद्देश्य है—मौजूदा आलस्य, और भारत में बिहार या उत्तर प्रदेश में कुछ नहीं हो सकता, कुछ नहीं बदल सकता, जैसे दोषान्वेषी मिज़ाज़ से आज़ाद होना। हमें इस मिज़ाज़ को बदलना होगा और उपेक्षित क्षेत्रों में सरगर्मी की नई लहर लानी होगी।

पदार्थों के क्षेत्र में जो पूँजी-निवेश अपेक्षित है, उसका स्तर जुदा-जुदा श्रेणियों का होगा। जैसा कि हम पीछे बता आए हैं, यह निवेश अनेक लघु और मध्यम श्रेणी की विकेन्द्रित कार्यवाहियों से जुड़ सकता है, और कृषि-क्षेत्र में लगाए गए पूँजी-निवेशों में उसकी प्रमुख हिस्सेदारी होगी। लेकिन, स्टील या ऐल्यूमीनियम या टाइटेनियम के एक अकेले प्लांट की स्थापना के लिए अरबों रुपयों के पूँजी-निवेश की ज़रूरत होती है। कार्बन फाइबर प्लांट लगाने में कई सौ करोड़ के निवेश की ज़रूरत होती है। लगाई गई पूँजी के पकने की अवधि काफ़ी अधिक होती है। मगर इनसे निकलने वाले उत्पादों के लिए, जिनका वर्णन अभी किया गया है, आवश्यक पूँजी-निवेश का स्तर काफ़ी कम होगा, परंतु उससे मिलने वाला प्रतिलाभ निवेशकर्त्ता को जल्दी-जल्दी प्राप्त होगा। सतह की इंजीनियरिंग-प्रोसेसिंग जैसी प्रौद्योगिकी में तो प्रतिफल और भी जल्दी मिलेगा, इतनी जल्दी कि उसे नाटकीय भी कहा जा सकेगा भले ही निवेशित पूँजी अरबों की हो। भारत को स्टील, ऐल्यूमीनियम और टाइटेनियम जैसे उद्योगों के, जिनमें भारी पूँजी-निवेश की आवश्यकता होती है, अन्य तरीके तलाशने होंगे।

मिसाल के तौर पर, स्टील का सारी दुनिया का सालाना उत्पादन 750 मिलियन टन है, और 2010 तक उसके बढ़कर 980 मिलियन टन हो जाने की आशा है, और 2010 तक 1200 मिलियन टन। भारत का स्टील का मौजूदा उत्पादन 24 मिलियन टन है, जिसके 2010 तक 60 मिलियन टन तक पहुँच जाने की आशा है। अब इस मात्रा का मुकाबला कीजिए चीन और कोरिया के उत्पादन से जो क्रमशः करीब 100 मिलियन टन और 30 मिलियन टन है। स्टील का सबसे अधिक उत्पादन करने वाले देश हैं—जापान, अमरीका और रूस। किसी हरित क्षेत्र में एक मिलियन टन स्टील का उत्पादन करने के लिए प्रायः 3000 करोड़ रुपए की लागत आती है। इसके अलावा, स्टील का उत्पादन करने वाले किसी भी भारतीय संस्थान ने अभी तक किसी असाधारण किस्म या स्तर का स्टील उत्पादित नहीं किया है, जिसकी वजह से देश गौरवान्वित महसूस कर सके, या जिसकी वजह से बेहतर या कम लागत वाला स्टील बना हो।

लेकिन, जब हम इस क्षेत्र से जुड़े व्यक्तियों को, जो या तो व्यापार के क्षेत्र से आए हैं, या प्रौद्योगिकी के क्षेत्र से, देखते हैं तब हमें विश्वास होने लगता है कि निराश होने की कोई आवश्यकता नहीं है। लेकिन, इन दोनों क्षेत्रों से जुड़े भारतीयों को अपने कामों में नवीनता लानी होगी। मिसाल के तौर पर, उन्हें हरित क्षेत्रों से दूर रहना होगा, अपने हर काम का विकास करते रहना होगा, पुराने तरीकों पर निर्भर रहना छोड़ना होगा, विदेशी प्रोसेसिंग प्रौद्योगिकियों से परिचित होना होगा या विदेशी उत्पादकों के साथ भारत में या बाहर भागीदारी करनी होगी, और अपना पूरा ध्यान घरेलू और विदेशी उपभोक्ताओं को बेहतर उत्पाद देने पर केंद्रित करना होगा।

मगर अल्प अवधि में ऐसा करते समय हमें अपनी उस पहली सफलता को भी नहीं भूलना चाहिए और निष्क्रिय होकर भी नहीं बैठना चाहिए। राउरकेला में शुरू में मिली पहली कामयाबी के बाद हम वाकई निश्चेष्ट से हो गए लगते है। नई-नई प्रौद्योगिकियों की शोध में लगे हमारे बंधुओं को पुनः जोरदार तरीके से सक्रिय होकर, अपने अन्य सहयोगियों के सहयोग से देश की छोटी-बड़ी स्टील कम्पनियों को अपनी कुशलताओं और क्षमताओं में वृद्धि करके अन्य विकसित देशों के बराबर आने के सतत प्रयास करने आरम्भ कर देने चाहिए। माना कि अपने देश की स्टील कम्पनियों में एक दूसरे से बेहतर प्रदर्शन करने की होड़-सी लगी है, तो भी हमें एक सहायता-संघ बनाकर, अपनी जानकारी को आपस में मिल-बाँट कर, एक साथ मिलकर, विदेशों में अपनी छवि को अधिक उज्ज्वल बनाने की कोशिश करते रहना चाहिए।

अपने उत्पादन की सकल मात्रा को बढ़ाने के अलावा, हम ऐसे बाज़ारों में अपनी स्थिति मजबूत कर सकते हैं, जहाँ हमारी बनाई हुई स्टील को सम्मान की दृष्टि से देखा जाता है। भारत को उन सब कार्यवाहियों के साथ, जिनके बारे में हमने ऊपर बताया, 2020 तक स्टील का अधिक उत्पादन करने वाले देशों की क़तार में खड़े होना भी है। तब इस क्षेत्र में उसकी प्रतिष्ठा आज से कहीं अधिक होगी। मैं लगातार यह आशा कर रहा हूँ कि तब तक भारत स्वयं निर्मित एक नई मिश्र धातु से विश्व का परिचय करा चुका होगा।

जहाँ तक टाइटेनियम का सवाल है, उसकी तस्वीर और भी ज़्यादा फ़ीकी दिखाई देती है। आज सारी दुनिया में टाइटेनियम का सालाना उत्पादन 0.1 मिलियन टन है। (अमेरिका 20 प्रतिशत, रूस और सी.आई.एस. देश 52 प्रतिशत, जापान 26 प्रतिशत, और भारत करीब 100 टन प्रति वर्ष के करीब, बस)। और इस उत्पादन में भी आयातित स्पंज पर आधारित टाइटेनियम का भाग ही अधिक है। अनेक अनुमानों के अनुसार, भारत प्रयत्न करे तो उसका लक्ष्य 5000 टन प्रति वर्ष हो सकता है। करीब एक दशक की बहस और देरी के बाद, दक्षिण भारत के पालायाकाइल नामक स्थान में अपनी ही कच्ची धातु से उत्पादित 400 टन टाइटेनियम स्पंज के उत्पादन की योजना पर अमल होने वाला है। इसकी लागत 100 करोड़ रुपए के करीब होगी। भारत के निजी क्षेत्र में भी टाइटेनियम का सम्भावित प्रयोग करने वाले लोग मौजूद हैं। हमारा विश्वास है कि टाइटेनियम के प्रयोग के बारे में जो मौजूदा स्थिति है, उसमें बदलाव आना जरूरी है। हमें पता चला है कि नाभिकीय ऊर्जा विभाग और

डी. आर. डी. ओ. मिलकर एक टाइटेनियम स्पंज उत्पादन प्लांट की स्थापना करने वाले हैं। उनके ऐसा करने के बाद दूसरे उद्यमी भी इस दिशा में प्रयास करेंगे। इस सम्बन्ध में विस्तृत प्रौद्योगिकीय और व्यावसायिक निर्णय लिये जा चुके हैं। और हम अब यह मना रहे हैं कि उद्यमी और हिम्मती भारतीय आगे आकर इस चुनौती को स्वीकार करेंगे। यदि हमारे पास प्रचुर मात्रा में टाइटेनियम होगा, तो इससे हमें दूसरे धंधों में भी सफलता प्राप्त हो सकती है। मिसाल के तौर पर, टाइटेनियम की प्रचुरता के साथ हम उसके आधार पर कई रासायनिक प्लांट लगाकर विश्व स्तर के रासायनिक उत्पादों का उत्पादन कर सकेंगे। कल्पना कीजिए, कि इन प्लांटों के लग जाने पर कितने ज़्यादा लोगों को कितने ज़्यादा रोज़गार मिलेंगे। हमें बड़ी-बड़ी बातों और योजनाओं के बारे में सोचने की आदत डालनी चाहिए।

हमारी परिकल्पना में भारत सरकार की भूमिका क्या होगी ? उसका सबसे पहला काम होगा इन सब प्रस्तावित योजनाओं को अमल में लाने के लिए अनुकूल वातावरण बनाने का और उन्हें अमल में लाने में आने वाली सब सम्भावित बाधाओं को, जो दफ्तरशाही की तरफ से आती रहती हैं, हटाने का। नए उद्यमियों को नए-नए क्षेत्रों में अपने धंधे शुरू करने के लिए प्रोत्साहित किया जाए, और उन्हें अर्जी दो और इन्तज़ार करो के चक्रव्यूह से निजात दिलाई जाए। तकनीकी एजेंसियों को अपने विशेषज्ञों को दीर्घकालिक समझौतों के आधार पर भारतीय उद्योगों को 'उधार' देने की इज़ाज़त होनी चाहिए। सरकार उद्योगोन्मुखी शोध को विभिन्न विकासमूलक आर्थिक सहायता प्रदान करे, जिसका उपयोग उद्योग या तो उस शोध के लिए ज़रूरी साज-सामान खरीदने के लिए करें, या अतिरिक्त माल ख़रीदने के लिए।

परिकल्पना और क्रियाशीलता

बहुत ज़्यादा तकनीकी बहस न करते हुए हमने आधुनिक पदार्थों की संभावनाओं की कुछ झाँकियाँ ही यहां पेश की हैं। अपनी बात को आसानी से और बेहतर ढंग से समझाने के उद्देश्य से हमने अपनी परिकल्पना को चार आरेखों (5.1, 5.2, 5.3, 5.4) में संपुटित कर दिया है। ये आँकड़े स्टील, ऐल्यूमीनियम, टाइटेनियम और विरल मृदा के बारे में हैं। बाईं ओर के आँकड़े वर्तमान परिदृश्य को प्रस्तुत करते हैं, और दाईं ओर के भावी परिदृश्य को। बीच का 'बॉक्स' उन चंद मूल प्रौद्योगिकियों का संकेतक है, जिन पर भारत को प्रभुत्व प्राप्त करना है। भारत इन सब क्षेत्रों में व्यापारिक और प्रौद्योगिकीय दोनों दृष्टियों से एक अग्रणी देश का दर्जा हासिल करने की क्षमता रखता है। उनके कारण भारत एक दौलतमंद देश बन सकता है, प्रवीण और हुनरमंद व्यक्तियों की सेवाओं का लाभ उठाकर, बेरोज़गारी की समस्या को भी कुछ सीमा तक हल कर सकता है। इनमें से कुछ अल्पकालिक क्रियाशीलताओं में सरकारी और निजी क्षेत्र की पूँजियों की ज़रूरत होगी। उनके कारण होने वाले निर्यात से भी भरपूर कमाई होगी। भारतीय कम्पनियाँ इनमें से कुछ क्षेत्रों और निर्यातमूलक प्रौद्योगिकियों की मदद से विदेशों में अपनी कम्पनियाँ भी खोल सकती हैं। निजी क्षेत्र को आकर्षित करने के लिए सरकार को अपनी कई नीतियों में परिवर्तन करने होंगे, जैसे क्षेत्र-विशेष

के साथ सामरिक महत्त्व के दीर्घकालिक विकासीय और व्यापारिक समझौते करना, और उन्हें राष्ट्रीय प्रयोगशालाओं में उपलब्ध प्रवीणताएँ आसान शर्तों पर त्वरित कार्यवाही की शर्त पर प्रदान करना।

आरेख 5.1

स्टील–संरचनाओं के लिए आवश्यक प्रमुख पदार्थ

वर्तमान परिदृश्य (1997)

* **उत्पादन**
  विश्व 750 एम टी (चीन 100, दक्षिण कोरिया 30) भारत 24 एम. टी
* **निर्यात 1.5 एम टी**
* **ऊर्जा खपत**
  विश्व 5-6 जी कैल/टी सी एस
* **कोक दर**
  विश्व 400 केजी टी एच एम। भारत 550 -800 के जी टी एच एम
* **निरन्तर कास्टिंग**
  50-60%
* **उत्पादन फोकस**
  संरचनाएँ
* **लागत के प्रतियोगात्मक आँकड़े :** भारत 415 डालर/टी (अमरीका 505, जापान 625)

मूल प्रौद्योगिकियाँ

* मौजूदा प्लांटों का आधुनिकीकरण (उच्चतर उत्पादकता, ऊर्जा--विषयक प्रवीणता, गौण परिष्कार)
* ग़ैर-कोकिंग कोयले के प्रयोग के वैकल्पिक पथ (कोरेक्स, रॉमेल्ट, आयरन कारबाइड)
* संहत स्ट्रिप उत्पादन और धारा-कास्टिंग प्रौद्योगिकियाँ

भावी परिदृश्य (2010)

उत्पादन
* विश्व 1000 एम टी भारत 60 एम टी (120 एम टी क्यों नहीं ?)
* **निर्यात 7 एम टी या ज़्यादा**
* **ऊर्जा की खपत**
  भारत 5-6 जी कैल/टी सी एस
* **कोक दर**
  भारत 400 के.जी. / टी एच एम (सहायक ईंधन सहित)
* **निरन्तर कास्टिंग 100%**
* **उत्पाद**
  तदनुकूल-उपभोक्ता के लिए विशेष रूप से निर्मित स्टील
* **अत्यन्त ऊँची किस्म** की स्वच्छताएँ (बहुत कम, एस. पी. गैस)

संकलन–दीपक भटनागर, टाइफैक

आरेख 5.2

ऐल्यूमीनियम–'हल्का' अजूबा

वर्तमान परिदृश्य
(1997)

* **उत्पादन**
  विश्व 26 एम टी
  भारत 0.6 एम टी

  प्रति व्यक्ति उत्पादन
  भारत 0.5 किलो
  (अमरीका 28 किलो
  मैक्सिको 3 किलो)

  ऊर्जा-खपत
  विश्व 12-13 के. डब्ल्यू. एच./किलो
  भारत 14-17 के. डब्ल्यू. एच./किलो

मूल प्रौद्योगिकियाँ

* आधुनिक स्मेल्टर (प्रगालक) डिजाइन (पॉट्स >300 के. ए.) के, ताप की पुनर्प्राप्ति, अनुकूल-तम इंटर-एनोड फ़ासले
* लिक्विड फॉरजिंग रेपिड सोलिडीफिकेशन, प्रीमियम कास्टिंग आदि उच्च प्रदर्शन वाले उत्पादों के लिए
* लाल मिट्टी का पर्यावरण समर्थक उपयोग (वानाडियम और गैलियम की पुनः प्राप्ति।

भावी परिदृश्य
(2010)

* भारत का उत्पादन दुगना होकर 1.3 एम टी तक जाएगा, ज़्यादा का प्रयास हो सकता है।
* खास मिश्र धातुएँ और संघटकों (अर्थात् एम. एम. सी.), कारों, हवाई जहाज़ों आदि, उच्च सामर्थ्य वाली मिश्र धातुएँ बिजली-चालन के लिए।
* एशिया के बारे में धारणा है कि ऐल्यूमीनियम का सबसे बड़ा उपभोक्ता बनेगा, और भारत एक बड़ा सप्लायर
* बिजली की खपत, विश्व मानकों के अनुरूप
* पुनः चक्रित करने में वृद्धि (वर्तमान 20% से 50% तक)

प्रतियोगात्मक लागत मूल्य की दृष्टि से भारत का 1055 डॉलर/टी का औसत विश्व के 1230/टी डालर से कम है

संकलन–दीपक भटनागर, टाइफैक

आरेख 5.3

टाइटेनियम–भविष्य का पदार्थ

वर्तमान परिदृश्य
(1997)

विश्व उत्पाद
1,00,000 टी (सी आई एस 52%> अमरीका 20%, जापान 26%।) भारत 100 टी

ऊर्जा की खपत
पारम्परिक प्रक्रिया 37,000 के डब्ल्यू एच/टी संयुक्त प्रक्रिया 17000 के डब्ल्यू. एच./टी

AL, Mo, Sn, Si, V तत्त्वों के साथ मिश्र धातुओं का विकास

मूल प्रौद्योगिकियाँ

* ‘कंबाइन्ड प्रौसेस' प्रौद्योगिकी का प्रयोग 400 टीपाय प्लांट पालायाकअवल (क्रौल्स प्रक्रिया से घटाव और निर्वात)
* सुधरी हुई पिघलन प्रौद्योगिकियाँ (ठंडी अँगीठी, प्लैज्मा चाप, और इलैक्ट्रान धरन वेल्डिंग
* सस्ती मिश्र धातुओं का विकास Al, Fe तत्वों के प्रयोग के साथ
* मिश्र धातुओं का विकास और ग़ैर-एयरोस्पेस, जैसे चिकित्सीय, गोल्फ क्लब आदि के लिए अनुप्रवाही उत्पाद

भावी परिदृश्य
(2010)

भारत का उत्पादन
5000 टी (लक्ष्य होना चाहिए 20,000 टी की सामर्थ्य बनाना) भारत के पास विश्व के 37% स्रोत-साधन हैं

* ‘नियर - नेट - शेप' प्रौद्योगिकियों का व्यापक उपयोग, सुपर प्लास्टिक फॉर्मिंग, आयसो थरमल फॉर्जिंग के लिए।
* टाइटेनियम- ऐल्यूमिनाइड्स, संघटकों और इंटरमैटिलिक्स का विकास और प्रयोग

संकलन–दीपक भटनागर, टाइफैक

आरेख 5.4

दुर्लभ मृदाएँ–विशिष्ट संभावनाओं से पूर्ण

वर्तमान परिदृश्य (1997)

स्रोत
सारे विश्व में 62 एम टी (चीन 80%> अमरीका 11% शेष भारत और ई. यू.)

भारत में उत्पादन
5000 टी पी वाय भारत 2.7 एम टी (सबसे अधिक भंडार थोरियम का)

विश्व बाजार 400 मिलियन एनडी-फी-बी (उच्च ऊर्जा वाले चुंबक) भारतीय उत्पादन सीमित

माँग (भारत)
7 टन/वर्ष

एनडी-फी-बी 35
एम. जी. ओ. ई. विकसित

मूल प्रौद्योगिकियाँ

* धातु (Nd, Sm) खनिज→ आक्साइड→धातु
* आर. ई. खनिजों की उत्कृष्टता का योग
* 'हाई-टैक' क्षेत्रों जैसे उत्प्रेरक फोसफोर्स, चुम्बक, विशेष सेरामिक और धातु-कर्म में विरल मृदा के प्रयोग की प्रयुक्ति-इंजीनियरिंग
* सेन्सर्स, दिशा-निर्देश, स्वचालित यंत्र

भावी परिदृश्य (2010)

विरल मृदा का उत्पादन
भारत 15000 टन प्रति वर्ष (भारत को निर्यात का एक साधन मिल सकता है) अपेक्षित विकास : 12-15%। थोरियम की प्रयुक्ति बड़े पैमाने पर एन-डी-फी-बी में भारत के अग्रणी होने के कारण

विश्व-बाज़ार 900 मिलियन डॉलर, उसमें भारत की अच्छी भागीदारी

माँग : (भारत)
15 टी/वर्ष

एन.डी. फी. बी. चुम्बक 85 एम जी ओ ई के

संकलन–दीपक भटनागर, टाइफैक

हमें दृढ़ता से, और समर्पित भावना के साथ, यह संकल्प करना होगा कि हमारे सारे कार्य अपने इस लक्ष्य तक पहुँचने के लिए होंगे कि हमें एक दशक के अन्दर, कम से कम इन तीन क्षेत्रों में शिखर पर बैठे देशों की पंक्ति में जा बैठना है। इस दृढ़ संकल्प के बाद ही इन उद्देश्यों को पूरा करने वाले कार्यकलापों का श्रीगणेश किया जा सकेगा, योजनाओं को पूरा करने की शुरुआत की जा सकेगी। भारतीय मूल के ऐसे अनेक भारतीय मौजूद हैं, जिन्होंने दुनिया के अन्य देशों में धातुओं से जुड़ी विशालतम कम्पनियों की स्थापना की है, और उनका संचालन भी कर रहे हैं। भारत आज भी, ऐसे अनेक उद्यमी और उत्साही लोगों को अपने देश में ही ऐसी अन्य कम्पनियों की स्थापना करने और उनका संचालन करने के लिए आगे लाने में समर्थ है। अपनी परिकल्पनाओं को वास्तविक बनाने में हम समर्थ हैं। इसके लिए निर्णायक रूप से आवश्यक मैटीरियलों को मुहय्या कराकर ही हम इन क्षेत्रों में कार्य आरंभ कर सकते हैं—इंजीनियरिंग उद्योग, इलैक्ट्रॉनिक्स और संचार, रसायन, जैव-प्रौद्योगिकी, और सामरिक महत्त्व के उद्योग। मैटीरियल प्रौद्योगिकियों में अपनी सामर्थ्य उन कृषि-खाद्य-पदार्थों के प्रोसेसिंग के क्षेत्र तथा कृषि-क्षेत्र के प्रसंग में निर्णायक सिद्ध हो सकती है, जिनका उल्लेख हम पीछे कर आए हैं। यदि भारत निर्णायक मैटीरियलों के मोर्चे पर असफल रहता है, तो उसकी इस हार से अन्य क्षेत्रों में उसकी सफलता भी संदिग्ध हो जाएगी। मगर यदि हमने इस मोर्चे पर विजय हासिल कर ली, तो हम भारतीयों का भविष्य बहुत उज्ज्वल हो जाएगा।

6

रासायनिक उद्योग और हमारी जैविक सम्पत्ति

मुक्ति ?
कहाँ पाई जा सकती है यह मुक्ति ?
हमारे मालिक ने, खुशी-खुशी
बन्धन स्वीकार किया है सृजन के उत्तरदायित्व का;
और, इस प्रकार वह हमसे सदा-सदा के लिए बंध गया है।

–रवींद्रनाथ टैगोर

रसायन और रासायनिक उत्पाद हमारे जीवन को, प्रत्यक्ष या अप्रत्यक्ष रूप से अनेक प्रकार से प्रभावित करते हैं। खाद्य-सुरक्षा के लिए हमें उर्वरकों और कीट-नाशक दवाओं की ज़रूरत होती है। औषधियाँ और औषध-निर्माण-विज्ञान हमारे शारीरिक कष्टों को दूर करते हैं, और करोड़ों लोगों के स्वास्थ्य की रक्षा करते हैं। पेट्रोल, डीजल, प्राकृतिक गैस और प्लास्टिक-उत्पाद आधुनिक जीवन का अनिवार्य अंग बन गए हैं। इनके अलावा भी, ऐसी कई घरेलू वस्तुएँ हैं, जिन्हें हम हमेशा से अपने जीवन का अंग समझते आए हैं। ये हैं–साबुन डिटरजेंट जो कपड़ों को साफ़ करने, धोने व पोंछने के काम आता है, प्रसाधन, पेय पदार्थ, पैक किए हुए खाद्य-पदार्थ, पेंट, कपड़ा, चमड़े का सामान, किताबें, समाचार-पत्र आदि। आधुनिक रासायनिक इंजीनियरिंग आराम की इन वस्तुओं को हमारे लिए सुलभ बनाती है, और हमारे दैनिक जीवन की गुणवत्ता को बढ़ाती रहती है। और, पुस्तकें और समाचारपत्र ज्ञान-विज्ञान के माध्यम हैं, जो हमारी जानकारी के दायरे को हमेशा बढ़ाते रहते हैं। साथ ही, इन रसायनों का निर्माण अपने पर्यावरण को शुद्ध और स्वस्थ रखने की चुनौती भी हमें देता रहता है।

रसायन–आधुनिक राक्षस ?

सुविधाएँ प्रदान करने के साथ-साथ, रसायन अपने साथ अनेक कठिन समस्याएँ भी लाते हैं। वायु-प्रदूषण, खारे पानी और उससे हुआ भूमि का लवणीकरण हमारी रमणीय नदियों और तालाबों को प्रदूषित करने वाले रासायनिक बहिस्राव और हमारे समुद्रीय जीवन को संकटमय बनाने वाले रसायनों का क्या हो ? और उन जल-जन्तुओं के

लिए हानिकर उन रसायनों का क्या हो, जिनके प्रयोग पर विकसित देशों ने प्रतिबंध लगा रखा है, (और अब विकासशील देश भी ऐसा करने जा रहे हैं) ? और भोपाल गैस की अत्यंत दुखद त्रासदी उस बात का जबर्दस्त संकेतक है कि कैसे रासायनिक प्रदूषण की एक गम्भीर दुर्घटना हज़ारों लोगों की जानें ले सकती हैं।

ऐसी दुर्घटनाओं से उत्पन्न अपार क्षति के अलावा, जानबूझकर नाश करने के उद्देश्य से जिस प्रकार रासायनिक इंजीनियरिंग का इस्तेमाल किया जाता है, उसका क्या हो ? इसी आधुनिक रासायनिक इंजीनियरिंग ने हमें वह 'नापाम' बम दिया, जिसका प्रयोग व्यापक रूप से वियतनाम युद्ध में किया गया था। और, एक लम्बे अर्से से सारी मानवता 'नापाम' से भी अधिक विकराल आधुनिक रासायनिक आविष्कारों से जन्मे हथियारों की विभीषिका के अत्यधिक डरावने संकट के साये में जी रही है। उनके प्रयोग को रोकनेवाली एक संधि पर हाल ही में हस्ताक्षर हुए हैं। भारत के पास भी ऐसे रासायनिक हथियार बनाने की क्षमता मौजूद है। तो भी, भारत उस विश्वव्यापी आंदोलन का एक नेता है, जो ऐसे खतरनाक हथियारों पर प्रतिबंध चाहता है, और इस संधि पर हस्ताक्षर करने वाले देशों में अग्रणी है। इस मामले में भारत, नार्मिक हथियारों के प्रयोग पर अपनी शर्तों के मद्देनज़र, जो जगजाहिर है, बिना किसी भेदभाव के, अंतरराष्ट्रीय समुदाय के साथ हैं, पूरी तरह अन्य राष्ट्रों के बीच इस सम्बन्ध में हमें यह भी नहीं भूलना चाहिए कि आतंकवादियों द्वारा प्रयुक्त खतरनाक बम उसी आधुनिक रसायन की ही उत्पाद हैं, जो इलेक्ट्रॉनिक्स, पैकेजिंग और संचार व संसूचना की बहुमुखी प्रौद्योगिकियाँ प्रदान करते हैं।

हम इस बात को दोहराना चाहते हैं कि मानवीयच कार्यकलापों के किसी भी क्षेत्र के समान, किसी भी विज्ञान या प्रौद्योगिकी का दुरुपयोग सम्भव है। चूँकि मानव जाति ने अपना सम्पूर्ण ज्ञान परीक्षणों और गलितयों को सुधारते रहने की प्रक्रिया से ही अर्जित किया है, इसलिए दुर्घटनाएँ घटना मुमकिन हैं। लेकिन, उन अवसरों को छोड़कर, जब कोई वैज्ञानिक या उद्योग-समूह अनैतिक हो जाता है, इन दुर्घटनाओं को समाप्त किया जा सकता है, यदि उस उत्पाद या प्रक्रिया के विकास के दौरान ही उनका परित्याग कर दिया जाए। आधुनिक प्रौद्योगिकियों में अनेक ऐसे प्रावधान मौजूद रहते हैं जिनसे उनके परीक्षणों को तेज़ किया जा सकता है, या उनकी नकल की जा सकती है। वैसे, यह एक जीती-जागती सच्चाई है कि मानव-इतिहास के किसी भी काल में नए आविष्कारों, ईजादों, आरोग्यकर विधियों—कला, साहित्य, विज्ञान, चिकित्सा आदि की इतनी अधिक आदमी के लिए उपलब्ध नहीं थी, जितनी बीसवीं सदी के द्वितीय भाग में आज है। जब हम इससे पहले की सदियों पर एक नज़र डालते हैं, तो पाते हैं कि इन सब उपलब्धियों का तब कुछ ख़ास लोग ही लाभ उठा सकते थे। अनेक आर्थिक विवशताएँ भी थीं, जैसे उत्पादन-स्तर और उत्पादन की तकनीकें ऐसी थीं कि उनके द्वारा जिस दौलत की कमाई होती थी, उसकी मात्रा अधिक नहीं होती थी। इसलिए, सिर्फ अमीर और प्रभावशाली लोग ही जीवन की अच्छी और उपयोगी वस्तुओं का उपभोग कर सकते थे। और जो अतिरिक्त दौलत कमाई भी जाती थी, उसके लिए बहुत से लोगों को बहुत ज़्यादा मेहनत करनी पड़ती

थी और, यह स्थिति सिर्फ़ भारत में ही नहीं, सारी दुनिया में थी।

उस काल में कारीगरों के हुनरों को या तो उनके परिवारों के लोगों के इस्तेमाल तक सीमित रखा जाता था, या उन पर उनके संघों का ही एकाधिकार होता था। वैसे, उनके द्वारा उत्पादित उत्पादों की बिक्री बड़े व्यापक क्षेत्र में होती थी। इसलिए, इन कारीगरों की काबलियतों का पारगामी उपजाऊपन होता रहता था। इस समृद्ध विरासत का निर्माण होने में सदियाँ लग गईं, मगर इस विरासत की नींव पर ही आधुनिक प्रौद्योगिकी का क्रांतिकारी विकास शुरू हुआ। सफलताओं और असफलताओं की इस नींव पर जमे हुए मानव ने बीसवीं सदी में प्रवेश किया। इस सदी के आगमन तक मानव के ज्ञान-वर्द्धन की मिली-जुली सामूहिक निधि काफ़ी विशाल रूप ले चुकी थी। यह आन्तरिक-दुहन-इंजन' का ज़माना था। इस आविष्कार ने विशाल-उत्पादन के युग के द्वार खोले। अधिक पेचीदा प्रौद्योगिकियों, निर्माण-विधियों और प्रक्रियाओं के प्रयोगों के फलस्वरूप नए-नए उत्पाद सामने आने लगे। उनका विशाल उत्पादन अनिवार्य था, संख्यात्मक प्रणाली की अर्थ-व्यवस्था से अधिकाधिक लाभ पाने के लिए। अब उत्पादन की इस नई शैली से अर्जित धनराशि को उन लोगों में बाँटने की परम्परा भी शुरू हुई, जिनका उत्पादन-प्रक्रिया में योगदान था। विशाल-उत्पादन की इस नई शैली के नतीजतन उत्पाद उपभोक्ताओं को सुलभ कीमतों पर मिलने लगे। रोज़गार के अवसर बढ़े, उत्पादन में अपना योगदान देने वालों के वेतन बढ़े और आम लोगों को ज़्यादा से ज़्यादा वस्तुओं को खरीदने के अवसर मिले। मिसाल के तौर पर, गाँवों में रहने वाले लोग अब सुलभ कीमत पर साइकिल खरीद कर, आसानी से लम्बी दूरियाँ तय कर सकते थे। बहुत से गाँव वाले साइकिलों से काम पर जाने लगे। लोग आसानी से नई वस्तुएँ खरीद और बेच सकते थे। इससे आर्थिक व्यवस्था व्यापक और मज़बूत हुई। सुलभ मूल्यों से खरीदे गए ट्रांजिस्टरों की बदौलत लाखों-करोड़ों लोगों को घर बैठे मनोरंजन और समाचार प्राप्त होने लगे। और, मनोरंजन की दुनिया से रूखी ज़मीन पर आकर, यह भी कहा जाएगा कि विशाल उत्पादन विधि से उत्पादित कप और सॉसर खरीद कर, हज़ारों लोगों को देश के कोने-कोने में चाय की छोटी-छोटी दुकानें खोलने के नायाब मौके भी मिले। इस संक्षिप्त-सी झाँकी से हम यह अनुमान लगा सकेंगे कि विशाल-उत्पादन के नए दौर ने सुधरी हुई प्रौद्योगिकियों ने बेशुमार लोगों की फीकी ज़िन्दगियों को नई-नई खुशियों से भर दिया।

रासायनिक प्रौद्योगिकी भी जीवन की गुणवत्ता में सुधार लाने का एक अच्छा माध्यम बनी। और, अब इस क्षेत्र का ज्ञान, इस सीमा तक बढ़ चुका है। जहाँ रासायनिक प्रौद्योगिकियों को भी 'शुद्ध' किया जा सकता है।

इस पृष्ठभूमि में आइए, मुआयना करें 2020 रासायनिक क्षेत्र की अपनी परिकल्पना का।

रासायनिक उद्योग तथा अर्थव्यवस्था के पारस्परिक सम्बन्ध

रासायनिक प्रोसेस उद्योग के विकास की तीन अवस्थाएँ हैं—प्रवेश, संगठन करना और विशिष्टताओं का विकास।

प्रवेश वाले क्रम में आते हैं, वे रासायनिक उत्पाद, जो फसलों की रक्षा करते हैं, स्वास्थ्य की रक्षा करते हैं (कृषि-उत्पादों, उर्वरकों और औषधों द्वारा) और सामाजिक तथा आर्थिक प्रगति में अपना योगदान देते हैं। संघटित करने वाले क्रम में साधन-समृद्ध देशों की पहली प्राथमिकता होती है—सब घरेलू माँगों को पूरा करने और उसके बाद निर्यात विषयक माँगों पर अपना ध्यान केंद्रित करने की। गरीब देश मुख्य खाद्य-सामग्री का आयात करते हैं, और बाद में उसे तैयार माल के रूप में बदल देते हैं, उन्हें सीधे आयात करने के स्थान पर इसी का उपयोग करते हैं। विशिष्टता वाले क्रम में खास प्रकार के विशिष्ट रसायनों का उत्पादन और विपणन किया जाता है। इस क्रम में बस इसी पहलू पर विशेष ध्यान दिया जाता है।

यह स्वाभाविक ही है कि निर्माण-प्रक्रिया में प्रयुक्त की गई प्रौद्योगिकी-विशेष के मद्देनज़र, इस प्रक्रिया में उत्कृष्टता के मिश्रण पर खास ध्यान दिया जाता है।

प्रौद्योगिकी अर्थव्यवस्था, पर्यावरण समाज और राजनीति के अंतर्बंधन कभी इतने अधिक प्रगाढ़ नहीं थे, जितने आज हैं। बाज़ार में आए परिवर्तन के अनुरूप प्रौद्योगिकीय माँगों में भी जबर्दस्त परिवर्तन आया है। इन तमाम परिवर्तनों का जबर्दस्त सरोकार कच्चे माल की उपलब्धता, पर्यावरण सम्बन्धी अपेक्षाएँ, सरोकार और आवश्यकताएँ, ऊर्जा-सम्बन्धी ज़रूरतें और नीतिगत ढाँचे में आए परिवर्तन से रहता है। उत्पादन से जुड़ी प्रौद्योगिकियों के ग्रेड अक्सर, इन्हीं ज़रूरतों को ध्यान में रखते हुए बढ़ा दिए जाते हैं। उत्पादन की कोई भी मौजूदा प्रणाली/प्रक्रिया आदान के सब साधनों को पूर्णतया इच्छित उत्पाद की शक्ल में तब्दील नहीं कर सकती। पहले कच्चा माल बहुतायत, से और कम कीमत में आसानी से मिल जाया करता था, और तब इस माल के श्रेष्ठतम भाग को सर्वोत्तम गुणवत्ता वाले तैयार माल में बदल दिया जाता था, इस बात की परवाह किए बिना कि बचे हुए रद्दी माल का क्या होगा ? मिसाल के तौर पर, चीनी-उत्पादन के प्रारम्भिक दिनों में निर्माताओं का पूरा ध्यान ज़्यादा-से-ज़्यादा चीनी बनाने पर ही रहता था। शीरे को छोड़कर, इस प्रक्रिया के दौरान रह गए रद्दी और बेकार माल के बारे में वे नहीं सोचते थे। यहाँ तक कि 'खोई' (चीनी-निर्माण में प्राप्त गन्ने के चूरे) को भी जला दिया जाता था। आज इस चूरे से या तो कागज बनता है या उसका इस्तेमाल बिजली-उत्पादन में किया जाता है। 'ऑक्जैलिक एसिड' जैसे बेकार मानी जाने वाली वस्तुओं से करीब एक दर्जन रसायन तैयार होते हैं। आजकल इन उप-उत्पादों की पुनः प्राप्ति के प्रयास भी किए जा रहे हैं।

सारे विश्व में रासायनिक उद्योग को एक आधारभूत और सर्वाधिक महत्त्वपूर्ण निर्माणकारी व्यवसायों में से एक माना जाता है। इसका कुल व्यवसाय लगभग 1000 बिलियन डॉलर का है। इस राशि की तुलना अन्य अंतरराष्ट्रीय उद्योगों, जैसे—स्टील इलेक्ट्रॉनिक उद्योगों, कार और यांत्रिक इंजीनियरिंग आदि उद्योगों में लगी राशियों से की जा सकती है। इस उद्योग के कार्यकलापों का सीधा संबंध अनेकानेक उद्योगों से भी है, जिन्हें यह उद्योग अपनी सेवाओं के अलावा उत्पाद भी प्रदान करता है। इस उद्योग की एक विशिष्टता यह है कि इसके करीब आधे उत्पाद उपभोक्ताओं

को ही बेचे जाते हैं, और शेष अन्य निर्माताओं को। इन अन्य निर्माताओं में खुद रासायनिक उद्योग की अन्य शाखाएँ तथा अन्य उद्योगों, जैसे—उपभोक्ता-उत्पाद तथा इंजीनियरिंग, सुरक्षा गाड़ियां, पैकेजिंग और निर्माण जैसी महत्त्वपूर्ण शाखाएँ सम्मिलित हैं। अन्य उद्योगों और उनकी शाखाओं पर इस उद्योग की परस्पर-निर्भरता ने इस उद्योग की अंतर्निहित संरचना को काफी पेचीदा बना दिया है। मगर साथ ही, उसके आर्थिक विकास के महत्त्व को भी रेखांकित किया है।

विश्व के विकसित देशों में ही हैं इस उद्योग के सर्वाधिक महत्त्वपूर्ण घटक—उत्तरी अमरीका, पश्चिमी यूरोप और जापान, जो विश्व में उत्पादित होने वाले 70 प्रतिशत रासायनिक उत्पादों का उत्पाद करते हैं, और उसकी खपत भी करते हैं। तालिका 6.1 में रसायनों के विश्व बाज़ार के आँकड़े पेश किए गए हैं। इस बाज़ार में भारत की भागीदारी बहुत कम है। तालिका 6.2 के अनुसार, भारतीय उद्योग उसमें दिखाए गए क्षेत्रों में मौजूद हैं। इन सब क्षेत्रों में मौजूद उद्योगों के पास अपनी-अपनी शोध-व-विकास में सक्रिय संस्थाएँ भी हैं।

भारतीय रसायन उद्योग

1954 में, जब देश में पहली पेट्रोलियम रिफाइन स्थापित हुई थी, तब से हमारे देश के रासायनिक उद्योग ने अनेक मंजिलें तय की हैं। पिछले 30 वर्षों में उसकी प्रगति काफ़ी तेज़ हुई है। उसके विकास का स्वरूप विश्व के रासायनिक उद्योग के विकास के स्वरूप से काफ़ी मिलता है। वस्तुतः आठवें दशक में भारतीय रसायन उद्योग में संघटित और ठोस होने का दौर शुरू हुआ। लेकिन, विकसित होने के साथ-साथ, उद्योग ने अपनी कई ख़ासियतों का प्रदर्शन भी किया। मिसाल के तौर पर, उसकी

तालिका 6.1

विश्व का रसायन बाज़ार

कुल बिक्री राशि : 1.2 मिलियन डॉलर

क्षेत्र	*कुल बिक्री का प्रतिशत*
पैट्रोकैमिकल्स	39.0 प्रतिशत
दवाओं के रसायन	16.4 प्रतिशत
निष्पादन कार्यों में प्रयुक्त रसायन	16.0 प्रतिशत
कृषि-रसायन	11.0 प्रतिशत
वस्त्र-निर्माण	9.9 प्रतिशत
अकार्बनिक रसायन	6.7 प्रतिशत
अन्य परिष्कृत रसायन	1.0 प्रतिशत

स्रोत : टाइफैक रासायनिक प्रोसेस उद्योग : परिकल्पना 2020

एक ख़ासियत तो यह है कि ज़्यादातर भारतीय रसायनों का उत्पादन लघु क्षेत्र में ही होता है। विश्व के अन्य किसी देश में ऐसा नहीं होता। एक अन्य विशेषता जो भारत में ही देखने को मिलती है, यह है कि ये लघु-क्षेत्र पशुओं के चारे, भूसा भोजन आदि का उत्पादन भी करता है।

भारत के मौजूदा प्रतिष्ठित उद्योगों में रासायनिक उद्योग का प्रमुख स्थान है देश में काम करने वाली फैक्टरियों में 7 प्रतिशत फैक्टरियाँ रसायन उद्योग से ही जुड़ी हैं। और देश की स्थिर जमा-पूँजी की करीब 12 प्रतिशत राशि इसी उद्योग में लगी है। स्थूल उत्पादन का 13 प्रतिशत और शुद्ध लाभ का 13 प्रतिशत उत्पादन-क्षेत्र में निर्माण पर हुए व्यय में जोड़ा जाता है। तालिका 6.2 रासायनिक क्षेत्र के विभिन्न क्षेत्रों में काम कर रही इकाइयों के आँकड़े प्रस्तुत करता है। तालिका 6.3 में उद्योग के विभिन्न क्षेत्रों में हुए उतार-चढ़ावों को दर्शाता है, जिसका साक्षी यह उद्योग रहा है। उसमें 1991 से आज तक के विकास-स्वरूप को भी दिखाता है। उतार-चढ़ावों के दो मुख्य कारण थे—बाज़ार में सक्रिय ताक़तें और कर-संरचना में हुए परिवर्तन। इन उतार-चढ़ावों के बावजूद यह विश्वास से कहा जा सकता है कि भारतीय रासायनिक उद्योग और उससे सम्बन्धित उसके विभिन्न क्षेत्रों के लिए काम कर रहे, उनके शोध और विकास विभाग उद्योग में आए और आने वाले हेर-फेर और परिवर्तन के झटकों को सहने में पूरी तरह समर्थ है और वह विश्व के प्रमुख रासायनिक उद्योगों की श्रेणी में शीघ्र ही अपनी ख़ास जगह बनाकर दिखाएगा।

1989 और 1994 के बीच की अवधि में जो बिक्री थी, वह सामान्य से 158 प्रतिशत अधिक थी। 1994-1997 के दौरान विकास-दर करीब 80.5 प्रतिशत थी। भारत अब सॉलिमर क्षेत्र में, एक विशाल योजना के साथ प्रवेश कर रहा है। उसने (विशिष्ट) रसायनों के क्षेत्र में भी प्रवेश की शुरुआत कर दी है। रासायनिक उद्योग, आमतौर पर दो वर्गों में विभिक्त रहता है—जातिगत (जेनेरिक) यानी उत्पादक उपभोक्ता से सम्बन्धित या डाईइत्यादि और कीटनाशक दवाएँ आदि सामान्य उपयोगी वर्ग। लेकिन, अधिक व्यापक वर्गीकरण भी किए जाते हैं, जैसे थोक में उत्पादित रसायन और विशिष्ट रसायन। मगर भारतीय रासायनिक उद्योग को एक और नजरिए से भी देखा जा सकता है। यह नजरिया आधारभूत संकेतों, जैसे—आबादी, प्रति व्यक्ति आय, उद्योग, कृषि और सेवाओं के क्षेत्रों में हो रहे विकास आदि के मद्देनज़र और उन तत्त्वों के आकलन पर आधारित है। अगर हम इस आकलन में निर्यात के लिए किए गए प्रयासों को भी जोड़ लें, तो विकास आशा से अधिक ही होगा।

तालिका 6.4 उन क्षेत्रों का संकेतक है, जहाँ नवीकरण के बड़े अवसर मौजूद हैं। ध्यान देने लायक रसायन है 'विशिष्ट' रसायन। उनके बाद नम्बर आता है—पॉलिमर और उर्वरकों का। घरेलू माँगों के स्थिर हो जाने पर कम-से-कम माँग की समस्या भी हल हो जाएगी। और फलस्वरूप, 'शोध और विकास' कार्य के निवेश की राशि बढ़नी शुरू हो जाएगी और ये उद्योग निर्यात के क्षेत्र में प्रवेश करने का साहस करने लगेंगे।

तालिका 6·2

1989-90 में रसायन-उद्योग के विभिन्न क्षेत्रों की स्थिति

विवरण	आधारभूत औद्योगिक रसायन	उर्वरक और कीटनाशक दवाएँ	पेंट और वार्निश	औषधियाँ और भैषज	प्रसाधन व सिंगार
फैक्टरियों की संख्या	1264	556	820	1699	787
कामगारों की संख्या	58847	62535	24335	82985	43769
कर्मचारियों की संख्या	85664	94072	39592	138320	55015
स्पष्ट उत्पादन	450933	830049	235290	527925	305567
वास्तविक मूल्य का योग	93496	96892	47863	119485	44981

स्रोत : टाइफैक प्रौद्योगिकीय परिकल्पना, रासायनिक प्रोसेस उद्योगों के बारे में रिपोर्ट

तालिका 6·3

भारतीय रासायनिक उद्योग : क्षेत्रीय विकास का स्वरूप

कुल बिक्री में संपूर्ण विकास (प्रतिशत)

क्रमांक	क्षेत्र	1991–92	1992–93	1993–94	1994–95	1995–96	1996–97
1·	रसायन और प्लास्टिक	28·5	12·2	11·7	29·6	21·8	8·5
2.	अ-कार्बनिक	26·2	36·7	10·1	42·3	20·1	11·8
3.	क्षार	24·1	18·2	11·0	27·3	59·7	4·4
4.	उर्वरक	32·4	3·7	1·7	30·3	15·0	3·6
5.	पेंट व वार्निश	21·4	6·3	10·3	20·5	18·7	4·1
6.	दवाएँ और औषधि-निर्माण	24·2	23·5	20·2	24·6	21·8	21·1
7.	साबुन और डिटरजेंट	22·0	2·0	15·5	25·2	18·9	26·8
8.	पॉलिमर	42·6	17·0	8·6	37·0	21·5	−2·7
9.	प्लास्टिक-उत्पाद	35·4	15·8	32·0	43·6	33·7	5·6
10.	पेट्रोलियम-उत्पाद	8·8	16·5	5·4	33·6	19·6	28·0

स्रोत : भारतीय उद्योग क्षेत्र पर सी.एफ.आई.ई. की रिपोर्ट, अप्रैल 1998

तालिका 6.4

रासायनिक उद्योग के विकास संकेत

क्षेत्र	*1995 (मिलियन टनों में)*	*2020 (मिलियन टनों में)*	*विकास*
पेट्रोलियम उत्पाद	70	240-250	3.5 गुना
उर्वरक	9	>20	8.5 गुना
पॉलिमर	1.7	>15	8.5 गुना
रेशेयुक्त पदार्थ	0.8	>5	6.0 गुना
जैव रसायन	3	20	6.0 गुना
रंजक द्रव्य, रंग द्रव्य	0.1	0.21	2.0 गुना
चमड़े के उपयुक्त रसायन	0.1	0.5-1.0	5.0 गुना
सतह को सक्रिय करने वाले कर्मक	0.3	0.7	2.5 गुना
सतह पर लेप	0.5	1.5	3.0 गुना
'विशिष्ट' रसायन	0.1	2.0	20 गुना

स्रोत : टाइफैक प्रौद्योगिकीय परिकल्पना, रासायनिक प्रोसेस उद्योग के बारे में रिपोर्ट

क्या है रसायन-विषयक परिकल्पना ?

अभी तक उद्योग को अपने विकास के लिए आयातित प्रोसेस प्रौद्योगिकी पर निर्भर रहना पड़ता था। लेकिन, 'शोध और विकास', 'इंजीनियरिंग और साज-सामान-निर्माण के क्षेत्रों में अपनी समर्थताओं का प्रदर्शन करने के बाद हम अब न सिर्फ आयातित प्रौद्योगिकी को आत्मसात करने, बल्कि स्वयं अपनी देसी प्रौद्योगिकी को विकसित करने में सफल होते जा रहे हैं। अनेक क्षेत्रों (विशेष रूप से 'बैच प्रोसेस' के क्षेत्र में) हमने क्षमता का वह स्तर छू लिया है, जहाँ हमने श्रेष्ठता तो प्राप्त कर ही ली ही, दूसरे देशों के साथ होड़ करने की क्षमता भी प्राप्त कर ली है। साज-सामान-निर्माण और 'प्लांट-निर्माण' के क्षेत्रों में अपनी समर्थताओं के मद्देनज़र कई रासायनिक निर्माण-सुविधाओं के लिए भारत को बेहतर देश माना जाने लगा है।

इस उद्योग के क्षेत्र में प्रवेश करने के बाद, शुरुआती दिनों में हमारे पास जो आधार था, वह आयातित प्रौद्योगिकी और देसी प्रौद्योगिकी के मेल से बनी एक प्रणाली, जिसका मुख्य उद्देश्य उत्पाद और प्रक्रिया में सुधार लाना था। प्रोसेस-प्रौद्योगिकी और इंजीनियरिंग के क्षेत्रों में सुधार लाने की दिशा में 'साज-सामान' और इंजीनियरिंग क्षेत्रों में किया गया विकास भी मददगार बना। हमने, नतीजतन, बेकार के उत्पादों और उत्सर्जनों की संख्या को कम करने और श्रेष्ठतावादी और आशावादी होने की आदत डाली।

रसायन-उद्योग में उल्लेखनीय विकास करने और विविधताएँ उत्पन्न करने के

बावजूद, 'प्रोसेस डिजाइन' और इंजीनियरिंग क्षेत्रों में हमारी प्रौद्योगिकीय योग्यताओं और ज़ोर में काफ़ी न्यूनताएँ सामने आईं। हम काफ़ी हद तक, आयातित प्रोसेस प्रौद्योगिकियों पर निर्भर हैं।

आज इस उद्योग के बारे में जो माँगें की जा रही हैं, वह इस प्रकार हैं—सम्पूर्ण स्वच्छतर प्रक्रियाओं को रिसाइकिल और पुनः प्राप्त करना और ऊँचे दर्जे के ऊर्जा-सक्षम और तदनुकूल उत्पादन बनाना। इन मागों के उठने से पहले हम 'बैच' से 'निरन्तर' प्रोसेस और स्वचालित यंत्रों पर निर्भर रहने की कार्य-प्रणाली ही अपनाया करते थे।

भारतीय उद्योग को 2020 तक जो लक्ष्य प्राप्त करना है, अपने अधिकांश उत्पादों के उत्पादन के लिए अपनी ही प्रोसेस-प्रौद्योगिकियों को विकसित करना होगा। उत्प्रेरकों, कैटलिस्टों के विज्ञान और इंजीनियरिंग में अनिवार्य रूप से प्रवीणता प्राप्त करनी होगी। देश को उच्चतर योग्यता और कम ऊर्जा खपाने वाली प्रोसेसिंग, मशीनों का उत्पादन करना और उन्हें निर्यात भी करना होगा।

भारतीय रासायनिक प्रौद्योगिकी को पर्यावरण को स्वच्छ और सुरक्षित उत्पादों को जिनके कारण उनकी बर्बादी लगभग शुन्य हो जाए। इसके लिए भारत को इन प्रौद्योगिकियों को जन्म देना होगा, संपूर्ण प्रणालियों को रिसाइकिल और पुनः प्राप्त करना होगा। हमें नई-नई प्रयुक्तियों का नवीकरण करने के गम्भीर प्रयास भी करने होंगे।

एक बिलकुल नया क्षेत्र उभरकर सामने आ रहा है, जो कुछ क्षेत्रों में रसायन और जीवविज्ञान के अभिसरण से काम चलाने की बात करता है। भारत को इस नए विचार से लाभ उठाने का प्रयास करना चाहिए।

इस सदी के अंत तक जैविक प्रक्रियाओं से उत्प्रेरित श्रेष्ठ जैव-रसायन और औषधि-विज्ञान एक ऐसा प्रभावशाली रूप धारण कर लेंगे जिसकी उपेक्षा करना असंभव हो जाएगा। जैव-इंजीनियरिंग की प्रणालियों का इस्तेमाल जोखिम वाले कूड़े-करकट को निरापद तरीके से निपटाने के लिए किया जाएगा और सोने पर सुहागा यह कि इन प्रणालियों के इस्तेमाल से कीमती उप-उत्पादों को भी बनाया जा सकेगा। इन प्रक्रियाओं और प्रणालियों से जो प्रौद्योगिकियाँ जुड़ी होंगी, वे होंगी—जैव-इंजीनियरिंग, जैव-कैटेलेसिस, जैव-अणु-पदार्थ और जैव-पदार्थ।

मोनोमर, पॉलिमर, औषधियों तथा अन्य रसायनों को संश्लेषित करने के लिए जीवाणु तथा अन्य जीवों (प्राणी या वनस्पति) की इंजीनियरिंग सम्भव है—उसी प्रकार, जिस प्रकार जीवाणुओं और बैन्ज़ीन के प्रयोग से पॉलिफेनिलीस का संश्लेषण संभव है।

जैव-जीवों का इस्तेमाल उन विस्तृत और प्रयत्नसिद्ध जैविक प्रतिक्रियाओं के सिलसिले को कार्यान्वित करने के लिए किया जाएगा, जो सरल निर्मित-खंडों को जलीय वातावरण वाले किसी कमरे के ताप के अनुकूल, पेचीदे प्राकृतिक उत्पादों में परिवर्तित कर देंगे। अनेक प्राकृतिक उत्पाद, जिन्हें कृत्रिम एवजी उत्पादों द्वारा बदल दिया गया था, आनुवंशिकी इंजीनियरिंग तथा अन्य जैव-प्रौद्योगिकी तकनीकों के ज़रिए पुनः प्रकट हो जाएँगे, उच्चतर कुशलता और स्वच्छतर प्रक्रिया प्रदान करने

वाले माहौल के कारण।

जिन अनेक क्षेत्रों का संकेत ऊपर दिया गया है, वे भारत को इस उद्योग के क्षेत्र में अग्रणी बनने का अवसर प्रदान करते हैं। इस दिशा में भारत को आगे क्या करना है, इसका पूरा विवरण हमारी परिकल्पना में विस्तार से किया गया है।

जैसाकि हम पुस्तक के आरम्भिक भागों में बता आए हैं, रसायन उद्योग का क्षेत्र अत्यंत व्यापक है। यह उद्योग हमें बहुत से अवसर तो अवश्य प्रदान करता है, लेकिन साथ ही साथ उन प्रतिबंधों के बारे में ध्यान भी दिलाता है, जिनका सम्बन्ध पर्यावरण की सुरक्षा से है। बौद्धिक सम्पदा-अधिकार-नियमों (इटेलेक्चुअल प्रोपर्टी टाइट्स) आदि ने भी इस सम्बन्ध में जो रुकावटें उत्पन्न होने वाली हैं, उनका भी ध्यान रखना होगा हमें। लेकिन पहले से आवश्यक कार्यवाही कर लेने पर इन रुकावटों को सुअवसरों में भी बदला जा सकता है। आरेख 6.1, 6.2 और 6.3 में इस विशाल-व्यापक क्षेत्र से जुड़ी अपार संभावनाओं को एकत्र करने का प्रयास किया गया है। पेट्रोलियम और प्राकृतिक गैस, विशिष्ट रसायन, पॉलिमर और पेट्रोकैमिकल्स के बारे में भी चर्चा की गई है। बाईं ओर का विवरण वर्तमान परिदृश्य को दिखाता है और दाईं ओर का परिदृश्य 2010 के लिए की गई परिकल्पना को।

जैव-वैविध्य और राष्ट्रीय सम्पत्ति

अभी हमने देखा कि कैसे जैव-प्रौद्योगिकी हमारी भावी रासायनिक प्रौद्योगिकियों को प्रभावित करने जा रही है, और कैसे वह हमारे लिए कृषि और विशेष प्रक्रिया से तैयार किए गए खाद्य-पदार्थों वाले क्षेत्रों में भी सहायक हो सकती है। इस प्रकार की अन्य प्रौद्योगिकियाँ और प्रक्रियाएँ आगे चलकर सामने आने वाली हैं।

विकसित भारत की अपनी खोज के दौरान हम पाते हैं कि हमारा समृद्ध जैव-वैविध्य इस क्षेत्र में महत्त्वपूर्ण शोधों का केंद्र बन सकता है। आइए, इस संबंध में हम आरेख 6.4 पर निगाह डालें, जो हमारे जैव-वैविध्य से जुड़ी आनेवाली प्रौद्योगिकियों के उत्पत्ति-स्थान की ओर इशारा करता है।

इसे मानव-इतिहास का एक व्यंग्य ही माना जाएगा कि जैव-समृद्धि-प्राप्त अधिकांश देश गरीब और निर्धन हैं। और, इसका उलट भी सच है। प्रौद्योगिकियों के मामले में समृद्ध और बहुत धनी देश जैव-विध्य के मामले में बहुत कमज़ोर हैं। भारत इस दृष्टि से बेज़ोड़ देश है। हमारे पास जैव-स्रोतों का बाहुल्य है, और एक ठोस प्रौद्योगिकीय और औद्योगिक आधार भी है। लेकिन, इन आधारों को और ज़्यादा मजबूत करना होगा। यदि हम उपयुक्त प्रौद्योगिकी का मनोयोगपूर्वक उपयोग कर सकें तो हम विश्व में एक महत्त्वपूर्ण आर्थिक शक्ति बनकर उभर सकते हैं। लेकिन यदि हम अपनी प्रौद्योगिकीय और औद्योगिक क्षमताओं और सामर्थ्य का लाभ नहीं उठाते और प्रौद्योगिकीय आदानों के लिए पश्चिम पर ही निर्भर रहेंगे, जैसाकि हम अभी तक करते आए हैं, तो विश्व के विकसित देश हमारे जैव-वैविध्य का लाभ अपने लिए उठाते रहेंगे और तब हम अपने इस जैव-वैविध्य से जो भी लाभ उठाएँगे, वह नाममात्र का ही होगा। तब हम आरेख 6.4 के 2 नम्बर के चतुर्थांश में दिखाई

आरेख 6.1

नई सहस्राब्दी के लिए तैयार होते हमारे रसायन व पेट्रोकैमिकल्स पेट्रोलियम और प्राकृतिक गैस

मौजूदा परिदृश्य (1997)	*मूल प्रौद्योगिकियाँ*	*भावी परिदृश्य (2010)*
• प्राकृतिक गैस की माँग : 80 मिलियन घनीय मीटर/दिन • पेट्रोलियम पदार्थों की माँग : 81 मिलियन टन • प्राकृतिक गैस ऊर्जा, उर्वरक, स्पंज, लौह और एल. पी. जी. के उत्पादन की बढ़ती माँग • इस सदी के अंत तक पेट्रोलियम पदार्थों की माँग (सामान्य अनुमान के अनुसार) 120 मिलियन टन तक (उत्साही अनुमान के अनुसार) 160 मिलियन टन तक जाने की आशा • कच्चे और साफ़ किए गए रिफाइनरी-उत्पादों के परिवहन के लिए 2600 किलोमीटर लंबी पाइप-लाइन बिछाना	'हैवी एंड्स' को कम करने और ल्यूब ऑयल बेस स्टॉक्स' (एल ओ बी एस) को भी कम करने के लिए 'हायड्रोट्रीटिंग', 'हायड्रो क्रैकिंग', 'रिफॉरमिंग', 'हायड्रो आयसोमेरीजेशन' आदि 'हायड्रो-प्रोसेसिंग तकनीकों का प्रयोग हायड्रोजन और एस. वाय. एन. गैस का रिफाइनरी के अवशेषों से गैसीफिकेशन के लिए जनन कम्प्यूटरों द्वारा चालित प्रोसेस-ऑप्टीमाइजेशन और इक्यूपमेंट मॉनीटरिंग प्रणाली	• प्राकृतिक गैस की माँग 275 मिलियन घनीय मीटर/दिन • तटवर्ती क्षेत्रों में मिले नए स्रोत • पेट्रोलियम पदार्थों की माँग : 149 मिलियन टन • अतिरिक्त रिफाइनिंग सामर्थ्य के लिए 12,500 करोड़ रुपयों की पूँजी का निवेश • तेल ले जाने के लिए 8,000 से 10,000 किलोमीटर लम्बी पाइपलाइन को बिछाने के नेटवर्क की जरूरत

स्रोत : 'कार्पोरेट-क्षेत्र, अप्रैल 1998 पर सी. एम. आई. ई. की रपट से टाइफैक द्वारा संकलित, 'रासायनिक प्रोसेस उद्योग : प्रौद्योगिकीय परिकल्पना 2020' पर टाइफैक की रपट, 'सर्वे ऑफ़ इंडियन इंडस्ट्री 1997'–'दि हिन्दू'

सौजन्य : एस. विश्वास, टाइफैक

आरेख 6.2

नई शताब्दी के अनुकूल बनते–रसायन और पेट्रोकैमिकल्स

विशिष्ट रसायन

मौजूदा परिदृश्य (1996-97)	*मूल प्रौद्योगिकियाँ*	*भावी परिदृश्य (2010)*
• रबर प्रोसेसिंग रसायनों की माँग(ऐक्सेलेरेटर्स, ऑक्सीडेन्ट्स तथा अन्य) : 20,000 टन • पॉलिमर के योज्यों, जैसे (एण्टीऑक्सीडेन्ट्स, हीट एंड यू. वी. स्टैबिलाइजर्स, लुब्रीकेन्ट्स, फ्लो इमप्रूवर्स, प्लैस्टीसाइजर्स, स्लिप एजेन्टस, एन्टीस्टेटिक फॉयर रिटार्डेन्ट्स, आदि) की माँग 1,20,000 टन	प्रबल 'नॉन-स्टेनिंग एन्टी ओज़ोनेन्ट्स का विकास मैटल बौनडिंग एजेंट्स को नया रबर रबर और 'रिवरज़न रेजिस्टेन्स टियर रेजिस्टेन्स और विस्कोसिटी मौडिफिकेशन' की 'ग्रीन स्ट्रेन्थ' में सुधार रबर के एन्टी-डिग्रेडेन्ट और उच्चतापीय उपयोगों का विकास 'यू वी स्टैबिलाइजर्स' और पॉलिमर के लिए 'एण्टीऑक्सीडैन्ट्स' का देसी उत्पादन स्थिर गुणों वाले 'प्लास्टीसाइजर्स', जैसे फॉसफेट्स, एडीपेट्स, आयसोफिथालेट्स आदि का विकास 'कलरेन्ट्स और पिगमेन्ट्स' का विकास	• रबर रसायनों की अनुमानित माँग : 75,000 टन • पॉलिमर एडिटिव्ज़ की अनुमानित मांग 440000 टन • भारतीय शोधकर्ताओं तथा उद्योग द्वारा आविष्कृत नये उपयोग

सौजन्य : एस विश्वास, टाइफैक

आरेख 6.3

नई सहस्राब्दी के अनुकूल बनते–रसायन और पेट्रोकैमिकल्स

पॉलिमर और पैट्रोकेमिकल्स

मौजूदा परिदृश्य (1996-97)	*मूल प्रौद्योगिकियाँ*	*भावी परिदृश्य (2010)*
• पॉलिमरों (एल. डी. पी.ई., एल एल डी पी ई, एच.डी.पी.ई., पीपी, पीवीसी आदि) की माँग : 1.8 मिलियन टन	पॉलिमर के उत्पादन के लिए औलेफिन के स्थान पर पैराफ़िन का इस्तेमाल/ एथेन से पॉलिएथिलेन, प्रोपेन से पॉलिप्रोपाइलेन, एथेन से ऐथिलोन, ऑक्साइड और वाइनिल क्लोराइड आदि बनाने के लिए।	• पॉलिमरों की अनुमानित माँग : 10.5 मिलियन टन
• कृत्रिम रेशों तथा मध्यस्थ तत्त्वों की माँग : 2.0 मिलियन टन	मैथिल-मैथाक्रायलेट के लिए एथिलेन का कार्बोनाइलेशन या मैथिल एसिटिलेन या आयसो बूटिलेन का ऑक्सडेशन।	• रेशों तथा मध्यस्थ तत्त्वों की अनुमानित माँग : 6.25 मिलियन टन
• कृत्रिम डेटरजेंटों की माँग : 0.23 मिलियन टन	जैव-प्रक्रियाएँ सैकिनिक एसिड के लिए ग्लूकोज़ से, हायड्रो ज़ाइलेशन ऐरोमैटिक्स का, एक्रिलोनाइट्राइल से एक्रीला-माइड आदि के लिए।	• कृत्रिम प्रक्षालकों (डेटरजेंटों) की अनुमानित माँग : 0.90 मिलियन टन
	पॉलिफेनिलेन पॉलिमर्स और लैक्टिक एसिड के सहपॉलिमर का जैव-संश्लेषण।	• पुनःचक्रित करने की क्रिया बड़े पैमाने पर
	इलेक्ट्रॉनिक्स, रोबोटिक्स, और जैव - चिकित्सीय प्रयुक्तियों के लिए 'बुद्धिमान' पॉलिमरों का विकास।	

सौजन्य : एस. विश्वास, टाइफैक

आरेख 6.4

जैव-वैविध्य–प्रौद्योगिकियों का सांचा

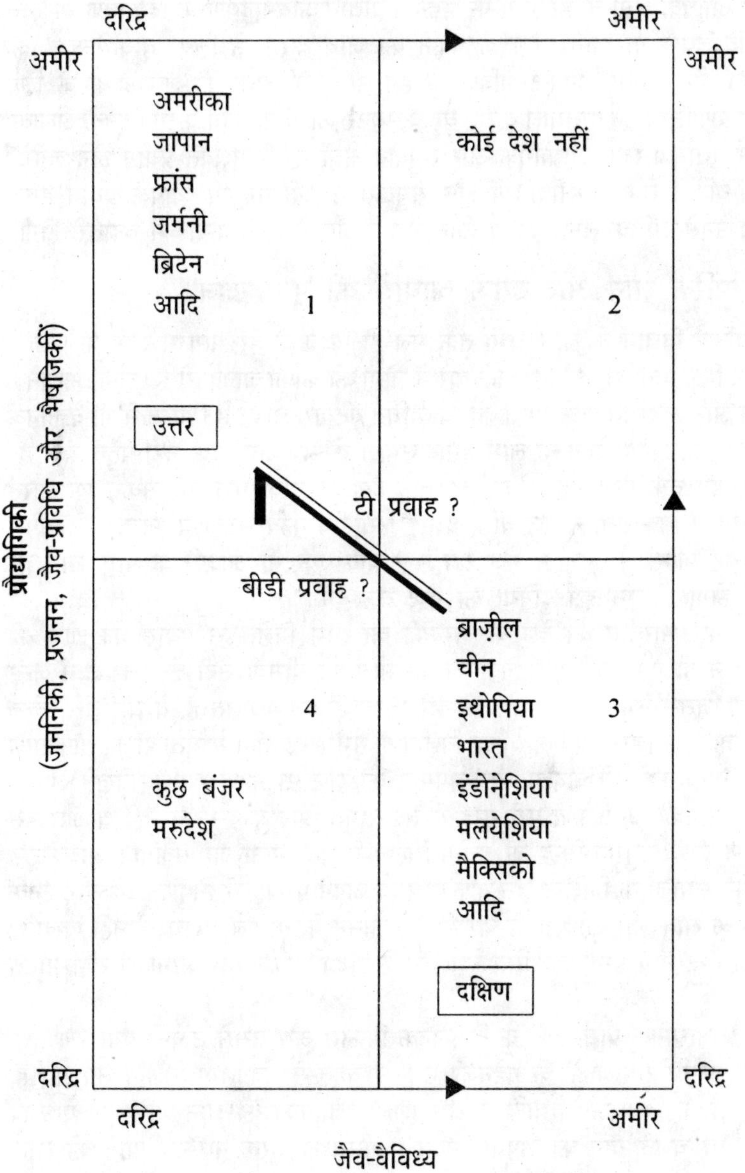

स्रोत : डॉक्टर टी. एन. खुशू

गई उस स्थिति में आ जाएँगे, जिसमें हमें अपने जैव-वैविध्य से अर्जित राशि की पूँजी को प्रौद्योगिकियों के दूसरे क्षेत्रों में भी निवेश कर सकेंगे।

आने वाले वर्षों में जीवन-विज्ञानों की प्रयुक्तियों का प्रभाव हमारे सामाजिक और आर्थिक क्षेत्रों के हर भाग पर पड़ेगा। प्रौद्योगिकीय-प्रदूषण के विश्लेषण या रक्त के विश्लेषण या किसी फल के पकने की जाँच करने के लिए 'बायोसेन्सर्स' का प्रयोग होने लगेगा। निकट भविष्य में हम मानव-मस्तिष्क की शल्यक्रिया के लिए जिन प्रणालियों का इस्तेमाल करेंगे, वह कम्प्यूटर की भाँति कार्य करेंगे। इनके अलावा, कृषि, स्वास्थ्य-रक्षा, औद्योगिक और समुद्रीय क्षेत्रों में भी सशक्त प्रयोग होने लगेंगे। जड़ी-बूटियों से बनी औषधियों और समुद्रीय उत्पादों का भी व्यापक प्रयोग होगा, और उनसे अधिक लोगों को रोजगार मिलेगा और देश की कमाई में बढ़ोतरी होगी।

पारम्परिक ज्ञान और उसके आधारों की पुनः खोज

आधुनिक विज्ञान के लाभ अभी तक भले ही विश्व के हर भाग में रहने वाले लोगों को न मिल पाया हो, लेकिन उनके बारे में लोगों को काफ़ी जानकारी है। लोग आधुनिक ज्ञान और काबलियतों के लाभों का न्यायोचित बँटवारा चाहते हैं। भारत में भी वैज्ञानिक और प्रौद्योगिकीय भेदन के लाभ हमारे समाज के सब क्षेत्रों तक नहीं पहुँच सके हैं। और जब तक ऐसा नहीं होता, तब तक हम यह दावा नहीं कर सकेंगे कि भारत वास्तव में विकसित, समाज वाला देश है। राष्ट्रीय कवि सुब्रह्मण्य भारती की तमिल की यह पंक्ति मेरे मन में गूँज रही है, "यदि एक भी आदमी के पास खाने को नहीं होगा तो हम इस दुनिया को नष्ट कर देंगे।"

हर भारतीय को देश की तरक्की का लाभ मिले, इस प्रयास की शोध की खोज ने ही एक महत्त्वपूर्ण विकासात्मक सोच को बीसवीं सदी के उत्तरार्ध में जन्म दिया, जिससे ज्ञान के मूल स्रोत के बारे में जो हठमत प्रचलित हैं, वे धीरे-धीरे ध्वस्त होते जा रहे हैं। इससे पूर्व आधुनिक विज्ञान के समर्थक प्राचीन सभ्यताओं की ज्ञान-राशि और योग्यताओं को अवज्ञा और अपमान की दृष्टि से महज़ इसलिए देखते आ रहे थे कि उनकी दृष्टि में वे पूरी तरह से तर्क-संगत और बुद्धि-संगत नहीं थे और इस कारण उन्हें अनुभव-सिद्ध या प्रयोग-सिद्ध भी नहीं माना जा सकता। अविकसित प्राचीन समाजों के विशिष्ट जन-गण भी स्वयं अपने पुरखों की निपुणताओं और उनके ज्ञान के स्रोत और आधारों के बारे में कुछ जानने में बिल्कुल दिलचस्पी नहीं दिखाते। विकास के नाम पर अविकसित देश विकसित देशों की नक़ल करना ही सही मानते हैं।

आधुनिक प्रौद्योगिकी के विस्फोटक विकास और उससे उत्पन्न पर्यावरण तथा अन्य गम्भीर समस्याओं के मद्देनज़र उन पर बहुत-से सवालिया निशान लग गए हैं, और अनेक विचारकों, वैज्ञानिकों और शिल्प-वैज्ञानिकों को ज्ञान-प्राप्ति की एक ही लीक पर चलते रहने की अपनी आदत में फेरबदल करके नए-नए मार्गों की खोज करने को विवश कर दिया है। अब वे प्राचीन ज्ञान-सम्पदा की तलाश में उन प्राचीन और भूले-बिसरे समाजों जैसे आदिवासी समाज अनजानी के लुप्तप्राय ज्ञानाधार के

दरवाजों पर दस्तक देना आरम्भ कर दिया है। इस सतत् खोज के परिणामस्वरूप प्राचीन पारम्परिक चिकित्सा-विधियों, जड़ी-बूटियों के नुस्खों और यहाँ तक कि प्राचीन काल के धातुकारों के कर्म के बारे में भारी मात्रा में ऐसी जानकारी प्राप्त हो रही है, जो आज के काल के लिए भी प्रासंगिक हो सकती है। इस उपयोगी जानकारी के विश्लेषण के बाद, एक ऐसे नए ढाँचे का प्रारूप तैयार होगा, जिसमें हमारे पुरखों के तकनीकी ज्ञान और अनुभवों में आधुनिक तकनीकी ज्ञान और वैज्ञानिक कार्य-प्रणालियों का भी समावेश होगा। आजकल नीम, हल्दी, बासमती चावल व इमली जैसे पदार्थों के इर्द-गिर्द आविष्कारों का जो जमाव दिखाई दे रहा है, वह इसी सरगर्मी का फल है। इसी प्रकार, अन्य देशों की प्राचीन सभ्यताओं के ज्ञानाधार का भी व्यापकता से उपयोग हो रहा है। प्राचीन चीन की 'एक्यूपंक्चर' की प्रक्रिया का इस्तेमाल आज दुनिया भर में हो रहा है। संस्कृत भाषा का बड़ी बारीकी और गहराई से अध्ययन किया जा रहा है, इस सम्भावना की पुष्टि के लिए कि क्या सचमुच उसका उपयोग कम्प्यूटर की आदर्शभाषा के रूप में हो सकता है। यहाँ इस बात पर ख़ास ध्यान देने की ज़रूरत है कि ऐसे अध्ययनों में सबसे ज़्यादा रुचि वे विकसित देश ले रहे हैं, जो जैव-वैविध्य के मामले में अधिक समृद्ध नहीं हैं। चूँकि ऐसे विकसित देश पूरी तरह सतर्क रहकर बड़ा असहनशील और द्वेषी रुख अपनाकर अपनी बौद्धिक सम्पत्ति के अधिकारों और व्यापारिक भेदों की रक्षा करते हैं, इसलिए वे इन क्षेत्रों में भी अगुवा बने हुए हैं।

आंध्र प्रदेश के एक अधिकारी ने, जो स्थानीय आदिवासियों के विकास का क़ामकाज देखते थे, पाया कि उन आदिवासियों के पास कुछ ऐसी गौंदें और लकड़ी की सामग्री होती है, जिसे गँदले पानी में डालकर उसे स्वच्छ किया जा सकता है। आदिवासी ऐसा करने की विधि जानते थे। ज़ाहिर था कि उन पदार्थों में कोई ऐसा रसायन या पदार्थ अवश्य होता था, जिसके प्रयोग और सीखने की प्रक्रिया से पानी देखते-ही-देखते एकदम साफ़ हो जाता था। कुतूहली अधिकारी ने अपने परिचित कई वैज्ञानिकों से कहा कि वे उन पदार्थों का विश्लेषण कर उनकी जाँच करें। जाँच से उन वैज्ञानिकों को पता चला कि आदिवासियों द्वारा इस्तेमाल किए जाने वाले उन पदार्थों में भारी खनिज़ों जैसे नाभिक धातुओं के गंदगी तक को सोख लेने की विलक्षण शक्ति है। अधिकारी महोदय इस जाँच-कार्य को जारी रखना चाहते थे लेकिन, जैसा कि हमारी व्यवस्था में अक्सर होता है, उन्हें अनेक विरोधों और रुकावटों का सामना करना पड़ा। उन्होंने कई प्रयोगशालाओं के सम्मुख अपना प्रस्ताव रखा, मगर उनमें से किसी ने भी उन्हें कोई उत्तर नहीं दिया। एक विदेशी विश्वविद्यालय ने ज़रूर अपनी रुचि जताई। उनके इस सतत् प्रयास ने यह प्रमाणित कर दिया कि आदिवासियों के पुश्तैनी ज्ञान पर आधारित एक नूतन प्रौद्योगिकी, एक जीवनक्षम प्रस्थापना हो सकती है। इस प्रसंग में 'सर्पगंधा' का उदाहरण भी प्रस्तुत किया जा सकता है। इस पौधे के प्राचीन ज्ञान पर आधारित एक ईजाद का नाम है 'सर्पासिल', जिसका प्रयोग आज रक्तचाप को नियंत्रित करने में किया जाता है।

हमें इस तथ्य की जानकारी है कि अनेक विदेशी कम्पनियाँ भारतीय

विश्वविद्यालयों की अकादमियों को इस प्रकार की प्राचीन ज्ञान-सम्पदा को संग्रहीत करने के लिए धन प्रदान करती हैं। इस ज्ञान-सम्पदा की पुनर्प्राप्ति के लिए ये कम्पनियाँ शोधकर्ता विद्वानों को अच्छी-ख़ासी रक़म देती हैं।

यह जो कुछ हो रहा है, इसका भारत के पास क्या जवाब है ? क्या हम नैतिकता की दुहाई देते हुए अपने रोष और क्रोध को बाहर निकालकर ही चुप बैठ जाएँ या इन कम्पनियों की शोषण-वृत्ति के खिलाफ़ रोना-चिल्लाना शुरू करें ? हमारा विश्वास है कि इस सम्बन्ध में जो सबसे अधिक निर्णायक कार्यवाही भारत को करनी चाहिए वह यह है कि हम अपनी प्रौद्योगिकी को उत्तरोत्तर वर्धक बनाएँ, उसका चार्ट बनाएँ और अपने जैव-वैविध्य को भली-भाँति समझ कर, उसकी रक्षा करने के लिए तैयार हों, और सर्वोपरि अपने समृद्ध जैव-वैविध्य में से ही नई-नई प्रौद्योगिकियों को ढालें और गढ़ें और यदि हमें अपनी ही महत्त्वपूर्ण सामग्री और पदार्थों को बौद्धिक सम्पत्ति या वास्तविक और दिखाई देने वाले पदार्थों में बदलने का खेल ही उन्हें कानूनी संरक्षण प्रदान करने के लिए खेल खेलना पड़े तो वह भी हम ज़रूर खेलें। मगर वह खेल हमें अपने देश के चंद लोगों को अमीर बनाने के लिए नहीं खेलना है, बल्कि देश के सब लोगों—जनता-जनार्दन—के लिए प्रमाणित, समर्थन योग्य दौलत के सृजन हेतु खेलना है। फिर हम ऐसे उत्पादों के उत्पादन का विश्वव्यापी नेतृत्व को सँभालने योग्य हो जाएँगे।

हमारा विश्वास है कि आधुनिक प्रौद्योगिकीय प्रजातियों के चाहें वे प्राकृतिक उत्पादों के अध्ययन, जैव-प्रौद्योगिकी या सूचना-सम्प्रेषण प्रौद्योगिकियों से सम्बन्धित हों, ये सब हमें नए-नए अवसर प्रदान करते हैं, न सिर्फ विकसित राष्ट्रों के समकक्ष होने का, बल्कि कई मामलों में उनसे भी आगे निकल जाने का भी।

इसे कैसे प्राप्त करें ?

प्रौद्योगिकीय परिकल्पना 2020 के जीवन-विज्ञान और जैव-प्रौद्योगिकी के दस्तावेज़ उन कोशिशों की तफ़सील बयान करते हैं, जिनसे उन फ़ायदों को हासिल किया जा सकता है, जो विभिन्न तरीकों से भारत की जैविक-सम्पत्ति सब देशवासियों को देगी।

हम अपने सब पाठकों को उन अवसरों और उन उत्तेजना के क्षणों में शरीक करना चाहते हैं, जो इस महान अभियान की मंज़िल तक पहुँचने के दौरान-बार-बार आएँगे। भारतीय भूगोल की बुनियादी जानकारी रखने वाला कोई भी व्यक्ति जानता है कि हिमालय का पूरा इलाक़ा, उत्तर-पूर्व, मध्य भारत और तटीय क्षेत्र औषधजात, वनस्पति, पेड़-पौधों और प्राणि-समूह के मामले में कितना समृद्ध है। यहाँ तक कि राजस्थान के रेतीले क्षेत्र में भी अपनी विशिष्ट जाति के पौधे और जानवर पाए जाते हैं। यदि हम, एक राष्ट्र के रूप में संकल्प कर लें, तो अपने कालेजों, स्कूलों तथा अन्य स्थानीय संस्थाओं के लोग मिलकर अपने इस तमाम जैव-साधनों का पूरा विवरण एकत्र कर सकते हैं। हमारे सर्वेक्षण के अनुसार अनेक शोध-संस्थानों तथा अन्य सर्वेक्षण-संस्थानों ने इस दिशा में काफी काम करके, महत्त्वपूर्ण जानकारी एकत्र की भी ही। अब इस सर्वेक्षण के दर्जे को बेहतर और कार्योन्मुखी बनाने की ज़रूरत

है। कार्य-योजना का उद्देश्य होगा वनस्पति-जगत और पशु-पक्षी-जगत का संरक्षण और उनसे जुड़े बौद्धिक-सम्पदा-अधिकार या इसी प्रकार के अन्य अधिकारों की रक्षा। इसके अलावा, उनकी आर्थिक प्रयुक्तियों की उचित देखभाल। इस बारे में अध्ययन के बाद, इन प्रत्यक्ष सर्वेक्षणों के अलावा, जैव-वैविध्य के स्थानीय ज्ञान का संग्रह करके उस पर भी एक अलग दस्तावेज़ तैयार किया जा सकता है। इस सम्बन्ध में समाज-विज्ञान समाजजैविकी से जुड़े लोगों और बहुभाषाविदों आदि को भी इस अभियान के साथ जोड़ा जा सकता है, इस कार्यक्षेत्र को व्यापक और प्रामाणिक बनाने के उद्देश्य से। इन सब विशेषणों और कार्यकर्ताओं को चतुर और सूझबूझ वाला होना चाहिए और उन्हें सिर्फ़ आँकड़े जमा करने के काम पर ही नहीं रुक जाना चाहिए, बल्कि आगे बढ़कर स्थानीय कलाओं, हुनरों, कुशलताओं, संगीत हस्तकौशल शिल्प और कारीगरी आदि के बारे में भी आवश्यक और लाभप्रद जानकारियाँ हासिल करने की कोशिश भी करनी चाहिए। आधुनिक प्रौद्योगिकी की बदौलत वीडियो कैमरा, 'लैपटैप' कम्प्यूटरों और टेप-रिकार्डरों आदि सुविधाओं ने इस कार्य को पहले से कहीं ज़्यादा आसान कर दिया है। इस संपूर्ण सर्वेक्षण के माध्यम से प्राचीन काल की उस ज्ञान-सम्पदा की पहचान भी कर ली जाएगी, जिसमें आर्थिक सम्भावनाएँ छिपी हैं। देश के विभिन्न भागों से आने वाले ये लोग हर क्षेत्र की सबरंग तस्वीर पेश करने में मददगार हो सकते हैं।

हमारी लम्बी तटरेखा भी हमारी समृद्ध जैव-सम्पदा का एक महत्त्वपूर्ण अंग हैं। मुख्य भू-भाग की तट-रेखा 3.500 किलोमीटर तक फैली है। यदि उसमें लक्षद्वीप, अंडमान और निकोबार द्वीपों की तटरेखाओं का समावेश कर लिया जाए, तो यह बढ़कर 7,516 किलोमीटर हो जाती है। भारत को यह अनूठा श्रेय भी प्राप्त है कि उसकी एक तटरेखा से जुड़े एक महासागर का नाम उसके ही नाम पर रखा गया है। फिर भी अधिकांश भारतीय स्थल-रुद्ध हैं। हम उस दिन का इन्तज़ार कर रहे हैं, जब हमारे देश के सब बच्चों को समुद्र में तैरने का सुख मिलेगा। महासागर के प्रति हमारा उपेक्षा-भाव न सिर्फ हमें उसका मनोरंजक उपयोग नहीं करने देता, बल्कि इस उपेक्षा के कारण हमें काफी आर्थिक नुकसान भी होता है। इस उपेक्षा के कारण हम अपनी मछलियों की अल्पतम पैदावार ही कर पाते हैं। सागर में भाँति-भाँति की समुद्री शैवाल और घास व वनस्पति होती है, जिसका चिकित्सीय उपयोग भी हो सकता है, और भोजन के लिए भी। इसके अलावा, समुद्र में पाए जाने वाले पौधे, पशु और सूक्ष्म-जीव भी होते हैं, जिन्हें नमकीनी क्षेत्रों में भी पाला जा सकता है, मिसाल के तौर पर, उनकी जीनों को अलग करके ज़मीन पर उगने वाले पौधों की जीनों के साथ संकरण करके, उनमें नमकीनी प्रतिरोध-शून्यता लाता है। समुद्र में ऐसे अनेक संघटक मौजूद हैं, जो दवाओं और औषधकारक उत्पादों के उत्पादन में सहायक हो सकते हैं। अभी-भी ऐसी औषधियाँ व्यवहार में आ रही हैं, जो कैंसर के इलाज में कारगर साबित हो रही हैं। वे समुद्री स्रोतों से बनी हैं। समुद्र भारत के लिए एक और जैव-स्रोत भी सिद्ध हो सकता है, यदि हम इन स्रोतों को भली-भाँति जान-समझ कर उसका इस्तेमाल करना बिना लोभी और सर्वग्राही बने सीख जाएँ।

हिमालय में मिलने वाले औषधीय पेड़-पौधे–एक उदाहरण

भारत इस बारे में खुशकिस्मत है कि सारे उप-महाद्वीप में ऐसे पेड़-पौधे और जड़ी-बूटियाँ मौजदू हैं, जिनसे तरह-तरह की औषधियों का उत्पादन होता है। आज भी ऐसी अनेक 'लोक-औषधियाँ' और 'लोक-चिकित्सा-विधियाँ' प्रचलित हैं, जो अत्यन्त लोकप्रिय हैं। उनका योजनाबद्ध और क्रमबद्ध ढंग से अध्ययन भी किया जा चुका है, हालाँकि उसे नाकाफ़ी ही माना जाएगा; उनका सम्पूर्ण और पर्याप्त अध्ययन होना शेष है।

यहाँ हम ऐसे अध्ययनों के कुछ उदाहरण प्रस्तुत कर रहे हैं। जिन दूरस्थ स्थानों में ये अध्ययन हो रहे हैं, उनमें लेह और नुब्रा घाटियाँ शामिल हैं। लेह स्थित डी. आर. डी. ओ. की 'क्षेत्र-शोध-प्रयोगशाला' से जुड़े ओमप्रकाश चौरसिया और ब्रह्म सिंह ने अपने अध्ययन के आधार पर जो अनेक खंडों वाली पुस्तक लिखी है, उसका नाम है–'कोल्ड डैज़र्ट प्लान्ट्स' (ठंडे रेगिस्तान के पेड़-पौधे)। उसमें उन सब प्रलेखों का संग्रह है, जिनका विवरणात्मक वर्णन पुस्तक में दिया गया है। यहाँ यह बताना भी आवश्यक है कि भारत में विश्व के प्रायः सभी जलवायवी क्षेत्रों के नमूने मौजूद हैं, और वह भी उसी अनुपात में, जो ऐसे भौगोलीय क्षेत्र के विश्वव्यापी वितरण में भी मौजूद है। ठंडे रेगिस्तान, उदाहरणार्थ, एशिया के आन्तरिक भागों के अलावा उत्तरी अमरीका के पर्वतीय क्षेत्र में भी पाए जाते हैं। विश्व की कुल भूमि का 16 प्रतिशत ठंडे रेगिस्तानों के रूप में है। भारत में जो ठंडे रेगिस्तान हैं, वे या तो हिमालय-क्षेत्र के पार स्थित हैं, या जम्मू-कश्मीर के लद्दाख और हिमाचल प्रदेश के लाहुल और स्पिति क्षेत्र में स्थित हैं।

भारत में चिकित्सीय महत्त्व के पेड़-पौधों का हमारा ज्ञान हज़ारों साल पुराना है, वैदिक काल (4500-1500 ईसापूर्व) में लिखे गए वेदों में उनका उल्लेख मिलता है। ऋग्वेद के अनेक सूक्तों में पीपल, सेमल और पिथुआन आदि वृक्षों का उल्लेख है और उनका जो वर्णन किया गया है वह काफ़ी हद तक सही है, जहाँ ऋग्वेद में उस काल के पेड़-पौधों के चिकित्सीय गुणों का उल्लेख कम है, वहाँ अथर्ववेद में उनके बारे में विस्तार से जानकारी दी गई है। प्रायः 2000 किस्म की जातियों, किस्मों और प्रकारों का सविस्तार वर्णन है, उनके उपयोगों की विधियों के साथ।

वैदिक काल के बाद, प्रख्यात काय-चिकित्सकों ने भी अपने दो ग्रंथों 'चरक संहिता' और 'सुश्रुत संहिता' में 700 के करीब रोज़मर्रा के इस्तेमाल में आने वाली और विशेष प्रयोजनों के लिए निर्धारित औषधियों का ज़िक्र किया है। सोलहवीं और सत्रहवीं शताब्दियों के बीच का काल भारतीय चिकित्सा-शास्त्र के इतिहास में काफी उथल-पुथल करने वाली घटनाओं का काल था, जब अनेकानेक गुणों से युक्त जड़ी-बूटियों और वनस्पतियों की खोज की गई, और उनके विशिष्ट गुणों और उपयोगों को सुनिश्चित किया गया। इस काल को जड़ी-बूटी और वनस्पतियों का काल कहा जाता है।

एक अनुमान के अनुसार, उन 2000 औषधियों में से जिनका प्रयोग भारत में व्यापक रूप से होता है, मात्र 200 खनिज और जन्तुओं से प्राप्त हुए हैं। शेष

पौधों से प्राप्त किए गए हैं।

अति प्राचीन काल से हिमालय में प्राप्त वनस्पति और पेड़-पौधे, भारत के औषधजात और औषधीय पौधों के मुख्य स्रोत हैं। और इसमें ठंडे रेगिस्तान में प्राप्त पौधे भी इस बात का अपवाद नहीं हैं। ठंडे रेगिस्तान के निवासी आज भी तिब्बती-चिकित्सा-प्रणाली में प्रयुक्त होने वाली जड़ी-बूटियों और पौधों का ही प्रयोग करना बेहतर समझते हैं। इस क्षेत्र में उपलब्ध औषधीय पौधे पेचिश, ठंड लगना, कफ़, अमाशय के रोग सरदर्द और त्वचा-रोग आदि में लाभप्रद और हितकारी पाए गए हैं। इन विशिष्ट औषधीय पौधों का प्रयोग करने वाले स्थानीय डाक्टरों को 'आमचीस' कहा जाता है। इस क्षेत्र में पाए जाने वाले कुछ विशेष पौधों, जैसे 'पैगानम हरमला' और 'अर्तेमिसिया एस. पी. पी.', के बारे में मान्यता है कि उनके प्रयोग से मासिकधर्म से जुड़ी समस्याओं पर नियंत्रण पाया जा सकता है, और कामोत्तेजक वस्तु के प्रयोग से उत्पन्न समस्याओं पर भी।

औषधीय पौधों के विकास, क्षेत्र-विकास के स्वरूप और उपयोगिता के बारे में बहुत अधिक जानकारी जमा हो चुकी है। इस काम के लिए आयचियों, स्थानीय आदिवासियों की मदद तो ली ही गई है, उपलब्ध साहित्य की बारीकी से जाँच भी की गई है।

इन सब उदाहरणों को प्रस्तुत करने की मंशा सिर्फ़ यही है कि लोग इस बात को जानें कि भारत के औषधीय पौधों में असीम सम्भावनाएँ मौजूद हैं। और इसी सम्बन्ध में यह कल्पना कीजिए कि यदि देश के हर गाँव या तालुके में इन संभावनाओं की सम्पूर्ण जानकारी प्राप्त करने के उद्देश्य से अति-व्यापक सर्वेक्षण किया जाए तो यह सम्भावनाएँ कई गुना और ज़्यादा बढ़ जाएँगी। और इससे भी अधिक महत्त्व की बात यह है कि यदि इस अपार ज्ञान में हमारा यह इरादा भी जुड़ जाए कि यदि हम अपने औषधीय पौधों के व्यापारीकरण की प्रक्रिया भी शुरू कर दें, तो असीम सम्भावनाओं का एक अलग द्वार भी खुल जाएगा। क्या हम इस चुनौती को स्वीकार करने की हिम्मत करेंगे ? हमारा विश्वास है कि हमें ऐसा अवश्य करना चाहिए।

अपेक्षाकृत कम पूँजी-निवेश के साथ। इस विषय में हमारी परिकल्पना को भी इस इच्छा से आवेशित हो जाना चाहिए कि हम अपनी जैविक सम्पदा का सर्वोत्तम उपयोग अवश्य करेंगे।

7

भविष्य के लिए निर्माण की योजनाएँ

लोग दुनिया के दीर्घकालीन विकास के बारे में सोचें, जो स्थायी रह सके, यह कर पाना कठिन कार्य है। परन्तु हमें यह संकोच तोड़कर भविष्य की ठोस परिकल्पनाएँ करनी चाहिए।

–मरे गेलमान

चिकित्सा, धातु-कर्म, निर्माण, वस्त्र चलजलीय (हाइड्रालिक्स) या प्रारंभिक नौका-निर्माण के क्षेत्रों में प्राचीन और मध्य काल में हम भारतीयों को विविध कुशलताएँ प्राप्त थीं। उदाहरणस्वरूप पेश की जा सकती हैं–हमारी भव्य और उत्कृष्ट मूर्तियाँ और ताजमहल जैसे चिरस्थायी और विलक्षण स्तंभ, जिसके निर्माण के लिए जटिल मानवीय कुशलताओं और मानवीय तथा पशु शक्ति का उपयोग किया गया था। भारत विख्यात था, शल्यक्रिया और मलमल जैसे अपने बहुविध हुनरों के लिए। हम आग के नानाविध प्रयोगों और धातुकर्म के विविध इस्तेमालों में औरों से बहुत आगे थे। फिर भी, हम मध्यकाल में प्राकृतिक ईंधनों को जलाकर वाहन को चलाने वाली शक्ति नहीं उत्पन्न कर पाए। यूरोप की औद्योगिक क्रांति की नींव का पत्थर बना–अंतर्दहन इंजन, जैसा महत्त्वपूर्ण आविष्कार, जो भारत में तब पहुँचा, जब वह उपनिवेश बन चुका था। यूरोप में आविष्कृत निर्माण के नए-नए तरीकों की जानकारी भी भारत में काफ़ी देर से पहुँची। उन्नीसवीं सदी के अंतिम वर्षों और बीसवीं सदी के पूर्वार्द्ध में ही, भारत ने कुछ चीनी की फैक्टरियों, स्टील और कपड़े की मिलों को लगाने में कामयाबी हासिल की थी। बालचंद हीराचंद जैसे दूरदृष्टा और हिम्मती भारतीयों की बदौलत वह आगे चलकर, पोत-निर्माण, विमान निर्माण और कार-निर्माण जैसी महत्त्वाकांक्षी परियोजनाओं को क्रियान्वित करने की कल्पना कर सका।

आधुनिक निर्माण-कार्य

मानवता ने पिछले 150 वर्षों में द्रुत परिवर्तन होते देखे हैं। इस परिवर्तन के मूल में कई घटनाएँ रही हैं–जैसे पहले पाश्चात्य-देशों द्वारा और बाद में जापान द्वारा विशाल उत्पादन की तकनीकों को नए स्तरों तक विकसित करना। बाद में जापान ने आदर्श-निर्माण-विधियों का आविष्कार कर, इस क्षेत्र की और भी नई ऊँचाइयों

को छुआ। विशाल और बड़े पैमाने पर उत्पादन और दुनिया के बृहद् जन समूह के लिए यह उत्पादन नई व्यावसायिक रणनीतियों का आधार बना। विशाल जनसमूह द्वारा निर्मित वस्तुओं के उपभोग से 'गरीबी हटाने' और उन्हें सामाजिक लाभों को दिलाने के मुद्दे नई आर्थिक रणनीति के आधार बने।

निर्माण-कार्य के क्षेत्र को एक नया आयाम तब मिला, जब बिजली का आगमन हुआ। अब निर्माण-क्षेत्र में बिजली का बड़े पैमाने पर इस्तेमाल किया जाने लगा—मशीनों को चलाने, उन्हें गर्म करने और निर्माण-शाला को रौशन रखने में पाँचवें दशक के आगमन तक इन क्षेत्रों के आविष्कारों से निर्माण-क्षेत्र में एक नई क्रांति का सूत्रपात हुआ। 'इलैक्ट्रानिक्स' और 'ट्रांजिस्टर' की नई-नई युक्तियों और कालान्तर में 'सेन्सर' के विभिन्न रूपों में आ और छा जाने के कारण निर्माण-कार्य की दुनिया में अनेक अप्रत्याशित उलटफेर हुए। अब किसी नए उत्पाद के अध्ययन के लिए फैक्टरी या प्रयोगशाला में उसका आदिप्ररूप बनाना जरूरी नहीं रहा। अनेक नए उत्पादों की अभिकल्पना कम्प्यूटर कर सकते हैं, और उससे अनुरूपक के व्यवहारों की भी। ऐसे अनुरूपकों के माध्यम से अनुकूलतम डिजाइन का चुनाव करने के बाद, कम्प्यूटर प्रोग्राम ही सीधे निर्माण-प्रक्रियाओं को संचालित कर सकते हैं। इन प्रक्रियाओं को साधारण तौर पर 'कम्प्यूटर-एडेड-डिजाइन' (कम्प्यूटर-सहायता-प्राप्त डिजाइन) और 'कम्प्यूटर-एसिस्टेड मैन्युफैक्चरिंग (कम्प्यूटर-सहायता प्राप्त निर्माण) या संक्षेप में 'कैड' (CAD) और 'कैम' (CAM) कहा जाता है। इन शक्यताओं के मद्देनज़र उपभोक्ता अब नए-नए रूपों की माँग करने लगे हैं। किसी भी ग्राहक के सामने चुनाव के लिए अब अनेक विकल्प प्रस्तुत किए जा सकते हैं। अनेक विकसित देशों में रिवाजी-उत्पाद-डिजाइन या लचीली निर्माण-प्रक्रिया की तकनीक काफी लोकप्रिय होती जा रही है।

निर्माण-प्रक्रिया में काम आने वाले उपकरणों की संख्या में भी बहुत वृद्धि हुई है। लेज़रों और जल-फव्वारों का प्रयोग बहुतायत से होने लगा है। कर्तन करने के लिए विशिष्ट स्टीलों या सिरेमिकों का प्रयोग कम होता जा रहा है। इस बात पर आसानी से विश्वास नहीं होता कि लेसर कर्तन के लिए भारी स्टील की प्लेटों को काटने से लेकर आँखों की शल्यक्रिया जैसे सूक्ष्म प्रयोगों तक के लिए काम आता है। क्या आप इस बात पर भी विश्वास करेंगे कि घर में इस्तेमाल होने वाले मामूली पानी से स्टील को भी काटा जा सकता है ? उच्च दबाव से ज़ोर से फेंका गया और एक खास निशान पर केंद्रित किया गया पानी भी सफ़ाई से काट सकता है। इस प्रौद्योगिकी का लाभ जल के भीतर, उदाहरणार्थ, तटवर्ती संस्थापनों (ऑफशोर इंस्टालेशन्स) के लिए उठाया, जा सकेगा।

थोड़ा विषयांतर करते हुए, यह कहा जा सकता है कि किसी भी वस्तु को किसी ख़ास स्थान पर केन्द्रित करके एक अच्छी तीक्ष्ण धार के रूप में बदला जा सकता है। जहाँ वेल्डिंग किया जा रहा हो, वहाँ किसी खास स्थान को पहले से ही तय करके वहाँ प्रवाह को केन्द्रित किया जाए, तो वहाँ भी यही असर देखने में आता है। लेसर भी प्रकाश का एक संसक्त और किसी ख़ास स्थान पर केन्द्रित स्रोत ही

है। दबाव से फेंका गया जल-फव्वारा तीक्ष्णता से बिन्दु-विशेष पर केन्द्रित की गई एक जल-धार ही है। यदि हम एक राष्ट्र के रूप में अपना पूरा ध्यान गरीबी को हटाने और एक दीर्घकालीन निरन्तर क्रियाशील विधि से विकास करना शुरू कर दें तो हम नहीं समझते कि कोई भी अवरोध हमारे सामूहिक, समनगत और सुकेन्द्रित ताक़त के आगे टिक पाएगा।

भारत में निर्माण-कार्य

टाइफैक की प्रौद्योगिकीय परिकल्पना से जुड़े कार्य-दल का मानना है कि कम्प्यूटरों को निर्माण-प्रक्रियाओं से जोड़कर अपने निर्माण-कार्यों में अत्यधिक सफलता प्राप्त की जा सकती है। आगे हम ऐसी कुछ सच्ची कहानियाँ सुना रहे हैं, जिन्होंने हमें अपनी परिकल्पना को आपके साथ बाँटने के लिए प्रेरित किया है। सम्भावनाओं की तादाद के आगे सफलता की इन कहानियों की तादाद, बेशक कम है।

कैसी कहानियाँ हैं ये ? सर्वप्रथम और सर्वोपरि है यह तथ्य कि भारत को आज दुनिया भर में, सॉफ्टवेयर का उद्‌गम स्थल माना जाने लगा है। उसकी इस दिलेरी और क्षमता का प्रतीक बन गया है बंगलौर। और हैदराबाद को इस कारण अब हैदराबाद की जगह 'सायबराबाद' कहा जाने लगा है, क्योंकि वह भी सॉफ्टवेयर और सूचना-प्रौद्योगिकी के केन्द्र के रूप में उभर रहा है। सच तो यह है कि सॉफ्टवेयर के निर्यात-व्यापार में इन्हीं दोनों नगरों का सबसे बड़ा हाथ है। दोनों नगरों का क्या, सारे भारत का सारा सॉफ्टवेयर निर्यात ये दो नगर ही करते हैं। ऐसा कैसे हुआ ? इसका पूरा श्रेय जाता है भारत के स्कूलों और कॉलेजों से निकले हमारे युवकों और युवतियों को। अपनी रोज़ी-रोटी के लिए उन्होंने इस व्यवसाय को अपनाया था, लेकिन देखते-ही-देखते उनमें इतनी महारत हासिल कर ली कि अब वे अपनी क्षमता और योग्यता के बल पर, उन सब माँगों को पूरा कर रहे हैं, जो उनके सामने आती हैं, और इस प्रकार अपनी काबलियत का शानदार प्रदर्शन कर रहे हैं।

आज हमारे सामने सबसे अहम सवाल यह है कि हम अपने लोगों की, उनकी क्षमता और कर्मठता का, उनकी सम्भावनाओं का कैसे और किस रूप में उपयोग करें ? कैसे उन्हें अपनी कुशलताओं को लगतार बढ़ाते रहने के लिए प्रेरित करें और उन्हें ज्यादा बेहतर बनाने, अपनी क्षमताओं का प्रदर्शन करने का अवसर दें। हम इसी विषय पर आगे भी अन्यत्र चर्चा करेंगे। लेकिन फिलहाल हमें इतना ही कहना है कि हम सब भारतीयों को एक परिकल्पना से, सहयोगी वातावरण से और इस भावना से कि स्वयं उन्हें और उनके परिवार के सदस्यों को इस परिकल्पना को क्रियान्वित करने के लिए तैयार होना है, प्रेरित करना पड़ेगा। पिछले पचास वर्षों में जो भारतीय अपना देश छोड़कर, विदेशों में जाकर काम करने लगे, और वहीं बस गए, वे भी अपनी निजी आवश्यकताओं से ही प्रेरित हुए थे। जब स्वयं अपने देश ने उन्हें बेहतर जीवन जीने के लिए अवसर नहीं प्रदान किए, कोई चुनौती उनके सामने नहीं रखी, तब उन्होंने विदेश जाकर वहाँ अपनी तलाश पूरी की।

आइए, फिर अपनी सॉफ्टवेयर से जुड़ी सामर्थ्य पर आते हैं। हमारे देश में

ऐसे लोगों की कमी नहीं है, जो इस सामर्थ्य को महज़ 'डेटा एंट्री' करने की ताक़त ही मानते हैं। ऐसी सोच संकुचित दृष्टि से उपजी सोच है। कोई भी बड़ी अर्थ-व्यवस्था ऐसी कुशलता पर निर्भर नहीं रह सकती, जो सिर्फ उच्च कोटि के बौद्धिक आदान की ही माँग करे। अमरीका, जर्मनी, जापान या चीन की अर्थव्यवस्थाएँ इसका जीता-जागता सबूत पेश कर सकती हैं। लेकिन, अगर भविष्य पर एक नज़र डाली जाए, तो एक बात हमारी चिन्ता का कारण बनती है। क्या सॉफ्टवेयर के निर्यात व प्रयुक्तियों के क्षेत्र में आई गर्म-बाज़ारी कुछ दशक में ख़त्म नहीं हो जाएगी ? तब क्या होगा उन्नत और विकसित देशों द्वारा विकसित सॉफ्टवेयर का जो हमारे लोगों द्वारा संचालित होता है, प्रयुक्तियों के कार्यकर्ताओं, डेटा-विश्लेषकों और बाज़ार को विकसित करने वाले लोगों के रूप में, जो इस बाज़ार के लिए सिर्फ एक टेक बने हुए हैं, और टेक के रूप में उसे सँभाल रहे हैं ? इसके अलावा, जैसा कि आजकल आमतौर पर हो रहा है, सबसे ज्यादा फ़ायदा उन्हीं लोगों को होता है, जो डिजाइन की मूल कल्पना करते हैं, क्योंकि विकसित प्रौद्योगिकी का मिज़ाज ही इस ढंग का है। उन्हें ज्यादा फ़ायदा मिल जाने की एक वजह यह भी है कि उन्हें तरह-तरह के संरक्षण भी प्राप्त हैं, जैसे—व्यापारिक समझौते और बौद्धिक सम्पत्ति के अधिकार। अपने क्षेत्र में मिली 'माइक्रोसॉफ्ट' को मिली उल्लेखनीय सफलता उसका एक आदर्श उदाहरण है। 'माइक्रोसॉफ्ट' के पास अनेक सॉफ्टवेयर पैकेजों के सुरक्षित विशेषाधिकार हैं। इसलिए भारत को चाहिए कि वह सॉफ्टवेयर की मौजूदा गर्मबाज़ारी और माँग का पूरा लाभ तो उठाता ही रहे, साथ ही अपने को इस बाज़ार के उच्चतर पहलू और सिरे को भी न भूले और आगामी एक दशक में स्वयं सॉफ्टवेयर का अपना बाज़ार और व्यवसाय उच्चतर स्तरों तक विकसित करने की तैयारियों में भी लगा रहे, ताकि भविष्य में बाज़ार में उसकी बोलियों की तूती बोल सके।

इस उच्चतर 'सॉफ्टवेयर' का स्वरूप क्या है ? यहाँ हम एक रपट के कुछ उद्धरण पेश कर रहे हैं। यह पैनल मार्च 1991 में 'नेशनल क्रिटिकल टैक्नालॉजिज़ पैनल', अमरीका में गठित हुआ था, और उसे अपनी रपट देने को कहा गया था।

''सॉफ्टवेयर आधार है—सूचना-प्रबन्धन, निर्माण-प्रक्रियाओं, संचार, स्वास्थ्य-रक्षा, सुरक्षा और शोध और विकास जैसे क्षेत्रों का...

''प्रगत और उन्नत सॉफ्टवेयर का विकास, जैसे-जैसे समय बीतता जाता है, प्रतिबंधकारक बन रहा है, नई सैनिक और व्यावसायिक प्रणालियों को आगे लाने और उनकी विश्वसनीयता के मामले में। 'सॉफ्टवेयर' विषयक ज़रूरतें नाटकीय ढंग से विस्तार पाती हैं, और स्वचालित-प्रणालियों के रूप में बदलकर या तो प्रचुर मात्रा में ही उत्पन्न होती हैं या उनका पुनर्मनन भी होता रहता है, और उसके साथ उनकी नफ़ासत और कृत्रिमता भी बढ़ती है। बढ़ती माँगों के बावजूद प्रणत सॉफ्टवेयर प्रोग्रामों का उत्पादन और प्रजनन एक श्रम-साध्य प्रक्रिया है, और उसका बाज़ार भी गहन होगा। नतीजतन, अमरीकी उद्योग के लिए ऊँची गुणवत्ता वाले निर्भरणीय सॉफ्टवेयर के जनन और उत्पादन का कार्यक्रम संकट और ख़तरे में डालने वाला सिद्ध हो रहा है...

"1990 में प्रोग्रामिंग की एक मामूली-सी त्रुटि की वजह से अमरीका के प्रमुख नगरों के दूर फ़ासलों वाले टेलीफोन-नेटवर्क नौ घंटों तक बन्द रहे। प्रगत सॉफ्टवेयर इस कारण एक विरोधाभास दुर्बलताओं की दर पेश कर सकता है। प्रौद्योगिकीय प्रगति का मूल आधार होते हुए भी वह प्रौद्योगिकीय दुर्बलताओं की भयावह सम्भावना को भी दर्शाता है।"

सॉफ्टवेयर की इस श्रम-गहनता के इस पक्ष ने ही भारत के लिए अपार अवसर प्रदान किए हैं। लेकिन, विकसित देश इसकी दुर्बलताओं से आशंकित हैं, ऊपर जिस रपट का ज़िक्र किया गया है, उसमें यह भी कहा गया है कि उत्पन्न समस्याओं को हल करने के प्रयास चल रहे हैं। सॉफ्टवेयर के डिजाइन में ही उसका मूल तत्त्व है। ...सॉफ्टवेयर को न कहीं से जोड़ना पड़ता है, और न ज्यादा कुछ गढ़ना पड़ता है। ...फिर भी प्रोग्रामरों के लिए कोई प्रत्याशा करना कि प्रोग्राम के बाद क्या घटने वाला है, कभी-कभी बड़ा मुश्किल हो जाता है। ...नवीकरण की जिन कल्पनाओं को विकसित किया जा रहा है, उसमें समावेश है, सॉफ्टवेयर पर आधारित डिजाइन के उपकरण और इन डिजाइनों के विकास में नियोजित प्रबन्धन-विषयक कल्पनाओं का।

रपट के अंत में कहा गया है कि इन प्रयासों में सॉफ्टवेयर के विकास से जुड़ी प्रबल संभावनाएँ छिपी हैं, जिनसे उसकी उत्पादन प्रक्रिया श्रमाधारित नहीं रहेगी, और वह ऊँचे किस्म की स्वचालित उत्पादन प्रक्रिया बन जाएगी। इन विकासों के क्रियान्वयन के बाद, सॉफ्टवेयर के लेखन का स्थान सॉफ्टवेयर का स्वयं-उत्पादन ले लेगा। तो, इस प्रकार हम देख सकते हैं कि न सिर्फ भौतिक उत्पादों के निर्माण का चेहरा इस क़दर बदल गया है कि उसकी पहचान करना भी नामुमकिन हो गया है, ठीक उसी तरह जिस तरह कम्प्यूटर सॉफ्टवेयर जिसके कारण ये सब नामुमकिन से लगने वाले परिवर्तन मुमकिन हुए, खुद मूलज क्रांति के अज़ब-गज़ब दौर से गुज़र रहा है।

सॉफ्टवेयर तकनीकी के लिए परिकल्पना

भारत को ऐसे सहयोजित प्रयास आरम्भ कर देने चाहिए, जिनके परिणामस्वरूप वह उन निर्भरणीय सॉफ्टवेयरों के बाज़ार में उतार सके, जो निर्माण/उत्पादन, स्वास्थ्य-रक्षा तथा अन्य प्रयोगों के काम आ सकें। यह बाज़ार जो हाल में उभरना शुरू हुआ है। हमारे पास अनेक क्षमताएं हैं : 'एयरोनॉटिकल डैवलपमेन्ट एजेन्सी' (ए डी ए) द्वारा विकसित कैड/कैम/पैकेज, जिनकी 'लाइट कॉमबेट एयरक्रैफ्ट' (एल सी ए) परियोजना, कई प्रमुख बाज़ारों में नागरिकों के इस्तेमाल के लिए सही पाई गई है, और जिसका विपणन सारी दुनिया में एक अमरीकी कम्पनी कर रही है। ऐसे अनेक अन्य उदाहरण भी मौजूद हैं, जो यह जताते हैं कि भारतीय सॉफ्टवेयर को यूरोप और अमरीका ने अपने बाज़ारों के उपयुक्त पाया है। ये प्रयुक्तियाँ हवाई अड्डे से लेकर निर्माण/उत्पादन प्रक्रियाओं तक फैली हैं। इनके अलावा, कई किस्म के सॉफ्टवेयर में, जो शैक्षिक क्षेत्र के प्रयोगों से जुड़े हैं, कई विश्वव्यापी विशाल कम्पनियों ने अपनी रुचि दिखाई है। वे संभवतः उसे अन्य उपयोगी उत्पादों के साथ संयुक्त करना चाहती हैं। भारतीय सॉफ्टवेयर क्षेत्र ने अपने निर्यात की जो योजना बनाई है, उसका लक्ष्य है–2002

तक 10 बिलियन डॉलर और 2008 तक 38 बिलियन डॉलर का निर्यात। यदि निर्यात करने वाले उद्यमियों ने पर्याप्त उत्साह दिखाया, और कल्पनाशीलता से काम लिया, तो वे इस लक्ष्य से आगे जाकर और अधिक मात्रा में भी निर्यात कर सकेंगे। विशेषज्ञों का यह भी विश्वास है कि 2020 तक भारत दुनिया के सॉफ्टवेयर बाज़ार के 10 से 15 प्रतिशत भाग पर कब्जा कर लेगा। तब वह विकसित देशों की कम्पनियों के लिए भी सप्लाई करने वाला एक बड़ा देश बन जाएगा। 'लोअर एंड सॉफ्टवेयर' के साथ विशाल व्यापार के अतिरिक्त होगा यह व्यापार। चूँकि 2020 तक भाषा के व्यवधान भी सॉफ्टवेयर की दुनिया में कम हो जाएँगे, इसलिए अधिकांश भारतीय/घरेलू और स्थानीय प्रयोगों के लिए भारतीय भाषाओं का इस्तेमाल करने लगेंगे। इस बात की भी सम्भावना है कि कर्मचारी-वर्ग का 30 प्रतिशत भाग विभिन्न किस्मों के सॉफ्टवेयरों का सहारा लेने लगेंगे।

निर्माण-क्षेत्र में काम करने वालों को चंद ऐसी कम्पनियों से होड़ का सामना करना पड़ता है, जो अपने बेहतर प्रौद्योगिकीय आधार और बेहतर प्रबन्धन कार्यकुशलता के कारण अपना प्रभुत्व क़ायम किए हुए हैं। फिर भी, आधुनिक प्रौद्योगिकीय माँगों और उपभोक्ता की पसन्दगियों के आगे इन विशालतम बहुराष्ट्रीय कम्पनियों की भी कुछ ज्यादा नहीं चल पाती। उन्हें अपने सॉफ्टवेयर व्यापार के लिए जिन साधनों की ज़रूरत है, भारत उनकी इन ज़रूरतों को आंशिक रूप से पूरा कर सकता है। भारत का सॉफ्टवेयर-निर्माण-क्षेत्र उन्हें बेहतर डिजाइनों, उनके कार्यात्मक पक्षों की गुणवत्ता को श्रेष्ठतर बनाने में सहायक हो सकता है, और उसके बदले में अच्छी कमाई भी कर सकता है, इससे विश्व के सॉफ्टवेयर-बाजार में उसकी हैसियत बढ़ेगी और जब, आने वाले वर्षों में सॉफ्टवेयर उद्योग अधिक परिष्कृत नफ़ासत-पसन्द बनेगा तब उस क्षेत्र में भारत अपने को और भी बेहतर स्थिति में पाएगा।

आधुनिक उद्योगों में जिन अत्याधुनिक डिजाइनों और बेहतर गुणवत्ता से भरपूर उपकरणों और बेहतर कार्यात्मक व्यवहारों का इस्तेमाल होता है, वे भी भारत को सॉफ्टवेयर-निर्माण और व्यापार से जुड़ी विशालतम बहुराष्ट्रीय कम्पनियों से सहयोग करने के कारण आसानी से मुहय्या होते रहेंगे। इन व्यवहारों और उपकरणों के इस्तेमाल से देश का आर्थिक विकास भी तीव्रतर होगा, कारण सब क्षेत्र भले ही वे रसायनों या खाद्य-उत्पादों या जैव-प्रौद्योगिकियों या पैकेजिंग या इलैक्ट्रानिक्स से जुड़े हों, इन नई क्षमताओं के प्रयोग की बदौलत लाभान्वित होंगे। यह सच है कि हमें इन विश्वासों के बावजूद कुछ प्रौद्योगिकीय और जानकारियों का आयात करना पड़ सकता है फिर भी यदि मशीनी पुर्जों और इंजीनियरिंग क्षेत्रों से जुड़े हमारे प्रवीण वैज्ञानिक एक निश्चित लक्ष्य की प्राप्ति के मद्देनज़र विश्व की श्रेष्ठतम स्वचालित और परिष्कृत प्रौद्योगिकीयों पर आधारित तकनीकों और उत्पादों का आविष्कार करके दिखा सकते हैं। भारत उन्नत मशीन प्रणालियों को प्रयुक्त करने वाले कुछ क्षेत्रों में अग्रणी होकर दिखा सकता है। मगर, इसके लिए, उद्योग शोध करने वाली प्रयोगशालाओं, डिजाइन बनाने वालों, सलाहकारों, निर्यातकों और विपणन-कार्य से जुड़े विशेषज्ञों को इस महती कार्य-योजना में शामिल करके हमें सहयोजित प्रयास करने पड़ेंगे, इन अनेक ऐसे

दलों के प्रबंधन के लिए अति स्पर्धात्मक वातावरण में चुस्त, चौकस, व्यावहारिक, कार्यकुशल और सुव्यवस्थित ऐसे व्यक्तियों की ज़रूरत पड़ेगी, जो अपने कार्य व लक्ष्य के प्रति समर्पित हों और स्वयं प्रवीण भी हों। इस लक्ष्य को पाने के लिए पुराने किस्म की वह कार्य-शैली, जो हर काम व फैसले में देरी करने के आदी हों और किसी केन्द्रीय समायोजन-प्रणाली पर निर्भर हों, क़तई कारगर साबित नहीं हो पाएगी। सच तो यह है कि इस चुनौतीपूर्ण कार्य से जुड़नेवाले सब प्रबन्धकों को कड़ी मेहनत करनी पड़ेगी, और समय-समय पर सॉफ्टवेयर व उसकी 'सिस्टम्स डिजाइन' के निर्माण में अपनी पेशेवर कुशलता और क्षमता का प्रदर्शन करते रहना होगा।

अन्य क्षेत्रों में निर्माण

विश्व के विकसित देशों में निर्माण-कार्य के इस ऊपरी क्षेत्र की निर्माण-कार्य-शैली आज़कल उभर कर अपनी जगह बनाने में लगी है। हम पीछे उसकी चर्चा कर चुके हैं। भविष्य में इसी कार्यशैली के विश्व में निर्माण की आदर्श कार्य-शैली बन जाने की पूरी सम्भावना है। हम इस उपयोगी कार्य-शैली की ज्यादा दिनों उपेक्षा नहीं कर सकते। वास्तव में यदि हम चौकस रहे और संगठित भी, तब हम उन अवसरों का पूरा लाभ उठा सकेंगे, जो विकसित देशों को लाभान्वित कर चुके हैं। हम पहले से ही अनेक ऐसे अवसर खो चुके हैं इसलिए हमें इस दिशा में जल्दी-से-जल्दी ज़रूरी क़दम उठाने पड़ेंगे।

इसके साथ ही हम उन लघु इकाइयों को नहीं भूल सकते, जो व्यवस्थित और तथाकथित अनौपचारिक क्षेत्र में कार्यरत हैं। इन लघु इकाइयों का अस्तित्व कुछ विशेष कारणों से अभी तक बना हुआ है। उनके कारीगर पुरानी मशीनिरियों और उपकरणों का इस्तेमाल करते हैं, और कम मेहनतानों पर काम करने को तैयार रहते हैं। वैसे, यह बात भी सच है कि उनमें काम करने वाले काफ़ी कारीगरों में बुनियादी निपुणताएँ और अपने काम में नवीनता लाते रहने की योग्यता है। इनमें से जो कुछ इकाइयाँ कड़ी शर्तों और माँगों को पूरा करने में समर्थ हैं, वे ऐसे-ऐसे उपकरणों, प्रौद्योगिकी या मशीनरी व जानकारी का प्रयोग करती हैं, जिनका देसी निर्माण किया गया है।

इसका एक उदाहरण हमें स्वचालित क्षेत्र में देखने को मिलता है। ये लघु और मध्यम क्षेत्र की इकाइयाँ ही हमारे लिए प्लास्टिक का सामान, वस्त्र, चमड़े की वस्तुएँ और बिजली का सामान काफी मात्रा में तैयार करती हैं। उन्हें जिन समस्याओं का सामना करना पड़ता है, वे या तो स्वचालित-निर्माण-प्रक्रिया से सम्बन्धित हैं, या सॉफ्टवेयर की वजह से हैं। और, शायद इस दशक के अन्दर ही, या उससे भी पहले, इस क्षेत्र को भी ऐसी चुस्त-दुरुस्त कुशल इकाइयों से होड़ लेने को मजबूर होना पड़ेगा, जो खुद उन्नत और प्रगत प्रौद्योगिकी का इस्तेमाल करती हैं। तब, हमारे लिए यह अनिवार्य हो जाएगा कि हम इन लघु और मध्यम क्षेत्र को उस कड़ी प्रतियोगिता के लिए तैयार करें, जो उन्हें उनसे भी बड़ी देसी कम्पनियों से, जो बड़ी होने पर भी अधिक उन्नत या प्रगत नहीं हैं, करना होगा। इस प्रतिस्पर्धात्मक माहौल में अपना

अस्तित्व क़ायम रखने और दुश्मन को हराने के लिए उन्हें बड़ा जुझारू और क्षमतावान बनना होगा। उनके कारीगरों को अपनी कुशलताओं के स्तर में सर्वांगी और तंत्रानुसार निरन्तर वृद्धि करते रहना होगा। इसके अलावा उनमें से अनेक उद्योगों को अपने उद्योग-विशेष में नई-नई प्रौद्योगिकियों का इंजैक्शन भी लगातार देते रहना होगा। उन्हें ग्राहकों और उपभोक्ताओं की अभिरुचियों को जानना-समझना होगा, और उनके अनुरूप नई-नई निर्माण-प्रक्रियाओं की जानकारियों को भी आत्मसात करना होगा। नए-नए उत्पादनों के लिए तैयार रहना होगा। घरेलू और विदेशी निर्यात में उपभोक्ताओं की पसन्दगियों, निर्यात-व्यापार के नियमों और तौर-तरीकों को हमेशा ज़हन में रखना होगा। हाल ही में उनके उन्नत और प्रगत निर्माण-कार्यों और प्रक्रियाओं की एक प्रतिपूरक विशेषता यह है कि अब पहले की तरह, निर्माण-कार्य कोई विराट या केन्द्रीय और अखंडित आधार वाला आयोजन नहीं रहा है। आने वाले दिनों में कल-कारखाने ख़ास किस्मों वाले डिजाइनों के अनुरूप बने होंगे, और उनके विकास और निर्माण के तौर-तरीके भी जुदा-जुदा होंगे। उत्पादन-नीति के आधार पर भी अलग-अलग होंगे, और कल-कारखाने किसी एक स्थान पर नहीं, दुनिया भर में फैले होंगे। यदि हमारे अन्दर सामूहिक इच्छाशक्ति हो, तो हम भी अपने अधिकांश मौजूदा उद्योगों को इन दिशा-निर्देशों के अनुरूप तब्दील कर सकते हैं। तब हम सर्वथा नवीन-प्रविधिज्ञ उद्यमियों की प्रवीणताओं और तकनीकी ज्ञान पर आने वाली इकाइयों को कार्य करने तथा उचित विकास करने के भरपूर अवसर प्रदान कर सकेंगे।

हम ऐसे भारत की कल्पना कभी नहीं कर सकते, जहाँ निर्माण-कार्यों को दरकिनार करके कृषि और सेवाओं के क्षेत्रों को ही अपनाया जाता हो। एक अरब से ज्यादा आबादी वाले देश को अनेक निर्णायक क्षेत्रों में उत्कृष्ट होना है, और सभी क्षेत्रों में सबसे आगे निकलना है। निर्माण कार्य उन्हीं क्षेत्रों में से एक है।

इंजीनियरिंग उद्योग

'टाइफैक' की प्रौद्योगिकी-विषयक परिकल्पना में निर्माण-क्रिया (मैन्युफैक्चरिंग) के बारे में जो कल्पनाएँ की गई हैं, वे इस प्रकार हैं—

• 2000 तक मशीनी उपकरणों का जो उत्पादन होगा उसका 60 प्रतिशत कम्प्यूटर और संख्यात्मक विधि से नियंत्रित होगा। इस विधि का अंग्रेज़ी नाम है, 'कम्प्यूटर एंड न्यूमेरिकली कंट्रोल्ड' विधि—'सी. एन. सी.'।

• 2020 तक 80 प्रतिशत मशीनी उपकरण कम्प्यूटर और संख्यात्मक विधि (सी. एन. सी.) से नियंत्रित होंगे।

• 2000-5 तक भारतीय उद्योग लचीली निर्माण-विधियों (एफ. एम. एस.) का प्रयोग करने लगेंगे। इन विधियों में जिन अन्य विधियों का समावेश होगा, वे होंगे—कृत्रिम बुद्धि (आर्टिफ़िशियल इन्टेलिजेन्स—ए. आय.) प्रयोग, लेसर के प्रयोग से सम्बन्धित प्रयुक्तियाएँ, फव्वारों का प्रयोग आदि। शीत-रचना/बहिष्करण, 'नियर नैट शेपिंग' निर्माण-कार्य, 'हाई-स्पीड मैचिंग', सेन्सरों के प्रयोग से तेज़ और बुद्धिमत्तापूर्ण निर्माण-कार्य, 'कन्टीनुअस फ़ौर्मिंग', 'रिड्यूस्ट सैटअप टाइम्स',

वास्तविकता का आभास देने वाले प्रयोग और 'हार्ड मैशीनिंग'।

• 2005 तक कई एवजी ईंधनों के बायलर उपलब्ध होंगे। 2000-5 तक 'फ्लुइडाइज्ड बैड कम्बश्चन' प्रौद्योगिकी का इस्तेमाल बहुतायत से होने लगेगा।

• 2000-5 तक मैटीरियलों के डिजाइन, निर्माण, गुणवत्ता, निर्भरता, पैकेजिंग, विपणन और सेवा-कार्यों में प्रौद्योगिकीय-उन्नयन होगा। इस प्रक्रिया में समावेश होगा, कम्प्यूटर की मदद से बने डिजाइन (CAD), कम्प्यूटर की मदद से होने वाली निर्माण-क्रिया (CAM), एफ. एम. एस., आय. एस. ओ. 9000, आय. एस. ओ. 14000, नए मैटीरियलों में शोध और विकास प्रक्रिया, मॉडयूलर डिजाइन, ढलाई कार्य, गढ़ाई, मैक्ट्रोनिक्स, परिशुद्ध निर्माण-कार्य और स्वचालित यंत्र।

• अत्यधिक परिशुद्ध मशीनी पुर्जों, कठोर तकुए, रैखिक मोटर स्लाइड, डायमंड-ट्यूनिंग मशीनें आदि भी सामने आएंगे:

• भारत 2010 तक प्रौद्योगिकियों का वास्तविक निर्यातक हो जाएगा।

• प्रक्रियाओं और प्रणालियों का सॉफ्टवेयर विकास होगा।

• 2020 तक भारत गुणवत्तापूर्ण ढलाई और गढ़ाई कार्यों का प्रमुख निर्माता होगा, और इन दोनों का बड़ा निर्यातक भी होगा। भारत प्रगत किस्म के 'स्टेट-ऑफ-द-आर्ट' मशीनी पुर्जों और बायलरों के निर्माण में आत्म-निर्भर हो जाएगा। इसका निर्यात भी धीरे-धीरे बढ़ेगा।

• लोगों को ज्यादा रोज़गार उपलब्ध होने लगेंगे।

शक्ति-सामर्थ्य के जिन क्षेत्रों का चुनाव किया गया है वे हैं, कार के भाग, ढलाई-कार्य, गढ़त, और कम्प्यूटर और संख्यात्मक विधि से नियंत्रित (सी. एन. सी.) मशीनी औज़ार। पास से किए गए आकलन के बाद इस सूची में कुछ क्षेत्रों के नाम जोड़े जा सकते हैं। इस परिकल्पना को साकार करने के लिए तत्काल कार्यवाही करने की ज़रूरत है। इन विविध स्वीकृत कार्यों में से कुछ हैं–

–प्रक्रियाओं का श्रेणीकरण–सी. ए. एम., स्वचालित वेल्ड करना, 'नियर नैट शेपिंग' निर्माण-कार्य, परिशुद्ध निर्माण कार्य, स्वचालित यंत्र, संदरेसी, गुणवत्ता में सुधार, वितरण और मूल्य लागत और 'स्टैट-ऑफ-द-आर्ट' प्रौद्योगिकी को अपनाना।

–संघटकों और उप-संयोजकों की सप्लाई करने वालों के आधार में सुधार करना। साथ ही, 'मॉड्यूलर डिजाइनों, लचीली निर्माण-क्रिया और चपल प्रणालियों का निर्णायक विकास-विस्तार करना।

–ढलाई क्षेत्र में और ज्यादा ज़ोर आयाम-नियन्त्रण, सतह को अन्तिम रूप देना, मशीन द्वारा ढलाई, गढ़ाई, स्वचालित यंत्र और उत्पादन की वृद्धि के अनुरूप उत्पाद की उत्कृष्टता में वृद्धि करने पर होना चाहिए।

–गढ़ाई क्षेत्र में हमें नक्काशी की बेहतर योग्यताओं को विकसित करते रहना होगा–CAD 'कैड' 'कोल्ड फॉर्जिंग' और 'नियर नेट शेप' प्रौद्योगिकियों को अपनाना होगा, तथा अधिक आकार के साथ स्वचालित यंत्रों और यंत्रीकरण का भी सहारा लेकर, उनका प्रयोग करना।

–बायलर और 'प्रेशर वैसल्स' के निर्माण में वैल्डिंग-प्रणालियों में इन प्रणालियों

का कोटि-उन्नयन करना अत्यावश्यक है। इसके अलावा निर्माण-क्रिया के इन भागों के ग्रेडों को भी बढ़ाना निहायत ज़रूरी है।

—वेल्डिंग में स्वचालित यंत्रों का प्रयोग, 'रेडियोग्राफी', 'रोबोटिक्स' के प्रयोग में सुधार हुआ। 'रेडियोग्राफी' नियंत्रक-यंत्रों, विश्वसनीयता और सुरक्षा विभागों में सुधार लाने की सख्त ज़रूरत है।

—उन्नत और प्रगत बायलर-प्रौद्योगिकियों को भी हासिल करना होगा तथा उन पर अपना प्रभुत्व बनाए रहना होगा। 'फ्लुइडाइज्ड बैड' प्रौद्योगिकियों को और अधिक विकसित करना होगा। बायलर डिज़ाइनों, बायलर ट्यूबों में सुधार, ऊष्मीय प्रवीणताओं और एवजी ईंधनों के माध्यम से।

इन सब बातों के अलावा उन्नत और प्रगत निर्माण-कार्य से जुड़ी प्रौद्योगिकियाँ निर्णायक रूप से निर्भर करेंगी सुधरी हुई असंदिग्ध रूप से परिशुद्ध योग्यताओं पर। इसके लिए परमावश्यक है निम्न क्षेत्रों में ज़रूरी धनराशि लगाकर शोध और विकास करते रहने की—

- मायक्रोमशीनिंग सहित 'मशीनिंग' (मशीन-कार्य), के क्षेत्र में आधारभूत शोध।
- सॉफ्टवेयर, प्रगत और उन्नत स्वचालित-यंत्र-प्रणाली का विकास।
- 'रोबोटिक्स' का विकास।
- 'सेन्सर्स' और अनुकूली-नियंत्रण का विकास।
- 'मैकेट्रोनिक' विकास।
- मापन और परीक्षण करने वाले उपकरणों की गुणवत्ता और निर्भरता का विकास, तथा
- सही और उचित मानदंडों का विकास।

उपरोक्त सभी विषयों और क्षेत्रों में निरन्तर प्रगति तथा उसमें वृद्धि करते रहने के लिए योग्यताओं का चौतरफ़ा उन्नयन सर्वोपरि है। हर स्तर पर कार्य करने वाले, कार्यकर्ताओं को विविध कुशलताओं का प्रशिक्षण प्रदान करके, उन्हें 'मैकेट्रोनिक्स' कार्य-प्रणाली के आरम्भ होने पर अपनी-अपनी जिम्मेवारियाँ सँभालने के लिए तैयार-मुस्तैद रहें। आई. आई. टी. की सब शाखाओं, सब पॉलिटैक्निकल और इंजीनियरिंग कालेजों की सारी पाठ्यचर्या को प्रचंड रूप से सुधार व संशोधन करना पड़ेगा। उनकी सुविधाओं को आधुनिक करना पड़ेगा। मध्यवर्ती अवधि में नवीनतावादी प्रशिक्षण-विधियों का सहारा लेकर, उन पर आश्रित रहना पड़ेगा। उद्योगों और प्रयोगशालाओं में मिलने वाली उन्नत और प्रगत किस्म की सुविधाओं को अपना कर, उनका प्रयोग करना पड़ेगा। जैसा कि हम पीछे संक्षेप में चित्रित कर आए हैं, हमने मौजूदा स्थिति से 2020 की अपेक्षाओं का चित्रण आरेख 7.1 में किया है। यह चित्रण सिर्फ इंजीनियरिंग उद्योगों के लिए ही है। आरेख के मध्य में उन प्रौद्योगिकियों का उल्लेख है, जिनका पूर्ण ज्ञान भारत को प्राप्त करना है।

कपड़ा-उद्योग के लिए मशीनरी की परिकल्पना

कपड़ा-उद्योग-क्षेत्र भारत के लिए बहुत अधिक महत्त्वपूर्ण और निर्णायक है, क्योंकि

आरेख 7.1

परिकल्पना इंजीनियरिंग उद्योगों के लिए

1997

- सीमित संख्या में सी. एन. सी. मशीनें
- प्रयोगों के तौर पर लेसर, फव्वारों द्वारा कर्तन
- ढलाई और गढ़ाई उद्योगों का आधुनिकीकरण
- मशीनी पुर्जों और 'स्टेट ऑफ द आर्ट' बायलरों में आयातित प्रौद्योगिकियों और सीमित योग्यताओं का मिश्रण
- सॉफ्टवेयर-उत्पादक के रूप में भारत का उदय
- आयात पर निर्भरता

मूल प्रौद्योगिकियाँ

- उन्नत-प्रगत मशीनिंग
- मायक्रो मशीनिंग
- सॉफ्टवेयर समेत प्रगत स्वचालित प्रक्रियाएँ/ प्रणालियाँ
- 'सेन्सर्स' और अनुकूलित नियंत्रण
- 'रोबोटिक्स' और कृत्रिम बुद्धि
- मैकाट्रोनिक्स
- मापन तथा परीक्षण करने वाले उपकरणों का विकास गुणवत्ता और विश्वसनीयता के लिए
- 'फ्लुईडाइज़्ड बैड' प्रौद्योगिकियाँ
- पदार्थ प्रौद्योगिकियाँ
- डिजाइन सामर्थ्य
- वास्तविक स्थिति

2020

- निर्मित होने वाली 80 प्रतिशत मशीनें सी. एन. सी. होंगी
- बुद्धिमत्तापूर्ण निर्माण-कार्य
- तीव्र-गतिक मशीनिंग
- ढलाई और गढ़ाई के उत्पादन और निर्यात में भारत अग्रणी
- प्रगत मशीनी पुर्ज़ों और बायलरों में आत्म-निर्भरता
- प्रगत सॉफ्टवेयर का 10-15 प्रतिशत भारतीय होगा
- 2010 तक प्रौद्योगिकियों का निर्यातक

यह उद्योग देश की जनता की कपड़ा-विषयक सब ज़रूरतें तो पूरी करता ही है, देश की निर्यात से होने वाली आय की राशि का एक प्रमुख अंग भी है। जहाँ इस उद्योग के अनेक खंड बहुत ज्यादा सशक्त हैं, वहाँ कई खंड प्रौद्योगिकीय दृष्टि से काफी कमज़ोर भी हैं। मिसाल के तौर पर हमें उत्पादन में सर्वोत्तम गुणवत्ता प्राप्त करने के लिए मशीनरी आयातित करनी पड़ती है।

'टाइफ़ैक' कार्यदल, जिसने इन सब पहलुओं पर समग्रता से अपनी दृष्टि डाली है, इस बारे में पूरी तरह आश्वस्त हैं कि भारत वस्त्र-उत्पादन के क्षेत्र में एक प्रमुख उत्पादक देश बन सकता है, और विश्व-बाज़ार में भी अग्रणी देश के रूप में उभर सकता है।

पहले से ही यह मानकर कि भारत द्वारा आगे के सब क़दम उनकी परिकल्पना के अनुरूप ही लिए जाएँगे, इन क़दमों का निम्न क्रम निर्धारित किया है :

- 2010 तक ये क़दम उठाए जाएँगे : प्रौद्योगिकीय उन्नयन, उत्पादन के क्षेत्र में सुधार, ऊर्जा-संरक्षण, और पर्यावरण की रक्षा और गुणवत्ता में सुधार। इसके लिए सी. ए. डी./सी. ए. एम., 'रौबोटिक्स', तीव्रगतिक मशीनें, 'मैटीरियल'-प्रबन्धन-प्रणालियाँ, 'ऑटो-डैफिंग' और तीव्र गतिक 'रिंग फ्रेम्स', इलेक्ट्रानिक-साधन-विनियोग, और कम्प्यूटर-चालित स्वचालित यंत्र, 'एयर जेट लम्स', 'स्पिनिंग' और 'प्रिपेटरी-आटो लैवलर कार्ड' और 'ड्रा-फ्रेम्स' आदि विधियों का उपयोग किया जाएगा।
- कृषि के क्षेत्र में होने वाली शोध की सफलता से रूई की पैदावार बढ़ेगी तथा जैव-रूई और रंगीन रूई का उत्पादन होगा।
- फंदे वाले धागे की कीमत कम होगी, कोन धागे का इस्तेमाल हैंडलूमों द्वारा होने लगेगा, उच्च-मूल्य धागे का विकास, औद्योगिक फिल्टर वस्त्रों, चिकित्सीय उपयोग के लिए वस्त्र, और माइक्रो-रेशे।
- 2010 तक ऐसे वस्त्रों का निर्यात होगा और घरेलू उत्पादन भी होगा, जिनके उत्पादन से पर्यावरण दूषित नहीं होगा। 'जियो' (GEO) और तकनीकी वस्त्रों का विशाल उत्पादन भी होगा।
- मशीनरी आधुनिकीकरण का लक्ष्य प्राप्त हो जाएगा और ऐसी प्रगत और उन्नत मशीनों का जिन पर इलैक्ट्रानिक नियंत्रण हो सकेगा, विकसित होंगी। बुनने की नई 'वैफ़्ट इन्सर्शन' तकनीक और उसकी लगातार 'रोटेटिंग' प्रणाली का विकास होगा।
- उच्च तकनीक युक्त बुनाई की प्रौद्योगिकियाँ, बहुमुखी बुनाई, 'माइक्रो' फ़िलामेंट-यार्न' की 'मल्टीस्पिनिंग', पर्यावरण के अनुकूल प्रोसेसिंग, मिल के अन्दर की वायु की गुणवत्ता में सुधार, तथा रद्दी माल को पुनः चक्रित करना।
- जूट, सन, पॉलिएस्टर, एकाशलिक्स और पॉलिप्रोपायलीन, जैसे रेशों का सूत-उत्पादन में स्थान।
- बड़े पैमाने पर कार्य करने वाली ऐसी इकाइयाँ, जो संयोजित ढंग से काम करती हों, बहुविध होकर, उच्चस्तरीय परिधानों, जैकेटों, औद्योगिक कार्यों में प्रयुक्त होने वाले कपड़ों, खिलाड़ियों के काम आने वाले कपड़ों का निर्माण करेंगी। कपड़ा

मिलें एकीकृत होकर 2010-20 तक वस्त्र-निर्माण-उद्योग में प्रवेश करेंगी।

• आज की अपेक्षा सन् 2000 तक पहनावे के फैशनों में तेज़ी-से परिवर्तन होंगे।

• ज्यादा-से-ज्यादा संख्या में महिलाएँ इस उद्योग में शामिल होंगी। विशेष रूप से परिधानों के निर्माण-क्षेत्र में।

आरेख 7.2 में बड़े सीधे-सादे तरीके से इन सब बातों को विस्तार से बताने का प्रयास किया गया है। बाएँ भाग में मौजूदा स्थिति को दिखाया गया है, और दाईं ओर के भाग में 2020 के समय में होने वाले विकास-कार्यों की संकल्पना की गई है। बीच के भाग में उन मूल व मुख्य-मुख्य प्रौद्योगिकियों को दर्शाया गया है, जिनमें भारत को प्रवीणता प्राप्त करनी होगी।

वैद्युत मशीन उद्योग की परिकल्पना

यह उद्योग अपने उत्कृष्ट प्रदर्शन और उतनी ही उत्कृष्ट सम्भावनाओं के बल पर शानदार प्रगति की दौड़ में हिस्सा लेने के लिए तैयार है। बहुत-सी बहुराष्ट्रीय कम्पनियाँ भारत में अपना आधार स्थापित करेंगी, अपनी उत्पादक इकाइयों के माध्यम से। आवश्यक सामग्री 'इलैक्ट्रामैग्नेटिक्स', यांत्रिक इंजीनियरिंग, ऊष्मीय इंजीनियरिंग, और वैद्युत इलैक्ट्रानिक्स पर शोध-कार्य होगा, और उनका समुचित विकास होगा। 2000 तक सी. ए. डी. / सी. ए. एम. और स्वचालित उत्पादक लाइनों का प्रयोग भारतीय कम्पनियों द्वारा भी होने लगेगा। भारत में ऐसी मशीनें भी बनने लगेंगी, जिनकी देखभाल की कभी कोई ज़रूरत नहीं पड़ेगी। 'तोर्क' विधि से सीधा नियंत्रण, स्वचालित 'वाइंडिंग', 'प्रेशर डाई कास्टिंग्स', का प्रयोग 'ट्रिकिल इम्प्रैगनेशन', 'सी. आर. जी. ओ', 'सी. आर. एन. जी. ओ', तथा 'शीट-स्टील्स' उपलब्ध होंगी। उत्पादन के लिए ज़रूरी आदानों में परिवर्तन होंगे। तारों की जगह एल्यूमीनियम-पन्नी का प्रयोग होने लगेगा। नए-नए मैटीरियलों, जैसे 'सामासिरियम', 'फेरराइट', और लेसर के उत्कीर्णन, 'मैग्नेटिक-मैटीरियल-शीट्स' के प्रयोग होने लगेंगे, तथा पॉलिएस्ट्रेरमाइड' और 'पॉलियामाइड' इनेमल के प्रयोगों में वृद्धि होगी।

2000-10 में बेहतर डिजाइनों के माध्यम से उत्पादन की अनेक विकास-प्रक्रियाओं की शुरुआत की जाएगी, जो भविष्य में भी प्रचलित रहेंगी। ये विकास-प्रक्रियाएँ ताप के छितराव, बेयरिंग-वस्त्र-डिजाइन और 11 के एबीएचटी मोटरों से सम्बन्धित होंगी। इसके अलावा, बेहतर चुम्बकीय मेटीरियलों के विद्युत-रोधन और उच्च-प्रवाह घनत्व वाले कंडक्टरों भी प्रयोग में आने लगेंगे।

2015-20 के दौरान विद्युत्-शक्ति पर आधारित मोटरों के विकास के काम को भी हाथ में ले लिया जाएगा, और धातु से बने कंडक्टरों के स्थान पर आर्गेनिक कंडक्टरों का उपयोग होने लगेगा। 'सुपरकंडक्टिविटी', रेखीय मोटरों और एकल-चिप-नियंत्रकों की प्रयुक्तियाँ व्यापक रूप से होने लगेंगी।

आरेख 7·2

कपड़ा-उद्योग के लिए परिकल्पना

1997

- सीमित संख्या में बड़ी यूनिटें और उत्पादों के सीमित प्रकार
- सीमित स्वचालित यंत्र
- पर्यावरण-सम्बन्धी पहलुओं पर तवज्जो की शुरुआत
- सीमित भूमि और तकनीकी वस्त्र
- कृत्रिम रंजक द्रव
- 'वेल्यू-ऐडेड' शृंखला में विभिन्न तत्त्वों के साथ कमज़ोर समान्तर एकीकरण

मूल प्रौद्योगिकियाँ

- द्रुत गतिक मशीनें
- कैड/कैम (रोबोटिक्स)
- कृषि के क्षेत्र में शोध : रूई की बेहतर फ़सल, रंगीन रूई
- पर्यावरण-अनुकूलित प्रोसेसिंग प्रौद्योगिकियाँ और कचरे आदि का पुनःचक्रित करना
- डिजाइन योग्यता—फ़ैशन डिजाइन करने वाली मशीनें

2020

- वस्त्रों के उत्पादन के लिए एकीकृत मिलें, 2010 से उच्च गुण संपन्न वस्त्रों के उत्पादन में विविधता आएगी
- अत्यधिक स्वचालित तकनीकें
- घरेलू बाज़ार और निर्यात के लिए पर्यावरण के अनुकूल वस्त्र
- बड़े पैमाने पर तकनीकी कपड़े
- नए प्रकार की सूत
- प्राकृतिक रंजकों के उत्पादन में भारत अग्रणी
- फ़ैशन डिजाइन में भी भारत अग्रणी

परिवहन-साधनों के निर्माण की परिकल्पना

आजकल दुनियाभर में परिवहन-साधनों को इस काबिल बनाया जा रहा है, जिससे वे अपना काम कम समय में कर सकें। भारत भी अपने परिवहन-साधनों में ऐसे ही ज़रूरी सुधार करेगा। व्यावसायिक वाहनों के पास ढोए जाने वाले सामान के अनुपात में उपयुक्त शक्ति मौजूद होगी, और दो पहियों वाले इस उद्देश्य से चार स्ट्रोकों वाले ऐसे इंजनों का प्रयोग करेंगे, जिनमें इलैक्ट्रानिक नियंत्रक लगे होंगे। डीजल का प्रयोग करने वाले ऐसे इंजनों का प्रयोग होने लगेगा, जिनमें इलैक्ट्रानिक नियंत्रकों के अलावा आगे प्रेरित करने वाले 'इंजेक्शन' लगे होंगे। भारतीय उद्योग दुनिया के बाज़ार में सबसे ज्यादा पसन्द किए जाने वाले परिवहन-साधन बन जाएँगे।

कोई 'विशिष्ट' भारतीय निर्माण ?

जब हम विभिन्न क्षेत्रों में हुए और हो रहे विकास-कार्यों पर दृष्टि डालते हैं, तो मन में यह प्रश्न उठता है कि क्या हम महज़ विकसित दुनिया के दिखाए गए प्रगति चिह्नों पर चल रहे हैं, और क्या हम बस पहले से ज्यादा तेज़ी-से ही आगे बढ़ रहे हैं। ऐसे सवाल पूछना आसान है, मगर उनके जवाब देना आसान नहीं है।

मान लीजिए, देश का विकास सन्तोषजनक ढंग से होने लगता है, सब भारतीयों को खुशहाली मिल जाती है, देश की सुरक्षाव्यवस्था को अचूक रूप से सुदृढ़ कर लिया जाता है, तो क्या इस प्रगति को 'विशिष्ट भारतीय' नहीं माना जाएगा ? हमारा मानना है कि ऐसे माहौल में भी ज्यादातर भारतीयों को 'विशिष्ट भारतीय' होने की चिंता सताती रहेगी ? आज हमारे सामने सबसे बड़ा मुद्दा सारे देश की गरीबी को समूल नष्ट करने का है, सब भारतीयों को पर्याप्त सामाजिक और आर्थिक अवसर प्रदान करने का है। उन्हें सम्पूर्ण सुरक्षा देने और उनके जीवन को गुणवत्तापूर्ण बनाने का है। वास्तविकता की दृष्टि से देखा जाए, तो अन्य सब मुद्दों का महत्त्व गौण है। बिलाशक़, भू-राजनीति और भू-व्यापारिक वास्तविकताओं का तकाज़ा है कि अपने देश का बहुमुखी विकास करने के लिए हमें अपनी मूल व आधारभूत सामर्थ्य को ही आधार बनाए रहना होगा, भले ही अपने उस अंतिम लक्ष्य की प्राप्ति के लिए प्रौद्योगिकी, वाणिज्य-व्यापार या व्यवसाय के लिए हमें दुनिया के देशों के साथ सामरिक महत्त्व के कितने भी समझौते व संधियाँ क्यों न करनी पड़ें ?

तो भी 'विशिष्ट भारतीय' होने की महत्त्वाकांक्षा हर भारतीय के मन के किसी कोने में, विशेष रूप से भारतीय बुद्धिजीवियों के मन में छिपी रहती है। वे, कभी-कभी अपनी विशेष योग्यताओं और काबलियतों पर नज़र डालने के बाद यह सोचने लगते हैं कि हम भारतीय कोई असाधारण कारनामा क्यों नहीं कर सकते ? और ऐसा सोचना, और ऐसी महत्त्वाकांक्षा मन में पालना पूरी तरह से सही और उचित है। सच तो यह है कि ऐसी महत्त्वाकांक्षाएं और सपने ही किसी राष्ट्र को कुछ असाधारण कर दिखाने के दृढ़ निश्चय की ओर धकेल सकते हैं। प्राचीन भारत को ऐसे अनेक मौलिक आविष्कारों, ईजादों और शोधों का श्रेय प्राप्त है, जिन्होंने समूची मानवता के सोच

व मानवीय सभ्यता को बहुत गहरे में प्रभावित किया था। उनके ये आविष्कार दर्शन, कला, व्यापार व राजनीति जैसे क्षेत्रों तक ही सीमित नहीं रहे, प्रौद्योगिकीय व शिल्पकृतियों के क्षेत्रों में भी हुए। लेकिन, निकट भूतकाल में परमाण्वीय ऊर्जा, अंतरिक्ष और प्रक्षेपास्त्रों के क्षेत्रों को छोड़ दिया जाए, तो कोई अन्य उल्लेखनीय उदाहरण ज़हन में नहीं आता। बोस का नाम बेशक अत्याधुनिक ध्वनि-प्रणालियों के आविष्कार के बारे में लिया जाता है, मगर उन्होंने यह आविष्कार भारत में नहीं किए थे, भारत के बाहर किए थे।

आज़ादी के बाद, पाँच दशकों तक हमारे सामने अनेक ऐसी गम्भीर समस्याएँ मौजूद थीं, जिनका समाधान फ़ौरन होना जरूरी था। और अगर बीते दिनों को याद किया जाए तो उस दौरान हमारे पास वह दृढ़प्रतिज्ञता भी नहीं थी, जो सदियों की निष्क्रियता को धो सके, और जिससे निजात पाकर, हम एक स्पंदमान समाज के रूप में उभर कर आ सकें। हमने उन अनेक अवसरों को भी व्यर्थ गँवा दिया, जो प्रौद्योगिकियों के अलावा, वाणिज्य-व्यापार के क्षेत्रों में भी हमें प्राप्त हुए थे। गँवाए हुए अवसर आम तौर पर उसी रूप में दुबारा नहीं आते। आज की प्रतिस्पर्धात्मक दुनिया में दूसरे देश ऐसे अवसरों का लाभ उठाने के लिए हमेशा तैयार रहते हैं। ऐसे सुनहरी मौकों को गँवा देने का ज़बर्दस्त आघात राष्ट्रीय आत्म-सम्मान और बुद्धिजीवियों को तो लगता ही है, उनका सबसे ज्यादा नुकसान समूचे राष्ट्र को ही होता है। धीमी गति से होने वाले आर्थिक विकास का सबसे ज्यादा नुकसान सबसे ज्यादा गरीब लोगों को ही भुगतना पड़ता है। अगले पच्चीस सालों में हमें सबसे ज्यादा ध्यान विकास और गरीबी को हमेशा के लिए दूर करने के जी-तोड़ प्रयासों पर केन्द्रित करना होगा। और, ऐसा करने के लिए हमें दुनिया के अन्य देशों से बहुत कुछ लेना और सीखना भी होगा, और साथ-ही-साथ आने वाले वर्षों में अपने को सृजनात्मक साहसिक कारनामों के लिए भी तैयार करना होगा।

अपनी 'विशिष्टता' की बात से संबंधित कई वृहत् मुद्दों पर एक निगाह डालने के बाद, आइए अब उन क्षेत्रों में से जिनकी चर्चा हो चुकी है प्रत्येक में छिपी उन सम्भावनाओं की तलाश करें, जहाँ इस प्रकार की उपलब्धियाँ मुमकिन हैं। कृषि क्षेत्र के बारे में बात करते समय हमें यह नहीं भूल जाना चाहिए कि हमारी 'हरित क्रांति', जिस शोध के परिणामों पर आधारित थी, उसकी शुरुआत विश्व के अन्य भाग में की गई थी। बाद में हमने उसे अपने किसानों के अनुकूल बनाया था। और, जिस प्रकार उन्होंने उन तकनीकों को आत्मसात कर, उन्हें अपनाया और मेहनत की, वह वाकई में एक विलक्षण घटना थी। आनेवाले वर्षों में भारत को इस क्षेत्र की जिस चुनौती का सामना करना पड़ेगा, वह होगी, अधिक उपज देने वाली फसलें, जिनकी खोज हमें अपने ही प्रयासों से करनी होगी। भारतीय कृषि की अपनी खुद की निराली विशिष्टताएँ हैं, जैसे, खेतों के आकार, भू-भाग और कृषि के उपयुक्त मौसम तथा अन्य विशिष्ट परिस्थितियाँ। हमें विभिन्न तकनीकों और प्रयोगों के नए-नए और नूतन हल ढूँढने पड़ेंगे, ऐसे हल जिनका तड़क-भड़क वाला होना ज़रूरी नहीं है। जिन सम्भावनाओं की खोज की जाएगी उनमें जैव-प्रौद्योगिकी के असाधारण प्रयोग होंगे,

या कृषि-प्रबंधन के नए-नए रूप, जो पर्यावरण की जरूरतों को पूरा करने के उत्तम उदाहरण भी प्रस्तुत करने योग्य हों। इस बात की प्रबल सम्भावनाएँ हैं कि असामान्य जैव-वैविध्य वाला भारत, ऐसी सर्वथा नई किस्मों की, व्यापक आनुवंशिक आधार वाली, फ़सलों की किस्में विकसित करके दिखा दे।

जहाँ तक रसायन-क्षेत्र का सवाल है, हमें या तो नए-नए बाहरी आविष्कारों को जल्दी-से-जल्दी अपने अनुकूल बनाकर अपनाना होगा, शीघ्रातिशीघ्र उनके स्तर तक पहुँचने के लिए, या खुद अपनी प्रक्रियाओं में नवीनता लानी होगी, या उपयुक्त परिवर्तन करने होंगे। भारतीय रसायन-क्षेत्र के कुछ विशिष्ट भागों में नए प्रयोग करने की बहुत अधिक सम्भावनाएँ मौजूद हैं। जैसे, उत्प्रेरणात्मक (कैटेलिटिक) विज्ञान और उनके उपयोग, नए चिकित्सीय उपयोग और नई स्वच्छ रासायनिक प्रक्रियाएँ।

प्राकृतिक उत्पादों के क्षेत्र में, भारत के जैव-वैविध्य के प्रचुर भंडार और इस विषय में उसकी प्राचीन ज्ञान-समृद्धता के, जो आज भी विद्यमान है, मद्देनज़र वह आज भी इस क्षेत्र में नए, उपयोगी और महत्त्वपूर्ण योगदान दे सकता है। और इस तथ्य को भी ध्यान में रखते हुए कि इस मामले में दुनिया के दूसरे देश भी, अभी तक, अप्राप्त और मूलावस्था में हैं, यदि भारत ने इस दिशा में प्रगति के क़दम बढ़ाए, तो उसके प्रयासों से मिलने वाली सफलताएँ भी दूसरे देशों की अपेक्षा अधिक ही होंगी।

निर्माण-कार्य के क्षेत्र में हमारी असाधारणता अपने कौशल के नानाविध प्रयोगों तथा प्रयोज्यताओं में प्रकट और स्पष्ट हो सकेगी। यदि हम उन्नत और प्रगत किस्म के सॉफ्टवेयरों का निर्माण अपनी निराली शैली में कर सकें, (जैसा कि हम पीछे काफी विस्तार से बता चुके हैं) तो इस बात की प्रबल सम्भावनाएँ हैं कि अपने अनूठे प्रतिरूपों और तौर-तरीकों के बल पर वह सॉफ्टवेयरों की दुनिया में एक नई शक्ति के रूप में उभर सकता है। वैसे, यह प्रयास अपने-आप में पूरे भारतीय समाज के लिए अन्तिम ध्येय नहीं बन सकता, फिर भी इस प्रयास की बदौलत, कुछ दृढ़ संकल्पी भारतीयों के एक समूह को एकरूप और पक्के यक़ीन के साथ काम करते हुए अपनी विशिष्टता को दर्शाने और अपनी छाप लगाने का नायाब मौक़ा मिल सकेगा।

अपने सबरंग और बहुमुखी विकास की खोज में, और राष्ट्रीय सुरक्षा तथा सब देशवासियों की भौतिक और सामाजिक खुशहाली के प्रयासों को अपने सरोकारों को हमेशा ध्यान में रखते हुए, हमें एक ऐसे खुशनुमा वातावरण का निर्माण करना पड़ेगा, जो संपूर्णतः और ख़ालिस भारतीय हो। हमारी यह आविष्कारशील और मौलिक भावना हमें अपने सब अर्जित लाभों को ठोस और संचित करके हमें अपने लाभों का दीर्घकालिक पोषण और वहनीयता प्रदान करेगी।

8

सेवाओं से समृद्धि

हम वही हैं, जैसा हम सोचते हैं,
हम जो हैं, अपने विचारों से बने हैं,
और अपने विचारों से
हम अपनी दुनिया का निर्माण करते हैं।

–गौतम बुद्ध

सेवाओं को अर्थ-व्यवस्था का एक प्रमुख अंग और अलग क्षेत्र मानने का सोच बहुत पुराना नहीं है। इस सोच में कृषि या निर्माण (खान खोदने के काम को छोड़कर) के अलावा, अर्थ-व्यवस्था से जुड़ी सभी गतिविधियों का समावेश हो जाता है। व्यापार, विपणन, मरम्मत और जैसा कि इस क्षेत्र के नाम से ही स्पष्ट है, सरकारी और गैर-सरकारी संस्थानों को अपनी सेवाएँ प्रदान करना और डाक-सेवाएँ, शिक्षा आदि। ये सब सेवाएँ सेवाओं के क्षेत्र में आती हैं। कृषि और निर्माण-क्षेत्रों में आए परिवर्तनों ने भी सेवा-क्षेत्र के विकास में काफी योगदान प्रदान किया है, स्वयं को सेवा-क्षेत्र में धकेल कर।

आधुनिक कृषि-क्षेत्र के काफ़ी हद तक यांत्रिक हो जाने और उसके आदानों के बहुत अधिक सुधर जाने के कारण, कृषि-कार्य करने वाले मजदूरों की संख्या में बहुत कमी आई है, और उनके रोज़गार के अवसर भी कम हुए हैं। फलस्वरूप, खेती के काम से जुड़े मजदूर बेहतर रोज़गार की तलाश में और अपनी जीवन-शैली को बेहतर बनाने की खातिर शहरों की शरण ले रहे हैं, जहाँ निर्माण क्षेत्र के उन्हें रोज़गार देने की सम्भावना है। भारत में 60-70 प्रतिशत मजदूर खेतिहर मजदूर ही हैं। लेकिन, अर्थ-व्यवस्था के धीमे विकास के कारण, गाँवों में रहने वाले सब गरीब लोग खेती के अलावा और किसी रोज़गार को नहीं अपना पाते। इसी वजह से गाँवों में रहने वाले बहुत से भारतीय अभी तक हाशिए पर काम करने वाले किसान या भूमिहीन मजदूर बने हुए हैं। इस समस्या पर विशेष ध्यान देने की ज़रूरत है। समस्या का हल उनमें से कुछ की मदद उन्हें कृषि के बेहतर आदान देकर की जा सकती है, और कुछ की खेती से जुड़े या दूसरे रोज़गार मुहय्या करके, ताकि वे सिर्फ भूमि से ही न जुड़े रहें। ऐसे कुछ लोगों को रोज़गार प्रदान करने की मंशा से गाँवों में सड़कों के निर्माण की योजना या इसी प्रकार की अन्य योजनाएँ शुरू की गई हैं। लेकिन कृषि-खाद्य पदार्थ के क्षेत्र में और अधिक सृजनात्मक और आर्थिक रूप से

बेहतर विकल्प उपलब्ध हैं, जैसे—जैव-वैविध्य की व्यावहारिक सम्भावनाओं से लाभान्वित होना, जल-संरक्षण योजनाएँ, पर्यटन, हस्तशिल्प (जिनमें कारीगरों के श्रम और कौशल का मूल्य भी जुड़ा होता है), तथा अन्य कामकाज और धंधे।

निर्माण-क्षेत्र में, जैसा कि हमने पिछले अध्याय में देखा, तकनीकी ज्ञान व कौशल की माँग बहुत बढ़ती जा रही है। इस क्षेत्र में आर्थिक क्रियाकलाप की गतिविधियों के नतीजतन रोज़गार के अवसर बढ़ेंगे, लेकिन उस गति से नहीं जो पिछले दो-तीन दशक पूर्व देखने को मिली थी।

विकसित देशों के समान, यहाँ भी रोजगार के एक नए क्षेत्र का उदय हो रहा है, जिसे मुक्त रूप से 'सेवा-क्षेत्र' कहा जा सकता है। इस क्षेत्र की यदि परिभाषा ही करनी हो तो उसे कृषि तथा निर्माण-कार्यों को छोड़कर अन्य क्षेत्रों के कार्यकलापों को अपने अन्दर समेटने वाला क्षेत्र कहा जा सकता है। पहले से ही अस्पष्ट से इस नए क्षेत्र को आधुनिक सूचना-प्रौद्योगिकियों के आगमन ने और ज्यादा अस्पष्ट और धुँधला बना दिया है। अनेक संभावित उत्पादों की कम्प्यूटर-जनित अनुरूपता के कार्य-व्यवहारों को आप क्या नाम देंगे ? और उस क्रियाशीलता को आप क्या कहेंगे, जो जुड़ी है उपग्रहों तथा दत्त सामग्री द्वारा प्राप्त उस जानकारी से जो मौसम और भू-भाग की अवस्थाओं की दूर से की गई जाँच से मिलती रहती है। यह जानकारी किसानों को मौसम और उनके भू-भागों का हाल बताने वाले सलाहकारों के काम आती है। और उस क्रियाशीलता को आप क्या कहेंगे, जो दुनिया भर के कृषि-उत्पादों के बाज़ारों की ज़रूरतों का आकलन करती रहती है। उनकी उपजों का विश्लेषण कर, किसानों को बताती है कि उन्हें अपनी उपजों की बिक्री बढ़ाने के लिए कौन-सी रणनीति अपनानी चाहिए ? या उस क्रियाशीलता को जो उपग्रह के सेंसरों के माध्यम से सम्बन्धित जानकारी प्राप्त कर मछुओं को सलाह देती है कि समुद्र के किन भागों में मछलियाँ मारने की कोशिश करने से उन्हें ज़्यादा फ़ायदा होगा ! हमने अभी-अभी जो उदाहरण दिए, वे सब उन व्यावसायिक क्रियाशीलताओं से जुड़े हैं, जो नियमित रूप से उन्नत और विकसित देशों द्वारा अपनाई जा रही हैं। और अब ऐसी ही क्रियाशीलताएँ भारत में भी आरम्भ हो चुकी हैं। इस नए-नए अस्तित्व में आए 'सेवा-क्षेत्र' में जिन विभागों की क्रियाशीलताएँ देखने में आ रही हैं, उनमें कुछ हैं—पर्यटन, परीक्षणं और व्यास-मापन (कैलिब्रेशन), तकनीकी और प्रबंधन के मामलों के सलाहकार, प्रशिक्षण, सुरक्षा-सेवाएँ, बैंकिंग-सेवा, ज़मीन-जायदाद की ख़रीद-फ़रोख्त, वित्तीय सलाहकार, विपणन, मीडिया, और विज्ञापन-व्यवसाय आदि।

क्या कोई देश सिर्फ सेवाओं पर ही जीवित रह सकता है ?

सरल स्वभाव के ऐसे भी लोग हैं, जो किसी विषय पर सिर्फ एकांगी विचार करके ही निर्णय ले लेते हैं। ऐसे कुछ लोगों का मानना है कि उत्तर-औद्योगिक समाज में, और सूचना-प्रौद्योगिकी के क्षेत्र में आई क्रान्ति के परिणामस्वरूप, समाज के लोगों का काम सिर्फ सेवाओं के द्वारा चल ही नहीं सकता है, उनके सहारे जीवित भी रहा जा सकता है। यह बात छोटे देशों के बारे में सही हो सकती है लेकिन भारत

जैसा बड़ा देश अपने भविष्य का निर्माण अकेले सेवाओं पर निर्भर रहकर नहीं कर सकता। सेवाएँ भारत की अर्थव्यवस्था के निर्माण में मुख्य भूमिका अदा कर सकती हैं, लेकिन सिर्फ उन्हीं के आधार पर उसका सर्वांगी विकास होना असम्भव है। अपने देशवासियों को पर्याप्त और पौष्टिक आहार देने के लिए ही उसे अपने कृषि-क्षेत्र को लगातार विकसित करते रहना होगा। और अपनी राष्ट्रीय सुरक्षा और अर्थ-व्यवस्था को लगातार सुदृढ़ करते रहने के उद्देश्य से उसे अपने निर्माण-कार्यों के क्षेत्र को भी लगातार विकसित और दृढ़तर करते रहना होगा। अपनी इन दोनों समर्थताओं और शक्तियों के बल पर ही वह एक प्रमुख आर्थिक ढाँचे और अवसंरचना का ऐसा निर्माण कर पाएगा, जो सेवा-क्षेत्र के लिए भी लाभदायक सिद्ध होंगे, और उसका उपयोग वह देश को और अधिक समृद्ध बनाने और अपने लोगों को और ज्यादा रोज़गार पैदा करने और बढ़ाने में सहायक होगा।

तो, सेवा-क्षेत्र, यदि उसे दो उपरोक्त क्षेत्रों के साथ, सही ढंग से विकसित किया जाए, देश के लोगों की सेवा करने और उसका इस्तेमाल व्यक्तिगत खुशहाली बढ़ाते रहने, देश की दौलत में वृद्धि करने और देश में नए-नए रोजगारों को पैदा करने में अहम भूमिका निभा सकता है। हमने अपनी परिकल्पना के प्रौद्योगिकीय पक्ष के लिए जो दस्तावेज तैयार किए हैं, उनमें सेवा-क्षेत्र को महत्त्वपूर्ण स्थान प्रदान किया गया है। कारण उसका सम्बन्ध प्रौद्योगिकी और निर्माण-कार्य के बहु-पक्षी क्षेत्रों से भी है।

प्रौद्योगिकियाँ और रोज़गार

हमें अच्छी तरह याद है कि हमें 'इसरो' (भारतीय अंतरिक्ष शोध संस्थान) के लिए कम्प्यूटर खरीदने के लिए कितनी ज्यादा लिखा-पढ़ी करनी पड़ी थी। हर कम्प्यूटर को प्राप्त करने के लिए कितनी मुलाक़ातें करनी पड़ीं, कितने लम्बे-लम्बे नोट तैयार करने पड़े, कितने सवालों के कितने जवाब देने पड़े।

तब से आज तक देश ने एक लम्बी मंज़िल तय की है। हक़ीक़त यह है कि आठवें दशक के मध्य से, जब भारत का कम्प्यूटर-निर्माण का मोर्चा खुला, तब से लेकर आज तक भारत एक बिलियन डॉलर मूल्य के सॉफ्टवेयर का निर्यात कर चुका है। कम्प्यूटरों की बदौलत सेवाओं में तो वृद्धि हुई ही है, बहुत से कामकाज अब अधिक कुशलता और दक्षता के साथ होने लगे हैं। इसका एक उल्लेखनीय उदाहरण है—रेलवे टिकटों का कम्प्यूटरीकरण। बिला शक, कम्प्यूटरों की वजह से कुछ खास किस्म के कर्मचारियों को अपने स्थानों से हटना पड़ा, और उस वर्ग के कर्मचारियों की आगे की भर्ती समाप्त हो गई, क्योंकि कम्प्यूटरों की वजह से वह कागज़ी कार्य सुप्रवाही और दोषरहित हो गया। अब मौजूदा कर्मचारियों को नए हुनरों के लिए प्रशिक्षित किया जा सकेगा।

अब तक, इस प्रकार के परिवर्तन में कोई गड़बड़ी नहीं हुई है लेकिन इस प्रक्रिया को निर्विघ्न रूप से जारी रखने के लिए सरकार, संघटनात्मक क्षेत्रों और यहाँ तक कि व्यापारिक संगठनों और उनकी लेबर यूनियनों को इन आने वाले परिवर्तनों

के लिए तैयार रहना चाहिए। सम्बन्धित कामगारों और कर्मचारियों को भी इस परिवर्तन के विकल्पों को अमल में लाने के लिए अपनी एवजी योजनाओं के साथ तैयार रहना चाहिए। इस प्रसंग में हमें ऐसी स्थिति में जापान की सफलताओं को भी याद रखना चाहिए।

आने वाले तीन से पाँच वर्षों में, काफ़ी संख्या में लोगों को अपनी दक्षताओं और योग्यताओं में परिवर्तन करने पड़ेंगे, और जैसे-जैसे प्रौद्योगिकियों का प्रवेश हमारी अर्थ-व्यवस्थाओं में होता रहेगा, वैसे-वैसे ऐसे परिवर्तन लागातार होते ही रहेंगे। तेज़ी से होने वाले ऐसे परिवर्तन सभी क्षेत्रों में होंगे, क्योंकि सभी क्षेत्र—कृषि, निर्माण-कार्य और सेवा—एक-दूसरे से अंतरावेष्टित हैं, घनिष्ठता से जुड़े हैं। कृषि के क्षेत्र में बीज, मिट्टी का अनुकूलन, उर्वरक व सूक्ष्म पदार्थों का मिश्रण, कीटनाशक दवाओं आदि बातों के अलावा, समूचे कृषि-प्रबंधन में परिवर्तनों को भी ज़हन में रखना होगा। कृषि क्षेत्र को आज की अपेक्षा सूचना-प्रौद्योगिकी का अधिक गहन उपयोग भी करना पड़ सकता है, उपग्रहों के माध्यम से 'रिमोट सेंसिंग' द्वारा नियमित रूप से फ़सलों, मिट्टी के अनुकूलन, या पानी के साधनों व मौसम की भविष्यवाणियों को मानीटर किया जा सकेगा। इसके अलावा इस मानीटर-पद्धति से भू-सीमन प्रणालियों या आधुनिक संसूचना द्वारा पुराने और नए बाज़ारों की गतिविधियों पर भी नज़र रखी जा सकेगी। आदमियों या मवेशियों के पीने-योग्य पानी की गुणवत्ता की जानकारी भी इस मानीटर-पद्धति से मिलती रहेगी। प्रगत किस्म के सेंसरों में तेज़ी से हुए सुधारों से सेंसर-प्रणालियाँ भी वाजिबी क़ीमत पर किसानों को उपलब्ध होती रहेंगी।

औद्योगिक और निर्माण-क्षेत्रों में सेंसरों और आधुनिक इलैक्ट्रानिक्स और सूचना-प्रौद्योगिकी के इस्तेमालों के बाद न सिर्फ़ कामगारों बल्कि प्रबन्धकों को भी नियमित रूप से अपनी क्षमताओं में परिवर्तन करने के लिए बाध्य होना पड़ेगा। यह बात उन प्रबन्धकों पर भी लागू होती है, जो निदेशक-मंडल के सदस्य हैं।

इन सब क्षेत्रों में आई. टी. प्रणालियों के व्यवस्थापन के कारण हर स्तर पर उपयुक्त प्रशिक्षण देते रहने होंगे, ताकि सबको अपनी प्रवीणताओं को क़ायम रखने और उनमें निरन्तर सुधार करते रहने के अवसर मिलते रहें।

भारत और सेवा-क्षेत्र

भारत में कृषि-क्षेत्र की जी. डी. पी. के 32.7 भाग की हिस्सेदारी है, और उसकी वृद्धि की वार्षिक दर प्रायः 3.5 प्रतिशत है। हिस्सेदारी के अनुपात में दूसरा नम्बर आता है, निर्माण, बिजली-उत्पादन आदि से जुड़े क्षेत्र का, जिसका जी. डी. पी. 25.8 प्रतिशत है, और वृद्धि की वार्षिक दर 5.9 प्रतिशत है। सेवा-क्षेत्र के तीसरे क्रम के पारम्परिक घटक हैं तिजारत, भंडारण, परिवहन, संचार और वित्त। सेवा-क्षेत्र में जिन नई सेवाओं का आगमन हुआ है, उनमें शामिल हैं, विज्ञापन और प्रचार-माध्यम, विपणन, प्रबंधन और विभिन्न परामर्श देने वाली एजेंसियाँ। सेवा-क्षेत्र दो अन्य क्षेत्रों को आवश्यक आदानों की पूर्ति करता है और ये दोनों क्षेत्र अपने प्रभावी और गुणकारी प्रचालन के लिए सेवा-क्षेत्र पर ही, (जिसका मौजूदा जी. डी. पी. 40 प्रतिशत के

लगभग है) निर्भर रहता है। सेवा-क्षेत्र के दायरे में बहुत से, विभिन्न प्रकार के धंधों और व्यापारों का समावेश है। प्रायः उन सभी में अपेक्षाकृत कम पूँजी, उपकरणों तथा साधनों आदि के लिए अपेक्षाकृत कम मूलधन की आवश्यकता होती है।

टाइफैक की रपटों में इनमें से जिन कुछ क्षेत्रों को अत्यन्त मूल्यवान माना गया है, वे हैं–

–वित्तीय सेवाएँ

–विपणन, संचार सेवाएँ (अर्थात् विज्ञापन, मीडिया, परामर्श सेवाएँ और सूचना-मनोरंजन)

–विपणन की तर्कगणित (लॉजिस्टिक्स), व्यापार और वितरण।

–व्यापार-संवर्धन सेवाएँ

–मानव-संसाधन-विकास

–तकनीकी और प्रबंधन-विषयक परामर्श-सेवाएँ

–परीक्षण, प्रमाणीकरण और अंशशोधन (कैलिब्रेशन) सेवाएं

–शासकीय प्रशासन

–सुरक्षा-सम्बन्धी सेवाएँ

अन्य कई महत्त्वपूर्ण क्रियाकलाप भी हैं। जैसे,

–मरम्मत और देखभाल

–पर्यटन और होटल

–अवकाश और खेलकूद के स्थल

–वृद्धों की सुरक्षा और देखभाल

–रोग-निरोधी, स्वास्थ्य-रक्षा-सेवाएँ

भविष्य की ज़रूरतों के मद्देनज़र, हम कुछ और क्षेत्रों की जाँच-पड़ताल भी करेंगे।

वित्तीय सेवाएँ

वित्तीय सेवाओं का क्षेत्र काफी व्यापक है, और उसके अन्तर्गत आते हैं व्यावसायिक बैंक, नियत समय के लिए उधार देने वाले बैंक, बीमा कम्पनियाँ, स्टॉक-एक्सचेंज जैसे धन-सम्बन्धी केन्द्र आदि। पिछले पच्चीस वर्षों में बैंकों की संख्या में सात गुना वृद्धि हुई है, और 1995 में यह 65,000 तक पहुँच गई थी। इन व्यावसायिक बैंकों में समुचित जमा-राशि पिछले छह वर्षों में ढाई गुना बढ़ी है, और जनवरी 1996 तक 4500 बिलियन रुपये तक पहुँच चुकी थी।

बीमा-कम्पनी सेवाक्षेत्र में वैसे अभी तक बीमा-योग्य व्यक्तियों में सिर्फ 22 प्रतिशत लोगों ने ही बीमे का लाभ उठाया है, तथापि बीमा-सेवा में 1980-81 और 1993-94 के दौरान 7.5 प्रतिशत की दर से वृद्धि करके जी. डी. पी. को इस अनुपात में समृद्ध किया। भविष्य में बीमा-योग्य भारतीयों की संख्या में काफ़ी वृद्धि होने की सम्भावना है, आबादी में वृद्धि, आर्थिक विकास और तेज़ी-से बढ़ते हुए शहरीकरण और उसके फलस्वरूप बढ़ती हुई जोखिमों के कारण। जीवन-बीमा के अतिरिक्त अन्य

प्रकारों की बीमा-सेवाओं का लाभ उठाने वाले भारतीयों की संख्या फिलहाल कुल आबादी के एक प्रतिशत से भी कम है। लेकिन, जैसे-जैसे निर्माण-कार्यों, व्यापार तथा अन्य कार्यकलापों की संख्या में वृद्धि होगी, वैसे-वैसे ग़ैर-जीवन-बीमा कम्पनियों की सेवाओं की माँग भी बढ़ेगी। इसके अलावा व्यक्तिगत दुर्घटनाओं तथा स्वास्थ्य-रक्षा तथा अन्य प्रकार की सुरक्षाओं के लिए बीमों की संख्या में भी काफ़ी वृद्धि होने की सम्भावना है। वैसे भी, ग़ैर-जीवन-बीमा वाली बीमा कम्पनियों की संख्या में 20 प्रतिशत प्रति वर्ष की दर से निरन्तर वृद्धि हो रही है। अगले दशक में उसके बढ़कर 30 प्रतिशत प्रति वर्ष होने की सम्भावना है।

बैंकिंग और बीमा के क्षेत्र में विशाल रूप से वृद्धि होने के बावजूद उनके कार्यों की प्रोसेसिंग अभी तक ज्यादातर हाथ से ही होती है। अभी भी बैंकिंग और बीमा क्षेत्रों में उनके कार्यों को संपन्न करने के लिए किसी राष्ट्रीय नेटवर्क की स्थापना होनी शेष है। इसके अभाव में इन क्षेत्रों की कार्य-क्षमता बहुत अधिक प्रभावित हुई है, और वित्तीय सेवाओं के महँगी होने का कारण भी बनी है। उनके विभिन्न क्रियाकलापों के सुचारु और किफायती संचालन के लिए 'आई.टी.' का उपयोग निहायत ज़रूरी हो गया है। ऐसे प्रयोगों के बाद कम्प्यूटरों का उपयोग करीब-करीब सभी कार्यों में होने लगेगा, इलैक्ट्रानिक दत्त-सामग्री के प्रबन्धन, दूरसंचार और मल्टी-मीडिया दत्त-सामग्री के प्रयोगों के माध्यम से, इन सब कार्यकलापों के लिए सर्वथा नई प्रणालियों को अपनाकर। अभी भी देश के कुछ बैंकों ने, नई प्रौद्योगिकियों को अपनाकर उनका प्रयोग स्वचालित 'टैलर मशीनों (ए. टी. एम.), स्वचालित चैकों को निपटाने की प्रणालियों, फोन द्वारा बैंकिंग सेवा, क्रेडिट कार्डों और इलैक्ट्रानिक राशि को स्थानान्तरित करने जैसी सेवाएँ सीमित दायरे में शुरू कर दी हैं, लेकिन आने वाले वर्षों में अधिकांश बैंक उनका अधिकाधिक प्रयोग करने लगेंगे।

अन्य वित्तीय-सेवाओं जैसे बीमा में कम्प्यूटरों का बहुत कम उपयोग होता है। 'आई. टी.' साधनों के प्रयोगों की इस शोचनीय कमी के कारण ही उपभोक्ताओं और ग्राहकों को कमजोर सेवा मिलती है, और उन पर्याप्त नियंत्रणों के कारण ऋणों को देने में ढील बने रहने की सम्भावना बनी रहती है। प्रारम्भिक और द्वितीय स्तर के पूंजी बाज़ारों में निम्न-स्तरीय प्रौद्योगिकी देखने को मिलती है। प्रारम्भिक बाज़ारों में कम्प्यूटराइज़ेशन और संचार सुविधाओं के अभाव में नए निर्गमों के गाहक बनाने की प्रक्रिया में देरी होती है। वैसे, मुम्बई और राष्ट्रीय स्टॉक एक्सचेंजों में पिछले दिनों 'स्क्रीन-बेस्ड' व्यापार करना शुरू किया है।

बैंकिंग क्षेत्र का निचला स्तर ग्रामीण इलाकों में हो रही बैंकिंग में देखने को मिलता है। वहाँ इन प्रौद्योगिकियों की प्रासंगिकता, अमीर लोगों को छोड़कर कम-से-कम एक दशक या उससे थोड़े समय के लिए ही है। इन इलाकों की सामूहिक समस्या यह है कि वहाँ के लोग जो धनार्जन करते हैं, और उस धनराशि का जो भाग अपने मजदूरों को देते हैं, वह उनके जीवित रहने और बाद में थोड़ी-सी पूँजी छोटे-मोटे धंधे लगाने के लिए ही काफ़ी होती है। गाँवों के ऐसे गरीब लोगों के लिए बाँगला देश में सफलतापूर्वक आयोजित 'ग्रामीण बैंक योजना' के नमूने पर ऐसी कोई

योजना आरम्भ होनी चाहिए, जो वास्तव में उनके लिए उपयोगी सिद्ध हो सके। इस योजना को विस्तारित करने तथा उसे अधिक उपयोगी और सार्थक बनाने के उद्देश्य से 'रैक्स', (रूटल एक्सचेन्ज) ग्रामीण टेलीफोन एक्सचेंजों के लिए सी-डॉट प्रणाली या 'लूप' प्रणाली द्वारा वायरलैस बेतार का तार प्रणाली का उपयोग भी किया जा सकता है।

विपणन-संचार सेवाएँ

विपणन संचार सेवाओं में प्रचार, बाज़ार की जाँच-पड़ताल व शोध और मनोरंजन जैसी सेवाओं का समावेश होता है। उनकी सफलता निर्भर रहती है आर्थिक विकास की अवस्था और लक्ष्य बने वर्गों (टार्गेट ग्रुप्स) की रुचियों के स्वरूप और गठन पर। भारतीय अर्थ-व्यवस्था का विकास 1980-81 से औसतन 5 प्रतिशत की दर से हो रहा है। उसके परिणामस्वरूप मध्यम वर्ग के लोगों की आवादी 20-25 करोड़ के करीब हो गई है। हालांकि आज भी देश के 70 प्रतिशत लोग गाँवों में ही रहते हैं, लेकिन 2020 तक गाँवों में रहने वाले लोगों की संख्या पूरी आबादी का 55 प्रतिशत ही रह जाएगी। शिक्षित-भारतीयों का प्रतिशत भी बढ़कर 80 प्रतिशत हो जाने की आशा है। इन सब तबदीलियों के मद्देनज़र विपणन की संवादशीलता के तौर-तरीकों में भी तब्दीलियाँ देखने को मिलेंगी। जो रणनीतियाँ विकसित होंगी, उनके मुताबिक उपभोक्ताओं को नई-नई माँगों का जाल उनके सामने फेंककर, नए-नए तरीकों से आकर्पित किया जाएगा। सारा फोकस हर बात के नएपन पर ही होगा।

अभी तक बाज़ार की शोध और उसके अनुकूल संप्रेपणीयता कुछ चुने हुए उत्पादों, जैसे—साबुन, प्रसाधनों, टूथपेस्ट, पेय-पदार्थों और चुनिन्दा खाद्य-पदार्थों के व्यापक प्रचार तक ही सीमित रही है। लेकिन अब उसका क्षेत्र व्यापक हो रहा है, और उसके दायरे में टेलीविज़न सेटों, रेफ्रिजेरेटरों और वाशिंग मशीनों आदि का शुमार भी हो गया है, यहाँ तक कि गाँवों में भी इन उत्पादों की माँग बढ़ती जा रही है। कृपि से जुड़े आदानों और उपकरणों की माँग भी बराबर बढ़ती जा रही है। आजकल इन टिकाऊ उत्पादों की गाँवों में खपत कुल खपत का 30 प्रतिशत है, लेकिन आगे चलकर 50 प्रतिशत तक पहुँचने की आशा है। इसके अलावा, कृषि-क्षेत्र में बीजों, उर्वरक-मिश्रणों, कीटनाशक दवाओं, किस्म-किस्म के औजारों और उपकरणों के रूप में बहुत-सी नई-नई वस्तुओं और पदार्थों का प्रवेश हो रहा है। कुछ ऐसे उत्पादों की जो सिर्फ़ भारतीयों की ज़रूरतों को ध्यान में रखकर बनाए गए हैं, जैसे 'इडली-मिक्सर' और 'चपाती बनाने वाले उपकरण' या मिठाइयाँ या पैक हुए खाद्य-पदार्थ की बिक्री भी बढ़ेगी, और उनकी कीमतें भी एक-दूसरे से होड़ करने वाली हो जाएँगी। भारतीय मूल के उत्पादों की प्रतियोगिता विदेशी उत्पादों से होने लगेंगी, उसी प्रकार जैसे भारतीय उत्पादों का निर्यात विदेशों में होगा।

गुणवत्ता और मानकों की माँग

बहुत अधिक संख्या में उत्पादों की बिक्री एक नई समस्या को भी जन्म देगी, और

वह यह कि उच्च कोटि की गुणवत्ता वाले उत्पाद सामान्य उत्पादों से अलग बिकने लगेंगे। लोग उत्पादों में नई-नई विशेषताओं की माँग करेंगे, जैसे, क्या उसका इस्तेमाल आसानी से हो सकता है, उसे आसानी से ले जाया जा सकता है या क्या वह देखने में कलात्मक या आकर्षक है ?

कुछ ऐसी माँगें भी सामने आएँगी, जो तकनीकी किस्म की होंगी। जैसे, उत्पाद अधिक विश्वसनीय हो, उसकी मरम्मत करने या करवाने की ज़रूरत न पड़े, या वह जिन्दगी भर चले, या कम बिजली पर चले, या कम आवाज़ करे, कम प्रदूषण उत्पन्न करे, या कम विकिरणकारी हो, आदि। इन माँगों के कारण प्रदर्शन के नए मापदंड स्थापित होंगे और उत्पाद नए प्रौद्योगिकीय-आदानों से युक्त होंगे। कम्पनियाँ स्वयं भी ज्यादा बिक्री करने की होड़ में आगे निकलने के लिए श्रेष्ठतर गुणवत्ता वाले उत्पाद बाज़ार में पेश करेंगी। भारत में भी बेहतर उत्पाद निर्मित करने की प्रवृत्ति दिनों-दिन ज़ोर पकड़ेगी और सभी निर्माताओं के लिए दिशादायक सिद्ध होगी। विदेशी कम्पनियों द्वारा अपनी विपणन नीति के तहत जो संचार मार्ग अपनाए जाएँगे, उपग्रह-आधारित टेलीविजन-सन्देशों व सम्प्रेषणीयता समेत, उनसे भारतीय उपभोक्ता की पसन्दगियाँ भी प्रभावित होंगी, यहाँ तक कि ग्रामीण भारत की पसंदगियाँ भी प्रभावित होंगी। भारतीय उद्योग या बाज़ार, आमतौर पर, उसी विचार-प्रवाह में बहते चले आए हैं, जिसे विकसित देशों ने एक दशक पूर्व त्याग दिया था। इस प्रकृति से निजात पानी होगी।

विपणन-सन्देशों में मूल्यों के तंत्र

इस प्रसंग में जो महत्त्वपूर्ण सवाल उठता है, उसका सरोकार उन मूल्यों से है, जो विपणन-नीति द्वारा निर्धारित किए जाते हैं। क्या अपने उत्पाद की विलक्षणता इस नीति की विशेषता होनी आवश्यक है ? क्यों उन मूल्यों के अलावा उन उपयोगी मुद्दों पर ज़ोर नहीं दिया जाता, जो उपभोक्ता के जीवन से गहरे में जुड़े हैं, जैसे पर्यावरण की रक्षा या बिजली की बचत आदि। क्या हमें विपणन-नीति के ऐसे मूल्यों को ही प्रोत्साहित करना चाहिए, जो उत्पाद की दर्शनीयता और प्रयोग में सहजता पर ही ज़ोर देते हों ? क्या अन्य मूल्यों की कोई सार्थकता नहीं है ? भारतीय कम्पनियाँ ज्यादातर अपनी लागत का एक प्रतिशत या उससे थोड़ा अधिक भाग अपने विज्ञापनों पर खर्च करती हैं। यह राशि उस राशि से ज्यादा होती है, जो वे अपने उत्पाद की शोध और उसके विकास पर खर्च करना पसन्द करती हैं। क्या हम इस विज्ञापन-संस्कृति की जकड़ से मुक्त नहीं हो सकते ! यदि विज्ञापनों का उद्देश्य लोगों को उत्पाद से सम्बन्धित तकनीकी और व्यावसायिक सूचना मात्र ही देना है, तो हम ऐसी सूचना उपभोक्ता द्वारा उसकी माँग करने पर निःशुल्क क्यों नहीं दे सकते, ऐसी सूचनाओं को, कम लागत से, सार्वजनिक स्थानों पर प्रदर्शित करके भी इस उद्देश्य की पूर्ति ज्यादा प्रभावी ढंग से की जा सकती है। यहाँ हमें इस बात को भी ध्यान में रखना होगा कि विज्ञापनों पर किया गया खर्चा अंत में उपभोक्ता को ही वहन करना पड़ता है।

ऊपर से देखने पर यह विचार बड़े अच्छे और आकर्षक लगते हैं। लेकिन, वास्तविक जीवन में लोगों के व्यवहार की जो बानगी हमें देखने को मिलती है, वह बड़ी पेचीदा होती है। और इस प्रकार के व्यक्तिगत व्यवहार के भी नाना रूप होते हैं। हर व्यक्ति के पास इतना धीरज नहीं होता कि वह अलग-अलग उत्पादों के बारे में पूरी जानकारी पाने के लिए किसी मोटी डायरेक्टरी के पन्नों को उलटता-पलटता रहे। इस दृष्टि से देखा जाए तो, एक विज्ञापन किसी उत्पाद-विशेष की ज़रूरी जानकारी देनेवाला एक सही और उपयुक्त माध्यम बन जाता है। उपभोक्ता चाहे गाँव का हो या शहर का, अमीर हो या गरीब, पढ़ा हो या अनपढ़, सबको आज की दुनिया में अलग-अलग माध्यमों और तरीकों से यह जानने की जल्दी रहती है कि वह क्या खरीदे, कैसे खरीदे और कई विकल्पों में से अपने लिए उपयुक्त चीज का चुनाव अपनी मर्जी से कर सके। इस मामले में वह दूसरों से पीछे नहीं रहना चाहता। इसके अलावा, विज्ञापन उपभोक्ता का वह कीमती वक्त भी बचाता है, जो उसे उसके बारे में ज़रूरी सूचना ढूँढने में लगाना पड़ता। जहाँ तक इस जानकारी की असलियत और नैतिकता का सवाल है, आज के अधिकांश जागरूक और प्रबुद्ध उपभोक्ता जानते हैं कि ऐसी जानकारियों के बीच सन्तुलन कैसे स्थापित किया जाए।

इस सम्बन्ध में एक दिलचस्प बात यह है कि कृषि और निर्माण क्षेत्रों का जैसे-जैसे विकास और विस्तार होता है, वैसे-वैसे विपणन से जुड़ी सूचनाओं का भी विकास और विस्तार होता रहता है। इन दोनों क्रियाओं के नतीजतन लोगों को रोजगार के और अधिक अवसर मिलेंगे। यह एक ऐसा क्षेत्र है, जिसे ज़ोर लगाकर आगे बढ़ाने की ज़रूरत है।

विपणन-संचार का भावी परिदृश्य

इस क्षेत्र में जिन नई प्रौद्योगिकियों के प्रवेश करने की शक्यता है, वे हैं–'कम्पोज़िंग', 'मल्टीएडीशन', 'पोर्टेबिल, आई. टी.', प्रौद्योगिकियाँ, स्वचालित-भाषा-अनुवाद, 'हैंडहैल्ड टर्मिनल्स', 'सैटेलाइट डिजिटल ऑडियोब्रॉडकास्टिंग', 'थ्री-डाइमैन्शनल वर्कस्टेशन्स', 'एक्जैम्पशन फॉर एक्सैस कंट्रोल', 'सिस्टम्स फॉर व्यूअर सैन्सरिंग'; 'स्टीरियो म्यूजिक ब्रॉडकास्ट, 'थ्री-डाइमैन्शनल एनीमेशन', 'मल्टीलिन्गुअल ऑडियो एंड इंटरएक्टिव रैन्डम डाटा ग्राफिकल यूज़र इन्टरफ़ेस।'

भारतीय उद्योगों के लिए यह बहुत ज़रूरी है कि वे अभी से इन क्षेत्रों की प्रौद्योगिकियों को प्राप्त करने और उन्हें विकसित करने के प्रयत्न शुरू कर दें, ताकि उन्हें भारत में उन्हें सर्वप्रथम आरम्भ करने का श्रेय मिल सके, और सम्भव हो तो वे उनका निर्यात भी कर सकें। यदि उन्होंने इस बारे में आवश्यक कार्यवाही नहीं की तो इस बात की पूरी सम्भावना है कि जिन लोगों को इन सेवाओं की तत्काल आवश्यकता है, वे उन उत्पादों का आयात करने लगें। इनमें से अधिकांश क्षेत्रों में हो सकने वाले व्यापार की मात्रा दसियों करोड़ से लेकर कई हज़ार करोड़ों तक बैठेगी। तालिका 8.1 में इस मात्रा को संक्षेप में दर्शाया गया है :

तालिका 8.1

2020 तक संचार-व्यापार का प्रायोजित परिमाण

(वार्षिक बिक्री करोड़ रुपयों में)

1995	कार्य	2020
	विपणन-सेवाएँ	
60	बाज़ार की शोध	800-1000
3500	विज्ञापन	18,000-20,000
	मास मीडिया	
1500	समाचारपत्र (प्रसार।बिक्री)	6500-7000
1500	टीवी (सॉफ्टवेयर)	7000-8000
200	केबिल ऑपरेशन	8000-10000
	मनोरंजन मीडिया	
1000	सिनेमा (निर्माण और आय)	4000-5000
300	संगीत	2500-3000
35		1000-1200
	मल्टीमीडिया	
35000	टेलीकॉम, टेलिफोन और डेटा	600000-700000

नोट : (1) सारे अनुमान 1995 की कीमतों पर आधारित हैं।

(2) 'सिनेमा' के अन्तर्गत केबिल और टीवी के उपयोगार्थ किया गया निर्माण भी शामिल है। मीडिया और मनोरंजन के कुछ अंश परस्पर एक-दूसरे से ढके हैं।

(स्रोत : टाइफैक, प्रौद्योगिकीय परिकल्पना) : सेवाएँ

विपणन का तर्कगणित, व्यापार और वितरण

ग्राहकों को उत्पादों और सामानों की पूरी जानकारी देने के बाद, उस तक पहुँचना भी ज़रूरी होता है। इस ज़रूरत को पूरा करती है, व्यापार-सेवा, जो एक महत्त्वपूर्ण सेवा है।

निर्माताओं/उत्पादकों और ग्राहक/उपभोक्ताओं के बीच एक कड़ी बनते हैं—व्यापार-सेवा के ये घटक : थोक माल बेचने वाले व्यापारी, खुदरा माल बेचने वाले व्यापारी, गोदाम-मालिक, वितरक और माल ढोने वाले। ये क्रय-विक्रय के तर्कगणित के महत्त्वपूर्ण घटक भी हैं। इन सेवाओं का जी. डी. पी. में 1993-94 में योगदान 21.5 प्रतिशत का था। क्रय-विक्रय के इस तर्क-गणित की ज़रूरत इन

तीन मुख्य श्रेणियों के व्यापार से है : कृषि-आधारित खाद्य-पदार्थ, प्रमुख पदार्थ तथा इन दोनों के काम आने वाली बीच की वस्तुएँ, जैसे—कोयला, स्टील, सीमेंट, आदि और उपभोक्ताओं के काम आने वाली टिकाऊ वस्तुएँ, जैसे कपड़ा आदि।

उपरोक्त श्रेणियों का व्यापार और वितरण-कार्य परम्परागत तरीकों से होता आ रहा है, अर्थात् चुनिंदा केन्द्रों में थोक वितरण करके, तथा खुदरा बिक्री के लिए खुदरा व्यापारियों द्वारा। जी. डी. पी. में वृद्धि होने के कारण, उत्पादों की मात्रा में एक दशक में बहुत अधिक परिवर्तन होने की आशा है। ये परिवर्तन व्यापार में भी होंगे, और क्रय-विक्रय के तर्क-गणित में भी।

व्यापार का भावी परिदृश्य

गाँवों, कस्बों और छोटे शहरों में परम्परागत दुकानदारी छोटी-छोटी दुकानों की मार्फ़त ही होती है। इन छोटी-छोटी दुकानों में हालांकि उत्पादों का चुनाव करने के लिए ज़्यादा कुछ नहीं होता, तो भी वहाँ तरह-तरह की किस्मों वाली वस्तुएँ मिल जाती हैं। अधिकांश विकसित देशों में इस दुकानदारी ने बड़ी खुदरा बिक्री करने वाले ऐसे स्टोरों और 'शॉपिंग मॉल' का रूप ले लिया है, जहाँ घरेलू ज़रूरतों का करीब-करीब सब सामान एक ही जगह पर आसानी से मिल जाता है। अब भारत के बड़े-बड़े शहरों में भी इसी तर्ज़ पर 'शॉपिंग सेन्टर' 'सुपरमार्केट' जैसे विशाल बिक्री केन्द्र खुलते जा रहे हैं। जैसे-जैसे घरेलू ज़रूरतों को पूरा करने वाले उत्पादों का उत्पादन और उनकी माँग बढ़ेगी, वैसे-वैसे ऐसे विशाल बिक्री केन्द्रों की संख्या भी बढ़ेगी। अब हमारे शिल्प-वैज्ञानिकों और उद्योगपतियों को चाहिए कि वे देश के कोने-कोने में ऐसे विशाल बिक्री केन्द्रों को खोलने और देखभाल करने का सपना देखकर, उस सपने को असलियत में बदलने की कोशिश करें। इस बारे में ऐसा सोचने की भी कोई वजह नहीं दिखाई देती कि इन केन्द्रों के निर्माण के लिए जो उपसाधन, सहायक सामान तथा अन्य आवश्यक वस्तुएँ अपेक्षित हैं, उनका निर्माण भारत में ही क्यों नहीं हो सकता। हम इस बात पर इसलिए ज़ोर दे रहे हैं, क्योंकि हमने पाया है कि हमारे फाइव-स्टार होटलों के निर्माण में काम आने वाली काफ़ी सामग्री बाहर से आयात की जाती है। सिर्फ इस वजह से कि उनके समान गुणवत्ता वाली सामग्री हमारे देश में निर्मित नहीं होती। यह बेहद जरूरी है कि परमाण्वीय ऊर्जा को वशवर्ती करने में सफल होने वाला हमारा देश, जिसने बहुत पेचीदा धातुकर्मीय उत्पादों का उत्पादन कर दिखाया है, अपेक्षाकृत सरल वस्तुओं का निर्माण भारतीय डिजाइनों और तकनीकी जानकारी के आधार पर करके क्यों नहीं दिखा सकता।

पैकेजिंग के मामले में हमें यथासम्भव प्लास्टिक के इस्तेमाल की पुरानी विधि से छुटकारा पा लेना चाहिए, हालांकि अनेक उत्पादों के लिए उसका प्रयोग कभी-कभी ज़रूरी भी हो जाता है। हमारे देश में जैव-अवक्रमित टेपियोका (कसावा) के अस्तर से पक्का-मजबूत किया गया कागज़ विकसित हो चुका है। अन्य देशों के उत्पादों की नक़ल करने के स्थान पर हमें इस प्रकार की अन्य वस्तुओं का नवीकरण करके उन्हें अपने उपयोग में लाना चाहिए।

विपणन के तर्क-गणित, व्यापार और वितरण के क्षेत्र में कम्प्यूटर-नेटवर्कों और उपग्रहीय संचार के रूप में एक महत्त्वपूर्ण प्रौद्योगिकीय आदान का समावेश होने जा रहा है। हम इस बात को अक्सर भूल जाते हैं कि हमारा देश काफ़ी विशाल है, और 82 लाख वर्ग किलोमीटर क्षेत्र में फैला है, जिसमें माल और वस्तुएँ एक स्थान से दूसरे स्थान तक ट्रकों या रेलमार्ग से भेजी जाती हैं। तेज़ी से विकसित हो रहे और उच्च मात्रा की अर्थव्यवस्था वाले हमारे देश को माल के सुचारु और व्यवस्थित वितरण के लिए उच्च कोटि के कम्प्यूटर-नेटवर्क और उपग्रहीय संचार प्रणाली की सर्वोपरि आवश्यकता है, और उनके बिना उसका काम नहीं चल सकेगा। उपग्रहीय-संचार-प्रणाली ही क्यों, कम्प्यूटर नेटवर्क बनाना तन्तुओं से भी सम्भव है। लेकिन, एक ट्रक, मालगाड़ी या पानी के जहाज में से प्रत्येक को अलग-अलग व्यवस्थाओं की ज़रूरत होती है। गतिशील (मोबाइल) संचार-व्यवस्था स्थापित की जा सकती है। उपग्रहीय समुद्री प्रणालियों की मदद से माल की स्थिति को भी अचूकता के साथ पहचाना जा सकता है। व्यवसायियों और व्यापारियों की गतिशीलता इस कार्य में निर्णायक सिद्ध होती है। इन लोगों ने जिस समझदारी और सतर्कता का परिचय देते हुए मोबाइल या सेल्यूलर फोन को अपनाया है, वह सचमुच अपूर्व है। एक बार ये लोग नेटवर्कों और गतिशील-संचार-व्यवस्थाओं को भी अपना लें, तो हम खुद इन लोगों द्वारा इन दोनों के उनके कुशल, नियमित और विलक्षण प्रयोगों को देखकर चकित रह जाएँगे। सेवा-क्षेत्र में अपनाई गई संचार-व्यवस्था ग्रामीण और शहरी इलाकों के बीच की दूरी को भी पाट देगी।

विपणन के तर्कगणित का भावी परिदृश्य

परिवहन-क्षेत्र में उसका इस्तेमाल करने वालों की मुख्य माँग होगी—और ज़्यादा तेज़ी। उनकी यह माँग भी होगी कि ज़्यादा-से-ज़्यादा मात्रा में माल अधिक-से-अधिक स्थानों तक पहुँचे। ख़ास तौर पर बनाए गए 'कन्टेनर' (डिब्बे) जिनमें से कुछ को नियंत्रित वायुमंडलीय परिस्थितियों में रखा जाता है, मिसाल के तौर पर एक विशेष तापमान पर ठंडी की गई स्थिति में, नियंत्रित आद्रता के साथ बढ़ती ज़रूरतों के मुताबिक ये कन्टेनर ज़्यादा-से-ज़्यादा तादाद में इस्तेमाल होने लगेंगे। माड्यूलर और वृहदाकर कन्टेनरों की माँग भी बढ़ेगी। इनके अलावा, एक ऐसे बहुउपयोगी कन्टेनर की ज़रूरत भी पड़ेगी, जिसे हवाई जहाज, पानी के जहाज, सड़क या रेल से भेजा जा सके। इसे 'बहुमॉड्यूलर-परिवहन-सामर्थ्य कहा जाता है। अंतरराष्ट्रीय स्तर पर ऐसे अनेक मानक कन्टेनरों का प्रयोग होता है। हमारे लिए यह बड़ा लाभदायक होगा, यदि हमारे उद्योग ऐसी सामर्थ्य प्राप्त कर, कन्टेनरों को अपनी विशिष्ट परिस्थितियों के अनुरूप ढाल कर उसका उपयोग आरम्भ कर दें। अगले पाँच से दस वर्षों तक ऐसे कन्टेनरों की बहुत माँग होगी।

भारी वजन के कार्गो की ज़रूरतों के मुताबिक, उनके उचित प्रबंध और देखभाल की सुविधाओं, आधुनिक किस्म की पैकेजिंग-प्रणाली, माल लादने और उतारने की बेहतर व्यवस्थाओं की ज़रूरतें भी बढ़ेंगी। एक स्वाभाविक ज़रूरत होगी—आधुनिक

और बड़े माल-गोदामों की। इनका निर्माण हो जाने के बाद, और चूँकि माल को देने या पहुँचाने के समय काफ़ी दबाव रहेगा, इसलिए मालगोदामों और खेतों, फैक्टरियों, दूसरे गोदामों, मुख्य कार्यालयों, क्षेत्रीय कार्यालयों, सुपरमार्केटों तथा खुदरा बिक्री करने वाली दुकानों आदि के बीच पारस्परिक संयोजन बहुत महत्त्वपूर्ण होगा। इस पारस्परिक संयोजन के माध्यम होंगे—रेल, सड़कें या जलमार्ग, या डेटा या फोन आदि से की गई बातचीत।

यहाँ एक महत्त्वपूर्ण विषय पर ज़ोर देना ज़रूरी है। वैसे तो, इस विषय का सम्बन्ध उन सभी क्षेत्रों से है, जिनकी चर्चा हम करते आ रहे हैं, लेकिन सेवा-क्षेत्र से और भी ज़्यादा है। सेवा-कार्य से जुड़े सभी लोगों को उन सबकी अलग-अलग भाषाओं में चित्रों (चल या अचल) द्वारा सामान्य प्रशिक्षण देना बहुत ज़रूरी है, जिससे यह सुनिश्चित हो सके कि वे अपना काम बिल्कुल सही ढंग से करेंगे। यदि हम इस काम के लिए पैसा खर्च करने के लिए तैयार नहीं हैं, तो वे अकुशल कामगारों जैसा ही काम करते रहेंगे।

हमारे पास जो संसाधन मौजूद हैं, उनका अधिक-से-अधिक लाभ उठाने के लिए लोगों को प्रशिक्षित करना बहुत ज़रूरी है। मिसाल के तौर पर हम वाहनों में खर्च होने वाले ईंधन में उनके चालकों को ईंधन को बचाने वाले उपायों के बारे में प्रशिक्षण देकर उनकी ईंधन के फिजूल खर्च करने की पुरानी आदतों का सुधार करके और उनके काम का सम्पूर्ण प्रशिक्षण देकर ईंधन के खर्च में 5% की कमी कर सकते हैं। तब वह बेकार में बार-बार एक्सीलरेटर को नहीं दबाएगा। अचानक ब्रेक लगाने के बजाय, वह पहले से ही अपनी रफ्तार कम कर देगा। लेकिन क्या एक मामूली ड्राइवर यह जानता है कि इन सब बातों का संबंध इंजन की ऊष्मागतिविज्ञान और ईंधन के जलने से है। इसी तरह यदि स्टोव की लौ को इतना नीचे रखें, जिससे वह बर्तन को चारों ओर से लपेटे नहीं, तो भले ही खाना तैयार करने में कुछ मिनटों की देर ज़रूर होगी, लेकिन उस कारण क़ीमती गैस की खपत काफ़ी कम हो जाएगी। हर तरह की बर्बादी देश की अर्थव्यवस्था पर बुरा प्रभाव डालती है। विपणन-सम्बन्धी-प्रवीणताओं के प्रभावी परिनियोजन से हम अपने कामगारों को लगातार प्रशिक्षित करते हुए इस प्रकार की बर्बादियों को रोक सकते हैं। और, इस प्रकार का आवश्यक और उपयोगी प्रशिक्षण अपने आप में खुद एक उद्योग की शक्ल ले सकता है।

व्यापार-प्रोत्साहक सेवाएँ

'गाट' (GAAT) नामक नई विश्व-व्यापार-व्यवस्था के कारण सारे विश्व की आय में 213274 बिलियन अमरीकी डॉलर की वृद्धि होगी। 'गाट' के सचिवालय के एक प्रायोजन के अनुसार, विश्व-व्यापार में सबसे अधिक-विश्व-व्यापार की आय का 60 प्रतिशत कपड़ा और वस्त्र-परिधान क्षेत्र में होगा, और उसके बाद नम्बर आता है—कृषि, वानिकी तथा मत्स्य-उद्योग के उत्पादों का। भारतीय-निर्यात में होने वाला सम्भावित लाभ 2.7 बिलियन डालर है। (मौजूदा निर्यात 20 बिलियन डॉलर के लगभग है।)

अपने निर्यात में वृद्धि करने और नए-नए बाज़ारों को खोजने के लिए हमें प्रभावशाली व्यापार-प्रोत्साहक सेवाओं का सहारा लेना पड़ेगा।

अल्पकालिक (पाँच वर्षों तक) क्रियाशीलताओं में इन क्रियाओं का समावेश होना चाहिए—आई.टी. का व्यापार-हैन्ड सशक्त करना, आवश्यक अवसंरचना का निर्माण ग्राहकों और उपभोक्ताओं की आवश्यकताओं को पूरा करने के लिए। मध्यम/दीर्घकालिक क्रियाशीलताओं में (दस से बीस वर्षों तक की) में इन क्रियाओं का समावेश होना चाहिए—विश्व में विशाल डेटा सामग्रियाँ, संचार-सम्बन्ध, सुधरा हुआ परिवहन और बैंकिंग सुविधाएँ।

पर्यटन

पर्यटन-क्षेत्र से जुड़ी पारम्परिक मान्यताएं हैं—होटल, सुविधाजनक परिवहन की उपलब्धता, ताजमहल से आरम्भ करके अन्य दर्शनीय स्थलों की सूची, जिसमें गोआ, कन्याकुमारी आकर्षक उत्तर-पूर्व, तटीय भारत तथा द्वीप-समूह, रेगिस्तान और हिमालय भी रहें। लेकिन आज के पर्यटक कुछ अलग और भिन्न स्थलों के दर्शन की अपेक्षा करते हैं। वे भारत में महज़ खाने-पीने और मौज मनाने के उद्देश्य से ही नहीं आते। उनमें से बहुत से उन लोगों से जिनसे वे मिलते और उन स्थानों के, जहाँ वे जाते हैं, और अधिक जानना चाहते हैं। हम उनकी इस अपेक्षा को 'सांस्कृतिक' कह सकते हैं, या उसे 'ज्ञानोन्मुखी पर्यटन' का नाम भी दे सकते हैं। सूचना-प्रौद्योगिकी के माध्यम से हम उनकी इस आकांक्षा को पूरा कर सकते हैं। उनकी जिज्ञासाओं को पूरा करने की क्रियाशीलता में वृद्धि होने की बहुत गुंजाइश है। देश के अधिकांश दर्शनीय स्थलों में वहाँ के संगीत, संस्कृति, इतिहास, जैव-वैविध्य, तथा दर्शनीय स्थल तथा उसके आसपास के स्थानों व क्षेत्रों की विशेषताओं को 'मल्टीमीडिया' द्वारा प्रस्तुत झाँकियों द्वारा सजीव और चित्रित किया जा सकता है। या, उन सम्भावनाओं की कल्पना भी कीजिए, जो उन विदेशी पर्यटकों को, जो भारत आने की योजनाएँ बना रहे हैं, और इलैक्ट्रानिक मेल से स्थानीय मानचित्रों सहित इन सब झाँकियों को पाकर कितने पुलकित और रोमांचित महसूस करेंगे। सम्भावनाएँ तो बहुत हैं, सिर्फ़ ज़रूरत है, उन्हें अमल में लाने की।

मानव-संसाधन विकास

जैसा कि अब तक यह बात आपके सामने सुस्पष्ट हो गई होगी कि सेवा-क्षेत्र का सबसे ज़्यादा सरोकार मानव की ज़रूरतों, सुख-चैन और सुविधाओं से है। इसलिए, स्वाभाविक है कि उनकी पूर्ति भी मानव ही कर सकते हैं। और मानव-संसाधन विकास से इस सेवा-क्षेत्र की क्रियाशीलताओं को अधिक प्रभावी और कारगर बनाया जा सकता है। हम पुस्तक के पीछे के भागों में ऐसे विकास के कुछ उदाहरण पेश कर चुके हैं। सेवा-क्षेत्र के अन्य महत्त्वपूर्ण घटक हैं—इस सेवा-कार्य से जुड़े लोगों की कारीगरी के स्तर को लगातार बढ़ाना, बदलती हुई प्रौद्योगिकियों की चुनौतियों के मद्देनजर या पहले से ही प्रौद्योगिकियों में सम्भावित परिवर्तनों के लिए तैयार रहना,

और उपभोगों की नई-नई शैलियों से अवगत होते रहना। हम सबको बहुत कुछ सीखना है, और बहुत कुछ जो सीखा है, उसे भूलना है, लगातार कुछ नया-नया सीखते रहने की प्रक्रिया को जारी रखना है, सीखने में मददगार होने वाले नए साधनों को इस्तेमाल करते रहना है, दूसरों को सिखाते रहना है, आदि आदि।

जैसा कि राष्ट्र संघ की मानव-संस्थान-विकास की 1995 की रपट में साफ़ कहा गया है, हमें मानव-रूपी मूलधन में अत्यधिक धनराशि का निवेश करना है—विकासशील देशों के लोगों के जीवन-स्तर को सुधारने और उनकी प्रबंधन और प्रौद्योगिकीय योग्यताओं का विकास करने के उद्देश्य से। इन विकासशील देशों की तालिका में भारत का स्थान बहुत नीचे है—175 देशों में 134 वां। उससे ऊँचा स्थान मलेशिया, थाईलैंड और श्रीलंका जैसे देशों का है। हमारी आबादी के 75 फीसदी लोगों को साफ-सुथरे और स्वास्थ्यप्रद वातावरण में जीना नसीब नहीं है। और 21 प्रतिशत लोगों को पीने का अच्छा पानी भी नहीं मिलता।

निम्न तालिका में दर्शाया गया है कि हमारी भावी चुनौतियाँ और प्राथमिकताएँ कौन-कौन-सी हैं :

तालिका 8.2

मानव विकास संसाधन : भावी चुनौतियाँ और प्राथमिकताएँ

कार्यकलाप	पूरा करने की निर्दिष्ट कालावधि (वर्षों में)
1. **प्रारम्भिक और माध्यमिक शिक्षा में सुधार**	
शिक्षकों की गुणवत्ता और क्षमता	5-10
उद्योगोन्मुखी शिक्षा	5-10
मल्टीमीडिया और मास-मीडिया से जुड़ी दूसरी प्रौद्योगिकियाँ	10-15
2. **महिलाओं को अधिकार**	
व्यापक सामाजिक जागरूकता और अभियान की व्यवस्था	5-10
महिलाओं की शिक्षा में सुधार के लिए प्रौद्योगिकीय योजनाएं	5-15
3. **विज्ञान और प्रौद्योगिकी में निवेश**	
शोध और विकास से जुड़े कार्यों का पुनरानुकूलन	5-10
नेतृत्व का प्रशिक्षण और राष्ट्रीय प्रयोगशालाओं और	5-10

	संस्थाओं के निर्माण के लिए योग्यताओं का विकास	
	राष्ट्रीय प्रयोगशालाओं और संस्थाओं के लिए मानव-विकास-संस्थान की योजनाओं के अन्तर्गत रणनीतियों के लिए उपाय सोचना	5-10
4.	**उद्योग-उपक्रमी क्षमताओं का विकास**	
	उद्योग-उपक्रमों के लिए योग्यताओं-क्षमताओं का विकास और सरकारी, गैर-सरकारी और वित्तीय संस्थाओं द्वारा रोजगारों को पैदा करना	5-10
	उद्योग-उपक्रमियों द्वारा आवश्यक भावना, अभिवृत्ति और अभिप्रेरण का सृजन करना	5-10
	उधार-सुविधाओं का प्रबंधन और उधार की प्राप्यता में सुधार	5-10
5.	**मानव संस्थान विकास में निजी और-गैर-सरकारी एजेंसियों की भूमिका**	
	उद्योग-उपक्रमियों की कुशलताओं और निपुणताओं का विकास और ग़ैर-सरकारी संस्थाओं का निर्माण कौशल	5-15
6.	**सरकारी एजेंसियों और संस्थाओं के प्रदर्शन में सुधार**	
	सरकारी कर्मचारियों की अभिवृत्तियों और व्यावहारिक परिवर्तनों को लाने वाले मानव विकास से जुड़े कार्यक्रम	5-10
	सरकारी सेवाओं में व्यावसायिकता की भावना उत्पन्न करना	5-10
	सरकारी सेवाओं में मानव-शक्ति को कम करके उन्नत किस्म के यंत्रीकरण का नियोजन	5-15
7.	**पर्यावरण की चिन्ता**	
	पर्यावरण की रक्षा के प्रति लोगों की जागरूकता को बढ़ाना, और सम्पर्क-योजनाओं तथा जन-सम्प्रेषण के माध्यम से आ़म आदमियों को पर्यावरण की हिफ़ाज़त करने की शिक्षा देना	5-10

स्रोत : टाइफैक रपट – प्रौद्योगिकी परिकल्पना 2020 : सेवाएँ

इस बात को भी समझने और महसूस करने की ज़रूरत है कि यदि हमें प्रभावशाली ढंग से अपने मानव-संस्थानों को विकसित करना है, तो हमें उनके कार्यों और गतिविधियों का विकेन्द्रीकरण अवश्य करना होगा, ताकि स्थानीय स्तर पर, स्वयं अपने को ठीक करते रहने वाले सीखने के तरीकों को भी विकसित किया जाता रहे। आई. टी. जैसी अन्य प्रौद्योगिकियाँ इस प्रक्रिया की बहुत सहायता कर सकती हैं, तथा नए अवसर भी प्रदान कर सकती हैं।

तकनीकी और प्रबन्धन की परामर्श सेवाएँ

मानव-संस्थान-विकास अपने-आप में ज्ञान और कुशलता पर आधारित एक ऐसी क्रिया है, जिसकी आज के प्रौद्योगिकीय समाज में बहुत माँग है। लेकिन जो पेचीदी प्रौद्योगिकियाँ प्रचलित हैं, और जिनकी लगातार माँग रोज़मर्रा की ज़िन्दगी में तो होती ही रहती है, देश की सुरक्षा से जुड़े, ऐसे कार्यों के लिए भी होती रहती है, जहाँ एक भी असफलता संकट का कारण बन सकती है। वस्तुतः आज अधिकांश निर्माताओं और सेवा प्रदान करने वाले व्यक्तियों या संस्थाओं का अंतिम लक्ष्य ऐसा निर्माण या ऐसी सेवा प्रदान करने का रहता है, जहाँ किसी मरम्मत या देखभाल की ज़रूरत ही न पड़े। इससे पूर्व, असंदिग्ध गुणवत्ता और निर्भरता की कठोर माँग सुरक्षा-विभाग या अन्तरिक्ष-शोध विभाग द्वारा ही की जाती रही थी, या उन साधनों के उत्पादकों द्वारा की जाती थी, जो उन साधनों को मानव अंगों में रोपित करते हैं। आजकल सर्वोच्च व विशिष्ट गुणवत्ता की अपेक्षा अनेक नागरिक-प्रयुक्तियों में भी की जाने लगी है। उधर, प्रौद्योगिकीय प्रगति का यह हाल है कि उसके कारण, उत्पाद के जीवन-चक्र की अवधि घटकर कुछ वर्ष ही रह गई है। इससे पूर्व, लोग तब बहुत सन्तुष्ट रहते थे, जब किसी उपकरण के निर्विघ्न प्रयोग का सामान्य समय कुछ या कई हज़ार घंटों तक भी होता था। अर्थात वह समय जब किसी भी उपकरण को, उसकी प्राप्ति या मरम्मत के बाद, बिना किसी समस्या के कुछ या कई हज़ार घंटों तक सुचारू रूप से चलते रहना चाहिए। इन घंटों को उसका 'काम करना बंद करने तक का औसत समय' (मीन टाइम बिफोर फेलियर्स—एम. टी. बी. एफ.) कहा जाता है। आज जो दुनिया में प्रवृत्ति है, उसके अनुसार किसी उत्पाद को उसके जीवन की निर्धारित अवधि के दौरान, बिना किसी चूक या कमी के कार्य करते रहना चाहिए। उत्पादों के लगातार नवीकरण होते रहने के कारण, कभी-कभी उनका जीवन कुछ वर्ष तक ही सीमित रहता है। भारत में जिन लोगों ने अपने निजी कार्यों के लिए कम्प्यूटर खरीदे हैं, उन्हें यह मालूम होगा कि उनके मॉडलों में कितनी तेज़ी से परिवर्तन होते रहते हैं, जिनके कारण कभी-कभी तो उनका मूल प्रदर्शन ही बदल जाता है। ऐसे कठोर मानकों के पालन के बारे में कैसे आश्वस्त हुआ जा सकता है ? स्वाभाविक है, ऐसे उत्पादन के दौरान उच्चतम कोटि की उन सब विशेषताओं को अपनाकर, जो सुरक्षा और अंतरिक्ष सेवाओं के लिए तैयार किए गए उपस्करों में इस्तेमाल में युक्त की जाती हैं, ऐसा किया जा सकता है।

इससे पहले, हमें सैनिक-मानकों और अन्तरिक्षीय गुणवत्ता वाले पुर्जों को ऊँची

कीमत पर खरीदना पड़ता था। ज़मीनी उपस्करों के पुर्जों को हम लोग 'गार्डन' किस्म के पुर्जे कहा करते थे। लेकिन अब इन 'गार्डन' किस्म के पुर्जों के मानकों और उनकी विश्वसनीयता में ज़मीन-आसमान का अन्तर देखने में आता है। इसका एक कारण यह है कि विकसित देशों से जो सैनिक सामग्री होती है, उसका निर्माण अब ग़ैर-सैनिक नागरिक निर्माताओं द्वारा होता है, जिनके निर्माणों की गुणवत्ता का भी स्तर उसी स्तर का है, और वह भी उतनी ही भरोसे लायक है। इस प्रकार, अपने बाजार का आधार विस्तृत करने से दोनों क्षेत्रों को लाभ हुआ है। दोनों की निर्माण-मात्रा में भी बहुत वृद्धि हुई है।

इसका एक परिणाम यह हुआ है कि अब इन निर्माणों के दौरान, 'हार्डवेयर' को प्राप्त करने से पहले ही डिजाइन और निर्माण-प्रणालियों की जाँच कर ली जाती है। दोनों के श्रेष्ठतम होने के मुद्दे पर अब पहले से भी ज़्यादा ज़ोर दिया जाने लगा है। निर्माण के दौरान मानकों का दुःसाध्य नियंत्रण जारी रहता है, निर्माण के दौरान प्रयुक्त होने वाले आदानों का पूरा विवरण प्राप्त कर तथा उनका सर्वांगी परीक्षण करने के बाद ही उनका प्रयोग आरम्भ होता है, निर्माण-विधियों को भी उनके कड़े परीक्षणों के बाद, लगातार मानीटर किया जाता है और अन्तिम उत्पाद को भी तरह-तरह के परीक्षणों और मिलान करने, पूरी जाँच-पड़ताल करने की पूरी प्रक्रिया के दौरों से गुज़रना पड़ता है। यही वजह है कि तकनीकी परामर्श, तकनीकी परीक्षण, अंश शोधन, प्रक्रियाओं, विधियों और प्रणालियों का प्रमाणीकरण और प्रबन्धन-विषयक परामर्श इस समूचे निर्माण-कार्य की उपरोक्त पेचीदगियों की गहराई से जाँच करते रहते हैं, और इसी कारण उनकी माँग बड़ी तेज़ी से बढ़ रही है। इन सब कार्यों के लिए जिस प्रकार की प्रवीणताओं की आवश्यकता होती है, उनका फैलाव तकनीकी ज्ञान से लेकर डेटा सामग्री को दर्ज करने, उसका अति-सावधानी से विश्लेषण करने वाले तथा प्रबन्धन-कला में निपुण प्रबंधकों तक गया है। अपनी मानव-संस्थान आधार की सशक्त नींव वाले भारत के पास ये सब विशेषज्ञ काफ़ी मात्रा में मौजूद हैं। सेवाओं का यह समूचा क्षेत्र उभरकर, देश में रोजगार के ढेरों अवसर भी उत्पन्न कर सकता है। भारतीय ऐसी सब सेवाएँ अपने उद्योग को तो दे ही सकते हैं, विदेशी उद्यमियों को भी दे सकते हैं। ये सेवाएँ परीक्षणों, अंशशोधन और तकनीकी परामर्श जैसे पहलुओं से जुड़ी होंगी। इस निगूढ़ समर्थता और शक्यता को साकार करने के लिए हमें अपने लोगों के ज्ञान व प्रवीणताओं के आधार का विकास करने के सब मार्गों को खोलना होगा। योग्यताओं और अवसंरचनाओं की इस पूरी शृंखला में सूचना-प्रौद्योगिकी का नाम भी ज़हन में आता है।

अन्य परियोजनाओं को तालिका 8.3 और 8.4 में देखा जा सकता है :

तालिका 8.3

परामर्श सेवाएं : तकनीकी और प्रबंधन की भावी रणनीतियाँ तथा प्राथमिकताएँ

	परिदृश्य	पूरा करने में लगने वाले अनुमानित वर्ष
1.	विशेष ज्ञान के बढ़ते हुए स्तर के मद्देनजर, संस्थाएँ अब अपनी संस्था के लोगों की क्षमताओं और योग्यताओं पर निर्भर न रहकर, बाहरी स्रोतों (तकनीकी परामर्श) से अधिक-से-अधिक सहायता प्राप्त करना बेहतर समझती हैं, पुनःप्रशिक्षण, पुनःईंजीनियरिंग और पुनःरिनियोजन हेतु	5-10
2.	तकनीकी परामर्श द्वारा परिचालित कार्यों को उन सूचनाओं से बहुत सहारा मिलेगा, जो विशिष्ट डेटा सामग्रियों से प्राप्त और जाँची हुई होंगी। डेटा सामग्रियों का सृजन करना और उनका क्रय-विक्रय एक लाभदायक व्यवसाय बन जाएगा	5-15
3.	सामान्य शिक्षण का स्थान विशिष्ट और सुनिश्चित प्रशिक्षण ले लेगा, प्रबन्धन के प्रशिक्षण में भी फ़ोकस विशिष्ट और सुनिश्चित प्रशिक्षण पर आ जाएगा	10-15
4.	अवसंरचना (बिजली, बंदरगाह, जल-प्रबंधन, टेलीकाम, गृह-निर्माण आदि), प्राकृतिक संसाधनों (खान खोदना, तेल और गैस की खोज, जल-संसाधन आदि) के प्रमुख क्षेत्रों और सेवाओं के क्षेत्र में बहुत अधिक विकास होगा, और उसे भी तकनीकी परामर्श की मदद की ज़रूरत पड़ेगी	5-10
5.	प्रयोगोन्मुखी ऐसे नए पदार्थों, जो उच्च तापमान, क्षरण और घर्षण-विरोधी हैं, और विकसित हो सकते हैं, को भी तकनीकी परामर्श की ज़रूरत पड़ेगी	10-15
6.	कम्प्यूटर-प्रौद्योगिकियों से जुड़े परामर्शदाताओं की उन उद्योगों को अधिकाधिक आवश्यकता होगी, जो प्रणालियों के एकीकरण की और क्षेत्र-विशेषज्ञों को सम्मिलित करके विशिष्ट प्रयुक्तियों के एक पैकेज की माँग करते हैं	5-10
7.	परामर्श-आदानों के लिए सुरक्षा, स्वास्थ्य और पर्यावरण जैसे क्षेत्र महत्त्वपूर्ण बनकर सामने आएँगे	5-10
8.	तकनीकी परामर्श-क्षेत्र को उद्योग का दर्जा दिए जाने की पूरी सम्भावना है, कारण, वह वित्तीय सहायता पाने और राजकोष	5-10

	से पर्याप्त सहायता व समर्थन पाने योग्य है	
9.	हमारे पास जिस विशाल ज्ञान-भंडार का आधार है, उसको प्रभावी ढंग से आत्मसात करके एक गुणकारी और समेकित संहिता और वर्गीकरण करने वाली प्रणाली तैयार की जानी चाहिए	5-10

स्रोत : टाइफैक : प्रौद्योगिकीय परिकल्पना 2020 : सेवाएँ

तालिका : 8.4

प्रबन्धन परामर्श सेवाएं :
भविष्य के लिए रणनीतियाँ और प्राथमिकताएँ

	कार्यकलाप	पूरा करने में लगने वाले अनुमानित वर्ष
1.	परामर्श के इच्छुक संस्थानों पुनर्प्रशिक्षण, पुनर्परिनियोजन तथा व्यापारिक प्रक्रिया की पुनर्इंजीनियरिंग संबंधी उचित परामर्श देना	5-10
2.	परामर्श के इच्छुक संस्थानों को विविधताओं का विकास करने, सहयोगी के साथ मिल-जुलकर जोखिम भरा काम शुरू करने और व्यापारिक संधियों के बारे में परामर्श देना	5-10
3.	परामर्श के इच्छुक संस्थानों को दूसरे संस्थान के साथ विलय होने और अभिग्रहण करने, तथा आर्थिक रूप से उसकी वास्तविकता करने और उस का दर्जा घटाने के बारे में परामर्श देना	10-15
4.	परामर्श के इच्छुक संस्थानों को स्रोत प्राप्ति के मामले में आगे ले जाने, विशेष विक्रय अधिकार दिलाने तथा व्यापारिक रणनीति के बारे में बताना	5-10
5.	परामर्शदाताओं द्वारा मालिकाना और सार्वजनिक प्रभाव-क्षेत्र की डेटा सामग्रियों का उपयोग	5-10
6.	परामर्शदाताओं द्वारा परामर्श के इच्छुक संस्थानों को मॉडलिंग और नकल करने की तकनीक का अधिकाधिक प्रयोग करने का ज्ञान देना	5-10
7.	सामान्य के स्थान पर व्यावहारिक समस्याओं को हल करने में मददगार होने वाला प्रशिक्षण, जो प्रबन्धन के गुर बताने के साथ-साथ अपने अनुभवों को बाँटने पर भी ज़ोर देता है	5-10
8.	परामर्शदाता भविष्य में अपने ग्राहकों को सलाह देंगे कि आने वाले दिनों में अन्तरराष्ट्रीय व्यापार, प्रबन्धन प्रौद्योगिकी की	5-15

	रणनीति और शोध तथा विकास को महत्त्वपूर्ण मानने वाला प्रबंधन, गुणवत्ता-प्रबन्धन और पर्यावरण-प्रबन्धन महत्त्वपूर्ण होंगे	
9.	परामर्शदाता अपने ग्राहकों को यह सलाह देंगे कि स्व-शिक्षण पद्धतियों पर आधारित प्रशिक्षण और क्षमताओं को विकसित करें, और मल्टीमीडिया युक्तियों से परिचित हों	5-10
10.	भविष्य में परामर्श-व्यवसाय में कृषि, जैव-तकनीक के प्रयोग, उपभोक्ता की पसन्द के उत्पाद, अवसंरचनाएँ (बिजली, टेलीकॉम, सड़कें, परिवहन, बन्दरगाह आदि), इन्फोटैक रणनीति जैसे मुद्दे छाए रहेंगे	5-10

स्रोत : टाइफैक, प्रौद्योगिकीय परिकल्पना 2020 : सेवाएँ

परीक्षण, प्रमाणीकरण और अंशशोधन सेवाएँ : भविष्य के लिए रणनीतियाँ और प्राथमिकताएँ

ये सब द्रुतगामी प्रौद्योगिकीय विकास वाले अत्यन्त महत्त्वपूर्ण क्षेत्र हैं। अन्तरराष्ट्रीय व्यापार में वे उतने ही महत्त्वपूर्ण सिद्ध होंगे। तालिका 8.5 में उनकी परियोजनाओं को दर्शाया गया है।

तालिका 8.5

परीक्षण, प्रमाणीकरण, और शोधन सेवाएँ : भविष्य के लिए रणनीतियाँ और प्राथमिकताएँ

	कार्यकलाप	**पूरा करने में लगने वाले अनुमानित वर्ष**
1.	वे स्वीकृत संस्थान, जो विभिन्न अंशाकन, परीक्षण एजेन्सियों को विशेष योग्यता प्राप्त एजेंसियाँ घोषित करती हैं वे स्वयं अन्तरराष्ट्रीय आदर्शों का पालन करें	5
2.	जाँच-पड़ताल/प्रमाणीकरण करने वाली एजेंसियों की स्वीकरण प्रणालियों की शुरुआत करना	5-7
3.	व्यापारिक इकाइयों को महत्त्वपूर्ण व्यापार के रूप में स्थापित कराना, वित्तीय प्रोत्साहन और अवसंरचनात्मक सहायता दिलाना, ताकि वे तेजी से अपना विकास कर सकें	5-8
4.	गुणवत्तायुक्त व्यापार के लिए भारत और अंतरराष्ट्रीय प्रमाणीकरण एजेंसियों के बीच तकनीकी सहयोग और	8-10

	'मेमोरेन्डम ऑफ़ अंडरस्टेडिंग' का सरलीकरण	
5.	बीमा-कम्पनियों के लिए उन्नत जागरूकता, ताकि वे उत्पाद-गुणवत्ता, सुरक्षा के मानकों, परिरक्षण की ज़रूरतों तथा अन्य पर्यावरण-रक्षा सम्बन्धी नियमों के अनुरूप बीमा-किस्तों का परिकलन कर सकें	5-10
6.	अन्तरराष्ट्रीय व्यापार के लिए आभूषण और रत्नों, मणियों आदि का परीक्षण और प्रमाणीकरण	5-10
7.	विशेषीकरण के विभिन्न क्षेत्रों में प्रमाणीकरण के लिए स्वैच्छिक, अर्थलाभ न करने वाली संस्थाओं की स्थापना कराना	5-10
8.	बाज़ार अर्थ-व्यवस्था द्वारा शासित प्रमाणीकरण प्राधिकरण, परीक्षण-स्थलों, जाँच-पड़ताल करने वाली एजेंसियों का निजीकरण और उन्हें स्वायत्तता प्रदान करना, अंशाकन एजेंसियों को कायम रखना और उन्हें सुविधाएँ प्रदान कराना	15-20

स्रोत : टाइफैक : प्रौद्योगिकीय परिकल्पना 2020 : सेवाएँ

सरकारी प्रशासन

सरकारी प्रशासन की भूमिका, परम्परानुसार, सुरक्षा, कानून-व्यवस्था आदि कुछ आवश्यक सेवाओं तक ही सीमित रही है। आज़ादी के बाद से भारत-सरकार ने लोगों का जीवन-स्तर उन्नत करने की मंशा से सुनियोजित आर्थिक और सामाजिक विकास की प्रक्रिया का शुभारंभ किया। इस प्रक्रिया के क्रियान्वयन के दौरान, निजी क्षेत्र की क्रियाशीलताओं को बहुसंख्यक क्षेत्रों में नियमित और व्यवस्थित कर दिया गया और, सरकार ने खुद एक ऐसे आर्थिक एजेंट की भूमिका अदा करनी शुरू कर दी, अनेक व्यावसायिक और औद्योगिक उद्यमों की स्थापना करके।

सरकार की ऐसी क्रियाशीलताओं ने उसके प्रशासन-क्षेत्र के दायरे को और व्यापक कर दिया, और उसने अपनी नीति को कार्यान्वित करने के उद्देश्य से उसने नीति-निर्धारण करने, और नियमों, नियंत्रणों को बनाया। सरकारी एजेंसियों के फलने-फूलने की वजह से प्रशासन चलाना महँगा होता चला गया। प्रशासन-प्रणाली पर आने वाले अत्यधिक दबाव और अंतरराष्ट्रीय आर्थिक वातावरण में हुई तब्दीलियों की वजह से आर्थिक सुधार लागू हुए।

इन आर्थिक नीति सुधारों का उद्देश्य अनेक आर्थिक क्षेत्रों में प्रचलित नियामक ढाँचे को ध्वस्त करके, सरकारी प्रशासन की भूमिका को नए रूप में परिभाषित करना था। इस उद्देश्य के परिपालन के लिए भारतीय अर्थ-व्यवस्था को अंतरराष्ट्रीय अर्थव्यवस्था के साथ एकीकृत किया जा रहा है, ताकि उपलब्ध प्राकृतिक व मानवीय संसाधनों का प्रभावी और गुणकारी प्रयोग किया जा सके। इस उद्देश्य के प्रभावी प्रयोग को एक नया और गुणकारी आयाम प्रदान किया है, पंचायती राज ने।

इस उद्देश्य की पूर्ति के लिए जिन रणनीतियों को अपनाया जाएगा, उनका विवरण तालिका 8.6 में दिखाया गया है।

तालिका 8.6
भावी रणनीतियाँ और प्राथमिकताएँ

	परिदृश्य	पूरा होने में लगने वाले अनुमानित वर्ष
1	सरकारी प्रशासन में एक क्रान्तिकारी परिवर्तन होगा, जिसके परिणामस्वरूप सेवान्मुखी सरलीकरण होगा और आज के प्रशासक आगामी कल प्रबंधन-दल और व्यवस्थापक दल के खिलाड़ियों में बदल जाएँगे	10-15
2.	'नियंत्रणों' और 'रोक लगाने' की अपनी पुरानी भूमिका का परित्याग करके भावी सरकारें नियमनिष्ठ और व्यवस्थित तरीके से प्रोत्साहक-समर्थक की भूमिका अदा करेंगी	5-15
3.	सरकार के कामकाज में और अधिक पारदर्शिता होगी	5-10
4.	सरकार को अपनी निर्णय लेने की प्रक्रिया को प्रभावी बनाने के उद्देश्य से सूचना-प्राप्ति के अपने स्रोतों और तौर-तरीकों को और ज़्यादा कारगर बनाना होगा	5-15
5.	सरकार को निर्णय लेने और योजना बनाने की अपनी प्रक्रिया को प्रभावी बनाने के लिए अधिक-से-अधिक विशेषज्ञों को इस प्रक्रिया से जोड़ना पड़ेगा। इनमें समाज के भिन्न-भिन्न अंगों, जैसे शोध और विकास विभागों, उद्योग, पेशेवर परामर्शदाता, शिक्षा-शास्त्री, समाजसेवक तथा गैर-सरकारी सेवा-संस्थाएँ आदि का समावेश ज़रूरी होगा	5-10
6.	भारतीय अर्थ-व्यवस्था का विश्व की अर्थव्यवस्था के साथ एकीकरण करने के अपने प्रयासों के मद्देनज़र सरकार को अन्तरराष्ट्रीय गतिविधियों से अवगत होते रहने और अपनी नीतियों और व्यावहारिक कार्य-कलापों को इन गतिविधियों के अनुकूल बनाते रहना होगा।	5-15
7.	अंतरराष्ट्रीय क्षेत्र की माँगों और विकासों के साथ-साथ सरकार को अपनी निर्णय प्रक्रिया में केन्द्र से राज्यों और राज्यों से तृणमूल तक के लोगों की आकांक्षाओं और ज़रूरतों का पूरा ध्यान रखना होगा	5-15
8.	सरकारी नीतियों और योजनाओं का निर्धारण करते समय जिन अहम मुद्दों को सरकार को ध्यान में रखना होगा, वे हैं—आई. पी. आर, कीटनाशक दवाइयों के अवशेषों का क्या	5 10

हो, उत्पाद की गुणवत्ता, आदि तथा बाल-श्रम, मानवाधिकारों का उल्लंघन, आदि बुनियादी सवाल, जिनका सरकारी नीतियों और योजनाओं पर गहरा प्रभाव पड़ता है

9. इस बात को ध्यान में रखते हुए कि भारतीय अर्थव्यवस्था सर्वाधिक महत्त्वपूर्ण और उस पर दूरगामी प्रभाव डालने वाले कार्यक्रम वे हैं—जो सुधारों तथा लोगों के बेहतर जीवन बनाने वाली योजनाओं से जुड़े हैं इसके लिए सरकार को जिन कार्यक्रमों को सर्वोपरि प्राथमिकता देनी होगी, वे हैं—अवसंरचना (बंदरगाह, सड़कें, बिजली, टेलीकॉम आदि) से जुड़े विकास-कार्य 5-10

10. सरकार के कामकाज जो आमूल परिवर्तित होने चाहिए, उनके लिए सरकार को अपने अधिकारियों और कर्मचारियों को नए सिरे से प्रशिक्षण देना होगा, ताकि उनकी योग्यताओं और क्षमताओं का समुचित विकास हो सके 5-15

स्रोत : टाइफ़ैक, प्रौद्योगिकीय परिकल्पना 2020 : सेवाएँ

सुरक्षा-सम्बन्धी सेवाएँ

सुरक्षा से सम्बन्धित सेवाएँ एक अति व्यापक क्षेत्र से जुड़ी हैं। वे राष्ट्र की आन्तरिक सुरक्षा करती हैं, व्यापारिक और औद्योगिक स्थानों की रक्षा करती हैं, और नागरिक क्षेत्र की सुरक्षा भी करती हैं।

परम्परानुसार, राष्ट्रीय सुरक्षा में तकनीकी के प्रयोग के स्थान पर प्रबल और गहन मानव-बल का ही उपयोग होता आया है। लेकिन मौजूदा माहौल में हमारी सुरक्षा-सेवाओं को 'स्टेट ऑफ द आर्ट' प्रौद्योगिकी को प्राप्त करना निहायत ज़रूरी हो गया है। इस ज़रूरी परिवर्तन के लिए शोध और विकास को विभिन्न विभागों में कार्यरत वैज्ञानिकों को इस दिशा में ज़ोरदार प्रयास करने होंगे। इसके अलावा, तकनीकी दृष्टि से सक्षम रक्षकों को भारी संख्या में नौकरियाँ देनी होंगी।

आन्तरिक सुरक्षा का मुख्य कर्तव्य है—आतंकवादियों और अपराधियों के हमलों से लोगों की हिफ़ाज़त करना। सुरक्षाकर्मियों को बमों की वक्त पर पहचान करने और उन्हें निष्क्रिय करने में सक्षम होना चाहिए और इसके लिए उन्हें आधुनिक किस्म के हथियारों से लैस होने की ज़रूरत होगी। अपराधियों को ढूँढ निकालने के लिए इलैक्ट्रानिक्स, कम्प्यूटरों और दत्तसामग्रियों की ज़रूरत भी होगी। सफेदपोश लोगों द्वारा किए गए अपराधों का पता लगाने और ऐसे अपराधियों को पकड़ने तथा औद्योगिक जासूसी को रोकने आदि का काम भी सुरक्षाकर्मियों का है। इन नई-नई चुनौतियों का सामना करने के लिए सुरक्षा-सेवाओं का आधुनिकीकरण करना पड़ेगा, और बड़े पैमाने पर विज्ञान और प्रौद्योगिकी को अपनाना होगा।

देश की सुरक्षा करने वाले सैनिकों के कार्यों को छोड़कर विभिन्न सुरक्षाओं

से जुड़े अनेक क्षेत्रों में होने वाली सुरक्षा-व्यवस्थाओं के क्रियान्वयनों का विवरण नीचे दिया गया हैं।

तालिका 8.7
सुरक्षा सेवाएँ

क्षेत्र	तकनीकी आवश्यकताएँ
1. सीमा सुरक्षा	1. हर किस्म के सेंसर्स : भूकम्पीय, तापीय, इन्फ्रा-रेड (अवरक्त) और इलेक्ट्रानिक की ज़रूरत 2. लंबी मार की निगरानी के लिए प्रकाशिक उपस्करों की ज़रूरत 3. उपग्रह द्वारा निगरानी 4. पासपोर्टों, वीज़ाओं की इन्फ्रा-रेड, अल्ट्रॉवायलैट और रेडियोग्राफ़ी से जाँच-पड़ताल, और छेड़छाड़-मुक्त प्रलेखन 5. कम्प्यूटर से अभिगम नियंत्रण प्रणालियों का उपयोग, पोर्टेबल रेडियो कम्प्यूटर, टर्मिनल सहित
2. हानिकारक तत्त्वों के देश में प्रवेश पर रोक	1. मेटल डिटेक्टर 2. विस्फोटकों का पता लगाने वाला डिटेक्टर 3. नशीली दवाओं का पता लगाने वाला डिटेक्टर 4. ज़हर, गैस आदि का पता लगाने वाला डिटेक्टर
3. विस्फोटक पदार्थों का पता लगाकर उसको बेअसर करना	1. विस्फोटकों का पता लगाने वाला डिटेक्टर 2. विस्फोटकों को बेअसर करना/विघटन की जाँच करने वाला उपस्कर
4. गुप्त तोड़फोड़ को रोकना	1. अभिगम नियंत्रक प्रणालियाँ 2. तरह-तरह के डिटेक्टर 3. आगजनी नियंत्रक प्रणालियाँ
5. औद्योगिक जासूसी को रोकना	1. डेटा की सुरक्षा करने वाले उपस्कर 2. आधुनिक अभिगम नियंत्रक प्रणालियाँ 3. धोखेबाज़ों और छुपकर काम करने वालों का पता लगाने के लिए व्यवहार-विज्ञान में बताए गए उपायों का प्रयोग 4. छिपकर बात सुनने को रोकने के लिए युक्तियों का प्रयोग, जिससे टेलीफोन 'टैप' करने और 'फ़ैक्स'

	की बाधाओं का भी पता लगाकर उन्हें रोका जा सके
	5. दिशा-ज्ञान प्रदान करने वाली और जाँच-पड़ताल में मददगार युक्तियाँ
6. सफ़ेदपोश लोगों के अपराधों पर रोक-थाम	1. छेड़छाड़-मुक्त प्रणालियाँ 2. क्रेडिट कार्डों और खातों के स्थानान्तरण आदि में बचाव के लिए 'बिल्ट-इन' सुरक्षा-साधन 3. धन से जुड़ी यांत्रिक जुगतों की अपक्रियाओं का पता लगाने के लिए तकनीकी जाँच-पड़ताल
7. साधारण जन और अति विशिष्ट व्यक्तियों की सुरक्षा	1. अलार्म प्रणालियाँ 2. घेराबंदी की इलैक्ट्रानिक प्रणालियाँ 3. बुलेट-प्रूफ़ कार 4. इलैक्ट्रानिक और रेडियो से नियंत्रित विस्फोट करने वाली युक्तियों को बेअसर करने वाली प्रणालियाँ 5. आग लगाऊ बम की पहचान करने वाली युक्तियाँ

स्रोत : टाइफैक : प्रौद्योगिकीय परिकल्पना 2020 : सेवाएँ

अन्य सेवाएँ

ऊपर के वर्णनों में हमने कुछ बड़ी सम्भावनाओं को भी देखा। यह एक ऐसा क्षेत्र है, जिसका विकास हमारे लोगों की कल्पना और दिलेरी पर निर्भर करेगा। मिसाल के तौर पर 2010 तक भारत में ऐसे वृद्ध व्यक्तियों की संख्या में काफ़ी वृद्धि होगी, जो हैं तो खुशहाल, मगर अकेले रहते हैं, क्योंकि उनके बेटे-बेटियाँ या तो शायद देश के दूसरे भागों में काम कर रहे हैं, या विदेशों में हैं। उनके अपने लिए हर प्रकार की सेवाओं की नियमित रूप से ज़रूरत होगी, जो कुछ लोग संगठित होकर कर सकते हैं। इस प्रकार की सेवाएँ एक अच्छे व्यवसाय का रूप लेने के अलावा एक प्रकार की समाज-सेवा भी होगी।

सेवा-क्षेत्र के माध्यम से काफ़ी मात्रा में विदेशी मुद्रा भी अर्जित की जा सकती है। जिन विधियों से हमारे लिए ऐसा करना सम्भव होगा, उनमें सूचना-प्रौद्योगिकी समेत अन्य कई प्रौद्योगिकियों का इस्तेमाल भी होगा, जो उनमें एक अहम भूमिका अदा करेंगी। हमें उनका पूर्ण ज्ञान प्राप्त करके उनमें दक्ष बनना होगा।

सेवा-क्षेत्र में इन्फोटैक की भूमिका

यह दिखाने के लिए कि आई. टी. की सेवा-क्षेत्र में क्या भूमिका है, हम नीचे की तालिका आपके सामने पेश करते हैं।

तालिका 8.8

सेवा-क्षेत्र में इन्फोटैक के प्रयोग : भावी परिदृश्य

	भावी प्रौद्योगिकियाँ	अनुमानित वर्ष, जो शुरुआत करने के लिए लगेंगे
1.	बैंकिंग तथा दूसरे कारोबारों के लिए स्वचालित टैलर मशीनें (ए. टी. एम.) जो 'नेटवर्क्ड' हो चुकी हैं	5-10
2.	घर बैठे बैंकिंग सेवाओं का लाभ उठाने के लिए 'स्मार्ट' फोन	10-15
3.	'कस्टमर एक्टीवेटेड टर्मिनल्स' (CAT) या स्टाल से बैंकिंग कारोबार की सुविधाएं	10-15
4.	इलेक्ट्रानिक विधि से धन प्राप्त करने की सुविधा	10-15
5.	धन आदि प्राप्त करने की सुविधा	5-10
6.	काग़ज़ रहित बैंकिंग कारोबार के लिए इलैक्ट्रानिक डाटा इन्टरचेंज' (ई. डी. आई.)	5-10
7.	'इमेज प्रोसेसिंग'	5-10
8.	'क्रेडिट कार्ड' द्वारा धोखेबाज़ी का पता लगाना, स्टॉक मूल्य हलचल, क्रेडिट में जोखिम का आकलन	10-15
9.	व्यापारिक 'प्रोसेस-रिइंजीनियरिंग', नई प्रौद्योगिकियों को आत्मसात करने के लिए प्रशिक्षण और दक्षता-विकास	5-15
10.	विश्वसनीयता, डेटा-विषयक दुराचार को रोकने और कपटपूर्ण व्यवहारों के लिए सूचना-सुरक्षा	5-10
11.	काग़ज़ के प्रयोगों से विहीन और इलैक्ट्रानिक विधि से किए गए वित्तीय कारोबार के कानूनी पहलू जानना	5-10
12.	ग्राहकों को विभिन्न प्रकार की सेवाएँ, जैसे घर बैठे खरीदारी, माँग पर भेजी गई फिल्में या गाने के कैसेट आदि, क्रियाओं वाले टीवी, के लिए घरों में 'सिंगल ऑप्टिकल कनैक्शन' देना ताकि संसूचनाओं और 'इन्फ़ोटेन्मेन्ट' केबिलों द्वारा दी जाने वाली सेवाओं का फ़र्क धुँधला हो सके	10-15
13.	'टेलीमार्केटिंग' (टीवी के ज़रिए माल खरीदना), कार्यक्रम देखकर खरीदारी करने की प्रवृत्ति में वृद्धि	5-10
14.	'प्रिंट मीडिया' (परंपरागत समाचारपत्रों आदि) पर 'ऑनलाइन' इलैक्ट्रानिक समाचारपत्र और पत्रिकाएँ हावी हो जाएँगी	5-10
15.	मल्टी मीडिया तकनीकी और 'वर्चुअल रिएलिटी' आदि साधनों द्वारा विज्ञापन में वृद्धि	5-10
16.	परस्पर क्रियाओं वाले टीवी और इस्तेमाल करने वाले व्यक्ति	10-15

	द्वारा नियंत्रित और संचालित माँग-पर-हाज़िर विज्ञापन-सेवा उपलब्ध होगी	
17.	सीधे प्रसारण करने वाले उपग्रह, इलैक्ट्रानिक पुस्तकों को पढ़ने वाले पी.सी. 'डिस्क', डिजिटल कैमरों द्वारा चित्रों को देखने, जमा करने और संपादित करने वाले कैमरे उपलब्ध होंगे	5-10
18.	'बारकोडिंग' नाम की एक महत्त्वपूर्ण युक्ति भुगतानों, हिसाब-किताब रखने और वस्तु-सूची बनाने के लिए उभरेगी	5-10
19.	ग्रामीण भागों में माल के वितरण के विकेन्द्रित गोदाम केन्द्र बनेंगे, और उन्हें नेटवर्क द्वारा निर्माताओं, मेटीरियल सप्लाई करने वालों आदि के साथ जोड़ा जाएगा	10-15
20.	माल सप्लाई करने वालों की शृंखला, जिसमें खुदरा माल बेचने वाले, वितरक, गोदामों के प्रबन्धक, निर्माता, मेटीरियल सप्लाई करने वाले आदि शामिल होंगे, एक सम्पूर्ण नेटवर्क की भांति काम करेगी	10-15
21.	उत्पादों और सेवाओं की बीमा-सेवा को एक नया और अधिक सार्थक रूप देने के उद्देश्य से एक नया जनसांख्यिकीय डेटा बेस तैयार होगा, जिसमें इन विवरणों का उल्लेख होगा—आयु, लिंग, आय-स्तर और वितरण, प्रादेशिक असमानताएँ, जन्म और मृत्यु दर, जीवन की प्रत्याशा, रोगों की संभावनाएं, आदि	10-15

सौजन्य : एस. विश्वास

स्रोत : 'इन्फ़ारमेशन टुडे एंड टुमारो', खंड 16, संख्या 3, 1997

सौ करोड़ की आबादी वाले देश के रूप में हमें अपने उस मंजिल तक के प्रगतिपथ पर चलने के लिए तैयार हो जाना चाहिए, जहाँ पहुँच कर हर भारतीय अमीर और खुशहाल होगा। इस प्रगतिपथ पर चलते समय हमें उन सब अवसरों का लाभ उठाना चाहिए, जो सेवा-क्षेत्र उन्हें उपलब्ध करा रहा है, और कराता रहेगा।

9

शक्ति-संवर्धक उद्योग

शक्ति की ही शक्ति कद्र करती है।

–ए. पी. जे. अब्दुल कलाम

'स्ट्रैटेजी' के शाब्दिक अर्थ हैं—युद्ध नीति या युद्ध-योजना। युद्ध के दौरान युद्ध का संचालन करता है—सेनापति, जिसे आज जनरल कहा जाता है। वह जो युद्ध-योजना बनाता है, उसी के अनुसार, लड़ाई लड़ी जाती है, चालें चली जाती हैं और, इसी तरह की युद्ध-योजना व्यापार या राजनीति के क्षेत्र में भी बनाई जाती है। मगर, आज की भाषा में रणनीति का उपयोग दूसरे से बेहतर स्थिति में आने और बेहतर लाभ उठाने के लिए ही किया जाता है। इस शब्द का उपयोग दूरगामी लाभ दिलाने वाली योजनाओं के लिए भी किया जाता है। अल्पकालिक लाभ उठाने के लिए युक्तिपूर्ण चालों का जो उपयोग किया जाता है, वह भी युद्ध-कला की योजनाओं के अनुरूप ही होता है। इसलिए व्यापार और रणनीति के क्षेत्रों में भी 'रणनीति' शब्द का प्रयोग होता है।

इस अध्याय के शीर्षक में हमने 'शक्ति-संवर्धक उद्योग' शब्दों का प्रयोग इसलिए किया है, क्योंकि इसके सन्दर्भ में हम उन उद्योगों की चर्चा करने वाले हैं, जिनमें हम बेहतर स्थिति में हैं, न सिर्फ सामरिक दृष्टि से वरन् युद्धेतर क्षेत्रों में भी हम निर्णायक स्थिति में हैं। दूसरे महायुद्ध के बाद दुनिया के राष्ट्रों ने अपना ध्यान अपनी अर्थव्यवस्था के विकास में लगाया। सुरक्षा का सरोकार सिर्फ अपने देश की सीमा की रक्षा तक ही सीमित रह गया अपने सैनिकों के द्वारा। सुरक्षा के दूसरे उपायों को भी अब अधिक महत्त्व दिया जाने लगा।

खाद्य सुरक्षा

किसी भी राष्ट्र के लिए उसके निवासियों को खुशहाल रखने के लिए, उनके लिए खाद्य-पदार्थ की पर्याप्त उपलब्धता सर्वोपरि महत्त्व का विषय है। विकसित देश भी अपनी इस जिम्मेदारी से नहीं बच सकते। भारत जैसे अत्यधिक आबादी वाले देश में, पूरी आबादी के लोगों के लिए लगातार और जीवन-क्षम तरीके से अनाज की पूर्ति को बनाए रखना एक बहुत बड़ा काम है, बहुत बड़ी ज़िम्मेवारी है। इस काम और ज़िम्मेवारी का महत्त्व यह सोचकर और भी बढ़ जाता है, जब हम अपने देश के मौसम के लहरी मिज़ाज तथा अन्य प्राकृतिक आपदाओं की याद करते हैं। इस

जिम्मेवारी को पूरा करने के लिए उठाए गए क़दमों को हम खाद्य-सुरक्षा का नाम देते हैं।

आर्थिक सुरक्षा

आर्थिक-सुरक्षा का मुद्दा भी महत्त्वपूर्ण है। आर्थिक सुरक्षा को अर्थव्यवस्था का ऐसा सतत् विकास भी कहा जा सकता है, जिसमें इस विकास से हुए लाभ में सब लोग भागीदार हों। दरअसल, यह एक ऐसी पेचीदा क्रिया है, जिसका सरोकार न सिर्फ देश की राजस्व नीति या वित्तीय संस्थाओं के व्यवहार से भी है, वरन् उसका बहुत गहरा सम्बन्ध देश के मूल ढाँचे और राज्य तंत्र से भी है। आर्थिक विकास को क़ायम और गतिशील रखने के उद्देश्य से अपने उत्पादों का बाज़ार और व्यापक करना पड़ता है। विकसित देश अपने बाजारों में वृद्धि करते रहने के लिए अपनी उन बहुराष्ट्रीय कम्पनियों या पार-राष्ट्रीय (ट्रांस नेशनल) कम्पनियों का सहारा लेते हैं, जिनका व्यापार सारी दुनिया में फैला है। वे बहुत से बाज़ारों में प्रवेश पाने के लिए कुछ देशों के साथ दृश्य और अदृश्य विनिमय-करार कर लेते हैं, जिससे उन्हें तरजीही तौर पर व्यापार करने के मौके मिल जाते हैं। इन उपायों के अलावा वे लगातार अपनी प्रौद्योगिकीय सामर्थ्य को भी बढ़ाते रहते हैं, और अपनी तकनीकी जानकारी और अपनी प्रौद्योगिकी से उत्पादित माल ऊँची कीमत पर विदेशों को बेचते हैं। ज्ञान-गहनता और प्रौद्योगिकीय-गहनता की अपनी इस क्रियाशीलता को 'उच्च-मूल्य-युक्त उत्पादन' का (हाई वैल्यू-ऐडेड प्रोडक्टस) का नाम दिया जाता है। उनकी बहुराष्ट्रीय कंपनियां भी ज्यादा मुनाफ़ा कमाने के इस खेल में पीछे नहीं रहतीं, और उनके उत्पाद खरीदने वाले विकासशील देशों के विशिष्ट स्थानों, सस्ती मज़दूरी तथा अनेक कर-प्रोत्साहनों का अधिकतम लाभ उठाती हैं। इन बेचारे विकासशील देशों को उनके उत्पादों का साधारण से अधिक मूल्य ऐसे ज्ञान के प्रयोग के लिए देना पड़ता है, जिसका पहले ही बहुत उपयोग हो चुका होता है। साधारण मूल्य में जोड़े जाने वाले इस अतिरिक्त मूल्य का मूल तर्कयुक्त कारण जानना आसान नहीं है, क्योंकि वह डेटा जिसे आधार बनाकर यह मूल्य बढ़ाया जाता है, या किन-किन लागतों को बढ़े मूल्य में जोड़ा जाता है, इसकी जानकारी गुप्त रखी जाती है।

हक़ीकत यह है कि विकसित देशों द्वारा अपनाए जाने वाले इन हथकंडों के मद्देनज़र विकासशील देशों को इन विदेशी उत्पादों की बहुत ज़्यादा बढ़ी हुई कीमत तो चुकानी पड़ती ही है, अपना माल और सेवाएँ प्रौद्योगिकीय आयतों की राशि को सन्तुलितता देने के लिए सामान्य से अधिक संख्या में बेचनी पड़ती हैं। इस प्रक्रिया के कारण विकासशील देश को सदा दबाव की स्थिति में रहने को मजबूर होना पड़ता है, अपने उत्पादों को अक्सर कम-से-कम कीमत पर निर्यात करके। सीधी-सादी वजह यह है कि उनका आयात बिल हमेशा बढ़ता ही रहता है, विकसित देशों द्वारा अपने उत्पादों के प्रौद्योगिकीय गुण-उन्नयन करते रहने के कारण। इस प्रक्रिया को 'निर्यात द्वारा संचालित अर्थ-व्यवस्था' का नाम दिया जाता है। इस आयात-निर्यात के 'सन्तुलन'

को क़ायम रखने के लिए जिस विदेशी मुद्रा की ज़रूरत होती है, वह भी विकसित देशों द्वारा ही निवेशित की जाती है, जो बदले में विकासशील देशों की फैक्टरियों, प्लांटों, कार्यालयों और प्रयोगशालाओं आदि को खरीद लेते हैं, या वहाँ की कम्पनियों और स्टॉकों में निवेश करते हैं। इस कार्य के लिए विश्व बैंक, या 'इन्टरनेशनल मानिटरी फंड' जैसी संस्थाएँ आवश्यक ऋण-राशि मुहय्या करा देती हैं। यदि कुछ समय के लिए आयात निर्यात से बढ़ जाए या इस दौरान विदेशी निवेश में से कुछ राशि निकाली जाए तो नतीजतन मुद्रा-संकट के आसार दिखाई देने लगते हैं। दूसरे शब्दों में, अधिकांश विकासशील देशों को अपने विकास की रणनीति को निर्याताधारित अर्थव्यवस्था पर मुनहस्सर रखने को बाध्य होना पड़ता है। और, इस कारण उनका आर्थिक सन्तुलन सदा कभी इधर, कभी उधर होता रहता है। यह नाजुक स्थिति हमें सुदूर पूर्वी देशों में दिखाई देने लगी है। वहाँ एक अकेला विकसित राष्ट्र जिसके पास अत्यधिक निवेश योग्य राशि है, और जिसका व्यापार एक विकासशील देश के साथ होता है, कुछ हफ्तों के अन्दर ही उसके आर्थिक पतन का कारण बन गया था।

यदि सारा कारोबार विशुद्ध आर्थिक और बाज़ार की शक्तियों पर आधारित हो, तो तने हुए रस्से पर चलने जैसी स्थिति होनी सम्भव है। तब ऐसी स्थिति के उत्पन्न होने पर सम्बन्धित देश तेज़ी-से हो रहे परिवर्तनों के साथ अपना ताल-मेल बैठा सकता है। लेकिन हक़ीकत जितना हम सोचते हैं, उससे कहीं ज़्यादा पेचीदा है। ऐसी स्थिति में इस सहज दिखाई देने वाली अस्थिरता के ऊपर अनेक व्यापारिक दबाव और निहित स्वार्थ तथा भू-राजनीतिक प्रयोजन काम करते हैं। इस निर्णायक स्थिरता के जो तत्त्व ऐसी नाजुक स्थितियों से निपटने के लिए निश्चयात्मक है, वह है उस देश के द्वारा स्वयं आवश्यक प्रौद्योगिकी का आविष्कार कर लेना। दुनिया भर के ऐसे दबावों से युक्त होने के लिए यही रामबाण बीमा है। उन क्षेत्रों में जहाँ प्रौद्योगिकीय शक्ति और समर्थता अर्थव्यवस्था के लिए महत्त्वपूर्ण है, इस सामर्थ्य की प्राप्ति के बाद वास्तविक आर्थिक सुरक्षा पूरी तरह सुनिश्चित हो जाती है।

भारत के लिए क्रांतिक प्रौद्योगिकियाँ

किसी भी देश को अपनी प्रौद्योगिकीय शक्ति और सामर्थ्य हासिल करने में काफ़ी समय लगता है। लेकिन, इस मामले में जो सबसे ज़्यादा महत्त्वपूर्ण बात है वह यह है कि ऐसा निश्चय करने के बाद उसे अपना पूरा ध्यान उन क्रांतिक (क्रिटिकल) प्रौद्योगिकियों पर ही केंद्रित करना चाहिए, जो उसे अपनी उस किस्म की आर्थिक अस्थिरता का सामना करने में उसे निश्चयात्मक लाभ प्रदान कर सके, जिसका ज़िक्र हमने अभी किया है। इस सम्बन्ध में उस सूची पर एक नज़र डालना रोचक होगा, जिसमें उन क्रांतिक प्रौद्योगिकियों का ज़िक्र है, जिन्हें उस रपट में भी जगह मिली है, जो मार्च, 1991 में अमरीका के राष्ट्रीय क्रांतिक प्रौद्योगिकी-पैनल ने तैयार की थी। इस सूची को बनाने में जिस कसौटी को आधार बनाकर चुनाव किया गया था, उसका वर्णन तालिका 9.1 में किया गया है।

तालिका 9.1

	कसौटी	विवरण
राष्ट्रीय जरूरतें	औद्योगिक प्रतियोगात्मकता	वे प्रौद्योगिकियाँ जो विश्व के बाजारों में अमरीका की प्रतियोगात्मकता का सामना कर सकें, नए उत्पादों के माध्यम से और मौजूदा उत्पादों की लागत, गुणवत्ता और प्रदर्शन में सुधार करके।
	राष्ट्रीय प्रति रक्षा (डिफेन्स)	वे प्रौद्योगिकियाँ जो अमरीका की राष्ट्रीय प्रतिरक्षा को प्रभावित कर सके, अपने बेहतर प्रदर्शन से, सही लागत से, विश्वसनीयता से तथा प्रतिरक्षा की प्रणालियों की उत्पादकता के तौर-तरीकों को बेहतर बना कर
	राष्ट्रीय सुरक्षा (सिक्योरिटी)	प्रौद्योगिकियाँ, जो विदेशी स्रोतों पर निर्भरता में कमी ला सकें, ऊर्जा-विषयक लागत को कम कर सकें या ऊर्जा की क्षमता को सुधार सकें
महत्त्व/क्रांतिकता	जीवन की गुणवत्ता	स्वास्थ्य, कल्याण और पर्यावरण के क्षेत्र में घरेलू और विश्वव्यापी सशक्त योगदान देने की योग्यता
	बाजार का नेतृत्व करने का अवसर	किसी ऐसी प्रौद्योगिकी में जो आर्थिक क्षेत्र या राष्ट्रीय सुरक्षा को सर्वोपरि महत्त्व देने वाली हो, ऐसी प्रवीणता प्राप्त करें जो राष्ट्रीय नेतृत्व दिला सके, और उस नेतृत्व को क़ायम रख सके
	कार्य-निष्पादन/गुणवत्ता/उत्पादकता में सुधार	मौजूदा उत्पादों/प्रक्रियाओं में क्रांतिक या विकासात्मक सुधार, जो आगे चलकर आर्थिक या राष्ट्रीय सुरक्षा को लाभान्वित कर सकें
	प्रोत्साहन लाभ	सरकारी शोध व विकास में निवेश से जो सम्भावनाएँ उजागर होंगी, वे निजी क्षेत्र को प्रोत्साहित करेंगी, उनका व्यावसायीकरण करके, या, इस बात की भी सम्भावना है कि प्रौद्योगिकी में मिली सफलता अन्य प्रौद्योगिकियों, उत्पादों और बाजारों को भी सफलता के लिए प्रोत्साहित करेगी
	भेद्यता	यदि किसी प्रौद्योगिकी पर अमरीका को छोड़कर अन्य देशों का प्रभुत्व क़ायम रहे, तो गम्भीर हानि की सम्भावना

बाज़ार का आकार/वैविध्य	समर्थीकरण/व्याप्ति	प्रौद्योगिकी अन्य कई प्रौद्योगिकियों के जन्म का आधार बन जाय या वह समर्थता अर्थव्यवस्था के अनेक क्षेत्रों में संबंध बना सके
	बाज़ार का आकार	मौजूदा बाज़ारों के विस्तार से, नए-नए उद्योगों की कल्पना से, रोज़गार के नए अवसरों को ढूँढ निकालने या पूँजी के विस्तार से प्रगति स्रोत खो की योग्यता

स्रोत : मार्च, 1991 में गठित राष्ट्रीय क्रांतिक प्रौद्योगिकियाँ पैनल की रपट

ऊपर जो कुछ कहा गया, उससे स्पष्ट है कि क्रांतिक प्रौद्योगिकी के चुनाव की जो कसौटी तय की गई है, उसमें सुरक्षा सिर्फ एक तत्त्व मात्र है। दूसरी कसौटियों में शामिल हैं—अमरीकियों के जीवन की गुणवत्ता के संवर्धन की योग्यता, औद्योगिक प्रतियोगात्मकता और ऊर्जा-विषयक सुरक्षा। अमरीकियों को यह अहसास हमेशा कचोटता रहता है कि वे तेल के लिए खाड़ी देशों पर निर्भर हैं।

क्रांतिक प्रौद्योगिकियों के सन्दर्भ में भारत किन प्रौद्योगिकियों का चुनाव करेगा ? क्या वह सिर्फ सुरक्षा-सम्बन्धी प्रौद्योगिकियों का ही चुनाव करेगा ? निश्चय ही नहीं। क्या वह सिर्फ अन्तरिक्ष या परमाण्वीय ऊर्जा सम्बन्धी प्रौद्योगिकियों का ही चुनाव करेगा ? यकीनन नहीं। इन क्षेत्रों से जुड़ी प्रौद्योगिकियों का चुनाव अवश्य होगा, लेकिन सिर्फ उन्हीं का ही नहीं होगा। उनके अलावा अन्य प्रौद्योगिकियों के चुनाव भी होंगे। इसके अलावा, सुरक्षा, अन्तरिक्ष या परमाणु-ऊर्जा के क्षेत्रों में भी अनेक मद ऐसे हैं, जो इतने ज़्यादा क्रांतिक नहीं हैं, इस अर्थ में कि वे अपेक्षाकृत अधिक सरलता से अन्य स्रोतों से भी प्राप्त हो सकते हैं। उनको इस्तेमाल करना भी पेचीदा नहीं होगा और न वे ज़्यादा महँगे होंगे। उन्हें ज़्यादा आसानी के साथ भावी उपयोगों के लिए जमा भी किया जा सकेगा। इसलिए, हमें उन प्रौद्योगिकियों का, जिन्हें हम क्रांतिक प्रौद्योगिकियाँ कहते हैं, चुनाव करते समय बड़ी सावधानी बरतनी होगी।

भारत को प्रतिरक्षा-सम्बन्धी मदों की पूर्ति

भारत को प्रतिरक्षा-सम्बन्धी जो उपस्कर तथा अन्य सामग्री प्राप्त होती है, उससे जुड़े तथ्य और आँकड़े इस सप्लाई की विशेषताओं को उजागर करते हैं। जो सामग्री देश में ही तैयार होती है, वह सकल का 30 प्रतिशत है। और, यह मान्यता ज़ोर पकड़ती जा रही है कि यह प्रतिशत बढ़कर 70 प्रतिशत होना आवश्यक है। हमारी प्रतिरक्षा-सम्बन्धी आवश्यकताओं की पूर्ति के लिए इस दीर्घकालिक योजना का परिपालन होना बहुत ज़रूरी है। इस लक्ष्य को पाने के लिए हमें अपने उद्योगों में अनेक प्रौद्योगिकीय प्रक्रियाओं को विकसित करके, उन्हें इस दीर्घकालिक योजना का एक अंग बनाना होगा। तो भी इनमें से अधिकांश सच्चे अर्थों में क्रान्तिक प्रौद्योगिकियों

का दर्जा नहीं प्राप्त कर पाएँगी। भारत में अनेक प्रक्रियाओं के न होने के कारण वे ही हैं, जो हमारे व्यावसायिक क्षेत्र में मौजूद हैं। ये कारण हैं—आयातित जानकारी और उपस्करों के गुण-विकास और उन्हें आत्मसात करके उन्हें अपनी आवश्यकताओं के अनुकूल बनाने में देरी और लापरवाही। अपनी इस निष्क्रियता के कारण हम उद्योगीय और प्रौद्योगिकीय दोनों दृष्टियों से रुद्ध, मंद और कुंठित हो गए हैं। हमने आयातित प्रणालियों में अपने लिए आवश्यक सुधार करके उपयोगी और प्रभावशाली बनाने के अवसर खोए हैं। ऐसे अनेक क्षेत्रों में हमारे लिए अपेक्षाकृत कम समय में आत्म-निर्भर होना आज भी सम्भव है, बशर्ते कि प्रतिरक्षा विभाग के शोध और विकास के शोधकर्ता वैज्ञानिक, उद्योग, सेना तथा अन्य नीति-निर्धारक लोग मिलकर इस कार्य को एक मिशन मानकर अपने लक्ष्य की प्राप्ति के लिए मिल-जुलकर काम करें। यह काम आसान नहीं है, और अपने लक्ष्य को पाने के लिए सब सम्बन्धित व्यक्तियों को मिलजुलकर, सामंजस्य स्थापित करके, कई 'प्रोटोटाइप' (आदिरूप) बनाकर, उनमें फेर-बदल करना होगा, और बाद में अपनी ज़रूरतों के मुताबिक उनका निर्माण करना होगा। हमें इस क्षेत्र के अनेक उद्योगों में काम करने का अनुभव है। प्रगत देशों में भी प्रतिरक्षा के लिए आवश्यक उपस्करों और उत्पादों के निर्माण कार्य को अनेक भागों और उप-भागों में विभाजित करके पूरा करवाने की प्रथा है। ये सारे अलग-अलग काम नागरिक क्षेत्र में सक्रिय ऐसी कम्पनियों से करवाए जाते हैं, जिन्हें उन कामों से मिलते-जुलते कामों को करने का पर्याप्त अनुभव है। सारे कामों के पूरा हो जाने के बाद, सब हिस्सों को प्रतिरक्षा-विभाग द्वारा जोड़ा और साथ मिलाया जाता है। हम भी इस प्रथा को अपनाकर, जल्दी-से-जल्दी प्रतिरक्षा-विभाग के लिए ज़रूरी उपस्करों, प्रणालियों आदि के देसी निर्माण में 70 प्रतिशत आत्म-निर्भरता तो प्राप्त कर ही सकते हैं।

मगर क्या इतना ही काफ़ी होगा ? भले ही इस लक्ष्य को पाना हमारे लिए महत्त्वपूर्ण हो, मगर फिर भी ऐसे अनेक क्रांतिक क्षेत्र हैं, जिनकी हमारे लिए अत्यावश्यक प्रौद्योगिकी हमें कोई भी देश आसानी से नहीं देगा, भले ही हम कितनी भी भेदभाव न बरतने वाली मौजूदा संधियों पर हस्ताक्षर क्यों न कर लें ! ये प्रौद्योगिकियाँ हमें कभी भी मुहय्या नहीं कराई जाएँगी, भले ही वे अपनी प्रतिरक्षा से जुड़ी हों, या दूसरे प्रयोजनों से। इन सब प्रौद्योगिकियों का ब्यौरा हम तालिका 9.1 में कर आए हैं। उदाहरणस्वरूप, 'सबमायक्रॉन लेविल मायक्रो-इलैक्ट्रानिक्स' या 'एडवांस्ड ट्रांसजैनिक बायोटैक्नालॉजी नामक दो प्रौद्योगिकियों के नाम लिए जा सकते हैं। जिस देश के पास 'सबमायक्रॉन' प्रौद्योगिकियाँ होंगी, वह इस क्षेत्र में चोटी का देश बन जाएगा। प्रगत 'ट्रांसजैनिक बायोटैक्नालॉजी' सम्पन्न देश को कृषि, खाद्य-उत्पादों और दवाइयों का दुनिया का बहुत बड़ा बाज़ार मिल जाएगा।

भारतीय अन्तरिक्ष-योजना

आइए, अब भारतीय अन्तरिक्ष-योजना के बारे में कुछ जानें। अन्तरिक्ष यान को अन्तरिक्ष में छोड़ने के लिए ज़रूरी अनेक मूल वस्तुओं, जैसे पदार्थों, प्रणोदकों

(प्रॉपेलेन्ट्स), नियंत्रकों और दिशासूचक यंत्रों आदि को भारत में ही विकसित कर, उनका निर्माण किया गया। इसके लिए भारत को अनेक कठिनाइयों का सामना करना पड़ा। मिसाल के तौर पर उसने 'जियोसिन्क्रोनाइज़्ड' उपग्रह छोड़ने वाले यान (जी एस एल वी) को 'क्रायोजैनिक' (निम्नतापिकी) प्रौद्योगिकी का आयात करके, अपने कार्यक्रम को तेज़ी से पूरा करना चाहा था। कुछ देश उसे हमें बेचना चाहते थे। लेकिन जब उनमें से एक ने पूरे इंजन को हमें बेचने की तैयारी दिखाई तो दूसरे देशों ने उस देश पर हमें इंजन न बेचने का दबाव डाला। कुछ ही वर्षों में भारत को इस क्षेत्र में आवश्यक योग्यता प्राप्त करनी होगी। तो भी, जहाँ तक उपग्रहों का सम्बन्ध है, कई इलैक्ट्रानिक पुर्जों आदि और कुछ पदार्थों के लिए हम विदेशों पर निर्भर रहने के लिए बाध्य हैं। हालाँकि भारत ने सफलतापूर्वक इन प्रक्रियाओं के निर्माण में महारत हासिल कर ली है : अनेक पुर्जों को जोड़ने और साथ मिलाने, नियंत्रक प्रणाली के पुर्जों और दिशा-सूचक विधियों का निर्माण करने, सेन्सर्स और कई 'इलैक्ट्रो-मिकेनिकल' और इलैक्ट्रानिक हिस्सों का निर्माण। लेकिन, भारतीय-उपग्रह-योजना के लिए अन्तरिक्षीय/विशेष गुणवत्ता-प्राप्त इलैक्ट्रानिक संघटकों और पुर्जों पर निर्भरता अभी तक एक समस्या बनी हुई है। विशेष रूप से इस सन्दर्भ में कि इस योजना को दूसरे देशों की योजनाओं से स्पर्धा करनी है।

शीत-युद्ध की समाप्ति के बाद से, विकसित देशों का सुरक्षा तथा 'एयरोस्पेस' क्षेत्रों का बाज़ार बड़ा संकीर्ण हो गया है। वे अब डर कर आपस में ही होड़ कर रहे हैं, और नहीं चाहते कि दूसरे देश और कम्पनियाँ उपग्रहों को बेचें, क्योंकि उससे इस पूरे बाज़ार में उनकी भागीदारी और भी कम और सीमित हो जाएगी। उपग्रह-प्रौद्योगिकी की हमारी सामर्थ्य के व्यापारीकरण को इस सन्दर्भ में देखना ज़रूरी है। और यह समझना भी ज़रूरी है कि भारतीय उपग्रहों के लिए आवश्यक अनेक पुर्जों आदि को क्यों क्रांतिक माना जाना चाहिए।

परमाणु योजनाएँ

भारत के अलावा, विश्व के इने-गिने देशों के पास ही परमाणु ऊर्जा सम्बन्धित योजनाएँ हैं। इन योजनाओं पर काफ़ी कड़े प्रतिबंध लगे हुए हैं, और उनका स्पष्ट कारण यह है कि यह विभाग अधिक-से-अधिक आत्मनिर्भर होता जा रहा है और परमाणु-सामर्थ्य-प्राप्त देशों की कतार में खड़ा हो गया है। भारत की परमाणु-योजनाओं के कार्यक्रम में अनेक ऐसी वस्तुएँ हैं, जिनका निर्माण भारत में ही होता है। फ़िर भी, देश की परमाणु-सामर्थ्य के व्यावसायिक पहलुओं, जैसे बिजली-उत्पादन जैसे कार्यक्रमों को पिछले दिनों प्राथमिकता दी गई थी। बिजली उत्पादन के पूरे परिदृश्य को ध्यान में रखते हुए, हमारी परमाणु-योजनाओं की सूची में उसका शुमार होना अनिवार्य ही था, हालाँकि उसके इस क्षेत्र में सक्रिय होने के बाद भी देश को ज़्यादातर बिजली अभी भी 'हायड्रो-पावर' और 'थर्मल' ऊर्जा से ही प्राप्त होती है। भारत को परमाणु-उत्पादित बिजली के मामले में अपनी उत्पादन-क्षमता में वृद्धि करते समय, इस प्रक्रिया को सुरक्षित रखने के लिए अनेक उपायों का सहारा लेना पड़ेगा। साथ-

ही-साथ, इस प्रक्रिया से उत्पन्न कूड़ा-करकट की समस्या से निपटने के लिए भी समुचित प्रबन्ध करने होंगे। भारत के लिए यह उचित प्रबन्धन और सुरक्षा अमरीका से भी ज़्यादा महत्त्वपूर्ण है, इस तथ्य के मद्देनज़र कि भारत भारी मात्रा में मूल्यवान विदेशी-मुद्रा के बदले कच्चे तेल का आयात करता है, परमाणु-प्रौद्योगिकी का विकास देश की अनेक उच्च प्रौद्योगिकियों के लिए दिशादायक सिद्ध हुआ है।

दोहरे उपयोगों की प्रौद्योगिकी

सामरिक महत्त्व के उद्योगों की यह चर्चा यूँ तो मुख्यतः सुरक्षा, अन्तरिक्ष, परमाणु-ऊर्जा और क्रान्तिक प्रौद्योगिकी के बारे में ही है, लेकिन ऐसी अनेक प्रौद्योगिकियाँ भी हैं, जो प्रतिरक्षा-विभाग की ज़रूरतों को भी पूरा करती हैं, और नागरिक और व्यावसायिक-क्षेत्र की ज़रूरतों को भी। भविष्य में इनका अधिक उपयोग इन क्षेत्रों में एक साथ होने लगेगा। ऐसा नहीं है कि अन्य क्षेत्रों में भी ऐसे दोहरे उपयोग नहीं होते। मिसाल के तौर पर, खाद्य पदार्थों को डिब्बों में बंद करने की प्रक्रिया, जिससे खाद्य-पदार्थों को लम्बे समय तक सुरक्षित रखा जाता है, का उपयोग प्रतिरक्षा विभाग भी करते हैं और निर्यातक भी करते हैं। लेकिन चूँकि यह प्रौद्योगिकियाँ काफ़ी जमी-जमाई हैं, इसलिए उनका उपयोग ऐसे कार्यों के लिए भी हो सकता है, जिन्हें अभी तक ऐसे प्रयोगों के लिए आज़माया नहीं गया है, जैसे आयातों पर भी इस प्रक्रिया का प्रयोग होना चाहिए।

'रौबोटिक्स' या 'कृत्रिम बुद्धि' जिनका निर्णायक प्रयोग रक्षा से जुड़े प्रचालनों में भविष्य में होगा। औद्योगिक क्षेत्रों में भी उनको प्रयुक्त किया जा सकता है, यदि भारतीय उद्योगों को प्रयोगात्मक तेवर अपनाने हैं। भारतीय उद्योगों को इन प्रौद्योगिकियों तथा उनके लाभ की प्रयुक्तियों के बारे में गहराई से सोचना चाहिए। अपने निर्माण कार्य में इन प्रौद्योगिकियों को सम्मिलित करके वे बढ़ी हुई कीमतों पर अपने उत्पादों को विदेशों में बेच सकेंगे, और ज़्यादा विदेशी मुद्रा अर्जित कर सकेंगे। इसके लिए भारत को उनका सफल और कारगर नियोक्ता बनना पड़ेगा। यदि वह इन प्रौद्योगिकियों का आयात करता है, तो उसे उसकी बहुत ज़्यादा कीमत अदा करनी पड़ेगी, क्योंकि उनके विदेशी प्रतिस्पर्धी आसानी से अपनी श्रेष्ठतम प्रौद्यागिकियों से जुदा नहीं होना चाहेंगे। सम्भावना यही है कि भारतीय आयातकों को, श्रेष्ठतम के स्थान पर पुरानी, प्रचलित या अर्द्धप्रचलित प्रौद्योगिकी पाकर ही सन्तोष करना पड़ेगा। फलस्वरूप उन्हें लाभ भी बहुत कम होगा और कोई व्यापारी कम लाभ के लिए ऐसी मुसीबत मोल लेने को शायद ही तैयार हो।

इन सब मुद्दों पर गंभीरतापूर्वक विचार करने के बाद हमें पता चलता है कि जो प्रौद्योगिकीय क्षेत्र सामरिक महत्त्वों के विकास के योग्य हैं, वे हैं—विमानन और नोदन क्षेत्र, 'हाई एंड' इलैक्ट्रानिक्स, सेन्सर्स, अंतरिक्ष संसूचना, और 'रिमोट सेंसिंग', क्रांतिक मेटीरियल्स और प्रोसेसिंग, रौबोटिक्स, और कृत्रिम बुद्धि (आर्टीफ़िशियल इन्टैलीजेन्स)। इन प्रौद्योगिकियों पर एक निगाह डालने से पूर्व, हमें प्रतिरक्षा से जुड़ी सामरिक महत्त्व की प्रौद्योगिकियों के बारे में कुछ जानना होगा, उसकी ज़रूरतों को

देखना-समझना होगा। इन उद्योगों और प्रौद्योगिकियों का सरोकार सीधा भारत से है।

1985 : प्रतिरक्षा-विषयक प्रौद्योगिकियाँ और उद्योग

भारत में 'प्रतिरक्षा-विभाग-शोध और विकास संस्थान' और इस विभाग से जुड़े उद्योगों पर विकसित देशों ने अपनी प्रौद्योगिकी तथा उत्पादों को भारत को बेचने के मामलों में 1985 में पाबन्दी लगा दी थी। इसके साथ-साथ ये विकसित देश यह भी चाहते थे कि भारत उनके मुख्य ग्राहकों में से एक हो जाए, और अपने सब हथियार तथा उपस्कर उन्हीं से खरीदे। राजनैतिक मूल्य लेकर पुरानी और अप्रचलित प्रतिरक्षा-प्रणालियाँ लाइसेंसशुदा उत्पादन के निर्माण करने के प्रस्ताव भारत के सामने रखे गए। अपने व्यापार के प्रचार के साथ-साथ उदार उधार-शर्तें और अस्थगित अदायगी की बात भी हवा में उछाली गई। उद्देश्य था—हम हमेशा के लिए उनके ऋणी बने रहें।

तब भारत में हालात क्या थे ? औद्योगिक विकास के कारण देश ने निर्माण-क्षेत्र में श्रेष्ठता प्राप्त कर ली थी। कुछ सीमित क्षेत्रों में इसके अर्थ यह हैं कि एक डिजाइन की संरचना के अनुरेखण में बदल जाने के बाद, हमारा प्रयोग उसे एक तैयार उत्पाद के रूप में सफलता के साथ बदल सकता था। निम्न और मध्यम स्तर की प्रौद्यागिकी के लिए बड़े औद्योगिक काम्पलैक्स, जहाँ ज़्यादातर सुविधाएँ मौजूद थीं, और उत्पादन लाइसेंस प्राप्त लोगों द्वारा किया जाता था। तब तक सुरक्षा-सम्बन्धी उत्पादन में निजी क्षेत्र का योगदान बहुत सीमित था। जहाँ तक अकादमिक और शोध और विकास कार्य से जुड़े संस्थानों का सवाल है, वे अपने कामकाज में आज़ादी चाहते थे और लाइसेंसदार उत्पादन के झमेले से मुक्त हो जाना चाहते थे। खुद प्रतिरक्षा शोध और विकास विभाग (डी. आर. डी. ओ.) ऐसी एकल नियमाचरण के तहत शुरू की गई योजनाओं के क्रियान्वयन में लगा रहता था, आयातित उत्पादों के स्थान पर उस जैसे भारत में निर्मित उत्पादों का उत्पादन करे या स्वदेशी उपस्करों व उत्पादों का उत्पादन करके लेकिन, उनका प्रयोग करने वाले लोग संपूर्ण प्रणालियों से बने उत्पादों को देखने के इच्छुक थे।

1985-1995 : वह काल जिसमें अकेले रहकर काम करने की व्यवस्था का विकास हुआ

अगले दस वर्षों में अर्थात् 1995 तक कुछ उद्योगों ने थोड़ी 'प्रगति' कर, उप-प्रणालियों का विकास करना तथा उनके लिए डिजाइन बनाना आरम्भ किया। यह सब सम्भव हुआ, 'इसरो' 'डी ए ई' 'डी आर डी ओ' और उद्योगों के इन राष्ट्रीय विज्ञान और प्रौद्योगिकी एजेंसियों की साझेदारी के कारण। निजी क्षेत्र के बहुत-से उद्योग, जो दस वर्ष पूर्व, इस क्षेत्र में आने से हिचक रहे थे, उपप्रणालियों के स्तर पर सुरक्षा विभाग के लिए शोध और विकास के काम करने में सुरक्षा और सार्वजनिक क्षेत्र की कम्पनियों से होड़ करने लगे। निजी क्षेत्र के उद्योग इन उत्पादों को विकसित करने की स्थिति

में पहुँच गए—'फ़ेज़ शिफ्टर्स', 'डिस्पलेज़', 'टैंकेज', 'संचार प्रणालियाँ', कई प्रकार की 'इलैक्ट्रानिक संग्राम प्रणालियाँ, 'ऑन बोर्ड कम्प्यूटर्स', 'ऑन बोर्ड ट्रांसमीटर्स' ऊष्मीय बैटरियाँ, और यहाँ तक कि वे 'एयर फ्रेम्स' भी बनाने लगे। इन उत्पादों के विकास के द्वारा डी आर डी ओ और भारतीय उद्योग ने एक महत्त्वपूर्ण कदम उठाया। शोध और विकास और उद्योग के बीच आपसी विश्वास बढ़ा, जिसके फलस्वरूप उद्योग संस्थानों का विश्वास बढ़ा, डिजाइन उपप्रणालियाँ विकसित हुईं, और प्रौद्योगिकियों की कठिन और विशिष्ट प्रक्रियाओं को आत्मसात करने की क्षमता जागृत हुई। और, सबसे अहम बात यह थी कि उनमें जोखिम लेने की इच्छा जागी, और वे सैनिक प्रणालियों के लिए अनिवार्य प्रमाणीकरण की कठोर प्रक्रियाओं के दौर से गुज़र कर स्वयं अपने उत्पादों की भी उत्कृष्टता और गुणवत्ता क़ायम रखने के लिए सदा सजग रहने लगे।

2005 : 'सिस्टम्स इंजीनियरिंग' तक पहुँचने तक की यात्रा

विशाल शोध और विकास से जुड़ी योजनाओं के क्रियान्वयन की प्रगति की यात्रा में बिला शक कई बार देरी हुई और खर्च का जो अनुमान लगाया गया था, उससे ज़्यादा खर्चा हुआ। समाचारपत्रों में इस बारे में आलोचनाएँ भी हुईं। लेकिन, यहाँ यह बताना ज़रूरी है कि इन योजनाओं को इस आवश्यक मदद की बहुत ज़रूरत थी, क्योंकि वे अपने विकास की प्रक्रिया के दौर से गुज़र रही थीं। सच तो यह है कि भारत में शोध और विकास के क्षेत्र में जो प्रगति हुई है, उसका श्रेय कई कल्पनाशक्ति सम्पन्न वैज्ञानिकों और नेताओं को ही जाना चाहिए। यदि उन्होंने भविष्य के लिए परिणामदायक कल्पनाएँ न की होतीं तो हमारा देश बस छोटी-छोटी वस्तुओं का निर्माण ही करता रहता और अपने सब व्यापारिक हितों को वह विदेशियों के नाम कर देता, और देश का कांम विदेशी माल खरीद कर ही चलता। रक्षा-विभाग के शोध और विकास-कार्यों से जुड़े वैज्ञानिकों ने अपने करिश्मों से भारत की प्रगति की सारी तस्वीर ही उलट कर रख दी। रक्षा प्रदान करने वाली प्रणालियों के नवीकरण के कारण देश दिनोंदिन ज़्यादा-से-ज़्यादा आत्मनिर्भर होता जा रहा है। 'डी. ए. ई.' और 'इसरो' की हर कार्य-योजना में मानसिक उत्तेजना और आवेग स्पष्ट दिखाई देता है। जल्दी से जल्दी हर क्षेत्र में आत्मनिर्भर होने की उत्सुकता दिखाई देती है।

हमारी भविष्यवाणी है कि 2005 तक और अधिक उद्योग पूरी तरह आत्मनिर्भर होकर, 'मोड स्टिम इंजीनियरिंग' और 'शोध और विकास' विभागों की विशिष्ट आवश्यकताओं के अनुरूप प्रणालियों का एकीकरण करने में भी सफल हो सकेंगे। 'मल्टीमोड राडार', 'कावेरी' वर्ग के 'एयरक्राफ्ट इंजन', सब संघटित 'कार्बन फ़ाइबर-कम्पोजिट विंग्स', 'डिस्पले सिस्टम्स', हल्के लड़ाकू हवाई जहाज के लिए 'फ्लाई-वाय-वायर' प्रणालियाँ तथा भविष्यवादी हवाई जहाज, मिशन कम्प्यूटर्स और 'एयर फ्रेम्स' का विकास होगा, उनकी देसी इंजीनियरिंग होगी, देसी निर्माण होगा, तथा अन्त में उन्हें एकीकरण और जाँच-पड़ताल के लिए भेज दिया जाएगा। यह है एक कल्पना डी आर डी ओ की योजनाओं की। हमें पूरा विश्वास है कि भारतीय

उद्योग को राष्ट्रीय तथा दूसरे मोर्चों पर जो प्रक्रिया होगी, वह अनुकूल होगी। हमारा यह भी विश्वास है कि जब भारतीय उद्योग 'सिस्टम्स इंजीनियरिंग' और 'सिस्टम्स इन्टीग्रेशन' और 'सबसे सिस्टम' विकास और 'फैब्रीकेशन' में समर्थ और ताक़तवर हो जाएगा, तब देश के पास प्रणालियों और उद्योगों के पास उन्हें कम खर्चीली और प्रतियोगात्मक बनाने के अनेक विकल्प मौजूद होंगे। अनेक उपप्रणालियों या प्रौद्योगिकियों के मामले में तो हम आज भी दुनिया के किसी भी देश से मुकाबला कर सकते हैं। इतना ही नहीं, इन आविष्कारों का अप्रत्यक्ष लाभ नागरिक व्यवसायियों को भी होगा, इन आविष्कारों से जनमे अनेक उत्पादों तथा सेवाओं को देश-विदेश में बेचकर काफ़ी कमाई हो सकती है।

डी. आर. डी. ओ. द्वारा प्रौद्योगिकी-योग्यता का विकास

डी. आर. डी. ओ. (डिफेंस रिसर्च एंड डेवलपमेंट आर्गनाइजेशन) की स्थापना 1960 में हुई थी। उसका मुख्य कार्य था–विज्ञानाधारित ऐसी योग्यताओं को विकसित करना इस उद्देश्य के साथ कि रक्षा-विषयक प्रणालियों और आयातित और मौजूदा हथियारों में सुधार करना। सातवें दशक में हमने गोला-बारूद और तोपों के डिजाइन में सुधार होते देखे। इसके परिणामस्वरूप आठवें दशक में मुख्य प्रणालीगत योजनाओं के डिजाइन और विकास में ज़बर्दस्त प्रगति हुई जिसका असर इलैक्ट्रानिक युद्ध-योजना, संचार प्रक्षेपास्त्रों, हवाई जहाज, युद्ध में इस्तेमाल किए जाने वाले टैंकों और राडारों की प्रणालियों के निर्माण में देखने को मिला। इन योजनाओं से मिली प्रेरणा और प्रोत्साहन से बहुविध डिजाइनों और प्रौद्योगिकीय-विकास-केन्द्रों का जन्म हुआ। और इन केन्द्रों द्वारा किए गए प्रयासों से नवें दशक में समाकलित हथियारों के डिजाइन बनाने की योग्यता हमें प्राप्त हुई और इन डिजाइनों के आधार पर निर्माण-कार्य आरम्भ हुआ। डी. आर. डी. ओ. की वर्तमान योजना अपनी संस्था की कार्पोरेट शक्ति व सामर्थ्य को बढ़ाना और क्रांतिक प्रभाव-क्षेत्रों से जुड़ी विदेशी-प्रौद्योगिकियों से देश को मुक्त करना है। प्रौद्योगिकी नवीनकरण की प्रक्रिया से डी. आर. डी. और उसके औद्योगिक साझीदारों को 'सिस्टम डिजाइन' और कार्यान्वयन दुनिया के देशों से टक्कर लेने लायक योग्यता व समर्थता प्राप्त कर लेगा। इस सम्बन्ध में पूरी तरह तैयार प्रक्षेपास्त्र 'पृथ्वी' और एक विकासशील योजना एस. सी. ए. योजना के प्रौद्योगिकीय विकास पर एक नज़र डालें। इस सम्बन्ध में मैंने अपने भाषणों में जो कुछ कहा था, उनसे मेरी बात पूरी तरह समझ में आ जाएगी।

'पृथ्वी' प्रक्षेपास्त्र प्रणाली

1982 में भारत की सुरक्षा पर, उसके सामने प्रकट होते जा रहे एक गम्भीर ख़तरे का ज़ोरदार जवाब देने के उद्देश्य से प्रगत प्रक्षेपास्त्र-प्रणालियों का विस्तार से अध्ययन किया गया था। सेना के तीनों अंगों के सदस्यों और विशेषज्ञों ने इस अध्ययन में भाग लिया था। इस अध्ययन के नतीजतन पाँच परियोजनाओं वाली एक समाकलित नियंत्रित प्रक्षेपास्त्रों के निर्माण की योजना ने जन्म लिया। जुलाई, 1983 में इस योजना

को स्वीकृति दे दी गई तत्पश्चात, इस योजना के अनुसार एक अनूठा प्रबन्धन ढाँचा बनाया जाने वाला था, जिसमें इस योजना को जल्दी-से-जल्दी अमल में लाने के उद्देश्य से सरकारी मशीनरी के प्रयोग से विकास, निर्माण और इस्तेमाल करने वाली सेवाओं का एकीकरण किया गया।

नियंत्रित प्रक्षेपास्त्र निर्माण-योजना

नियंत्रित-प्रक्षेपास्त्र-निर्माण-योजना की कल्पना करने वालों ने 'पृथ्वी', 'त्रिशूल', 'आकाश', और 'नाग' नामक प्रस्तावित प्रक्षेपास्त्रों की निर्माण प्रक्रिया के तीन अंग थे—डिजाइन, विकास और निर्माण। 'अग्नि' नामक प्रस्तावित प्रक्षेपास्त्र में प्रक्षेपास्त्र के पुनर्प्रवेश की व्यवस्था भी थी। 'अग्नि' के उड़ान-परीक्षणों के बाद, 1992 तक पुनर्प्रवेश से जुड़ी प्रौद्योगिकी का प्रदर्शन भी पूरा हो गया। चार संक्रियात्मक प्रक्षेपास्त्र प्रणालियों में से 'पृथ्वी' को सर्वप्रथम सेनाओं में संस्थापित होने का मौका मिला।

योजना के प्रौद्योगिकीय लक्ष्य के अनुसार यह सुनिश्चित किया जाना ज़रूरी था कि किसी प्रक्षेपास्त्र के सेनाओं में संस्थापित होते समय वह पुराना और अप्रचलित न हो गया हो, और समसामयिक हो। डिजाइन की गई प्रणालियाँ बहु-उद्देशीय, भिन्न-भिन्न कार्य करने वाली आदि थीं। जिस दर्शन को इस योजना ने अपनाया है, वह सहवर्ती विकास और निर्माण से जुड़ा है, जिसके अनुसार, विकास से संस्थापन के बीच के काल-चक्र का अन्तर बहुत कम हो जाता है।

'पृथ्वी' प्रणाली का संक्षिप्त विवरण

'पृथ्वी' प्रक्षेपास्त्र का प्रयोग किसी भी मौसम में 40-250 किलोमीटर की दूरी तक शीघ्रता व अचूकता के साथ किसी भी निशाने पर किया जा सकता है। यह सतह-से-सतह तक मार करने वाला गतिशील प्रक्षेपास्त्र है। इसी शस्त्र-प्रणाली का डिजाइन इस प्रकार का है कि वह 'फील्ड गनों' और अनियंत्रित रॉकेटों की रेंज से आगे की दूरी तक भी मार कर सकता है। उसकी प्रणाली बहुत अधिक गतिशील है। उसकी प्रतिक्रिया में बहुत कम समय लगता है। उसे बिना किसी ज़्यादा तैयारी और पूर्व-सूचना के वांछित स्थलों पर इस्तेमाल किया जा सकता है। उसमें फूट निकलने और आग बरसाने की योग्यता भी है।

'पृथ्वी' प्रक्षेपास्त्र में एक 'सिंगल-स्टेज-सिस्टम' है और उसके प्रयोग तीन टन भार धकेलने की सामर्थ्य वाले दो द्रव नोदन करने वाले इंजनों का प्रयोग होता है। पृथ्वी की नियंत्रित करने वाली प्रणाली एक 'स्टेपडाउन अर्शियल, नेवीगेशन सिस्टम' पर जिसके साथ एक 'ऑन-बोर्ड' ऐसा कम्प्यूटर, जो 'नेवीगेशन' कंट्रोल और नियंत्रण की ज़रूरतों को भी पूरा करता रहता है, भी उसके साथ लगा रहता है। उसकी उड़ान-नियंत्रक प्रणाली प्रक्षेपास्त्र को 'इच्छित, प्रक्षेप-पथ का अनुसरण करने देती है, उसे तीन 'म्यूचुअली परपैंडीकुलर प्लेन्स' अर्थात् बैठाना, विचलित होना, और नियंत्रित करना। 'इलैक्ट्रो-हायड्रोलिक एक्च्यूएशन सिस्टम' का प्रयोग स्थिति निर्धारण की त्रुटि को नियंत्रित करने के लिए है। मौसम की खराबी, जैसे तेज़ हवा, हवा को काटने

वाले डैने, और झोंके से उत्पन्न त्रुटियों को प्रक्षेपास्त्र के मार्ग-दर्शन और नियंत्रण प्रणालियों से दूर किया जा सकता है। प्रक्षेपास्त्र की अन्तिम स्थिति में भी प्रक्षेपास्त्र की दिशा में परिवर्तन किया जा सकता है। ज़मीन पर स्थित सहायक प्रणाली में विशेष यान लगे होते हैं, जो मिशन को कामयाबी के साथ अंजाम करने के लिए तैयार रहते हैं। यह प्रणाली आदेश देने, नियंत्रित करने, देखभाल करने, सर्वेक्षण करने और तर्क-गणित करने वाली युक्तियों से युक्त होती है। प्रक्षेपास्त्र के 'मॉड्यूलर डिजाइन' और 'बिल्ट-इन' कार्य खत्म होने का रेकार्ड और अंश-शोधन की सुविधाएँ मौजूद होती है। ये सुविधाएँ प्रक्षेपास्त्र में उसके फैलाव-क्षेत्र में इच्छित विस्फोटक पदार्थ को लगाने और उसकी संक्रियात्मक तैयारी की फ़ौरन जाँच-पड़ताल करने में भी सहायक होती हैं।

'पृथ्वी' की प्रभाविता

'पृथ्वी' प्रक्षेपास्त्रीय-प्रणाली की कुछ विशिष्टताएँ ऐसी हैं, जो उसे उसके सब विरोधियों की सब चालों को तोड़ने वाला बनाती हैं। ये हैं—उसका युक्तिचलित प्रक्षेप-पथ, उसकी गतिशीलता, उसकी कुछ स्वाश्रयी विशेषताएँ, और अल्प पद-छाप। इसके अतिरिक्त, उसकी उच्च कोटि की अचूकता, उसका उच्च स्फोटक-शीर्ष, प्रत्याक्रमण में स्वयं को सँभाले रखने की क्षमता, जिसमें इलैक्ट्रानिक-काउंटर-मैजर्स (ई. सी. एम.) अर्थात् 'इलैक्ट्रानिक प्रति-उपाय' भी सम्मिलित हैं। अपनी इन विशेषताओं के कारण ही 'पृथ्वी-प्रक्षेपणीय-समर्थता' शत्रु के लिए बहुत ख़तरनाक साबित हो सकती है। उसे प्रचुर मात्रा में अपने पास रखकर हम अपने विरोधियों द्वारा किए गए प्रक्षेपास्त्रीय आक्रमण का मुँहतोड़ जवाब देने में सफल होंगे।

युद्ध होने पर, शक्तिशाली प्रस्फोटक शक्ति से युक्त और उच्च कोटि की अचूक मारक योग्यता के कारण 'पृथ्वी' प्रक्षेपास्त्र शत्रु देश के शहरी इलाकों में कोहराम मचाकर उनकी सब हलचलों को समाप्त कर सकता है, और इस प्रकार उसके मनोबल को भंग कर सकने में समर्थ है। उनके प्रयोग से शत्रु-देश की वायु-सेना का अधिकांश भाग 'पृथ्वी' के गतिशील प्रक्षेपकों के प्रहारों से अपनी रक्षा करने में ही लगा रहेगा। खाड़ी युद्ध में गतिशील 'स्कड' प्रक्षेपास्त्रों ने मित्र-देशों की सेना को काफ़ी परेशान किया था। यह एक ताज़ा उदाहरण है, प्रक्षेपास्त्रों द्वारा शत्रु के खेमे में क़हर ढाने का।

पृथ्वी' पर कम लागत

युद्ध के दौरान, उन क्षेत्रों तथा स्थलों की, जहाँ घातक हमले हो सकते हैं, रक्षा विशेष रूप से की जाती है, क्योंकि उन्हें सामरिक तथा दाँवपेंच दिखाने की दृष्टि से महत्त्वपूर्ण माना जाता है। वायु सेना द्वारा दी जाने वाली यह सुरक्षा बहुस्तरीय होती है। कुछ अतिरिक्तताओं को ढकती है, कम्प्यूटर-नेटवर्क-संचालित होती है। संचार-सम्बन्ध (जो आदेशों और नियंत्रणों को नियंत्रित करने के लिए स्थापित किए जाते हैं) का पूरा प्रयोग करती है।

'पृथ्वी' प्रक्षेपास्त्र की पहुँच व वेधन-विस्तार 250 किलोमीटर तक का है। उसके

प्रयोग से शत्रु-देश की भरी-पूरी सुरक्षा-व्यवस्था को, अपनी वायुसेना की प्रभावी सहायता से प्रतिकूल मौसम में भी भेदा जा सकता है। इसके अतिरिक्त, 'पृथ्वी' में मौजूद रात के अँधेरे में भी कारगर होने की योग्यता का लाभ उठाकर, रात में शत्रु देश की फैक्टरियों, पैट्रोलियम के भंडारों, मार्शलिंग यार्डों जैसे सामरिक महत्त्व के स्थानों पर भी ज़ोरदार आक्रमण किया जा सकता है।

'पृथ्वी' के निर्माण के दूसरे चरण में 250 किलोमीटर तक की दूरी की अचूकता को और सुधारा जाएगा, उसमें 'टर्मिनल होमिंग गायडैन्स' या प्रसारण (रेडियेशन) विरोधी प्रणालियों को 'पृथ्वी' के साथ एकीकृत करके। 'रेट्रोफिट' की एक योजना के बारे में भी सोच-विचार चल रहा है। 'पृथ्वी' को मिलने वाली इस योग्यता के बल पर वह बख़्तरबंद गाड़ियों जैसे अति कठोर निशानों को, उनके शस्त्रागारों में ही बेकार कर सकेगी।

'पृथ्वी' के विकास और निर्माण के दौरान हुए अनुभव

जब 1983 में 'पृथ्वी योजना' को शुरू किया गया था तब भारत डिजाइन, मैटीरियल और इंजीनियरिंग के क्षेत्रों में काफी समर्थवान था। लेकिन 'पृथ्वी' के विकास के लिए अनेक ऐसे पदार्थों की आवश्यकता थी, जो भारत में उपलब्ध नहीं थे। ये 'एयरोस्पेस' में मौजूद पदार्थ थे जैसे, पंखों के लिए मैग्नीशियम मिश्र धातु, विशेष रूप से निर्मित अल्यूमिनियम मिश्र धातु, 'एयरफ्रेम', 'टैंकेजों', और 'नेवीगेशनल सेंसर्स' (खास अचूकता वाले)। तब तक 'दि मिसाइल टैक्नालॉजी कन्ट्रोल रेजीम' (प्रक्षेपास्त्र प्रौद्योगिकी नियंत्रण शासन) अस्तित्व में नहीं आया था। वैसे, किसी-न-किसी रूप में मौजूद ज़रूर था। इन सब कारणों ने हमें मजबूर किया कि इन वस्तुओं की पूर्ति देसी तरीके से ही की जाए। यह निश्चय योजना के शुरू में ही कर लिया गया था। लिहाज़ा, कई क्रांतिक प्रौद्योगिकियों, प्रक्रियाओं और पदार्थों को देश के अन्दर ही मौजूद प्रतिभाओं तथा प्रबन्धन के नवीकरण की विधियों द्वारा इस योजना को सफल बनाने का लक्ष्य लेकर काम शुरू किया गया। 'पृथ्वी' 'इनेरशियल नेवीगेशन सिस्टम' (निष्क्रिय नेवीगेशन प्रणाली) इसका एक प्रमाण है। यद्यपि हम साधारण किस्म के सेंसरों को ही निष्क्रिय नेवीगेशन के लिए प्राप्त कर पाए, तो भी हमारे वैज्ञानिकों ने अपने प्रयोगों में नवीनता लाकर, सॉफ्टवेयर का इस्तेमाल करके उनकी अचूकता में वृद्धि करने में सफलता प्राप्त की। अन्य प्रयोगों द्वारा प्रक्षेपास्त्र की डिजाइन अवस्था में अनुरूपता लाकर, प्रक्षेपास्त्र को ज़मीन पर उड़ाने के लिए हॉर्डवेयर में लूप-अनुरूपता लाई गई, और हर अवस्था में प्रयोगकर्ता का सहयोग प्राप्त किया गया। इससे प्रक्षेपास्त्र की प्रभाविता में वृद्धि हुई, और प्रयोगकर्ता द्वारा किए जाने वाले परीक्षणों में कमी आई।

योजना के क्रियान्वयन के दौरान एक ही लक्ष्य हमें प्रेरित कर रहा था—प्रदर्शन उत्कृष्ट हो, और योजना समय पर पूरी हो। विकास-काल से लेकर अधिष्ठापन-काल तक के अन्तर को कम करने के लिए हर क्रियाकलाप के बारे में सहमति ली जाती रही।

अपनी सीमाओं के पार से आने वाले हर खतरे और धमकी का सामना करने

के लिए देश को माकूल जवाब देने वाली क्षमता और सामर्थ्य प्रदान करने के अलावा, 'पृथ्वी' ने दुनिया को यह भी दिखा दिया कि भारत विश्व-स्तर की उच्च श्रेणी की प्रौद्योगिकियों और युक्तियों को पूर्णरूपेण विशुद्ध भारतीय क्षमताओं के बल पर सफलतापूर्वक विकसित कर सकता है, और इस प्रकार हमें नियंत्रित करने का सपना देखने वाली ताकतों के मंसूबों को नेस्तनाबूद कर सकता है। 'पृथ्वी' योजना का एक महत्त्वपूर्ण लाभ यह हुआ है कि उसके शानदार प्रदर्शन के बाद से नेताओं और शिल्प वैज्ञानिकों की एक नई पीढ़ी सामने आई है, जो हमारे देश को अधिक शक्तिशाली और आत्मनिर्भर बना सकती है।

'लाइट कॉम्बैट एयरक्रॉफ़्ट' या हल्का लड़ाकू विमान

'डी. आर. डी. ओ.' की विशालतम योजनाओं में से एक है—हल्के लड़ाकू हवाई जहाज़ का निर्माण। इस योजना में ऐसी उच्च प्रौद्योगिकी के सब तत्त्व मौजूद हैं, जो इस योजना को आगे चलकर सम्भावित शक्तिशाली प्रौद्योगिकी बना सकते हैं। इस योजना के क्रियान्वयन में 33 शोध-विकास संस्थाएँ, 60 बड़े उद्योग, और 11 अकादमिक संस्थान एक साथ एक मन से, कार्यरत हैं।

लड़ाकू हवाई जहाज़ दो किस्म के होते हैं—हल्के लड़ाकू हवाई जहाज़ और मध्यम लड़ाकू हवाई जहाज़। उड़ान भरने से पहले मध्यम लड़ाकू हवाई जहाज़ का वज़न करीब 15 टन होता है, जबकि हल्के लड़ाकू हवाई जहाज़ का वजन 10 टन से भी कम होता है। हवाई जहाज़ों की पीढ़ी के इस नए सदस्य के बुनियादी ढाँचों का निर्माण मिश्रित पदार्थों और प्रगत विमानिकी पर आधारित है। हल्के लड़ाकू हवाई-जहाज़ों के निर्माण में इन प्रौद्योगिकियों का हाथ है—संगठित पंखे, 'फ्लाई-बाइ-वायर फ्लाइट कंट्रोल' 'मल्टी-प्रोसेसर' पर आधारित 'मिशन कम्प्यूटर' निम्न 'आर. सी. एस.' हथियारों को ले जाने की ऊँची योग्यता एक अनूठे 'कावेरी' इंजन द्वारा चालित ऊर्जा, ऊँचे दर्जे का युक्ति चालन और ऊँचे दर्जे की कार्य-साधकता के पीछे है, उसका डिजाइन। अगले कुछ वर्षों में भारी लड़ाकू हवाई जहाज़ भी बाज़ार में आने वाले हैं। मगर, जहाँ तक, लड़ाकू हवाई जहाज़ की कार्य साधकता व चतुरता का सवाल है, वे उसका मुकाबला नहीं कर पाएँगे। इस हल्के उड़ाकू हवाई जहाज़ की लागत को देखते हुए उसकी कीमत भी अपेक्षाकृत कम है। हमने उसके शोध और विकास पर जितना खर्च किया है, विकसित देश उसी के जैसे कार्यक्रमों के लिए तीन गुना ज्यादा खर्च करते हैं। हमारा हल्का उड़ाकू हवाई जहाज़ अपनी समस्त उपयोगिता के कारण अन्य हल्के लड़ाकू हवाई जहाज़ों की अपेक्षा बेहतर दर्जे का माना जाता है। विश्व-बाज़ार में उसकी क़ीमत भी उसके समान अन्य लड़ाकू हवाई जहाज़ों की कीमत से कम होगी।

डी. आर. डी. ओ. की नौसेना के साथ साझीदारी

सामरिक महत्त्व की अन्य प्रौद्योगिकीय समर्थताओं का ज़िक्र करते हुए हमें एक घटना की याद आती है। 1995 के दौरान, बंगाल की खाड़ी में खराब मौसम के बावजूद

सुरक्षा-विभाग में कार्यरत वैज्ञानिकों और इंजीनियरों ने 'भारत इलैक्ट्रानिक्स लिमिटेड' के वैज्ञानिकों और इंजीनियरों के सहयोग से एक जहाज़ पर नौसेना के एक दल के लोगों के साथ, प्रयोगकर्ता द्वारा किए जा रहे परीक्षणों के लिए 'संशोधित इलैक्ट्रानिक युद्ध-संग्राम-प्रणाली' का प्रदर्शन किया था। चंडीपुर-ऐट-सी में तूफ़ानी मौसम के बीच डी. आर. डी. ओ. के वैज्ञानिकों तथा इलैक्ट्रानिक इंजीनियरों ने तीनों सेवाओं के चालक रहित वायुयान (पी. टी. ए.) का अन्तिम चरण में परीक्षण किये। और 1995 में ही हमने पी. टी. ए. की ऐसी सफल उड़ान की थी, जिसके जेट-इंजन का डिजाइन और विकास हमारे देश में ही हुआ था। नौ-सेना के जहाजों ने बनावटी प्रक्षेपास्त्र के इस मिशन में शामिल होकर, पूरा सहयोग दिया, चालक रहित वायुयान के मुकाबले का प्रदर्शन करके। इस प्रयोग में सदा समुद्र में ही कार्यरत रहने वाली 'सागरध्वनि' नामक एक प्रयोगात्मक प्रयोगशाला भी पश्चिमी समुद्र तट से पूर्वी समुद्रतट तक के समुद्र की गहराई मापने के लिए, विशेष रूप से तापमान के ढलान के सन्दर्भ में यात्रा की।

हमारी नौसेना की एक और उत्तेजक उपलब्धि शीघ्र ही प्रकाश में आएगी। अपनी पनडुब्बियों को 'पंचेन्द्रिय' नामक 'स्टेट ऑफ द आर्ट' पनडुब्बी-सोनार उपलब्ध कराने की व्यवस्था पूरी हो चुकी है। इसका श्रेय पश्चिमी तट पर स्थित 'नेवल फ़िज़िकल एंड ओशियोनोग्राफी' नाम की प्रयोगशाला के वैज्ञानिकों को जाता है। नौसेना का जो नया जहाज निर्मित हो रहा है, उसमें हमारी 'त्रिशूल' नामक प्रक्षेपास्त्र-व्यवस्था तो होगी ही, 'हंसा' नाम का सोनार भी होगा, जो जलपोत के ढाँचे के रूप में मौजूद होगा। उसमें पहली बार प्रयोग में आने वाला 'मॉड्यूलेटेड डेटा-बस' भी होगा, जो ज्यादातर तन्तु प्रकाशिकी से जुड़ा होगा। सरकार ने 'नेवल इन्टीग्रेटेड इलेक्ट्रानिक' नाम की युद्ध-संग्राम योजना को स्वीकृति दे दी है। इसका संक्षिप्त नाम 'एन. आय. ई. डब्ल्यू. पी.' है। अगले चार वर्षों में भारतीय जलयानों, पनडुब्बियों और नौसेना के हवाई जहाज़ों को ऐसी नवीनतम इलैक्ट्रानिक निगरानी रखने वाली प्रणालियाँ प्राप्त होंगी, जिनमें शत्रु द्वारा उस पर की गई निगरानी का माकूल जवाब देने वाली व्यवस्था भी होगी।

सेना के लिए कार्य-योजना

सेना द्वारा सामरिक महत्त्व की जिस प्रकार की प्रौद्योगिकीय क्रियाशीलता दिखाई जा रही है, वह प्रशंसनीय है। प्रणालियों और उपस्करों की आवश्यकताओं को क्रमशः सुरक्षा के मामले में पूरी आत्मनिर्भरता के मुद्दे के साथ जोड़ा और अंतग्रंथित किया जाने लगा है। भारतीय उद्योगों के लिए सरकार के साथ भागीदारी करने का यह पक्का और अचूक तरीका है, जिससे वे अपने ध्येय को तो प्राप्त कर ही सकते हैं, अपनी व्यापारिक योजना को तैयार करने की दिशा भी प्राप्त की जा सकती है। इसी प्रकार सेनाओं को भी आयातित प्रणालियों पर अपनी निर्भरता को धीरे-धीरे कम करते रहना होगा। और जैसा कि अन्यत्र भी होता है, भारत के उत्पादों को 'मार्क 1', 'मार्क 2' आदि जैसे चरणों में प्रवेश कराना चाहिए, ताकि प्रौद्योगिकीय

सामर्थ्य और निर्माण-अवसंरचना को क्रमानुसार चरणों में स्थापित किया जा सके। इससे इस स्थिति से प्रणालियों को तैयारी की हालत में आने में होने वाली देरी भी कम हो जाएगी। प्रौद्योगिकीय अनिश्चितता भी दूर हो जाएगी और उनके विकास में पूँजी लगाने के इच्छुक उद्योगपतियों के लिए ऐसा करना आसान और सम्भव हो जाएगा। उद्योगों को एक स्पष्ट अधिकार-पत्र दिया जाना चाहिए, और उनसे पूछा जाना चाहिए कि क्या प्रौद्योगिकियों का वे स्वयं विकास करेंगे ? क्या वे एकीकृत-प्रणाली के रचनाकार बनना चाहेंगे, और यदि हाँ, तो किन क्षेत्रों में ? एक बार ऐसी स्पष्ट नीति का खुलासा हो जाए, तो उद्योग जगत सुरक्षा की योजनाओं के क्रियान्वयन में खुशी-खुशी भागीदार बन जाएगा, क्योंकि इस भागीदारी के आर्थिक और वित्तीय पहलू एकदम साफ़ हो जाएँगे। हाल ही में डी. आर. डी. ओ. ने अपनी सात प्रयोगशालाएँ उद्योग-जगत के इस्तेमाल के लिए खोल दीं, उन प्रौद्योगिकियों के चुनाव के लिए जिनका विकास हो चुका है। इन उद्योगों को ऐसी प्रौद्योगिकियों को व्यावसायिक प्रयुक्तियों के योग्य बनाना होगा।

ऐसी विकसित प्रणालियों का प्रयोगकर्ता द्वारा किए जाने वाले परीक्षण के बाद सेनाओं द्वारा उन्हें प्रवेश का अधिकार दे दिया जाता है। साधारणतः प्रयोगकर्ता द्वारा किए गए परीक्षण शोध-विभाग और औद्योगिक संस्थानों के लिए एक चुनौती बन जाते हैं। हम भी इसके अपवाद नहीं हैं। लेकिन, ऐसी क़वायद देश को आज़ाद और आत्मनिर्भर बनाने में मददगार होती है। यदि सेना को अपनी आत्मनिर्भरता में वृद्धि करनी है, तो उसे प्रयोगकर्ता द्वारा कराए गए परीक्षणों की योजनाओं के बारे में पुनर्विचार करना होगा। और, अपने मिशन की आवश्यकताओं के बारे में भी। अब जबकि प्रदर्शन के आकलन, विस्तीर्ण और संयुक्त, नकली परिवेशों में ज़ोरदार तरीके से होने लगे हैं, तब क्या बहुत ऊँचाई वाले रेतीले स्थानों में उपयोगकर्ता द्वारा किए जाने वाले परीक्षणों की योजनाओं में कमी आएगी ? यदि ऐसा हो गया तो नतीजतन उद्योग-जगत बहुत शीघ्र निर्माणों का एक सिलसिला शुरू कर देगा, और उसके कुछ समय बाद, बहुत बड़े पैमाने पर घरेलू और अन्तरराष्ट्रीय बाज़ार के लिए भी निर्माण कार्य आरम्भ होंगे। साथ ही, यह भी सच है कि ऐसा महत्त्वपूर्ण निर्णय लेने से पूर्व, अनेकानेक प्रौद्योगिकीय और सैनिक उद्देश्य, प्रयोजनों और प्रतिफलों आदि पर गम्भीरता से सोचना होगा।

भविष्य

उपरोक्त चर्चा से आपको सुरक्षा सम्बन्धी शोध-कार्य की एक झाँकी देखने को मिली, और आपने संक्रियात्मक प्रणालियों के साथ उसके अन्तरफलक को भी देखा। रक्षा-विभाग के भावी परिचालन, सेना, नौसेना, वायुसेना और अन्तरिक्ष प्रणालियों के बहुविध नेटवर्कों पर आधारित होंगे। सूचना-प्रौद्योगिकी का इस्तेमाल अप्रत्याशित तरीकों से योजना-निर्माण के चरण में होने लगेगा, नकलों को तैयार करने में कवायदों में और ज़रूरत पड़ने पर वास्तविक परिचालन की कवायद के लिए भी। आने वाले वर्षों में सतत निगरानी का मुद्दा भी महत्त्वपूर्ण बना रहेगा। सतत निगरानी करने

के लिए 'रिमोट सेंसिंग', संचार तथा अन्य उपायों का प्रयोग किया जाएगा। आने वाले वर्षों में रक्षा-विभाग को अपनी सब प्रणालियों को अधिक गतिशील, अधिक अचूक और अधिक कुशल कार्यसाधक बनाना पड़ेगा। इन सब भावी योजनाओं के मिश्रण से जो जटिल परिदृश्य बना है, उसी की एक झाँकी ऊपर प्रस्तुत की गई। इन सब क्रांतिक तत्त्वों को प्रेरणा मिलेगी, मैटीरियलों, इलैक्ट्रानिक्सों, सेन्सरों, सूचना-प्रक्रिया, रोबोटिक्स और 'कृत्रिम बुद्धि' के क्षेत्रों में हुई प्रगति से।

प्रगत सेन्सर्स

दुनिया भर में प्रगत सेन्सर्स प्रौद्योगिकी को भविष्य की सबसे क्रांतिक प्रौद्योगिकियों में से एक माना गया है। प्रगत सेन्सर्स के निर्माण के लिए अति-शुद्ध पदार्थों और अति-परिशुद्ध निर्माण-परिवेश की जरूरत होती है। एकीकृत इलैक्ट्रानिक युक्तियाँ 'मायक्रो सेन्सर्स' का प्रयोग, सतह के साथ संयुक्त युक्तियों के लिए कर रही हैं। प्रगत सेंसरों का उपयोग मानव के अनेक उद्यम, जैसे—कृषि, स्वास्थ्य-सेवाएँ, प्रगत निर्माण-प्रणालियों, प्रगत विमानन, प्रकाशिकी संचार, अन्तरिक्षीय उपग्रह, 'सुपर-स्मार्ट' महापथों, जैव-प्रौद्योगिकी, आनुवंशिक इंजीनियरिंग, प्रदूषण-नियंत्रण, रोग-निदान आदि में होगा। आणविक और अति-आणविक प्रणालियाँ जो सैन्सिंग और प्रवर्तन के काम आती है, ऐसे नए सेन्सरों का सृजन कर सकती हैं, जो भौतिक, रासायनिक और जैविक, प्राचलों (पैरामीटर्स) का मापन करने में भी समर्थ होंगी। औद्योगिक एयरोस्पेस और स्वास्थ्य-सम्बन्धी प्रयोज्यताओं के लिए सेन्सर्स के सामरिक महत्त्व को देखते हुए एक ऐसे राष्ट्रीय मिशन के गठन की ज़रूरत है, जो प्रगत सेन्सरों से जुड़ा हो। यदि हमने अपने अन्दर सेन्सर्स के प्रयोग में राष्ट्रीय प्रवीणता नहीं प्राप्त की, तो कृषि या व्यापार आदि सभी क्षेत्रों में हम अन्य देशों से पिछड़ जाएंगे, क्योंकि प्रगति सेन्सरों की आवश्यकता हमें गुणवत्ता में सुधार, उत्पादकता में वृद्धि तथा सही मानकों की स्थापना में अनिवार्य है। पर्यावरण पर निगरानी रखने में भी बुनियादी रूप से सेन्सर्स की ज़रूरत होगी, कारण, वे हवा, जमीन और पानी की गुणवत्ता को देखते-जाँचते रहते हैं।

प्रगत सेन्सर्स द्वारा 'स्टेट ऑफ द आर्ट' विधि के विस्तृत आकलन से पता लगा है कि आज की प्रमुख प्रौद्योगिकीय प्रवृत्तियाँ इस प्रकार हैं :

- बुद्धिमान या 'स्मार्ट' सेंसिंग द्वारा योजना बनाने की काबलियत का विकास
- एकीकृत तथा बहुउपयोग सेन्सर्स का उदय
- सेन्सर्स की ऐसी 'स्मार्ट' प्रणालियाँ, जिनमें स्वयं सुधार और स्वयं प्रतिपूर्ति जैसे कार्यों के एकीकरण का करतब दिखाने की योग्यता हो
- प्रवृत्तकों (एक्चुएटर्स) से संयुक्त सेन्सर्स और
- ऐसी बनावटी नाकों का विकास, जो गंधिक आभास उत्पन्न कर सकती हैं, अर्थात् ऐसे सेन्सर्स जो सूँघ सकेंगे और उसका परिमाण निर्धारित कर सकेंगे।

एक अनुमान के अनुसार, सेन्सर्स की विश्वव्यापी माँग 1994 में 5 बिलियन डॉलर थी। इस माँग में अमरीका की हिस्सेदारी विश्व-बाज़ार की माँग का करीब

55 प्रतिशत थी। सेन्सर्स की विश्वव्यापी माँग के विश्लेषण से पता चलता है कि इस माँग का 50 प्रतिशत औद्योगिक नियंत्रण, चिकित्सा और वैज्ञानिक उपकरणों में प्रयोग करने के कार्यों में लगा था। तापमान से जुड़े सेन्सर्स की हिस्सेदारी 36 प्रतिशत है, प्रैशर सैन्सर्स की 34 प्रतिशत और 'फ्लो' सेन्सर्स की विश्वीय माँग का 28 प्रतिशत है। रसायनों और जैव-रसायनों से जुड़े सेन्सरों की माँग बड़ी तेज़ी से बढ़ती जा रही है, और जिन क्षेत्रों में सेन्सरों का अन्तिम प्रयोग होता है, उनमें ये दोनों क्षेत्र प्रमुख हैं। भारत में सेन्सरों की माँग सन् 2000 तक 500 मिलियन रुपये होगी और, उनका भारत में अधिकांश उपयोग औद्योगिक नियंत्रण और स्वचालित प्रयुक्तियों में होगा। इस तथ्य के बावजूद कि सेन्सर का सामरिक और औद्योगिक महत्त्व बहुत अधिक है, यह भी एक तथ्य है कि प्रगत सेन्सरों के बाज़ार में भारत की मौजूदगी नहीं के बराबर है, और भारत की ऐसी उदासीनता सेन्सरों के प्रयोग के बारे में ही नहीं, उसके विकास और निर्माण में भी दिखाई देती है।

यद्यपि अनेक भारतीय संस्थाएँ सेन्सर्स के विकास की योजनाओं को अमल में लाने के काम में लगी हैं, तो भी उनमें से ज्यादातर का लक्ष्य या प्रयास किसी उत्पाद या सेवा विशेष के विकास पर केन्द्रित नहीं है। ऐसी कोई योजना नहीं है, जो उद्योग या स्वास्थ्य-क्षेत्रोन्मुखी हो। अनेक संस्थाओं के पास सशक्त क्षमताएँ व समर्थताएँ हैं—सेन्सर्स के एक न एक तत्त्व के बारे में। उदाहरणार्थ, मैटीरियल विकास या सेन्सर-तत्त्व विकास या सेन्सर्स के युक्तियों के संयोजन के बारे में। सेन्सर्स-योजना में किसी विकास विशेष पर तीव्रतर फोकस करने और घनिष्ठतर नेटवर्किंग और किसी बिन्दु-विशेष के विकास की ज़रूरत है। संभवतः राष्ट्रीय दलों को इस लक्ष्य को पाने के लिए उसी प्रकार से एकजुट होने की ज़रूरत है जैसे वे हल्के लड़ाकू हवाई जहाज़ के निर्माण के लिए हुए थे।

प्रगत सेन्सरों के लिए राष्ट्रीय योजना

भारत को प्रगत सेन्सरों के बारे में एक राष्ट्रीय योजना अवश्य बनानी चाहिए, ऐसी योजना, जिसका स्पष्ट और सुनिश्चित होना बहुत ज़रूरी है। यदि भारत को प्रगत सेन्सरों के क्षेत्र में अपना महत्त्वपूर्ण स्थान बनाना है, तो इस योजना को एक ऐसे राष्ट्रीय मिशन का रूप लेना होगा, जिसमें भाग लेने वाले लोग भाई चारे की भावना के साथ मिलजुल कर और मिशनरी बनकर अपने लक्ष्य तक पहुँचने के लिए कार्य करेंगे। अनेक विषयों के विशेषज्ञों व शास्त्रियों को मिलकर इसके लिए एक ऐसी तपस्या करनी होगी, जिसका एकमात्र लक्ष्य एक उत्पाद-विशेष को विकसित करना हो। इस कार्य के लिए जिन नूतन समर्थताओं और योग्यताओं की आवश्यकता होगी, वे हैं 'मायक्रो-फैब्रीकेशन' और निर्माण। प्रगत सेंसरों के सब प्रयोज्य खंडों पर अलग-अलग बाज़ार के विकास पर विशेष ध्यान केन्द्रित करते हुए विशेष ध्यान देने की ज़रूरत है।

इस मिशन की सफलता के लिए या तो मौजूदा संस्थानों का इस्तेमाल किया जा सकता है, या किसी नई कार्यविधि को जन्म देना होगा। जो भी हो, मिशन से

जुड़े लोगों के सामने उनका लक्ष्य भी एकदम सुस्पष्ट रहना चाहिए, उसकी कार्यविधि भी स्पष्ट होनीं चाहिए, और यह भी स्पष्ट रहना चाहिए कि वे जो कुछ कर रहे हैं, उसका प्रयोग अंततः किस प्रकार होगा। बेहतर यह होगा कि इस मिशन का नेतृत्व उद्योग-जगत ही करे। जब तक हमारे पास प्रगत सेन्सर्स के मामले में सशक्त राष्ट्रीय समर्थताएँ नहीं होंगी, तब तक हम सब क्षेत्रों में भी उन देशों से पीछे रहेंगे, जो नए-नए औद्योगिक देश बने है। कारण, भविष्य में उद्योग और व्यापार उन दोनों क्षेत्रों में होने वाली विश्वव्यापी जबर्दस्त प्रतिस्पर्धा में वे ही देश बाजी मार सकेंगे, जिनके पास प्रगत सैन्सर और उन्हें इस्तेमाल करने का कौशल होगा।

भविष्य में निर्माण-क्षेत्र में और सेवाओं के क्षेत्र में भी प्रतियोगात्मक लाभ का अधिकांश निर्धारण सेन्सरों द्वारा ही होगा और बड़े पैमाने पर, और प्रयोगों, युक्तियों, साधनों प्रयोज्यताओं में नवीनता लाने वाले देशों को ही मिलेगा। तालिकाओं 9.2 और 9.3 में सामरिक तथा औद्योगिक रूप से महत्त्वपूर्ण सेन्सरों के विभिन्न कार्यों को दर्शाया गया है। भारत के लिए यह महत्त्वपूर्ण निर्णय लेना परमावश्यक है कि वह इन प्रमुख क्षेत्रों में अपने उद्योगों को विकसित करे और व्यापारिक स्तर पर सक्रिय होकर, घरेलू और विदेशी बाज़ारों के लिए माल तैयार करे।

जी. एस. एल. वी. (जियोसिंक्रोनस सैटेलाइट लांच वैहिकिल) के लिए क्रायोजैनिक (निम्नतापकारी) इंजन

किसी उपग्रह को अन्तरिक्ष में छोड़ने के लिए समस्त-कठोर, बहु-चरणी रॉकेट-प्रणालियों या 'सॉलिड-प्लस लिक्विड' बहु-चरणी रॉकेट-प्रणालियों या समस्त-द्रव बहु-चरणी रॉकेट-प्रणालियों की ज़रूरत होती है। छोड़ने की लागत एक प्रकार से छोड़े जाने वाले उपग्रहीय यान-प्रणाली के भार द्वारा तो नियंत्रित होती ही है, इस बात पर भी निर्भर होती है कि परिक्रमा-पथ कैसा है, और वह निर्धारित 'पे-लोड' के लिए पर्याप्त है या नहीं। व्यावसायिक अन्तरिक्ष-यानों की लागत, अर्थात् किसी उपग्रह को भू-स्थिर परिक्रमा-पथ पर ऊपर धकेलने की लागत, निजी चरणों के लिए चुने जाने वाली प्रणोदक-प्रणाली पर निर्भर करेगी। साधारणतः एकद्रवीय रॉकेट-प्रणाली के चुनाव से भार कम हो जाएगा, और उसका निम्नतापकारी उच्चतर चरण इस भार को और भी कम कर देगा।

उदाहरणार्थ, 2.5 टन 'पे-लोड' को भू-अंतरिक्ष परिक्रमा-पथ पर ढकेलने के लिए, एक समस्त-कठोर बहु-चरणी छोड़ने वाले यान द्वारा छोड़ा गया वज़न 525 टन होगा। यदि समस्त-कठोर उच्चतर चरणों के स्थान पर द्रवीय चरणों का प्रयोग किया जाए, तो वज़न 525 टन से और ज्यादा घटकर 425 टन हो जाएगा और अन्त में यह भार और भी अधिक घटकर 300 टन से भी कम हो जाएगा, यदि उच्चतर चरण के स्थान पर निम्न-तापकारी इंजन का प्रयोग किया जाए। इस उदाहरण से यह बात स्पष्ट हो जाती है कि उड़ान के समय उपग्रह के भार किस प्रकार कम-ज्यादा हो सकते हैं। अन्तरिक्ष-क्षेत्रों में अक्सर यह कहा जाता है कि 'पे-लोड' में यदि प्रक्षेपण

तालिका 9.2

सामरिक दृष्टि से महत्त्वपूर्ण सेंसर्स

क्षेत्र	विकसित किया जाने वाला सेन्सर	प्रवृत्ति	आवश्यक कार्यवाही का विकास
	नेवीगेशन और विमानिकी के लिए इनर्शियल सेन्सर	(1) 'लेसर जाइरो' (2) तन्तु प्रकाशिकी 'जाइरो'	अल्ट्रा ध्वनि-मुक्त और स्थिर लेसर्स का विकास एकीकृत प्रकाशिकी चिप्स सतह मायक्रो मशीनिंग का विकास
	पनडुब्बी का पता लगाने वाले सेन्सर	(3) माइक्रो एक्सिलरोमीटर, स्क्विड- आधारित प्रणालियाँ	सिक्व्ड सेन्सर और एसोशियेटेड ध्वनि-मुक्त इलैक्ट्रानिक्स का विकास
सामरिक महत्त्व के सेंसर	आरडीएक्स जैसे विस्फोटकों और नशीली दवाइयों का पता लगाने वाले सेन्सर	न्यूक्लीयर मैग्नेटिक रेज़ोनेन्स का मिलन	अल्ट्रा और कमज़ोर एलेक्ट्रो-मैग्नेटिक क्षेत्र न्यूक्लीयर मैग्नेटिक रेजोनेन्स (एन.एम.आर.) न्यूक्लीयर क्वाड्रूपोल रेजोनेन्स (एन. क्यू. आर.) रेजोनेन्स सिद्धान्त पर आधारित स्किव्ड सेन्सर्स
	पायज़ोरेजिस्टेटिव मायक्रोसेन्सर्स	पॉलीसिलिकॉन मायक्रो स्ट्रक्चर की सर्फेस मायक्रोमशीनिंग	विकास मॉनोलिथिक सिलिकॉन ट्रांसड्यूसर का, जिसमें सिग्नल कंडीशनिंग और कैलीब्रेशन हो

तालिका 9.3

औद्योगिक प्रयोजनों के लिए ज़रूरी सेन्सर्स

क्षेत्र	विकसित किया जाने वाला सेन्सर	प्रवृत्ति	आवश्यक कार्यवाही का विकास
	नमी वाले सेन्सर्स	पॉलिमर इलैक्ट्रोलाइटिक, ताप से सम्बन्धित पॉलिमर डायइलैक्ट्रिक, इनऑरगैनिक सब्सटेन्स वितरित पॉलिमर (नमी के सोख लिए जाने पर, प्रतिरोध शक्ति में परिवर्तन)	विद्युतशीलता में परिवर्तनों का उपयोग करने वाले सेन्सर्स को विकसित करने की ज़रूरत है, इसके लिए सेन्सर्स मेटीरियल और सम्बन्धित इलैक्ट्रानिक परिचालन के प्रथम विकास की जरूरत होगी
		सेलुलोस प्रणाली पॉलिमर (विद्युतशीलता में परिवर्तन)	मेटल ऑक्साइड सिलिकॉन फील्ड प्रभाव ट्रांजिस्टर (मोसफेट) जो नमी के सोखे जाने पर प्राप्त पॉलिमर का प्रयोग करता है
औद्योगिक-प्रक्रिया नियंत्रण और सुरक्षा		कार्बन कण वितरित नमी के सोख लिये जाने पर प्राप्त रेज़िन (बैरोज़ा) (नमी के सोखे जाने पर प्रतिरोध शक्ति में तीव्र परिवर्तन)	
		मोसफेट+ नमी-शुष्क पॉलिमर (ट्रांजिस्टर की खूबियों में तब्दीली)	
		क्वाट्र्ज ऑस्सीलेटर+पॉलिएमिड (ऑस्सीलेटर के भार में परिवर्तन)	'सर्फेस एकास्टिक वेव सेन्सर्स विकसित होने चाहिए

क्षेत्र	विकसित किया जाने वाला सेन्सर	प्रवृत्ति	आवश्यक कार्यवाही का विकास
प्रक्रिया-नियंत्रण के लिए गैस-सेन्सर्स		आर्गेनिक सेमी-कंडक्टर (गैस के सोखने से चालकता में वृद्धि), रंगने वाले मैटर मेम्ब्रेन्स, एल बी मैम्ब्रेन्स (फ्लूओरेसेन्स क्वैन्च)	
		क्वार्ट्ज ऑस्सीलेटर + आर्गेनिक महीन फिल्म (कंपित्र पर भार में तब्दीली)	
		गैस ट्रांसमिशन पॉलिमर मेम्ब्रेन्स + एलैक्ट्रोआइड (गैस का चयनी फैलाव, एलैक्ट्रोकैमिकल प्रतिक्रिया)	
जहरीली गैसों की जाँच करने वाले सेन्सर्स		नकली नाकें	'मल्टी काम्पोनेन्ट मॉलीक्यूलर रिकॉगनिशन प्रणालियों का विकास
औद्योगिक प्रक्रियाओं पर नियंत्रण और उनकी सुरक्षा	प्रेरक निकटतापरक सेन्सर	बिना संपर्क धातु की पहचान करने वाले सेन्सर्स, जिनका परिचालन प्रभाव-क्षेत्र बहुत व्यापक और प्रतिक्रिया बहुत तेज़ होगी	निकटतापरक सेन्सर, और सेन्सर एक रेखन की तकनीकें
	सेमीकंडक्टर विस्थापन लेसर सेन्सर्स	प्रकाश-उत्सर्जक डायोड या सेमीकन्डक्टर लेसर-आधारित सेन्सर्स	प्रकाश के स्रोत और स्थान के प्रति संवेदनशील जाँच का विकास

के लिए क्रायोजैनिक इंजन का प्रयोग किया जाये, तो 'पे-लोड' में प्रति किलोग्राम के अतिरिक्त भारत में कई लाख रुपए की बचत होगी। क्रायोजैनिक इंजन में प्रयुक्त किए जाने वाले प्रणोदक में द्रव आक्सीज़न और द्रव हायड्रोजन का विशेष संयोजन मौजूद होता है। भारत का प्रस्तावित क्रायोजैनिक इंजन, जो भारत के 'जियोसिंक्रोनस सैटेलाइट लांच वैहिकिल–जी एस एल वी' में प्रयुक्त होने वाला है, 12 टन क्षेपण वर्ग का है। उसका वज़न सिर्फ 250 किलो है, और लम्बाई 3.1 मीटर। इस इंजन का बहुत सुसंहत, मयरोधी, पुनरुद्धारक, शीतलक, बाँधने वाला होना बहुत ज़रूरी है ताकि वह औषजन और हायड्रोजन की उचित देखभाल कर सके।

इंजन को मजबूती से टैंकेजेज़ और प्रवाह पर नियंत्रण पाने वाली युक्तियों से मजबूती से जोड़ना चाहिए, ताकि उसका उच्चतर चरण सही और दृढ़ आकार ले सके। इंजन के सुचारु संचालन और प्रबंधन के उद्देश्य से उसकी विभिन्न प्रणालियों को एक प्रणाली के रूप में समाकलित कर दिया जाता है। ये प्रणालियाँ हैं–प्रणोदक लदान, अन्तरण, रोधन और दबाव डालने की प्रणालियाँ। इस अवस्था तक पहुँचने के लिए जिन प्रौद्योगिकीय चुनौतियों का सामना करने के बाद ही लक्ष्य को प्राप्त करना पड़ता है, वे अनेक हैं। चुने हुए मैटीरियलों को –253 डिग्री सैल्सियस और 1750 डिग्री सेल्सियस पर लगातार सक्रिय रहना पड़ता है। उसकी नॉज़ल (टोंटी) और क्षेपण करने वाले कक्ष को पुनर्उत्पादन की प्रक्रिया से स्वयं द्रव हायड्रोजन करके ठंडा रखना पड़ता है। द्रव हायड्रोजन 'टर्बो पम्प' की रफ्तार प्रति मिनट 50000 परिक्रमण (आर पी एम) से अधिक रखनी पड़ती है। इस रफ्तार की कल्पना कीजिए अपनी मोटर कार के इंजन की प्रति मिनट प्रतिक्रमण रफ्तार से, जो प्रति मिनट 5000 आर. पी. एम ही है। व्यावसायिक जेट हवाई जहाज़ की यह रफ्तार करीब 15000 आर पी एम ही होती है। इस बात के मद्देनज़र कि 'फैब्रीकेशन', मेटीरियल प्रौद्योगिकी, जो 'सीलिंग', 'बीयरिंग', 'इन्सुलेटिंग' प्रौद्योगिकियाँ हैं और क्रायोजैनिक इंजन की विभिन्न उप-प्रणालियों को बनाने की प्रक्रियाओं से जुड़ी हैं, देश को अभी भी इन सब प्रौद्योगिकियों और प्रक्रियाओं का विकास करना है। इन कार्यों को विभिन्न शोध और विकास के संस्थानों को फ़ौरन हाथ में ले लेना चाहिए, ताकि इन सब महत्त्वपूर्ण क्षेत्रों में हम शीघ्रातिशीघ्र आत्मनिर्भर बन सकें। इसके लिए इन सब विभागों को मिलकर, एकजुट होकर काम करना होगा। डिजाइन और निर्माण का डेटाबेस स्थापित करना होगा, ताकि कोई भी देश हमारी अन्तरिक्ष-योजनाओं की प्रगति के मार्ग में न आ सके। इस सन्दर्भ में, यह ध्यान रखना ज़रूरी है कि क्रायोजैनिक इंजन का इस्तेमाल किसी प्रक्षेपास्त्र के रूप में नहीं हो सकता, क्योंकि उसकी भंडारण-आयु सीमित है। उसके आवश्यक पदार्थों, द्रवों आदि को इंजन में भरने की क्रिया का पहले से ही आभास हो जाता है, और उसकी गतिशीलता मुमकिन नहीं है। यह तर्क कि क्रायोजैनिक इंजनों का इस्तेमाल, प्रक्षेपास्त्रों के स्थान पर हो सकता है, जैसा कि प्रक्षेपास्त्र प्रौद्योगिकी नियंत्रण-शासन के कुछ लोग दावा करते हैं, ग़लत है। यह दावा तकनीकी है, और व्यापारिक हितों से प्रेरित है।

कहाँ हैं हम विमान-नोदन के मामले में ?

वायुयान के इंजनों और उनके नोदन के मामले में कहाँ हैं हम ? भारत अपनी लघु-उड़ाकू-विमान-योजना के साथ एक असाधारण संरूप वाले जी टी इंजन का, जिसका वर्णन हम पीछे कर आए हैं, विकास कर रहा है। इसी प्रकार जी एस एल वी के लिए हमें, एक समयावधि के अन्दर, अपना एक क्रायोजैनिक इंजन विकसित करना है, ताकि उपग्रहों को अन्तरिक्ष में छोड़ने के मामले में हम पूरी तरह आत्मनिर्भर हो जाएँ। इन दोनों क्षेत्रों में, जैसा कि बताने की ज़रूरत नहीं है, हम विकसित देशों से बहुत पीछे हैं, क्योंकि हमने बीते दिनों में एयरोस्पेस प्रौद्योगिकी मिशनों में जिस प्रगत स्तर को छुआ था, उसे आगे बढ़ाने के मामले को वह महत्त्व देना बन्द कर दिया, जिसके वे हक़दार थे। आज व्यावसायिक और सेना के काम में आने वाले हवाई जहाज़ों, जी एस एल वी, क्रायोजैनिक इंजनों और जेट इंजनों का महत्त्व सर्वोपरि हो गया है, और उनके विकास व निर्माण-कार्य को सर्वोच्चता दी जानी परमावश्यक है। प्रौद्योगिकियों के बीच के अन्तर को पाटने और इस बारे में देश के नेताओं को राज़ी करना कोई मुश्किल काम नहीं है। हमारे संस्थानों और उद्योग-जगत के संस्थानों के बीच की भागीदारी इस विकास-कार्य तथा प्रौद्योगिकी के अभिग्रहण के कार्य में गतिशीलता ला सकती है। यह भागीदारी अभिग्रहीत प्रौद्योगिकी को अपनी अव-संरचना तथा आवश्यकताओं के अनुरूप बनाने में भी सहायक होगी। यहाँ यह याद दिलाने की भी ज़रूरत है कि अपनी 'पोलर सैटेलाइट लॉन्च वेहि किल' (पी एस एल वी) को अन्तरिक्ष में छोड़ने के बाद, हम इस क्षेत्र में विकसित देशों के करीब-करीब बराबर आ गए हैं—सॉलिड प्रौपेलेन्ट पावर प्लान्टस के क्षेत्र में 'पी एस एल वी' भंडारण योग्य द्रवीय प्रणोदकों तथा सम्बन्धित प्रणोदनों की प्रौद्योगिकियों की स्थापना में भी सहायक हुआ।

भविष्य के अतिविमान (हायपर प्लेन)

डी आर डी ओ ने 'रैमरॉकेट' प्रणालियों के क्षेत्र में भी प्रवेश कर लिया है। इसके परिणामस्वरूप, उच्चतर ऊर्जा-स्तरों (ठोस प्रणोदकों के साथ 500 सैकंड से ऊपर और द्रवीय प्रणोदकों के साथ 1000 सेकंड तक) को प्राप्त किया जा सकेगा। 'स्क्रैमजेट' इंजन 3000 सेकंड तक का ऊर्जा-स्तर दे सकेगा। इसकी तुलना क्रायोजैनिक इंजनों के 450 सेकंड तक के ऊर्जा-स्तर से कीजिए। यह सिर्फ सैनिक प्रयोजनों के लिए ही नहीं है। इन सुपरसॉनिक ज्वलन इंजनों की प्रयोज्यता भावी खोज करने वाले प्रक्षेपास्त्रों, अन्तरिक्ष में छोड़े जाने वाले यानों और हायपर यानों के लिए भी है। भारत को प्रस्तावित 'स्क्रैमजेट' के मार्च 12 तक क्रियाशील होने की योजना है। आगे चलकर वह हमारे जेट हवाई जहाज़ों के समूह का एक अंग भी बन सकेगा। फिलहाल ये बहुत कम देश इस क्षेत्र में सक्रिय हैं। 'हायपर प्लेन' की योजना हमारे लघु उड़ाकू वायुयानों और जी एस एल वी के हमारे अनुभवों पर आधारित है। भारत को 'हायपर प्लेन' योजना के तत्त्वों का विकास करने के मामले में पहल करनी चाहिए, ताकि

हमारे भावी 'हायपर प्लेन' तथा भावी 'एयरोस्पेस' यान इस पॉवर-प्लांट के इर्दगिर्द बन सकें। 'हायपर प्लेन' 30 टन से अधिक का 'पे-लोड' 250 टन वज़न की पर्याप्त परिणाम की छलाँग द्वारा 'डिलीवर' कर सकेगा, मौजूदा पे-लोड की छलाँग 3 प्रतिशत से लेकर 15 प्रतिशत तक के अनुपात से, की विशाल वृद्धि द्वारा।

भावी 'हायपर प्लेन' मिशन के द्वारा एक सम्पूर्ण 'पॉवर प्लांट कॉमप्लेक्स' अस्तित्व में आ सकता है, जो इन तीन ढंगों से काम करेगा—

—फैन रामजेट इंजिन ढंग, निम्न स्थान, निम्न रफ्तार की उड़ान के लिए।

—स्क्रैमजेट इंजन ढंग—मैक संख्या 3 से 12 तक, इन-फ्लाइट एयर-लिक्वीफिकेशन' और 'मॉस एडीशन' के साथ।

—रॉकेट इंजन ढंग, 'पे-लोड' को फेंके जाने तक।

स्क्रैमजेट इंजनों के क्रांतिक प्रौद्योगिकीय क्षेत्रों में हमारे 'एयरोस्पेस' वैज्ञानिकों ने डिजाइन, विकास और यौगिक ज्यामिति 'ऐयर टेक' के एकीकरण से, जो, 'वाइड मैक' संख्या-क्रम में है, और 'कम्प्यूटेशनल फ्लाइड डायनैमिक्स' जैसे वैश्लेषिक साधनों द्वारा बहुत अधिक समर्थित है और 'हायपरसॉनिक विंड टनल्स' जैसी प्रयोगात्मक योजनाओं से भी संयुक्त है। ज्वलन-विकास, जिसमें 'मैटीरियल' व 'फैब्रीकेशन' प्रौद्योगिकी और ज्वलन-बलगति-विज्ञान शामिल है, अभी ही शुरू हुए हैं। आदिरूप और इंजन-परीक्षण की पूरी तैयारी है, और उसकी तथा उसका आकलन करने की सुविधाओं की योजनाएँ बन रही हैं।

2010 तक व्यावसायिक जेट हवाई जहाज़, सैनिक लड़ाकू विमानों, दुबारा इस्तेमाल किए जा सकने योग्य उपग्रह तथा यान, और दुबारा इस्तेमाल कर सकने योग्य भौमिक 'पे-लोड' डिलीवरी यान आदि की समान विशेषता यह होगी कि उनमें सुपरसॉनिक ज्वलन इंजनों के प्रयोगों और हायपरसॉनिक लड़ाकू 'रेजीम्स' दोनों के लिए समान व्यवस्था होगी।

न्यूक्लीयर विस्तार

हाल ही में दिल्ली में राजदूतों के सामने भाषण देते समय मैंने न्यूक्लीयर विस्तार की चर्चा की थी। मैं यहाँ उस भाषण के कुछ अंश प्रस्तुत कर रहा हूँ :

"दिल्ली में अपने कार्यकाल में मैंने पाँच राष्ट्रों द्वारा प्रारम्भ किए गए न्यूक्लीय विस्तार के सिद्धान्त का अध्ययन किया था। अमरीका ने 1990 तक पिछले चार दशकों में 10,000 विस्फोटक पदार्थ युक्त न्यूक्लीयर विधियाँ जमा कीं और, लगभग इतनी ही संख्या में पहले के सोवियत यूनियन ने भी ऐसा ही किया। और, यह सारी शर्मनाक धर्मान्धतापूर्ण कार्यवाही पूँजीवाद बनाम साम्यवाद के आदर्शों की टक्कर के नाम पर की गई। उसके औचित्य के बारे में भी यही बहाना बार-बार पेश किया गया और इस प्रकार न्यूक्लीय प्रफलन का बीज बोया गया। इन दोनों देशों ने अपने न्यूक्लीय प्रफलन का इस्तेमाल अनेक देशों की राष्ट्रीय नीतियों को प्रभावित करने या उन्हें आत्मसमर्पणशील बनाने के लिए भी किया। इसी उद्देश्य के मद्देनज़र उन्हें शान्तिपूर्ण प्रयोगों के लिए तथाकथित न्यूक्लीयर प्रौद्योगिकियाँ प्रदान की गईं, या

न्यूक्लीय पॉवर स्टेशन दिए गए। चीन को न्यूक्लीय-हथियार-प्रौद्योगिकी सोवियत यूनियन ने प्रदान की। और, हमने देखा, कैसे इन्हीं विकसित देशों ने यह निश्चय किया कि पाकिस्तान के पास भी न्यूक्लीय अस्त्र-शस्त्र होने चाहिए। यह बात स्वयं पाकिस्तान के प्रधानमंत्री ने कही।

'न्यूक्लीय अस्त्र-शस्त्रों पर अपना आधिपत्य जमाने वाले इन पाँच देशों ने कहा कि सिर्फ इन्हीं राष्ट्रों को न्यूक्लीय अस्त्र-शस्त्र रखने का एकमात्र अधिकार है। उन्होंने कई अन्तरराष्ट्रीय नीतियों को भी प्रस्तुत किया। इन सबके पास कुल मिलाकर इतने अधिक न्यूक्लीय अस्त्र-शस्त्र हैं कि उनके कारण सारी दुनिया के सामने सुरक्षा और बचाव की समस्याएँ उत्पन्न हो गईं। लोगों द्वारा बाध्य किए जाने पर इन दोनों देशों ने एक समझौते के द्वारा 'स्ट्रेटेजिक आर्म्स रिडक्शन ट्रीटी' अर्थात् सामरिक महत्त्व के हथियारों को कम करने की संधि (START-11) की व्यवस्था की। उन्होंने एक संधि पर हस्ताक्षर करके न्यूक्लीय अस्त्र-शस्त्रों की संख्या को कम करके 3000 तक लाने का निश्चय किया। इन अस्त्र-शस्त्रों में डिलिवरी करने वाले वाहन भी शामिल थे। जब मैंने अमरीका के सुरक्षा-सचिव डाक्टर विलियम पैरी से उनकी भारत-यात्रा के दौरान पूछा कि 3000 ही क्यों, शून्य संख्या क्यों नहीं चुनी गई जैसा कि पंडित जवाहरलाल नेहरू ने 1960 में सम्पूर्ण न्यूक्लीय निरस्त्रीकरण की पेशकश करते हुए कहा था, तो डॉक्टर पैरी ने कहा, "शून्य न्यूक्लीय हथियार का सपना महज़ एक सपना ही है।" उनके कहने का अभिप्राय यह था कि न्यूक्लीय हथियार सिर्फ पाँच देशों के क्लब के पास ही रहेंगे, और शेष देशों के लिए वे महज़ एक सपना बने रहेंगे। इससे हम यह मान सकते हैं कि ये पाँच देश कभी भी न्यूक्लीय हथियारों की संख्या शून्य तक नहीं आने देंगे। इनकी मान्यता और कल्पना के अनुसार, न्यूक्लीय हथियार उनकी विश्वव्यापी सामरिक नीति का एक ताकतवर घटक हैं। उनकी दृष्टि में वे राजनीतिक शक्ति व सामर्थ्य के हथियार हैं, और विस्तार-विरोध सिद्धान्त का ढिंढोरा पीट कर वे शान्ति को जन्म देने का दावा कर सकते हैं। डी. ए. ई. और डी. आर. डी. ओ. टीमों के सदस्यों के लिए यह एक आह्लाददायी विशेषाधिकार प्राप्ति का दिन था, जब राजनीतिक नेतृत्व ने उन्हें न्यूक्लीय हथियारों के स्वामी देशों की खतरनाक और आत्मकेन्द्रित इजारेदारी को ख़त्म करने का मौका दिया।

'इसी प्रकार रासायनिक या जैव हथियारों या प्रक्षेपास्त्रों की प्रणालियों, इन सभी में विस्तार के मूल में ये ही लोग हैं। काश ! कोई ऐसा स्वतंत्र और निष्पक्ष विश्व-संगठन होता, जिस पर ये महाशक्तियाँ हावी न होतीं, तब विकासशील देश, जो इन तीन महाशक्तियों की खतरनाक विस्तार नीति की दादागिरी के शिकार हैं, न्याय और समुचित मुआवजे की आशा कर सकते थे ! क्या हम ऐसे नए और न्याय व ईमानदार विश्व का सपना देख सकते हैं !'

सामरिक महत्त्व के उद्योग–भारत का भविष्य

हम यहाँ भावी भारत के सामरिक महत्त्व के उद्योगों के कुछ महत्त्वपूर्ण तत्त्वों की एक झाँकी मात्र ही प्रस्तुत कर पाए हैं। जिन भावी उद्योगों की चर्चा हमने की, वे

प्रौद्योगिकीय पूँजी लगाने और उन्हें योजित करने, इन तीनों दृष्टियों से, हमारी पहुँच के अन्दर हैं। यदि ये उद्योग और संस्थान स्पष्ट कल्पना और ध्येय के साथ, एकजुट होकर और आरम्भ से ही बाज़ारों की खोज करते रहेंगे, तो भारतीय उद्योग अपार व्यापारिक लाभ अर्जित करने में सफल हो सकेंगे। इसके साथ-साथ हमें यह भी नहीं भूल जाना चाहिए कि आज हम जिन सामरिक महत्त्वों की प्रौद्योगिकियों की स्थापना करेंगे, उनके परिणामों के लाभ रोजमर्रा की ज़िन्दगी में हमें आज से बीस साल बाद प्राप्त होंगे। इसलिए, हम सबका यह कर्तव्य है कि हम आज से ही इन नई प्रौद्योगिकियों को विकसित करना आरम्भ कर दें, ताकि भारत की भावी पीढ़ी के लोगों को नई-नई मंजिलों को फतह करने के नायाब और सुनहरी मौके मिल सकें। भारत की आने वाली पीढ़ियों के प्रति हमारा यह कर्तव्य है कि हम 2020 तक उन्हें उत्तेजनाओं और चुनौतियों से पूर्ण भविष्य ही प्रदान करें, न कि भूतकाल की वज़नदार समस्याएँ और आज की संकटपूर्ण परिस्थितियाँ। यदि यह सम्भव हुआ, तभी हम गर्व से यह कह सकेंगे कि भारत ने एक ऐसे विकसित देश का दर्जा प्राप्त कर लिया है, जहाँ ऐसे गर्वीले और सन्तुष्ट लोग रहते हैं, जो अपने भविष्य के बारे में पूरी तरह आश्वस्त हैं।

10

सबके लिए स्वास्थ्य

रोगों को बिल्कुल मत आने दो।

–तमिल सन्त कवियित्री अव्वैयार

पूर्व प्रधानमंत्री आई. के. गुजराल ने 1998 में हैदराबाद में आयोजित विज्ञान सम्मेलन को सम्बोधित करते हुए, हमारी मूलभूत सुख-सुविधाओं के बारे में एक बड़ी दिलचस्प व अनोखी बात कही थी। उन्होंने कहा था, "मैं अपने सामने मंच पर आसीन गण्यमान्य व्यक्तियों को देख रहा हूँ। हरेक के सामने मिनरल वाटर से भरी एक-एक बोतल रखी है। उन्हें देखकर मुझे तीन वर्गों के भारतीयों की याद आ रही है। पहले वर्ग में वे भारतीय आते हैं, जो बोतलबंद पानी पीने और खरीदने की हैसियत रखते हैं। दूसरे वर्ग में वे भारतीय आते हैं, जो उस पानी का ही इस्तेमाल करते हैं, जो उनके घरों में लगे नलों से उन्हें प्राप्त होता है, या वे आसपास लगे किसी नल या पम्प से ऐसा पानी प्राप्त करते हैं, जिसकी न साफ़ होने की गारन्टी होती है, और न वक्त पर आने और मिलने की। और, तीसरे वर्ग में वे भारतीय आते हैं, जिनके लिए पानी पाना रोजमर्रा की एक समस्या है, और वे कैसा भी गँदला और प्रदूषित पानी क्यों न हो, उसे पीने और इस्तेमाल करने को तैयार रहते हैं।" उन्होंने आगे कहा कि आज़ादी के पचास साल बाद भी ऐसी स्थिति का बने रहना राष्ट्रीय शर्म की बात है। बदकिस्मती से अगर हमने इस बारे में तथा स्वास्थ्य-रक्षा के दूसरे मुद्दों के बारे में कुछ नहीं किया, जो अगले दस साल बाद भी, हम इसी बात को दोहराते रहेंगे।

अन्तिम विश्लेषण में कहा जाएगा कि किसी समाज की सफलता का फैसला उसके इस कसौटी पर खरा उतरने की काबलियत पर ही होगा कि उसने अपने लोगों के लिए पर्याप्त और उचित स्वास्थ्य-सेवाएँ प्रदान की हैं या नहीं। इस कसौटी पर खरा उतरने के लिए उस समाज के लिए इतना ही काफ़ी नहीं है कि उसने रोगों और बीमारियों का इलाज करने की व्यवस्था की है या नहीं, यह भी देखा जाएगा कि उसने यह पक्की और पूरी व्यवस्था भी की है या नहीं कि रोग जन्म ही न लें, स्वास्थ्य को हानि पहुँचाने वाले कारणों को दूर किया गया है या नहीं। हमें इस बात का अहसास है कि सब रोगों को होने से रोका नहीं जा सकता। मिसाल के तौर पर, हम अभी तक यह नहीं जानते कि कैंसर या मधुमेह जैसे रोगों का मूल कारण क्या है। हमारे पास अनेक आनुवंशिक गड़बड़ियों का भी कोई इलाज

नहीं है। हम अभी तक अनेक एलर्जियों और श्वसनीय समस्याओं जैसे दमा का स्थाई इलाज नहीं खोज पाए हैं। फिर भी, यह सच है कि एहतियाती तरीकों को अपनाने और नियमित रूप से इलाज कराते रहने से अधिकांश रोगी स्वस्थ जीवन बिता सकते हैं।

रोग प्रतिकार

अधिकांश संक्रामक रोगों को स्वास्थ्यकर परिवेश में रहकर दूर किया जा सकता है। गन्दे पानी के इस्तेमाल या मच्छरों जैसे रोग फैलाने वाले जन्तुओं से बचने से उन्हें उत्पन्न करने वाले रोगों से बचा जा सकता है। यदि समाज में बड़े पैमाने पर असंक्रमीकरण उपायों को अपनाते रहा जाए तो बहुत से संसर्ग रोगों से उन्मुक्त हुआ जा सकता है। इसके अलावा स्वास्थ्यकर और सन्तुलित पौष्टिक भोजन लेते रहने से भी बहुत से रोगों दूर रहा जा सकताा है। मिसाल के तौर पर, साधारण नमक के स्थान पर 'आयोडाइज्ड' नमक के नियमित इस्तेमाल से गलगंड जैसी अपंगता से बचा जा सकता है। यह अपंगता देश के अनेक भागों में फैली हैं। विटामिन 'ए' के नियमित प्रयोग से अंधता से बचा जा सकता है। विश्व के 25 प्रतिशत अंधे और नेत्र रोगों से पीड़ित लोग भारत में ही हैं। हृदय-रोग के बहुत से प्रकारों से सन्तुलित भोजन लेने और व्यायाम करते रहने से मुक्ति मिल सकती है।

अपनी सेहत का खयाल रखने वाले धनी व्यक्तियों का अपनी सेहत का सही ख्याल रखने की उपयोगी सूचना पत्र-पत्रिकाओं, डॉक्टरों और विशेषज्ञों से आसानी से प्राप्त होती रहती है। उनके द्वारा बताए गए उपायों को अमल में लाने पर सेहत की हिफ़ाज़त कर, सेहतमंद भी रहा जा सकता है और स्वास्थ्य के प्रति लापरवाही से उत्पन्न गम्भीर रोगों के महँगे इलाज से भी बचा जा सकता है। जहाँ तक निम्न मध्यवर्ग के और गरीब लोगों का सवाल है, उन्हें किसी भी प्रकार की स्वास्थ्य-सेवा करीब-करीब उपलब्ध है ही नहीं। और अगर उनमें से कोई चाहे भी तो भी उसके पास डॉक्टर के पास जाने और उससे वह इलाज कराने लायक पैसे होते भी नहीं हैं, जिनकी उसे सख़्त ज़रूरत होती है। उनमें से कई तो नीम हकीमों का शिकार बन जाते हैं। कुछ थोड़े से अपवादों को छोड़ दिया जाए तो ज्यादातर प्राथमिक सेवा-केन्द्र आम लोगों को कोई असली या सुनिश्चित सेवा नहीं दे पाते। इसके कई कारण हैं—दवाइयों की अनियमित और सीमित सप्लाई, डॉक्टरों की कमी या नाममात्र का संवेदनहीन डॉक्टर स्टाफ, जो अपने कर्तव्य के प्रति उदासीन रहता है, प्रभावशाली स्थानीय लोगों द्वारा की जाने वाली दखलंदाजी और इन केन्द्रों के परिचालन में व्याप्त लाल फीताशाही। इन सब परिस्थितियों के बावजूद, इस बात की तारीफ की जानी चाहिए कि लोगों की मृत्यु-दर जो 1971 में 14.9 प्रतिशत थी, 1995 में घटकर 9 प्रतिशत रह गई।

स्वच्छता

किसी स्थान को रोधात्मक स्वास्थ्य-सेवा प्रदान करने के लिए उसकी नालियों, मोरियों

आदि का हमेशा साफ़ रहना ज़रूरी है। गंदा पानी, कूड़ा-कचरा, मल-मूत्र, फैक्टरियों का कचरा आदि पदार्थ एक स्थान पर नहीं रहने चाहिए, उनका फ़ौरन निपटारा होना, उस स्थान की सफ़ाई और प्रदूषणरहित के लिए बहुत ज़रूरी है। मुम्बई या दिल्ली की झुग्गियों व झोंपड़पट्टियों को देखकर पता चल जाता है कि इस बारे में फ़ौरन कुछ करना कितना ज़रूरी है। गाँवों में स्थिति यह है कि महिलाओं को कहीं-कहीं शौच के लिए अँधेरे का इन्तजार करना पड़ता है। इस कारण, वहाँ बहुत बीमारियाँ फैलती हैं।

इस पुस्तक के सह-लेखक वाई. एस. राजन मुम्बई स्थित विज्ञान और प्रौद्योगिकी संस्था द्वारा मल-मूत्र को विशेष प्रक्रिया द्वारा शुद्ध करने की एक वृहत् योजना और झुग्गियों व झोंपड़पट्टियों में शौचघरों के निर्माण से जुड़े हैं। करीब दस शौचघर एक केन्द्रीय खंबे के चारों ओर छोटे-छोटे मॉडयूल बनने वाले थे। इस 'प्लांट' के निर्माण के लिए उपयुक्त स्थान का चुनाव करने के लिए अनेक झोंपड़पट्टियों को उन्होंने देखा कि जिन स्थानों में उस समय बारिश नहीं हो रही थी, वहाँ भी गन्दे पानी, पेशाब और खुली टट्टियों का ढेर लगा हुआ था। वहाँ रहने वाले लोग बाहर बैठकर ही टट्टी-पेशाब करते थे, या अन्दर करने के बाद उसे उस ढेर में फेंक आते थे। ऐसी हालत में वहाँ रहने वालों के और उनके बच्चों के साफ़ और स्वस्थ रहने की आशा कैसे की जा सकती है ? और, इससे भी ज्यादा अहम और ग़ौर करने लायक बात यह थी कि उनके मन में अपने को, अपने परिवेश को और अपने हालात को बेहतर बनाने के लिए कोई उत्साह नहीं था। एक विचारणीय मुद्दा यह भी है कि झोंपड़पट्टियों में रहने वाले लोगों पर गरीबी की रेखा के नीचे रहने वाले कार्यक्रम लागू नहीं होते, कारण वे गाँवों में रहने वाले अपने पुराने सहयोगियों से बहुत अधिक कमा लेते थे, उनसे बेहतर कपड़े पहनते थे, बेहतर भोजन करते थे, लेकिन रहते भयावह परिवेश में ही थे। यह अकेली खास बात उनकी सारी 'प्रगति' के सब पहलुओं को व्यर्थ बना देती थी और यही स्थिति मुम्बई के अलावा अन्य महानगरों और नगरों में भी है। इन सब महानगरों और नगरों के सम्भ्रान्त व्यक्तियों का कहना है कि गन्दी बस्तियों में रहने वाले इन लोगों को वहाँ से हटाकर कहीं दूर रहने को भेज दिया जाए, या उनकी बस्तियों के चारों ओर ऊँची-ऊँची दीवारें खड़ी कर दी जाएँ, ताकि ये गन्दी बस्तियाँ उन जैसे सम्भ्रान्त लोगों को दिखाई न पड़ें।

पीने का पानी

हाल ही में घटी एक घटना ने यह साबित कर दिया है कि कैसे प्रौद्योगिकी पीने के पानी की समस्याओं का हल पाने में मददगार हो सकती है। डी आर डी ओ की अनेक प्रयोगशालों में से एक ने, जो जोधपुर में स्थित है, एक ऐसे इलैक्ट्रो हायडोलिसिस या विलवणीकरण-प्रक्रिया का विकास किया है, जो नमकीन व खारे पानी को पीने-योग्य पानी में बदल देती है। राजस्थान के अनेक ज़िलों का पानी खारा ही है। तमिलनाडु और गुजरात के ज़िलों में भी ऐसी ही स्थिति है। डी आर डी ओ द्वारा विकसित इस प्रौद्योगिकी को राजस्थान सरकार और उसके

ग्रामीण-विकास-विभाग ने बढ़ावा देने का आश्वासन दिया है। 20,000 और 40,000 लीटर पानी के दो प्लांट भी लगाए गए हैं, और उन्होंने अपना काम करना भी शुरू कर दिया है। 100 से अधिक गाँवों के लोगों को अब पीने लायक साफ़-शुद्ध पानी मिल रहा है। जब मैं एक प्लान्ट का उद्घाटन करने गया था, तब मैंने गाँव वालों को बहुत खुश पाया। इस घटना को देश के अनेक भागों में दोहराया जा सकता है।

सबके लिए स्वास्थ्य

रहने और काम करने के स्थानों का साफ़-सुथरा होना और उनमें उन्नत पर्यावरण-सम्बन्धी महत्त्वपूर्ण ज़रूरतों को पूरा करने में सक्षम होना बहुत ज़रूरी है। आने वाले वर्षों में हमें फैक्टरियों के अन्दर के तथा खुले स्थानों के जहाँ कामगार काम करते हैं, पर्यावरण का भी साफ़-सुथरा और स्वास्थ्यप्रद होने की ज़रूरत पर भी ज़ोर देना होगा। भले ही ये स्थान कोयले की खानें, खुली खानें और सड़कें ही क्यों न हों। ऐसे स्थानों को भी, जहाँ लोग बहुत ज्यादा आते-जाते रहते हों, साफ-सुथरा और जोखिम-रहित रखना भी उतना ही ज़रूरी है। असल में सारे सार्वजनिक स्थानों को स्वच्छ-सुरक्षित रखना हर राज्य सरकार का राष्ट्रीय मिशन हो जाना चाहिए। रहने और काम करने के स्थानों को सिर्फ सम्भ्रान्त व्यक्तियों के लिए ही नहीं, साधारण भारतीयों के लिए भी स्वच्छ-सुरक्षित रखना होगा। साधारण भारतीय को भी स्वास्थ्य दायक वातावरण और पर्यावरण में जीने, रहने और काम करने का पूरा अधिकार है। सवाल यह है कि इस योजना को कैसे कार्यान्वित किया जाए ?

यह सच है कि सार्वजनिक स्वास्थ्य-सेवाओं पर ज़बर्दस्त दबाव है। चिकित्सीय सेवाओं के व्यापारीकरण की बात भी अक्सर हवा में उछाली जाती रही है। यह विचार अपने आप में बुरा नहीं है, मगर व्यापारिक सेवा के बदले रोगी को उसके बदले में उसके बराबर होने योग्य बीमा या सामाजिक सुरक्षा संरक्षण प्राप्त हों, तो उसका लाभ उठाने व उपयोग करने के लिए बहुत से रोगी तैयार हो जाएँगे।

रोगियों को होने वाली इन सारी दिक्कतों के बावजूद, इस सेवा-कार्य के अँधेरे में अनेक प्रकाश पुंज भी दिखाई देते हैं। ऐसे अनेक उच्चस्तरीय और महँगे चिकित्सक भी हैं, जो अत्यधिक धनी लोगों की चिकित्सीय आवश्यकताओं को पूरा करने के अलावा, उनकी सनकों का भी खयाल रखते हैं, उनसे ऊँची फीस वसूल करके और फिर बहुत कम फीस लेकर गरीब रोगियों का भी उतना ही अच्छा इलाज करते हैं। इस पुस्तक के लेखकों ने ऐसी ही लोकोपकारक और लोकहितैषी सेवा करते हुए, हैदराबाद स्थित एल वी प्रसाद आई-इन्स्टीट्यूट के चिकित्सकों को देखा है। वहाँ अमीर रोगियों की सेवा नियत शुल्क लेकर की जाती है, लेकिन उन रोगियों की सेवा निःशुल्क की जाती है, जो शुल्क देने में असमर्थ होते हैं। इनमें से स्वतःप्रेरणा से स्वास्थ्य-सेवा में लगे अनेक सेवा-भावी डॉक्टर उत्तम और मानव-प्रेम से परिपूर्ण सेवा प्रदान करते हैं। अनेक ग़ैर-सरकारी संस्थाएँ भी इस क्षेत्र में अनुकरणीय कार्य कर रही हैं। यहाँ तक कि सरकार द्वारा चालित अनेक चिकित्सा-केन्द्रों में भी ऐसे डॉक्टर और उनके

सहायक मौजूदा चिकित्सा-प्रणाली को सेवान्मुखी बना देते हैं। इनके अलावा, 'होलिस्टिक' सिद्धान्त पर आधारित अपारम्परिक चिकित्सा विधियाँ भी देश में प्रचलित हैं। उनके चिकित्सक प्रशिक्षित विशेषज्ञ हैं, जो कम फीस में पूरी स्वास्थ्य-सेवा प्रदान करते हैं। इन सब किस्म-किस्म की स्वास्थ्य-सेवाओं के रहते हुए भी, हम यह नहीं मानते कि भारत 'सबके लिए स्वास्थ्य' की चुनौती को स्वीकार नहीं कर पाएगा। हम सारी स्वास्थ्य सेवा को और अधिक सौद्देश्यपूर्ण, कारगर और फलदायक बना सकते हैं। हम चिकित्सकों के सोचने और कार्य करने के ढंग में गहरा बदलाव ला सकते हैं, और उन्हें रोगियों की सच्ची सेवा करने के लिए प्रवृत्त कर सकते हैं। और, यह सब सम्भव है, बढ़ती आबादी और उन नानाविध चुनौतियों के बावजूद, जो गरीबी को हटाने और आर्थिक विकास की गम्भीर समस्याओं से जुड़ी हैं।

अपनी इस दृढ़ विचारशीलता और भावनाशीलता के साथ, हम रोगों और विकलांगताओं के प्रायोजित और प्रक्षेपित परिदृश्य से सम्बन्धित तथ्यों का वर्णन करने के बाद, बताएँगे कि कैसे उनसे जुड़ी समस्याओं का समाधान पाया जा सकता है।

परिकल्पना क्या हो ? : दो भारत

बहुत जल्दी हमारी आबादी सौ करोड़ हो जाएगी। इनमें से कुछ ऐसे करोड़पति भी होंगे, जिनकी जीवन-शैली विकसित देशों के करोड़पतियों से भी अधिक ठाठदार और शानोशौकत से भरी है। ये लोग भौतिक जगत की सुविधाओं का उपभोग तो करते ही हैं, आधुनिक प्रौद्योगिकियों द्वारा प्रदत्त सुविधाओं का भरपूर आनन्द भी लेते हैं। साथ ही, सस्ते श्रम द्वारा उत्पन्न लाभों का भी ये करोड़पति सौभाग्यशाली लोग पूरा उपभोग करते हैं। उनके अलावा देश में दो सौ, तीन सौ ऐसे मध्यमवर्गीय भी हैं, जिनकी जीवन शैली बहुमुखी है। ये लोग, अपने सीमित साधनों के बावजूद, विकसित देशों के धनी लोगों की जीवन-शैलियों का अनुकरण करते दिखाई देते हैं। उन्हें आधुनिक जीवन के दबावों के बीच रहना और काम करना पड़ता है, और इस कारण वे उन साधनों से महरूम भी रह जाते हैं। शेष भारतीय दिन रात अपने कामों में लगे रहते हैं, और इस वजह से उन्हें अपने स्वास्थ्य के बारे में कुछ करने या सोचने का समय ही नहीं मिलता। रोजमर्रा की ज़िन्दगी के तनावों में ग्रस्त करने से वे जो कुछ कमाते हैं, वह सारा उनके और उनके परिवार के सदस्यों के खाने-पीने तथा न्यूनतम ज़रूरतों पर ही खर्च हो जाता है। स्वास्थ्य-रक्षा के लिए उनके पास कुछ नहीं बचता। वह उनके लिए एक विलासिता से ज्यादा कुछ नहीं है।

टाईफैक द्वारा भारत के महामारी-विज्ञान के भावी परिदृश्य का जो सर्वेक्षण डॉक्टरों के अनुभवों द्वारा भी समर्थित था, किया गया, उससे पता चलता है कि भारत में आने वाले वर्षों में वे रोग तो फैलेंगे ही, जो विकासशील देशों में फैले हैं, और कुछ संक्रामक और प्रसरणशील हैं। वे रोग भी फैलेंगे, जो विकसित देशों में फैले हैं।

छूत के रोगों, मातृ व प्रसव सम्बन्धी तथा आहार व पोषण विषयक रोगों में सबसे अधिक प्रचलित है—टी. बी. जिसके बारे में माना जाता है कि इस सदी के

अन्त तक, उस पर सबसे अधिक ध्यान देने की ज़रूरत होगी। उसके बाद नम्बर आता है—एड्स, रोगाणुवाहक रोग तथा अतिसार (दस्त की बीमारी)। तत्पश्चात्, नम्बर आता है इन रोगों का—आहार और पोषण की कमी से उत्पन्न रोग, यकृत शोथ, प्रसव व गर्भ सम्बन्धी रोग, टीकों को लगाने से रोके जाने वाले रोग, श्वास-विषयक गम्भीर व संक्रामक रोग, प्रसवपूर्व होने वाली गड़बड़ियाँ, कोढ़ व यौन रोग।

विशेषज्ञों ने ऐसे संकेत भी दिए हैं कि नई विकसित होने वाली प्रौद्योगिकियों के लागू करने तथा व्यवहार में आने से 2020 तक इन रोगों के प्रचलन में कमी आने की आशा और सम्भावना है। 2010 तक भी 'विकासशील देशों में प्रचलित' रोगों के काफी मात्रा में कम हो जाने की आशा है, एड्स को छोड़कर, बशर्ते कि हम इस बारे में फ़ौरन सक्रिय हों।

अ-संसर्गी रोग, जैसे मूत्रावरोधी रोग, हृदय-रोग, पक्षाघात तथा महिलाओं के कैंसर-रोग कुछ समय तक चिन्ता का विषय बने रह सकते हैं, मगर 2020 तक उनके घटने का क्रम आरम्भ होगा। घटने के इस क्रम का सिलसिला महिलाओं के कैंसर में कमी आने के उदाहरणों में ख़ास तौर पर नज़र आएगा। यह हमारे जैसे देश के लिए, जहाँ महिलाओं का अनुपात उनके काफ़ी प्रतिकूल है, एक अच्छी खबर होगी। मगर, विशेषज्ञों की यह भयावह परिकल्पना भी है कि आने वाले वर्षों में आत्महत्याओं, हत्याओं, दुर्घटनाओं और मानसिक रोगों में वृद्धि होगी। इन्हें रोकने या कम करने के लिए फौरन सर्वोच्च स्तर पर कार्यवाही करने की आवश्यकता होगी।

जहाँ एक ओर भारत गरीबी और निम्न स्तर के जीवन को जीने के लिए अभिशप्त लोगों में होने वाले रोगों को समाप्त करने के लिए संघर्षरत होगा, वहाँ उसे दूसरी ओर उस शोचनीय स्थिति का भी सामना करना होगा, जो विकसित देशों में तनावपूर्ण आधुनिक जीवन जीने वाले लोगों में स्वाभाविक रूप से उत्पन्न हो जाती है। क्या भौतिक रूप से प्रगति-पथ पर अग्रसर होते हुए हम, ऐसी स्थिति में अपने को बदलती हुई परिस्थितियों के अनुकूल ढाल सकेंगे ? क्या हम उस तनाव को, जो विकसित देशों के लोग भुगत रहे हैं, अपने जीवन से दूर रखने में सफल हो सकेंगे, अपनी प्राचीन संस्कृति के सिद्धान्तों के अनुरूप सादा जीवन जीने की पुरानी परम्परा को पुनः अपनाकर, पुनः अपने सांस्कृतिक मूल्यों की ओर पुनः अभिमुख होकर ? और या, जैसा कि हर बात में दोषान्वेषण करने वाले लोगों का कहना कि सादे जीवन पर हमारे पुरखों का ज़ोर इस कारण रहा क्योंकि वह उनकी निर्धनता का प्रतीक था ?

नयी परिकल्पना के लिए उठाए जाने वाले तात्कालिक क़दम

एक बात निश्चित रूप से स्पष्ट है—और वह यह कि टी. बी., 'एड्स' और दस्त की बीमारी आदि का पूरा सफ़ाया करना हमारी प्राथमिकता होनी चाहिए। हमारी परिकल्पना के अनुसार, 2020 तक या उससे भी पहले, संक्रामक, आहार व पोषण की कमी से उत्पन्न होने वाले रोग समाप्त हो जाने चाहिए। इस सम्बन्ध में निर्धारित

कार्य-योजना का सरल और प्रभावी होना बहुत ज़रूरी है। आइए, इस सम्बन्ध में कुछ उदाहरणों पर एक नज़र डालें।

विशेषज्ञों का कहना है कि क्षय रोग के कारण मरने वाले लोगों के बारे में जो जानकारी हमारे पास है, वह बहुत ज्यादा संक्षिप्त है, इस तथ्य के बावजूद कि इस रोग के बारे में बहुत अधिक अध्ययन किए जा चुके हैं। उसके बारे में निर्भरणीय डेटाबेस को विकसित करने की आवश्यकता है।

इस रोग के इलाज के लिए आजकल 'पॉलीवेलेन्ट बी. सी. जी. के टीके का प्रयोग किया जाता है। लेकिन, इस टीक के साथ दिक्कत यह है कि उसकी कार्यक्षमता 'नॉन टुबरकुलिसिस मॉयक्रोबैक्टीरिया' के हस्तक्षेप से प्रभावित हो सकती है। किसी ऐसे टीके के विकसित किए जाने की बहुत आवश्यकता है, जो रोग को बढ़ने से रोक सके। कुछ ऐसी प्रतिकारी प्रौद्योगिकियों का पता लगाया गया है, जो क्षय रोग को दूर करने के मामले में कारगर साबित हो सकती हैं, जैसे 'मोनोक्लोनल बी. एस. जी. टीका' और पहले से अधिक प्रभावशाली टीके, जिनके विशेष प्रतिरूपों के विकास की पहचान कर ली गई है। अनेक प्रतिकारी प्रौद्योगिकियों की पहचान भी की जा चुकी है। 'हाई-रिस्क' रोगियों की पहचान तथा 'कैमोप्रोफिलैक्सिस' के आधिकारिक सूत्रों की पहचान के लिए भी दिशा-निर्देश सुनिश्चित किए जाने चाहिए। स्वास्थ्य-प्रशिक्षण से जुड़ी योजनाओं के निर्धारण से पूर्व, यह निश्चित कर लेना अनिवार्य है कि उनके लक्ष्य कौन-कौन से व्यक्ति या वर्ग हैं। अनेक सेवा-संस्थाएँ और युवा-दल प्राण-रक्षा के निमित्त सेवा-कार्य करने के लिए आगे आ सकते हैं। इस सेवाकार्य के संदेश का व्यापक प्रचार करने के लिए फिल्म और टेलीविजन से सहयोग लेने का प्रयास करना चाहिए। कार्पोरेट उद्योग जगत भी इस कार्यक्रम का प्रायोजक बन सकता है। 'जन-जागरण' की मुहिम के दौरान, सूरत नगर में हुए प्लेग के जैसे प्रकोपों का डर श्रोताओं और दर्शकों के सम्मुख रखा जा सकता है। सब भारतीयों तक यह सन्देश पहुँचना बहुत ज़रूरी है कि क्षय-रोग का प्रकोप गरीब लोगों तक ही सीमित नहीं है।

क्षय रोग का निदान रोग के विशिष्ट लक्षणों की पहचान के लिए छाती की 'स्क्रीनिंग' द्वारा किया जाता है। इसके लिए रोगी के थूक और बलगम के 'एसिड-फास्ट' जीवाणु की पहचान के लिए 'स्पूट्रम मायक्रॉसकॉपी' की जाती है। रोग के निदान की जाँच इस जाँच के लिए निर्धारित अस्पतालों व संस्थाओं द्वारा ही की जाती है। निदान करने वाले 'एन्डोस्कोपी' और 'ब्रॉकोग्राफी' उपकरण सिर्फ 'विशेष' अस्पतालों में उपलब्ध होते हैं। 'अल्पावधि कैमोग्राफी' के लिए प्रयुक्त की जाने वाली जिस दवा 'रिफामायसिन' का इस्तेमाल किया जाता है, उसका उत्पादन यूँ तो भारत में ही होता है, लेकिन वह काफ़ी महँगी है। क्षय-रोग के निदान व इलाज के लिए भविष्य में जिन प्रौद्योगिकीय उपकरणों, उपायों व प्रक्रियाओं की आवश्यकता होगी, वे हैं—क्षय रोग के निदान और इलाज के लिए 'एलिसा किट' के विकास में पूँजी लगाने और शोध व विकास की आवश्यकता है। रिफामायसिन के उत्पादन के लिए कम खर्च वाली प्रक्रिया का विकास 'मायक्रोबैक्ट्रीयल एन्टीजन का रोधक्षमीकरण', 'बौन्कोस्कोपी'

और 'प्रौन्कोग्राफी' के लिए पानी में घुल जाने वाले रंजकों का विकास भी ज़रूरी है।

इसी प्रकार, एड्स जैसी प्राणलेवा बीमारी पर सामने से हमला करने की ज़रूरत है। सौभाग्य से इस बीमारी के बारे में, क्षय रोग की अपेक्षा आम लोगों में ज़्यादा जागरूकता है। अभी तक, 'एच आई वी' के संक्रमण के खिलाफ़ किसी टीके की खोज नहीं हो पाई है, हालाँकि इस दिशा में नैदानिक परीक्षण किए जा चुके हैं। अभी तक, 'ए. जैड. टी.' नाम की अकेली दवा 'एच आई वी' के जवाब में उसे रोकने के प्रयोग में आ रही है। वह 'एन्ज़ाइम रिवर्स ट्रांसक्रिपटेज' को रोकता है, और इस प्रकार 'वायरल जिनोम' को भी। तो भी, अगले बारह से सोलह महीनों के बाद 'वायरल म्यूटेशन्स' दवा का प्रतिरोध करने लगते हैं। ऐसा तब होता है, जब 'ए ज़ैड टी' का इस्तेमाल दूसरी दवाओं के साथ कराया जाता है।

'एड्स' की महामारी तेज़ी से देश में बढ़ रही है। उसको आगे बढ़ने से रोकने के लिए भारत के पास जो विकल्प मौजूद है, वह यह है कि हम इसके लिए रोग-निरोधी उपाय अपनाएँ। इसके लिए हमें उन व्यक्तियों की पहचान करनी होगी, जो 'हाई रिस्क' रोगी हैं। ऐसा संदिग्ध व्यक्तियों की 'स्क्रीनिंग' करके, उनके रक्त की जाँच रक्त-आधान कराके तथा ज्यादा से ज्यादा लोगों को 'एड्स' के जानलेवा खतरों के बारे में अधिक से अधिक जानकारी प्रदान करके किया जा सकता है। अपनी पारम्परिक चिकित्सा-विधियों में इस रोग से बचने तथा रोग-ग्रस्त हो जाने पर अपनी प्राण-रक्षा के उपायों की जानकारी प्राप्त करके, समुचित शोध करना भारत के लोग जिस अन्य महारोग से एक तिहाई से ज्यादा मरते हैं, वह है—जठरांत्र-सम्बन्धी-गड़बड़ियाँ (गेस्ट्रो-एन्ट्राइटिस)। इस महारोग को समूल नष्ट किया जा सकता है, लोगों के लिए अच्छा,शुद्ध, पीने का पानी और उनके रहने और काम करने के स्थानों को साफ़-सुथरा और प्रदूषण-रहित बना कर। इन उपायों के अलावा, इस महारोग के हो जाने पर उसे दूर करने के लिए सरल, सुरक्षित और कम खर्च वाली निदान-विधि की खोज करनी होगी।

कम खर्चीले निदानात्मक उपकरणों व टीकों की खोज के साथ कई चुनौतियाँ जुड़ी हैं। पहली चुनौती बहुत सीधी सादी है। वह है बौद्धिक-सम्पत्ति-सुरक्षाएँ (इन्टेलेक्युअल प्रापर्टी राइट्स—आई. पी. आर.)। यदि किसी व्यक्ति या कम्पनी ने पहले से ही किसी नई दवा की ईजाद करने के बाद, उसे भारत में पेटेंट भी कर लिया है, तब उस दवा का प्रयोग करने से पहले, उसकी पूर्वानुमति लेनी होगी। वह पार्टी ऐसी अनुमति देने से पूर्व प्रयोगकर्ता से रायल्टी के रूप में भारी रक़म की माँग कर सकती है। इससे हमारा दवा की लागत का सारा गणित गड़बड़ा जाएगा। या, हमें इस पेटेन्ट की शर्तों के बाहर जाकर किसी नई दवा की शोध करनी होगी। मगर, ऐसा करना आसान न होगा, कारण शोध करने और विभिन्न नियामक परीक्षणों की प्रक्रिया से गुज़र कर, उसे पेटेंट के योग्य होना पड़ेगा, जो एक लम्बी प्रक्रिया है।

इसके अलावा, अप्रत्याशित चुनौतियाँ भी उत्पन्न हो सकती हैं। जब कोई छोटी कम्पनी किसी महत्त्वपूर्ण टीके की ईजाद करके उसका उत्पादन करना आरम्भ करती

है, तब दूसरे टीके बेचने वाली बड़ी कम्पनी अवांछनीय तरीके अपनाकर, छोटी कम्पनी को बाज़ार में ज़मने से रोकने का प्रयत्न कर सकती है। तो ईमानदार कम्पनियाँ, जो सस्ते टीके और दवाइयाँ बाजार में बेचना चाहेंगी, उन्हें इस तरह के गै़रकानूनी और अनैतिक प्रतिस्पर्धात्मक तौर-तरीकों से जूझना पड़ेगा।

और, इस बात से हमें एक अन्य महत्त्वपूर्ण बात की याद आ गई। बहुत से टीकों को उन्हें जल्द से जल्द उपभोक्ताओं के पास भेजना पड़ता है, और उनके सुरक्षित भंडारण की व्यवस्था भी करनी पड़ती है। यदि ऐसी व्यवस्था न की गई तो टीका अपनी शक्ति या प्रभाविकता को खो सकता है। इसलिए, उसे ख़ासतौर पर बहुत निम्न तापमानों पर रखना पड़ता है। इसलिए दूध या फलों के समान, टीकों को भी अच्छी रैफ्रीजरेशन-व्यवस्था या शीतन-व्यवस्था में रखना पड़ता है, ताकि वे गाँवों तक उस हालत में पहुँच सकें, जिसमें उन्हें होना चाहिए था।

इन सब बातों के अलावा, हमें यह भी सुनिश्चित करना होगा कि जिन टीकों को भंडारण के लिए पूर्व-निर्धारित उचित तापमान पर विभिन्न व्यक्तियों के माध्यम से फैक्टरी से भेजा गया था, वास्तव में निर्माण के काल से उपभोक्ता द्वारा प्राप्त होने के काल तक सचमुच उचित तापमानों पर रखा गया था या नहीं। यहाँ भी प्रौद्योगिकियाँ सही नियंत्रण के लिए हमारी सहायक हो सकती हैं। इन प्रौद्योगिकियों में ऐसी व्यवस्था मौजूद रहती है, जो इस बात को सुनिश्चित करती रहती है। पूर्व-निर्धारित तापमान पर लगे कई पेंट अपना रंग बदल सकते हैं। इस रंग की एक 'स्ट्रिप' दवा या टीके के कवर पर लगा देनी चाहिए। जैसे ही कोई सही तापमान की व्यवस्था में गड़बड़ी करेगा, फौरन पेंट का रंग बदल जाएगा।

सौभाग्य से भारत में ऐसे वर्ग हैं, जो टीकों और अ-परिवर्तनीय थर्मल संवेदनशील पेंटों पर काम करते हैं। लेकिन जहाँ तक स्थायी और निर्भरणीय बिजली की सप्लाई की बात है, ग्रामीण क्षेत्रों और कस्बों आदि में भी वही तापमान क़ायम रहेगा, इस बारे में मन में सन्देह बना रहता है।

निर्भरणीय रैफ्रीजरेशन प्रणाली की विश्वसनीयता बिजली की सप्लाई पर निर्भर करती है। अधिकांश मशीनों को चलाने के लिए भी बिजली की ज़रूरत होती है। सारा इलैक्ट्रानिक उद्योग इस पर निर्भर है हालाँकि वर्तमान प्रणालियाँ अधिकाधिक प्रदर्शन के लिए कम से कम बिजली की खपत करती हैं। अब वह समय आ गया है, जब हम राष्ट्र के रूप में उद्योग के लिए बिजली के महत्त्व को जानें-समझें। ऊर्जा क्षेत्र में आजकल जो संकट चल रहा है, उसे अधिक समय तक नहीं चलने देना चाहिए। एक विकसित देश बनने की अपनी यात्रा के दौरान, हमें अपनी बिजली के द्वारा किए जाने वाले कार्यों में भारी परिवर्तन लाना होगा। बिजली सिर्फ कृषि और उद्योग-क्षेत्र के लिए ही आवश्यक नहीं है, अन्य क्षेत्रों के लिए भी है। इससे अंतःसम्बन्ध के महत्त्व का पता लगता है। पिछले कुछ दशकों में अनेक सरकारी विभागों, एजेन्सियों और विविध व्यक्तियों ने स्वतंत्र रूप में कार्य करना आरम्भ कर दिया है। मगर आत्मनिर्भरता की धारणा सारे देश के निवासियों के लिए होनी चाहिए, कुछ विभागों, एजेंसियों या व्यक्तियों के लिए नहीं। लेकिन, भारत में कुछ एजेन्सियाँ

उन क्षेत्रों से, जो उनके लिए आवंटित किए गए हैं, पर नहीं देख सकतीं। किसी को टीके की खरीद का काम दे दिया जाता है, किसी को उसके विकास का, और तीसरे को उसके बाँटने का। बाँटने वाला बाँटने का काम शुरू कर देता है, बिना यह जाने-समझे कि वह जो कुछ बाँट रहा है, उसकी ख़ासियत क्या है ? और इनमें से हरेक को सरकारी कागज़ों को भरने का काम भी करना पड़ता है, और अपने इस कागज़ी काम की आड़ में वे सब अपनी-अपनी हिफ़ाज़त करते रहते हैं। किसी भी विभाग का कोई भी प्रतिनिधि गर्व से घोषणा कर सकता है, "मैंने अपना काम पूरा कर लिया।" ऐसी कार्य-व्यवस्था में वह कार्यकर्ता बड़ी उलझन में पड़ जाता है, जो अपनी स्वतःप्रेरणा के अनुसार कार्य करता है। सामंजस्य उत्पन्न करने के बहाने बहुत से अप्रासंगिक सवाल उठाए जाते हैं और उनके बारे में कोई निर्णय लेने में महीनों लग जाते हैं। हमने कई ईमानदार व्यक्तियों को यह कहते सुना है कि उन्होंने विस्तृत प्रस्ताव, उनके विशिष्ट अंतःसम्बन्धों को सम्बन्धित विभागों को दिल्ली या राज्य सरकार की राजधानी के पते पर भेजे। अनेक ऐसे सवालों में जहाँ प्रस्ताव सम्बन्धित राज्य सरकार को ही भेजे गए थे, दिल्ली भी उस बारे में अपनी राय देने लगती है। प्रस्तावों को अन्तिम स्वीकृति प्राप्त होने में तीन से छह वर्ष तक का समय लग जाता है, और अक्सर जब तक स्वीकृति प्राप्त होती है, प्रस्ताव का मुद्दा या विषय पूरी तरह या आंशिक रूप से पुराना या अप्रचलित हो गया होता है।

यदि हम भारत को एक विकसित देश के रूप में देखना चाहते हैं, तो हमें अक्रियता की इस दयनीय स्थिति से उबरना होगा। यदि इसके लिए कानूनों और कार्यप्रणाली को बदलना भी पड़े, तो उन्हें भी बदल डालना चाहिए। सौभाग्य से, मानव-विकास के वर्तमान युग में जिस गति से नई प्रौद्योगिकियाँ नए समाधानों को प्रदान करती जा रही हैं, और अवसरों के नए नए द्वार खुलते जा रहे हैं, वह अपूर्व है। हम गँवाए हुए अवसरों और खोए हुए समय की क्षतिपूर्ति भी कर सकते हैं, मगर उसके लिए हमें तेज़ी से नए-नए सबक सीखने होंगे। ये अवसर, जो हमारे चारों ओर मौजूद हैं, हमारा इन्तज़ार नहीं करेंगे, दूसरे उन्हें हथियाते जा रहे हैं। उन अवसरों से लाभ उठाने के लिए संकुचित दृष्टि से उन्हें देखने से काम नहीं चलेगा, हमें उनके बारे में समग्रतावादी और अन्तःप्रज्ञात्मक दृष्टिकोण अपनाना होगा। और, सर्वोपरि हमें जल्दी से सब कुछ सीखना होगा, और इस सम्बन्ध में उन लोगों को माफ़ करना होगा, जिनसे अपनी परिकल्पनाओं को ईमानदारी से साकार करने के मामले में चूक हो गई थी। हर उद्यमी गलती ज़रूर करता है। लेखक-द्वय इस सम्बन्ध में अपने उस अनुभव के बारे में बता सकता है, जो उन्हें तीन मिशनोन्मुखी संस्थाओं—परमाण्वीय ऊर्जा विभाग, भारतीय अन्तरिक्ष अनुसंधान संस्थान और सुरक्षा शोध व विकास संस्था—के संपर्क के दौरा हुए। इन तीनों संस्थाओं का प्रबंधन योजनोन्मुखी होने के अलावा समय-प्रतिबंधित भी है और उच्च प्रौद्योगिकी में अपनी उपलब्धियों के लिए ये उतने ही विख्यात हैं, जितने अपनी सामाजिक प्रयोज्यताओं के बारे में। सुरक्षा विभाग के लेसरों का उपयोग मोतियाबिंद या ग्लूकोमा की शल्य चिकित्सा में किया जा सकता है। परमाण्वीय ऊर्जा का उपयोग, उदाहरणार्थ, मूँगफली

के बीजों के विकिरण द्वारा उनकी उत्पादकता में वृद्धि करने के लिए हो सकता है। और, अन्तरिक्ष शोध संस्थान के उपयोग से मानसून की तिथियों की अचूक भविष्यवाणी की जा सकती है। इन तीनों विभागों की असाधारण विशेषता यह है कि उनके वैज्ञानिक कभी निर्णय लेने में नहीं डरते, और न ही वे असफलताओं से डरते हैं। और उनकी शानदार सफलताएँ इस बात की द्योतक हैं। उनकी इन सफलताओं का श्रेय जाता है—डॉक्टर होमी भाभा, प्रोफेसर विक्रम साराभाई, प्रोफेसर सतीश धवन और डॉक्टर नाग चौधरी जैसे कल्पनाशील दिग्गजों को।

उदाहरणार्थ, 'सैटेलाइट रिमोट सेंसिंग' द्वारा प्रस्तुत एक माध्यम द्वारा उन क्षेत्रों का मापन किया जा सकता है, जहाँ मच्छर अंडे देते हैं, और ऐसे क्षेत्र भी, जहाँ से रोग फैल सकते हैं। कुछ सीमित क्षेत्रों में जो प्रयोग किए गए हैं, वे सफल सिद्ध हुए हैं। हमारे पास ऐसे 'रिमोट सेंसिंग सैटेलाइट' हैं, जिनकी डेटा-सामग्री को दुनिया भर के देशों को बेचकर विदेशी-मुद्रा का अर्जन किया जा रहा है। हमारे पास 'रिमोट सेंसिंग' का उचित उपयोग करने वाले अनेक विशेषज्ञ मौजूद हैं। अनेक उद्यमी वैज्ञानिकों और शिल्प विज्ञानियों ने अपनी छोटी-छोटी कम्पनियाँ भी खोल ली हैं। वे अपनी सेवाएँ देशी ग्राहकों के अलावा विदेशियों को भी प्रदान करते हैं। क्यों नहीं हम उनकी सेवाओं का लाभ उठा सकते, खास तौर पर रोगों का सामना करने वाली विधियों के विकास द्वारा ? हमें इस बात का अहसास है कि 'सैटेलाइट मैपिंग' अकेली सब समस्याओं का हल नहीं निकाल सकेगी, मगर वह व्यापक जाँच-कार्य आरम्भ करके हमें 'मायक्रोप्लांट्स' को विकसित करने में हमारी सहायता कर सकती है। इसी प्रकार, रोगों के विरुद्ध हमें जो बड़ा अभियान छेड़ना है, उसमें हम अन्य साधनों व स्रोतों का सहारा भी ले सकते हैं। यदि आवश्यक शोध की जाए तो रोग-वाहकों की पहचान करने, तथा उन्हें नष्ट करने की हमारी मुहिम में आदिवासी या गाँवों के बुजुर्ग लोग हमें अपने अनुभवों के आधार पर इन रोग-वाहकों पर नियंत्रण पाने की आजमूदा विधियों के बारे में बता सकते हैं। उन विधियों और तरीकों का अध्ययन करके इन सूक्ष्म रोग-वाहकों पर नियंत्रण के सरल और अनुभूत उपाय निकाले जा सकेंगे।

डी आर डी ओ को उत्तर-पूर्वी राज्य असम में एक दिलचस्प अनुभव हुआ। वहाँ इस विभाग की एक प्रयोगशाला है, जो मलेरिया को रोकने और उसका इलाज करने की विधियों का शोध कर रही है। यह एक छोटी प्रयोगशाला है, जिसमें 50 से भी कम लोग काम करते हैं। इसका उद्देश्य हमारे जवानों को स्वस्थ रखने का है। इस प्रयोगशाला ने स्वास्थ्य-रक्षा के क्षेत्र में एक अनूठा काम किया है। उसने वहाँ के मलेरिया-वाहक कीटाणुओं की विशेषताओं को जान-समझ कर, उन्हें मारने के लिए जो नायाब तरीका खोज निकाला है, वह उनके अपने डॉक्टरी ज्ञान और स्थानीय लोगों के निजी अनुभवों पर आधारित है। इन लोगों से इन अनुभवों को पाने के बदले प्रयोगशाला के लोग गाँव के लोगों को मलेरिया से मुक्त रहने में सहायता करते हैं।

अ-सक्रांमक रोग

आइए, अब अ-संक्रामक रोगों की चर्चा करें। इन रोगों को प्रायः 'विकसित देशों के रोग' या उत्तर-संक्रामी रोग कहा जाता है। चूँकि ये रोग इन देशों के लिए अत्यन्त महत्त्वपूर्ण हैं, इसलिए उनके बारे में विपुल साहित्य और डेटाबेस उपलब्ध हैं, उनके इलाज के बारे में भी।

नगरीकरण और बदली हुई जीवन शैली, सामाजिक-आर्थिक विकास के द्योतक हैं, और कुछ लोगों के लिए हृदरोगों और उनसे सम्बन्धित रोगों का कारण बन जाते हैं, या उन पर इन रोगों से ग्रस्त होने का ख़तरा बना रहता है। हृदरोगों के बारे में, माना जाता है कि वे आगामी कई वर्षों तक सबका ध्यान खींचते रहेंगे। सी बी डी के संक्षिप्त नाम से जाने जाने वाले इन 'कार्डियो वैसक्यूलर डिजीज़ेज अ-संक्रामक रोगों को एक नया साथी गठिया का रोग, जो मूलतः गरीबों का रोग है—भी मिल गया है। और, इन दोनों के साथ हृदधमनी-रोग (कॉरोनरी हार्ट डिसीज़) तथा अतिरिक्त-दाव (हाइपर-टैन्शन) जैसे रोग भी शामिल हैं। भारत में प्रति वर्ष 24 लाख मौतें हृदय-रोगों से ही होती हैं। छोटे पैमाने पर कुछ समुदायों पर किए गए अध्ययनों से पता चलता है कि वयस्कों में हृद-रोग 2 से 6 प्रतिशत ग्रामीण क्षेत्रों में और 6 से 10 प्रतिशत तक चारों और महानगरों में होता है। विश्व बैंक के आँकड़ों के अनुसार 1985-2015 काल में हृदरोगों से मरने वाले लोगों की मृत्यु-दर आज से दुगुनी होगी (तालिका 10.1)।

विदेशों में रहने वाले जिन भारतीयों पर यह अध्ययन किया गया, उसके अनुसार भारत में जन्मे विदेशी भारतीयों का हृदरोगों से मरने वालों की मृत्यु-दर अत्यधिक है। ये अध्ययन अनेक देशों में किए गए थे और जिन विदेशी माने जाने वाले भारतीयों पर ये किए गए थे, उनमें से अधिकांश उन भारतीयों के वंशज थे, जिनके पूर्वज भारत से दक्षिण एशिया के देशों में जाकर बस गए थे। इन आँकड़ों से प्रतीत होता है कि महामारीविदों के अनुसार, भारतीयों में इस महामारी के प्रति ग्रहणशीलता औरों से अधिक है। जब किसी समुदाय के लोगों की हैसियत एक गरीब व्यक्ति से समृद्ध व्यक्ति की हो जाती है, तो आनुवंशिक, पर्यावरणीय और सम्भवतः आहार-विषयक तत्त्व अपना करिश्मा दिखाने लगते हैं। और, एक समुदाय-विशेष के लोग किसी रोग-विशेष द्वारा आक्रमण-योग्य बन जाते हैं। वहाँ यह करिश्मा भारत-मूल के भारतीयों के साथ हुआ लगता है। इस उदाहरण से विशेषज्ञों को विश्वास हो गया है कि भारत में आने वाले वर्षों में समृद्धि से जन्मी इस महामारी का प्रकोप अधिकाधिक मात्रा में दिखाई देगा।

क्रान्तिक रूप से हमारे लिए यह महत्त्वपूर्ण है कि हम हृदरोगों के निदान के लिए अपेक्षाकृत कम महँगी निदानात्मक सहायक विधियाँ ढूँढ़ें। इन सहायक निदानात्मक विधियों में ई सी जी (एलैक्ट्रोकार्डियोग्राम) स्ट्रैस 'ई सी जी' 'न्यूक्लीयर कार्डियोलॉजी' और 'कॉरोनरी एंगियोग्राफ़ी' का समावेश होना चाहिए। चक्रीय धमनियों की 'मैग्नेटिक कॉरोनरी एंगियोग्राफी' जैसे विधियों का परीक्षण चल रहा है। भारत

तालिका 10-1

अनुमानित और प्रक्षेपित मृत्यु-दर (प्रति लाख) लिंग भेद के अनुसार और भारत में मृत्यु के प्रमुख कारण

कारण	वर्ष					
	1985		2000		2015	
	नर	नारी	नर	नारी	नर	नारी
सब कारण	1158	1165	879	790	846	745
संक्रामक रोग	478	476	215	239	152	175
अतिरिक्त ऊतक वृद्धि	43	51	88	74	108	91
परिसंचारी	145	126	253	204	295	239
गर्भावस्था	–	22	–	12	–	10
प्रसवपूर्ण	168	132	60	48	40	30
चोट	85	65	82	28	84	29
अन्य	239	293	280	285	187	171

स्रोत : विश्व बैंक हैल्थ सेक्टोरल प्रायोरिटीज़ रिव्यू

में 'ई सी जी' रिकार्डर और साधारण तनाव की जाँच के उपकरण बनने लगे हैं और आसानी से मिल जाते हैं। मगर यदि हमें नैदानिक सुविधाओं का विस्तार करना है, प्राथमिक सावधानी (ई सी जी) और द्वितीय सावधानी (स्ट्रैस-ई सी जी) वाले स्तरों पर इस महामारी की परिचर्चा के लिए हमें इन उपकरणों का निर्माण और अधिक मात्रा में करना होगा। और प्रति यूनिट लागत मूल्य को भी कम करना होगा। कारोनरी हार्ट डिसीज़ की चिकित्सीय-ध्रौषधियों में 'एंटीएंगीनल दवाएँ (नाइट्रेट, कैलशियम चैनल और बेटा ब्लॉक्र्स), 'एंटी थ्रौमबोटिक एजेन्ट्स' (एस्प्रीन, हेपारिन आदि), 'ए सी ई-इनहिबिटर्स', 'प्रौम्बोलाइटिक एजेन्ट' (स्ट्रैप्टोकिनासे, यूरोकिनासे, आदि) और 'एंटीऑक्सीडैन्ट्स। अभी तक प्रारम्भिक स्वास्थ्य-केन्द्रों के पास इमरजैन्सी में डॉक्टरी देखभाल करने की कोई व्यवस्था नहीं है। चिकित्सा-नयाचारों का सी एच डी और आवश्यक सहायकों का प्राथमिक स्तरों पर प्रशिक्षण, आदि मुद्दों को सर्वोच्चता प्रदान कर, उनका विकास-कार्य तुरन्त आरम्भ कर देना चाहिए। हमें याद रखना होगा कि सी एच डी या सी वी डी सिर्फ लाखों सम्पन्न व्यक्तियों के वर्ग की ही समस्या नहीं है, हालाँकि यह सच है कि इस वर्ग के लोग ही भारत में इस महारोग का इलाज कराने की हैसियत रखते हैं और समय-समय पर अपना चैकअप करवाने के लिए ब्रिटेन और अमरीका जा सकते हैं। यह सोचकर दुख होता है कि इस वर्ग के लोगों की आस्था सिर्फ विदेशी डॉक्टरों में ही है, इस असलियत के बावजूद कि भारत में भी न सिर्फ विदेशों के अनुभवी विशेषज्ञ डॉक्टर मौजूद हैं, बल्कि वे सब आयातित उपकरण भी, जिनका इस्तेमाल विदेशी डॉक्टर करते हैं। वे अपनी शल्य-क्रिया विश्व-स्तर की सुविधाओं के साथ करते हैं।

आने वाले दिनों में सी बी डी या सी एच डी एक साधारण रोग की शक्ल अख्तियार कर लेगा और उसके रोगियों में सम्पन्न और उच्च मध्यम वर्ग के लोगों के अलावा, ग्रामीण लोग भी होंगे। इसलिए यह रोग अब अत्यन्त धनी लोगों का ही रोग नहीं रह गया है, वह उन सामान्य भारतीयों को भी लग सकता है, जो अन्य रोगों जैसे गम्भीर जानलेवा संक्रामक रोगों या पोषण की गड़बड़ियों से उत्पन्न जानलेवा रोगों से ग्रस्त होने के बाद मौत से बाल-बाल बचे हैं। 'कलाम-राजू मूल्यांकन-विधि', जिससे धमनियों की घनिष्ठता को रोका जाता था, एक ऐसा प्रयास था, जिसका लक्ष्य सामान्य भारतीय की इस रोग से जुड़ी आवश्यकताओं में से एक की पूर्ति कम महँगी विधियों द्वारा कर सकना था। हमें इस प्रकार की अन्य सहायक विधियों की आवश्यकता है। और चूँकि देश के प्राइमरी स्वास्थ्य-केन्द्र अधूरी संचार-व्यवस्था के कारण समय पर इस रोग से पीड़ित रोगियों से सम्पर्क नहीं कर पाते, इसलिए अपनी संचार-व्यवस्था को भी और अधिक आधुनिक बनाना होगा, ताकि विशेषज्ञ दूर से ही रोगियों को आवश्यक हिदायतें दे सकें। नैदानिक उपकरण ई सी जी या अन्य के अधिकांश पाठ्यांक ऐसे विद्युत संकेत होते हैं जो विशेषज्ञों को आधुनिक डिजिटल प्रौद्योगिकी द्वारा बड़े संक्षिप्त रूप में प्रेषित किए जाते हैं। विशेषज्ञों की राय और सलाह प्राइमरी स्वास्थ्य केन्द्र को प्रेषित कर दी जाती है। हमें ज्ञात हुआ है कि नगरों के कई महँगे नर्सिंग होम लागत-मूल्य पर, ऐसी राय और सलाह एक

सामाजिक सेवा के रूप में प्राइमरी स्वास्थ्य-केन्द्रों को प्रेषित करने के लिए तैयार हैं। हमें ऐसी अनेक विधियों और तरीकों को ज़रूरतमंद लोगों से शीघ्रातिशीघ्र सम्पर्क करने के लिए अपनाना चाहिए। इसके अलावा विशेषज्ञों को सन्तुलित आहार, भोजन, व्यायाम (योगासनों सहित) सम्बन्धी अपने सुझावों का प्रचार विभिन्न प्रचार-माध्यमों द्वारा प्रसारित करते रहना चाहिए।

एक अन्य सी बी डी रोग जो आजकल भारत में तेज़ी से फैलता जा रहा है, और जो गरीबी, बीमारियों के प्रति लापरवाही आदि के कारण कम उम्र में भी हो जाता है—गठिया (जोड़ों का दर्द)। यह भी एक प्रकार का हृदय-रोग है। आर एच डी के संक्षिप्त नाम से जाने जाने वाले इस हृदय-रोग के लक्षण सामने आते ही उसका पूरा निदान करा लेना बहुत ज़रूरी है। और निदान के बाद उसका फ़ौरन इलाज होना भी ज़रूरी है। 'स्ट्रैप्टोकाक्कल फैरेन्जइटिस' नाम के इस रोग का प्रसार व्यापक है और 5-16 वर्ष के बच्चों को होने पर हमें विशेष ध्यान देना चाहिए। इसके टीके की खोज हो रही है, उसके चिकित्सीय परीक्षण अभी होने शेष हैं। इसके रोग रोधन के लिए किसी बहुसंयोजक 'नॉन-क्रॉस-रिएक्टिव', बहुत समय तक प्रभावी और कम-खर्चीला टीका आदर्श रहेगा, लेकिन उसकी सम्भाव्यता कम ही है। द्वितीय रोग रोधन, पेनीसिलीन के साथ काम करता है, उसकी प्रौद्योगिकी उपलब्ध है लेकिन उसके पालन में सुधार आवश्यक है। गठिया के बुखार में 'इम्यूनो-मॉड्यूलेटरी थेरेपी' की ज़रूरत होती है, लेकिन उसकी प्रभाविता के बारे में चिकित्सीय परीक्षण होने चाहिए। जहाँ 'बेलून-वाल्वोप्लास्टी' और शल्य क्रिया अधिकांश तीसरे क्रम में उपलब्ध हैं, वहाँ उपकरण और प्रयोज्य वस्तुएँ ज्यादातर आयातित ही होती हैं। देश में ही विकसित बाल्वों को प्रोत्साहित करना आवश्यक है, और देसी उपकरण और प्रयोज्य वस्तुओं के निर्माण की प्रौद्योगिकियों को भी विकसित करना आवश्यक है। इन सब मोर्चों पर भारत अपने सुनिश्चित लक्ष्य निर्धारित करने के बाद, और उत्तम संगठन और आयोजन के बाद, अपनी सब समस्याओं पर हावी हो सकता है।

एक अन्य अ-संक्रामक रोग, मधुमेह भी चिन्ता का विषय है। देश की आबादी का 5 से 10 प्रतिशत मधुमेह रोग से पीड़ित हैं। इसके रोधात्मक उपायों में है आनुवंशिकी दोषों पर नियंत्रण पाना, आहार व पोषण सम्बन्धी तथा जीवन-शैली में समुचित परिवर्तन के परामर्शों को प्राप्त कर, उनके अनुरूप परिवर्तन करना। रक्त में ग्लूकोज की मात्रा को जानने-पहचानने की युक्तियों और निदानात्मक उपकरण, औजार आदि भी इस रोग को काबू में रखने में काफ़ी मददगार हो सकते हैं। 2010 में इन्सुलिन की प्रक्षेपित आवश्यकता का अनुमान करीब 168 बिलियन यूनिट प्रतिवर्ष लगाया गया है। यह द्योतक है—उस विकसित हो रही देसी प्रौद्योगिकी का, जो कम लागत वाली और इन्सुलिन को नए-नए रूपों में पेश करने वाली होगी। प्रसंगवश, यहाँ यह बताना भी ज़रूरी है कि इन उपकरणों, दवाइयों और औजारों आदि का, चाहे वे मधुमेह के लिए हो, या सी बी डी या अन्य रोगों के लिए निर्यात भी किया जा सकता है। अकेली घरेलू खपत भी एक लाभदायक उद्यम हो सकता है।

कैंसर एक अन्य ऐसा क्षेत्र है, जिसके बारे में विशेष ध्यान दिए जाने की ज़रूरत

है। कैंसर के बारे में महत्त्वपूर्ण निर्णय लेने वालों की एक उच्च स्तरीय और अ-चिकित्सीय धारणा यह है कि कैंसर अमीर लोगों का रोग है, और वे उसका इलाज करवाने में समर्थ हैं। लेकिन तथ्य इसके विपरीत हैं। कैंसर एक अपह्रासी रोग है, जो पर्यावरण, रोगी उम्र और जीवनशैलियों से बहुत अधिक प्रभावित होता है। तालिका 10.2 में भारत में कैंसर की घटनाओं और उसके रोगियों की प्रक्षेपित संख्याओं को दिखाया गया है।

मौजूदा आँकड़ों के अनुसार, भारत में कैंसर की घटनाओं के विश्लेषण से पता चलता है कि स्त्री-पुरुष के उन अंगों के मद्देनज़र, जो कैंसर से प्रभावित होते हैं, और आबादी तथा लोगों की प्रवृत्तियों को भी ध्यान में रखते हुए, यह कहा जा सकता है कि तम्बाकू का प्रयोग 40 प्रतिशत पुरुष-रोगियों और 20 प्रतिशत महिलाओं के कैंसर के लिए सीधा जिम्मेवार है। इनमें से कैंसर के अधिकांश मामले प्रकाश में तब आते हैं, जब रोग बहुत पुराना हो गया होता है, और बहुत कम उसको प्रारम्भिक चरण में, जब उसका निदान और इलाज सम्भव था। और कैंसर के कारण होने वाली मौतों में लगातार वृद्धि का यही कारण है। दक्षिण भारत में आमाशय के कैंसर की घटनाएँ अपेक्षाकृत अधिक होती हैं, जबकि उत्तर भारत में पित्ताशय के कैंसर की घटनाएँ अधिक देखने-सुनने में आती है। कैंसर के हेतु विज्ञान और महामारी-विज्ञान के विवेचन से यह निष्कर्ष तो निकाला ही जा सकता है कि भारत में इस रोग का विस्तृत अध्ययन अत्यावश्यक है। कैंसर की आधारभूत सूचनाओं को एकत्रित करके ज्ञात हो सकता है कि देश के किस भाग में किस रूप का कैंसर पाया जाता है। बाद में उसके आधार पर देश के उन विभिन्न इलाकों के बारे में प्राप्त जानकारी के आधार पर, वहाँ के जोखिम वाले व्यक्तियों की पहचान की जा सकती है, और उन्हें कैंसर से होने वाले ख़तरों के प्रति सावधान किया जा सकता है, जागरूक किया जा सकता है, और उनके रोग की रोकथाम करने के उपायों के बारे में सोचा जा सकता है। प्रभावशाली निदान तथा रोग-निवारक सुविधाओं की देश भर के कैंसर रोगियों के लिए आवश्यकता है। मिसाल के तौर पर कैंसर की निदानात्मक सेवाओं के लिए एन्डोस्कोपों का प्रयोग आवश्यक है। वे सिर्फ विशिष्ट संस्थानों में उपलब्ध हैं। 'एन्डोस्कोप' के एक सेट का मूल्य आजकल 25 लाख रुपये है। हमारा विश्वास है कि इस मूल्य में कमी आ सकती है, आंशिक रूप से पैमानों की अर्थनीति के द्वारा, और आंशिक रूप से आवश्यक ज़रूरतों के अनुरूप डिजाइन के नवीकरण के द्वारा। अक्सर, इस कार्यक्रम की योजना बनाने वालों का दृष्टिकोण संकुचित होने के कारण, वे उपकरणों को सिर्फ़ बड़े शहरों के केन्द्रों को उपलब्ध कराने के अलावा, अन्य कुछ क्षेत्रों में भी उपलब्ध करा देते हैं, यह दिखाने के लिए देखो, हमने इन अन्य क्षेत्रों के लोगों का भी खयाल रखा है। इस संकुचित दृष्टिकोण में बदलाव आना ज़रूरी है।

इसी संकुचित दृष्टिकोण का नज़ारा हमें 'एक्सटर्नल रेडियो थैरेपी कोबाल्ट--60' यूनिटों के बंटवारे में भी दिखाई देता है। देश में इस उपकरण की सिर्फ 120 यूनिटें ही हैं, और वे भी समान रूप से वितरित नहीं हुई हैं। कैंसर के निरन्तर बढ़ते

तालिका 10.2

भारत में कैंसर की घटनाओं की प्रक्षेपित संख्या

कैंसर से प्रभावित अंग	वर्ष					
	2001		2011		2021	
	नर	नारी	नर	नारी	नर	नारी
मुख-छिद्र	44875	23670	59560	24515	75299	24261
ग्रसनी	41541	11073	56898	15175	73638	19669
ग्रासनली	39981	33496	56539	48099	74838	64418
कंठ	18836	1590	23785	1074	28898	346
फेफड़ा	47634	6963	67969	9138	90517	11459
मूत्राशय	11861	2998	16603	4167	21822	5456
तम्बाकू के प्रयोग से हुआ कैंसर	204728	79798	281354	102168	365012	125609
वक्षस्थल	—	99941	—	140603	—	185677
गर्भाशय	—	83283	—	82495	—	76963
लिम्फोना	25892	16053	35366	24428	45679	33958
श्वेतरक्तता (ल्यूकेमिया)	19013	14701	25902	21152	33392	28366
सब अंग	476308	448482	655787	574181	851904	705898

स्रोत : के. श्रीनिवासन्, डेमोग्राफिक एंड एपिडेमियोलॉजिकल ट्रांजिशन इन इंडिया, इंस्टीट्यूट आफ़ पाप्युलेशन साइन्सेज़, देवनार, मुम्बई

हुए प्रकोप को ध्यान में रखते हुए, हर दस लाख व्यक्तियों के लिए कम से कम एक यूनिट की ज़रूरत होगी। इसके अर्थ यह हुए कि फिलहाल 1000 यूनिटों की ज़रूरत होगी, मगर भविष्य में बढ़ती हुई आबादी के मद्देनज़र इस संख्या में आनुपातिक वृद्धि होती रहेगी। न्यूक्लीयर प्रौद्योगिकियों में हमारी ज़बर्दस्त समर्थताओं को देखते हुए तथा अन्य सहायक भारतीय उद्योगों की मदद से क्या इस मसले को डिजाइनों के नवीकरण से, या पुराने डिजाइनों में परिवर्तन और नवीनता लाकर, कम मूल्य के उपकरणों के निर्माण द्वारा हल नहीं किया जा सकता ? विशेषज्ञों के अनुसार, यह सम्भव है। इस काम को यदि एक मिशन मान लिया जाए, तो ऐसे कम मूल्य के उपकरणों कभी माँग भी ज़रूर उत्पन्न होगी।

यदि किसी न्यूक्लीयर शिल्प-विज्ञानी को कोई विदेशी उपकरण दिखाकर पूछा जाए कि क्या वह उसका निर्माण भारत में कर सकेगा, तो उसका उत्तर 'हाँ' में होगा। वह उस उपकरण का नवीकरण करके उसको एक नया डिजाइन तैयार करेगा और उसकी जो लागत-मूल्य बताएगा, वह संभवतः अधिक होगा। यह बड़ी अफसोसजनक बात होगी। मगर, यह एक कौतुक ही होगा, अगर उसी शिल्प-विज्ञानी को एक योजना के बारे में बताकर कहा जाए कि हमारी कल्पना इस योजना के अनुसार बने उत्पाद के माध्यम से सारे भारत में फैलना है, और आप डॉक्टरों, निर्माण-विशेषज्ञों, व्यापारियों तथा अन्यों के साथ बैठकर और उनसे विचार-विमर्श करके क्या ऐसी प्रौद्योगिकी की कल्पना कर सकेंगे, जो कम लागत से, बड़े पैमाने पर, और ज्यादा तेज़ी के साथ इस उपकरण का पुनर्निर्माण कर सके ? मगर, ऐसा सवाल कभी नहीं पूछा जाता। काफी समय से हमने अपने सोचने और काम करने का ऐसा घिसा-पिटा, रूखा और लोगों को निरुत्साहित कराने वाला तरीका अख्तियार कर रखा है, जिससे न कोई चुनौती पेश करता है, न उसे स्वीकार करता है। इस कारण खास तौर से हमारा युवा वर्ग न कोई व्यापक दृष्टि अपना पाता है, न कोई चुनौती स्वीकार करके, असम्भव को सम्भव करने का मनोबल जुटा पाता है।

हम चाहते हैं कि अगले पचास वर्ष भारत के लिए विस्तृत परिकल्पना करने वाले, अपने ऊपर विश्वास करने वाले हिम्मत भरी कामनाओं को पालने वाले अपने युवाओं को नए-नए मार्गों और परिस्थितियों का सृजन करके, उन्हें इन नए-नए मार्गों पर आगे बढ़ने के लिए प्रेरित करने वाले वर्ष सिद्ध हों। इस नए रूप में नवजीवन-प्राप्त विकसित भारत दूसरे देशों को भी आगे बढ़ने की प्रेरणा देगा। आइए, हम सब मिलकर, एक ऐसे नए भारत का निर्माण करें, जो सशक्त होगा, स्वस्थ होगा, समृद्ध होगा, चारों ओर अपने हँसते-खेलते मेहनत करते, कल्पनाएँ करते देशवासियों के चेहरों पर खेलती मुस्कानों को चारों ओर बिखेरता भारत होगा।

दृष्टि–सबके लिए

दृष्टि या देखने की शक्ति की बात शुरु करते हुए, यह सोचकर मन अवसाद से भर आता है कि दुनिया के एक-चौथाई अंधे या आंशिक रूप से अंधे लोग भारत में ही हैं। इनमें से करीब एक करोड़, बीस लाख पूरी तरह अंधे हैं, और करीब दो

करोड़ ऐसे जो कई प्रकार की असुविधाओं और कठिनाइयों की वजह से अच्छी तरह देख नहीं पाते।

कोयम्बतूर में स्थित के. जी. अस्पताल अनेक नेत्र-चिकित्सकों के सहयोग से एक धनी व्यक्ति अनेक गरीब व्यक्तियों को नेत्र-सुरक्षा प्रदान करता है। उसकी गाड़ियाँ आसपास के शहरों और गाँवों में जाती हैं, जहाँ उसके सहयोगी उन व्यक्तियों की तलाश करते हैं, जिन्हें नेत्र-चिकित्सा की आवश्यकता है। जब मैं रोगियों के बीच घूम रहा था, तब मैंने एक बुजुर्ग से तमिल में पूछा कि उसका नाम क्या है, और वह कहाँ से आया है। उसने कहा, "मैंने आपके बारे में सुना है, कलाम साहब ! मुझे आपके सामने खड़े होकर बड़ी खुशी हो रही है, मगर अफसोस यह है कि मैं आपको देख नहीं सकता।" मैंने उससे उसकी आयु पूछी। यह सुनकर उस बुजुर्ग की आँखों में आँसू आ गए। उसने कहा, "मुझे मालूम नहीं कि मेरी आयु क्या है, और मुझे अब उसकी परवाह भी नहीं है। मुझे अँधेरे में रहते हुए, इतने साल बीत चुके हैं मानो कई युग बीत गए हैं। मैं बता नहीं सकता कि अंधा होना कितनी बुरी बात है। खुद मेरे बच्चे मुझे 'कुरुदन' (अंधा आदमी) कहकर मेरा मज़ाक उड़ाते हैं।" फिर, अपनी आँखों पर बँधी पट्टियों की तरफ इशारा करते हुए उसने कहा, "ये पुण्यवान लोग मेरा कितना ख्याल करते लगते हैं। वे मुझे गाड़ी में बैठाकर यहाँ लाए, मेरी आँखों की जाँच की और बाद में मेरी आँखों का ऑपरेशन किया। एक बार मेरा चैकअप करते हुए जब उन्होंने मेरी आँखों की पट्टियाँ खोलीं, तब मैंने पाया कि मैं कुछ धुँधला-सा देख सकता हूँ। वे मुझसे कह रहे थे कि कुछ दिन बाद वे पट्टियाँ खोल देंगे, और मुझे चश्मा दे देंगे। भगवान इन लोगों का भला करे ! इन्होंने मुझे 'कुरुदन' होने से बचा लिया। ...कलाम साहब ! अब मुझे यक़ीन हो गया है कि मैं, जब तक ज़िन्दा रहूँगा, अपनी चश्मों वाली आँखों से आपको देख सकूँगा। ...अब भगवान में भी मेरा पक्का यक़ीन हो गया है, इन भले, अच्छे लोगों के कारण। मैं इन्हीं के ज़रिए भगवान के दर्शन कर रहा हूँ।"

बुजुर्ग को, ज़ाहिर है, मोतियाबिंद था। उसके बच्चों ने या तो शायद उसकी परवाह नहीं की, या वे उसका आपरेशन कराने की हालत में नहीं थे।

भारत में मोतियाबिंद का ऑपरेशन न करा पाने की वजह से जो लोग अंधे हो जाते हैं, उनमें से 80 प्रतिशत मोतियाबिंद की वजह से ही अंधे होते हैं। अंधत्व के अन्य कारण हैं—कार्निया (श्वेत मंडल) से जुड़े रोग, ग्लाकोमा मधुमेह और अन्य रोग जैसे बिट्रियल से उत्पन्न गड़बड़ियाँ। शल्य क्रिया के बाद, मोतियाबिंद के रोगियों की आँख में 'इन्ट्राऑक्यूलर लेंस' (आई ओ एल) का रोपण, इन रोगियों के दुबारा स्थायी दृष्टि दिलाने की एक आदर्श विधि है। 'आई. ओ. एल' के साथ 'एक्स्ट्राकैप्सूलर कैटेरेक्ट सर्जरी', जीवन की गुणवत्ता की दृष्टि से, और संभवतः 6/9 पॉवर तक की दृष्टि दे सकने में समर्थ और कम लागत वाली विधि होने के कारण सर्वाधिक गुणकारी विधि है। भारत में ज्यादातर 'इन्ट्राकैप्स्यूलर एक्स्ट्रैक्शन' विधि ही प्रचलित है। 'आई. ओ. एल' रोपण विधि भी धीरे-धीरे लोकप्रिय होती जा रही है। 1992 के दौरान भारत में मोतियाबिंद के जितने ऑपरेशन हुए, उनके सर्वेक्षण के अनुसार, उनमें से

42 प्रतिशत 'एक्स्ट्राकैप्स्यूलर' थे, और उनमें से आधे लोगों ने आई. ओ. एल का प्रयोग किया था। देश में आई. ओ. एल. की प्रक्षेपित माँग प्रति वर्ष 20 लाख के करीब होने की आशा है। इस बढ़ने वाली माँग को ध्यान में रखते हुए हमें बेहतर गुणवत्ता वाले 'इन्ट्राऑक्यूलर लेंस' के देसी उत्पादन का काम फ़ौरन हाथ में लेना होगा। मोतियाबिंद की शल्यक्रिया की एक नयी विधि पिछले दिनों अमरीका में विकसित की गयी है, जिसे 'फाकोमल्सीफिकेशन' कहा जाता है। अमरीका में 75 प्रतिशत से भी अधिक शल्यक्रियाएँ इसी विधि से की जाती हैं। इस विधि में शल्यक्रिया 3 एम एम के उच्छेदन द्वारा की जाती है, और लेंस को थोड़े बड़े–5.5 एम एम के–उच्छेदन द्वारा रोपा जाता है। एक दूसरे विकल्प के अनुसार, एक मोड़े हुए सिलिकॉन 'इन्ट्राऑक्यूलर लेंस' को 3.5 एम एम बड़े उच्छेदन के द्वारा रोप दिया जाता है। इस 'फाकोमल्सीफिकेशन' विधि को भारत में भी लाया जाना चाहिए। उसके अलावा, छोटी उच्छेदन प्रौद्योगिकियों, जैसे लेसरों और 'मेकेनिकल एंडोलेन्टीक्यूलर फ्रैगमेन्टेशन' के विकास की भी ज़रूरत है।

नेत्र-सुरक्षा के क्षेत्र में डी आर डी ओ ने भी अपना एक छोटा सा योगदान दिया है, 'दृष्टि' नामक 'आई लेसर उपस्कर' का विकास करके। डी आर डी ओ ने सोसाइटी फॉर बायोमैडिकल टैक्नालॉजी (एस वी एम टी) नामक एक संस्था की स्थापना भी की है, जिसका उद्देश्य ऐसी परिस्थितियों का निर्माण करना है, जिनके द्वारा कम लागत वाले और प्राणरक्षा करने वाले चिकित्सीय उत्पादों का उत्पादन विशुद्ध देसी विधियों द्वारा किया जाये, और कम मूल्य में साधारण जन को उपलब्ध कराया जाये। एस बी एम टी की मूल शक्ति है, उसकी अपनी बुनियादी प्रौद्योगिकियों से जन्मी विधियाँ। सोसाइटी वैज्ञानिकों, इंजीनियरों, डाक्टरों, समाज-सेवकों और प्रशासकों की संयुक्त मिशनरी-भावना को एक लक्ष्य-विशेष की प्राप्ति के लिए प्रेरित करती है। तीन वर्षों से भी कम की अवधि में डी आर डी ओ और एस बी एम टी ने औरों के सहयोग से एक ऐसे 'एक्सटर्नल कार्डियेक पेसमेकर' का विकास किया है, जिसका मूल्य आयातित पेसमेकर के मूल्य का एक तिहाई है। इसके अलावा इस गठबंधन ने एक ऐसी स्वचालित विधि का विकास भी किया है, जिसके द्वारा कैंसर के संभाव्य रोगियों के निदान के लिए उनका सामूहिक स्क्रीनिंग किया जा सकता है। छोटे शहरों और सामुदायिक स्वास्थ्य-केन्द्रों के लिए उसने एक कम लागत वाले 'कार्डियेक-स्ट्रैस-सिस्टम' का विकास किया है। इस महत्त्वपूर्ण 'स्क्रीनिंग' यंत्र से हृद-धमनियों के रोगों का निदान हो सकेगा। इन सब प्रणालियों की प्रौद्योगिकियों को उनके उत्पादन के लिए उद्योग को सौंप दिया गया है। 'दृष्टि' और 'कॉरोनरी केथेटर्स' की प्रयोगशालाओं की प्रणालियों के निदान प्रयासों को मान्यताएँ मिलने वाली हैं। पोलियोग्रस्त बच्चों के लिए डॉक्टर पी के सेठी ने जो 'जयपुर फुट' विकसित किया था, उसे और ज्यादा हल्का कर दिया गया है। उसको बनाने में एक प्रगत और संगठित पदार्थ का, जिसका प्रयोग प्रक्षेपास्त्रों की 'हीट-शील्ड' (ताप-ढाल) बनाने में होता है, प्रयोग किया जाने लगा। 'कारोनरी'-मूल्यांकन विधि का उत्पादन होने वाला है। इन सब योजनाओं के क्षेत्र को अधिक व्यापक बनाने की योजनाएँ भी

हैं। सुरक्षा विभाग की प्रौद्योगिकी का उपयोग, इन उत्पादों के उत्पादन के लिए किया जा रहा है—'हौलो-फाइवर-डायलाइजर', 'कॉरोनरी स्टेंट्स', 'ड्रग डिलीवरी इम्प्लान्ट्स' और 'मायक्रोप्रोसेसर' पर आधारित इन-कैनाल सुनने के यंत्र। यह मिशन विशाल है। इसके भागीदार हैं—चिकित्सीय संस्थान और उद्योग। हमारी कामना है कि सब मौजूदा प्रौद्योगिकीय शक्तियों और सब लोकहितैषी व्यक्ति इस मिशन को कामयाब बनाने की दिशा में इन संस्थानों के साथ एकजुट होंगे।

इस दिशा में और अधिक ठोस काम करने वाली संस्थाएँ और उद्योग भी देश में मौजूद हैं। भाभा परमाणु अनुसंधान केन्द्र का सरोकार सिर्फ न्यूक्लीयर विधियों और प्रणालियों से ही नहीं है, उसके पास अनेक चिकित्सीय प्रौद्योगिकियों की जानकारी और योग्यताएँ भी हैं। इंदौर स्थित 'सेन्टर फॉर एडवांस्ड टैक्नालॉजी' के पास लेसर के विश्व-स्तर के साधनों और उनके प्रयोगों की जानकारी मौजूद है। 'परिकल्पना 2020' के 'स्वास्थ्य-रक्षा-प्रौद्योगिकी' विभाग का नेतृत्व करने वाले डॉक्टर एम. एस. वलियाथन भारत के प्रमुख वैज्ञानिक और शिल्प-विज्ञानी हैं। लगभग तीन दशक पूर्व वे अपने प्रगत व उन्नत अध्ययन के बाद, भारत वापस लौटे थे, और थिरुवनंतपुरम् में 'श्री चित्र थिरुनाल स्वास्थ्य केंद्र की स्थापना की। इस केन्द्र को कार्य-स्थल बनाकर उन्होंने, अनेक विषम परिस्थितियों का सामना करते हुए अनेक जैव-चिकित्सीय उपायों को विकसित किया, जैसे हृदय-कपाट (हॉर्ट-वाल्व्ज़) का रक्त-थैला (ब्लड बैग्स) आदि को विकसित किया, जिसके कारण उनकी प्रचलित कीमतों में बहुत कमी आई। अब इनका भारत में व्यापारिक उत्पादन हो रहा है, और अनेक उत्पादों का उत्पादन सफल प्रौद्योगिकीय-निर्यात-संधियों के अन्तर्गत विदेशों में भी हो रहा है। इस केन्द्र ने अनेक अनूठी जैव-चिकित्सीय योग्यताओं का भी विकास किया है।

इसी प्रकार, 'परिकल्पना 2020' योजना की सह-सभानेत्री तथा प्रख्यात पौष्टिक-आहार विशेषज्ञ डॉक्टर महताब बाम जी को ग्रामीण क्षेत्रों का बहुत अनुभव है। रिटायर हो जाने के बाद वे अपना अधिक समय गाँवों में ही बिताती हैं, 'परिकल्पना' की प्रगति में पूरा सहयोग प्रदान करते हुए। हमारे देश में अत्यधिक योग्य चिकित्सीय वैज्ञानिक तथा इंजीनियर हैं। देश में गैर-सरकारी स्वास्थ्य योजनाओं से जुड़े अनेक कार्यकर्त्ता तथा युवक-युवतियाँ भी हैं, जिनके चुनौतीपूर्ण मानवीय मिशनों का इन्तज़ार है। मैसूर के डॉक्टर वी. सुंदरम् जैसे लोग भी हैं जिन्होंने आधुनिक ज्ञान और वैज्ञानिक कार्यविधियों को हमारे पुरखों के पारम्परिक तथा आज के बुजुर्गों के अनुभवों से प्राप्त ज्ञान का बड़ी खूबी से संयोजन किया है। अधिकांश विशेषज्ञ मानते हैं कि प्राचीन चिकित्सा-विधियों और औषधीय जड़ी-बूटियों का प्रयोग आने वाले वर्षों में महत्त्वपूर्ण भूमिका अदा करेगा, न सिर्फ भारत में वरन् विश्व के अन्य देशों में भी। यही कारण है कि अनेक विदेशी बहुराष्ट्रीय कंपनियाँ जड़ी-बूटियों के शोध व विकास में निवेश कर रही हैं। हमारे कई विशेषज्ञों का मानना है कि संस्कृत तथा भारतीय भाषाओं के सीमित प्रचलन के कारण, जड़ी-बूटियों के बारे में प्राप्त जानकारी का अधिक उपयोग और संदोहन नहीं हो पाया है। अपने इस प्राचीन ज्ञान और प्रचुर जैव-वैविध्य के आधार पर भारत जड़ी-बूटियों तथा अन्य प्राकृतिक साधनों और

चिकित्सीय-सेवा का विश्व में पर्याप्त प्रचार करके इस क्षेत्र में नेता की हैसियत प्राप्त कर सकता है।

माँओं तथा बच्चों का स्वास्थ्य

इस अध्याय के अंत में हम चर्चा करेंगे, स्वास्थ्य-रक्षा-प्रणाली के एक निर्णायक तत्त्व की। और वह है–माँओं और बच्चों का स्वास्थ्य। हमारी आबादी में बच्चों को जन्म देने के आयु-वर्ग, और 5 वर्ष से कम आयु के बच्चों का आयु वर्ग–ऐसे विशिष्ट वर्ग हैं जो इस निर्णायक तत्त्व के मुख्य अंग हैं। 1991 की जनगणना के अनुसार, आबादी के 56 प्रतिशत महिलाएँ व बच्चे इसी वर्ग के ही हैं। तालिका 10.3 में इस प्रक्षेपित आबादी के माँओं और बच्चों का प्रतिशत दर्शाया गया है। माँओं के स्वास्थ्य में अवनति के कारण क्रमानुसार हैं–रक्ताल्पता, गंभीर अपोषण और गर्भावस्था के दौरान हुई गड़बड़ियाँ। बच्चों के स्वास्थ्य के मामलों में उनके खराब होने के लिए क्रमानुसार जिम्मेवार हैं–दस्त की बीमारी, रक्ताल्पता, जन्मपूर्व की गड़बड़ियाँ और विटामिन ए की कमी। माँओं और बच्चों के स्वास्थ्य के सुधार के लिए इन उपायों को आजमाना पड़ेगा : प्रभावी प्रसवपूर्व स्वास्थ्य-रक्षा आहार में रोगरोधक लौह और 'फॉलिक एसिड' का समावेश, भोजन की सुरक्षा, साफ-सुथरे वातावरण में रहना, संपूर्ण रोधक्षमतात्मक प्रबंध, पीने के पानी की बेहतर व्यवस्था। इन सब उपायों से उत्तम कोटि की स्वास्थ्य-रक्षा प्राप्त होगी।

सच तो यह है कि माँओं और बच्चों की स्वास्थ्य-रक्षा के उपायों के लिए किन्हीं बिल्कुल नयी प्रौद्योगिकियों की मदद की ज़रूरत नहीं है। ज़रूरत इस बात की है कि उत्पादन में बड़े पैमाने पर वृद्धि हो, और वितरण-प्रणाली अधिक सक्षम हो। प्रगत और उन्नत किस्म के सेन्सरों की प्रौद्योगिकियों के विकास से रक्ताल्पता की निदान-विधि भी सरलतर हो गयी है। हमें माँओं और बच्चों के बारे में एक नयी परिकल्पना का सहारा लेना होगा। हमारा पूरा भविष्य ही उनके स्वस्थ रहने पर ही निर्भर करता है।

परिकल्पना

सब भारतीयों के लिए अच्छे स्वास्थ्य की हमारी परिकल्पना 2020 से पहले ही साकार हो सकती है। हमने इस बारे में कुछ उदाहरण प्रस्तुत करके इस बारे में चर्चा की। संख्याओं, आँकड़ों और तकनीकी आकलन और निवेशों की अहमियत से इंकार नहीं किया जा सकता, लेकिन हमारा विश्वास है कि हम सबके सोच में परिवर्तन आने पर चमत्कारिक परिवर्तन हो सकता है। हमारे समाज के अत्यन्त धनी और प्रभावशाली लोगों को यह अहसास हो जाना बहुत ज़रूरी है कि यदि नीचे तबके के लोग अस्वस्थ रहेंगे, तो यह स्थिति स्वयं उनकी भी समस्या बन सकती है। वे अपनी स्वास्थ्य-रक्षा की ख़ातिर अपने दिल की जाँच कराने या उसकी शल्य-क्रिया कराने के लिए अमरीका या ब्रिटेन या सकते हैं, लेकिन यदि भारत में संक्रामक रोगों में वृद्धि होती रहेगी, तो वे भी उसके खतरनाक परिणामों से बच नहीं पाएँगे। अपने हितों को सर्वोपरि

तालिका 10·3

माँओं और बच्चों की प्रक्षेपित आबादी – विभिन्न उम्रों में

वर्ष	बच्चे की आयु (0-4 वर्ष)		वयस्क महिलाओं की आयु (15 से 44 वर्ष)	
	संख्या (लाख में)	पूरी आबादी का प्रतिशत	संख्या (लाख में)	महिलाओं की पूरी आबादी का प्रतिशत
1991	1114	13·2	186 3	45.8
2001	1145	11·3	231 8	47·2
2011	1064	9·1	275 7	48·6
2021	1085	8·3	302 3	47·5

स्रोत—के. श्रीनिवासन्; 'डैमोग्राफिक एंड एपीमिमियोलॉजिकल ट्रांजिशन इन इंडिया
(पूर्वानुमान : 2011 तक एक का एन. आर. आर.)

मानने वाले प्रबुद्ध व्यवसायियों और व्यापारियों को इस बात का अहसास हो जाना चाहिए कि अस्वस्थ कामगार, आधुनिकतम उपकरणों की सहायता से भी संतोषजनक प्रदर्शन नहीं कर सकता। उच्च कोटि की उत्पादकता के लिए कामगारों को ऊँचे दर्जे की सेहत की ज़रूरत भी होती है। स्वास्थ्य सम्बन्धी विभागों की देखभाल करने वाले प्रशासकों को लोगों के स्वास्थ्य के बारे में सोचते हुए और कुछ करते हुए यह याद रखना चाहिए कि वे मुर्दा फाइलों का निपटारा नहीं कर रहे हैं, बल्कि जीते-जागते लोगों के दुख-दर्द से बाबस्ता हैं। इसी प्रकार, हर स्तर पर सक्रिय राजनीतिज्ञों को हर प्रकार की पीड़ा के निवारण को अपने कर्तव्यों में से एक मान लेना चाहिए।

इस अध्याय को समाप्त करने से पूर्व, मैं 21 मार्च, 1996 के उस भाषण के कुछ अंश प्रस्तुत करना चाहूँगा, जो मैंने तमिलनाडु में डॉक्टर एम जी आर मेडिकल यूनिवर्सिटी के दीक्षांत समारोह के अवसर पर मद्रास में दिया था। मैंने कहा था, ''मैं इस भाषण के अंत में उस महान और प्रेरक संदेश को याद करता हूँ, जो जेसुइट सेंट इग्नाशियस लोयोला ने सेंट पॉल को दिया था। सेंट पॉल ने उपदेशकर्ता बनने के अपने उत्तरदायित्व को निभाने से पूर्व, अपने गुरु से कोई संदेश देने की प्रार्थना की थी। सेंट इग्नाशियस लोयोला ने कहा था, 'पृथ्वी के प्रत्येक भाग में जाओ, और लोगों के मानस को ज्वलित करो, और उन्हें प्रकाश दो।' डाक्टर एम. जी. आर. मेडिकल विश्वविद्यालय यह संदेश देता है, 'मेरे तरुण बच्चो ! देश के सब भागों में जाओ, विशेष रूप से नगरों के परे, और लोगों के तन व मन की पीड़ा को दूर करो। बस्तुतः तुम्हारे सामने है—स्वास्थ्य-सेवा का मिशन। मेरी शुभ कामनाएँ !' ''

11

सफलता के लिए आवश्यक व्यवस्थाएँ

यह सच है कि अपनी योजनाओं और उन्हें कार्यान्वित करने के तौर-तरीकों की असली परीक्षा तब ही होती है, जब सामने दिखाई देने वाला क्षितिज सबसे ज्यादा अंधकारमय हो।

–महात्मा गाँधी

पिछले अध्यायों में हमने विकसित भारत की परिकल्पना को दीप्तिमान किया : अपनी कल्पना के उस भारत को, जिसकी गरीबी 2010 के आसपास समाप्त हो चुकी होगी, और हम अपनी मूल और आधारभूत समर्थताओं, क्षमताओं और स्थिरता के बल पर एक सन्तुलित, सशक्त और तेज़ी से विकसित हो रही अर्थ-व्यवस्था के निर्माण में लगे होंगे। हमने उन संभाव्य योजनाओं का, विभिन्न क्षेत्रों के साथ कुछ अन्तरसम्बन्धों सहित, चित्रण किया। कृषि और कृषि-उत्पादों के लिए जो विशेष प्रक्रिया से तैयार किए जाते हैं, इंजीनियरिंग उद्योगों, मैटीरियल क्षेत्रों और यहाँ तक कि सेन्सरों और इलैक्ट्रानिक्स (और जीवन-विज्ञान और जैव-प्रौद्योगिकियों) को सर्वोत्तम आदानों की आवश्यकता होगी। आज के आधुनिक विश्व में प्रत्येक इस्तेमाल में आने वाले उत्पाद या सेवा की विविध प्रौद्योगिकियों के मिश्रण से उनके इस्तेमालों की संख्या बढ़ाई जा सकती है। इसको प्राप्त करने के लिए डिजाइनों को भी समग्र बनाना होगा, नहीं तो हमारी हैसियत लाइसेंस प्राप्त देशों जैसी ही बनी रहेगी।

अन्तरसम्बन्ध अन्य प्रकारों के भी होते हैं। उदाहरणार्थ, तिजारत के मामले में उत्पादों की उच्चतर उत्पादकता से तब तक कोई लाभ नहीं होगा, जब तक कि हम फसलों, फलों, शाक-भाजियों, मछलियों और अंडों आदि को जल्दी से जल्दी उपभोक्ताओं तक नहीं पहुँचाते। और, इतने सारे उत्पादों की उसी स्थान पर खपत नहीं हो सकती, जहाँ उनका उत्पादन हुआ हो। व्यापारियों को उन उत्पादों को आसपास के क्षेत्रों में बेचने को मजबूर होना पड़ेगा, और इस बिक्री से जो रक़म मिलेगी, उससे वह और उत्पाद खरीदेगा। आज सारा विश्व, संचार और परिवहन के क्षेत्रों में विकसित प्रौद्योगिकियों से बड़े पेचीदा ढंग से आपस में एक-दूसरे से जुड़ गए हैं। आज दुनिया के एक भाग से दूसरे भाग में हवाई जहाज से जाने में एक दिन से कम का समय लगता है। संदेश (व्यक्ति के छायाचित्रों सहित) अविलम्ब पहुँच जाते हैं। आज के पेचीदा व प्रतियोगात्मक विश्व में वही देश टिका रह सकेगा जो ज्ञान और योग्यताओं दोनों आधारों पर, सब स्तरों में निरन्तर प्रगति करता रहे। और ऐसे स्तरीय ज्ञान

व योग्यताओं को प्राप्त करने के लिए हमें अनेक संसाधनों का परियोजन करना होगा ताकि इस ज्ञान और योग्यताओं के सभी स्तरों पर अधिक निर्माण और उत्पादन हो। यह भी याद रखना होगा कि जिनके पास ऐसा स्तरीय ज्ञान और योग्यताएँ हैं, वे बेहतर जीवन-शैली की आकांक्षा करते हैं। यह हम पीछे देख आए हैं कि बेहतर जीवन जीने वाले व्यक्ति ही अधिक और बेहतर कार्य कर सकते हैं। एक सीधी-सादी सच्चाई यह है कि किसी ऐसे देश की अर्थ-व्यवस्था को विकसित देश की अर्थ-व्यवस्था नहीं माना जा सकता, जिसके बहुसंख्यक लोग गरीबी की रेखा से थोड़ा ही ऊपर रहते हों, सिर्फ कृषि-उत्पादों का उत्पादन करते हों, और निर्माण तथा व्यापारिक केन्द्रों से पूरी तरह कटे हों। दूसरे शब्दों में, देश के हर व्यापारिक केन्द्र को देश के अन्य सभी भागों से द्रुत और कम-खर्चीली परिवहन-व्यवस्था से जुड़े रहना आवश्यक है। और हर केन्द्र पर अधिक से अधिक ऐसी व्यवस्था भी होनी चाहिए जहाँ उत्पाद का गुणवर्धन भी होता रहे।

गुणवर्धन द्वारा उपभोक्ता या उत्पाद का अन्तिम इस्तेमाल करने वाले व्यक्ति को संतुष्ट किया जाता है। किसी उत्पाद का नवीकरण करना भी एक ऐसी प्रक्रिया है, जिसके द्वारा उत्पाद को नई विशेषताओं से युक्त किया जाता है, जिससे उपभोक्ता को उसका प्रयोग करते समय अधिक संतोष या आनन्द प्राप्त हो सके। यह बात एक उदाहरण से अधिक स्पष्ट हो जायेगी। एक किसान एक ख़ास किस्म के आम पैदा करता है। अगर वह उसके स्वाद, आकार, रूप में स्थिरता ला सके तो लोग इसके बदले आम की ज्यादा कीमत देने को तैयार हो जाएँगे। गुणवर्धन का कार्य उत्पादन केन्द्र में आमों के चुनाव, छँटाई और पैकेजिंग की मार्फत भी हो सकता है। यदि गुणवर्धन बड़े पैमाने पर किया जाने वाला हो, तो इस कार्य में आंशिक मशीनीकरण, परीक्षण आदि प्रक्रियाओं का उपयोग भी हो सकता है। इस सारी प्रक्रिया को प्रौद्योगिकीय आदानों में जोड़ना कहा जाता है।

आजकल कम्प्यूटर द्वारा इन आघातों, कम्पनों, तापीय अवस्थाओं को भी निर्धारित किया जाता है, जो उत्पाद को मार्ग में सहन करने पड़ेंगे। ऐसे निर्धारण को नियत करते समय उत्पाद-विवरण और पैकेजिंग का भी ध्यान रखा जाता है। हम ऐसे पैकेजों का उपयोग सैनिक उपकरणों के अलावा, उपग्रहों, अंतरिक्ष में छोड़े जाने वाले यानों और प्रक्षेपास्त्रों के सम्बन्ध में भी करते हैं। कम्प्यूटर की हर क्षेत्र में मौजूदगी की वजह से इन तकनीकों का उपयोग साधारण नागरिकों के लाभार्थ भी होना चाहिए। प्रौद्योगिकी की यही खूबी है। जैसे-जैसे किसी प्रौद्योगिकी का विकास और फैलाव बढ़ता जाता है वैसे-वैसे अधिक से अधिक लोगों को उसका लाभ मिलने लगता है। इससे उसके इस्तेमाल पर होने वाली लागत भी कम होती जाती है।

गुणवर्धन के विषय पर हम फिर आते है। आघातों, कम्पनों, तापीय अवस्थाओं और पैकेजिंग परिवहन आदि पर होने वाले खर्च को गुणवर्धन में लगाने के बाद अगर हम आम को नियंत्रित तापमान, जैसे यदि उसे ठंडा करके परिरक्षित हालत में भेजा जाने वाला हो, ताकि आम ताज़े रह सकें, तो उसका खर्च भी आम की मूल कीमत में लग जाएगा।

इस तरह का निरन्तर गुणवर्धन, हर केन्द्र पर हुई आर्थिक कार्यवाही के मद्देनज़र तभी मुमकिन है जब ये केन्द्र सड़क, रेल, जल-मार्ग या हवाई जहाजों से आपस में जुड़े हों। उदाहरणार्थ, अधिकतम क़ीमत पाने के लिए फूलों को हवाई जहाज से भेजना पड़ता है। कभी मदुरै के चमेली के फूल चेन्नई से दिल्ली भेजे जाते थे सुबह की इंडियन एयरलाइन्स की उड़ान से, ताकि वे दिल्ली के कनाट सर्कस में बेचे जा सकें।

इस प्रकार की वस्तुओं का परिवहन मूल अव-संरचना का ही एक अंग है। स्वाभाविक रूप से, बस या ट्रक स्टेशन, रेलवे स्टेशन, हवाई अड्डे या बंदरगाह ऐसी अव-संरचना के भाग ही हैं। जैसे-जैसे इन अवसंरचनाओं को नई और बेहतर प्रौद्योगिकीय ईजादों से युक्त किया जाता है, वैसे-वैसे वे भी बेहतर सेवाएँ देने योग्य होते जाते हैं। 'बेहतर' का अर्थ सिर्फ गड्ढों-रहित सड़कें बनाना ही नहीं है। जब सामान ट्रक से भेजा जाता है, तब बहुत से कीमती घंटे जाँच-पड़ताल करने वाले केन्द्रों और सामान का, वज़न करने वाले केन्द्रों में बेकार खर्च हो जाते हैं। इन केन्द्रों में देर होने वाले घंटों को असल में 'नकारात्मक सेवा' माना जाएगा। कभी-कभी इस देरी का असर वस्तुओं की गुणवत्ता पर भी पड़ता है और विशेष प्रक्रिया से तैयार किए गए कृषि-उत्पाद कभी-कभी सड़ भी जाते हैं। इन केन्द्रों पर बेकार जाया होने वाला वक्त बहुत अधिक मात्रा में बच सकता है, यदि इन केन्द्रों पर इलैक्ट्रानिक वजन मशीन जैसे सहायक यंत्र लगा दिए जाएँ, औरा कम्प्यूटरों द्वारा चालित सिगनल और प्रदर्शकों आदि का उपयोग किया जाए। भारतीयों को अच्छी सड़कें पाने, औपचारिकताओं से जल्दी निपटने की सुविधाओं को प्राप्त करने और रोजमर्रा की अनावश्यक परेशानियों से मुक्त हो जाने का अधिकार है। भारतीयों को यह सुविधाएँ दिलाने में आधुनिक प्रौद्योगिकियाँ मददगार साबित हो सकती हैं। मगर इसके लिए हमें अपने सोचने के ढंग में तब्दीली लानी होगी, और इससे भी महत्त्वपूर्ण बात यह है कि हमें अपनी घिसीपिटी और पुरानी पड़ गयी प्रशासनात्मक और कानूनी प्रणालियों से आज़ाद होना होगा। तभी हम प्रत्येक स्तर पर आधुनिक प्रणालियों की कामना कर, उन्हें साकार कर सकेंगे।

अभी हमने अपनी अवसंरचना के उन महत्त्वपूर्ण अंगों को देखा, जो रेलमार्ग, सड़क मार्ग और वायुमार्ग से आन्तरिक रूप से एक-दूसरे से जुड़े हैं। लेकिन, हमें अपने माल को देश के अन्दर तेज़ी से इधर-उधर भेजने की व्यवस्था में सुधार लाने के अलावा, अपने माल के निर्यात को सुचारु ढंग से समय पर भेजने तथा आयातित माल को समय पर सही ढंग से उतारने की व्यवस्थाओं को भी सुधारना होगा। इस कार्य में बदरगाहों का प्रबन्धन भी निर्णायक सिद्ध होगा। प्राचीन काल में हमारे देश के बन्दरगाह सदा व्यस्त रहा करते थे। अरब, फ्रांस, यूनान, चीन, पुर्तगाल तथा अन्य देशों के व्यापारी वहाँ आते रहते थे, भारतीय मसालें, रेशम आदि खदीने के लिए। भारतीय व्यापारी अपना सामान लेकर बड़े-बड़े जलयानों द्वारा विदेशों की यात्रा किया करते थे। लेकिन हमारे आज के बन्दरगाह, विदेशों के बन्दरगाहों का जो आधुनिक प्रौद्योगिकीय द्वारा प्रदत्त उन्नत विधियों का उपयोग करते हैं, मुकाबला नहीं कर पाते। सिंगापुर जैसा छोटा-सा देश हमसे कहीं ज्यादा कमाई कर लेता है, हमारे बन्दरगाहों

की अपेक्षा, अधिक गुणवर्धित सामान का आयात-निर्यात करके। विदेशी बन्दरगाह कम्प्यूटर-युक्त हैं और उनकी अधिकांश क्रियाशीलताएँ स्वचालित हैं। उनके मुकाबले में हमारे बन्दरगाहों की क्रियाशीलता बड़ी धीमी है। यदि हमने उसे जल्दी ही आधुनिक नहीं बनाया, तब हम व्यापारिक देश के रूप में अप्रासंगिक हो जाएँगे। अतः हमें यह अहसास होना चाहिए कि हमारे बन्दरगाह हमारी अव-संरचना के अत्यन्त महत्त्वपूर्ण अंग हैं।

देसी और विश्वव्यापी आर्थिक और भौतिक व्यवस्था (सड़क, रेल और हवाई जहाज द्वारा) दूरसंचार के नेटवर्किंग पर निर्भर करती है। आज व्यापार के लिए सूचनाओं की अदला-बदली अनिवार्य है। पहले तार और रेडियो तेजी से सूचनाओं की अदलाबदली के एकमात्र माध्यम थे। आगे चलकर इनका स्थान टेलीफोन ने लिया। आधुनिकतम संचार-माध्यम हैं—उपग्रह, फाइबर-ऑप्टिक-केबिल तथा बेतार-संचार जिनमें उन्नत और सुधरे हुए तरीकों का उपयोग होता है। और, इससे भी अधिक महत्त्वपूर्ण बात यह है कि मायक्रो-इलैक्ट्रानिक्स और कम्प्यूटरों ने सूचनाओं की अदला-बदली के क्षेत्र में ज़बरदस्त परिवर्तन कर दिया है। आज सूचना व संचार प्रौद्योगिकी (आय. टी.) के क्षेत्र में शानदार प्रगतियों के परिणामस्वरूप, आप घर में या ऑफिस में बैठे हुए भी, जहाज में भरे हुए हज़ारों टन भार के तरह-तरह के माल की गतिविधियों पर निगरानी रख सकते हैं। ज़ाहिर है कि दूरसंचार और सूचना प्रौद्योगिकियाँ आधुनिक अर्थव्यवस्था के दो सर्वाधिक क्रांतिक तत्त्व बन गए हैं। और यही कारण है कि अनेक देश अब पूरा ध्यान एक 'राष्ट्रीय सूचना अवसंरचना' (एन आई आई) के गठन और उसे 'विश्वव्यापी सूचना अवसंरचना' (जी आई आई) से जोड़ने में लगे हैं।

इन अवसंरचनाओं और उनसे सम्बन्धित प्रौद्योगिकियाँ और सेवाएँ इतनी तेज़ी से आगे बढ़ रही हैं कि उन्होंने अपनी अलग ही दुनिया बना ली है। कुछ लोग उसे 'एक संभाव्य विश्व' भी कहने लगे हैं। बेशक, हम इस संभाव्य विश्व में न खा सकते हैं, और न भौतिक जगत की अन्य सुविधाओं का उपभोग ही कर सकते हैं, लेकिन दूसरे मामलों में, जैसे कृषि, स्वास्थ्य और शिक्षा से लेकर निर्माण और सुरक्षा तक, सूचना व संचार प्रौद्योगिकियों द्वारा निर्मित व्यवस्था असली दुनिया के समान ही है, इस उभरते हुए क्षेत्र के प्रति उदासीन रहना भारत के हित में नहीं होगा। इसलिए यह देखकर खुशी होती है कि भारत ने भी इस क्षेत्र में एक महान शक्ति बनने का संकल्प कर लिया है।

यह सब कुछ निर्णायक रूप में इस पर निर्भर करेगा कि हर भारतीय को उत्तम कोटि की बिजली उपलब्ध हो, और आर्थिक गतिविधियों से जुड़े कार्यकलाप ठीक से चलें। इस सम्बन्ध में कभी-कभी आश्चर्य होता है, यह सोचकर कि क्या हमारे पास सचमुच परिकल्पना होगी भी या नहीं ? इस पुस्तक को लिखते समय हमारे स्थान की बिजली बंद हुई। कितनी बार बिजली न होने की वजह से हमारे कम्प्यूटरों ने काम करना बन्द कर दिया। हाल ही में किए गए न्यूक्लीयर परीक्षणों के बाद, हमसे पूछा गया, दिल्ली में बिजली का बार-बार जाना कब बन्द होगा ? मगर, यह समस्या तो देशव्यापी है। इस स्थिति में आमूल और तत्काल परिवर्तन आना ज़रूरी

है, यदि हमें विकसित भारत के अपने सपने को असलियत में बदलना है।

अवसंरचनाओं में निवेश

पूरा हिसाब लगाया जाए तो अवसंरचनाओं को स्थापित करने में हमने 1980-81 में करीब 6000 करोड़ रुपए का निवेश किया था। 1990-91 में राशि बढ़कर, 29,000 करोड़ रुपऐ हो गई। 1994-95 में उसमें 50,000 करोड़ रुपए तक का उछाल आया। इस निवेश की जी. डी. पी. का प्रतिशत 4.5 से लेकर 6 प्रतिशत तक था। देश में तमाम निवेशों की राशि का 2.5 प्रतिशत अवसंरचना कार्यक्रमों में ही लगाया जाता है। एक अनुमान के अनुसार 1997-2002 के दौरान 50,000 करोड़ रुपए की राशि अवसंरचनाओं में लगाई जाएगी, और 75,000 रुपए की राशि उसके बाद के अगले पाँच वर्षों में।

इन राशियों की विशालता हमें डरा सकती है, लेकिन सच यह है कि इस विशालता के पीछे छिपी है, हमारे प्रशासकों की अक्षमताएँ और यदि और सच्चाई के साथ जाए तो उनमें देश को महान देखने के प्रति समर्पित भावना और वचनबद्धता का अभाव भी छिपा है।

इस कार्यक्रम में रेलवे की भागीदारी, जी डी पी का मात्र 0.6 प्रतिशत है और दशकों से यही प्रतिशत, बिना कम-ज्यादा हुए चला आ रहा है। उस प्रतिशत को बढ़ाने की सख्त ज़रूरत है, कारण रेलवे समागम का ऊर्जा बनाने वाला एक अच्छा साधन है। पिछले कुछ दिनों में रेलवे दुर्घटनाओं की संख्या में काफी वृद्धि हुई है, और ऐसा भी लगता है कि रेलवे विभाग अपनी लाइनों का विस्तार बहुत धीमी गति से कर रहा है। और ज्यादा तेज़ी से चलने वाली रेलगाड़ियों की प्रौद्योगिकियों के संभाव्य प्रयोग की बात कई बार, कई मंचों से सुनाई पड़ती है मगर बातों के आलवा कोई और प्रगति होती दिखाई नहीं देती। रेलवे विभाग को अपने कई भागों की पटरियों को आधुनिक बनाने, सिगनल-प्रणाली में सुधार करने और मुसाफिरों के आराम में वृद्धि करने की ओर विशेष ध्यान देना चाहिए। रेलवे के सामान ढोने के तौर-तरीकों में भी सुधार लाने की ज़रूरत है। यदि माल 'मल्टी-मोडल' डिब्बों में भर ढोया जाएगा, तो उसमें सुविधा यह होगी कि ये मानकित डिब्बे रेलवे, सड़क, पानी के जहाज और हवाई जहाज में समान रूप से प्रयुक्त हो सकते हैं। सड़क परिवहन और जल-मार्ग के लिए निवेश का प्रतिशत जी डी पी का क्रमशः 1.3 और 1.6 प्रतिशत है। बिजली में निवेश का जी डी पी का औसतन 2.5 प्रतिशत है। दूरसंचार के लिए निवेश जी डी पी का प्रतिशत 0.3 से बढ़कर 0.8 प्रतिशत हो गया है। अब सवाल यह है कि निवेश की राशियों में वृद्धि कैसे की जाए ?

एक तरीका है–जी डी पी को बढ़ाने का। लेकिन, अवसंरचना में सुधार किए बिना जी डी पी का विकास सम्भव नहीं है। निवेश के बिना सड़कों या विद्युत शक्ति या दूरसंचार, या बंदरगाहों का विकास सम्भव नहीं है। क्या यह 'किंकर्तव्यविमूढ़' जैसी स्थिति नहीं है ? असलियत ऐसी नहीं है। न सिर्फ भारत में, बल्कि विदेशों में भी ऐसे निजी निवेशक हैं, जो उन योजनाओं की जाँच करने के लिए तैयार हैं,

जिनमें पूँजी लगाकार वे दीर्घकाल तक उस पूँजी का प्रतिलाभ प्राप्त करते रह सकते हैं। ऐसे निवेशकों को इन योजनाओं में पूँजी लगाने के लिए प्रेरित किया जा सकता है। 1991 से सरकार ऐसे निवेशकों के लिए अनेक रियायतों की घोषणा करती चली आ रही है। लेकिन ऐसा निवेश एक साथ नहीं किया गया है, बल्कि थोड़ा-थोड़ा करके प्राप्त हो रहा है। इनमें से अनेक निवेशकों ने अवास्तविक धारणाएँ मन में पाल ली थीं। उन सबके बावजूद यह सच है कि निवेशकों को मुनाफे की जरूरत होती है। इसलिए उन्हें दो बातों के बारे में आश्वस्त किया जाना चाहिए : यथोचित लाभ तथा कई जोखिमों के बारे में उनकी पूँजी की पर्याप्त सुरक्षा। सरकार को इस बारे में निश्चय करना होगा कि इस निवेश से देश या जनता के हितों पर अनावश्यक रूप से कोई आँच न आने पाए। इस बात को ध्यान में रखते हुए कि अव-संरचना का विकास देश के द्रुत आर्थिक विकास और एकीकरण के लिए आवश्यक है लोगों को सदियों पुरानी गरीबी के चंगुल से मुक्त करने के लिए देश में पूँजी आकर्षित करने के लिए तरह-तरह की नई-नई योजनाएँ बनानी होंगी।

निवेशकों की शिकायत है कि पूँजी लगाने में तरह-तरह की दिक्कतें दरपेश आती हैं, और उनका वक्त भी काफ़ी ज़ाया होता है। उनकी इन सब परेशानियों को दूर करने के लिए सरकारी प्रक्रिया को सरलतर बनाना होगा। लेखकद्वय इस बात से बेखबर नहीं हैं कि सबसे नीचे के सरकारी स्तर पर, जहाँ निवेशकों को भरने के लिए फार्म दिए जाते हैं, उच्चतम स्तर तक ऐसे अनेकानेक रास्ते खुले हैं, जहाँ अधिकारों को नगदी में तब्दील किया जाता है। हमारा विश्वास है कि भ्रष्टाचार के इन जालों को दूर करने के लिए एक नया अभियान चलाया जाना चाहिए, जिसमें भारतीयों के लिए एक नई परिकल्पना के महत्त्व पर ज़ोर होना चाहिए, एक उच्चतर और ईमानदारी से पूर्ण ध्येय की प्राप्ति का आह्वान हो, एक ऐसा ध्येय जिसकी प्राप्ति प्रत्येक भारतीय के लिए कार्य में लगने का सन्देश देगी। आज़ादी के पहले के दिनों में भी हालाँकि लोग जाति, धर्म और भाषा आदि के नाम पर लड़ते-झगड़ते रहते थे, तो भी उन्होंने एकजुट होकर, हाथ में कोई हथियार लिये बिना एक ताकतवर साम्राज्य को अपनी सत्ता गँवाने के लिए मजबूर किया था।

आइए, फिर निवेश के मुद्दे पर आते हैं। हालाँकि देश को निजी क्षेत्रों के निवेश की आवश्यकता है, अवसंरचना की स्थापना के लिए लेकिन उनके निवेश के अलावा स्वयं सरकार को भी अवसंरचना के विकास के लिए अधिकाधिक निवेश करना होगा। अनुमानों के अनुसार, मौजूदा राजमार्गों के सुधार के लिए करीब 15,00,00 करोड़ रुपयों की आवश्यकता होगी। इसमें निजी क्षेत्र का आंशिक योगदान तो रहेगा ही, लेकिन मुख्य योगदान केन्द्रीय और राज्यों की सरकारों का ही होगा। लेकिन हम यहाँ एक अहम सवाल उठाना चाहेंगे, और वह यह कि क्या इतनी विशाल राशि की सचमुच ज़रूरत होगी ? जो अनुमान लगाए गए हैं, उन पर पुनर्विचार करने की ज़रूरत है। क्या सचमुच किसी इकहरे मार्ग को दुहरा मार्ग बनाने में करीब 50 लाख रुपए प्रति किलोमीटर का खर्चा आएगा ? और क्या लगभग उतनी ही राशि मौजूदा सड़कों की पटरियों को सुधारने में नहीं लगेगी ? और क्या दुहरे मार्ग को चार मार्गों

वाला बनाने में वाक़ई 250 लाख प्रति किलोमीटर की लागत आएगी ? क्या नए 'एक्सप्रेस मार्गों' पर 800 लाख प्रति किलोमीटर की लागत आने का अनुमान सही है ? हम अपने लेखाकारों और इंजीनियरों की काबलियतों पर सन्देह नहीं व्यक्त कर रहे हैं। ऐसे अनुमानों के मूल में अनुमान लगाने वालों के मन का यह अव्यक्त डर मौजूद रहता है कि यदि कार्य के दौरान खास किस्म के मैटीरियलों का प्रयोग नहीं किया गया तो उन्हें दोषी माना जाएगा। इस डर की वजह से वे उन किफ़ायती किस्म के मैटीरियलों को अपने अनुमानों में शामिल नहीं करते, जिनके प्रयोग से सड़कों की गुणवत्ता तनिक भी प्रभावित नहीं होती। उल्टे, कम कीमत वाले मैटीरियल ज्यादा उपयुक्त और प्रासंगिक साबित होते हैं। यही कारण है कि वर्षों से अनुमानों को अनावश्यक रूप से बढ़ा-चढ़ाकर पेश किया जाता रहा है।

अब समय आ गया है, जब इस सारी अनुमान-प्रक्रिया को नए नजरिए से देखा जाए। अल्पकालिक–5 से 7 वर्षों तक की–निर्माण-योजनाओं के लिए नये-नये उपाय सोचकर उन पर आने वाली लागत को काफ़ी कम किया जा सकता है। उन अनेक भागों में जहाँ कोई भी सड़क नहीं है, या करीब-करीब बेकार है वहाँ बड़े बजटों के स्वीकार होने की देरी को ध्यान में रखते हुए, कामचलाऊ सड़कों का निर्माण किया जा सकता है। इस सूत्र में ग्रामीण क्षेत्रों के लिए सड़कों का निर्माण करते समय निर्धारित मानकों में थोड़ी ढील भी दी जा सकती है और लागत को कम करने के लिए ऐसी किसी क्रियाविधि और नवीनता लाने वाले उपायों की खोज, करनी होगी। इसकी सफलता के बाद ऐसे प्रयोग सारे देश में किये जा सकते हैं। हमें राजधानियों से विशेष समझदारी के बाहर निकलने की भी प्रतीक्षा है।

इन सब मानकों के यथास्थान रहते हुए भी, क्या देश को वह सब कुछ प्राप्त हो गया, जो उसे चाहिए था। हमें आरम्भ में अपने उस निम्न कोटि के प्रदर्शन के कारण जो देश के विभिन्न भागों में अनेक अधिकारियों द्वारा किया गया, डरने की वजह नहीं है। उन्हें अपने इलाकों के सार्वजनिक हितों की रक्षा करने और सुधार-कार्यों में लगे देश-प्रेमी व्यक्तियों से विचार-विमर्श करते रहना चाहिए था। इस सम्बन्ध में मीडिया को भी ज़ागरूक रहना चाहिए। उसे भी असफलताओं और दल्लाने वाले प्रतिकूल समाचारों के साथ-साथ या उनके स्थान पर, सफल होने वाले भारतीयों के कारनामों को उजागर करने वाले समाचार भी प्रकाशित करने चाहिए। आइए, हम आशाओं का प्रचार करें, अपने दृढ़ निश्चय का प्रचार करें।

मेरे बार-बार इन मुद्दों पर ज़ोर देने के पीछे एक सीधी-सादी वजह है। भारत एक विकसित देश बनने की अपनी असली विजय-यात्रा में तभी तेज़ी ला सकेगा, जब हमारी अवसंरचना मजबूत हो। एक बार यह अवसंरचना सुदृढ़ हुई कि प्रगति का यंत्र भी अपने आप काम करने लगेगा। और उसके साथ ही आर्थिक विकास का क्रम भी आरम्भ हो जाएगा, जो अगले पाँच से सात वर्षों में देश को मालामाल कर देगा। इस धन को अन्य सुधार-कार्यों में लगाया जाएगा। जिनकी सोच कहीं एक जगह रुक गई है, और जो भविष्य की परिकल्पना नहीं कर सकते, उनके लिए हमारी इस बात पर यकीन करना मुश्किल होगा। लेकिन हम सबको पिछले पचास

वर्षों की घटनाओं को याद करना चाहिए। गरीब लोग अपने हालात में बेहतरी की उम्मीद में अगले सौ सालों तक इंतज़ार नहीं करते रहेंगे। यदि हमारी अवसंरचना संतोषजनक हो जाती है, तो ये लोग उसके आधार पर अपनी बेहतर ज़िन्दगी के लिए कोई नया रास्ता ढूँढ़ ही लेंगे। और जब इन लोगों के हाथों में पैसे होंगे, तब ये करोड़ों लोग खुद एक बड़ा बाज़ार बन जाएँगे। इन 250 करोड़ मध्यम वर्ग के भारतीयों में जहाँ कुछ तो विदेशी वस्तुएँ खरीदना पसन्द करेंगे, वहाँ गरीबी रेखा से नीचे रहने वाले भारतीय देसी वस्तुओं से सन्तुष्ट हो जाएँगे। और, उनके समान ही सन्तुष्ट होंगे वे भारतीय उद्योगपति, जिनकी आकांक्षा अपना निर्यात-व्यापार विकसित करने की नहीं है। वे इन गरीब लोगों की ज़रूरतों को पूरा करने वाले उत्पाद बना सकते हैं। वे 2.50 करोड़ भारतीयों के उस विशाल बाज़ार में अपने-अपने उत्पादों को बेचते हुए बड़ी खुशी महसूस करेंगे। और, एक अरब के करीब लोगों वाला यह नया अति विशाल बाज़ार हमारे विश्व के बाज़ारों को अपनी ओर आकर्षित करेगा।

अपनी अव-संरचना के सब क्षेत्रों की तफ़सील देना कठिन है। आइए, उनमें से कुछ पर नज़र डालें। सबसे पहले चर्चा करते हैं, निर्णायक बिजली-क्षेत्र की।

सबके लिए उत्तम बिजली

उत्तम कोटि की ऐसी बिजली के, जो सबको उपलब्ध हो, बिना कोई देश अपने को न आधुनिक कह सकता है, न विकसित। और, कोई भी आधुनिक मशीनरी बिना निरन्तर और अबाधित उत्तम श्रेणी की बिजली व्यवस्था की सप्लाई नहीं चल सकती। और, विद्युत-शक्ति के बिना सूचना-प्रौद्योगिकी (आई. टी.) की सारी जादुई दुनिया अँधेरे में खो जाएगी। न्यूयार्क या लन्दन या टोकियो के बारे में इस स्थिति की कल्पना भी नहीं की जा सकती, जहाँ बिजली एक दिन या एक हफ्ते के लिए गायब हो। यह सम्भावना सरासर नामुमकिन है। यदि कभी यह सम्भव हो गया, तो इन देशों की सरकारें उसी दिन गिर जाएँगी। लेकिन जब हम भारत की बिजली की सप्लाई की स्थिति की बात करते हैं, तो उसका बयान करने के लिए 'हताश करने वाली' या 'निराशाजनक' जैसे शब्द निहायत ही मामूली लगते हैं। लाखों मूल्यवान घंटे बेकार चले जाते हैं, उत्तम श्रेणी की बिजली की सप्लाई न होने के कारण। इसमें उन लोगों के बेकार जाने वाले घंटों का शुमार नहीं है, जो बिजली का इस्तेमाल क़तई नहीं करते। ऐसे समय में, जब उपस्कर-सज्जाओं के मॉडलों में आए दिन तब्दीलियाँ हो रही हैं, निवेशक उस उपस्कर-सज्जा-विशेष से अधिक से अधिक लाभ उठाना चाहेंगे, एक दिन में तीन पारियों तक उसका प्रयोग करके। लेकिन हमारी बिजली की सप्लाई का यह हाल है कि वे परिष्कृत से परिष्कृत उपस्कर-सज्जाओं को घंटों तक बेकार कर सकती हैं। जो इन गड़बड़ियों के बावजूद अपना काम चलाते रहते हैं उन्हें रेगुलेटरों और बिजली के अतिरक्त साधनों का बहुत ज्यादा महँगा इस्तेमाल करने को मजबूर होना पड़ता है। उत्पादक और लाभदायक साधनों का कैसा ज़बर्दस्त अपव्यय करवाने वाली व्यवस्था है यह !

भारत के सर्वप्रथम 130 एम डब्ल्यू के 'हायड्रोइलैक्ट्रिक प्लांट' ने अपना काम

प. बंगाल के दार्जलिंग नामक स्थान में 1897 में शुरू किया था। आज़ादी के समय विभिन्न स्थानों में जो बिजली-उत्पादन केन्द्र थे, उनकी सकल सक्रिय विद्युत-धारिता 1300 एम डब्ल्यू से कुछ ज्यादा थी। आज की सक्रिय विद्युत-धारिता 85,000 एम डब्ल्यू है, यानी 65 गुना वृद्धि पाँच दशकों में। विद्युत-प्रसारण प्रणाली, जिसकी शुरुआत 78 के वी से हुई थी, अब 400 के वी ग्रिडों और 500 के वी एच वी डी सी (हाय वॉल्टेज डायरैक्ट करंट) प्रणालियों से बिजली को थोक में अन्य केंद्रों को भेजा जाता है। हाल ही में हमारी एक प्रमुख प्रयोगशालाओं में से एक बंगलौर स्थित 'सेन्ट्रल पॉवर रिसर्च इन्स्टीट्यूट' (सी पी आर आई) जो विद्युत-शक्ति प्रौद्योगिकी के विकास-कार्य से जुड़ी है, ने एक 1500 के वी एच वी डी सी लाइन को 'टेस्ट-चार्ज' किया था। सीधी प्रवाहित होने वाली विद्युत् धारा का जितना उच्चतर वोल्टेज होगा, उतनी ही प्रवाह के दौरान होने वाली हानि कम होगी। भविष्य में हमें अधिक एच वी डी सी लाइनों की ज़रूरत होगी। आज़ादी के समय, हमारे पास विद्युत-वितरण के लिए कुछ सर्किट किलोमीटर ही थे, अब यह संख्या बढ़कर करीब 2800,000,000 सर्किट किलोमीटर हो गई है।

ये आँकड़े अपने आप में काफी प्रभावशाली लगते हैं। हम दोनों लेखकों को अच्छी तरह याद है कि स्कूल के दिनों में हम कैसे मिट्टी के तेल से जलने वाली लालटेनों की रोशनी में अपना 'होमवर्क' किया करते थे। तब से लेकर आज तक के काल में बिजली में भारी पविर्तन हुआ है। लेकिन क्या यह परिवर्तन काफी और पर्याप्त है ? चीन को देखिए। 1950 में भारत और चीन दोनों के पास बिजली और उसके उत्पादन की मात्रा लगभग समान थी। लेकिन आज चीन के पास हमसे तीन गुना बिजली-उत्पादन-क्षमता है। और, वह अपनी इस क्षमता में पिछले कई वर्षों से 15000 एम डब्ल्यू प्रति वर्ष की गति से लगातार वृद्धि करता चला आ रहा है। उधर, इस मामले में हमारी विकास-गति 3500 एम डब्ल्यू प्रति वर्ष ही है। ऐसा क्यों है ? क्या इसकी वजह आवश्यक पूँजी की कमी है ? हमारा मानना है कि इसका मूल कारण यह है कि हमारा सोच संकुचित हो गया है। हम छोटी-छोटी बातों में, ब्यौरों में उलझे रहते हैं, कुछ ठोस काम करने की बजाय नीतियों, वायदों और लच्छेदार बातें करने के राजनीतिक खेल में लिप्त रहते हैं। और यह खेल सिर्फ राजनीतिज्ञ ही नहीं खेल रहे हैं, नौकरशाह, शिल्पविज्ञानी और उद्योगपति भी खेल रहे हैं। जैसे ही हम सब अपने सोच को विस्तृत आयाम दे देंगे, और बातें करने की बजाय कड़ी मेहनत करना आरम्भ कर देंगे, हमें अपनी समस्याओं का समाधान मिलना शुरू हो जाएगा। अधिकांश भारतीय तभी सक्रिय होते हैं, जब उनके सामने कोई ध्येय होता है, कोई नेता होता है, कोई ज़बर्दस्त माँग होती है।

हम इस तफ़सील में नहीं जाना चाहते कि हमारी मौजूदा सामर्थ्य कितनी है, हम उसका किस सीमा तक क्षमतापूर्ण उपयोग कर रहे हैं, वह क्षमतापूर्ण उपयोग, जिसका आभास 'प्लांट लोड फैक्टर' (पी एल एफ) के आँकड़ों में व्यक्त होता दिखाई देता है। इस मामले में हमारी क्षमतापूर्ण उपयोगिता का प्रतिशत 60 प्रतिशत ही है, दक्षिण कोरिया के 80 प्रतिशत के मुकाबले में। इसके कई कारण हैं। लेकिन, एक

नितान्त कठोर सत्य यह है कि अपनी प्रतिष्ठापित और काम में लाने काबिल 85000 एम डब्ल्यू की सामर्थ्य होने पर भी सिर्फ 35000 एम डब्ल्यू की काम में लाने काबिल बिजली उपभोक्ता तक पहुँच पाती है, वह भी अनेकानेक व्यवधानों और निम्न गुणवत्ता को दर्शाती हुई कई विविधताओं के साथ। लिहाजा हमारा सबसे पहला और सर्वोपरि कर्तव्य है इस मौजूदा हालत को सुधारने का। और इसे अमल में लाने के लिए हमारे राज्यों के बिजली बोर्डों, और बिजली का उत्पादन करने वाली अनेक इकाइयों को बहुत से प्रभावी क़दम उठाने पड़ेंगे, और इन क़दमों के अलावा बिजली की सम्प्रेषण और वितरण प्रणालियों पर भी गहरी नज़र डालनी होगी। इन दोनों प्रणालियों की दोषयुक्त कार्यशैली की वजह से हमें 22 प्रतिशत बिजली का नुकसान सहना पड़ता है, जबकि विकसित देशों में इस नुकसान की मात्रा 7 से 8 प्रतिशत ही है। हमें इस बारे में तकनीकी और प्रबंधन दोनों स्तरों पर इन दोनों समस्याओं से जूझकर उनके हल तलाशने होंगे।

इस अंधकारमय और निराशाजनक माहौल में भी कई सफलताओं के दिये भी टिमटिमाते दिखाई देते हैं। नेशनल थरमल पॉवर कॉरपोरेशन (एन टी पी सी) को उत्तर प्रदेश की सरकार ने उंचाहार थर्मल पॉवर स्टेशन दिया था। 'डि-बौटलनेकिंग' तकनीकों के इस्तेमाल से उसकी बिजली उत्पादन क्षमता में नाटकीय परिवर्तन दिखाई दिया। एन टी पी सी द्वारा हस्तांतरण से पूर्व, इस स्टेशन का 'प्लांट लोड फैक्टर' (पी एल एफ) 18 प्रतिशत था। छह महीने बाद वह बढ़कर 35.5 प्रतिशत हो गया। और 12 महीने में 73.7 प्रतिशत तक उछला। प्राप्यता फैक्टर, जो हस्तांतरण से पूर्व 27 प्रतिशत था, छह महीनों के बाद 49.5 प्रतिशत तक पहुँच गया। और बारह महीनों बाद 79.5 प्रतिशत के लगभग। एन. टी. पी. सी. की कार्य-कुशलता का एक प्रमाण इस बात से भी मिलता है कि तेल की विशिष्ट खपत, जो इस तमाम क्रिया में होने वाली अक्षमता और बरबादी का द्योतक है, और जो इस इकाई हस्तान्तरण से पूर्व 21.8 मिलियन लीटर (एम एल) प्रति किलोवाट घंटा (के डब्ल्यू एच) था घटकर छह महीने में 6.3 एम एल (के. डब्ल्यू एच) हो गया, और बारह महीनों में 3.3 एम एल (के डब्ल्यू एच) तक हो गया। इस उदाहरण का आधार है, राजेन्द्र सिंह, चेयरमैन, एन टी पी सी द्वारा लिखा गया और 'टैक्नोरामा' (जनवरी, 1997) में प्रकाशित एक लेख। ये नाटकीय परिणाम, सामान्य कष्टकर परिस्थितियों में, संस्थागत प्रणाली द्वारा दिए गए किसी प्रोत्साहन या शाबासी के अभाव में प्राप्त किए गए थे, जो इस कारनामे को और ज्यादा उल्लेखनीय बनाते हैं। जहाँ बिजली पूरे दिन न मिल पाने पर शोर-शराबा होने लगता है, या देरी में आडिट रपट, या प्रयोजना की अत्यधिक लागत आदि के बारे में आवाजें उठनी शुरू हो जाती है, वहाँ इन उपलब्धियों और सफलताओं को समाचारपत्रों के एक कोने में छोटा-सा भी स्थान नहीं मिलता। किसी राजनीतिज्ञ या नौकरशाही का ध्यान उस उपलब्धि पर नहीं जाता। किसी को भी नहीं मालूम पड़ता कि किन अलग-अलग व्यक्तियों ने या दल ने यह करिश्मा कर दिखाया है। गुमनामी के अँधेरे में ही खोए रहते हैं वे अज्ञात नायक या नायिकाएँ।

और अब कल्पना कीजिए उस परिस्थिति की, जिसका निर्माण हम बड़ी-बड़ी परियोजनाओं के बारे में जिन्हें हम अपने सोच के फलस्वरूप साकार करेंगे, और जिसमें हर उस छोटी से छोटी सफलता को, जो किसी विशाल लक्ष्य को फलीभूत बनाने में सहायक होगी, और पूरे दल को भी सफलता दिलाने में सहायक होगी, पुरस्कृत किया जाएगा, तथा उसे राष्ट्रीय-स्तर पर मान्यता प्रदान की जाएगी। जब हम ऐसे दलों को उसी प्रकार की मान्यता प्रदान करेंगे, जैसी हमने 'पृथ्वी', 'अग्नि', 'इनसेन', 'पी एस एल वी', 'पोखरण' आदि प्रमुख उपलब्धियों का विकास करने वाले वैज्ञानिकों को दी थी, जिन्होंने उनके कारण अन्तरराष्ट्रीय पुरस्कार भी जीते, तभी हम ऐसी उपलब्धियों को बहुशाखीय बना सकेंगे। आने वाले करीब तीन वर्षों में हम मौजूदा समर्थताओं का अधिकाधिक उपयोग करके, विकसित देशों के नियमों, मानकों व आदर्शों के अनुरूप कर सकेंगे। उनके अनुरूप कार्य करके या तो स्थानीय विद्युत शक्ति स्टेशनों को उसी स्तर की क्षमता का प्रदर्शन करके उन्हीं के समान उन्नति और प्रगति करनी होगी, नहीं तो उनका हस्तांतरण निजी या सार्वजनिक कम्पनियों को कर दिया जाना चाहिए, जो इस विकास-कार्य को अंजाम देंगी। हम तो यहाँ तक कहने को तैयार हैं कि कहीं की कोई भी साहसी व उपक्रमशील कम्पनी हमारी विद्युत-उत्पादन-क्षमता को उच्चतम स्तर पर लाकर, अन्य इकाइयों के सामने एक आदर्श स्थापित कर सके, हमारे जन्मजात गर्व को प्रवर्तित कर सके और उसे चलंत और गतिशील कर सके, तो उसे ऐसा करने देना चाहिए। निजी और स्थानीय कंपनियों को यहाँ काम करने देने की इज़ाज़त देने के लिए जो वैधानिक व कानूनी औपचारिकताएँ निभानी होंगी, उन्हें अवश्य निभाया जाए।

इसी प्रकार बिजली की संप्रेषण और वितरण प्रणाली में भी आवश्यक सुधार लाने के मामले में सर्वोच्चता के स्तर पर, तुरन्त कार्यवाही करने की ज़रूरत है। मौजूदा प्रतिष्ठापित समर्थता के स्तर और इस पूर्व धारणा के कि वे आगे बताए गए उपायों के अनुरूप अपनी कार्य-कुशलता का प्रदर्शन करेंगे, के मद्देनजर आए इस सुधार के फलस्वरूप सम्प्रेषण और वितरण के नुकसान में एक प्रतिशत भी कमी हुई तो भी 600 किलोवाट बिजली उपभोक्ताओं को मिल सकेगी। और जैसा कि हम पीछे बता आए हैं, सम्प्रेषण के दौरान होने वाले नुकसानों को 14 प्रतिशत तक लाया जा सकता है, विश्व-मानकों को ध्यान में रखते हुए। इसमें आंशिक सफलता इन उपायों को कार्यान्वित, करके प्राप्त की जा सकती है—बेहतर मैटीरियलों की पुनर्चालनीयता 'पॉवर-फैक्टर्स' को सुधारने हेतु, वितरण-प्रणाली पर 'शंट कैपेसियेटर्स' को लगाकार बेहतर 'ट्रांसफोर्मर्स' को प्रयुक्त करके, उच्च वाल्टेज-वितरण-प्रणालियों (सिंगल फेज) के इस्तेमाल द्वारा, लाइनों और सब-स्टेशनों की बढ़ोतरी के दौरान योजनाबद्ध और नियमित तरीकों को अपनाने और आंशिक रूप से भीतरी चोरी को रोकने के लिए बेहतर प्रबंधन। इन सब उपायों को कार्यान्वित करने में हमारी प्रयोगशालाएँ तथा हमारे उद्योग समर्थ हैं। लेकिन मुश्किल यह है कि प्रायोजनाओं को बेहतर ढंग से और शीघ्रता के साथ कार्यान्वित करने में किसी को कोई खास दिलचस्पी नहीं है। यदि सम्प्रेषण और वितरण के दौरान होने वाले नुकसानों को विश्व-स्तर पर ले आया

जाए तो बिजली की अधिकतम माँग के समय के करीब 70 प्रतिशत घाटे को समाप्त किया जा सकता है, और, इस कारण बिजली की औसतन कमी 10 प्रतिशत ही रह जाएगी। इससे जो स्पष्ट आर्थिक लाभ होगा, उसकी कीमत लगभग 60,000 करोड़ रुपए होगी, यानी 10,000 एम डब्ल्यू बिजली का उत्पादन करने वाली एक यूनिट के लागत-मूल्य के बराबर।

बिजली उत्पादन के सम्प्रेषण और वितरण के मुद्दों के आपसी सम्बन्ध पर ज़रूरत से ज्यादा ज़ोर दिया जाता है। इसी कारण उत्पादन के दौरान हुए नुकसान लगातार ऊँचे बने रहते हैं। धारिता में कितनी भी वृद्धि कर ली जाए पूरी बिजली उपभोक्ता के पास 10 से 15 प्रतिशत कमी के बाद ही पहुँचेगी वैसे यह कमी विश्व के सभी देशों में है। बिजली जैसे कीमती और धन से जुड़े साधन की कितनी अधिक बर्बादी है यह ! इस बात का भी असली खतरा मौजूद है कि बड़ी मुश्किल से स्थापित किए जाने वाले प्लांट, जो कई वर्षों बाद ही काम करने लायक बन पाते हैं, सम्प्रेषण और वितरण से खाली कर देने वाली प्रणालियों के पूरी तरह या आंशिक रूप से अप्रभावी रहने के कारण, पूरी तरह अनुकूलतम वातावरण में अपना काम नहीं कर पाएँगे। वहाँ भी राज्यों के स्टेट बोर्डों के सामने संसाधनों की कमी का मुद्दा सामने आएगा, जिसके कारण वे अपने सम्प्रेषण तथा वितरण की प्रणाली के नवीकरण की योजनाओं के बारे में तत्काल पूँजी-निवेश न कर जाएँगे और स्थिति बदतर होती जाएगी। अतः ऐसे प्रभावी कानून बनाने की सख्त ज़रूरत है, जिसके द्वारा निजी क्षेत्र के उद्यमियों को इस क्षेत्र में प्रवेश करने की आज़ादी मिल सके।

जहाँ तक बिजली के उत्पादन-पक्ष की बात है, हमें न्यूक्लीयर-ऊर्जा द्वारा उत्पन्न होने वाली बिजली के आंशिक सहयोग की मात्रा को और बढ़ाना होगा। न्यूक्लीयर-ऊर्जा से उत्पादित बिजली के उत्पादन के दौरान, प्रदूषण बहुत कम होता है, थर्मल ऊर्जा उत्पादन की तुलना में। डी ए ई के प्रक्षेपण के अनुसार 2020 तक न्यूक्लीय प्रणाली से उत्पादित बिजली की मात्रा 20,000 एम वाट होगी। हमारा मत है कि इस प्रक्षेपण में हमारी बिजली की अत्यावश्यक ज़रूरतों के मद्देनज़र, इस मात्रा को दुगना होना चाहिए।

विद्युत-शक्ति के क्षेत्र से सम्बन्धित अपनी परिकल्पना में हमने उन अल्पकालिक उपायों पर सबसे ज्यादा ज़ोर डाला है, जो तात्कालिक समर्थताओं में वृद्धि करने और उसकी प्राप्यता को सुलभ करने से सम्बन्धित हैं। अत्यावश्यक और निर्णायक योजनाएँ हैं—

- 25 से 100 एम वाट तक की श्रेणियों के अनेक छोटे प्लांटों की स्थापना।
- मौजूदा बिजली प्लांटों का पुर्नस्वच्छीकरण। इसके लिए एन टी पी सी द्वारा उंछाहर में किए गए प्रयासों को आदर्श माना जा सकता है।
- पीछे सम्प्रेषण और वितरण प्रणाली के बारे में जिन उपायों की चर्चा की गई, उन पर ध्यान देना। मध्यम और दीर्घकालिक योजनाओं के बारे में भावी कार्य-योजनाएँ।
- हमारे पास जो 'हायड्रोपॉवर' समर्थता है, उसका पूरा उपयोग हम नहीं कर

रहे हैं। देश को अपनी हायड्रो-उत्पादन करने की योग्यता में वृद्धि करनी चाहिए। क्योंकि आगे चलकर वह भी हमारे लिए निर्णायक महत्त्व का सिद्ध होने वाला है।

• 'इन्टीग्रेटेड गैस कम्बाइन्ड साइकिल' (आय. जी. सी. सी.) जैसी प्रौद्योगिकियों के द्वारा स्वच्छतर बिजली का उत्पादन किया जा सकता है। ऐसा उत्पादन ज़रूरी है। इन प्रौद्योगिकियों में विशेष रूप से अनेक परिवर्तन किए जाने आवश्यक हैं, जैसे भारतीय कोयले को 'हाई ऐश' से मिलाना, ताकि वे भारत के अनुकूल बन सकें। हमें कोयले के अपने विशाल भंडार का सही इस्तेमाल करना भी सीखना चाहिए, ताकि हमें कोयले या ईंधन का बाहर से आयात करने को मजबूर न होना पड़े। अमरीका जैसे विकसित देश ने भी अपने लिए ऊर्जा-सुरक्षा का एक लक्ष्य निर्धारित कर रखा है, ताकि उसे विदेशी स्रोतों पर निर्भर न रहना पड़े।

• ऊर्जा के स्रोतों की खोज में न्यूक्लीयर ऊर्जा (फॉस्ट ब्रीडर प्रौद्योगिकी सहित) भी हमारे लिए निर्णायक सिद्ध होगी।

• सम्प्रेषक लाइनों की सामर्थ्य को बढ़ाने के लिए 'मायक्रो प्रोसेसर' पर आधारित क्षतिपूर्ति-प्रणालियों का प्रयोग करने पर विचार किया जा रहा है।

• जैसे-जैसे भू-खंडों की कमी होती जायेगी, वैसे वैसे नये सब-स्टेशनों के लिए उपयुक्त स्थानों की भी कमी होती जाएगी। शहरीकरण के तीव्र विकास के साथ यह समस्या भी तीव्रतर होगी। इस समस्या के समाधान के लिए गैस-रोधी सब-स्टेशनों के निर्माण के लिए देश में डिजाइनों और निर्माण-सामर्थ्यों को विकसित करना होगा।

बिजली के नए स्रोत

विद्युत-शक्ति क्षेत्र की हमारी परिकल्पना तब तक अधूरी रहेगी, जब तक हम ऊर्जाओं के ऐसे नए-नए स्रोतों का जो साफ सुथरे भी हों, और बदलने-लायक भी हों विकास नहीं करेंगे। ऐसे स्रोतों के प्रयोग पर जोर देने के ज़िक्र के बिना भी, हमारी परिकल्पना अधूरी ही रहेगी। ऐसे प्रमुख स्रोत हैं—जैव-पिंड, तेज हवा, सूर्य और छोटे 'हायड्रो'। भारत की तेज़ हवा से प्राप्त ऊर्जा की संभावना 20,000 एम वाट की है। अन्य सम्भावनाओं के लिए तालिका 11.1 देखें।

नए होने वाले ऊर्जा-स्रोतों को ऊर्जा प्रदान करने वाली इकाइयों के रूप में ही देखना सही नहीं होगा, बल्कि उन्हें उन क्षेत्रों के उद्धारकों के रूप में देखा जाना चाहिए, जो ऐसे क्षेत्रों को भी ऊर्जा प्रदान कर रहे हैं जिन्हें कहीं से भी ऊर्जा प्राप्त नहीं होती। यदि किसी स्थान-विशेष के निकट आने के लिए ऐसी प्रणाली सफल होती है, जो आम लोगों को ऊर्जा प्रदान कर सके, तो ये स्रोत एक आश्चर्यजनक परिवर्तन ला सकते हैं, जो देश और समाज को एक नई दिशा देने वाले भी सिद्ध हो सकते हैं। हमारी प्रौद्योगिकीय परिकल्पना इसलिए इन सब प्रौद्योगिकियों का एक ऐसा मिश्रण है, जिसमें अन्य पारंपरिक स्रोत जैसे बैटरियाँ, डीजल या मिट्टी के तेल से चलने वाले इंजन भी अपनी भूमिका अदा कर रहे हैं।

तालिका 11.1

रिन्यूएबिल ऊर्जा प्रौद्योगिकियों की सम्भावनाएँ

स्रोत/प्रणालियाँ	अनुमानित संकल्पनाएँ
बायो गैस (गोबर गैस प्लांट्स) (दस लाखों में)	12
सुधरे हुए लकड़ी के स्टोव (दस लाखों में)	120
बायो गैस (एम वाट)	17,000
सौर ऊर्जा (एम वाट/के एम^2)	20
वायु ऊर्जा (एम वाट)	20,000
छोटी हायड्रो ऊर्जाएँ (एम वाट)	10,000
महासागर से प्राप्त ऊर्जा (एम वाट)	50,000

स्रोत : टी ई आर आई ऊर्जा डेटा डायरेक्टरी एंड ईंथर बुक 1997-98

आने वाले वर्षों में ईंधन की सैल, जैविक ऊर्जा स्रोत, हायड्रोजन-ऊर्जा-विखंडन ऊर्जा तथा संलयन ऊर्जा आदि भी अपने महत्त्व का प्रदर्शन कर, भारतीय शोधकर्ताओं को नई-नई प्रणालियों का सृजन करने के बहुत अधिक अवसर प्रदान करेंगे।

ऊर्जा-विषयक निपुणता

अल्पकालिक, माध्यमिक और दूरगामी कालों में ऊर्जा-विषयक निपुणता और क्षमता सब क्षेत्रों के प्रौद्योगिकी के अनुकूल वातावरण का एक निर्णायक भाग होगा। मिसाल के तौर पर, स्टील प्लांटों का बेकार हुआ कूड़ा-करकट आज अपेक्षाकृत अन्य बेमिलावट तापमान स्तरों (कभी-कभी 800% सी से 1500% सी तक) रद्द कर दिया जाता है। यदि, मान लीजिए, इस ऊर्जा का 20 प्रतिशत भी बेकार ताप के रूप में दुबारा प्राप्त हो जाता है, तो उसका इस्तेमाल मध्यम आकार के एक 'पॉवर प्लांट' को चलाने वाले ईंधन के रूप में काम आ सकता है। जीवन के हर क्षेत्र में, हमारे घरों में भी ऊर्जा के परिरक्षण के अनेक उदाहरण मिल जाएँगे। एक और मिसाल लीजिए। यदि दूध के एक बर्तन को रैफ्रीजरेटर से बाहर निकाल कर, बाहर कमरे के तापमान पर कुछ देर के लिए रखा जाता है, स्टोव पर रखे जाने से पूर्व, तो ठंडे बर्तन को गरम करने वाली आवश्यक अतिरिक्त ऊर्जा की मात्रा कम हो जाएगी। इससे भी अधिक महत्त्वपूर्ण बात यह है कि हमारे घरों और कारखानों में प्रयुक्त होनेवाले बिजली के बहुत से छोटे यंत्र ऊर्जा के सक्षम प्रयोग के लिए नहीं डिजाइन किए जाते। हमारे बहुत से पंखे, एक और मिसाल लें तो, एक ख़ास रफ्तार पर चलने के लिए और ज्यादा बिजली खर्च करते हैं। अनेक बुद्धि-सम्बन्धी प्रौद्योगिकीय उत्प्रेरणों को यदि ऐसी प्रणालियों में प्रयुक्त कर दिया जाए तो दूसरों को इस्तेमाल करने के लिए और ज्यादा बिजली उपलब्ध हो सकेगी। कृषि-क्षेत्र एक अन्य ऐसा क्षेत्र है, जहाँ ऐसे ऊर्जा

संरक्षण की तत्काल आवश्यकता है। भले ही किसानों को बिजली मुफ्त या इमदादी दरों पर कृषि सम्बन्धी कामकाज के लिए दी जाए, तो भी उसी बिजली के उपयोग से बिजली के पम्पों को भी चलाया जा सकता है। लेकिन, देश की अर्थव्यवस्था में बिजली को जीवन-रक्षा प्रदान करने वाला महत्त्वपूर्ण अंग मानकर, इमदादों का ज़रूरत से ज्यादा इस्तेमाल बन्द होना चाहिए, बिजली की बचत के दूरगामी प्रभावों के मद्देनजर।

अन्य विषय

सर्वोच्च गुणवत्ता-पूर्ण बिजली सबको प्राप्त हो, इस परिकल्पना को वास्तविकता में परिवर्तित करने के लिए, हमारे लिए अनेकानेक राजनीतिक और कानूनी मुद्दों का समुचित हल प्राप्त करना निहायत ज़रूरी है। निजी क्षेत्र की भागीदारी से प्रयोगकर्ताओं की सेवा के क्षेत्र में प्रतियोगिता का दौर शुरू हो सकता है। इस बात की भी सम्भावना है कि हमें सीमा-पार से भी नियमित रूप से बिजली प्राप्त हो, व्यापारिक समझौतों के बाद। भारत को वे प्रौद्योगिकियाँ भी उपलब्ध हो सकती हैं, जो भारत को बिजली-समृद्ध देश बनाने में मददगार हो सकती है, ऐसी गुणवत्तापूर्ण बिजली, जो सब भारतीयों को वाजिबी मूल्य पर उपलब्ध होगी। लेकिन, ऐसा तभी सम्भव होगा, जब सारा राष्ट्र और वे सब लोग जिनकी पूँजी और साख बिजली उत्पादन के व्यापार में निवेशित है, निहित स्वार्थों के चक्र से अपने को आज़ाद कर लेंगे, अव-संरचना से सम्बन्धित प्रौद्योगिकियों के इस्तेमाल को प्राथमिकता देंगे और स्वयं को भी इस निष्क्रियता के चंगुल से मुक्त कर लेंगे, जिसके शिकार पूँजी लगाने वाले प्रायः हो जाते हैं। हमें पूरी आशा है कि विकसित राष्ट्र बनने के अपने संकल्प और दृढ़ निश्चय के साथ-साथ विद्युत-क्षेत्र में भी एक विकसित राष्ट्र बनता हुआ दिखाई देगा।

जल

हमारी नदियों का वर्णन पौराणिक गाथाओं में आता है, इस कारण वे हमारी दृष्टि में महत्त्वपूर्ण हैं। इसके बावजूद हमने अपनी नदियों और जल-संस्थानों के साथ वह सुलूक नहीं किया है, जिनकी वे हक़दार हैं। हम सब जानते हैं कि जल न सिर्फ हम सबके अपने इस्तेमाल के लिए जरूरी है वरन् कृषि, उद्योग के लिए भी बहुत ज़रूरी है। गरमियों के मौसम में, जब शहरों और गाँवों में भी अचानक पानी की कमी का संकट पैदा हो जाता है, तब वह हमारे लिए और भी ज्यादा जरूरी और महत्त्वपूर्ण बन जाता है। हमारी नदियों और अन्य जल-स्रोतों के भयंकर रूप से प्रदूषित हो जाने के कारण हमारे देश के अनेक भागों में स्वास्थ्य-सम्बन्धी अनेक समस्याएँ उत्पन्न होती रहती हैं। आने वाले वर्षों में और तत्काल भी, इन समस्याओं को हल करना आवश्यक है। आने वाले वर्षों में जल को पुनः चक्रित करने और जल के संरक्षण की ज़रूरत होगी। जल हमारे दैनिक जीवन की सर्वोच्च ज़रूरतों में से एक बन जाएगा, एक क्रांतिक ज़रूरत के रूप में।

हम जल के एक पहलू के बारे में पाठकों को बताना चाहते हैं। वह हमारे

जलमार्ग परिवहन के सबसे कम-खर्चीले साधनों में से एक है। सड़क-परिवहन सेवाएँ तथा रेलवे कीं भागीदारी 1992-93 में कुल जी डी पी की, क्रमशः 53.3 प्रतिशत और 31.7 प्रतिशत थी। मगर जल-मार्गों की भागीदारी महज़ 6.5 प्रतिशत ही है। सड़क-परिवहन की जी डी पी में भागीदारी प्रति वर्ष 8.8 प्रतिशत की दर से, 1980-81 और 1992-93 में 8.8 प्रतिशत की दर से बढ़ी, जबकि जल-मार्गों में उसका विकास सिर्फ 3 प्रतिशत ही रहा।

जल-मार्गों का महत्त्व क्रमशः कम क्यों हो रहा है, इसके अनेक कारण हैं। जल-मार्गों के प्रयोग की सबसे बड़ी ख़ामी यह है कि उनके द्वारा माल सिर्फ कुछ नियत और सीमित मार्गों द्वारा ही भेजा जा सकता है, जबकि सड़क-परिवहन और रेलवे के मामलों में ये बंधन नहीं हैं। इन दोनों के ज़रिए माल को प्रयोगकर्ता की आवश्यकतानुसार, अधिक स्थानों पर पहुँचाया जा सकता है। दूसरे, पिछले चार दशकों में सड़क और रेलवे नेटवर्क का बहुत तेज़ी से विस्तार हुआ है, जबकि जलमार्गों की बहुत अधिक उपेक्षा की गई है। सार्वजनिक क्षेत्र में भी अंतर्देशीय जल-मार्गों पर परिवहन की अन्य प्रणालियों की अपेक्षा बहुत कम निवेश किया है। सातवीं पंचवर्षीय योजना में ही जल-मार्गों और जल-परिवहन के विकास पर कुछ तवज्जो दी गई। अभी तक जिन अन्तर्देशीय स्थानों तक जल-मार्ग परिवहन का इस्तेमाल हुआ है, वे कुछ क्षेत्रों तक ही सीमित थे, जैसे गोआ में मांडवी नदी, गंगा के कुछ पूर्वीय इलाक़े, नहरें और केरल, कर्नाटक, महाराष्ट्र और आंध्र-प्रदेश के कुछ क्षेत्र।

लेकिन जल-मार्गों के स्थानिक और भौगोलिक परिसीमन को जल-मार्गों के विकास में बड़ा व्यवरोध नहीं माना जाना चाहिए, क्योंकि जल-परिवहन के 61 प्रतिशत प्रयोग-करने-योग्य मार्गों का अभी तक उपयोग होना शेष है। 14544 किलोमीटर लम्बे ऐसे मौजूदा जल-मार्गों को एक प्रभावी तरीके से एक गुणकारी परिवहन-प्रणाली के रूप में विकसित किया जा सकता है। उन प्राकृतिक और अव-संरचनीय विवशताओं की पहचान करके उन्हें दूर करने के उपायों को सुनिश्चित करना एक अनिवार्यता है। ऐसे कुछ व्यवरोधों का ब्यौरा इस प्रकार है :

- तटों के भू-कटावों, गाद आदि से, तथा मिट्टी आदि के ह्रास से उत्पन्न नौकागम्य मार्ग में उत्पन्न बाधाएँ।
- नदियों की सँकरी चौड़ाई और छिछला जल।
- सुचारु परिवहन में सहायक उपायों की अपर्याप्तता।
- समतल और सीधे खड़े मार्गों पर सुचारु रूप से नौका-चालन में बाधा। नावों का पुराना होना। तालों जैसी हायड्रोलिक संरचना का नाकाफ़ी होना।
- नदी के किनारों पर इच्छित जगह का तथा गन्तव्य स्थान का पता न मिलने के कारण हुई देरी आदि कारणों से जल-परिवहन-प्रणाली का महँगा हो जाना।

देश में दो प्रमुख जल-मार्ग हैं—गंगा-भागीरथी-हुगली नदी-प्रणाली और ब्रह्मपुत्र-नदी-जल-प्रणाली। दोनों के विश्लेषण से पता चलता है कि इन प्रणालियों द्वारा जिस प्रकार के माल को ढोया जाता है, वह या तो बहुत भारी होता है या ऐसा जो आसानी से नष्ट न हो सके। इसके बावजूद, इन दोनों प्रणालियों में और

अधिक माल ढोने की क्षमता मौजूद है। लेकिन इस संभाव्य क्षमता का पूरा उपयोग करने के लिए, रेल, सड़क और जल-मार्गों के एकीकृत नेटवर्क का सम्पूर्ण विकास होना चाहिए। इसके लिए एक चुस्त-दुरुस्त संस्थान की स्थापना की ज़रूरत होगी, जो यांत्रिक विधि से माल चढ़ाने-उतारने की सुविधाओं का भरपूर लाभ उठा सके, इस वैविध्यपूर्ण परिवहन नेटवर्क के अनेकानेक स्थानों पर सक्रिय होकर। हालाँकि देश के कुछ जल-मार्गों के वर्गीकरण के बाद, राष्ट्रीय जलमार्ग घोषित कर दिया गया है, तथापि उन्हें उपलब्ध प्रौद्योगिकी का सही व उपयुक्त उपयोग करके उनका आधुनिकीकरण करने की ज़रूरत है। इस प्रौद्योगिकी के इस्तेमाल से नाव-चालक इच्छित गन्तव्य स्थान का पता आसानी से लगाने के अलावा, आधुनिक संचार-प्रणालियों का लाभ भी उठा सकेंगे, और जलमार्गों को 'स्मार्ट जलमार्ग' बनाने में मददगार हो सकेंगे।

अति प्रचलित कुशल जलमार्गों को काफ़ी गहरे नौकागम्य-मार्ग की आवश्यकता होती है। और काफ़ी चौड़ी तथा ज्यादा बड़ी नौकाओं की भी, ताकि उनका चालन सुगम हो। जलमार्ग की हालत ऐसी होनी चाहिए कि उस पर नौका चालन आसानी से हो सके। उसकी हालत ऐसी भी होनी चाहिए, जिसमें नाव को आसानी से मोड़ा भी जा सके। नदी में गाद, कीचड़ और सिल्ट कम से कम होनी चाहिए। जलमार्ग का काफी ऊर्ध्व होना ज़रूरी है, ताकि नाव की प्रगति में कहीं, कोई बाधा न आए। नावों का चौबीस घंटे में कम से कम 18 घंटे चलते रहना ज़रूरी है। जिन-जिन स्थानों पर नावों को माल लादने या उतारने के लिए रुकना पड़े, वहाँ माल को सुचारु रूप से उतारने और ढोने की अच्छी सुविधाएँ अवश्य मौजूद होनी चाहिए। जलमार्गों में पर्याप्त प्रकाश, प्रथम श्रेणी की संचार-व्यवस्था और नौचालन के लिए सहायता-युक्त साधनों का नौका में रहना बहुत ज़रूरी है।

यदि हमारे सब जलमार्ग कुशल जलमार्ग हो जाएँ, तो हम अपने जलमार्गों द्वारा ही पंजाब से भेजी गई सीमेन्ट, और खाद्य-पदार्थ जैसी वस्तुएँ सीधे हमारे पड़ोसी देश, बँगलादेश में जाकर ही उतरेंगी।

जलमार्गों के लिए आवश्यक प्रौद्योगिकी निम्न कार्यों को कार्यान्वित करने में सहायक होगी—

- ऐसे अन्तिम स्टेशनों का डिजाइन तैयार करना, जिससे माल को सुरक्षित रखने, उतारने, लादने और व्यवस्थित ढंग से सजाने आदि का काम सुचारु रूप से हो सके। माल को उतारने, लादने आदि के लिए 'मोबाइल ग्रैव क्रैन्स, और कन्वेयर बैल्ट लोडर्स' की आवश्यकता होगी। माल और कन्टेनरों को एक स्थान से दूसरे स्थान पर ले जाने के लिए 'लाइटरेज' प्रणाली काम में लाई जा सकती है। तिरने वाले पोतघाटों (जैटियों) के निर्माण से माल के संचलन में लचीलापन आएगा। उपयुक्त पोताघाटों का डिजाइन माल की किस्म, और उसके वज़न और मात्रा पर निर्भर करेगा।
- आधुनिक इलैक्ट्रानिक्स उपग्रहीय संचार-व्यवस्था और रेडियो संचार (कम विस्तार वाली) प्रौद्योगिकी, सूचना-प्रौद्योगिकी (कम विस्तार वाली जिसका विस्तार तट से जहाज तक और एक जहाज से दूसरे जहाज तक) और बड़े विस्तार वाली

संचार-व्यवस्था, जिसमें उपग्रहों से सम्बन्ध स्थापित होता है, नौकायन-विधि जो उपग्रह-आधारित विश्वव्यापी स्थिति निर्धारण प्रणालियाँ (जी पी एस) नौबेड़ा-प्रबंधन, जिसमें नौकायन-प्रणालियों और उपग्रह-संचार-विधियों का मिश्रण होता है, यानों की सुविधाजनक स्थिति-निर्धारणों के इलैक्ट्रानिक चार्ट, उनके आने-जाने के मार्गों को दर्शाती है, आपात स्थितियों में उपग्रह-प्रणालियों का उपयोग, और ऑन-बोर्ड, कम खर्चीले नौकायन के दौरान प्रयुक्त हो सकने वाले राडार, गूँज-साउन्डर्स वी एच एफ कम्यूनिकेशन रिसीवर्स जैसे उपस्कर।

तो, आधुनिक इलैक्ट्रानिक प्रौद्योगिकियाँ एक प्राचीन परिवहन-प्रणाली को एक नई ऊर्जस्विता प्रदान करने के साथ-साथ इस प्रक्रिया के दौरान काफी मात्रा में ऊर्जा की बचत भी करके दिखा सकती है।

समुद्र

नदी-यात्रा की धारणा को थोड़ा और विस्तृत कर दिया जाए, तो समुद्र-यात्रा की कल्पना की जा सकती है। विश्व में बहुत कम देश ऐसे हैं, जो तीन दिशाओं में महासागरों से घिरे हों। पर्यटन या व्यापार के लिए वे उत्तम अवसंरचना के बने बनाए मार्ग हैं। भारत के पास ग्यारह बड़े बंदरग्रह और 139 परिचालन-योग्य छोटे-छोटे बन्दरगाह हैं। बड़े बन्दगाहों का प्रबंधन केन्द्रीय सरकार करती है, और छोटे-छोटे बन्दरगाहों का सम्बन्धित राज्य-सरकारें। 11 बड़े बन्दरगाहों के नाम हैं—कांडला, मुम्बई, जवाहरलाल नेहरू पोर्ट, मुम्बई, मारमागाँव, नया मंगलौर, कोचि, तूतीकोरिन, चेन्नई, विशाखापतनम, पारादिप और कलकत्ता। नक्शे में उनकी स्थिति को देखकर लगता है, जैसे वे अपने देश के गले में एक सुन्दर माला की तरह पड़े हैं। इन बड़े बन्दरगाहों से 95 प्रतिशत व्यापार होता है। 1996-97 की अवधि में करीब 225 मिलियन टन भारी माल का व्यापार हुआ। 2000-01 तक इसके बढ़कर 390 मिलियन टन हो जाने की आशा है, और 2005-06 तक 650 मिलियन टन तक हो जाने की। पिछले कुछ वर्षों से विकास की इस मात्रा में लगातार उछाल आ रहा है। फिर भी, औसत-जहाज-विराम काल (एस्टा) में औसत जहाज बर्थ के निगम के अनुरूप सुधार होना चाहिए, ताकि हमारा प्रदर्शन अंतरराष्ट्रीय स्तर का हो सके। कई छोटे बन्दरगाहों का निजीकरण हो रहा है। हमारा विश्वास है कि भारतीय बन्दरगाहों का लक्ष्य और ऊँचा होना चाहिए। भारत प्रमुख अन्तरराष्ट्रीय ट्रैफिक की श्रेष्ठ मंजिल हो सकता है। हमारे महासागर और द्वीप भी, यदि उनका सही ढंग से इस्तेमाल किया जाए, तो वे काफी महँगे उत्पादों के स्रोत बन सकते हैं।

नदियों का नेटवर्क

हमें अपनी नदियों का नेटवर्क भी बनाना है। नदियाँ हमें न सिर्फ नए जल-मार्ग प्रदान कर सकती हैं, उन भागों से जहाँ जल ज्यादा है, अतिरिक्त जल उन भागों को मुहय्या कराया जा सकता है, जहाँ पानी की कमी है। हम जानते हैं कि नदियों के साथ राजनीतिक मुद्दों के साथ-साथ लोगों की भावनाएँ भी जुड़ी हैं। लेकिन, हमारा मानना

है कि एक ऐसे राष्ट्र के रूप में जो हमारे लिए विकसित देश के ओहदे तक पहुँचने के लिए प्रयत्नशील है, हमें अपने स्रोतों, साधनों और प्राकृतिक उपहारों का उपभोग मिल-बाँटकर करना चाहिए, और पानी के कुशल प्रबंधन की एक नीति निर्धारित करनी चाहिए। हमारा लक्ष्य यह होना चाहिए कि अधिक दौलत कमाकर, और अधिक समृद्ध बनाकर, इस दौलत और समृद्धि में सबको भागीदार बनाना चाहिए। ऐसा न हो कि हम आपस में लड़ते-झगड़ते रहें और आपस में बाँटने के लिए हमारे पास गरीबी ही रह जाए, और विशेषाधिकारों और सुविधाओं का अकेले उपभोग करने की होड़ शुरू हो जाए।

सूचना प्रौद्योगिकी (इन्फ़ोटेक) मिशन

अभी तक हमने अवसंरचना के पारम्परिक तरीकों की चर्चा की। आधुनिक अवसंरचना के सम्बन्ध में दूरसंचार किसी भी प्रतियोगितात्मक अर्थव्यवस्था के लिए निर्णायक महत्त्व रखता है। डिजिटल प्रौद्योगिकी, जिसके साथ कम्प्यूटरों का भी समावेश है, के उद्गम के बाद डेटासामग्री का संचारण जीवन के हर पहलू पर व्याप्त हो गया है, सूचना-प्रौद्योगिकी आई टी के नाम के अन्तर्गत। हम पीछे यह देख आए हैं कि कैसे सेवा-क्षेत्र के प्रायः सभी वर्ग 'आई टी' के माध्यम से खुले जा रहे हैं। इस बात की अच्छी सम्भावनाएँ मौजूद हैं कि भारत एक आई टी महाशक्ति के रूप में उभरे, विश्व-व्यापार के बड़े भागीदार के रूप में, और अनेक नवीन सूचना प्रौद्योगिकियों और सॉफ्टवेयर प्रणालियों का जन्मदाता भी बनकर सामने आए।

पिछले कुछ वर्षों से अनेक समितियों और मंचों पर इस बात को उठाया गया है कि भारत में सूचना प्रौद्योगिकी और सॉफ्टवेयर के क्षेत्रों में एक बड़ी शक्ति के रूप में उभरने की सामर्थ्य मौजूद है। विश्व की अनेक सॉफ्टवेयर कम्पनियाँ अब भारत को अपनी आखिरी मंजिल के रूप में देखती हैं, और मानती हैं कि उनकी नियति भारत के साथ ही संलग्न है। ये कम्पनियाँ भारत के कम्प्यूटर-विशेषज्ञों को ऊँचे-से-ऊँचा वेतन देकर उनसे अपने काम करवाने के लिए सदा तैयार रहती हैं। भारत का सॉफ्टवेयर निर्यात प्रति वर्ष दस गुना बढ़ रहा है। उसकी अंतःशक्ति और सम्भाव्यता इससे भी अधिक है। प्रधानमंत्री कार्यालय ने इस मुद्दे से सम्बन्धित एक 'कृतिक बल' के गठन का निश्चय किया, ताकि भारत में सूचना-प्रौद्योगिकी के विस्तार की प्रक्रिया को और अधिक गतिशील बनाया जा सके।

इसका तात्पर्य यह है कि अब अनेक मोर्चों पर कार्यवाही शुरू होगी। आधारभूत 'फाइबर ऑप्टिक' नेटवर्कों के गठन की प्रक्रिया में भी तेज़ी आएगी। सरकार की अनेक एजेन्सियों, जैसे रेलवे, तेल और प्राकृतिक गैस आयोग के पास जो एकमात्र संचार अवसंरचना मौजूद है, उसका परिनियोजन एक डेटा सामग्री परिवहन माध्यम के रूप में किया जाएगा। निजी क्षेत्र को भी इन कार्यक्रमों में भागीदार बनाकर प्रोत्साहित किया जाएगा, उस योग्य बनाया जाएगा। इसके अलावा, नवीनता का प्रस्थापन करने वाली प्रणालियों को नेटवर्क को वास्तविक प्रयोगकर्ता बनाने के अपने अन्तिम उद्देश्य की पूर्ति के लिए अंतिम दौर में आ जाने वाली समस्याओं से जूझने का अवसर

दिया जाएगा। इन सब प्रयासों के परिणामस्वरूप कई प्रकार की मौजूदा इजारेदारियों का भी ख़ात्मा हो जाएगा और भारतीय उद्योग-उपक्रमी जीवटता और ओजस्विता को पूर्ण शक्ति से विकसित होने तथा उन्नत और समृद्ध होने के अवसर मिलेंगे।

इसके अलावा, सरकार को ऐसे कदम भी उठाने पड़ेंगे, जिनके तहत कई क्रुद्ध और क्षुब्ध करने वाले क्रियाविधि-सम्बन्धी गतिरोधों को हटाया जाएगा, ताकि एक अकेले व्यक्ति की इकाइयों का भी सूचना-प्रौद्योगिकी के क्षेत्र में ऊपर आने के मौके सारे देश में मिल सकें। राजकोष से मिले प्रोत्साहनों के आधार पर अन्य प्रोत्साहनों की मदद से अधिकांश भारतीय कम्प्यूटर के मालिक बन सकेंगे। वस्तुतः टेलीफोन सुविधाओं में क्रांति आ जाने के बाद भारी संख्या में गाँव नगरों और महानगरों से जुड़ गए हैं। अभी जगह-जगह फैले कम्प्यूटर युक्त एस टी डी/आय एस डी बूथों की मदद से ई-मेल भेजी जा सकेगी, और डेटा-सामग्री प्राप्त हो सकेगी। इस प्रकार की क्रिशशीलताओं को व्यापारिक शक्ल भी दी जा सकती है, बशर्ते कि सरकारी एजेन्सियाँ अपनी बहुत ज़्यादा प्रवेश फीस कम कर दें, और शुल्कदर में भी पाँच साल तक कमी कर दें, तो।

सॉफ्टवेयर और सूचना-प्रौद्योगिकी में भारत की जो सामर्थ्य है, उसका पूरा श्रेय गुणी और हुनरमंद युवा-जन को जाता है। अपनी अनेक समस्याओं के बावजूद, हमारे स्कूलों और कॉलेजों ने उन्हें इन नई चुनौतियों का सामना करने के लिए तैयार किया। अनेक निजी संस्थाओं ने उन्हें प्रशिक्षण प्रदान किया, और विशिष्ट कार्यों की जिम्मेवारी सँभालने के लिए तैयार किया। अनेक निर्धन परिवारों ने हज़ारों रुपए खर्च करके अपने बच्चों को कम्प्यूटर-क्षेत्र में नौकरियाँ करने के काबिल बनाया। उनमें से अधिकांश को कामयाबी हासिल हुई है।

सॉफ्टवेयर और सूचना-प्रौद्योगिकी के विकास में जिस प्रकार विकास और प्रगति हो रही है, उसकी दिशा विकसित देशों की ज़रूरतों के अनुरूप ही है—अधिक से अधिक स्वचालित और हस्त-चालित इंदराजों पर कम से कम निर्भरता। तथा डिजाइन, अनुरूपता, विश्लेषण और संश्लेक्षण के लिए उच्चतर लक्ष्य-निर्धारण को जानने में सॉफ्टवेयर का ज्यादा से ज्यादा इस्तेमाल। अभी तक, विकासशील जगत में कुल मिलाकर, सूचना-प्रौद्योगिकी और सॉफ्टवेयर का निर्गम या कार्यशीलताओं का प्रतिशत अत्यन्त निम्न है। सूचना-प्रौद्योगिकी के क्षेत्र में हमारी संपूर्ण मूल्यवत्ता की भागीदारी और भी कम हो जाएगी यदि हमने डिजाइन और उच्चतर लक्ष्य निर्धारण सम्बन्धित प्रणालियों के उत्पादन की मूल सामर्थ्य प्राप्त नहीं की। जैसा कि एक उच्च शिक्षण संस्थान के सदस्य ने कहा है, "हम भारी संख्या में कम्प्यूटरों या बिना जुड़े कम्प्यूटरों के संघटकों का अन्य सूचना-प्रौद्योगिकी-प्रणालियों और सॉफ्टवेयरों के साथ आयात कर सकते हैं, और फिर उन्हें सारे देश के विभिन्न स्थानों में भेज सकते हैं। यदि उनके प्रयोग से प्राप्त सम्पूर्ण आमदनी की राशि में से उन्हें आयात करने के मूल्य से घटा दिया जाए, तो हम नुकसान में हैं या फायदे में ? हमें इस निर्णायक प्रश्न का उत्तर खोजना है।"

हमारा विश्वास है कि हमें दोनों काम साथ-साथ करने होंगे। हमें तेज़ी से अपनी

कार्य-योजना का विस्तार भी करना है, और बड़े पैमाने पर, सॉफ्टवेयर प्रणालियों और संपूर्ण मूल्यवत्ता युक्त सूचना-प्रौद्योगिकी की व्यापारिक क्रियाशीलताएँ दोनों पर अपना समान ध्यान केंद्रित करना है, तभी हम सूचना-प्रौद्योगिकी और सॉफ्टवेयर क्षेत्रों में आयात और निर्यात के बीच संतुलन क़ायम कर सकेंगे। सच तो यह है कि हम आने वाले कुछ वर्षों में भारत के पक्ष में एक विशाल और सतत् और दीर्घकालिक बढ़ती दिखा सकने में कामयाब हो सकते हैं। लेकिन, इस मामले में हमें बहुत जल्दी अपने प्रयास आरम्भ करने पड़ेंगे, इस हकीकत के मद्देनज़र कि हमसे बाद में इस क्षेत्र में प्रवेश करने वाले कई देश सूचना-प्रौद्योगिकी के क्षेत्र में अधिक से अधिक सफलता अर्जित करने के लिए जी-तोड़ मेहनत कर रहे हैं।

भारत को यदि सूचना-प्रौद्योगिकी के क्षेत्र में अपना वर्चस्व क़ायम करना और बनाए रखना है, तो उसे देश में सूचना-प्रौद्योगिकी के शिक्षण को और ज्यादा बढ़ावा देना होगा। देश के इंजीनियरिंग और विज्ञान के कालेजों में उनके पाठ्यक्रम में आधुनिक सूचना-प्रौद्योगिकी विषय को शामिल करने के लिए प्रोत्साहित करना होगा। उन्हें आवश्यक सुविधाएँ प्रदान करनी होंगी। और इससे भी आगे जाकर निजी क्षेत्र को भी इस नए शिक्षा-क्षेत्र में शामिल होने की प्रेरणा देनी होगी। ज़रूरत हुई तो हम इस सम्बन्ध में विदेशी सहायता प्राप्त स्रोतों से भी सहायता प्राप्त कर सकते हैं। हमें बाधित करने वाले सभी इजारेदारों को हटाना होगा, ताकि हम अपने लक्ष्य तक पहुँचने के लिए नए-नए मार्गों और उपायों की योजनाएँ बना सकें।

इस लक्ष्य-प्राप्ति के लिए हमें सूचना-प्रौद्योगिकी के हर पहलू से जुड़े विशाल मानव-संस्थान का संगठन और ढाँचा तैयार करना पड़ेगा। यह होगी इस लक्ष्य-प्राप्ति की कुंजी। इस प्रकार जिस ढाँचे, संगठन और अवसंरचना का निर्माण होगा वह भारत को सूचना-प्रौद्योगिकी के क्षेत्र में एक महाशक्ति के रूप में स्थापित करने में सहायक सिद्ध होगा।

अपनी इस परिकल्पना को साकार करने के उद्देश्य से हमें इस बात को अच्छी तरह से समझ लेना होगा कि उसका आधार है–दूरसंचार। कुछ वर्ष पहले तक टेलीफोन को हमारे देश में विलासिता का एक साधन समझा जा सकता था। हमें शुक्रगुज़ार होना चाहिए सैम पित्रोदा का, जिन्होंने फोन को राष्ट्रीय मंच पर केन्द्रस्थ स्थान दिलाया, और सी-डॉट प्रयोजना द्वारा टेलीफोन को घर-घर पहुँचाया। इस प्रक्रिया को अधिक व्यापक और प्रभावी बनाने के लिए निजी-क्षेत्र की सहायता भी ली जा सकती है। मगर हमारा दुर्भाग्य यह है कि इजारेदारियों को ध्वस्त करना आसान नहीं है हमारे देश में। हमें आशा है कि सूचना-प्रौद्योगिकी पर अधिक ध्यान केन्द्रित करने से नतीजतन दूरसंचार के नेटवर्कों की गति में वृद्धि होगी, और बेहतर फोन-सेवाओं का विस्तार होगा। भारतीय दूरसंचार नेटवर्क की एक विध्यात्मक विशेषता यह है कि उसके तमाम नेटवर्क में डिजिटल लाइनों का अनुपात विश्व की सर्वोत्तम दूरसंचार प्रणाली के काफी निकट है।

भारतीय दूरसंचार नेटवर्क की दो प्रमुख आवश्यकताएँ हैं–उसका भारी विस्तार और गुणवत्ता में सुधार। यह महत्त्वपूर्ण और निर्णायक है उन विधि सेवाओं के, जो

आज वह फोन-धारकों को उपलब्ध करा रहा है, समर्थन के लिए। इन नई सेवाओं को, जो बहु-माध्यमों की प्रयुक्तियों से जुड़ी हैं, उच्चतर सामर्थ्य वाले साधनों की ज़रूरत होगी, जो परम्परागत ताँबे की लाइनों और 'स्विचिंग' प्रणालियों द्वारा आजकल प्रदान किए जाते हैं। इसलिए, आदर्श के रूप में इस देश को आवश्यकता है—पर्याप्त 'बैंड विड्थ' (ताकि ध्वनि प्रयुक्तियों को सुविधाजनक बनाया जा सके), डेटा-सामग्री प्रयोज्यता और ग्रामीण तथा शहरी पृष्ठभूमि में, कार्यशालाओं में, या घर में, यहाँ तक कि दूरस्थ क्षेत्रों, जैसे पहाड़ी इलाकों में, या द्वीपों में 'मल्टी मीडिया'-विषयक प्रयोज्यताओं के लिए अधिक प्रभावी डिजिटल नेटवर्क की।

इस बात को सुनिश्चित करने के लिए कि फोन-सेवाओं का लाभ ज्यादा से ज्यादा फोन-धारक (ग्राहक) प्राप्त कर सकें, लाइनों की संख्या को बढ़ाना होगा, डिजिटल लाइनों के अनुपात में वृद्धि करनी होगी, डिजिटल 'स्विचिंग' प्रौद्योगिकियों का इस्तेमाल करना होगा, संचारण नेटवर्क की सामर्थ्य और पैड में वृद्धि करनी होगी, और ग्राहक के घर में लगे उपस्कर और सामग्री (सी पी ई) की गुणवत्ता में सुधार करना होगा।

2015 तक, भारत के पास एक ऐसा नेटवर्क हो सकता है, जो संपूर्णतः डिजिटल होगा, सारे देश को अपनी सेवाएँ देने वाला होगा, मोबाइल (पर्सनल कॉम्यूनिकेशन सिस्टम) व्यक्तिगत-सन्देश सेवा-प्रणाली पर आधारित होगा, उपग्रह द्वारा विश्वव्यापी मोबाइल संदेश-सेवा-प्रणाली पर आधारित सेवाओं सहित और व्यापारिक केन्द्रों में सिरे से सिरे तक उच्च 'बैंड विड्थ' सामर्थ्यवान सेवाओं सहित।

2000 तक, भारतीय नेटवर्क में हम इन उन्नतियों को देख सकेंगे—रेशे से कर्ब तक, और रेशे से भवन तक। एच डी एस एल 13 प्रौद्योगिकियों का बड़े पैमाने पर परियोजन मौजूदा ताँबे की लाइनों पर और केवल नेटवर्क पर ध्वनि और दत्त सामग्री के संचारण की शुरुआत।

यह आशा भी की जाती है कि 2015 तक व्यापक पैठ करने वाले नेटवर्क, पूरे नेटवर्क में धारा-प्रवाह की सचलता को समर्थन दे सकेंगे, निजी फोन नम्बरों की व्यवस्था और 'आप्टिकल फाइवर्स' को ग्राहक के घर तक पहुँचाने की व्यवस्था भी कर सकेगा।

ग्राहक के घर में लगे उपस्कर और सामग्री (सी. पी. ई.) के विविध प्रकार सारे देश में उपलब्ध होंगे, और उनका प्रयोग भी होगा। खासतौर पर हम ऐसे ब्रॉड बैण्ड से सम्बन्धित उपस्कर तथा अन्य सामग्री की प्रयुक्तियाँ 'इन्टीग्रेटेड सर्विसेज डिजीटल नेटवर्क' (आय एस डी एन) में दिखाई देंगी। इसके अलावा हम 'कम्प्यूटर-टेलीफोनी-इन्टीग्रेशन' की शुरुआतों के दर्शन भी कर सकेंगे। हम 2015 तक 'मल्टीमीडिया टर्मिनल्स' के रोजमर्रा के इस्तेमाल की आशा भी कर सकते हैं। अपनी फरमाइश पर हम 'वीडियो-टेलिफोनी' और 'वीडियो-कान्फ्रैंसिंग भी देख सकेंगे।

2000 में सेवाओं और प्रयुक्तियों के उस विस्तार की आशा है, जो 'वीडियो-कान्फ्रैसिंग' और उच्च 'बैंड विड्थ' डेटा सामग्री की प्रयुक्तियों से लेकर विस्तृत उच्च 'बैंडविड्थ' सेवाएँ तक उपलब्ध होंगी, कम से कम महानगरों में और उनकी अनेक

गंभीर प्रयुक्तियाँ शिक्षा, स्वास्थ्य, और मनोरंजन के क्षेत्रों में भी उपलब्ध होंगी। हमारी सम्पूर्ण परिकल्पना के अनुसार, निरन्तर प्रयासों से सेवाओं का विस्तार काफ़ी संख्या में गाँवों तक भी फैलता दिखाई देगा। इसके लिए हमें अपनी नीतियों को लचीला बनाना पड़ेगा और प्रणालियों में नए-नए विषयों को दाखिल करना पड़ेगा।

गांवों का सम्बन्धन

काफी अर्से से अनेक आधुनिक वैज्ञानिक और प्रौद्योगिकीय उपलब्धियों से ग्रामीण क्षेत्रों को भी लाभ हुआ है। उनके कारण गाँव वालों की जीवन-शैलियाँ भी प्रभावित हुई हैं—कभी-कभी, अप्रत्यावर्तिता के साथ (जिसे रद्द न किया जा सके)। मिसाल के तौर पर, आज के उर्वरकों, और जैव-रसायन-आधारित ज्यादा उपज देने वाली कृषि, स्वास्थ्य सेवाएँ, बिजली, रेडियो, टेलीविजन, बस-सेवाएँ, कृषि में सहायक मशीनरी और प्लास्टिक के चप्पल, जूते आदि के नाम गिनाए जा सकते हैं। फिर भी ग्रामीण और शहरी इलाकों के बीच असममति रही है। चूँकि शहरी क्षेत्र औद्योगिक और व्यापारिक केन्द्र तो हैं ही, राजनैतिक सत्ता के गढ़ भी हैं, इसलिए बेहतर जीवन की सुविधाएँ सबसे पहले उन्हें ही प्राप्त हुईं। शहर में रहने वाले लोगों ने रहने के लिए शहर को ही क्यों तरजीह दी, इसको यह कहकर समझाया जा सकता है कि वहाँ के लोग गाँवों में रहने वाले लोगों से ज्यादा आधुनिक, पढ़े-लिखे और खुशहाल हैं। दौलत दौलत को खींचती है। अधिक आर्थिक क्रियाशीलता और अधिक आर्थिक क्रियाशीलता को खींचती है, ज्यादा रोजगारों को अपनी ओर खींचती है।

इन्हीं कारणों से लोगों ने गाँव छोड़कर शहरों में आना शुरू किया। आकर्षण था—बेहतर ज़िन्दगी जीने का। ऐसी इच्छा करना बुरा नहीं है। यहाँ यह भी याद रखना होगा कि गाँवों में शहरों के समान सुविधाएँ मौजूद नहीं हैं। गाँवों और शहरों के बीच की असममिति का बुरा असर शहरों पर भी पड़ता है। शहरों का जीवन धीरे-धीरे न रहने योग्य होता जा रहा है, उसके आधे के करीब लोगों के झुग्गियों और झोपड़-पट्टियों में रहने के कारण। या, लोग शहरों से इतनी दूर रहते हैं कि आने-जाने में ही उनकी शक्ति खर्च हो जाती है, और वे थक जाते हैं। इस सम्बन्ध में किए गए सर्वेक्षणों के अध्ययन से पता चलता है कि एक जमे-जमाए शहर की बढ़ती आबादी के लिए आवश्यक सुविधाओं से कहीं सस्ता है किसी नए शहर को बनाना।

नए शहरों का एकदम नया होना ज़रूरी नहीं है। आइए, आधुनिक उद्योगों के स्वरूप पर, और उनसे जन्मे परिदृश्य पर एक नज़र डालें। विशाल उत्पादन के क्षेत्र अब बहुत कम रह गए हैं। उनके स्थान पर, अनेक ऐसे छोटे-छोटे विकेन्द्रित उद्योग क्षेत्र, जहाँ उत्पादन विश्व-स्तर के मानकों के अनुरूप होता है, बढ़ रहे हैं जहां विश्वव्यापी प्रतियोगात्मक उद्योग स्थापित करना मुमकिन है। बिजली किसी भी स्थान पर सप्लाई की जा सकती है। आधुनिक दूरसंचार और सूचना प्रौद्योगिकी के कारण विश्व के किसी भी भाग से सम्बन्ध स्थापित किए जा सकते हैं।

इसलिए, गाँवों के ग्रुपों को इस प्रकार सड़कों द्वारा जोड़ देना चाहिए, जिससे एक गाँव से दूसरे गाँव में आने-जाने में कोई कठिनाई और असुविधा न हो। इससे

अनेक लाभ होंगे। अनेक कृषि-आधारित खाद्य-पदार्थों के उत्पादन से जुड़े उद्योगों, सेवाओं से जुड़े उद्योगों और यहाँ तक कि हायटैक से जुड़े उद्योगों को गाँवों में उनके स्थानों को पुनः निर्धारित करके अपना काम करने देना चाहिए। उद्योगों को वहाँ स्थापित करने के लिए प्रोत्साहन-स्वरूप उन्हें कुछ रियायतें देनी होंगी, और कुछ सरकारी कार्यालयों को भी वहाँ लाना होगा। एक बार यह प्रक्रिया आरम्भ हुई कि आर्थिक क्रियाकलाप अपनी फिक्र अपने आप कर लेंगे। इन ग्रुपों का प्रबंधन कल्पनात्मक ढंग से स्थानीय लोगों, पंचायतों, व्यापारियों और बुद्धिजीवियों के आपसी परामर्श से होना चाहिए। ये सब लोग धीरे-धीरे इस झुंड का एक खास हिस्सा बन जाएँगे। हमारी परिकल्पना के अनुसार, ऐसे अनेकानेक ग्रुप सारे भारत में बनने चाहिए। कई राज्यों ने ऐसे ग्रुपों की परिकल्पना को साकार करने में रुचि दिखाई है।

भारतीय प्रौद्योगिकी और विदेशी दावेदार

भारतीय प्रौद्योगिकियों का एक दिलचस्प पहलू यह है कि जब भी भारत इस क्षेत्र में कोई प्रशंसनीय कार्य करता है, तभी विदेशी राष्ट्र यह दावा करना शुरू कर देते हैं कि भारत की वह उपलब्धि कहीं न कहीं, किसी न किसी रूप में पश्चिम के किसी पूर्व-ज्ञान उपस्कार या मानव-बल के कारनामे पर आधारित है। उदाहरणार्थ, जब हमने जुलाई, 1980 में अपने पहले उपग्रह यान का प्रक्षेपण किया और रोहिणी को कक्षा में स्थापित किया, तब भारत अपने उपग्रह को परिक्रमा-पथ पर स्थापित करने वाला विश्व के चार देशों में से एक बना। लेकिन, इस घटना के एक सप्ताह के अन्दर ही, अमरीका ने यह ऐलान किया कि मैंने 'नासा' में कुछ महीने तक इस कार्य का प्रशिक्षण प्राप्त किया था, और वहाँ से मैंने इस प्रौद्योगिकी का ज्ञान प्राप्त किया था। इसका समर्थन पश्चिम के अनेक समाचार-पत्रों ने भी किया। जर्मनी में यह दावा किया गया कि वायु-परीक्षण की सुविधा जर्मनी ने प्रदान की थी, और इस प्रकार अप्रत्यक्ष रूप से इस प्रक्षेपण के श्रेय में उनकी भी भागीदारी है।

जब हमने पाश्चात्य वैज्ञानिकों और शिल्प-विज्ञानियों की इन प्रतिक्रियाओं के समाचार पढ़े, तो विक्रम साराभाई स्पेस सेन्टर, त्रिवेन्द्रम-स्थित वैज्ञानिकों और शिल्प-विज्ञानियों के दल के हज़ारों सदस्यों-वैज्ञानिकों, इंजीनियरों आदि को बड़ा मज़ा आया। कारण, वे सब जानते थे कि उन्होंने इस योजना पर मिल-जुलकर कितनी मेहनत की थी, ड्राइंगबोर्ड के चरण से लेकर विकास के चरण तक, और बाद में प्रक्षेपण के चरण तक। प्रौद्योगिकी पूर्णरूपेण स्वदेशी थी। पहले चरण की नियंत्रण-प्रणाली में एस एल वी ने आनुपातिक नियंत्रण किया था 'लॉजिक सॉफ्टवेयर' की भागीदारी से। ऐसा विश्व में पहली बार किया गया था। इसी प्रकार, हमने इस योजना के क्रियान्वयन के दौरान, कई नए प्रयोग किए थे, जो तब तक किसी उपग्रह को परिक्रमा-पथ पर स्थापित करते समय सारी दुनिया में कहीं नहीं किए गए थे। जहाँ तक 'स्काउट' नाम के उस अमरीकी उपग्रह का सवाल है, जिसकी प्रौद्योगिकी हमने, अमरीकियों के तथाकथित आरोप के अनुसार, उनसे चोरी की थी, उसे अपने पाँचवे प्रयास में सफलता मिली थी जबकि हमारे दूसरे, तीसरे और चौथे प्रक्षेपण सफल

रहे थे। हमारी ये सफलताएँ हमारे राष्ट्र की प्रौद्योगिकीय सामर्थ्य को दर्शाती थीं।

इस घटना की पुनरावृत्ति तब भी हुई थी, जब मैं 'गाइडेड मिसाइल' (नियंत्रित प्रक्षेपास्त्र) परियोजना से संबंधित था। हमने 'पृथ्वी' नाम के प्रक्षेपास्त्र का प्रक्षेपण सफलतापूर्वक कई बार किया था। तब भी पश्चिम के समाचारपत्रों ने, जिनमें हमारे कुछ विश्लेषक भी शामिल थे, कहा था कि हम रूसी प्रौद्योगिकी का प्रयोग कर रहे हैं। सच तो यह है कि 'पृथ्वी' का अपना एक अलग, विशिष्ट डिजाइन था, जिसमें एक ख़ास 'जाइरो' प्रणाली का, जिसमें एक अनूठे सॉफ्टवेयर का प्रयोग पहली बार किया गया था, उससे पूर्व विश्व के किसी भी व्यक्ति ने ऐसा प्रयोग कभी नहीं किया था। इस प्रयोग द्वारा प्रक्षेपास्त्र की उड़ान के दौरान, उसके प्रवाह और प्रगति को एक 'ऑन-बोर्ड' कम्प्यूटर द्वारा मानीटर किया जा सकता था। इसमें कई ऐसे प्रयोग भी किए गए थे, जो पहले कभी किसी ने नहीं किए थे। जो अन्य नवीनतापूर्ण प्रयोग किए गए थे, 'थ्रस्ट टरमिनेशन' का नया प्रकार जिसने 'मल्टीपल पे-लोड' को एक नया विन्यास प्रदान किया और जिससे विविध विस्तार किए जा सकते थे। आज 'पृथ्वी' प्रणाली की तुलना विश्व की किसी भी स्तरीय प्रक्षेपास्त्र-प्रणाली से हो सकती है। वह अपनी 'पे लोड' समर्थता में अपने वर्ग का सर्वश्रेष्ठ प्रक्षेपास्त्र है।

और अब हम चर्चा करते हैं, एक तीसरे और अत्यन्त महत्त्वपूर्ण 'मील के पत्थर' की जिसका नाम है—'अग्नि'। हमने 'अग्नि' का प्रक्षेपण 1989 में किया था और वह सफल रहा था। अब तक हम उसका तीन बार प्रक्षेपण कर चुके हैं। और हैरानी की बात है कि 'अग्नि' के बारे में भी दो दावेदार थे, जो उसकी सफलता का श्रेय स्वयं लेना चाहते थे। जर्मनी ने कहा कि उनकी नियंत्रित प्रणाली के, जिसका प्रयोग वैज्ञानिक परीक्षणों के लिए भारत में हुआ था, आधार पर ही 'अग्नि' का निर्माण हुआ। और 'नासा' ने फिर दावा किया कि 'नासा' में मैंने जो प्रशिक्षण प्राप्त किया था, वही 'अग्नि' के निर्माण के लिए मूल रूप से जिम्मेवार था। हक़ीक़त यह है कि नियंत्रित प्रौद्योगिकी में हमने अपने नए प्रयोग किए थे, और नई-नई बातें प्रविष्ट की थीं। इस नवीकरण के नतीजतन हम 'पे-लोड' का दिशा परिवर्तन कर सकते हैं। संपूर्ण 'हायपरसौनिक' प्रवाह की अनुरूपता के लिए हमने डिजाइन द्वारा अपने खुद के बनाए हुए एक सर्वश्रेष्ठ कम्प्यूटर का इस्तेमाल किया था। यह अनुरूपता 'फ्ल्यूइड डायनैमिक्स' के बारे में थी। पुनर्प्रवेश की संरचना के लिए हमने ख़ास तौर पर डिजाइन किए गए ऐसे मैटीरियल का प्रयोग किया था, जो 3000 सेन्टीग्रेड ताप को वहन कर सकता था। हँसी आती है कि अमरीकी मानते हैं कि भारत सिर्फ उन्हीं की प्रौद्योगिकी के इस्तेमाल से सफल हो सकता है।

अभी हाल ही में, दो विभागों—परमाण्वीय ऊर्जा विभाग और सुरक्षा-शोध-विकास संस्थान—ने शानदार भागीदारी द्वारा पोखरण में अनेक न्यूक्लीयर युक्तियों का प्रयोग किया। तीन परीक्षण एक साथ किए गए, और बाद में दो परीक्षण और किए गए। इन परीक्षणों के अच्छे परिणाम सामने आए, और दुनिया भर के भूकंपनीयता को दर्ज करने वाले 125 स्टेशनों ने उसे दर्ज किया। इन परीक्षणों ने सारी दुनिया को यह जता दिया कि भारत न्यूक्लीयर हथियार बना सकता है। हमें अपनी उपलब्धियों

से बड़ा हर्ष हुआ, लेकिन, अगले ही दिन पश्चिमी समाचारपत्रों ने कहा कि न्यूक्लीयर विधियों को ट्रिगर करने के लिए हमने इजराइली प्रौद्योगिकी का इस्तेमाल किया था। और वही सुपरिचित अमरीकी आरोप एक बार फिर दोहराया गया कि अमरीका हो आए वैज्ञानिकों और तकनीशियनों ने भारत को यह सफलता दिलाने में मदद की थी। हमें फिर हैरानी हुई, कारण, कि ट्रिगर करने के लिए जिस क्रियाविधि का इस्तेमाल किया गया था, उसका विकास हमने स्वयं किया था। अनेक बहुविध नई-नई जानकारियों और विधियों का प्रयोग किया गया था हमने अपनी न्यूक्लीयर प्रौद्योगिकी तथा न्यूक्लीयर युक्तियों के परीक्षण के क्षेत्र में।

मैं इस मामले में अपने को बड़ा सौभाग्यशाली मानता हूँ कि इन चारों मामलों में मैं सीधे या अप्रत्यक्ष रूप से जुड़ा था। 'इसरो', 'डी ए ई' और 'डी आर डी ओ' के साथ सहयोग करते समय मैं प्राय अपने से पूछता रहता हूँ कि ऐसा क्यों है कि भारत के पास डिजाइन की श्रेष्ठ योग्यताओं के होने और हर काम में नवीनता लाने की प्रवीणता के बावजूद, पश्चिम ने ऐसी हवा क्यों बना रखी है कि सिर्फ विकसित देशों के पास ही प्रौद्योगिकीय श्रेष्ठता और विशिष्टता है। जिस प्रकार मानव इतिहास में जातिवाद हमेशा से हावी रहा है, इसी प्रकार से ऐसा लगता है कि जातिवाद की छूत की यह बीमारी प्रौद्योगिकी की दुनिया में भी फैलती जा रही है। विकसित देशों ने यह मान रखा है कि सिर्फ उन्हीं में कुछ ख़ास किस्म के प्रक्षेपास्त्र, 'एयरो स्पेस' और न्यूक्लीयर प्रौद्योगिकी की काबलियत मौजूद है। लेकिन हम उनकी इस खामखयाली को नजरअंदाज करें, और अपने प्रौद्योगिकीय विकास के अभियान को जारी रखें और अधिक गतिशील बनाएँ।

12

कैसे बनायें परिकल्पना को वास्तविक ?

मैं 'असम्भव' शब्द का प्रयोग सर्वाधिक सावधानी से करता हूँ।

—वर्नर वॉन ब्रॉम

मुद्दा भारत के लिए अत्यधिक महत्त्व का था। इसके बारे में सोच-विचार करने के लिए जो उच्चस्तरीय समिति गठित की गई थी उसने अपना काम पूरा करके एक पत्रकार-सम्मलेन का आयोजन किया, ताकि पत्रकारों को समिति की सिफारिशों के बारे में बताया जा सके। शुरू में ही एक युवा रिर्पोटर ने उठकर पूछा, ''हमने ऐसी कई रपटों के बारे में सुना है, और उन्हें देखा-पढ़ा भी है। मुझे यह पूछना है कि उन पर कार्यवाही कब की जाती है ?'' समिति के अध्यक्ष ने जो जवाब दिया, वह बड़ा टालमटोल करने वाला था। तभी समिति के एक सदस्य ने हस्तक्षेप करते हुए कहा, ''हमने कई रपटें तैयार की हैं और उनके बारे में लोगों को जानकारी देने के लिए आप जैसे कई रिपोर्टर मौजूद हैं। रपटें हैं, रिपोर्टर हैं—कार्यवाही की क्या ज़रूरत है ?''

पता नहीं कब और कैसे, हम लोगों में यह आदत पड़ गई है, असली और ज़मीनी समस्याओं को हल करने में तत्परता दिखाने के स्थान पर उसके बारे में टालमटोल करना शुरू कर देते हैं, उन समस्याओं को महत्त्वहीन मानकर। जब योजनाओं और नीतियों की घोषणा करने के मौके आते हैं, तब उनका ज़ोरशोर से खूब प्रचार किया जाता है—अखबारों के माध्यम से, टीवी, रेडियो के माध्यमों से। लोगों की याददाश्त बहुत छोटी होती है। एक साल बीत जाने पर भी किसी को कोई परवाह नहीं होती, यह पूछने-जानने की कि उन योजनाओं और नीतियों का क्या हश्र हुआ ? हम सब के इस रवैये के बावजूद, ऐसे भी कुछ लोग मौजूद हैं, जो कुछ ठोस कार्य करने के लिए विरोधों-अवरोधों के होते हुए भी अपना संघर्ष और जद्दोजहद् में लगे रहते हैं। ऐसे कर्मठ और संकल्पवान लोगों की वजह से ही और हमारे द्वारा अनेक बड़े अवसरों को गँवा देने के बावजूद, हमारे देश में थोड़ी बहुत प्रगति हो रही है। हम चाहेंगे कि आने वाले वर्षों में वास्तविक उपलब्धियाँ उन कामों से ज्यादा हों, जिनका उल्लेख हमने इस पुस्तक में किया है, या जिनका ज़िक्र 'टाइफैक प्रौद्योगिकी परिकल्पना 2020' की रपटों में हैं।

क्या देश के मिजाज़ को उस सपने को, जो हमने 'परिकल्पना 2020' के माध्यम से देखा है, वास्तविक रूप देने के लिए तैयार किया जा सकता है, उस मिजाज़ को

वास्तविक रूप देने की तैयारी के अनुकूल बनाकर ? लोग हमसे पूछ सकते हैं कि क्या अब देश द्वारा कुछ करने की तैयारी प्रदर्शित की जाएगी, इस अपेक्षाकृत सुस्ती के मद्देनज़र, जो हमने अब तक दिखाई है। इस सवाल के जवाब में हम कहना चाहेंगे कि हमारी आबादी के अधिकांश भाग में वे स्त्री-पुरुष आते हैं, जो तरुण हैं, और परिवर्तन के लिए आतुर हैं। हमने जिन अवसरों को खोया है, वे उनके लिए पुराने इतिहास के विस्मृत पन्ने मात्र हैं। उनके अलावा, अब वे लोग भी, जिन्होंने बीते दिनों में प्रगति में रुकावट डालने का काम किया था, नकारात्मक भूमिका अदा करने के स्थान पर सकारात्मक भूमिका निभाना चाहेंगे। बीते दिनों में प्रणालियों को अपना कर, देश का शासन चलता था, उनके अनुसार, पहल लेने की जिम्मेवारी दिल्ली के कुछ विभागों पर केंद्रित थी। अब उन प्रणालियों का स्थान नई प्रणालियों ने ले लिया है। लाइसेंस-परमिट-कोटा राज भी करीब-करीब खतम हो चुका है। इसके फलस्वरूप, साहसिक और कुछ उल्लेखनीय कर दिखाने के लिए बेक़रार उसकी युवा-शक्ति को आगे आने का मौका मिला है। टेलीविजन के, जो उपग्रहीय दूर-संचार की देन है, विस्फोटक विकास के बाद, लोग अब अधिकाधिक संख्या में देश-विदेश की हक़ीक़तों के रूबरू होकर, जानने और समझने लगे हैं कि हमारे देश में और बाकी दुनिया में क्या घट रहा है। टेलीविजन के दर्शकों के मन में स्वाभाविक रूप से यह सवाल जन्म लेने लगा है–'भारत में क्यों नहीं ?' जहाँ, आज के माहौल में, कुछ लोग निराशावादी हो गए हैं, और निपट और कटु सच्चाई को बयान करते हुए मानते हैं कि जब तक देश में अनिष्टकर भ्रष्टाचार का बोलबाला है, मूर्ख, असतर्क और लापरवाह नौकरशाही है, और लोभी राजनीतिज्ञ नेता हैं, तब तक किसी सुधार की आशाा करना व्यर्थ है। लेकिन साथ ही ऐसे लोग भी हैं, जो हालात को बेहतर बनाने की कोशिश करना चाहते हैं। और, उनकी इस कामना के पीछे प्रोत्साहक कारण है। उदारीकरण के बाद, देश की सुधरी अर्थ-व्यवस्था ने उन्हें अनेक अवसर प्रदान किए हैं। उनमें से कई आर्थिक विकास से लाभान्वित हो चुके हैं, और हाल ही में प्राप्त समृद्धि ने उनकी परिकल्पना को अनेकानेक दिशाओं में प्रगति करने की प्रेरणा दी है। राज्यों को भी काफी मात्रा में नए-नए अधिकार मिले हैं। चौहत्तरवें संविधान-संशोधन के बाद, पंचायतों के आने से राजनीतिक और आर्थिक उदारीकरण को एक नया आयाम मिला है। हम इन सब अवसरों को देशभर के अधिकांश लोगों के लिए चौमुखी पहल करने का सुनहरी अवसर मानते हैं।

हमें आशा है कि भावी क्रियाशीलताओं का स्वरूप निम्न प्रकार का होगा :

परिकल्पना का पुनरावलोकन

हमने लोगों के बारे में जो परिकल्पना प्राप्त की है, और उसको लेकर जो विचार अभी तक हमारे मन में आए, आइए अब उनका पुनरावलोकन कर लें। हमारा मानना है कि–

- भारत को 2020 तक एक विकसित देश का दर्जा मिल जाना चाहिए।
- एक विकसित भारत के अर्थ होंगे कि भारत विश्व की पाँच महानतम शक्तियों

में से एक होगा। वह राष्ट्रीय सुरक्षा की दृष्टि से भी आत्म-निर्भर होगा और, इससे भी अहम बात यह होगी कि विश्व के आर्थिक और राजनीतिक रंगमंच पर उसकी एक अलग हैसियत होगी, एक अलग वजूद होगा।

● इस हैसियत को पाने के लिए उसे कृषि के क्षेत्र में कई क़दम उठाने पड़ेंगे, जैसे–उत्तरी भारत को गेहूँ का धान्यागार बनाना, संकर चावल के इस्तेमाल में वृद्धि करना, विभिन्न फसलों की गुणवत्ता और पैदावार को बढ़ाना, साथ ही भाजियों आदि अन्य कृषि-उत्पादों की पैदावार में भी वृद्धि करना, कृषि के लिए स्वच्छ पर्यावरण के महत्त्व को समझना।

● कृषि-क्षेत्र की आधारभूत सामर्थ्य का लाभ उठाते हुए, कृषि खाद्य-पदार्थों पर आधारित उद्योग की स्थापना करना, जो अनाज, दूध, फल, भाजियों के वास्तविक मूल्य के साथ उसके गुणवर्धित मूल्य पर उनका घरेलू व्यापार करके देश की समृद्धि में इज़ाफा करेगा। इसके अतिरिक्त, उपरोक्त कृषि-उत्पादों का बड़े पैमाने पर निर्यात करना। कृषि के अधिकाधिक सक्षम और उत्पादनशील हो जाने की वजह से जो कृषि-श्रमिक बेरोज़गार होंगे, उन्हें कृषि खाद्य-पदार्थों के उत्पादन और वितरण विभागों में काम पर लगाना।

● कृषि-उत्पादों के क्षेत्र से जुड़े अनेकानेक इंजीनियरिंग और सेवाओं के नए उद्योगों का विकास करना।

● स्टील, टिटेनियम, अलूमिनियम, विरल मृदा जैसे खनिजों की विपुल संपदा वाले देश भारत को इस सम्पदा से लाभान्वित होकर एक प्रमुख प्रविधि-औद्योगिक विश्वीय शक्ति के रूप में उभारने का प्रयास करना, उपरोक्त खनिजों के विभिन्न प्रगत और व्यापारिक प्रयोगों व प्रयुक्तियों के माध्यम से।

● भारतीय रासायनिक उद्योग का रूपान्तरण। अपने इस नए रूपान्तर में वह विश्व के रासायनिक जगत में नवीनता के ऐसे प्रवर्तक के रूप में उदयमान होगा, जो प्रदूषण समाप्त करने वाली प्रक्रियाओं का समर्थक होगा। विशिष्ट रसायनों, नई दवाओं तथा औषधि निर्माण के विकास और प्राकृतिक उत्पादों के व्यापार और उत्पादन के क्षेत्र में वह अपना अलग स्थान बनाएगा। हमें अपने विशाल जैव-वैविध्य को लोगों के लाभार्थ दौलत में बदलना है, और देश को भी बदलना है, विशेष रूप से चुने गए प्रौद्योगिकीय अन्तराक्षेपणों से देश के समुद्रीय साधनों को आर्थिक सामर्थ्य में परिवर्तित करना होगा।

● भारतीय इंजीनियरिंग उद्योग, मशीनी औजारों, वस्त्र-उद्योग, अनुसंधानशालाओं, विद्युतीय मशीनरी, और परिवहन-साधन सामग्रियों में पुनरुत्थान की आवश्यकता है। 2010 तक भारत को इन क्षेत्रों से संबंधित प्रौद्योगिकियों के वास्तविक निर्यात-व्यापार में विश्व में अपनी भागीदारी को मज़बूत करना होगा। उसे सुनिश्चित मूर्त्त रूप में साकार किए गए सॉफ्टवेयर के निर्माण व डिजाइन के क्षेत्र में प्रमुखता से दुनिया के बाजारों में आना होगा। उसे लचीले और बुद्धिमान निर्माण के क्षेत्र में भी दुनिया में अगुआ बनना होगा।

● अपनी आधारभूत सामर्थ्य, विशाल और हुनरमंद मानव-बल रूपी संसाधन

के पुख्ता आधार पर भारत को सेवाओं के क्षेत्र में भी विश्व-नेता की हैसियत बनाते हुए उभरना होगा। ये सेवाएँ मामूली सेवाओं से लेकर, उभरते हुए डिजीटल और संचार सम्बन्धी परिष्कृत सेवाओं तक की श्रेणी वाली होंगी। सेवाएँ हमारे देश को न सिर्फ और अधिक समृद्ध बनाएँगी, बल्कि बहुत अधिक संख्या में हमारे लोगों को रोज़गार भी प्रदान करेंगी। इन लोगों में स्व-रोज़गार करने वाले लोग भी शामिल होंगे। रोजगार प्राप्त लोगों में मामूली योग्यता वाले और अप्रवीण लोगों से लेकर, असामान्य योग्यताओं तथा विशिष्ट योग्यताओं वाले प्रवीण लोगों का भी शुमार होगा।

● जहाँ भारत को आर्थिक क्षेत्रों और रोज़गार-दिलाऊ क्षेत्रों के बहुमुखी विकास पर सबसे ज्यादा ध्यान देना होगा (क्योंकि दोनों ही उसे एक विकसित देश का दर्जा दिलाने में मददगार होंगे), वहाँ उसे अपना विशेष ध्यान सामरिक महत्त्व के क्षेत्रों पर भी केंद्रित करना होगा। नागरिक विभाग तथा सुरक्षा-विभाग की योग्य प्रौद्योगिकियों के संगम के कारण ऐसी स्थिति बन गई है, जिसमें अधिकांश नई प्रौद्योगिकियाँ मूलतः दोनों विभागों के लिए समान महत्त्व की हो गई हैं, उनकी प्रयुक्तिओं और उपयोग की दृष्टि से एक कार्बन-संघटित मैटीरियल टेनिस के रैकेट बनाने के काम भी आ सकता है। या एक 'एफ आर ओ-कैलीपर' युक्ति पोलियो-ग्रस्त रोगियों के भी काम आ सकती है, और किसी प्रक्षेपास्त्र-प्रणाली में भी इस्तेमाल हो सकती है। एक कम्प्यूटर नागरिकों के काम में आने वाले किसी उत्पाद की भी नकल कर सकता है, और द्रुत 'प्रोटोटाइपिंग' का भी, या किसी भावी उत्पाद के लिए बाज़ार के हालात की उपयुक्तता की भी, और इसी प्रकार किसी लड़ाकू हवाई जहाज या हथियार के प्रदर्शन की भी। इन दुहरे प्रयोग के योग्य प्रौद्योगिकियों की विकसित देश बड़ी सावधानी और सतर्कता से रक्षा करते हैं, इस आधार पर कि उसका दुरुपयोग न्युक्लीयर हथियारों और प्रक्षेपास्त्रों के बहुजनन के रूप में हो सकता है। मगर यह आधार उनके द्वारा बाज़ार पर अपना प्रभुत्व कायम की एक चाल भी हो सकती है। इसलिए, भारत जैसे देशों के लिए यह आवश्यक है कि वह अन्तरिक्ष, परमाण्वीय ऊर्जा या सुरक्षा, और यहाँ तक कि किसी पेचीदे मशीनी पुर्जो या इलैक्ट्रानिक से जुड़ी प्रौद्योगिकियों में निपुणता प्राप्त करे। इसके नतीजतन भारतीय कम्पनियों को इन प्रौद्योगिकियों के लिए घरेलू और विदेशी बाज़ार में आर्डर मिलने शुरू हो जाएँगे, भले ही वह 'इसरो', 'डी आर डी ओ' या परमाणवीय ऊर्जा विभाग के लिए न हों। अतः यदि भारत को निकट भविष्य में, और सुदूर भविष्य में भी, एक प्रमुख आर्थिक शक्ति बने रहना है, तो उसे सामरिक महत्त्व की प्रौद्योगिकियों में भी निपुणता प्राप्त करनी होगी, भले ही थोड़े समय तक वे अधिक मूल्य वाली प्रौद्योगिकियाँ क्यों न लगें। सौभाग्य से भारतीय प्रयोगशालाओं और उद्योगों के पास ऐसी प्रौद्योगिकियों के उत्तम आधार मौजूद हैं, और उन्होंने मैटीरियलों, इलैक्ट्रानिक्स, प्रणोदन, अनुकरण जैसे अन्य क्षेत्रों में विश्व-विख्यात प्रतिष्ठा अर्जित कर ली है। भारत को इन क्षेत्रों में अपनी स्थिति को और ज्यादा मजबूत करना होगा, इन दुहरे प्रयोग करने योग्य योग्यताओं और समर्थताओं पर अपना पूरा ध्यान केंद्रित करके। अर्थात्, उन्हें एक ऐसे प्रजनक उद्योग को जन्म देना होगा, जिसका उपयोग सुरक्षा से जुड़ी प्रयुक्तियों में तो हो ही सके, साथ ही

साथ बहुविध नागरिक उपयोग के उत्पादों के विशाल और व्यापारिक उत्पादनों के लिए भी हो सके। इसलिए, भारतीय उद्योग को, विशेष रूप से निजी क्षेत्र के उद्योग को, इस मिशन में भागीदार बनाना ज़रूरी है। इन 'हाई टैक' क्षेत्रों में न सिर्फ गढ़ने के क्षेत्र में वरन् डिजाइन, विकास, उत्पादन, विपणन और बिक्री के बाद की सेवाओं के क्षेत्रों में भी उनकी भागीदारी उपयोगी सिद्ध होगी। भारत को इन 'हाई टैक' क्षेत्रों में प्रवीणता और सामर्थ्य प्राप्त करने के बाद, इस प्रौद्योगिकी के प्रयोगों से प्राप्त उत्पादों और उनकी सेवाओं का निर्यात भी आरम्भ करना होगा।

● हमारे देश के सब लोगों के उत्तम स्वास्थ्य का होना अत्यावश्यक है, उस समय भी जब हम अपनी आर्थिक व प्रौद्योगिकीय दक्षता व कौशल का प्रदर्शन कर रहे हों, बहुमुखी व तीव्र विकास-यात्रा में आगे बढ़ रहे हों। लोगों का उत्तम स्वास्थ्य बेहतर आर्थिक और सामाजिक प्रगति के लिए अनिवार्य है। हाल ही में उपलब्ध कई प्रौद्योगिकीय आविष्कार हम सबके लिए स्वास्थ्य की मुहिम को फलदायी बनाने में सहायक हो सकते हैं। विशेष रूप से 'सेंसर' और सूचना-प्रौद्योगिकियाँ दूर बसे क्षेत्रों में भी विशेषज्ञों की सेवाएँ उपलब्ध करा रही हैं। ये विशिष्ट सेवाएँ 'टेलीमैडिसिन' नाम से लोकप्रिय हैं। भारत को इस दिशा में तत्काल कार्यवाही करनी होगी, ताकि वह उत्तम स्वास्थ्य प्रदान करने वाले देश के रूप में उभर कर सारी दुनिया के सामने एक आदर्श स्थापित कर सके।

● परिकल्पना को फलीभूत बनाने के लिए अनेक निर्णायक कार्यवाहियाँ हाथ में लेनी पड़ेंगी ताकि विशेष रूप से अवसंरचना, उत्तम कोटि की विद्युत-शक्ति, ऊर्जा क्षेत्रों में तीव्रतर गति से विकास हो सके। सड़कों, जल-मार्गों, वायु-मार्गों, दूरसंचार, बंदरगाहों आदि का विकास भी आवश्यक है। इसके लिए अल्पकालिक उपायों को अपनाने तथा अ-पारम्परिक क़दम भी उठाने पड़ सकते हैं। देश के सब भागों में विश्व-स्तर की सुविधाएँ उपलब्ध कराने की दीर्घकालिक योजनाएँ भी बनानी पड़ेंगी। कृषि तथा कृषि-उत्पादों के क्षेत्रों में प्रत्याशित व्यापार-उत्कर्ष का पूरा लाभ उठाने के उद्देश्य से गाँवों की सड़कों को आपस में जोड़ने के कार्यक्रम, शीघ्र समाप्त हो जाने वाला कार्यक्रम बनाने की भी ज़रूरत है। इसके अलावा, सूचना-प्रौद्योगिकी में हुई प्रगति के कारण, इस बात की प्रबल संभावना है कि कई प्रगत विश्व स्तर के उद्योग अपने उद्योग और व्यवसाय की स्थापना गाँवों में करें। सॉफ्टवेयर, सूचना-प्रौद्योगिकी, डिजाइन-निर्माण जैसे उच्च प्रकार के सृजनात्मक कार्य गाँवों के शान्त ग्रामीण वातावरण में बेहतर ढंग से किए जा सकते हैं, बशर्ते कि गाँवों में सब आधुनिक सुविधाएँ उपलब्ध हों, और वे एक-दूसरे से तथा नगरों से अच्छी सड़कों द्वारा जुड़े हों। वहाँ रहने वाले लोगों को नवीनतम विश्वव्यापी सूचना-प्रौद्योगिकी आसानी से पहुँच सके, ताकि वे सृजनात्मक और आधुनिकता से मेल खाता सृजन-कार्य कर सकें। ऐसी संयोजी सुविधा आज भी इलैक्ट्रॉनिक विधियों द्वारा मुहय्या की जा सकती है। तो, इस बात की सचमुच ज़ोरदार सम्भावना है कि एक दूसरे से तथा शहरों से सड़कों, रेल और फोन आदि माध्यमों से जुड़े बहुत से गाँव श्रेष्ठता के केन्द्र हो जाएँ, और असली कीमत में उत्पादन के मूल्य से जुड़े उत्पादों का निर्यात ज़ोर पकड़ना शुरू

कर दे या उनके घरेलू व्यापार में बढ़ोतरी होने लगे। इससे अन्न तथा खाद्य-पदार्थ, जो आमतौर पर शहरों में गाँवों से ही आते हैं, के क्षेत्र लाभान्वित होंगे। इस बात की भी ज़ोरदार सम्भावना है कि इस प्रकार के सु-संयोजी गाँवों में कई जैव-प्रौद्योगिकीय फैक्टरियाँ अपना उत्पादन शुरू कर दें। ये फैक्टरियाँ उत्पादन-मूल्य से महँगे हुए कृषि-उत्पादों की बिक्री दुनिया-भर में करेंगी। लेकिन, इस प्रत्याशा का आशा में परिवर्तित होना तभी सम्भव है, जब गाँवों में अच्छी सड़कें हों, दूर-संचार व्यवस्था हो, और उच्च कोटि की बिजली मौजूद हो।

● शासन द्वारा ग्राम पंचायतों को सत्ता की सुपुर्दगी के बाद, हर ग्राम-पंचायत, अन्य ग्राम पंचायतों के साथ प्रतियोगिता और सहयोग दोनों एक साथ करने, और अपने कर्तव्य का पालन ईमानदारी और लगन से करने से सब गाँववालों को समृद्ध बनाने में सहायक हो सकती हैं।

और, अब आइए देखें कि इस परिकलपना को वास्तविकता में कैसे बदला जा सकता है, और इस मिशन को सफल बनाने में कौन-कौन लोग प्रणोदकों का कार्य कर सकते हैं।

हमारी सक्रियताएँ

इस अध्याय को लिखने से पहले हम दोनों के बीच इस बारे में काफ़ी विचार-विमर्श हुआ कि कौन-कौन-सी सक्रियताओं और क्रियाशीलताओं के बारे में लिखा जाए। इस आपसी विचार-विमर्श के अलावा, हमने बहुत से व्यक्तियों के मत जानने का प्रयास भी किया, उनसे विचार-विमर्श के द्वारा। ऐसे व्यक्तियों में पढ़ी-लिखी महिलाएँ, पेशेवर लोग, इतिहास, मनोविज्ञान और अर्थशास्त्र में पारंगत समाजशास्त्री शामिल थे। हमने अनेक ऐसे 'सामान्य' माने जाने वाले लोगों से और अनेक किशोरों-युवाओं, और कई राजनीतिज्ञों से भी काफ़ी बातें कीं। ये सब भारत के विषय में चिन्तित थे। डॉक्टर कलाम को ऐसे व्यक्तियों के मत जानने का नायाब मौका मिला, जो या तो सत्ताधारी थे, या हैं। सभी ने बातचीत के दौरान अपने देश के आने वाले दिनों के बारे में अपनी चिन्ता को ईमानदारी से व्यक्त करते हुए यह भी जताया कि वे दूसरों की तरह अक्रियता और निराशावाद के दुष्चक्र से जल्दी से जल्दी मुक्त होने के इच्छुक हैं।

लेकिन, इस बारे में जो अव्यक्त समस्या है, वह यह है कि इस कार्यशीलता की शुरुआत कैसे की जाए। इस बारे में जो सुझाव हमारे सामने आए, उनमें यही ध्वनि थी कि दूसरे क्या करें। कहा गया कि किसी को इस बारे में रपट तैयार करनी चाहिए, या एक सभा का आयोजन करना चाहिए या प्रधानमंत्री को लिखना चाहिए, या मुख्यमंत्री को, या योजना-आयोग को। एक ओर से हमें इस बात की खुशी थी कि लोगों का रुख बड़ा 'पॉज़िटिव' था, और सब भारत के लिए संकल्पित नई परिकल्पना के लिए कुछ न कुछ करने को तैयार थे। हमें ऐसा भी लगा कि इस मिशन को फलदायी बनाने के लिए कुछ लोग त्याग या कुर्बानियाँ करने के लिए भी तैयार थे। लेकिन, दूसरी ओर इस विषय पर देर तक सोच-विचार करने के बाद

हमने तय किया कि सामान्य और बहु-प्रचलित योजनाओं को पाठकों के सामने नहीं रखा जाना चाहिए। भारत की मौजूदा परिस्थिति के मद्देनज़र, हम एक आदर्श, समकालिक कार्यशीलताओं की सूची बनाने की आशा नहीं कर सकते। आज़ादी हासिल करने के लिए किए गए भारत के पहले संघर्ष की घटनाओं को याद करते हुए हम यह आशा नहीं कर सकते थे कि सब कार्य एक साथ आरम्भ हो जाएँगे। भारत की आज़ादी के लिए लोगों ने अपनी खुशी से आज़ादी की इस लड़ाई में हिस्सा लिया था। हालाँकि इस लड़ाई के दौरान, कुछ फूहड़पन भी देखने को आया तो भी आज़ादी के आंदोलन की शुरुआत हुई। हमारा यह विश्वास है कि नए भारत के सपने को साकार करने के लिए हम सब भारतीयों को कुछ न कुछ अवश्य करना चाहिए और इस दिशा में कुछ करते समय हम सबके सामने एक विकसित भारत की सर्वांगी तस्वीर हमारे ज़हन में होनी चाहिए। खासतौर पर उन प्रकारों के अनुरूप, जो ऊपर बताए गए हैं और, इसके लिए हम सबको, अपने समय का थोड़ा-सा भाग एक स्वेच्छया स्वीकृत कार्य-विशेष को अंजाम देने में लगाना चाहिए। इस कार्य-विशेष का सम्बन्ध कहीं न कहीं इस परिकल्पना से जुड़ा रहना चाहिए।

हमारे देश में लोगों की प्रवृत्ति दूसरों को सलाह देते रहने की है। एक प्रकार से यह अच्छा है। फिर भी हम इसमें यह जोड़ना चाहते हैं कि सलाह देने वाला खुद भी अपनी सलाह के मुताबिक स्वयं कुछ करे। तब वह सलाह ज्यादा असरदार हो जाएगी। हमने यह निश्चय किया था कि हमें भी कोई कार्य करना चाहिए और, पिछले दो वर्षों से हम वह कार्य करते चले आ रहे हैं, अपनी सीमित योग्यताओं के अनुरूप। हमारे कार्य का एक अंग था, और आज भी है, लोगों में भारत को सशक्त और महान बनाने की इस परिकल्पना के प्रति जागरूक करना और चेतना जगाना। और, उन्हें यह बताना कि भारत को विकसित देश बनाने के लिए हम सब भारतीयों को आरम्भ में कोई बड़े क़दम नहीं उठाने होंगे, सिर्फ सबके द्वारा छोटे क़दम उठाते रहने से भी इस मंजिल तक, जो अभी काफी दूर दिखाई देती है, पहुँचा जा सकता है। हम इस महत्त्वपूर्ण सन्देश को लोगों तक पहुँचाने में सफल हुए हैं। इसके अलावा, इस सन्देश को अमल में लाने के लिए प्रयत्नशील 'टेक्नॉलाजिकल इंफॉरमेशन, फोरकास्टिंग एंड एसेसमैंट काउंसिल' (टाइफैक) ने विशिष्ट परियोजनाओं का नियमन और सूत्रीकरण करके उन्हें क्रियान्वित करने के लिए अनेक क्षेत्रों के लिए कृतिक दलों का गठन किया है। ये दल उदाहरण बन जाएँगे अल्पकालिक, मध्यकालिक और दीर्घकालिक योजनाओं को कार्यान्वित करने के। अनेक जाने-माने और ख्यातनामा भारतीय इन योजनाओं को फलीभूत बनाने के प्रयासों में अपना योगदान कर रहे हैं। हमें भी ऐसी कई परियोजनाओं के क्रमविकास में भागीदार बनने का लाभकारी अवसर प्राप्त हुआ है। हमें उन लोगों के बारे में भी जानकारी है, जो स्वेच्छा से ऐसे कृतिक दलों का नेतृत्व करने या सदस्य बनने के लिए आगे आए। यह एक रोमांचक अनुभव था। अनेक स्थानों पर हमारी भेंट अनेक ऐसे अच्छे वैज्ञानिकों और विशेषज्ञों से हुई, जो विज्ञान का उपयोग निर्धन लोगों के जीवन को वेहतर बनाने के लिए कर रहे हैं। इन वैज्ञानिकों और विशेषज्ञों ने अपने सुख-साधनों का

परित्याग कर, वर्षों पूर्व अपना समय सेवा-कार्यों में लगाने का निश्चय किया था। हम उन्हें 'पुण्यात्मा' मानते हैं। हमने यह भी जाना कि शासन में अनेक स्तरों पर काम कर रहे अनेक योग्य व्यक्ति प्रक्रिया को सफल बनाने में अपना सक्रिय योगदान देते हैं। हम उन्हें 'पुण्याधिकारी' मानते हैं। हम उनसे मिले हैं और उनसे बात कर चुके हैं। हमें उनकी पीड़ाओं और तकलीफों का पूरा अहसास है। हमें उनसे अनेक अच्छे सुझाव प्राप्त हुए हैं। हम ऐसे ही 'पुण्य-नेताओं' की खोज कर रहे हैं।

हमारा प्रयास पुण्यात्माओं, पुण्याधिकारियों और पुण्यनेताओं का एक 'स्वर्ण-त्रिकोण' बनाने का है, ताकि अनेक ऐसे कार्यों का उद्‌भव और विकास तृणमूल स्तर पर ही हो सके। यदि 'टाइफैक' के कार्य-दलों द्वारा किए गए कार्यों को इन कार्यों के साथ संयोजित कर दिया जाए तो इससे अनेक प्रदर्शनात्मक संकेत-बोध बहुत से व्यक्तियों को प्रेरित कर सकेंगे। इसके अलावा, हम अनेक एजेंसी-प्रमुखों को इस बात का यक़ीन दिलाने की कोशिश कर रहे हैं कि वे नवीं पंचवर्षीय योजना की अवधि में इस प्रस्तावित मिशन से जुड़ी परियोजनाओं के क्रियान्वयन के महत्त्वपूर्ण कार्यों को अपने हाथ में लेकर उन्हें शुरू करें। अपनी ओर से हमने उन्हें पूरा सहयोग देने का वायदा किया है, और दे भी रहे हैं, अपनी पूरी शक्ति के साथ। इस प्रक्रिया को सफल बनाने के उद्देश्य से हम अपने अवकाश के क्षणों में भी, छुट्टियों में भी, जो हमसे मुमकिन है वह करते हैं। यह कहना मुश्किल है कि हमारे प्रयासों को कितनी सफलता मिली है। हमारे पुराने ढाँचे वाली प्रणाली में हर काम की प्रगति कितनी धीमी गति से होती है, उसे देखकर कभी-कभी बड़ा गुस्सा आता है, बड़ी पीड़ा होती है। लेकिन यह देखकर हर्ष भी होता है और गर्व भी कि हमारे बीच कुछ ऐसे लोग भी हैं, जो आगे चलते और बढ़ते रहने को तैयार हैं। उन्हें देखकर आशा बंधती है। हम, अपने ढंग से इस मिशन को कामयाब बनाने के लिए अपने प्रयास जारी रखेंगे। हमें अपने पाठकों से यह आशा है कि वे अपने सुझावों द्वारा हमें बताते रहेंगे कि हम एक व्यक्ति के रूप में तथा दूसरे ढंग से और क्या-क्या कर सकते हैं।

उद्योग क्या कर सकते हैं ?

जहाँ व्यक्तिगत प्रयास अपने आप में काफी हद तक निर्णायक सिद्ध हो सकते हैं, वहाँ हमारे देश का सर्वांगीण विकास उद्योग, सरकार और शोध एवं विकास-योजनाओं से जुड़े संस्थानों के 'स्वर्ण-त्रिकोण' के आधार पर निर्भर है। यह त्रिकोण ही प्रौद्योगिकी-आधारित व्यापारिक कार्यशीलताओं, रोज़गार, व्यापार को बढ़ावा और समर्थन देने वाली नीतियों के ज़रिए माँगों की सृजन-प्रक्रिया, जिसके नतीजतन देश समर्थ होता है, गतिशील बनाएगा। यह स्वर्ण-त्रिकोण इसलिए महत्त्वपूर्ण और निर्णायक है क्योंकि यह हमें दुनिया के बाज़ारों में प्रतियोगिता करने के अवसर देता है, सुविधाएँ प्रदान करता है, भरपूर सहायता करता है, ताकि हम और हमारा देश समृद्ध हो सके।

इतना सब कुछ कहने के बाद, आइए, देखते हैं कि उद्योगों में किन कार्यों का शुमार होता है। भारत में उद्योगों की कई श्रेणियाँ हैं। केन्द्रीय सरकार द्वारा आरम्भ किए गए उद्योगों को 'केन्द्रीय सार्वजनिक क्षेत्र इकाइयाँ' (पी एस यू) कहा जाता

है। इन इकाइयों का प्रबंधन उच्च श्रेणी का है, और उन्हें जो प्रौद्योगिकियाँ प्राप्त हैं, वे भी प्रथम श्रेणी की हैं। उनके अलावा राज्यों की अपनी राज्य-स्तर की इकाइयाँ हैं, जो काम तो अच्छा कर रही हैं, लेकिन उनकी प्रौद्योगिकीय सामर्थ्य केन्द्रीय सरकार की इकाइयों से कम हैं। अनेक बड़े निजी क्षेत्र के औद्योगिक वर्ग भी हैं। उनमें से कई पर कुछ परिवारों का स्वामित्व है। उनमें से कुछ का प्रबंधन पेशेवर प्रबन्धकों के हाथों में है, उन्हें 'पब्लिक लिमिटेड' कम्पनियाँ कहा जाता है। इनके अलावा, भारी संख्या में लघु उद्योग भी हैं, जिनमें से कई का काम बहुत ऊँचे दर्जे का है और कुछ बस किसी तरह अपना काम कर रही हैं। कुछ 'बीमार' कम्पनियाँ हैं, और कुछ वाक़ई मर भी चुकी हैं। भारत में सक्रिय अनेक बहुराष्ट्रीय कम्पनियाँ भी हैं, जिन्हें 'एम एन सी' कहा जाता है। वे भारतीय कानूनों द्वारा नियमित हैं। ये सब उद्योग, औद्योगिक क्षेत्र में अपनी-अपनी सुनिश्चित भूमिका अदा कर रहे हैं। इन मौजूदा कम्पनियों के अलावा, कुछ ऐसी हैं जो आने वाले वर्षों में अपना काम शुरू करेंगी। कुछ मौजूदा कम्पनियाँ अपना मौजूदा काम बन्द कर सकती हैं, या मौजूदा श्रेणी से बेहतर श्रेणी में आ सकती हैं। हम इन सब कम्पनियों को भारत की राष्ट्रीय परिकल्पना में और प्रगति में एक भागीदार के रूप में देखते हैं। फिर भी, उनमें से सब एक ही प्रकार के उत्पादन-कार्य नहीं कर सकतीं। उनके कार्य, उनकी योग्यताओं, उनकी भूमिकाओं और उनकी आकांक्षाओं के अनुरूप भिन्न-भिन्न होंगे। इस बात को ध्यान में रखते हुए हम उन कदमों का सुझाव दे रहे हैं, जो भिन्न-भिन्न श्रेणियों वाली ये कम्पनियाँ उठा सकती हैं। इन सुझावों को प्रस्तुत करते समय हमें उन असंख्य छोटी-छोटी कम्पनियों का भी खयाल है, जो अनौपचारिक क्षेत्र (इन्फार्मल सेक्टर) में फैली हैं। इनमें से कई कुटीर उद्योग हैं, और कुछ एक ही व्यक्ति द्वारा संचालित हैं।

सार्वजनिक क्षेत्र की कई कम्पनियों ने अनेक अवसरों पर देश को गौरवान्वित किया है। हमें यह याद रखना होगा कि आज़ादी से पहले देश एक मामूली पिन तक का निर्माण नहीं करता था। तब प्रमुख उद्योगों की स्थापना कर परिष्कृत उपकरणों, मशीनी पुर्जों, इलैक्ट्रानिक उत्पादों और सुरक्षा-सम्बन्धी मशीनरी आदि का निर्माण करने की बात करना एक सपना देखने जैसा लगता था। भारत को औद्योगिक मानचित्र पर स्थान दिलाने के उद्देश्य से केन्द्रीय सार्वजनिक क्षेत्र ने विदेशों से, और विशेष रूप से पहले के सोवियत यूनियन तथा अन्य विकसित देशों से प्रौद्योगिकियाँ खरीदी थीं। आज अनेक उन्नत और परिष्कृत किस्म के हवाई जहाजों का निर्माण भारत में होता है, लाइसेंस-प्राप्त विधियों से। इस समर्थता के कारण प्राप्त विश्वास के बल पर भारत ने अपने हलके लड़ाकू हवाई जहाज का सफल परीक्षण किया। अब उद्योग उसका उत्पादन आरम्भ कर सकता है। यही बात राडार, पनडुब्बियों, विद्युत-शक्ति के प्लांटों, मशीनी पुर्जों के बारे में भी लागू होती है। लेकिन पिछले दो दशकों में अधिकांश सार्वजनिक कम्पनियों की प्रौद्योगिकीय क्षमता में कमी आई है। इतना ही नहीं, उनकी मानवीय उत्पादकता, कच्चे माल की खपत, प्रबंधन नेतृत्व या निर्माण-योग्यता और गुणवत्ता में भी कमी आई है। यह कहना मुश्किल है कि इस ह्रास का जिम्मेवार कौन है ? या, इसका कारण क्या है ? पिछले कुछ वर्षों से हम

एक ऐसे दुष्चक्र में फँसे हैं, जिससे बाहर निकल पाना मुश्किल लग रहा है। स्थिति ऐसी बन गई है कि ईमानदार और मेहनती श्रमिक और कार्यकर्ता महत्त्वहीन हो गए हैं। पहले ठीक प्रकार से उत्पादकता बढ़ाने पर ज़ोर दिया जाता है, वह अब धीरे-धीरे कम होता जा रहा है। 'लोग क्या कहेंगे', 'सन्तुलन मात्र बनाए रखो' और 'सब बातों की बस जाँच करते रहो', जैसी बातों पर सबसे ज्यादा ध्यान दिया जाने लगा है, और परिणामों से ज्यादा अहमियत 'मायक्रो प्रोसीड्योर्स' (लघु-क्रियाविधियों) को दी जाने लगी है। सार्वजनिक क्षेत्रों के प्रबन्धकों के सोच और रवैए में भारी परिवर्तन हुआ है। अधिकार देने की प्रक्रिया पूरी तरह से संक्रियात्मक नहीं रह गई है। सार्वजनिक क्षेत्र का मैनेजिंग डायरेक्टर/चेयरमैन महसूस करता है कि मंत्रालय से उसे ज़रूरत से ज्यादा निर्देश प्राप्त होते हैं, मंत्रालय के अधिकारी महसूस करते हैं कि वे ऐसे कार्यविधिक नियमों की दलदल में फँसे हुए हैं, जो जवाबदेही के प्रतिमानों के निर्वाह के लिए ही बनाए गए हैं, और सत्ताधारी राजनीतिज्ञों की शिकायत है कि पूरी की पूरी कार्यविधि इतनी भारी और अनियंत्रित हो गई है कि वे अपने कार्यकाल के पाँच वर्षों में कोई भी मौलिक परिवर्तन नहीं कर पाते। इस दुष्चक्र को समाप्त करने की ज़रूरत है। हाल ही में, सार्वजनिक क्षेत्रों की कार्यकुशलताओं में सुधार करने की दिशा में कई कदम उठाए जाने की घोषणा की गई थी। इन कदमों का स्वागत करते हुए भी, हम अपने इस विश्वास को व्यक्त करना चाहते हैं कि प्रस्तावित उपाय भारत जैसे बड़े देश के लिए बहुत छोटे पड़ेंगे। हमें अपने सभी उद्योगों को (महज़ इनेगिनों को ही नहीं) 'रत्नों' में बदलना है। इसके लिए हमें उन्हें काफ़ी अधिकार प्रदान करने होंगे। हमें इस बात का अहसास है कि ऐसा करने से कई सार्वजनिक उद्योग बंद भी हो सकते हैं। इसके लिए हमें मौजूदा कार्यविधियों को बदल देने या उनके तौर-तरीकों को बदलना पड़ेगा। कुछ कानूनी, प्रशासनात्मक और वित्तीय कार्यविधियों में भी परिवर्तन करने होंगे।

सार्वजनिक क्षेत्रों के प्रबन्धकों और यूनियन-नेताओं को मिल-बैठकर इस बात पर विचार करना होगा कि ऐसे लोगों के साथ क्या किया जाए, जो न खुद कुछ करते हैं, न दूसरों को कुछ करने देते हैं। जो अपना रवैया बदलने को तैयार हों, उनकी सक्रियता का लाभ उठाने की पूरी कोशिश करनी चाहिए। और यदि एक इकाई के दूसरी इकाई के संयोजन से दोनों के उत्पादनों और क्रियाशीलताओं में सुधार होने की सम्भावना हो, तो इस भागीदारी का लाभ जरूर उठाया जाना चाहिए। ऐसी भागीदारी एक लघु उद्योग की दूसरे लघु उद्योग से भी हो सकती है। या, एक ऐसी शोध-विकास संस्थान की दूसरे शोध संस्थान की दूसरे संस्थान से, और एक बहुराष्ट्रीय कम्पनी की दूसरी ऐसी कम्पनी से भी हो सकती है।

सार्वजनिक क्षेत्र की इकाइयाँ : वे क्या कर सकती हैं ?

भले ही लोग ऐसे समावेशी परिवर्तन के लिए तैयार हो जाएँ, लेकिन ऐसा करते समय उन्हें अपने मुख्य लक्ष्य को नहीं भूलना चाहिए, अर्थात् परिकल्पना के कार्यान्वयन का। चंद हिम्मती लोगों को ऐसे परिवर्तनों को लाने के लिए अपना प्रयास आरम्भ

कर देना चाहिए और, उनमें अपनी इस इच्छा को बुलन्द शब्दों में व्यक्त करने में भी कोई हिचक भी नहीं होनी चाहिए। इसके अलावा, इससे भी अधिक महत्त्वपूर्ण बात यह है कि मौजूदा अवरोधों के बावजूद चंद समान-विचार वाले व्यक्तियों को भारत की मूल प्रौद्योगिकीय समर्थताओं को विकसित करने में सहायक होने वाली परियोजनाओं को सूत्रित करके उन पर तुरन्त कार्यवाही आरम्भ कर देनी चाहिए। तब वे उद्योग की मूल समर्थताओं को उस नगदी में तब्दील कर सकेंगे, जिसका अन्तिम लाभ देश के आम लोगों को ही होगा। हर सार्वजनिक कम्पनी को भी अपने-अपने लक्ष्य निर्धारित करके, उस लक्ष्य की प्राप्ति के प्रयासों में लग जाना चाहिए। पीछे के एक अध्याय में हमने सार्वजनिक कम्पनियों का जो ब्यौरा प्रस्तुत किया था, उससे ज्ञात होता है कि बहुविध क्षेत्रों में स्थित प्रत्येक ऐसी कम्पनी के पास कम से कम पाँच योजनाएँ होंगी। दूसरे शब्दों में, काफी योजनाएँ। हम इस सम्बन्ध में यह सुझाव देना चाहेंगे कि हर सार्वजनिक कम्पनी को प्रत्येक प्रमुख क्षेत्र में एक प्रमुख योजना को विकसित करने का लक्ष्य निर्धारित करना चाहिए। हमारी यह अपील सार्वजनिक कम्पनियों के कामकाज से जुड़े उच्चतम और मध्यम श्रेणी के प्रबन्धकों, सब कामगारों और मंत्रालय के अधिकारियों से भी है।

राज्यों की सार्वजनिक क्षेत्र की औद्योगिक इकाइयाँ

हमने अभी जो कुछ केन्द्रीय सार्वजनिक क्षेत्रों के उद्योगों के बारे में कहा, वही सब कुछ राज्यों की सार्वजनिक क्षेत्र की औद्योगिक इकाइयों पर भी लागू होता है। मगर हमें यहाँ यह स्वीकार करना पड़ेगा कि राज्यों के सार्वजनिक क्षेत्र की औद्योगिक इकाइयाँ प्रौद्योगिकी, प्रबंधन और आर्थिक साधनों के मामले में केन्द्रीय सार्वजनिक क्षेत्रों की औद्योगिक इकाइयों के बराबर समर्थ नहीं हैं। लेकिन उन्हें यह लाभ प्राप्त है कि वे राज्य के लोगों के निकट हैं। यह उनका शक्ति-स्रोत है। लेकिन, देखा गया है कि अक्सर सरकार द्वारा समर्पित प्रणालियों से जुड़े लोग इन प्रणालियों का प्रयोग करने वाले और उनसे लाभ उठाने वाले लोगों की समस्याओं को जानने-समझने का कोई प्रयास नहीं करते। नियमों, कार्यविधियों और दिशा-निर्देशों को बनाने वाले लोग बन्द कमरों में बैठकर यह काम करते हैं। कभी-कभी इन नियमों, कार्यविधियों और दिशा-निर्देशों में अच्छी, उपयोगी व लाभदायक बातें भी रहती हैं, लेकिन उनका सम्बन्ध कार्यक्षेत्र की वास्तविकताओं से क़तई नहीं होता। इसीलिए, अधिकांश सम्पर्क-योजनाएँ बस सामान्य व दस्तूरी कसरत बनकर रह जाती हैं। कुछ अर्थों में बाज़ार की ज़रूरतों के अनुरूप नए विचारों के बुनियादी अर्थ हैं—यह जानना कि लोगों की प्रतिक्रियाएँ क्या हैं ? उनकी ज़रूरतें क्या हैं ? उनकी अपेक्षाएँ क्या हैं ? राज्य के स्तर पर सक्रिय सार्वजनिक क्षेत्र की इकाइयाँ विस्तार-सेवाएँ मुहैया कराने, और उनके द्वारा जनित या दूसरों से प्राप्त प्रौद्योगिकियों के प्रयोग से जन्मे नए उत्पादों को बाज़ार में उतारने और उनके लिए बिक्री के बाद की सेवाएँ प्रदान करने से नानाविध कार्यों को अंजाम देने में सहायक हो सकती हैं। लेकिन, इसके लिए उन्हें अपने सोच- स्वभाव व कार्यशैली में गहरा परिवर्तन करना होगा और राष्ट्रीय तथा विदेशी नेटवर्क के साथ काम करते

हुए, साथ-साथ राज्य के व राष्ट्रीय व अन्तरराष्ट्रीय क्षेत्रों में सक्रिय लोगों को उपयोगी आर्थिक सेवाएँ भी प्रदान करनी होंगी। यदि ऐसा किया जाता है, तो उसका लाभ उठाने वाले बहुत लोग मिल जाएँगे। इसके अलावा इन सेवाओं से जुड़े तथा इकाइयों में कार्यरत लोग काफी हद तक बेरोजगारी की समस्या को हल कर सकेंगे।

लेकिन, राज्य के स्तर पर सक्रिय सार्वजनिक क्षेत्र की इकाइयों को अपने कार्यकलाप अपने क्षेत्र तक ही सीमित नहीं रखने चाहिए। इन इकाइयों को राष्ट्रीय इकाइयों से और उनसे भी आगे जाकर विदेशी कम्पनियों से भी होड़ करने की कोशिश करनी चाहिए। उन्हें निजी क्षेत्र की कम्पनियों के साथ मुश्किल क्षेत्रों में भी काम करना चाहिए। उन्हें ऐसा करते समय हिम्मत और दिलेरी से काम लेना चाहिए और उन समस्याओं से नहीं डरना चाहिए, जो उनके सामने मौजूद हैं या आगे आ सकती हैं।

हम यह सुझाव दे चुके हैं, और निवेदन भी कर चुके हैं कि केन्द्रीय सार्वजनिक क्षेत्रों की औद्योगिक इकाइयों को कठिन क्षेत्रों में से एक में अपनी कम्पनी की शाखा अवश्य खोलनी चाहिए। इसी प्रकार, राज्य के स्तर पर सक्रिय सार्वजनिक क्षेत्रों को भी अकेले या अनेक राज्यों के सार्वजनिक क्षेत्रों की कम्पनियों के समूह के साथ भी कठिन क्षेत्रों में कारखाने खोलने चाहिए। राज्य के स्तर पर सक्रिय कम्पनियाँ जो प्रस्ताव रखेंगी, उनसे निश्चय ही उत्साह जाग्रत होगा, हालाँकि कहीं कहीं उन्हें निरुत्साहित भी होना पड़ेगा। इसके बावजूद उन्हें ऐसे प्रयास अवश्य करने चाहिए। चूँकि सब राज्यों की इकाइयों की संख्या काफी बड़ी है, इसलिए उनसे हज़ारों नए-नए प्रस्ताव और कार्य-योजनाओं के प्राप्त होने की आशा है।

विशाल और मध्यम आकार के उद्योग

आज़ादी से पहले के काल में निजी क्षेत्रों के भारतीय उद्योगों ने महत्त्वपूर्ण भूमिका अदा की थी। अर्थ-व्यवस्था के सुनियोजित और नियमित स्वरूप द्वारा उत्पन्न व्यवरोधों के बावजूद, निजी क्षेत्र के हर भाग का व्यापक विस्तार हुआ है। सार्वजनिक क्षेत्र की कम्पनियों की तरह निजी क्षेत्र भी प्रौद्योगिकियों के आयात पर निर्भर है। हालाँकि बाद में अनेक कम्पनियों ने इन आयातित प्रौद्योगिकियों के नवीकरण और देसी अन्तर्वस्तुओं की मिक़दार बढ़ाकर, उसकी प्रभाविकता में वृद्धि की है। निजी क्षेत्र की अनेक औद्योगिक कम्पनियों ने अच्छी प्रगति की है, प्रौद्योगिकीय विकास के क्षेत्र में। उनकी समर्थता विश्व-स्तर की है। कुल मिलाकर निजी क्षेत्र की कम्पनियों की कार्यशीलताओं में काफी लचीलापन है, जैसा कि सरकारी प्रतिबंधों से मुक्त होने के कारण स्वाभाविक ही था। उनकी प्रबंधन-प्रणालियाँ भी उच्च्य स्तर की हैं। निजी क्षेत्र के अनेक उद्योगों ने अपने कामगारों, कार्यकर्ताओं और अधिकारियों की कार्यकुशलता और क्षमता में निरन्तर वृद्धि करने का एक प्रशिक्षण-कार्यक्रम आरम्भ कर रखा है।

हाल ही में, 1991 के उदारीकरण के बाद, निजी क्षेत्र ने भारतीय अर्थव्यवस्था को अधिक सुदृढ़ बनाने के उद्देश्य से बनाए गए कार्यक्रमों में सक्रिय और भारी योगदान दिया है। आने वाले वर्षों में इस क्षेत्र को इस दिशा में और अधिक निर्णायक भूमिका

अदा करनी होगी, जो परिकल्पना के लक्ष्य को प्राप्त करने में बहुत सहायक होगी। चूँकि इस क्षेत्र की इकाइयों को सार्वजनिक क्षेत्रों की इकाइयों के समान कार्यविधिक और सांस्थानिक अवरोधों का सामना नहीं करना पड़ता है (जो हमें आशा है कि आने वाले वर्षों में पूरी तरह समाप्त हो जाएँगे) हमें लगता है कि हमें मध्यम और विशाल निजी क्षेत्र के उद्योगों को एक-दूसरे के क्षेत्रों के परिचालन के लिए अपने हाथ में ले लेना चाहिए। ऐसा या तो कृषि क्षेत्र में सम्भव है, या कृषि-खाद्य-पदार्थों के उन क्षेत्रों में जो विशेष प्रक्रिया से बनाए जाते हैं, उत्पादों वाले क्षेत्र में, स्वास्थ्य, मैटीरियल, या रासायनिक, या प्राकृतिक उत्पादों, या अन्य किसी ऐसे क्षेत्र में सम्भव है, जो भारत की विश्वव्यापी मौजूदगी से सम्बन्धित हो। चूँकि अधिकांश क्षेत्रों में लाइसेंस प्रणाली समाप्त हो चुकी है, इसलिए उन्हें क्षेत्र का चुनाव करने की पूरी आज़ादी होगी। चूँकि अभी तक सरकार की ओर से सब व्यवरोधों को समाप्त नहीं किया गया है, इसलिए भूमि-अधिग्रहण की निकासी में अभी भी देर होती है। लेकिन इससे निरुत्साहित होने की ज़रूरत नहीं है। ख़ासतौर पर परिकल्पना से जुड़ी परियोजनाओं के बारे में। उन्हें अपनी प्रबन्धन-प्रणाली के अन्दर एक ऐसी तेज़ सुपुर्दगी-व्यवस्था विकसित कर लेनी चाहिए, जिससे उन परियोजनाओं को प्राथमिकता मिले, जो उनके सोच के अनुसार, जल्दी से जल्दी विकसित देश का दर्जा दिला सके। उन्हें इस मामले में किसी और की बात नहीं सुननी चाहिए, न इस पुस्तक की, या किसी और रपट आदि की।

एक ओर जहाँ हम भारत में काफी प्रौद्योगिकीय विकास होते देखना चाहते हैं, वहाँ दूसरी ओर हमें बहुत खुशी होगी, यदि कोई तेज़ उछाल लगा कर, इस परिकल्पना से सम्बन्धित योजनाओं को, भारत की प्रयोगशालाओं से जन्मी प्रौद्योगिकी या किसी विदेशी सहयोगी से प्राप्त प्रौद्योगिकियों से उपलब्ध प्रौद्योगिकी या प्रौद्योगिकियों की मदद से आरमभ कर सके। लेकिन किसी आयातित प्रौद्योगिकियों या प्रौद्योगिकी का इस्तेमाल करते समय उन्हें एक बात को ध्यान में रखना होगा, और वह यह कि सिर्फ उसी से सन्तोष नहीं करना है, बल्कि उसके आगे भी जाना है। और उन्हें प्रौद्योगिकी के मामूली से परिवर्तन से भी, जो मुनाफे की मात्रा को सीमित कर देगा, संतोष करके भी नहीं बैठना होगा। उनका लक्ष्य होना चाहिए–विश्वव्यापी व्यापार, इतने बड़े पैमाने पर जिससे ज्यादा से ज्यादा भारतीय लाभ उठा सकें, और रोज़गार पा सकें। यदि हर विशाल और मध्यम आकार वाली कम्पनी यह दृढ़ निश्चय कर ले, और बिना इस बात की परवाह किए कि दूसरे क्या करते हैं, अपने निश्चय पर अमल करना शुरू कर दे, तो वह भारत की और उसके लोगों की महान सेवा करेगा। और यह सेवा मुनाफ़ा दिलाने वाली सेवा भी होगी। शुरू में अच्छा मुनाफ़ा होगा, और आगे चलकर व्यापार में बढ़ोतरी भी होगी।

इसलिए हम देश के बड़े और मध्यम श्रेणी के उद्योगपतियों से अपील करते हैं कि वे अपनी ओर से, इस परिकल्पना में वर्णित लक्ष्यों को प्राप्त करने वाला कम से कम एक उद्योग अवश्य लगाएँ–उन परियोजनाओं के अलावा जो आय अपने मौजूदा व्यापार का विस्तार करने और उससे अलग किसी नए उद्योग को शुरू करने

की परियोजना. में लगे। कुछ लोग कह सकते हैं कि यह किसी पुरानी परियोजना को नए नाम से पेश करने जैसा होगा। माना, ऐसे कुछ मामले हो सकते हैं। लेकिन इस तथ्य से कि किसी निजी उद्योग के उद्योगपति ने परिकल्पना 2020 के सन्देश पर आधारित किसी योजना की शुरुआत की है, दूसरे उद्योगपतियों को एक महत्त्वपूर्ण और अनुकरणीय सन्देश भेजेगा। किसी योजना या परियोजना की सफलता के लिए न्यूनतम अपेक्षित आवश्यकताएँ हैं–विद्युत शक्ति, संचार, परिवहन जैसी अव-संरचनाओं का समुचित विकास। उद्योगों को, और विशेष रूप से निजी क्षेत्र के उद्योग, चाहे वे एकाकी हों या साझे से बने हों, को मिशनरी भाव से आगे आना चाहिए, जो व्यापारिक भाव से संयुक्त हो। इसी प्रकार सेवा-क्षेत्र भी इस सम्बन्ध में महान व्यापारिक अवसर प्रदान करता है।

लघु उद्योग

भारत के कुल औद्योगिक उत्पादन का 40 प्रतिशत भाग लघु उद्योग की कम्पनियों द्वारा उत्पादित होता है। इंजीनियरी उत्पादों के निर्यात का 30 प्रतिशत अंश लघु उद्योग द्वारा तैयार किया जाता है। लघु उद्योगों में लगे कामगारों और कार्यकर्ताओं की संख्या काफी विशाल है। उससे बहुत बड़ी संख्या में लोगों को रोज़गार मिलता है। करीब एक करोड़ अस्सी लाख लोग सीधे लघु उद्योगों में सक्रिय हैं। लघु उद्योगों ने आयातित वस्तुओं के स्थान पर उन वस्तुओं का स्थान लेने में सक्षम वस्तुओं का उत्पादन करने में सफलता प्राप्त की है। वे कम मुनाफे पर उत्पादन करते हैं। लेकिन प्रौद्योगिकीय नजरिए से देखा जाए तो उन्हें सामर्थ्यवान नहीं कहा जा सकता। इस स्थिति के लिए बीते दिनों की वे नीतियाँ जिम्मेवार हैं, जिनके कारण प्रौद्योगिकीय नवीकरण में सफल हो जाने वालों को भली-भाँति पुरस्कृत करने का माहौल नहीं बना पाईं। इन तथ्यों का बयान कर देने के बाद, हम लघु उद्योग को 'बाज़ार की ताक़तों' जैसी उस बेरहम शक्ति के हवाले नहीं छोड़ सकते, जो उन्हें 'खत्म हो जाओ, या जिओ' वाले क्रूर सिद्धान्त में विश्वास करती हैं। हम अयोग्य या अक्षम लोगों के संरक्षण की वकालत नहीं कर रहे हैं, वरन् यह कहना चाह रहे हैं कि इस स्थिति के लिए भी हमारी पुरानी नीतियाँ ही जिम्मेवार हैं, जिनके रहते सक्षम व्यक्तियों को सहायता देने वाले नीतिगत ढाँचे का निर्माण नहीं किया गया। इसके नतीजतन आम लोगों ने कमज़ोर विकल्प अपनाए। अब हमारे पास उन पुराने विकल्पों को अपनाने का समय नहीं है। इसलिए हमारा सुझाव है, कि इन सब उद्योगों को खुद इस बारे में विचार करना होगा कि उन्हें और क्या करना चाहिए। सौभाग्य से आज जैसी अनेक योजनाएँ हैं, उन्हें या तो सरकार ने बनाया है, या औद्योगिक संस्थाओं ने, जिनकी सहायता से उनकी प्रौद्योगिकीय और प्रबन्धन-विषयक योग्यताओं में वृद्धि हो सकती है।

उनमें से एक है–प्रौद्योगिकीय-रचना तथा प्रगति के मामले में प्रौद्योगिकीय विकास-बोर्ड द्वारा किया गया कार्य। इसके साथ-साथ, इन लघु-उद्योगों का स्वयं पास के प्रशिक्षण-केन्द्र या प्रयोगशाला से सम्पर्क करके उनसे सहयोग और सहायता की

माँग करनी चाहिए। कुछ प्रयोगशालाएँ या प्रशिक्षण केन्द्र इनकार करेंगे, मगर कुछ से सकारात्मक बातचीत हो सकेगी, और वे देर से उनकी प्रतिक्रिया व्यक्त कर सकते हैं। मगर, इससे उन्हें निराश नहीं होना चाहिए। लगातार कोशिश करते रहने से एक दिन उन्हें सही प्रतिक्रियाएँ प्राप्त होंगी। कुछ राज्यों ने 'प्रौद्योगिकी-संवर्धक' केन्द्र स्थापित कर भी दिए हैं।

इसमें कोई सन्देह नहीं है कि अनेक लघु उद्योगों को अपने काम करने के तरीकों में तब्दीलियाँ लानी होंगी। जो लघु उद्योग बहुत ज्यादा 'बीमार' हो गए हैं, उन्हें अपने नए उद्योग में प्रवेश करने के बारे में सोचना चाहिए। उस 'बीमार' उद्योग से जुड़े लोग अपना अलग-अलग उद्योग शुरू कर सकते हैं। बीमार उद्योग के मालिक या मुख्य उद्यमी को तय करना होगा कि किस नए उद्योग को शुरू करके वह उसे अपने श्रेष्ठ प्रदर्शन के बल पर उसमें प्रगति कर पाएगा, और किस प्रकार के परिवर्तनों और नवीकरण के द्वारा उसे शक्ति और समर्थता प्रदान कर सकेगा। यदि उनमें से सिर्फ 10 प्रतिशत ही सफल हो पाते हैं, तो भी यह एक महत्त्वपूर्ण परिवर्तन होगा। तब तक, हमें विश्वास है कि इन दस प्रतिशत उद्यमियों द्वारा शुरू की गई इस हलचल का फैलना शुरू हो जाएगा, और शेष 90 प्रतिशत का मन उनका अनुकरण करने का होगा। हम यहाँ इस मिसाल में हमारी इस अपील के द्वारा, जो सब युवाओं के लिए है, यह कहते हैं कि वे नए-नए उद्योगों में प्रवेश करें। देश में सूचना-प्रौद्योगिकी तथा सॉफ्टवेयर के क्षेत्रों में जैसा ज़ोरदार प्रवेश हुआ है, उसे देखते हुए लगता है कि उससे जुड़े धन्धों में अपनी जगह बनाने वालों के लिए क्रियाविधि सरल होगी, और हालात के बेहतर हो जाने के मद्देनजर, इस धंधे से जुड़ने वालों को आवश्यक पूँजी या बैंकों से ऋण लेना और ज्यादा आसान और सुविधाजनक हो जाएगा। तब इन क्षेत्रों में तरुण उद्यमी प्रवेश कर सकेंगे। एक बार उनसे हुई कमाई को वे दूसरे व्यवसायों व धंधों में लगा सकेंगे।

हम यहाँ इस बात पर खास ज़ोर देना चाहेंगे कि किसी 'हाईटैक' कार्यशीलता का तड़क-भड़क वाला होना ज़रूरी नहीं है। भारत में ऐसी कई कार्यशीलताएँ हैं, जो बहुत अच्छी और लाभदायक हैं। अक्सर उनके बारे में हमें कभी पता भी नहीं लगता। अपनी समर्थताओं में वृद्धि करने और नई-नई बातों की शुरुआत करने के अलावा, हमें यह जानने की कोशिश करनी चाहिए कि हमारे पास कितनी ज्ञान-सम्पदा है, और उसे सबके साथ बाँटने को तैयार रहना चाहिए। और, इसकी शुरुआत स्वयं उद्योगों को ही करनी चाहिए। इस सम्बन्ध में हम श्री सत्य साईं इंस्टीट्यूट ऑफ हाई लर्निंग के उप-कुलपति डॉक्टर जी. वेंकटरमण का एक उदाहरण प्रस्तुत करना चाहेंगे। जब एक राज्य-विशेष ने अपने सुपर कम्प्यूटर हमें बेचने से इनकार कर दिया था, तब डॉक्टर वेंकटरमण उस दल के प्रमुख होने के अलावा उस सुपर कम्प्यूटर के रचयिता भी थे, जिसने डी आर डी ओ के लिए सुपर कम्प्यूटर बनाया था। उनके अथक प्रयासों के फलस्वरूप हमें 'अनुराग' नामक सुपर-कम्प्यूटर प्राप्त हुआ, जो डी आर डी ओ की सब सुरक्षा-सम्बन्धी समस्याओं को हल करने वाला रंगमंच बन गया है। वाई. एस. राजन् को लिखे एक पत्र में डॉक्टर वेंकटरमण कहते हैं कि "एक

वैज्ञानिक के रूप में मेरे सामने जो एक समस्या हमेशा बनी रही, वह थी, हमारे पास जो ज्ञान उपलब्ध है, उसकी जानकारी समय पर न मिल पाना। मिसाल के तौर पर, 'अलूमियनाइड्ज नॉयलन' (जो ज़री उद्योग को, साड़ी निर्माण के लिए ज़रूरी है) क्रायोजैनिक प्रणालियों के लिए, 'रेडिएशन शील्ड' के रूप में बड़ा उपयोगी है। हम ट्रॉम्बे में उसका उपयोग किया करते थे। यह हमारी खुशकिस्मती थी कि हमें संयोग से मालूम पड़ा कि अहमदाबाद में एक छोटी-सी कम्पनी है, जो हमारी इन ज़रूरतों को पूरा कर सकती है। इसी प्रकार, हमें कभी-कभी 'इलैक्ट्रिकली-कंडक्टेड पेस्ट' की भी ज़रूरत होती है। यह भी हमें संयोग से ही पता चला कि बंगलौर में एक कम्पनी है, जो इस उत्पाद को तैयार करती है। कल्पना कीजिए कि देहरादून में बैठे किसी वैज्ञानिक को अचानक इस पेस्ट की ज़रूरत पड़ जाती है। उसे यह पता नहीं है कि यह पेस्ट भारत में भी बनता है, लेकिन उसे बोस्टन (अमरीका) की एक कम्पनी के बारे में जानकारी है, जो यह पेस्ट तैयार करती है। तो, वह उसका आयात करता है, जिसकी असल में कोई ज़रूरत नहीं थी। इसलिए मैं सोचता हूँ कि अब वक्त आ गया है, जब हमारा उद्योग एक ऐसी सुविस्तृत डायरेक्टरी तैयार करे जिसमें उन सब क्षेत्रों की आवश्यक जानकारी उपलब्ध हो, खास तौर पर उनकी जो पुर्जे, संघटक स्तर के हों। यदि इस जानकारी को 'वेबसाइट' पर भी रखा जाए, और इस 'वेबसाइट' उपलब्धता का व्यापक प्रचार हो, तो इससे बहुत से लोगों को मदद मिलेगी।''

जी. वेंकटरमण के इस कथन का निहितार्थ तात्पर्य यह है कि ऐसे हज़ारों उद्योग भारत में हैं। आइए, उनकी खोज करें, और इसी के साथ उन्हें उनकी शक्तियों और समर्थताओं को पहचानने का मौका दें।

नन्हें उद्योग

एक हद तक लघु-उद्योग पर जो दबाव हैं, उनसे नन्हे उद्योग भी प्रभावित होते हैं। इसके अलावा, एक विकासशील देश की माँगों और खपत के प्रतिमानों में निरन्तर परिवर्तन होते रहते हैं। इन परिवर्तनों से बहुत से नन्हे उद्योगों को फायदा भी हो सकता है, और नुकसान भी। उन्हें उनके सहारे और उनके भाग्य पर छोड़ देना उचित नहीं होगा। और ठीक इसी मुकाम पर हमें निश्चित रूप से सरकारी और सामाजिक संस्थाओं के दखल की जरूरत महसूस होती है, एक सहायक के रूप में। इस अत्यन्त महत्त्वपूर्ण क्षेत्र में, हमारे खयाल से, ग़ैर-सरकारी संस्थाओं (एन जी ओ) और सरकारी सहायता की, विशेष रूप से उसके प्रशासन के माध्यम से, बहुत आवश्यकता है। उनकी सहायता महज़ उन्हें जीवित रखने के लिए ही नहीं होनी चाहिए, बल्कि उन्हें नए-नए प्रतिमानों वाले नए क्षेत्रों में प्रवेश करने की शक्ति, योग्यता व समर्थता उपलब्ध कराने से भी जुड़ी होनी चाहिए। उन्हें विपणन-विषयक अपने कौशल और निपुणताओं में वृद्धि की सहायक होने के लिए भी होनी चाहिए। यह काफी जटिल कार्य है। इस सम्बन्ध में सरकार को अपनी एक नीति निर्धारित करनी पड़ेगी। निजी क्षेत्र को भी इस मामले में पहल करके, अपने आसपास के क्षेत्रों के नन्हे उद्योगों को अपना कर, उनका कोटि-उन्नयन करने में मददगार बनना होगा। आने वाले महीनों

और वर्षों में हम भी अपनी सीमाओं के अन्दर रहते हुए, इन क्षेत्रों की प्रगति में अवरोध डालने वाले कारणों को दूर करने में प्रयत्नशील रहेंगे, इस बात को ध्यान में रखते हुए कि इस नन्हे क्षेत्र में सक्रिय लोगों को इमदाद की वाक़ई ज़रूरत है। हम देश के कई क्षेत्रों में ऐसी सहायता प्रदान करने में लगे हैं। जहाँ एक ओर सारे भारत के लोग प्रगति-पथ पर अग्रसर हैं, यदि इस नन्हे क्षेत्र के लोगों की समय रहते मदद न की गई, तो वे भी गरीबों की कतार में खड़े हुए दिखाई देंगे। जीवन की चंद सुविधाओं का उपभोग करने के बाद, अचानक आश्रयहीन और निर्धन हो जाना एक अभिशाप से कम नहीं है। इन नन्हें उद्योगों का उपयोग विकास की प्रौद्योगिकी को गाँवों तक ले जाने में भी सहायक सिद्ध होगा।

बहुराष्ट्रीय कम्पनियाँ और विदेशी उद्योग

भारत की हमारी परिकल्पना, अतीत की हमारी प्राचीन संस्कृति की परम्पराओं के अनुरूप है। जहाँ हम एक ओर भारत की मूल शक्ति व सामर्थ्य और 'मेड इन इंडिया' (स्वदेशी) की धारणा पर विशेष बल देते हैं वहाँ दूसरी ओर हम यह भी चाहते हैं कि हमारे लोगों को रोज़गार मिले, वे समृद्ध हों, और स्थायी रूप से समृद्धता का उपभोग करते रहें। पहले भी विदेशी लोग भारत आते रहे हैं, और उनके भारत-आगमन से भारतीयों को रोज़गार प्राप्त होते रहे हैं। लेकिन भविष्य में उनकी संख्या में और अधिक बढ़ोतरी होगी। भारत के साथ उनकी व्यापारिक भागीदारी अब स्थायी हो गई है। इन विदेशी कम्पनियों के भारत-आगमन पर प्रतिबंध थोपे जाने से एक लाभ अवश्य होगा कि कौन-सी विदेशी कम्पनी ऐसी है, जिसके साथ स्थायी सम्बन्ध स्थापित किए जा सकते हैं ? भारत को विदेशी पूँजी और विदेशी प्रौद्योगिकियों की, बिना किसी लागू की गई समयावधि के, ज़रूरत है। लगभग अगले दशक के काल में, भारत की प्रौद्योगिकीय और व्यापारिक शक्ति और सामर्थ्य में आश्चर्यजनक ज़ोरदार वृद्धि होगी। जिस प्रकार विदेशी बहुराष्ट्रीय कम्पनियाँ भारत में सक्रिय हैं, उसी प्रकार इन वर्षों में भारतीय कम्पनियाँ विदेशों में भी सक्रिय होंगी। वे प्रौद्योगिकी द्वारा तीव्र और प्रबल हुए उत्पादों को बेचेंगी और सेवाओं तथा प्रौद्योगिकियों का निर्यात करेंगी। एक विकसित और प्रौद्योगिकीय दृष्टि से समर्थ, और एक अरब आबादी वाले देश के समृद्ध निवासी अवश्य ही किसी भी देश के लिए बहुत 'आदर्श' बाज़ार सिद्ध हो सकते हैं। हम यह भी महसूस करते हैं कि बहुत से विदेशी शोधकर्ता भविष्य में भारत में भागीदारों और परियोजनाओं की खोज में आयेंगे।

भारत में सक्रिय बहुराष्ट्रीय विदेशी कम्पनियों को जो कार्यवाहियाँ तत्काल करनी होंगी और अपने लिए जो मिशन निर्धारित करने होंगे, वे भारत के हितों तथा मूल समर्थताओं से मेल खाते हुए होने आवश्यक हैं। एक ऐसा माहौल तैयार करने के लिए, जिसमें उनकी जीत ही जीत हो, उन्हें स्वयं अपनी ओर से पहल करके ऐसी परियोजनाओं को हाथ में लेना होगा जो भारत की प्रौद्योगिकीय योग्यताओं में वृद्धि कर सकें और देश के लोगों की खुशहाली को विस्तृत कर सके। उनकी कार्यविधियाँ और प्रचार-माध्यमों का विशिष्ट सरोकार भी विशुद्ध भारतीय आवश्यकताओं और

अभिरुचियों से जुड़ा हुआ होना चाहिए। इसके लिए उन्हें भारत के विभिन्न वर्गों के सरोकारों को भी उनके साथ मिल-बैठकर जानना-समझना होगा। हमें इस बात का अहसास है कि विदेशी कम्पनियाँ भारत में व्यापार करने, मुनाफ़ा कमाने और ऐसी स्थितियों का निर्माण करने आती हैं ताकि आपसी सम्बन्ध चालू रहें, और उनका मुनाफ़ा निरन्तर बढ़ता रहे। मगर, इसके साथ-साथ उन्हें अपनी व्यापारिक पूँजी का 10 प्रतिशत भाग भारत को विकसित देश का दर्जा दिलाने में सहायक होने वाली स्थितियों के निर्माण में भी लगाना चाहिए ताकि भारत के लोग किसी विदेशी प्रौद्योगिकी पर आश्रित हुए बिना, खुशहाली की मंजिल की तरफ़ बढ़ते रहें। उसके नतीजतन विदेशी कम्पनियों के बाज़ार के और अधिक विस्तृत होने की सम्भावनाएँ बढ़ेंगी। क्या हमारा ऐसा सोचना किसी आदर्श-लोक में रहने वाले व्यक्ति की कल्पना जैसा है ? कोई ताक़तवर आदमी क्या एक कमज़ोर आदमी को अपने समान ताक़तवर बनाने के लिए उसे पुष्ट बनाने लगेगा ? इसलिए कि ऐसा करने में एक भागीदार होने के नाते खुद ताकतवर हिस्सेदार का भी अन्त में फ़ायदा है।

हमने अपने ये विचार उन विदेशी कम्पनियों के, जो आजकल भारत में सक्रिय हैं और जो भविष्य में भी आएँगी, लाभार्थ व्यक्त किए। उन्हें उपयुक्त परामर्श देने वाले उनके अपने परामर्शदाता तो हैं, फिर भी हमें आशा है कि वे हमारे कार्यविधिक सुझावों पर भी ध्यान देंगे। किसी एक देश का दूसरे देश पर प्रतिबन्ध लगाना दुनिया को 'विश्वव्यापी गाँव' बनाने की सार्वभौमिक भावना के विरुद्ध है। दुनिया के बाजार सब देशों के लिए खुलते जा रहे हैं। ऐसे में किसी देश पर प्रतिबंध लगाने की वृत्ति के खिलाफ़ जंग छेड़नी चाहिए।

शैक्षिक और शोध प्रयोगशालाएँ

राष्ट्र को अपने वैज्ञानिकों और विद्वानों दोनों पर गर्व है। लेकिन हमें उनकी कितनी चिन्ता है, इस सवाल का सही जवाब पाना मुश्किल है। और यह सवाल पूछे जाने पर कि हमारे श्रेष्ठतम विद्वजन विदेशों में क्यों जाते हैं, तो जवाब मिलेगा कि हम अपने गुणी और मेधावी लोगों का उतना खयाल नहीं रखते, जितना हमें रखना चाहिए। काफ़ी सच्चाई है उनके जवाबों में। फिर भी इस सच्चाई को भी स्वीकार करना पड़ेगा कि आज़ादी से पहले के दिनों की अपेक्षा आज देश में उच्च शिक्षा पाने के पहले से कई गुना ज्यादा अवसर मौजूद हैं और ये अवसर सरकार द्वारा प्रदान किए गए हैं। आज यदि सारी दुनिया में सक्रिय हमारे वैज्ञानिकों, शिल्पविज्ञानियों और विद्वानों का आदर होता है तो उसका श्रेय उस शिक्षा-प्रणाली को जाता है, जिसे हमने विकसित किया है। सीमित अवसरों के बावजूद हमने इन क्षेत्रों में जो श्रेष्ठता अर्जित की है, वह स्पष्ट है। सीमित परिस्थितियों में भी हमारे विश्वविद्यालय, राष्ट्रीय शोध और विकास कार्यों से जुड़ी प्रयोगशालाएँ अच्छा कार्य कर रही हैं। हमें उन पर विश्वास है, और इसीलिए हम अपने वैज्ञानिकों, विद्वानों और शोधकों से अपील करते हैं कि वे अपनी नैराश्य भावनाओं को त्याग दें। वैसे हमें इस बात का अहसास है कि उनके निराश और कुंठित होने के अनेक कारण मौजूद हैं। वे जिन अनेक समस्याओं से

जूझ रहे हैं, उनकी जानकारी हमें है। खासतौर पर तरुणों की। मध्यम वर्ग के लोगों की। निम्न स्तर पर कार्यरत लोगों की। अधिकार-रहित लोगों की। फिर भी हम ऐसे इन सब लोगों से अपने सोच के दायरे को और ज्यादा बढ़ाने की अपील करते हैं। कारण, सिर्फ वे ही ऐसे लोग हैं, जो प्रौद्योगिकियों के आधुनिकीकरण से जन्मी ताकतों की अच्छी समझ रखते हैं, और उन जीवनदायी ऊर्जाओं की शक्ति को भी समझते हैं, जो इन प्रौद्योगिकियों द्वारा उन्मुक्त होंगी। और सिर्फ वे ही हैं, जो इस ज्ञान को, जो विस्फोटक गति से फैलता जा रहा है, अपनी बेहतर समझ द्वारा आत्मसात कर सकते हैं।

इस विषय में जो अध्ययन अब तक किए गए हैं, उनसे पता चलता है कि इस सहस्राब्दी के प्रारम्भिक वर्षों में ज्ञान का आधार एक वर्ष के चौथाई भाग से भी कम समय में दुगुना हो जाएगा। हम वैज्ञानियों, शिल्प-विज्ञानियों, विद्वानों और अध्यापकों तथा अन्यों से इस विषय पर गम्भीर सोच-विचार करने को कहेंगे, कि एक गरीब देश में विश्व-स्तर का ज्ञान भंडार को कितना अधिक समर्थन प्राप्त है। इसलिए हमारा उनसे कहना है कि जिन दारुण परेशानियों के बीच वे जी रहे हैं, उनसे मानसिक रूप से हटाकर उन परेशानियों को चुनौतियाँ मान कर, भारत को एक विकसित देश बनाने का प्रयास करें। वे इस आंदोलन के अंश बन कर, इस बारे में भी सोचें कि वे खुद क्या कर सकते हैं, और कैसे लोगों को चुनौतियों का सामना करने के लिए प्रेरित कर सकते हैं) और उद्योगों, प्रशासन तथा अन्यों को उन कठिनाइयों से, जो आर्थिक विकास की तेज़ प्रक्रिया से उत्पन्न हुई है, जूझने का सरल मार्ग प्रशस्त कर सकते हैं।

मानविकी के विशेषज्ञों को लोगों तक इस परिकल्पना को पहुँचने का माध्यम बनाया जा सकता है। वे लोगों को यह भी बता सकेंगे कि उसे पाने के लक्ष्य तक कैसे पहुँचा जाए। हमारे पास कई कार्यों को आरम्भ करने के अत्यधिक अवसर इस वक्त भी मौजूद हैं। हम यह नहीं कहते कि हमारे शैक्षिक क्षेत्र में बड़े पैमाने पर उदारीकरण की प्रक्रिया को लाया जाए या प्रयोगशालाओं आदि को अधिकार देने की प्रक्रिया भी शुरू हो, और प्रक्रियाओं के परिणाम आने तक इन्तज़ार किया जाए। जब तक उदारीकरण और अधिकार देने की प्रक्रियाएं आरम्भ हों, तब तक कुछ परियोजनाओं को हम आगे बढ़ा सकते हैं। सरकारी तंत्र में भी ऐसे कई मार्ग खुले हैं, जिनका उपयोग किया जा सकता है। जैसे, हाल ही में प्रौद्योगिकीय विकास बोर्डों का गठन किया गया है जो व्यापारिक महत्त्व के उन उत्पादों का व्यापार करेंगे, जो इन बोर्डों द्वारा समर्थित प्रौद्योगिकियों का विकास करेंगे। हमारी हार्दिक इच्छा है कि हर वैज्ञानिक वर्ग किसी एक ऐसी परियोजना को कार्यान्वित करने का प्रयत्न करेगा, जो 'परिकल्पना' से किसी एक लक्ष्य को प्राप्त करती हो। अपने उद्योगों तथा स्थानीय प्रशासन को तत्काल परिणाम दिखाने के उद्देश्य से इन वर्गों को दिल्ली से या अन्य स्थान के किसी अधिकारी की प्रयोजना की स्वीकृति की प्रतीक्षा नहीं करनी चाहिए। उन्हें अपने कार्य अपने बल पर आरम्भ कर देने चाहिए। यदि वैज्ञानिकों को अपनी क्षमता पर पूरा विश्वास है तो परिणाम अच्छे ही आएँगे। ज्यादातर उन्हें सफलता

ही प्राप्त होगी। जैसे ही कोई ऐसी सफलता, जो आर्थिक और सामाजिक व्यवस्था पर गहरा प्रभाव डालती हो, सामने आएगी, सब उसका श्रेय लेने के लिए आगे आएँगे। 'सफलता के अनेक माता-पिता होते हैं', ऐसी एक कहावत है।

सरकार की भूमिका

एक तो केन्द्रीय सरकार है, जिसके अनेक मंत्रालय हैं, अनेक विभाग हैं। फिर अनेक राज्य सरकारें हैं, और फिर कई सरकारी एजेंसियाँ हैं। प्रत्येक आधुनिक देश में, राज्य कर रही सरकार का काम कानून और व्यवस्था को बनाए रखने का, समर्थक पर्यावरण को बनाने का, और सामाजिक हित को ध्यान में रखकर सब कार्य करने का होता है। देश में आम धारणा यह है कि सरकार की मौजूदगी ज़रूरत से ज्यादा है। यह धारणा भी है कि सरकारी कार्यों में कभी कोई वृद्धि नहीं होती, वृद्धि स्वयं सरकार के आकार में होती रहती है। स्वयं उनकी धारणा यह होती है कि उसका काम शासन करने का है, लोगों की सेवा करने का नहीं। इसके अपवाद भी हैं, लेकिन खुद सरकार के भीतर उसके ही ऐसे अधिकारी भी हैं, जो इस स्थिति से खुश नहीं हैं। वे महसूस करते हैं कि उन पर बहुत प्रतिबंध हैं। वे इन प्रतिबन्धों से परेशान रहते हैं। अगले एक भाग में, जिसमें हम बताएँगे कि हमें क्या करना चाहिए, हम कुछ लोगों की क्या समझ है, इसकी चर्चा भी करेंगे। लेकिन सबसे पहले हमें सरकार को एक सर्वांगी एकल सत्ता के रूप में देखना होगा, और हमें सारे देश को भी एक सर्वांगी और एकल सत्ता के रूप में भी देखना होगा। वैसे सैद्धान्तिक रूप से सरकार का एक ही चेहरा है, लेकिन हमें हमेशा उसके जुदा-जुदा चेहरे ही दिखाई देते हैं, विभागों, अधिकारियों और कर्मचारियों के रूप में। यह एक सर्वविदित तथ्य है कि सरकार में अनेक खेल के मैदान हैं। काफी संख्या में समकक्ष-स्थल भी हैं, जहाँ तालमेल बैठाने की कोशिश की जाती है, मगर समकक्षता के स्थान पर उन्हें काम करने का, निश्चय लेने का, एक साधन बना लिया जाता है। सरकार में राजनीतिक प्रणाली अलग अपने ढंग से अपना काम करती रहती है। पिछले पचास वर्षों में भारत में जो भी विकास हुआ है, वह ज्यादातर सरकार की वजह से ही हुआ है। मगर, सरकार जहाँ देश की शक्ति और सामर्थ्य की प्रतीक है, वहाँ उसकी कमजोरियों की प्रतीक भी है। सरकार ने अनेक अवसरों पर अनेक क्षेत्रों में पहल की है। मगर अपनी अर्थव्यवस्था की नियामक और सुनियोजित प्रणाली में सरकार खुद तो बँधी हुई है ही, उसके साथ दूसरे भी बँधे हुए हैं, और उनकी प्रगति भी अवरुद्ध है। लिहाज़ा सरकार को पहला काम यह करना होगा कि वह अपनी उपस्थिति को कम से कम करे, और अपनी ही एजेंसियों को स्वयं कुछ करने का अधिकार दे। वह सार्वजनिक हित के दूसरे महत्त्वपूर्ण मुद्दों, जैसे सार्वजनिक शिक्षा और स्वास्थ्य पर ज्यादा तवज़्ज़ो दे। वह समाज के कमज़ोर वर्गों की हालत में दूरगामी सुधार लाने के उद्देश्य से पारदर्शी कार्यविधियों पर अमल करे। लेकिन इन कार्यों को सम्पन्न करने के लिए उसे आवश्यकता होगी द्रुतगति से विकास-कार्यों को शुरू करने और उन्हें अंजाम देने की, और उसके लिए भारी मात्रा में विदेशी पूँजी और निजी क्षेत्र के सहयोग, सक्षमता

और कार्य-कुशलता की। इस कार्य में घरेलू पूँजी का निवेश भी सम्भव है, मगर निवेशक को साहसिक और आवश्यकतानुसार लीक से हटकर अपने लक्ष्य को प्राप्त करने वाला होना चाहिए। सरकार के लिए ऐसा करना आवश्यक है। इस सम्बन्ध में सरकार को बहुत अधिक नीतिवादी रुख नहीं अपनाना चाहिए। पिछली भूलों और गलतियों को भुलाकर उसे उद्धारक की भूमिका निभानी होगी। उसे हमेशा यह याद रखना होगा कि उसकी सब क्रियाशीलताओं का अन्तिम ध्येय है—भारत को एक विकसित देश की हैसियत दिलाना, और एक ऐसे भारत की रचना करना, जहाँ सब गरीबी से मुक्त हों।

इसके अलावा, हमारा यह भी विश्वास है कि सरकार के अनेक विभागों में ऐसे लोग मौजूद हैं, जो योग्य हैं, गुणी हैं। यह बात सरकार में कार्यरत कई शिल्प-विज्ञानियों पर भी लागू होती है, प्रशासकों पर भी लागू होती है, और दूसरे कर्मचारियों पर भी। हमारा विश्वास है कि हर सरकारी विभाग को एक ऐसा बड़ा मिशन अपने हाथ में ले लेना चाहिए, जिसके साथ अनेक प्रयोजनाएँ जुड़ी हों। ये सब प्रयोजनाएँ एक ही खास क्षेत्र की हों, जिससे उस विभाग का सम्बन्ध हो। ज़रूरत पड़ने पर वे अन्य बहुविध विभागों को भी अपने मिशन के साथ जोड़ सकते हैं। कभी-कभी ऐसा संयोजन अधिक प्रभावशाली सिद्ध होता है। सरकारी प्रणाली के अन्तर्गत लम्बे समय तक कार्य करने के बाद हमारा अनुभव है कि यदि प्रशासन-प्रमुख संकल्पवान हो, और यदि चार-पाँच प्रमुख आपस में मिल जाएँ, तो वे प्रणाली को काफ़ी लचीला बनाकर, तेज़ी से निर्णय ले सकते हैं। हमारा विश्वास है कि इस परिकल्पना को फलदायी बनाने के लिए जिस निर्णायक प्रेरक हेतु की आवश्यकता है, वह है कि कुछ सरकारी विभाग कैसे मिल-जुलकर और अगुआ बनकर इस मिशन की शुरुआत कैसे करते हैं। हमें उन्हें बताने की ज़रूरत नहीं कि वे मिशन कौन-कौन से हैं। 'प्रौद्योगिकी परिकल्पना 2020' के कागज़ात में उनकी रूपरेखा मौजूद है। उनके पास आवश्यक प्रतिभा है, निपुणता और योग्यता है। वे ज़रूरत पड़ने पर और ज्यादा कागज़ी ब्यौरा तैयार कर सकते हैं। लेकिन ब्यौरों और कागज़ों से ज्यादा ज़रूरी है—कार्यवाही। कार्यवाही प्रभावशाली ढंग से की जानी चाहिए, ताकि उसके नतीजे तत्काल दिखाई देने लगें। यही उस कार्यवाही की कसौटी होगी। तत्काल दिखाई देने वाले परिणामों से लोगों में यह विश्वास जागृत होगा—''हम कर सकते हैं।'' फिर शुरुआत होगी एक ऐसी हलचल की जिसके दूरगामी परिणामों की लोग उत्सुकता से प्रतीक्षा करेंगे। नहीं तो फिर वही नैराश्य और कुंठा की भावना व्याप्त हो जाएगी, जो आज सारे सरकारी तंत्र में व्याप्त है।

ग़ैर-सरकारी संस्थाएँ

ग़ैर-सरकारी संस्थाओं के अन्तर्गत, निजी-क्षेत्र की एजेंसियों में कार्य कर रही, और शैक्षिक, शास्त्रीय ज्ञान, और शोध और विकास के कार्यक्रमों से जुड़ी संस्थाएँ आती हैं। ये समाजसेवी संस्थाएँ हैं। उनमें 'एक्टीविस्टों' का भी शुमार है। इस वर्ग के लोग किसी अधिकार या हक़-विशेष के लिए अपनी आवाज़ उठाते हैं, संघर्ष करते

हैं। उनका संघर्ष कभी सारे देश के लिए होता है, या देश के किसी भाग के लिए। कुछ ऐसी धार्मिक संस्थाएँ हैं, जो अपने धर्म या समुदाय के अधिकारों के लिए जद्दोजहद करती हैं या जो सब समुदायों के हक के लिए लड़ने वाली, या विशुद्ध सेवा-कार्य, जैसे अन्धे व्यक्तियों को दृष्टि दिलाने के कार्य से जुड़ी हैं। बहुत-सी संस्थाओं ने प्रारम्भिक शिक्षा से लेकर उच्चतर शिक्षा प्रदान करने को अपना मिशन बना रखा है। ऐसे अनेक मिशनरी स्कूल व कालेज ग्रामीण क्षेत्रों या तटीय क्षेत्रों में कार्यरत हैं। कुछ का सरोकार पर्यावरण की रक्षा से है। कुछ आदिवासी क्षेत्रों में सक्रिय हैं। कुछ ग़ैर-सरकारी संस्थाएँ बहुत बड़ी हैं। कुछ बहुत छोटी हैं। कुछ नन्ही संस्थाएँ भी हैं और कुछ का संचालन एक व्यक्ति द्वारा ही होता है। कुछ पंजीकृत हैं, और कुछ सरकार द्वारा मान्य हैं। इनमें से अधिकांश को आयकर विभाग ने आयकर से मुक्त कर रखा है। कुछ ऐसी हैं, जो किसी संस्थापित और व्यवस्थित ढाँचे में बँधी नहीं हैं, न बँधना चाहती हैं।

यदि हम इन सब संस्थाओं पर एक साथ नज़र डालें, तो हमें उनमें एक पुनरुज्जीवित भारत की अस्मिता, निगूढ़ ऊर्जा और संरचना की झाँकी देखने के लिए मिल जाती है। इनमें से कुछ के संस्थापक या उनसे जुड़े व्यक्ति अगाध शांति में लीन या दूसरों पर अपनी असीम कृपा को बिखेरते हुए लगते हैं, जैसे वे करुणामय भगवान के सन्देशवाहक हों। इनमें से प्रायः सभी समर्पित भावना से अपना मनपसन्द कार्य करते देखे जा सकते हैं। उनमें से कई महान चिन्तक हैं, जो समाज में व्याप्त कुरीतियों और सदाचार-रहित जीवन के बारे में चिन्तित रहते हैं, और अपनी व्यथा को अपनी रचनाओं और भाषणों द्वारा औरों के साथ बाँटते रहते हैं। उनमें से कई ऐसे हैं, जिन्होंने स्वेच्छा से अपने शानदार कैरियर पर लात मारकर त्यागपूर्ण जीवन अपनाया। उनमें से कई दो दशकों से सेवाकार्य में लगे हैं। उनका चेहरा उनके दीर्घ जीवन-संघर्ष की कहानी खुद कहता दिखाई देता है। उसे देखकर अनायास आँखों में आँसू आ जाते हैं। हमें ऐसे अनेक अनुभव हो चुके हैं। उनमें से कई अपने सेवा-कार्य से गाँवों का काया-पलट कर चुके हैं। ऐसे सेवाभावी व्यक्तियों को देखकर हम जैसे सचमुच अपने को किसी पुण्यात्मा के सामने खड़ा हुआ अनुभव करते हैं।

अपनी भिन्न-भिन्न सेवा-विधियों के बावजूद, सामूहिक रूप से सब ग़ैर-सरकारी संस्थाएँ भारत के विशाल भागों का प्रतिनिधित्व करती है। हमारा विश्वास है कि भारत के विकास में उनका महत्त्वपूर्ण योगदान है। ये संस्थाएँ न सिर्फ हमारी अन्तश्चेतना की रक्षक हैं, वे हमारे अन्तर्विवेक को जगाकर हमें आगे देखने और एक विकसित भारत के परिकल्पना को साकार करने के मूड को लाने में सहायक हो रही हैं। वे बड़े ज़ोरदार ढंग से हमारे जीवन में आशा के सन्देशवाहक बन सकती हैं, और संघटित क्षेत्रों तथा व्यक्तिगत पहल करने वाले लोगों के बीच एक योगवाही साधन हैं। उनका कार्यक्षेत्र महानगरों, नगरों, कस्बों, गाँवों में, स्कूलों में, महाविद्यालयों में, खेतों, फैक्टरियों और बाज़ार तक फैला है।

इन ग़ैर-सरकारी संस्थाओं से जुड़े अनेक लोग ऊर्जावान और प्रभावशाली हैं। इनका दल एक विकसित भारत के जन-आन्दोलन में भाग लेकर अपना ध्यान स्वास्थ्य

और शिक्षा से जुड़ी सेवाओं में सक्रिय भूमिका अदा कर सकता है, और सब भारतीयों को एकता के बंधन में बाँधने में भी योगदान कर सकता है।

हम क्या कर सकते हैं ?

हम पीछे कुछ ऐसी संस्थाओं के कार्यों का वर्णन कर चुके हैं, जिनके कार्य देश को शक्ति प्रदान करते हैं। हम उन्हें यह सुझाव भी दे चुके हैं कि कैसे वे इस बात को नज़रअन्दाज करते हुए कि लोग क्या कहते हैं, और करते हैं, खुद तय करें कि उन्हें क्या करना है। इन संस्थाओं के अलावा, वित्तीय और सेवा क्षेत्रों में भी महत्त्वपूर्ण संस्थाएँ कार्यरत हैं। हम इन सब संस्थाओं से अपने प्रस्ताव पर गम्भीरतापूर्वक विचार करने को कहते हैं। हमने पाया है कि इन सब क्षेत्रों में एक समान तत्त्व मौजूद है और वह महत्त्वपूर्ण तत्त्व है वे लोग जो इन संस्थाओं में काम करते हैं। इन लोगों में कुछ प्रबन्धकों के उच्च पदों पर आसीन होंगे, और कुछ निपुण पेशेवर लोग होंगे, और सीमित योग्यताओं वाले लोग भी होंगे उनमें ऐसे लोग भी होंगे, जो ठेकेदार हैं। इन लोगों के अलावा ऐसे लोगों की संख्या भी कम नहीं होगी, जो सीधे कोई ऐसा उत्पादक कार्य नहीं करते, जो उन्हें जी डी पी की संख्याओं में स्थान पाने योग्य बना सके। ये वे लोग हैं, जो घर पर रहते हैं और बिना किसी वेतन के काम करते हैं। इन सब लोगों को हमने 'हम' कर दिया है। हमने पीछे यह बताने और दिखाने की कोशिश की है कि ये 'हम' क्या करते हैं। ये 'हम' वे सब हैं, जो भारतीय हैं। इसमें वे लोग भी आते हैं, जो विदेशी हैं मगर भारत में रहते और काम करते हैं।

हम जानते हैं कि सदा व्यस्त रहने वाले महा-प्रबन्धक के पास हमेशा समय की किल्लत रहती है। फिर भी क्या वह हफ्ते में कुछ घंटे भी यह सोचने के लिए नहीं निकाल सकता कि भारत कैसे एक विकसित देश की हैसियत पा सकता है ? अपनी एजेन्सी का महाप्रबन्धक होने के नाते, उसे अपनी एजेन्सी के लिए कुछ भी करने के अधिकार प्राप्त हैं। चतुर व्यवसायी होने के नाते, वह कुछ ऐसी नई योजनाओं में पूँजी निवेश कर सकता है, जो आगे चलकर उसकी एजेन्सी के लिए फलदायी सिद्ध होगी। या, इस हैसियत से एक स्थानीय प्रशासक की तब मदद कर सकता है, जब वह लोगों की समस्याओं का समाधान ढूँढ़ने का प्रयास कर रहा हो। एक और उदाहरण प्रस्तुत है। उसकी भेंट कई उत्साही, बुद्धिमान, योग्य और कर्मठ नौजवानों से होती है, जिनके पास एक उम्दा योजना है। उसे इन नौजवानों की मदद करनी चाहिए। वह कुछ ऐसे लोगों के समूह को एक नए, विकासोन्मुख भारत के लिए अपना योगदान देने के लिए प्रोत्साहित भी कर सकता है। वे लोग विचार-विमर्श के बाद अपनी कार्य-योजना और उसकी कार्यविधि सुनिश्चित करेंगे और, फिर इस कार्य-योजना को क्रियान्वित करने की शुरुआत करेंगे। यह भी सम्भव है कि आप में से कुछ लोग मिल-जुलकर अपनी योग्यताओं का कोटि-उन्नयन करें, और अपने बेहतर कौशल का उपयोग विकसित भारत के निर्माण में अपने योगदान के रूप में दें। या, अपनी संस्था के तरुण सदस्यों को बताएँ कि वे भी कैसे उनके समान निपुण और सक्षम हो सकते हैं। या, ऐसा ही ज्ञानदान आप अपने पड़ोस के किसी तरुण

को दे सकते हैं, उसे अपने समान गुणी और योग्य बनाने के लिए। जब आप ऐसे कुछ पौधे लगाएँगे, तब हो सकता है, उनमें से कुछ मुरझा जाएँ, मगर यह भी कि कुछ पल्लवित होकर एक विशाल वृक्ष का रूप धारण कर लें।

मान लीजिए, आप एक सरकारी विभाग में क्लर्क हैं। आप चाहें, तो आप आसानी से अपने काम में थोड़ी-सी तब्दीली लाकर अपना काम ज्यादा मुस्तैदी से, ज्यादा कुशलता के साथ, कर सकते हैं, किसी नई सार्वजनिक माँग, या किसी योजना की फाइल को जल्दी से आगे रवाना कर सके। यदि आप एक ऐसा माहौल पैदा करने में मददगार हो सकें कि सरकारी (केन्द्रीय, राज्यों के और नगरपालिका के काम तेज़ी से और न्यायपूर्ण पद्धति से सम्पन्न हो सकते हैं, तो आपने एक विकसित भारत के लिए सही और सच्चा माहौल तैयार कर दिया है। यह सोचकर निराश होने की ज़रूरत नहीं है कि एक अकेला क्या कर सकता है। बाढ़ छोटी-छोटी बूँदों से मिलकर ही बनती है। एक फैक्टरी में काम करने वाला कामगार मन ही मन यह निश्चय करता है कि वह अपनी उत्पादकता में वृद्धि करेगा, और उत्पाद की गुणवत्ता में भी। जापानियों ने अपनी कार्य-शैली को और अधिक प्रभावी या सक्षम बनाने के लिए जो नायाब तरीका ढूँढ़ निकाला है, वह है—तृणमूल स्तर के कामगारों के सुझावों पर ध्यान देना और उन्हें अमल में लाना। हमारी कार्यशैली व कार्यविधि उससे भिन्न है। लेकिन, आप चाहें तो जापानियों की इस शैली को अपना सकते हैं। हर स्तर पर कार्य करने वाले भारतीय के मन में मन्त्र की भाँति यह सूत्र गूंजते रहना चाहिए कि मुझे सदा भारत को विकसित देश बनाने के लिए कुछ न कुछ योगदान देते रहना है। यह निश्चय जितने अधिक लोगों के मन में ध्वनित होगा उतना ही अच्छा है।

मेरे सह-लेखक वाई. एस. राजन ने हाल ही में एक सभा में भाग लिया था, जहाँ अमरीका द्वारा भारत पर लगाई जाने वाली पाबन्दियों के प्रभावों पर चर्चा हुई थी। तब तक अमरीका ने उन पाबन्दियों के ब्यौरे की घोषणा नहीं की थी। चर्चा में भाग लेने वाले सभी भारतीय थे, और विदेशी बैंकों में काम करते थे। एक बुज़ुर्ग सज्जन ने ज़ोरदार शब्दों में कहा कि "हमें अपने भारतीय होने पर गर्व करना सीखना चाहिए और पाबन्दियों को नगण्य बनाने की दिशा में कार्यवाहियाँ करते रहना चाहिए।" उन्होंने अपनी जापान-यात्रा की एक घटना सुनाई। उनके होटल के कमरे में नल का पानी रिस रहा था, जिससे उनको नींद नहीं आ रही थी। उन्होंने शिकायत की। दो आदमी आए, और आधा घंटे तक नल की मरम्मत करते रहे। फिर उन्होंने उनसे पूछा कि क्या वे अब सन्तुष्ट हैं। उनके सन्तोष व्यक्त करने पर उन्होंने असुविधा के लिए खेद व्यक्त किया और अन्त में यह भी कहा कि होटल के प्रबन्धक ने यह निश्चय किया है कि उनसे उस रात का होटल का किराया नहीं लिया जाएगा। अब तक वे इसे उन दोनों की पेशेवरी सौजन्यता मान रहे थे। लेकिन, जब सर झुकाकर, विनम्रता से उन्होंने कहा, "सर ! देखिए नल के उस हिस्से को, जिसकी वजह से आपको असुविधा हुई थी। ग़ौर से देखिए यह हिस्सा जापानी नहीं है, आयातित है। आगे से सर, हम बेहतर हिस्से का इस्तेमाल करेंगे।" इस घटना से हमें यह सन्देश मिलता है कि जापानी लोग अपने द्वारा उत्पादित वस्तुओं पर कितना गर्व करते हैं।

वे हमेशा अपनी सेवा, अपनें उत्पादों को बेहतर बनाते रहते हैं। यदि हम सब भारतीय अपने-अपने कार्य-क्षेत्रों में बेहतर प्रदर्शन करना आरम्भ कर दें, तब भारत आशा से पूर्व ही विकसित देश होकर दिखा सकेगा।

एक सकारात्मक मीडिया

किसी भी आधुनिक समाज में लोकमत के निर्माण में मीडिया, विशेष रूप से समाचारपत्रों की महत्त्वपूर्ण भूमिका होती है। लेकिन उसकी अपनी विवशताएँ हैं। दूसरे उद्यमों की भाँति समाचारपत्र उद्योग को भी मुनाफ़ा कमाना पड़ता है। समाचार पत्र को पाठकों की रुचियों के अनुसार समाचार, मत और विश्लेषण प्रस्तुत करने पड़ते हैं। उन्हें पाठकों को उत्तेजित करने वाले, दहलाने वाले, रोमांचित करने वाले शीर्षक तैयार करने पड़ते हैं। लेकिन पोखरण, या क्रिकेट मैच में भारत की जीत, या अन्य ऐसी सकारात्मक खबरें रोज़-रोज़ छापने को नहीं मिलतीं। इसलिए, साधारणतः समाचारपत्रों का फोकस नकारात्मक खबरों पर रहता है—भीषण हत्याओं, खून-खराबा या चिन्ताजनक घटनाएँ। इस प्रकार की खबरों का प्रकाशन इस सीमा तक पहुँच चुका है, कि प्रकाशित खबरें वास्तविक स्थितिं से भी बदतर बनती जा रही हैं।

हमारा यह कहना क़तई नहीं है कि समाचारपत्रों का काम समाचारों की आलोचना या समस्याओं पर प्रकाश डालना नहीं है। और, यह भी सच है कि कभी-कभी किसी मुद्दे पर ध्यान खींचने के लिए घटनाओं को बढ़ा-चढ़ाकर भी पेश करना उचित है। लेकिन, इसके साथ-साथ हम यह भी महसूस करते हैं कि अब समय आ गया है, अब समाचारपत्र सकारात्मक रुख और अधिक मात्रा में अपनाएँ, कम से कम हर रोज़ एक सकारात्मक समाचार प्रकाशित करके, समाचारपत्र के किसी भाग में भारत के बारे में कुछ अच्छा छापकर, जो काल्पनिक नहीं होगा। यदि प्रमुख समाचारपत्र ऐसा करना शुरू कर दें, तो इनका यह रवैया देश के रवैये और नजरिए में बदलाव ला सकेगा। इसी प्रकार इलैक्ट्रानिक मीडिया भी एक नए वातावरण और नजरिए को जन्म देने में सहायक हो सकता है। इस प्रकार से हम उन अज्ञात-अनजान मूक-नायक-नायिकाओं को ढूँढ़कर प्रकाश में ला सकेंगे।

अपने गुरुओं की दुबारा खोज

यदि आप शिक्षक हैं, भले ही किसी भी हैसियत वाले, तो आपको एक विशेष भूमिका निभानी है, क्योंकि भावी पीढ़ियों के निर्माण में सबसे ज्यादा कार्य आपको ही करना पड़ता है। इस सदी में एक ऐसा काल भी था, जब शिक्षकों को गुरुओं के रूप में आदर दिया जाता था। आज हालात ऐसे हैं कि शिक्षकों की उपेक्षा की जाती है। उनमें से बहुतों को बड़ी दयनीय स्थिति में बच्चों को पढ़ाना पड़ता है। हमें इस बात का अहसास है कि उनकी स्थिति में बहुत अधिक सुधार फ़ौरन होना ज़रूरी है। लेकिन, उनके रहते भी, आप दो खास काम ज़रूर करें। सबसे पहले, उन्हें स्वयं विकसित भारत की परिकल्पना, जैसी भी आप अपने ढंग से कर सकते हैं, करें, और फिर उस का संदेश, अपने ढंग से अपने विद्यार्थियों को दें। दूसरे, आप स्वयं

भारत के बारे में अपनी जानकारी को नवीनतम बनाए। कारण, आपके विद्यार्थी उतने ही ज्ञानवान होंगे, जितने आप हैं। शिक्षकों को अपने ज्ञान के अलावा, अपनी योग्यताओं में भी निरन्तर वृद्धि करते रहना चाहिए, अपने सोच के विस्तार बढ़ाते रहना चाहिए, ताकि वे अपने विद्यार्थियों के सोच को भी विस्तृत करने को प्रोत्साहित कर सकें। हमें अपनी कुंठाएँ उन तक नहीं पहुँचानी चाहिए। हाल ही में मुझे एक स्कूल में माता पिता-शिक्षक सम्मेलन में जाने का मौका मिला। मुझसे कहा गया कि मैं बच्चों को प्रौद्योगिकी के कुछ पहलुओं और भारत का रूपान्तरण कैसे हो सकता है, इस बारे में बताऊँ। मैंने कहा, "देखिए, मैं बच्चों को कोई सन्देश नहीं देना चाहूँगा, क्योंकि वे खुद एक सन्देश के साथ पैदा होते हैं। वे नए, प्रसन्न और ताज़े होते हैं। उनसे कुछ कहने के स्थान पर मैं उनके माता-पिताओं और शिक्षकों से अपील करना चाहूँगा कि वे इन बच्चों पर अपनी कुंठाओं का बोझ न लादें और उनके नए और ताज़ेपन को बना रहने दें, उन्हें प्रसन्न रहने दें। आपकी निराशाएँ और कुंठाएँ उनके निर्मल मन को प्रदूषित कर देंगी। उन्हें निराशाएँ देने की बजाय आशाएँ दीजिए उनके सुनहरे भविष्य की, कुछ करने या बनने की महत्त्वाकांक्षाएँ दीजिए, हर तरह से प्रोत्साहित कीजिए। इससे उनका भी भला होगा, और देश का भी। यही सन्देश मैं अपने पाठकों को भी देना चाहूँगा।"

राजनीतिक तंत्र और संसद

और अन्त में, कुछ करने की हमारी आखिरी अपील हम अपने राजनीतिक नेताओं से करना चाहेंगे, ख़ासतौर पर विधान सभाओं और संसद के सदस्यों से, और 73वें संशोधन के बाद, पंचायत समितियों के सदस्य भी शासक दलों की श्रेणी में आ गए हैं। उनसे तथा हर दल के विरोधी पक्षों के सदस्यों तथा सभी राजनीतिक सक्रियकों से हम वही अपील करना चाहेंगे, जो हमने अब तक सबसे की है, कि आपको भारत को विकसित देश बनाने की मुहिम में एक जबर्दस्त भूमिका अदा करनी है। विश्वभर में प्रौद्योगिकियाँ तूफ़ानी तेज़ी के साथ आ रही हैं। इस कारण लोगों के जीवन में भी नित नए परिवर्तन हो रहे हैं। पिछले कुछ अध्यायों में हमने इन परिवर्तनों की एक झाँकी प्रस्तुत करने का प्रयास किया था। भारत इस मामले में बहुत सौभाग्यशाली है कि उसके पास जैव-वैविध्य की अपार संपदा है, खनिजों का अपार भंडार और विविध साधन हैं। और, सर्वोपरि अपार मानवीय संसाधन हैं। हमारे पास प्रौद्योगिकीय और औद्योगिक सुदृढ़ आधार है। तो भी, यह कहना काफ़ी नहीं है कि हमारे पास यह सब है, और उसके साथ ही यह भी कहना कि हमारे पास सब कुछ है, और अब बिना कोई कोशिश किए हम अपना काम चला लेंगे। हमें बहुत मेहनत करनी होगी। हम सबको मिल-जुलकर, एक राष्ट्र के रूप में प्रगति करनी होगी। जहाँ '
ओर इस महत् प्रयास में विभिन्न उद्योग, सरकारी एजेन्सियाँ, अलग-अलग लोग, शोध और विकास के महत्त्वपूर्ण कार्य से जुड़ी हमारी प्रयोगशालाएँ, गैर-सरकारी संस्थाएँ और मीडिया अपना-अपना योगदान दे रहे हैं, तो भी सबसे बड़ा समर्थन और प्रेरणा विधान सभाओं से ही प्राप्त हो सकती है। वे हमारे सबसे बड़े समर्थक हैं, और रहेंगे।

अतः हम उस दिन की प्रतीक्षा कर रहे हैं, जब हमारी संसद तथा विधान सभाएँ इस बात का ऐलान करेंगी कि "राष्ट्र की दूसरी परिकल्पना 2020 तक उसे विकसित भारत बनाने की है।" इस परिकल्पना का ऐसा ऐलान देना ज़रूरी है। उससे एक समृद्ध भारत के जन्म का सन्देश विमोचित होगा।

एक भारत : विभिन्न क्रियाकलाप

हमने ऐसे अनेक क्रियाकलापों का उल्लेख पीछे किया, जो सम्भव हैं। उन क्रियाकलापों का उल्लेख नहीं किया गया, जो निरर्थक हैं। जैसे, यदि आप डॉक्टर हैं, तो आपको यह बताने की ज़रूरत नहीं कि गरीब रोगियों का बहुत से डॉक्टर या तो मुफ़्त इलाज करें, या कम फीस लेकर। और यदि आप अमीर निर्माण-ठेकेदार हैं, तो आपका कर्तव्य बन जाता है कि आप अपने खर्चे से नगर को गांवों से जोड़ने की सड़कें बनाएं या शहर के कुछ भागों की हालत ठीक करने के लिए औरों से सहयोग करें। फ़ौज़ से रिटायर हुए लोग गाँवों या छोटे शहरों में फलदायी क्रियाकलापों की शुरुआत कर सकते हैं। पाठ्यपुस्तकों के लेखक कुछ पृष्ठों में एक विकसित भारत की रूपरेखा का वर्णन कर सकते हैं, और इस बात पर ज़ोर डाल सकते हैं कि ऐसे विकसित भारत के निर्माण में भारी संख्या में मामूली लोगों के क्रियाकलापों का भी हाथ होगा।

हाल ही में एक प्रभावशाली प्रशासक ने हमें बताया कि कृषि-क्षेत्र में प्रौद्योगिकियों और सूचना-प्रौद्योगिकियों का प्रयोग विशेष रूप से किया जा रहा है। हम उन्हें समझा रहे थे कि 2020 तक हमें 350 मिलियन टन अनाज की उपज की ज़रूरत होगी। और यह बिना जल-प्रबन्धन की प्रौद्योगिकियों के बिना सम्भव नहीं होगा। ये प्रौद्योगिकियाँ जल-प्रबन्धन के इन उपायों से जुड़ी होंगी—सिंचाई के लिए टपकन-विधि तथा उर्वरकों की नियंत्रित प्रयुक्ति, मायक्रो पोषक और कीटमार दवाओं तथा फसल के बाद काम आने वाली प्रौद्योगिकियाँ है। ये सब प्रौद्योगिकियाँ 'मल्टी-डिसिप्लिनरी' हैं, जैसे सिंचाई के लिए टपकन-विधि प्रणाली में प्लास्टिक का प्रयोग होता है, प्रगत धातुएं, 'हायड्रॉलिक-सिस्टम-डिजाइन', जल-प्रबन्धन प्रौद्योगिकियाँ, मिट्टी का विश्लेषण, कम्प्यूटर, सेन्सर्स, और यहाँ तक कि स्वचालित नियंत्रक-विधियाँ।

इन वर्णनों की प्रशासक महोदय पर जो प्रतिक्रिया हुई, उसके नतीजतन वह उन इमदादों का बयान करने लगे जो किसानों को दी जाती हैं, राजनीतिक संरक्षण जो गाँव को राज्य और राष्ट्रीय स्तरों पर प्रदान किया जाता है। तथा शांति और कानून के मुद्दे भी। ऐसी स्थिति में प्रौद्योगिकियों का इस्तेमाल कैसे सम्भव है ? प्रौद्योगिकियों के प्रयोग और जनन की प्रक्रिया को राष्ट्रीय विकास से जोड़ने का काम राजनीतिज्ञों द्वारा ही किया जा सकेगा। लेकिन साथ ही, हमें यह भी विश्वास है कि राजनीतिक तंत्र को प्रौद्योगिकियों की 'बिक्री' करनी ही पड़ेगी।

और यह सवाल महज़ कृषि के क्षेत्र से ही जुड़ा हुआ नहीं है। निर्माण के क्षेत्र को देखिए। हम पीछे 'कम्प्यूटर की मदद से किए गए निर्माण' प्रक्रिया (सी ए एम) और 'लचीली निर्माण प्रक्रिया' (एफ एम एस) की चर्चा कर आए हैं। हमने इस बारे में भी चर्चा की कि कैसे 'लेज़र कटिंग' और 'वाटर जेटकटिंग' का प्रयोग

नए औज़ारों के रूप में किया जा सकता है ? हमने इस बारे में भी चर्चा की कि कैसे सॉफ्टवेयर और सूचना प्रौद्योगिकी का निरन्तर बढ़ता हुआ उपयोग हो रहा है। अब गाँव या कस्बे के कारीगरों को देखिए। उनके पास न खराद होती है, न 'ड्रिलिंग मशीन'। ज्यादातर लघु उद्योगों की इकाइयों के पास बहुत पुराने कल-औज़ार होते हैं। कार्पोरेट क्षेत्र की फैक्टरियाँ तक जिन मशीनों का इस्तेमाल करती हैं, वह दो या तीन पीढ़ियाँ पुरानी होती हैं। मारुति की कहानी के बारे में सब जानते हैं। जहाँ इस कम्पनी ने देश के अन्दर ही, छोटे पुर्जों के निर्माण के मामले में शानदार प्रगति की है, वहाँ यह भी सच है कि कार-निर्माण की मुख्य उप-प्रणालियों के लिए कम्पनी को मूल जापानी कम्पनी पर निर्भर रहना पड़ता है। इस मामले में 'टेल्को' को खुद ही अपनी डिजाइन-प्रवीणता विकसित करने में अपेक्षाकृत अधिक सफलता प्राप्त हुई है। हालाँकि इसके बाद भी यह नहीं कहा जा सकता कि उसे कार-प्रौद्योगिकी की अन्तिम और निर्णायक प्रौद्योगिकी प्राप्त हो गई है। ज्यादातर भारतीय कम्पनियों को डिजाइन और प्रौद्योगिकी के लिए बाहरी ज्ञान पर बहुत अधिक निर्भर रहना पड़ता है।

तो भी, कृषि के क्षेत्र में अभी भी पूर्व काल की उत्पीड़न और सामन्तशाही की दो कष्टकर समस्याएँ मौजूद हैं। इसके बावजूद, कठोर से कठोर आलोचक भी स्वीकार करेंगे कि कई आशादायक चिह्न भी दृष्टिगोचर होते हैं। इसी प्रकार निर्माण-कार्य के क्षेत्र में भी अभी तक उपनिवेशी प्रभुत्व के प्रभाव और पिछले पचास वर्षों की असमान नीतियों का असर अभी तक क़ायम है और, हमारे निर्माताओं की आयातित प्रौद्योगिकी, और उसके साथ लगी प्रौद्योगिकी के मालिकों की कड़ी शर्तों का पालन करने की प्रवृत्ति भी अभी तक क़ायम है। तो भी, उससे सम्बन्धित ओज और गतिशीलता अच्छे लक्षण हैं।

सारे भारत के लिए कार्यवाहियों की एक अलग और खास कार्यसूची बनाने की बात करना न प्रासंगिक होगा, न उचित। मगर, फिर भी कुछ ऐसे कार्य हैं, जिन्हें करना बहुत ज़रूरी है। उनके लिए यह ज़रूरी नहीं है कि वे सब एक साथ 'चलो' जैसे आदेश के पालन के साथ शुरू किए जाएँ, और न उनका एक दूसरे से टकराना भी ठीक होगा।

मिसाल के तौर पर, हमें छोटे और हाशिये वाले किसानों की समस्याओं को हल करना सबसे पहले ज़रूरी है, और इसके लिए हमारे पास बहुत से हल मौजूद हैं। इन सबको प्रौद्योगिकीय स्तर पर हल करने की इसलिए ज़रूरत नहीं है, क्योंकि उन सबके पास छोटी-छोटी ज़मीनें हैं। इसलिए उनके मामलों में सहकारिता समितियों या कार्पोरेट कम्पनियों के साथ भागीदारी के आधार पर योजना बनाना लाभकर होगा। तत्काल समाधानों के लिए इन छोटे भू-खंडों वाले लोगों के लिए उनके स्तर पर सीमान्तक लाभों की व्यवस्था की जा सकती है। मगर, ऐसा करते समय, भारत को उच्चतर प्रौद्योगिकीय स्तर पर भूमि-जल-मौसम-समन्वित प्रणाली को पूरी यथार्थता प्राप्त करने के प्रयास करते रहने होंगे। उसे 'हाई साइंस' या 'हाई टैक' कृषि जैसा कोई भी नाम दिया जा सकता है।

इसी प्रकार, हमें नन्हे निर्माताओं और हज़ारों लघु-उद्योगों की इकाइयों की

सहायता भी करनी होगी--सहायक विपणीय माध्यमों और प्रौद्योगिकीय आदानों के माध्यम से। लेकिन, ऐसा करते समय हमें विश्व के बाजारों में अपनी भागीदारी बनाने के प्रयास जारी रखने चाहिए—'हाई टैक' निर्माण-विधियों द्वारा। हम यह मानकर नहीं चल सकते कि निर्माण-क्षेत्र में हमारा उच्च स्थान अपने आप, बिना हमारी ओर से सतत प्रयास किए, बना ही रहेगा।

श्री सी. सुब्रमनियन ने पिछले दिनों उद्योगपतियों के एक समूह को सम्बोधित करते हुए जो कुछ कहा, उसने हमारे मन को छू लिया। कृषि के क्षेत्र में की गई कई पहलों की चर्चा करते हुए उन्होंने कहा कि ''प्रौद्योगिकीय परिकल्पना 2020'' के दस्तावेज में जहाँ आवश्यक और प्रासंगिक सूचनाओं का भंडार है, वहाँ उन पर की जाने वाली ज़रूरी कार्यवाहियों की विस्तृत जानकारी भी है। हमें आम नीतियों के प्रकट होने की प्रतीक्षा नहीं करनी चाहिए, बल्कि प्रदर्शनात्मक योजनाओं को बिना किसी विलम्ब के आरम्भ कर देना चाहिए। ऐसी स्थानीय और प्रादेशिक योजनाओं के लिए बहुत गुंजाइश है। श्री सुब्रमनियन मे खाद्य पदार्थों के मामले में भारत को स्वावलम्बी बनाने के लिए बहुत कुछ किया था। उन्होंने विशिष्ट प्रस्तावक प्रदर्शनात्मक योजनाओं के माध्यम से अपनी विशाल योजनाओं की शुरुआत की थी और, हज़ारों किसानों ने अपनी आँखों से उन्हें सफल होते देखा था। 'हरित क्रान्ति' का जन्म इसी प्रकार हुआ था। उनके इस वक्तव्य से हमें अपने सुझावों के प्रस्तुत करने के ढंग तथा उनकी प्रभाविकता के बारे में विश्वास दुगुना हो गया और यह भी विश्वास हो गया कि हम सवको इस महान लक्ष्य को प्राप्त करने में अपनी-अपनी भूमिका अदा करनी है। कार्य अनेक हैं, किन्तु लक्ष्य एक ही है।

इसलिए, हमने नीचे हर वर्ग के लिए एक विशिष्ट कार्य सुनिश्चित कर दिया है, जिसका अंतिम लक्ष्य है—एक विकसित भारत !

हमारी अपील और प्रार्थना, संक्षेप में, वर्गानुसार इस प्रकार है :

आप (शिक्षक, बैंकर, डॉक्टर, प्रशासक या अन्य किसी पेशे के पेशेवर)	महीने में कुछ दिन किसी काम को बेहतर ढंग से, ज्यादा तेज़ी से करने से, उच्च गुणवत्ता के साथ, करने में लगाइए, जिससे आपको गर्व हो सके, या कोई ऐसा काम जिससे किसी गरीब या पीड़ित व्यक्ति को सुख मिल सके।
सरकारी मंत्रालय और विभाग	कोई मिशन, जिससे आन्तरिक मूल सामर्थ्ययुक्त भारत की 'परिकल्पना' को साकार होने में सहायता मिल सके। दूसरे विभागों, एजेन्सियों, ग़ैर-सरकारी संस्थाओं और निजी क्षेत्र के सहयोग से कर सकें, तो बेहतर होगा। किसी के द्वारा शुरुआत की प्रतीक्षा न करें।

केन्द्रीय सार्वजनिक क्षेत्रों के उपक्रम	हाथ में कम से कम एक ऐसी योजना अवश्य लें, जो भारत को विकसित देश बनाने में सहायक हो। अपनी प्रौद्योगिकीय सामर्थ्यों को उन्मुक्त कीजिए। यह उस मिशन के अलावा है, जिसे आपके मंत्रालय ने आरम्भ कर रखा होगा, और जो आपके ज़िम्मे है।
राज्यों के सार्वजनिक क्षेत्रों के उपक्रम	कम-से-कम एक क्षेत्र को, आप अपने रूपान्तरण द्वारा अपने क्षेत्र के लोगों की सेवा के लिए चुनेंगे। सम्भव हो तो कम से कम एक ऐसी योजना अपने भागीदारों के साथ अवश्य चुनें, जिसका सम्बन्ध और सरोकार आपके क्षेत्र से न हो।
शोध और विकास प्रयोगशालाएँ/ उच्च अध्ययन की संस्थाएँ	आपको अनूठा मौका मिला है, अगुआ बनने का। हर प्रयोगशाला या संस्था को खुद अपनी एक योजना की शुरुआत करनी चाहिए, उन योजनाओं के अलावा जो मिशनों, केन्द्रीय सार्वजनिक क्षेत्रों द्वारा आरम्भ की गई हों। आपको वित्तीय सहायता अपने क्षेत्र के चारों ओर ही मिल जाएगी।
निजी क्षेत्र (बड़े उद्योग)	हर क्षेत्र एक ऐसी योजना को शुरू करे, जो केन्द्र के सार्वजनिक क्षेत्र की किसी योजना जैसी हो। यह योजना उन योजनाओं के अलावा होगी, जो आपकी अपनी कार्पोरेट योजनाओं से भिन्न होगी, और उन माँगों से भी जुदा होगी, जो आप पर सरकार द्वारा प्रायोजित मिशनों और योजनाओं के माध्यम से आपको सौंपे गए हैं। आपको किसी एक लघु-उद्योग की योजना का उत्थान भी करना है, बेहतर प्रौद्योगिकी की मदद के द्वारा। आपको कृषि क्षेत्र में भी उतरना है।
लघु-उद्योग क्षेत्र	आपकी समस्याएँ अनेक हैं, फिर भी अपना ध्यान भविष्य पर ही केन्द्रित रखें। कुछ प्रौद्योगिकीय सामर्थ्यों को प्राप्त करने का प्रयास करें। पास की किसी प्रयोगशाला या उच्च-अध्ययन-संस्थाओं से सम्पर्क स्थापित

करें। वहाँ आपको ऐसे लोग मिल जाएँगे, जिनकी नवीकरण-प्रक्रिया में उत्कट रुचि है। जैसे ही आपको अपने व्यवसाय से संबद्ध ऐसा व्यक्ति मिल जाएगा, वैसे ही आपके जीवन में भी नवीकरण की प्रक्रिया आरम्भ हो जाएगी।

बहुराष्ट्रीय कम्पनियाँ

आपकी भी भूमिका है, इस मिशन में। मुख्यतः आपके सरोकार नफ़ा कमाने और दुनिया भर में अपनी कम्पनी की मौजूदगी से हैं। मगर, उसके आगे जाकर एक अरब से ज्यादा आबादी वाले और अन्तर्निहित सामर्थ्यों वाले देश के साथ दीर्घकालिक सम्बन्धों के बारे में, उसे अपने क़ायम रहने वाले बाज़ार के रूप में सोचिए। और इस सोच से उत्पन्न होने वाले निश्चय की रोशनी में प्रदर्शित कीजिए, अपनी दिलचस्पी को भारत में एक दो परियोजनाओं की शुरुआत करके। उससे एक ओर आपकी इस दिलचस्पी को भारत में अपनी प्रतियोगात्मक प्रौद्योगिकीय समर्थता दिखाने का अवसर मिलेगा, दूसरी ओर भारत को एक विकसित देश बनाने में सहायक होने का। सही समय पर दी जाने वाली छोटी-सी सहायता उस व्यक्ति को, जिसे उसकी तत्काल आवश्यकता है, उस व्यक्ति को, जिसे उस वक्त ज़रूरत नहीं है, ज्यादा सहायता देने से बेहतर है। आपके पास भारत को तात्कालिक सहायता देने का अवसर है।

ग़ैर-सरकारी संस्थाएँ

आपकी भूमिका भारत के समान ही पेचीदा और बहुविध है। ऐसे प्रयास कीजिए, जिनसे सकारात्मक कार्यशीलताओं और द्रुत परिवर्तनों का वातावरण बने।

मीडिया

भारत की सफलताओं और उपलब्धियों का प्रचार करें, भले ही वे कम हों। आपको अनेक भयंकर और मनहूस खबरें छापनी पड़ती हैं, सकारात्मक खबरें भी उतनी ही महत्त्वपूर्ण हैं, जितनी नकारात्मक। गुमनामी

की दुनिया में खोए उन लाखों नर-नारियों को भी प्रकाश में लाइए, जो देश की नियति को बदल रहे हैं।

समेकित कार्यशीलता : सम्भावनाएँ

इन बारह अध्यायों में हमने एक विकसित भारत की परिकल्पना के बारे में चर्चा की, और चर्चा की उन सम्भव उपायों की जो दशकों में, जो यह रूपान्तरण ला सकते हैं। अनेक क्षेत्रों की चर्चा हमने की। अब हम उन उपायों का सुझाव देंगे कि कैसे हर भारतीय, भले ही वह किसी भी क्षेत्र में कार्यरत हो, देश के लिए इस परिकल्पना को साकार करने में सहायक हो सकता है। हम दोनों लेखकों ने उद्योग, सरकारी तंत्र से विभिन्न स्तरों पर जुड़े लोगों, गैर-सरकारी सस्थाओं, पेशेवर लोगों, सक्रियकों, मीडिया के लोगों और अनेक पार्टियों के राजनीतिक नेताओं, अर्थशास्त्रियों, कृषि-विशेषज्ञों और शिल्प-विज्ञानियों से विचार-विमर्श किया। और, उसके बाद हम इस नतीजे पर पहुँचे कि निम्न पाँच क्षेत्रों में सहयोजित प्रयासों से जो जबर्दस्त हलचल होगी, उसके परिणामस्वरूप राष्ट्र का कायापलट हो सकता है। इन पाँचों क्षेत्रों में गहरा अन्तर्सम्बन्ध है, और किसी एक क्षेत्र की प्रगति से एक साथ शेष चारों क्षेत्रों में भी सक्रियता देखने को मिलने लगती है। इन पाँचों क्षेत्रों के मुख्य विवरण इस प्रकार हैं—

कृषि तथा प्रोसेसिंग से तैयार किए गए खाद्य-पदार्थ : भारत को अपने मिशन के तहत, आगामी दो दशकों में 360 मिलियन टन अनाज का उत्पादन प्रति वर्ष करना है। इस ध्येय को प्राप्त कर लेने के बाद पूरी घरेलू खपत करके भी पर्याप्त मात्रा में दूसरे देशों में निर्यात किया जा सकेगा। इस मिशन को पूरा करने के लिए शोध, प्रौद्योगिकी विकास, कृषि-सम्बन्धी विस्तार सेवाएँ, और सर्वोपरि विपणन, भंडारण और वितरण का एक विशाल नेटवर्क तैयार करना होगा।

विद्युत-शक्ति : बुनियादी ढाँचे का यह सबसे महत्त्वपूर्ण भाग है। लोगों को घरेलू सुख-साधन मुहैया कराने के अलावा, बिजली अनाज के अधिकाधिक उत्पादन के लिए अनिवार्य है, और उसकी सहायता से ही इंजीनियरिंग, रसायन, धातुओं पर विशेष प्रक्रिया करने वाले उद्योगों के भारी मात्रा में परिचालन, तथा सारे परिवहन, संचार और सूचना क्षेत्र के सुचारु परिचालन के लिए भी, और सब आर्थिक विकास और रोजगारों के लिए भी बिजली अनिवार्य है। राष्ट्र के जी डी पी के विकास का गहन सम्बन्ध विद्युत शक्ति से है। आज भारत की संस्थापित विद्युत-सामर्थ्य 85,000 मेगा वाट है। इसमें से सिर्फ 32,000 मेगावाट ही उपभोक्ता तक पहुँच पाती है। यह अधिकतम माँग से 15 प्रतिशत कम है। विभिन्न क्षेत्रों की निरन्तर बढ़ती हुई माँग को देखते हुए यह लगातार कई गुना बढ़ती रहेगी। इसलिए कोयले, गैस, हायड्रो और न्यूक्लीयर स्रोतों से बिजली के उत्पादन को बढ़ाने की बहुत आवश्यकता है। अन्य ऊर्जा-स्रोतों से बिजली का उत्पादन करने सम्बन्धी शोधकार्य को एक नई गति देने की भी सख्त ज़रूरत है।

बिजली के उत्पादन में वृद्धि करने के मिशन में तीव्रता लाने के साथ-साथ उसके कुशल संचारण को भी सुनिश्चित करने की आवश्यकता है। उपभोक्ता को संस्थापित विद्युत सामर्थ्य के आँकड़े में कोई दिलचस्पी नहीं है; उसकी दिलचस्पी है उस बिजली की गुणवत्ता में जो उसे मिलती है। इस कारण, प्रौद्योगिकियाँ और वितरण-प्रक्रिया से जुड़ी देशव्यापी प्रणाली-प्रबंधन की अहमियत अत्यधिक महत्त्वपूर्ण हो जाती है।

उपभोक्ताओं को भी सावधान रहने की ज़रूरत है। औद्योगिक और घरेलू दोनों क्षेत्रों में घटिया किस्म के उपकरण, सामग्री, पंखे, बल्ब आदि के लगाने से कीमती बिजली का अपव्यय होता है। इसलिए हमारे देश को ऐसी प्रौद्योगिकी की परम आवश्यकता है, जिसकी प्रयुक्ति से कम मात्रा में इस्तेमाल होने वाली बिजली अधिक प्रभावी बन सके।

शिक्षा और स्वास्थ्य : पुस्तक के पहले अध्याय में हमने कुप्पू और करुप्पन का ज़िक्र किया था। वे प्रतिनिधि हैं देश की आबादी के 60 प्रतिशत लोगों के। दोनों में आगे बढ़ने की इच्छा है, मन है। दोनों मेहनत करना चाहते हैं लेकिन शिक्षा की कमी की वजह से, मौजूदा हालात में बेहतर नौकरी नहीं पा सकते, और न अपनी जीवन-शैली को सुधार सकते हैं। कुप्पू और करुप्पन दोनों को बेहतर शिक्षा प्राप्त करने की कोशिश करनी चाहिए। इसी प्रकार, उनके बच्चों को भी शिक्षा की कमी की असुविधापूर्ण स्थिति से पार पाने के लिए जी-जान से कोशिश करनी चाहिए। शिक्षा के अवसरों का पूरा फ़ायदा न उठा पाने की वजह से ही दोनों को आजीवन गरीबी का अभिशाप भोगना पड़ेगा। उन दोनों का शारीरिक दृष्टि से कमज़ोर होना इस बात को दर्शाता है कि उन्हें रोगों से दूर रहने के उपायों की जानकारी नहीं है, या वह जानकारी उन्हें सुलभ नहीं है। क्या हम इस दुष्चक्र को तोड़ पाएँगे ?

'टाइफैक' के एक पेनल का नेतृत्व करने वाले प्रोफेसर इंदिरेसन प्रेरक शक्तियों और अड़चनों की पहचान करते हुए, एक रास्ता निकालते हैं। भारतीयों को उच्च श्रेणी की शिक्षा प्राप्त करने और अपनी प्रवीणताओं का विकास करने के अवसर उपलब्ध होने चाहिए। मगर अवसर उपलब्ध कराने का काम उन प्रचलित तरीकों से नहीं हो सकता, जो आजकल गाँव के स्कूलों और शिक्षण-संस्थाओं के रूप में कस्बों और नगरों में मौजूद हैं। सबको शिक्षा का लाभ दिलाने के उद्देश्य से गाँवों के समूहों का अच्छी सड़कों द्वारा शहर के शिक्षा केन्द्रों से जुड़ा रहना निहायत ज़रूरी है ताकि किसी को किसी प्रकार की असुविधा न हो। गाँवों के इन समूहों में सब विद्यार्थियों को उच्च कोटि की शिक्षा उपलब्ध होगी। शिक्षा के अलावा वहाँ स्वास्थ्य की सब सुविधाएँ भी मुहैया कराई जाएँगी। लोग आसानी से गाँवों की यात्रा कर सकेंगे, अच्छी से अच्छी शिक्षा और सब हुनरों की तालीम ले सकेंगे। अब ज़रूरत रह जाती है इन सब सुविधाओं से सम्पन्न स्वास्थ्य केन्द्रों तक पहुँचने की। इन सब केन्द्रों में ज्ञान का ऐसा आधार उपलब्ध होगा जो जिज्ञासु को यह बताएगा कि स्वास्थ्य की रक्षा के उपाय कौन-कौन से हैं। प्रथम श्रेणी के इन केन्द्रों में मौजूद अध्यापक या चिकित्सक ज़रूरत पड़ने पर भारत या विदेशी विशेषज्ञों के सलाह-मशविरा ले

सकेंगे, आधुनिक संचार व्यवस्था के माध्यम से। हमें यहाँ भारत की उपग्रह संचार व्यवस्था की शानदार उपलब्धियों को नहीं भूलना होगा। तकनीकी निपुणता के अलावा हमारे देश को चाहिए श्रेष्ठ राजनीतिक और सामान्य प्रबंधन की योग्यता, जो देश भर में इस मिशन को लागू कर सके। कहीं ऐसा न हो कि कुप्पुओं और करुप्पनों के बच्चों और उनके भी बच्चों को उन्हीं परेशानियों से जूझना पड़े, जिनसे आज ये दोनों जूझ रहे हैं। हम 2020 तक ऐसी सब परेशानियों से मुक्त भारत में जीने की कामना करें।

सूचना-प्रौद्योगिकी : प्रौद्योगिकीय परिकल्पना के दस्तावेजों में सॉफ्टवेयर, इंजीनियरिंग और उससे संयुक्त सूचना-प्रौद्योगिकी के उत्पाद और सेवाएँ महत्त्वपूर्ण मूल सक्षमताओं की श्रेणी में आती हैं। सौभाग्य से राष्ट्रीय सतर पर यह निश्चय ले लिया गया है कि आगामी एक दशक की अवधि में भारत को सूचना-प्रौद्योगिकी के क्षेत्र में एक महाशक्ति बनना है। जब सूचना-प्रौद्योगिकी के कृतिक बल के सदस्य अपनी अन्तिम रपट तैयार करने में लगे थे, उनका ध्यान दो महत्त्वपूर्ण मुद्दों पर गया। सबने यह अनुभव किया कि सॉफ्टवेयर के उच्चतर स्तरों पर भारत के पास बेहतर बौद्धिक क्षमता मौजूद है। उच्चतर स्तर के सॉफ्टवेयर जहाँ हमारे सर्वाधिक मेधावी भारतीयों के लिए एक चुनौती के रूप में रहेंगे, वहाँ वे गाढ़ी कमाई के साधन भी बन सकते हैं। सूचना-प्रौद्योगिकी के मिशन में इस पर विशेष ध्यान देना होगा। यदि समर्थक परिस्थितियाँ उपलब्ध होती हैं तो यह अकेला क्षेत्र हमारी सूचना प्रौद्योगिकी की सारी शक्ल ही बदल देगा और इलैक्ट्रानिक्स और निर्माण क्षेत्र अर्थोपार्जन के महत्त्वपूर्ण साधन बन जाएँगे। एक अन्य मुद्दा सूचना प्रौद्योगिकी की प्रयुक्तियों के देश-व्यापक प्रचार के लिए कार्यवाही करने से सम्बन्धित है। इन प्रयुक्तियों से व्यापार बढ़ाने के मुद्दे से लेकर मूलभूत अधिकारों और जिम्मेवारियों के बारे में जानकारी बढ़ाने, योग्यताओं को प्रदान करने, रोगों से दूर रहने, और स्वास्थ्य-रक्षा से सम्बन्धित जानकारी देने तथा बेहतर जीवन-शैली को प्राप्त करने के तरीकों को जानने तक होंगे। यह एक ऐसा उपयोगी औज़ार बन जाएगा जिसके द्वारा शिक्षा का प्रसार देश के कोने-कोने तक किया जा सकेगा। यदि हम इन प्रौद्योगिकियों का परिनियोजन सृजनात्मक तरीके से और अर्थपूर्णता के साथ करेंगे तो हम अपनी शिक्षा-पद्धति और प्रवीणताओं के जनन की पद्धति में क्रांतिकारी परिवर्तन ला सकेंगे।

सामरिक महत्त्व के क्षेत्र : विकसित देश का दर्जा हासिल करने के उपरोक्त प्रयासों के अतिरिक्त देश के सामने उतना ही महत्त्वपूर्ण मुद्दा है—राष्ट्रीय सुरक्षा और उसके मिशन का। आज के वातावरण में राष्ट्रीय सुरक्षा को आवश्यक प्रौद्योगिकियों की प्रयुक्तियों की आवश्यकता होती है। भारत का अनुभव है कि क्षेत्र चाहे कृषि हो, या परमाण्वीय ऊर्जा, या अन्तरिक्ष या सुरक्षा-विषयक शोध, जब परिकल्पना करने वाले विशेष कोई मिशन सुनिश्चित करते हैं, तो परिणाम अवश्य प्राप्त होते हैं। अपनी सामर्थ्य को हम विस्तृत कर सकेंगे, एयरोस्पेस, प्रगत इलैक्ट्रानिक्स, प्रगत सैन्सर्स और प्रगत मैटीरियलों में कुछ प्रमुख उद्योगों की स्थापना करके। इन उद्योगों का ध्येय होगा अन्तर्राष्ट्रीय बाज़ार में, जिसका माहौल सदा बाज़ार की माँगों और पसन्दगियों

के अनुरूप ऊँचा-नीचा होता रहता है, अपनी साख में वृद्धि करते रहना। मिसाल के तौर पर, भारत को छोटे यात्री-जैट विमानों के निर्माण को हाथ में लेना चाहिए, अन्तरराष्ट्रीय भाईचारे के अन्तर्गत भी। इसी प्रकार, हमें स्वनिर्मित उपग्रहों को विदेशों को बेचने और इन्हें अन्तरिक्ष में छोड़ने की सेवाएँ शुरू करके उससे कमाई करने के धन्धे को भी शुरू कर देना चाहिए। हमारे प्रस्तावित अन्तरराष्ट्रीय व्यापारों की सूची में एयरोस्पेस प्रणालियों का विपणन, हवाई जहाजों की उप-प्रणालियों को प्रदान करना, विश्वव्यापी ग्राहकों को मरम्मत की सेवाएँ प्रदान करना, तथा प्रगत सेन्सर्सों और प्रगत मैटीरियलों के उत्पादों का व्यापार करना आदि का भी शुमार होना चाहिए। हमें विभिन्न सुरक्षा सम्बन्धी प्रणालियों, जैसे—मुख्य लड़ाकू टैंक, तोपों, एल सी ए किस्म के हवाई जहाज़ और कुछ किस्म के प्रक्षेपास्त्रों का विपणन भी करना होगा। आत्मनिर्भरता पर ज़ोर देने के साथ-साथ हमें अपने अस्त्र-शस्त्रों का विश्वव्यापी विपणन भी करना होगा। अपने सामरिक क्षेत्र पर अपना ध्यान केन्द्रित करते समय हमें उसके इन नजरियों को भी याद रखना होगा। इस दिशा में सुरक्षा मंत्रालय ने सुरक्षा से जुड़ी प्रणालियों को स्वदेशी स्वरूप देने के उद्देश्य से दस वर्षों में अपने 30 प्रतिशत के वर्तमान प्रतिशत को 70 प्रतिशत तक ले जाने की योजना बनाई है। इस लक्ष्य को प्राप्त करने के इरादे से सुरक्षा विभाग की शोध और विकास शाखा को, भारतीय कार्पोरेट जगत के सहयोग से, इस लक्ष्य को प्राप्त करने के लिए सुसज्जित किया जा रहा है। इसी प्रकार, सामरिक महत्त्व के उद्योगों और उनकी प्रौद्योगिकियों को खोला जा रहा है, और उनकी सहायता से ऐसे बड़े उद्योग स्थापित किए जा रहे हैं, जो घरेलू और विश्वव्यापी बाज़ारों की ज़रूरतों को पूरा करेंगे।

परिपालन : इन मुख्य मिशनों के लिए, हमने जो सुझाव दिए हैं, उसमें विभागीय परिपालन को, या मौजूदा सरकारी ढाँचे को बढ़ाने का विचार नहीं किया गया है। वैसे भारत को विकसित देश बनाने के अपने अभियान के दौरान, हमें सोचने और कार्य करने के अपने बँधे-बँधाए काम और सोच के तरीकों में काफ़ी फेर-बदल करना अनिवार्य हो जाएगा। इसके मूल में था सत्ता का केन्द्रीयकरण। इस प्रक्रिया के दौरान, हमें मौजूदा सरकारी ढाँचे को काफ़ी कम करना पड़ेगा। इजारेदारियों में बहुत ज्यादा कमी करनी पड़ेगी, और इन बड़े मिशनों के क्रियान्वयन में बहुत से 'पैकेजों' के क्रियान्वयन प्रतियोगात्मक माहौल में करना पड़ेगा। इसीलिए निजी क्षेत्र को इस प्रतियोगिता में शामिल करने की ज़रूरत पड़ेगी, ताकि वे अधिक उदार और सरलीकृत कार्यविधियों के तहत काम कर सकें। स्वस्थ प्रतियोगिता अधिक कुशलता और नवीकरण की जननी है। क्रियान्वयन करने वाले दलों को ज्यादा अधिकार देने से काम की गति में तेज़ी आएगी और उनमें जोखिम लेने की प्रवृत्ति उत्पन्न होगी। जहाँ-जहाँ सरकार की मौजूदगी होगी, वहाँ-वहाँ उसका परिपालन सुसाध्य और सुगम होगा, और जनता के प्रति जवाबदेही की प्रणालियाँ भी तदनुसार बदलेंगी।

अन्त में, हमें विश्वास है कि जब पाँचों मिशनों का एकीकरण होगा, और उन्हें समायोजित रूप में क्रियान्वित किया जाएगा, सब लोगों की निगाहों के सामने नई-नई कार्यशीलताएँ जन्म लेंगी, और राष्ट्र दूसरी 'परिकल्पना' को जन्म देगा।

आवश्यक वित्तीय, प्रबन्धन-सम्बन्धी और मानवीय संसाधन वे लोग मुहैया कराएँगे, जिनके मानस ज्वलित हो चुके होंगे, वे लोग, जो सरकारी क्षेत्र के भी होंगे और औद्योगिक क्षेत्र के भी।

इसलिए, हमने यह सपना देखा है। हमारा सपना है लोकसभा और राज्यसभा दोनों के द्वारा एक प्रस्ताव पारित करके एक महान राष्ट्र की दूसरी परिकल्पना को मान्यता प्रदान करने का। भारत 2020 वर्ष से पूर्व एक विकसित देश के रूप में उद्‌भूत होगा। एक अरब भारतीय इस राष्ट्रीय रूपान्तरण में हमारे संसाधन हैं। यह घटना सारे राष्ट्र को प्रेरित करेगी।

अंत में

भारत एक अरब लोगों का राष्ट्र है। किसी राष्ट्र की प्रगति उसकी जनता के चिन्तन पर निर्भर होती है। उनका चिन्तन ही उनके कार्यों में प्रतिफलित होती है। भारत को एक अरब जन के राष्ट्र के रूप में चिन्तन करना चाहिए। उसके युवा मस्तिष्क नया चिन्तन करें—समृद्धि का चिन्तन।

●●●